नए भारत के नए नेता

नए भारत के नए नेता

राहुल सांकृत्यायन

GYAN

Published by

GYAN

Gyan Publishing House
5, Ansari Road
Daryaganj, New Delhi-110002
Phone: 011-47034999, 9811692060
E-mail: books@gyanbooks.com

Distribution Network
gyanbooks.com
India, USA, Canada, UK, Australia

ISBN: 978-93-6920-064-1 (PB)

First Published, 1957

2nd Impression 2025

Printed at: Gyan Press, Delhi.

नए भारत के नए नेता

Author: राहुल सांकृत्यायन

नये भारतके नये नेता

•

राहुल सांकृत्यायन

प्राक्कथन

"नये भारतके नये नेता" का प्रथम खंड पाठकोंके हाथमें देनेमें आज मुझे कुछ संकोच इसलिये हो रहा है, कि इसे जैसा होना चाहिये था, वैसा मै नही बना सका। इस कामकेलिये जरूरी था, कि मैं एक बार सारे भारतकी परिक्रमा करता, मगर मैं बम्बई, आगरा, प्रयाग, पटना, अल्मोड़ा, लाहौर, कश्मीरसे आगे नहीं पहुँच सका। जिसमें आलस्य उतना कारण नहीं हुआ, जितना कि समयाभाव। मै साइंस-साहित्य-कलाके क्षेत्रसे और कितने ही "नये नेताओं"को लेना चाहता था, मगर उसे इस खंडमें नहीं कर सका—विशेषकर हजरत जोश मलीहाबादी तथा एक और उर्दू कविको इस खंडमें जरूर लानेकेलिये उत्सुक था, मगर दुबारा बंबई जाकर भी मुलाकातसे महरूम रहा। सुनी सुनाई बातोंके भरोसे इन बयालीस जीवनियोंमें से एक भी नहीं लिखी गई, इसीलिये हजरत जोशके बारेमें मै वैसा नही कर सकता था।

"नये भारतके नये नेता" एक तरह मेरी 'वोल्गासे गंगा' का ही साथी ग्रन्थ है, जहाँ "वोल्गासे गंगा" का विस्तार आठ हजार के विस्तृत कालमें है, वहाँ इस ग्रन्थका क्षेत्र वर्तमानकाल की विस्तृत भारतभूमि है। मैंने यहाँ जीवनियोंको परिस्थितियोंसे अलग करके नही, बल्कि उनके भीतर एक दूसरेको प्रभावित करते हुए की तरह दिया है। मैं मानता हूँ, मेरी कलम एकसी रुचि नहीं चली है। उसके कारण कई हैं—इस क्षेत्रमें खुद कलमका नौसिखियापन तो है ही, साथ ही बाज वक्त हमारे नायकों ने भी जल्दी पिंड छुडा लेनेकी कोशिश की। इन जीवनियोंके लिखनेसे मैं स्वयं बहुत-सी बातें भी सीख सका हूँ, और मुझे उमीद है, भारतके चारों कोनोंकी समस्याओं, संघर्षों को साकार रूपमें यहाँ एकत्रित देखकर, पाठकोंको भी कितनी ही बातें जरूर स्पष्टतर होंगी।

द्वितीय खंड इससे कुछ बड़ा होगा, उसमें भी पचासके करीब जीवनियों में १२ महिलायें और १२ साइंस-साहित्य-कलाके नेता भी ज़रूर रहेंगे।

प्रयाग
७-१२-'४३

राहुल सांकृत्यायन

विषय-सूची

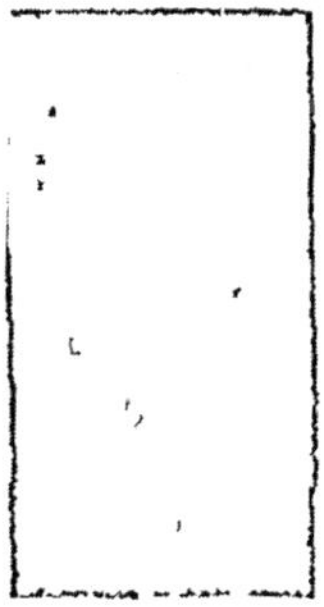

१. डाक्टर कुँवर मु० अशरफ

२. सूर्यकान्त त्रिपाठी "निराला"

३. पूरनचन्द्र जोशी

४. हाजरा बेगम

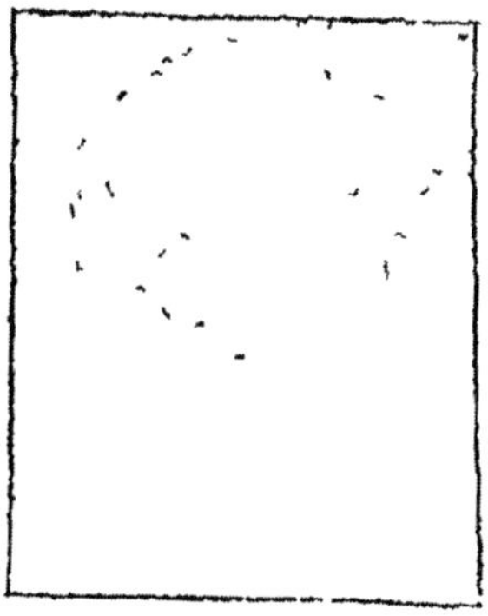

५. सज्जाद जहीर

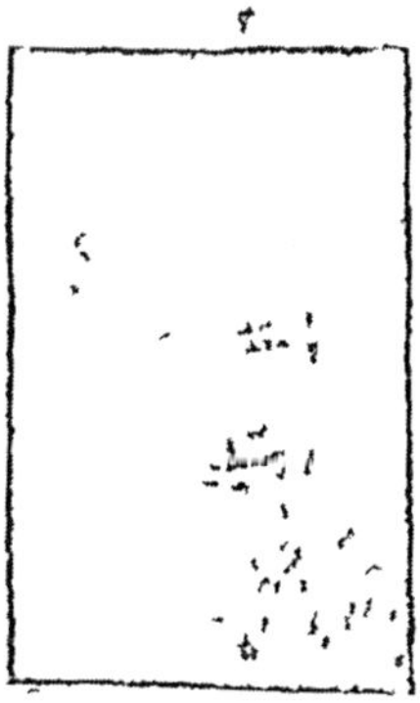

६. जेड. ए. अहमद

१

डाक्टर कुँवर मुहम्मद अशरफ*

सीलोनमें जाने पर पहिले पहल जब मैंने एक सम्भ्रान्त-परिवारमें पत्नीको बौद्ध और पतिको ईसाई देखा, पहिले तो कौतूहल हुआ और उसके बाद सीलोनियोंकी इस रीतिकी प्रशंसाकेलिए मेरे पास शब्द नहीं थे। हरएक सीलोनी मजहबका भेद-भाव छोड़कर अपनेको सिंहल पहले समझता है। वहाँ रोमन्-कैथलिक भी सिंहाली होना अपनेलिए गर्वकी बात समझता है। सिंहल भाषा, सिंहल साहित्य, सिंहल इतिहास, सिंहल संस्कृतिको वह अपने गरम खूनमें हरकत करते पाता है। मैं सोचता था, हिन्दुस्थानने क्यों नहीं इस तरहका समझौता किया? यहाँ भी क्यों नहीं हिन्दी जातीयताने अपनेको हिन्दू और इस्लाम धर्मके ऊपर साबित किया? मुझे और मेरे मित्र आनन्द कौसल्यायनको सिंहलियोंकी यह चीज बड़ी प्रिय मालूम हुई। हमें तब तक अभी

---

* १९०३ अक्तूबर ७ जन्म, १९१८ मैट्रिक पास, १९२० एफ० ए० पास और असहयोग, १९२३ जामियासे बी० ए०, कलकत्तामें मुजफ्फरसे भेंट, १९२५ बी० ए० (अलीगढ़), समाजवादकी ओर, १९२६ एम० ए० (अलीगढ़), अलवरमें मेहमान, १९२७ एल्-एल्-बी० (अलीगढ़), लंदनमें कम्यूनिस्ट, १९२९ अलवरकी जुल्ज़ामें भारत, १९३० फिर लंदनमें, १९३२ लंदनसे पी० एच्-डी० हो भारतमें, १९३४-३५ मुस्लिम युनिवर्सिटीमें प्रोफेसर, १९३७ कांग्रेसकी ओरसे एसेम्बलीके उम्मेदवार, १९४० नजरबंद।

अच्छी तरह पता नहीं था, कि हमारे देशमे भी ऐसा तजर्बा किया गया है, यद्यपि वह सारे देशमे स्वीकृत नही हो सका।

युक्त-प्रान्तके पच्छिमी भाग, राजपूताना और पंजाबके कुछ हिस्सोंमें राजपूतोंने पुराने समयमें हिन्दू-मुस्लिम समस्याके विकट रूपको देखा और इस गुत्थीको सुलझानेकेलिए एक रास्ता निकाला। हमारी राजपूत बिरादरी सबसे ऊपर रहेगी; राजपूती बहादुरी, राजपूती इतिहास, राजपूती गर्व वह चीज है, जिसके ऊपर हमारी एकता स्थापित होनी चाहिए। कोई अल्लाह कहे, कोई राम कहे; कोई रुस्तम खॉ नाम रखे, कोई बहादुरसिंह—इससे हमारी राजपूती जातीयतामें कोई फर्क नही आ सकता। इस बातको यद्यपि सभी राजपूतोंने नही माना, लेकिन लाखों माईके लाल निकल आये, जिन्होने इस रास्तेको अपनाया। इसमें कितने ही तोमर शामिल हुए, कितने ही चौहान, कितने ही गोहलौत शामिल हुए, कितने ही पॅवार। सारे राजपूत नही शामिल हुए, लेकिन इससे वे निराश नही हुए। शायद आदिम पुरुषों को यह विश्वास था, कि जो रास्ता आज हम निकाल रहे हैं, उसे एक दिन सारा भारत स्वीकार करेगा। उन्होंने समयसे पहिले काम शुरू किया लेकिन यह तो और साहसकी बात थी। मुसलमानोने उन्हें नौ-मुस्लिम (नये मुसलमान) कहा, हिन्दुओंने मलकाना या अधबरिया। संस्कृतिके कितने भागकी रक्षा करनी चाहिए, कितने की नही, इसके बहुत भीतर घुसकर उन्होंने माथा-पच्ची करनेकी कोशिश नही की। गो-ब्राह्मणकी रक्षाको अपना कर्तव्य समझा; ब्याहमें माता-पिताके गोत्रका हमेशा ख्याल रखा, हॉ भॉवर और निकाह दोनों चलते रहे। उन्होंने अपनी छोटी सी कुछ लाखकी दुनियासे हिन्दू-मुस्लिम झगड़ेको सपनेकी बात कर दी।

अलीगढ़ जिलेकी हाथरस तहसीलमे दरियापुर एक गॉव है, जिसके आसपास इस तरहके कितनेही मलकाना राजपूत-परिवार बसते हैं। दरियापुरके छोटे गॉवने कई प्रसिद्ध व्यक्तियोको पैदा किया है। स्वागोंके

आचार्य पण्डित नत्थाराम इसी गाँवके रहनेवाले हैं। नवलकिशोर प्रेसके संस्थापक मुंशी नवलकिशोरका जन्म-गाँव भी यही है। पिछली शताब्दीमें किसी वक्त ठाकुर कुँवरसिंह अलवर रियासतसे आकर दरियापुरमें बस गये। कुँवरसिंहके एक पुत्र हुआ, जिसका नाम पड़ा ठाकुर मुरादअली (मुरलीधर) खाँ—मुसलमान नामके साथ सिंहकी अपेक्षा खान ज्यादा सजता है। ठाकुर मुरादअलीने कुछ अँग्रेजी पढी और रेलवेमें मुलाजिम हो गये और कितनी ही जगह गार्ड तथा स्टेशन-मास्टर रहे। राजपूतीके नाते पल्टनके रिजर्वमें भी थे और पिछली लड़ाईमें वह हिन्दुस्तानके बाहर अफरीका, इराक आदिमें लड़े। ठाकुर मुरादअलीकी शादी मथुरा जिलेके गहनपुर गाँवके पँवारोंमें ठाकुर नन्हूसिंहकी लडकी अंचीसे हुई। अंचीकी माँका नाम था सुन्दरी। अंचीके एक लड़का और एक लडकी पैदा हुई और फिर जवानीमें ही उसका देहान्त हो गया। लडकेका नाम पडा कुँवर मुहम्मद अशरफ। अशरफका जन्म ७ अक्तूबर १९०३को हुआ। वह तीन ही चार सालके हो पाये थे कि उनकी माँ चल बसी। लेकिन ठाकुर मुरादअलीने पुत्रपर इतना स्नेह रखा कि उसे माँका ख्याल नहीं आ सकता था। नौकरीके सिलसिलेमें ठाकुर साहबको घूमते रहना पड़ता था, लेकिन उनको लडकेके पढ़ानेका सदा ख्याल रहता था।

अशरफका नाम दरियापुरके अपर-प्राइमरी मदरसेमें लिखाया गया। मदरसेके मुदर्रिस पण्डित रामलालका बालक अशरफपर बहुत अच्छा और पिताके बाद सबसे ज्यादा असर पड़ा। अशरफने हिन्दी पढी और सातवीं क्लासमें दाखिल होनेके पहले वह उर्दू जानते तक न थे। इस वक्त कौन जानता था कि यही अशरफ अरबी-फारसीका एक बडा पण्डित बनेगा। कुछ और बडा होनेपर बापने लडकेको अलीगढ़के धर्मसभा हाईस्कूलमें दाखिलकर दिया, जहाँ उसने तीसरे क्लास तक शिक्षा प्राप्त की। अलीगढ़के जमानेमें डी० ए० वी० स्कूलमें पढनेवाले अपने बहनोईके संसर्गसे उन्हें आर्यसमाजके लेक्चरोंके सुननेका मौका

मिला। आर्यसमाजकी मजहबी बातोंका तो बालक अशरफ पर बुद्धिवादी हो जानेके सिवा कोई ज्यादा असर नही पड़ा; किन्तु यह पिछली लड़ाईके पहिलेका समय था, जबकि आर्यसमाज राष्ट्रीय आजादी और स्वदेशाभिमानका जबर्दस्त प्रचारक था। बालक अशरफको उन उपदेशोंसे देशभक्तिके प्रथम पाठ मिले।

ठाकुर मुरादअली बदलकर जब मुरादाबाद गये, तो वहाँ उन्होंने मुस्लिम हाईस्कूलमें लडकेको चौथी क्लासमें दाखिल करा दिया। यहाँ अशरफने संस्कृत और हिन्दी ली थी। सातवी क्लासमें जानेपर इन्तजाम न हो सकनेकी वजहसे दिक्कत होने लगी और फिर अशरफको फारसी-उर्दू लेनी पड़ी।

अशरफ एक नम्बरके शरारती लडके थे। हाँ, शरारत थी लड़ने-भिडने, इसको पछाड़ने उसको जितानेकी। वह पढ़नेमे बहुत तेज थे, लेकिन साथ ही पढनेकी ओर उनका बहुत कम ध्यान था। एक बार एक मास्टरने बेत चलाई, अशरफने हाथ रोक दिया और सीधे हेडमास्टरके पास पहुँचे। हेडमास्टर जहीरुद्दीन साहबने लडकेको परख लिया और उन्होंने कह दिया कि तुम्हें पूरी छुट्टी है, जैसे चाहो, वैसे पढो और जब चाहो आओ या न आओ। अशरफ अब मुक्त थे। वह अपनी उम्रके बहादुर नौजवानोंके सरदार थे।

अशरफने १९१८में फारसीके साथ मैट्रिक पास किया। ऐसे खिलवाड़ी लडकेकेलिए सेकण्ड क्लास पास होना भी बहुत था। स्कूलके जमानेमें सबसे ज्यादा असर उनपर मौलवी इस्तफाकरीमका पडा था। यह मौलाना उबैदुल्ला सिंधीकी देशभक्त-जमातके आदमी थे और अपने गुरुके और शिष्योंकी तरह भिन्न-भिन्न जगहोंपर रहते देशकी आजादीके लिए काम कर रहे थे। अशरफके दिलमे देशकी आजादीका ख्याल ग्यारह-बारह ही सालसे उठ खड़ा होनेका एक और भी कारण था—दरियापुरमें शंकरलाल और ठाकुर मुरादअलीके घरका बहुत भाईचारा था और शंकरलालकी भावजने तो मातृविहीन बालक अशरफको पुत्रकी

तरह पाला था। शंकरलाल एक राजनीतिक हत्यामे लपेट लिये गये। इससे बालक अशरफकी भावनाका उधर प्रेरित होना भी स्वाभाविक था। लड़कपनमें मुरादाबादमें रहते हुए धींगडा और सूफी अम्बाप्रसादके ऊपर कीगई कितनी ही कविताओं और कथाओंको अशरफ बडी रुचिसे याद करते थे। लडाईके समय स्कूलोंमे किसी खास दिन सलाम करनेका हुक्म हुआ था। अशरफने उससे साफ इन्कार कर दिया और लडकोंका असन्तोष देखकर मुस्लिम हाईस्कूलके हेडमास्टरने उसपर जोर नही डाला। एनी वेसेन्टकी नजरबन्दीकी खबरने भी अशरफके राजनीतिक भावको जगानेमें मदद दी।

१९१८में जब अशरफ अलीगढके एम्० ओ० कालेजमे दाखिल हुए, तो अभी वह मुस्लिम यूनिवर्सिटीका रूप नहीं धारणकर सका था। अभी परीक्षाएं इलाहाबाद-यूनिवर्सिटीकी दी जाती थीं। एफ० ए०में अशरफने अरबी, तर्क और इतिहास लिया था। अशरफ आज एक बहुत ही सुन्दर वक्ता हैं; इसका परिचय मुरादाबाद हीमें मिलने लगा था और अलीगढ़मे आनेपर तो उनका बहस और व्याख्यानका शौक और बढ़ गया। हाँ, पढ़नेकी तरफ अब वह पहिले जैसी बेपरवाही नही थी। जिन्दादिलीकी कमी तो अब भी नहीं थी, मगर अब उन्हे पढ़नेका चस्का लग गया। इतिहास और दर्शन उनके प्रिय विषय थे।

१९२०में अशरफ ने एफ० ए० पास किया और बी० ए०मे दाखिल हो गये। इसी वक्त असहयोग, खिलाफत और महात्मा गाधी की आवाज देशमें गूँजने लगी। मौलाना मुहम्मदअलीने अलीगढ़मे जामिया-मिल्लिया कायम की। अशरफ भी उसमें शामिल हो गये। ऐसी संस्थाओंमे पढ़ाई तो उस वक्त जितनी होती थी, उतनी होती ही थी; हॉ, उनके विद्यार्थी और अध्यापक राजनीतिक काम ज़्यादा करते थे। अशरफ सुवक्ता थे, अलीगढ़ जिले हीके रहनेवाले थे। उन्होंने राष्ट्रीय आन्दोलनमें खुलकर काम शुरू किया। ज़्यादातर काम था तिलक-स्वराज्य-फण्डके लिए चन्दा जमा करना, खादी-प्रचार और

हिन्दू-मुस्लिम-एकता प्रचार। वे कभी पढ़ते, कभी काम करते। १९२३में उन्होंने जामियासे बी० ए० पास कर लिया।

१९२४में पहुँचते-पहुँचते आन्दोलन बहुत कुछ ठंडा पड़ गया। उसी वक्त शौकत उस्मानी आये और पुलिस उनके पीछे पड़ी हुई थी। अशरफने उन्हें अपने यहाँ जगह दी। यह मजबूरी और पिताका भी बहुत आग्रह हुआ, साथ ही अशरफ अब पुराने फक्कड़ अशरफ नहीं थे, उन्हें अब पढनेका शौक था, इसलिये चार वर्ष बाद १९२४में फिर वह मुस्लिम-यूनिवर्सिटीमें दाखिल हो गए। मुस्लिम रहस्यवाद (-तसव्वुफ़), मुस्लिम-दर्शन और इतिहास उनका विषय था। १९२५में उन्होंने बी० ए० और १९२६में एम० ए० किया। दोनों हीमें द्वितीय श्रेणीमें पास हुए। १९२७में उन्होंने एल० एल० बी० प्रथम श्रेणीमें ही पास नहीं किया, बल्कि उसमें यूनिवर्सिटीका रेकार्ड तोडा।

राजनीतिक विचार—देशकी आजादीका खयाल अशरफको बहुत पहिले ही से था, यह हम बतला चुके हैं। काग्रेसकी राजनीतिमें उनकी कितनी श्रद्धा थी और उसकेलिए उन्होने अपनी पढाई छोड़ी, यह भी बतला आये हैं। १९२२ में शौकत उस्मानीसे परिचय हुआ, सोशलिज्मकी बातें भी उस्मानीने की; मगर अशरफ जैसे राष्ट्रीयतावादी-को उसके प्रति आकर्षण नही, बल्कि एक तरहसे घृणा हो गई। एम० एन० राय आदिकी पुस्तकोंने उसमें घीका काम किया और वह समझने लगे कि ये सब राष्ट्रीयता-विरोधी हैं। गया काग्रेसके बाद १९२३के शुरूमे कलकत्तामें जानेपर अशरफने मुजफ्फर अहमद, और कुतुबउद्दीनसे भेंटकी, लेकिन उससे असन्तोषमें ज़रा भी कमी नहीं हुई। अशरफ कमूनिज्मके ख़िलाफ़ अपने विचार लेकर लौटे। पीछे कमूनिस्त होनेके बाद अशरफ इन पुराने परिचितोंपर झल्लाते थे और कहते थे कि कमूनिज्म तो राष्ट्रीय आजादीका सबसे जबर्दस्त समर्थक है, फिर कम्बख्तोंने मेरे राष्ट्रीय भावोंको कमूनिज्मसे मिला क्यों नहीं दिया, ऐसा होनेपर मैं कई वर्ष पहिले ठीक रास्तेपर पहुँच गया होता।

चौरीचौरा (१६२२ ई०)के बाद अशरफका दिल गांधीवादसे हटने लगा। १६२५ में यूनिवर्सिटीमें पढ़ते वक्त उनके विचार कुछ समाजवादकी तरफ फिरने लगे, मगर अभी उसका ज्ञान उन्हें धुँधला सा था। १६२६ मे एम० ए० करनेके बाद वह अलवर गये। दादाका वतन होनेसे अलवरके साथ उनका एक खास प्रेम था। राजकी ओर से भी सम्मान हुआ और वह राजकीय मेहमान बनकर ठहरे। राजा शिकारमे गये थे, उस वक्त बेगारियोंकी तकलीफें देखनेका अशरफको मौका मिला। वहाँ साफ साफ उन्होंने आदमियोंके साथ जानवरों जैसा बर्ताव होते देखा और वर्तमान सामाजिक व्यवस्थासे उन्हें और भी घृणा हो गई।

एल० एल० बी० होनेके बाद अशरफने वकालत भी की थी, लेकिन सिर्फ तीन मास, मुजफ्फरनगरमे। महाराजा अलवरने अशरफको अपनी रियासतमे खींचना चाहा। अशरफने विलायत जाकर और पढ़ आनेकी शर्त रखी। फिर अलवरकी राजसी स्कालरशिप ले वह विलायतकेलिए रवाना हुए।

इंगलैंडमें—१६२७ मे अशरफ लन्दन पहुँचे। यद्यपि लिंक-इन्मे वह बैरिस्टरीकेलिए दाखिल हो गये और तीन साल तक जाते रहे, मगर उनका दिल कानूनकी तरफ नहीं था। उनकी इच्छा थी हिन्दुस्तानके सामाजिक जीवनका अध्ययन करनेकी। लन्दन यूनिवर्सिटी मे पीएच्० डी०केलिए अपने खोजका विषय उन्होंने चुना १२००-१५५० ई० मे भारतका सामाजिक जीवन। उनके प्रोफेसर सामाजिक जीवनका नाम सुनते ही चौंक उठे, सोशलिज्मके गधसे नहीं, बल्कि वह ऐसा काल था, जिसपर वे लोग समझते थे, कि सामग्री बहुत कम है और पीएच्० डी०के निबन्धकेलिए काफी मसाला नहीं मिल सकेगा। सर वुल्जली हेग उनके अध्यापक थे। अशरफ हफ्तेमे एक बार उनके यहाँ जरूर जाते, मगर निबन्धके विषयपर बात करना हराम था। प्रोफेसर हेगको कोई आशा न थी, किन्तु अशरफने अरबी, फारसी-

की किताबोंके पन्नोंको उलटते वक्त देख लिया था, कि ढूँढ़नेपर सामग्री जरूर मिलेगी। जैसे-जैसे वह भीतर घुसते गये, वैसे वैसे धुँधली जगहों पर रोशनी पड़ती गई।

इंग्लैण्डमे जातेके साथ ही राजनीतिक विचारवाले भारतीयोंसे उनका परिचय हुआ। सकलतवाला, सज्जाद जहीर, महमूदुज्ज़फर और कितने ही भारतीयोंसे उनकी घनिष्टता हुई और तबसे अशरफके विचार कम्यूनिस्त हो गये। १९२७में आखिरी बार उन्होंने खुदाके लिये नमाज अदा की।

१९२९ मे महाराज अलवरकी जुबिली थी, अशरफ अलवरकी स्कालरशिपसे पढ़ते थे। महाराजाका पत्र गया और वह अलवर पहुँच गये। जुबिलीके दिनोके अलवरके ये दिन अशरफकी आँख नहीं खोल रहे थे, बल्कि आँखोंमें सलाखें भोक रहे थे। एक हफ्तेके भीतर पन्द्रह लाख रुपया साफ कर दिया गया। कितने ही राजा महाराजा आये थे। अशरफ उस वक्त महाराजाके प्राइवेट सेक्रेटरी थे। लार्ड इरविन पहुँचे थे। उस वक्त उनके स्वागतका इन्तिजाम महाराजाके प्राइवेट सेक्रेटरी अशरफको खासतौरसे दिया गया। ये तीन महीने अशरफकेलिए जबर्दस्त तजर्बेके थे। उन्होंने इन तीन महीनोके एक एक दिनकी डायरी लिखकर रखी है, किसी वक्त यदि वह प्रकाशमे आयेगी, तो भारतके इस कोढ़—जिसे रियासती भारत कहा जाता है—का वह रूप पाठकोंके सामने आयेगा, जिसे देखकर वे दग रह जायेंगे।

आखिर वही बात हुई। अशरफ अपने विद्रोही मनको ज्यादा दबा नही सके। महाराजाकी फरमाँबरदारी उनकेलिए असह्य हो गई और वह अलवर छोडकर चले आये।

उनके पिता जीवित थे। लडकेके ऊपर पैसा खर्च करनेमें वह बड़े शाह-खर्च थे। पुत्र पर कभी वह दबाव नही डालते थे। पुत्रकेलिए उनकी दो सबसे बड़ी शिक्षाये थी—कर्ज मत लेना और जो आये खर्च करना। अलीगढ़के दिनोंमें भी वह खर्चकेलिए खुले हाथों दिया

करते थे, जोर दबाव देनेके बारेमे कहनेपर कह देते थे "भाई मैं उसका नौकर हूँ।"

१९३०के शुरूमें घरसे रुपया लेकर अशरफ फिर लन्दन चले गये और १९३२में पीएच्० डी० होकर भारत लौटे।

उसी साल कानपुरमें मजदूर कानफ्रेंस हुई। अशरफ उसमें शामिल हुए। मथुरामे किसान आन्दोलन और चमार लोगोकी बेगारके आन्दोलनमें उन्होंने खूब भाग लिया। पिता ठाकुर मुरादअली १९३४ तक जिन्दा रहे। वह पुत्रकी बातोंको पसंद नहीं करते थे, मगर साथ ही उन्होंने दखल देना भी कभी पसंद नही किया। अशरफ अब भी अपने गाँवके पंडित रामलाल और अपने पिताको अपने निर्माण मे भारी सहायक मानते हैं।

इतिहासके गभीर विद्यार्थी होनेकी वजहसे और साथही मार्क्सवादकी गहरी छाप पडनेके कारण अशरफको एक ओर तो अपने देशकी संस्कृति, अपने इतिहासकी खोजका बहुत शौक है, दूसरी ओर वह भारतको असली मानेमें स्वतंत्र देखना चाहते हैं। उन्होने लाला लाजपतरायकी सर्वेण्ट आफ दी पीपुल्स सोसायटी (लोकसेवक समिति) और पूनाकी भारत सेवक समितिको अपनी सेवायें देनेकेलिए लिखा, मगर वह सोसाइटियाँ हिन्दुत्वसे बहुत ऊँची नहीं उठ सकी थी। दरअसल जबतक राष्ट्रीयता, संस्कृति, धर्म आदिके बारेमें बिल्कुल स्पष्ट दृष्टिकोण न तै हो जाये, तबतक नाना संस्कृतियों और धर्मोंके कर्मियोंका एक साथ काम करना मुश्किल है। लालाजीकी लोकसेवक समिति और गोखलेकी भारतसेवक समितिमे, यही कारण था जोकि हिन्दुओको छोड दूसरे उनके अन्दर नहीं आसके। कितनी ही और राजनीतिक सामाजिक संस्थाओंमे भी यही बात देखी जाती है।

१९३४-३५में सिर्फ एक सालकेलिए उन्होने मुस्लिम यूनिवर्सिटीमे प्रोफेसर होना स्वीकार कर लिया। वहींसे लखनऊ काँग्रेसमे गये और तबसे बराबर अखिल भारतीय काँग्रेस कमिटीके मेम्बर रहे। उनके

सुझाव पर पण्डित जवाहरलाल नेहरूने कॉंग्रेसमें विदेश-विभाग तथा प्रचारकेलिए पुस्तिकायें तैयार करनेके विभाग बनाये। डा० अशरफ और उनके लन्दनके साथी डा० अहमद भी अखिल भारतीय कॉंग्रेस कमीटीके कई विभागोंमें काम करने लगे।

१९३७मे अशरफ मथुरा-आगरा मुस्लिम-निर्वाचन-क्षेत्रसे कॉंग्रेसकी ओरसे एसेम्बलीकेलिए खड़े हुए। चुनावकी लडाई बड़ी जबर्दस्त रही। कॉंग्रेसी कहकर भड़कानेकी बहुतेरी कोशिशकी गई, मगर बहुतसी तहसीलोंसे वह जीते और कुल मिलाकर सिर्फ पौने तीनसौ वोटोंसे हारे। ऐसा न हुआ होता, यदि एकाध अपने ही सज्जनोंने धोखा न दिया होता।

१९३६से ही अशरफ कॉंग्रेसमें भाषण द्वारा कमूनिस्तोंका प्रतिनिधित्व करते आरहे हैं। त्रिपुरी, रामगढ़, पूना, प्रयाग, बम्बई आदिकी कॉंग्रेसो या अखिल भारतीय कॉंग्रेस कमीटियोंमें उनके दिये भाषणोंको लोग अच्छी तरह पढते रहे हैं।

डा० अशरफ आजाद-मुस्लिम कानफ्रेंसके बोर्डके मेम्बर हैं। वह मुस्लिम सस्कृतिके जबर्दस्त प्रशंसक है, लेकिन साथ ही वह यह भी जानते हैं, कि उनकी पत्नी कुलसुमके भाई प्रतापसिंह और धनसिह हैं, उनकी खास बुआ भी हिन्दुनी हैं, उनकी अपनी शादी भी आगके किनारे फेरोसे हुई थी। भारतीय संस्कृतिका सरक्षक अशरफसे बढकर कौन हो सकता है, जो अपने खूनके कतरे कतरेमे भारतीयताको अनुभव करता है। इस्लामी सस्कृतिका अशरफसे बढकर कौन समर्थक हो सकता है, जोकि उसके इतिहासका एक गभीर विद्यार्थी ही नही है, बल्कि दुनियामें मानव जातिकी जो सेवायें उसने की हैं, उनकी वह कद्र करता है। और कमूनिस्त होनेसे किसी भी देश किसी भी जातिकी सस्कृति, स्वतन्त्रताका वह जबर्दस्त समर्थक छोड और दूसरा हो क्या सकता है? वह मानवताके इतिहास, दर्शन, कला, संस्कृति, साहित्य सभी भव्य देनोंको एकसा, स्नेह और सम्मानकी दृष्टिसे देखता है। वह सबके केन्द्रबिन्दुपर खडा है, जहाँसे रेखायें बिना एक दूसरेको काटे सब जगहोपर

पहुँच जाती हैं। अशरफ अपने देशका शुरूसे लेकर आजतकका एक प्रामाणिक इतिहास लिखा गया देखना चाहते हैं. लेकिन विन्सेंट स्मिथ् जैसोंको सिर्फ उलट देने भरको वह पसंद नहीं करते। और फिर वह राजा-रानियोंका इतिहास नहीं, जनताका इतिहास, समाजका इतिहास, जीवनके हरएक अंगका इतिहास चाहते हैं। इतिहास लिखनेको बल्कि वह अगली पीढ़ीपर छोड़ना चाहते हैं, अभी तो वह चाहते हैं, कि सिन्धु-उपत्यका और प्राग्-वैदिककालसे लेकर आजतकके हमारे जीवनके किसी अंगके बारेमें दुनियाकी किसी भाषामें, मिट्टी, पत्थर, पीतल, लोहे, ताम्बेपर, या अलिखित गीतों, कहानियों रीति-रवाजों टोटके-टोनोंमें जो कुछ मिले, उसे पचासों जिल्दोंमें प्रकाशित कर दिया जाय। यह सैकड़ों विद्वानोंके दश-पन्द्रह बरसके अनवरत श्रमसे साध्य काम है, लेकिन होगा। अशरफका विश्वास है कि भविष्य हमारे साथ है।

२

सूर्यकान्त त्रिपाठी "निराला"*

१९सवीं सदीके अंतकी दो शताब्दियोंमें हिंदीके गद्यकी भाषामें उन्नति हुई थी, किंतु वह पुष्ट हुई वर्तमान शताब्दीके पहले चौदह-पन्द्रह वर्षोंमें और इसका बहुत भारी श्रेय है पंडित महावीरप्रसाद द्विवेदी तथा उनकी सम्पादित "सरस्वती"को। परंतु पिछले महायुद्ध (१९१४-१८) तक हिंदी पद्यकी भाषा लँगड़ीसी प्रतीत होती थी। न उसकी शिथिलता दूर हुई थी और न उसमें कोमल तथा गंभीर भावोंको प्रकट करनेकी क्षमता मालूम होती थी। कितने ही कवि संस्कृतके शब्दों और छंदोंकी भरमार करके उसमें प्रवाह और सरसता लानेकी कोशिश करते थे, किंतु वे शब्द क्षीर-नीरकी तरह एक न हो परदेशीसे जान पड़ते थे। वर्तमान शताब्दीकी तीसरी दशाब्दी शुरू होते-होते कविता-भाषासे निराश हममेंसे कितने ही आँख मलमलकर देखने लगे, जबकि प्रसाद और प्रवाहमयी भाषामें कोई-कोई कविता हमारे सामने आने लगी। आज तो हिंदी कविताने वह भाषा प्राप्त कर ली है, जिसे कि संस्कृत कविताको अश्वघोष,

* १८९६ वसंत पंचमी जन्म, १८९९ माँकी मृत्यु, १९०६ बँगला पाठशालामें, १९०८ पहिली बँगला की पद्य-रचना, १९१० पहिली ब्रजभाषा पद्य रचना, ब्याह, १९१४ "जूहीकी कली" लिखी, १९१६ पिताकी मृत्यु, १९१८ पत्नीकी मृत्यु, १९१९ पहिला लेख (सरस्वतीमें) छपा, १९१७-२० साहित्य-साधना, १९२० नौकरी छोड़ घरपर, १९२१ चोरीका इल्जाम, १९२१-२३ "समन्वय"में, १९२२ "अनामिका" प्रकाशित, १९२४-२७ "बाजार"का काम, १९२८-३५ लखनऊमें, १९३० पुत्री (सरोज)का ब्याह, १९३५-४२ "निर्लेप" काल, १९३५ सरोजकी मृत्यु, १९४३ "शमित दमित" काल।

कालिदास और बाणने प्रदान किया। इस नई भागीरथीको लानेमें जिन तीन महान् व्यक्तियोंने भगीरथ-प्रयत्न किया, उनमें निरालाका नाम हिंदी साहित्यमें सदा स्मरणीय रहेगा। बल्कि रूढ़िवादियोंकी ओरसे होनेवाले निरंतर प्रहारको जिसे सबसे ज्यादा सहना पड़ा, वह हैं केवल 'निराला'। सौभाग्य है कि हमारे साहित्यकी यह महान् विभूति हमारे बीचमें है और उसकी लेखनी सुप्त नहीं हुई है; यद्यपि उसकी प्रसूतिकी प्रतीक्षामें स्वातीके चातककी तरह हमें बहुत तरसते रहना पड़ता है। मगर, इसमें दोष 'निराला'का नहीं बल्कि उस समाजका है, जिसने सहायताकी अपेक्षा बाधाएँ ही ज्यादा पहुँचाई हैं।

'निराला'का जन्म बसंतपंचमी संवत् १९५३ (१८९६ ई०)में हुआ। उनके पिता रामसहाय त्रिपाठी (मृत्यु १९१६ ई०) गढ़ाकोला, तहसील रंजीतपुरवा, जिला उन्नावके रहनेवाले थे। थोड़ीसी काश्तकारी और चार-पाँच भाई, घरमें गुजारा कैसे होता? लाचार, अपनी स्थितिके दूसरे व्यक्तियोंकी भाँति उन्होंने कलकत्तेका रास्ता लिया। कुछ दिन सिपाही रहे, लेकिन उतनेसे वह संतुष्ट न थे। मेदिनीपुर जिले (बंगाल)में महिषादल सरयूपारी ब्राह्मणोंकी एक बड़ी जमींदारी-रियासत है। शरीरसे लंबे-चौड़े खूब मजबूत और अकलके तेज रामसहाय त्रिपाठी—त्रिपाठी नहीं अभी वह उपाध्याय थे—महिषादल जा सौ सिपाहियोंके ऊपर जमादार बन गये। यद्यपि उनकी तनख्वाह पंद्रह-सोलह रुपये मासिकसे ज्यादा कभी नहीं हुई, मगर वह स्वामीके कृपापात्र थे और सौ-डेढ़सौ बीघा जमीन उन्हें ऊपरी आमदनी करनेकेलिए मिल जाती थी, जिसे वह छैसे बारह रुपये बीघेकी शरहपर लगा देते। इस तरह वह दस-पंद्रह हजारके आदमी हो गये। मृत्युके साथ उनका दो-तीन हजार जहाँ-तहाँ फँसा ही रह गया और व्यवहार-शून्य सूर्यकांत वसूल न कर पाये।

'निराला'की माँ जब मरीं तो अभी वह पूरे तीन सालके भी नहीं हो पाये थे। उनका क्या नाम था, यह भी 'निराला'को पता नहीं। डढ़हा (उन्नाव)के पास उनका नैहर था, किंतु 'निराला' वहाँ कभी

नहीं गये। रामसहायजीकी पहली स्त्री रुक्मिणी मर गई थी, इसके बाद उन्होंने दो-ढाई सौ रुपयेमे लड़की खरीदकर शादी की। ससुरालवाले आशा रखते थे, कि कमाऊ दामाद बराबर कुछ देता रहेगा, मगर दामाद उस आशाको पूरा करनेकेलिए तैयार न थे। पाठकों (ससुरालवालों)ने नाराज होकर हल्ला किया—लडकी हमारी नही, अहीर या किसी दूसरी जातिकी है। भला ऐसी ससुरालसे सम्बन्ध रखनेकेलिए कौन तैयार होता?

ब्याहके बाद रामसहायजी अपनी स्त्रीको अपने साथ महिषादल ले गये, उस वक्त उनकी आयु चालीस सालकी थी। स्त्री सुंदरी और समझ-दार थी, उसकी रुचि देखकर उन्होंने पढ़नेका भी इंतजाम कर दिया। लेकिन, दोनोके जीवनमें सुख नही बदा था। उनकी एकमात्र संतान सूर्य-कात वही महिपादलमे पैदा हुआ, फिर कोई शोचनीय घटना घटी, जिसने उस तरुणीकी जीवनलीलाको समाप्त कर दिया। निराला उस वक्त सिर्फ तीन सालके थे। रामसहाय उपाध्याय किसी बडी मुसीबतमे फॅसनेवाले थे, किंतु राजाका वरद-हस्त उनके शिरपर था और वह उपाध्यायसे त्रिपाठी बनकर निर्लेप बच गये। बालक निरालाके दिलपर माताकी शोच-नीय मृत्युकी छाप सदाकेलिए अमिट हो गई। इसमें कोई सदेह नही, कि हमारे निरालामें जो एक तरहकी उन्मनस्कता देखी जाती है, उसका सबसे बड़ा कारण वही घटना है। मुश्किल तो यह है कि निराला आज भी तीन वर्षके सूर्यकातको उस दुर्घटनाका भारी जिम्मेवार मानते हैं।

रामसहाय त्रिपाठी सम्पन्न थे राजाके प्रिय थे। बालक सूर्यकांतके लालन-पालनमे दोनोंका हाथ था। बल्कि एक वक्त महिषादलके राजाके अनुज सूर्यकातको गोद लेकर अपनी निःसतानताको दूर करना चाहते थे। वह निरालासे कहते थे—"देखो, तुम्हारे पिता मेरे सामने खड़े रहते हैं, ऐसे ही तुम्हे भी खड़ा रहना होगा, आओ, मेरे बेटे बन जाओ।" मगर सूर्यकात बापको छोडनेको तैयार न थे। निराला पॉच-छै सालके ही हो पाये थे कि वह मर गये, नहीं तो सभव है, और प्रयत्न हुआ होता।

रामसहायजीके कारण बैसवाडाके कितने ही और सिपाही महिषादलमें

नौकर थे। उनसे निराला बैसवाडी बोलते थे। बाहर तो सिर्फ बँगलाका बोलबाला था, इस प्रकार उनकेलिए दोनों भाषाएँ मातृभाषा-तुल्य थी।

जब वह पाँच साल (१९०१ ई०) के हुए, तो बंगला पाठशालामे पढ़नेकेलिए बैठा दिये गये। तीन चार साल तक वह वही पढते रहे। फिर महिपादलके हाईस्कूलमे अंग्रेजी पढ़ने लगे। यद्यपि हिंदी पढ़नेका वहाँ कोई प्रबन्ध न था, लेकिन सिपाहियोंमेसे कुछ रामायण और ब्रजभाषाकी कविताओंके शौकीन थे इसलिए उनकी सहायतासे सात सालकी उम्रमे ही निरालाने भी अवधी और ब्रजभाषाकी कविताओको पढना शुरू कर दिया।

हाईस्कूलमे संस्कृतको उन्होंने द्वितीय भाषाके रूपमे लिया था और अतिरिक्त विषयके तौर पर भी। बगला, अंग्रेजी और संस्कृतमें वह कक्षाके तेज छात्र थे और परीक्षामे सौमे अस्सी नंबर लाना उनकेलिए मामूली बात थी। बुद्धि तीव्र थी, मगर बेपरवाही भी हद दर्जेकी। जिस विषयमें मन लगता उसे खूब पढ़ते, जिसमें नहीं, उसे पढ़े उनकी बला! मैट्रिक तक पहुँचते पहुँचते (१९१५ ई० नैषध तकके कितने ही संस्कृत काव्योंको पढ डाला, गीता और दर्शनका भी अध्ययन किया। पिताका अनुशासन था नहीं और यदि वह अनुशासन रखना चाहते तो निराला उसे पसद करते इसमे भारी संदेह है। इसी बेपरवाही और मनमानीका एक यह भी फल हुआ, कि निराला जब कलकत्ता मैट्रिककी परीक्षा देने गये, तो एक पर्चेमे शामिल ही नही हुए। स्कूली पढाईका यही खात्मा हो गया।

निराला जब आठवें दर्जेमे पढ़ते थे, तभी "इंडियन एम्पायर" (अंग्रेजी पत्र) के ग्राहक बन गये और उसीके आस-पास "सरस्वती" भी पढ़ने लगे। बंगलाकी भूमिमे रहते उन्हे "सरस्वती" ने ही हिंदीका पाठ पढ़ाया, और कविता? निराला जन्मजात कवि हैं। आठ सालकी उम्रमे ही उन्होंने बंगलामे तुकबंदी शुरूकी थी और पीछे तो महिषादलकी काव्यगोष्ठियोमे उनकी बंगला-कविताएँ पसंदकी जाने लगी थी। तेरह-

चौदह सालकी उम्रमें ब्रजभाषामें कवित्त, सवैया भी लिखते थे। पद्रह सालकी उम्रमें एक सस्कृत पद्य लिखा था जिसका कुछ अश है—"जडो मूर्खो बालः पशुभरणकार्येषुनिरतः। कृपादृष्ट्या जातः कविकुलशिरोभूषणमणिः।"

वैवाहिक जीवन—गगाके किनारे भिटौरे (जि० फतेहपुर) के पास चादपुर एक गॉव है। वहॉ कितने ही पंडे रहते हैं। वहीके एक दूबेके घरमे चौदह सालकी उम्रमे निरालाकी शादी हुई। उस वक्त स्त्री ग्यारह सालकी थी, वह हिंदी पढी-लिखी थी और निरालाका उनसे घनिष्ठ प्रेम था। गौनेके बाद कुछ दिनोंकेलिए वह महिषादल भी गई थीं, पीछे अपने घर या ननिहाल (डलमऊ जि० रायबरेली) मे रहती थी। १९१८ में जब सारे भारतमे इन्फ्लुएजाकी महामारी फैली और चार सप्ताहके भीतर ही आध करोड़से ज्यादा आदमी मर गये, उसी समय निरालाकी स्त्रीका भी देहात हो गया। उस समय उनकी उम्र उन्नीस सालकी थी। बाईस सालके निरालाके तरुण हृदयपर एक चिरस्थायी वज्रपात हुआ।

बुढ़ापेमें पेन्शन लेकर प० रामसहाय त्रिपाठी महिपादलमे ही रहते थे। १९१९ मे उन्हे लकवा मार गया। निराला पिताको लेकर घर आये, किन्तु बीमारीने मृत्युके साथ ही संग छोड़ा।

निराला महिषादलके राजकुमारोंके साथ बढ़े और पढ़े थे। राजवश में सगीतका शौक था। निरालाने भी वहीं संगीतकी शिक्षा पाई। तबला, पखावज, पियानो बजानेमें वह सिद्धहस्त थे। महिषादलसे स्नेह होना उनकेलिए स्वाभाविक था। पिताकी मृत्युके बाद उन्होंने महिषादलमें जाकर राजकी नौकरी कर ली। पहले हिसाब-किताब (एकाउट) विभागमे रहे, फिर प्रबन्ध-विभागमे। उस समय उन्हे राजके कामसे अक्सर स्टीमर द्वारा कलकत्ता जाना पडता था। यद्यपि अपनी जान अपने काममें सुस्ती नहीं करते थे, लेकिन १९१७ से २० तक का समय निरालाकी साहित्य-साधनाका भी समय था। दफ्तर हो या घर वह अपने बचे समय

को बगला और संस्कृत साहित्यके अध्ययनमे तल्लीन हो विताते थे। राजपरिवारकी अंतरगताको भी कितने ही लोग डाहकी नजरसे देखते थे। वे शिकायत करते थे कि त्रिपाठी तो दफ्तरमें भी किताबे पढ़ता रहता है। मालिक और नौकरका सौहार्द देर तक निभ नही सकता, और निरालाने जब भेद-भाव देखा तो वह इस्तीफा देकर (१६२०में) घर चले आये।

निरालाके ऊपर स्वामी प्रज्ञानंद सरस्वतीका जबर्दस्त प्रभाव पड़ा था। लडाईके दिनोंमें वह जेलमें रखे गये थे, पीछे महिषादलमे नजरबंद थे। वह अंग्रेजी (एम० ए०), संस्कृत तथा दूसरे कितने ही विषयो के गंभीर विद्वान् थे। निराला उनसे छिप छिपकर मिलते थे। बंगलामे उनकी लिखी कई किताबें हैं। उन्होंने तरुण निरालाको बहुत उत्साहित किया—"तुम कुछ करनेकेलिए हो" उनके इस वाक्यने निरालाके आत्मविश्वासको बढ़ाया।

१६१८ के इन्फ्लुएंजाने एक तरह निरालाके घरके घरको साफ कर दिया। स्त्रीके अतिरिक्त छोटी लड़की और चचा भी जाते रहे। अब घरमे रह गये थे, अपने तीन सालका लड़का और एक सालकी लडकी, दादाज़ाद भाईके चार लड़के—जिनमें सबसे बड़ेकी उम्र सिर्फ तेरह सालकी थी। दुनिया-जहानसे बेपरवाह निरालाके सरपर इन छै बच्चो का बोझ पड़ा। अपने लड़के तो ननिहालमें रहते थे, लेकिन चारो भतीजोंमे दोको साथ रखते और दोको किसी रिश्तेदारके यहाँ।

अठारह-उन्नीस सालकी उम्रमे निरालाने अपनी "जुहीकी कली" नामक कविताको "सरस्वती" मे भेजा था, जिसेकि पंडित महावीरप्रसाद द्विवेदीने लौटा दिया। १६१६ में उनका पहला लेख 'सरस्वती' मे छपा, तभीसे द्विवेदीजीसे पत्र-व्यवहार भी होने लगा। द्विवेदीजी होनहार लेखकोंको परखने और प्रोत्साहन देनेमें बड़े तत्पर रहते थे। १६२० में जब निराला नौकरीसे इस्तीफा देकर घर चले आये थे, उस वक्त रामकृष्ण विवेकानंद मिशनवाले "समन्वय" (हिन्दी) नामसे एक मासिक पत्र निकालना चाहते थे। द्विवेदीजीके कहनेपर "समन्वय" वाले

निरालाको अस्सी रुपया मासिक पर सम्पादक बना रहे थे। बात सब तै हो गई थी, उसी समय महिषादलसे बुलौवा आया और सूर्यकांत त्रिपाठी फिर वहीं चले गये। सम्बन्धमे सुधार होनेकी जगह और बिगाड़ होता गया। निराला समानताका वर्ताव करना अच्छा जानते हैं, मगर किसीको देवता बनाकर उसकी चापलूसी करना उन्होंने कभी नही सीखा। स्वामी इसे अपना घोर अपमान समझने लगे। राजाके देवी-मंदिरमें निराला प्रायः नित्य जाया करते थे। डंड-बैठक करने, भंग छाननेके साथ देवीदर्शन भी उनकी दिनचर्याका एक अंग था। राजाकी कुल-देवीके पास बहुमूल्य आभूषणोंका होना जरूरी था। एक दिन देवीके घर चोरी हुई। पीढियोंके जमा आभूषण लुट गये। असली चोर तो मिल नहीं सका; स्वामियोंने कहा—"यह तगड़ा आदमी रोज मंदिरमें जाता रहा है, इसीने चोरी की है।" निरालाका दिल सन्न हो गया। उसमें 'समन्वय'की सम्पादकीके अस्वीकार करनेकेलिए पछतानेकी भी शक्ति न थी। यह है भद्रवर्ग—इस उपालभसे होता क्या? राजाका सम्बन्धी एक साधारणसा आदमीभी चोरीके अपराधमें फाँसा गया, उसे तरह-तरहकी सासत दी गई और यह कोशिशकी गई कि वह सूर्यकात त्रिपाठीका नाम ले ले; किंतु उसने यह स्वीकार नही किया। प्रभुओंकी इच्छा थी. पुलिसने गिरफ़ार किया और सूर्यकातपर चोरीका मुक़दमा चला। सबूत तो कोई था नही, मजिस्ट्रेटने पुलिससे यह कहकर सूर्यकातको रिहा कर दिया—"You are foolish not police (तुम मूर्ख हो, पुलिस नहीं)"। मुक्ति तो मिल गई, किंतु मालिकोंके इस व्यवहारने निरालाके दिलपर अमिट चोट पहुँचाई।

समन्वय-काल १९२१-२३—चोरीके अपराधसे मुक्त हो निराला सीधे "समन्वय"मे कलकत्ता पहुँच गये। पहले अवैतनिक काम करते रहे, पीछे खर्चकेलिए कुछ ले लेते थे। पहलेकी उनकी रचनाओंमें "जुहीकी कली" और "बादल" भी हैं। १९१८-१९मे पीड़ित हृदय निरालाने एक कविता लिखी थी, जिसका कुछ अंश इस प्रकार है—

"जब छड़ी मारे पड़ी दिल हिल गया
पर न कर चू भी कभी पाया यहाँ।
मुक्तिकी तब युक्तिसे मिल खिल गया
भाव जिसका चाव है छाया यहाँ।
खेतमें पड़ भावकी जड़ गड़ गई
धीरने दुख-नीरसे सींचा सदा।
सफलताकी थी लता आशामयी
झूलते थे फूल भावी सम्पदा।"

निरालाने जिस वक्त "जुहीकी कली" लिखी, उस वक्त तक वह मुक्त-छदके आचार्य वॉल्ट ह्विटमैन (अंग्रेजी), गिरीश और माइकेल मधुसूदन दत्त (बँगला) का रसास्वाद ले चुके थे। सनेही, हरिऔध, मैथिलीशरणगुप्तकी कविताओंको बहुत पहले हीसे वह 'सरस्वती'में पढ़ने आये थे। उनके काव्योंमें उन्हें वाणीका दमसा घुटता दीखता था। किस तरह कविता-सरस्वतीके छद-बधको शिथिल किया जा सकता है, किस तरह भाव-प्रवाहको निर्बाध बनाया जा सकता है, और किस तरह संस्कृतके महाकवियोंकी सूक्ति जैसा लालित्य लाया जा सकता है—निरालाको बस इसीकी धुन थी। 'समन्वय'-कालमें मुक्त-छदमें लिखी उनकी रचना "पचवटी-प्रसग" इस प्रयत्नका प्रथम फल था। १६२२में निरालाकी 'अनामिका'के प्रकाशक और भूमिका-लेखक बाबू महादेवप्रसादने निराला-के बारेमें लिखा था—"पुरा कवीना गणनाप्रसंगे कनिष्ठिकाधिष्ठित-कालिदासः। अद्यापि तत्तुल्यकवेरभावाद् अनामिका सार्थवती बभूव।"

बाबू महादेवप्रसादने सबसे पहले नये काव्य-प्रवाहका स्वागत किया और निरालाकी प्रतिभाकी दाद दी। निरालाकी समर्थ लेखनीकी सहायताके बलपर १६२३ (श्रावण पूर्णिमा)में महादेव बाबूने 'मतवाला' निकाला। 'मतवाला'में सूर्यकांत त्रिपाठीने 'निराला'के नामसे लिखना शुरू किया और फिर तो उनका यही चिरप्रसिद्ध नाम पड़ गया। 'मतवाला' और 'समन्वय'में निरालाके लेख अधिकतर साहित्य और दर्शनपर होते थे।

बाजारका काम (१९२४-२७)—'समन्वय' छोड़कर निराला एक साल 'मतवाला'में रहे। 'मतवाला' छोड़नेपर खाली तो बैठ नही सकते थे, आखिर बच्चोंकी परवरिशका बोझ भी तो सरपर था। इसलिए निरालाकी अनुपम प्रतिभा बाजारके काममें लगनेकेलिए मजबूर हुई। शायद "मजूरीका काम" ज्यादा सम्माननीय शब्द होता इसीलिए निराला 'बाजारका काम" शब्दको अधिक पसंद करते हैं। काम था पुस्तकोका सशोधन, अनुवाद और विज्ञापनदाताओंकेलिए विज्ञापन बनाना। बाजारकी दर थी छै रुपये फार्म। 'समन्वय' वाले अपने अनुवादकेलिए सात रुपये फार्म देते थे, यह उनकी कृपा थी। 'परिमल'के सारे अधिकारको ढाई सौ रुपयेमें बेच डालना पड़ा। हिंदी जगत्मे अब भी "बाजारका काम" शायद उसी तरह चलता जा रहा है। "बाजारके काम"केलिए लिखी उनकी कुछ कृतियाँ है—(१) रवीन्द्र-कविता-कानन, (२) महाराणा प्रताप, (३) भीष्म, (४) ध्रुव, (५) प्रह्लाद रामकृष्णवचनामृत (१५०० पृष्ठ) और विवेकानंदकी कुछ वक्तृताओका अनुवाद भी उन्होने इसी समय किया था। निरालाकी "शकुतला" धारावाहिक रूपसे 'मतवाला'मे निकली।

वैसे तो महिषादलमे भी लुकछिपकर कभी एकाध प्याले उड़ालिया करते थे, मगर 'समन्वय'के बाद तो पूरा दौर चलने लगा। शायद चिंताओको भुलानेकेलिए हाला अधिक उपयोगी है।

जिस वक्त "बाजारके काम"का युग खतम हो रहा था, उस समय बड़ा भतीजा अपने पैरोंपर खडा होने लायक बन गया था। उसने बंबई जाकर कुछ व्यापार शुरू किया। छोटोको अब भी निरालासे अवलम्बकी जरूरत थी, लेकिन निराला धीरे-धीरे विदेह होते जा रहे थे।

लखनऊ-काल (१९२८-३५)—"बाजारके काम"की दर गिरती जा रही थी और कलकत्ता हिंदीका कोई उतना बडा केंद्र भी नही है। निराला अब विस्तृत क्षेत्रमे आना चाहते थे। अब उर्दू के गढ लखनऊसे 'माधुरी' और 'सुधा' निकल रही थी। दश सालके अंदर ही अंदर हिंदी-

साहित्यने जहाँ अनेक नवीन साहित्यिक पैदा किये, वहाँ नवशिक्षित भद्र-वर्गमें उसने अपनेलिए आदरणीय स्थान भी बना लिया। 'प्रसाद'जीने काशी विद्या- पीठमें बुलाना चाहा, मगर निरालाने पसंद नहीं किया और वह लखनऊ चले आये। होटलमें रहते, विशेषकर 'सुधामें' उनकी रचनाएँ छपती। इसी समय 'अप्सरा' और 'अलका' (दो उपन्यास), तथा 'लिली' (कहानी-संग्रह) प्रकाशित हुई।

निर्लेप-काल (१९३५-४१)—अब भी अधिकतर लखनऊमें ही रहते, मगर बीच-बीचमें इधर-उधर भी हो आते। अब बच्चोंकी फिक्रसे बिल्कुल मुक्त थे। इस समयकी रचनाओंमें 'प्रभावती' (उपन्यास), 'सखी' (कहानी-संग्रह), 'निरुपमा' (उपन्यास), 'गीतिका', 'अनामिका' (बड़ा संग्रह), 'सुकुलकी बीबी' (कहानी-संग्रह), 'कुल्ली भाट' (शब्द-चित्र), 'बिल्लेसुर बकरिहा' (गद्य), 'कुकुरमुत्ता' (कविता) 'चाबुक' (फुटकर लेख आदि हैं।

१९४३से निराला "शमित-दमित" अवस्थामें प्रविष्ट हुए। लेखनी अब भी चलती है और 'कुल्ली भाट' पढ़ 'कुकुरमुत्ता'के पढ़नेवाले भली भाँति जानते हैं, कि वह कितनी सबल है।

निरालाका निरालापन—काव्यमें निरालाने किस तरह अपना निराला प्रवाह चलाया, इसे यहाँ लिखना संभव नहीं। निरालाका व्यक्तित्व बिल्कुल निराला है। उसे न सड़ा समाज ही अपने बंधनमें बाँध सकता है न प्रभुता और धनमें मत्त प्रभुवर्ग ही। वह किसीके अभिमानको बर्दाश्त नहीं कर सकता। वह स्वभावतः सहिष्णु है, मगर जिस संदेशको नवीन समाजकेलिए जरूरी समझता है, उसे डंकेकी चोटसे सरे बाजार घोषित करता है। तरुण-हृदय और-मस्तिष्क उसका स्वागत करते हैं, देह और दिमागके बूढे झल्लाते हैं और वाग्बाण प्रहार करते हैं। निरालामें दोष भी हो सकते हैं, लेकिन हर उन्नतिशील समाज प्रति-भाओंकेलिए सात खून माफ रखता है। फिर यह भी ख्याल रखना चाहिए, कि निरालाके दिलपर पड़े तीन भीषण प्रहार अपने घावको सदा

ताजा रखे हुए हैं। यदि वह आत्मविस्तृत होनेका अवकाश न पाता, तो उसकी क्या अवस्था होती, इसे ख्याल करके भी दिल कॉप उठता है।

अब सुनिये एकाध निरालाकी निराली अदाएँ। धनी ससुरने अपनी जायदादका आधा हिस्सा अपनी बेटीको देना चाहा। निरालाने अपनी स्त्रीसे कहा—"एक तरफ बापका आधा हिस्सा और दूसरी ओर पूरा मै, एकको लेलो।" श्रीमतीजीने निरालाको ही पसद किया। निरालाने श्रीमतीजीकी खाली जगहको नही भरा।

पत्नीका मछली-माससे बैर था, धर्मभीरु पडेकी लडकी थी। उन्होंने एक दिन निरालाको प्रेमसागर दिखलाकर मास छोड़नेको कहा। निराला प्रियतमाके वचनका उल्लंघन नही कर सकते थे, उन्होने मास-मछली खाना छोड़ दिया। कुछ दिनोंमें निरालाका हृष्ट-पुष्ट शरीर सूख चला। किसी मित्रके पूछनेपर उन्होंने कारण बतलाया। मित्रने कहा—"तो तुम फिर खाओ, कनौजियोंको पाप नहीं लगता, उनको वरदान है।"

"कही लिखा भी है?"

"हॉ, है क्यों नही! वशावलीमें लिखा है।"

निराला कहते हैं—"मुझे वैसी प्रसन्नता आज तक कभी नहीं हुई" ('चाबुक' पृष्ठ ५०)। निराला उसी वक्त बाजारसे मास खरीद अंगोछी मे बाध घर ले गये। पत्नीने कहा—"अपने मासवाले बर्तन अलग कर लो, और जिस रोज मास खाओ उस रोज न मुझे न घरके और बर्तनको हाथ लगाओ, और तीन रोज तक तुम कच्चे घडे नही छूने पाओगे।" निरालाने कहा—"इस समय तो रोज खानेका विचार है, क्योकि पिछली कसर पूरी कर लेनी है।"

श्रीमतीजी मायके चली गई। फिर जब गुस्सा कम हुआ, तो चार महीने पतिके पास रहती और आठ महीने मायके।

१६३० में निरालाकी पुत्री सरोजिनी ब्याहने लायक हो गई। कनवजियोंमें बिसवा बैठाना और तिलक-दहेज छोटी आफत नहीं है। निरालाने सब पर लात मारी। कलकत्तामे शिवशेखर द्विवेदी नामक एक

तरुण उनके पास आता जाता था, उसे गाँवमें बुलाया। न लगन थी और न साइत, न बरात आई न बाजा-गाजा। निरालाने सरोजिनीकी शादी शिवशेखरसे कर दी। गाँववाले रोष और आश्चर्य करते ही रह गये। पाच साल बाद सरोजिनी तपेदिकमे मर गई।

१९२५ में कलकत्तेकी एक घटनाको निराला अपने जीवनकी सबसे बड़े आनंदकी बात कहते हैं। निराला ताड़ीखानेमें गये। वहाँ कितने ही भगी और मंजूर ताड़ी पी पीकर मस्त थे। निरालाके हट्टे-कट्टे शरीर और प्रभावशाली मुखको देखकर उनके स्वागतमें पियक्कड़ोंने उठकर नाचना शुरू किया। आठ-दस ईंटे रखकर आगन्तुककेलिए उन्होंने ऊँचा आसन तैयार कर दिया और खुद फर्श पर नीचे बैठ गये। निराला-ने ताड़ीके घड़े मंगवाये और एक बड़ा पान-भोज किया। निरालाको ताड़के पत्तेका प्याला दिया गया। साथियोंने खूब गजलें गाईं। निराला कहते हैं—"जीवनमे उतनी बढ़िया गजलें मैंने कभी नही सुनी।"

१९३२ मे निराला लखनऊमें मैजिस्टिक होटलमे ठहरे थे। दिलमे उमग आई कि होटलके सभी कमकरोंका ब्रह्मभोज किया जाय। निराला मास-रधन-विद्यामे बड़े निपुण हैं, दश सेर मास मँगवाया और तीन गगरी ताड़ी। सभी नौकर-चाकरोंको साथ बैठाकर भोजन-पान कराया। निरालाको खूब आनंद आया। तरुण 'अंचल'ने चुपकेसे देख लिया, उसने निरालाके ब्रह्मभोजपर एक कविता लिखकर छपवा डाली। निराला भीतरसे खूब प्रसन्न हुए।

निरालाकी मानसिक वेदनाओंको तो कोई हलका नहीं कर सकता और इतने ज़ख्म कारे हैं कि उनको भूल जाना निरालाके वशकी बात नही। व्यवहार-पटुता उन्हें छू नही गई है। उन्होंने पैतालीस पुस्तकें हिन्दी-साहित्यको अबतक दी हैं और सबसे अधिक पारिश्रमिक तीन सौ रुपये तक मिला है। सभी पुस्तकोंके प्रकाशनका अधिकार सदाकेलिए प्रकाशकोंके हाथमे चला गया है। वह वस्तुतः साहित्यिक संन्यासी हैं।

उन्होंने हमें बहुत कुछ दिया, मगर हमने उनकेलिए क्या किया ? आत्म-संमानसे भरे निरालाके मुँहसे जब सुनता हूँ—"क्या है. दूसरोंके यहाँ टुकड़े तोड रहा हूँ" तो कलेजा काप उठता है। हिन्दी-साहित्यके अमर निरालाकी जीवनमे यह गत ! हा, हम मरनेपर उनका श्राद्ध करेगे। आनेवाली पीढ़ियाँ हमे कोसेगी कि हमने जीवित निरालाकी किस तरह पूजा की।

३

पूरनचन्द्र जोशी*

खाकी या इसी तरह किसी बदरंग रंगका हाफपैंट और हाफशर्ट, पैरोंमें काबुली चप्पल, सिर नंगा भिन्न-भिन्न दिशामें खड़े रूखे केश, रंग गोरा (हिन्दुस्तानी) कद नाटा छरहरा, आगे झुकी गर्दन पर तिरछे शिरकोलिए यह कौन मिट्टीकी मूरतकी तरह खडा है ! यदि उसकी दृष्टि नीचेकी तरफ न हो ऊपरकी ओर होती, यदि उसके सामने महागजसे काले मेघ चलते दिखलाई पड़ते, तो हम उसे वियोगी यक्ष कहते, और आगेसे आनेपर अब उसका चेहरा सामनेकी ओर है। दाढ़ी मूँछ साफ गोरे गोल चेहरेमें कोई खास बात नहीं मालूम होती, खास करके जब कि वह कुछ बोल न रहा हो। हाँ, एक बात जरूर आकृष्ट करेगी, वह है, मोटे चश्मेके भीतर धधकते अंगारेकी तरह चमकती आखें, जिन्हे एक बार देखकर आप आसानीसे भुला नहीं सकेंगे। वहाँ सिर्फ उन आंखोंके सिवा वस्तुतः कोई जीवनका चिन्ह नहीं मालूम होगा। लेकिन ठहरिये, अभी बात करने कोई आ गया। अब मानो सुप्त ज्वालामुखी जाग्रत हो उठा,

---

* १९०७ फर्वरी १४ जन्म, १९१७ माकी मृत्यु, १९२२ मैट्रिक पास (हापुड), १९२४ एफ० ए० पास (अल्मोड़ा), प्रयागमें, १९२५ गाँधीवादी देशभक्त, १९२६ भौतिकवादी सोशलिस्ट, १९२८ एम० ए० पास, कम्यूनिस्त और लेक्चरर; १९२९ मेरठ षड्यन्त्रमें गिरिफ्तार और एल्-एल् बी० पास; १९३३ सजा, अपीलसे सजा कम, छुट्टा, कानपुरके मजूरोंमें काम, १९३५ फर्वरी ढाई सालकी सजा, १९३६ भारतीय कमूनिस्त पार्टीके जेनरल सेक्रेटरी; १९३६-३७ अन्तर्धान, १९३८—अक्तूबर १९४२ जून अन्तर्धान, १९४३ अगस्त १५ कल्पनासे ब्याह।

उसके रोम-रोम कण-कण से स्फूर्ति और क्रिया फूट निकली। बात करनेमें उसकी गति हिन्दुस्तानकी सबसे तेज डाकगाड़ीसे भी तेज़ है, और इसी वजहसे उसे बीच बीचमें रुक रुककर बोलनेकेलिए मजबूर होना पडता है, जिससे उसका भाषण निरन्तर प्रवाह नही विच्छिन्न प्रवाहका रूप लेता है। भाषणमें भी भूमिका बांधना नही जानता, किसी बात पर वह सीधे पहुँचता है। और मुँहसे निकलते फरफर वाक्य बहुत छोटे-छोटे होते हैं। यदि वह अंग्रेजीमें बोल रहा हो तो गति और तीव्र मालूम होगी, साथही कितनेही नये-नये "ग्रामीण" मुहावरोंके ...द सुनाई पडेंगे। बात युक्तिपूर्ण, आपके दिमागको माननेके लिए मजबू. करनेकी ताकत रखेगी, लेकिन उसमें एक चीजका जरूर आपको पता लगेगा—वह वक्ता नही है।

यह कौन है ? पूरन चन्द्र जोशी, जिसे बहुतेरे तरुण सिर्फ पी० सी० के नामसे याद करते है। पी० सी० जोशी। हा, वही भारतकी-कमूनिस्त पार्टीका जेनरल सेक्रेटरी। अभी "दुनिया-जहानकी अभिज्ञता रखनेवाले" भी इस नामको नही जानते, या वैसा होनेका नाट्य करते है। किन्तु, यह नाम बडी तेजीसे एक-एक स्तरको चीरता बढ़ रहा है और आगे समय दूर नहीं है, जब कानमें रुई रखनेवाले भी इस नाम को सुननेकेलिए बाध्य होंगे। १९१४ में स्तालिनको कितने जानते थे ? लेनिनकी पार्टीको कितने जानते थे ?

पूरनचन्द्र जोशी हिन्दुस्तानके मजूरो किसानोकी पार्टीका सबसे बड़ा नेता एक बड़े ही गुमनामसे स्थानमे पैदा हुआ। अल्मोड़ा गुमनाम नही तो क्या है ? और फिर शिक्षा, सभ्यतामें सबसे पिछड़ा भूखण्ड—इलाहाबादमें बलियाके बाद सबसे ज्यादा दुर्गत सहपाठी विद्यार्थी इन्हीं पहाड़ियोंकी करते हैं। लेकिन उसी पहाडमें और जोशीसे पहिले हिन्दीकी एक और अमूल्य निधि पैदा हुई है—सुमित्रानन्दन पत। इससे जान पडता है, यह पहाडी भूमि उर्वर है।

अंग्रेजी राजकी स्थापनाके पहिले अलमोडाका जोशी-परिवार धनाढ्य,

अनेको गाँवोंका मालिक एक छोटे-मोटे सामन्तोंका सा परिवार था। लेकिन अंग्रेजी शासनकी स्थापनाके साथ उसकी भी श्री लुप्त हो चली। रस्सी जल गई लेकिन ऐंटन बाकी रही। हरनन्दन जोशीके पिता, पी० सी० के दादा तक अभी निम्न मध्यम-वर्गका मनोभाव नहीं, सामन्ती मनोभाव चला आया था। झीजाडका जोशी-परिवार एक विशाल परिवार था, सबको समेटकर एक जगह रखना वह अपना कर्त्तव्य समझता था। परिवारके बढ़नेके साथ जीविकाके बढ़ानेकी जरूरत थी मगर जोशी-परिवार घृणाके पात्र अंग्रेजोंकी दासता नहीं कर सकता था। लेकिन अंग्रेजोंकी दासतासे निकलना सम्भव कहाँ था? आखिर रास्ता निकल ही आया—अंग्रेजोंकी दासता नहीं, अंग्रेजोंके दासोंकी दासता—देशी रियासतोंकी नौकरी। रीवामें परिवारके किसी व्यक्तिने नौकरी शुरूकी, धीरे-धीरे कितने ही और भी वहाँ नौकर हो गये।

बीसवीं सदीके आरम्भमें जोशी-परिवारमें स्त्री-पुरुष बालवृद्ध सब मिलाकर सौसे कम व्यक्ति नहीं थे। सबका एक चूल्हा और सबका एक जगह खाना। घरके सबसे ऊपरका कोठा सिर्फ रसोईघर और सैंकड़े करीब क्यारियोंकेलिये सुरक्षित था। जोशी-परिवार था, कालीमाई का उपासक इसलिये माईके प्रसाद - माससे—इन्कार कैसे कर सकता था? हाँ, विधवाओंका ख्याल करके आम चूल्हे में महाप्रसाद नहीं बनता था। अब घरके कितनेही लोग नौकर हो गये थे और सालमें एक बार सिर्फ छुट्टियोंमें ही इकट्ठा हो पाते। बालकपनमें पूरनने इस बड़े सम्मिलित [साम्यवादी] परिवारको अपने बाल-नेत्रोंसे देखा था और वह उसे अच्छा भी लगा था।

पूरनके पिता पण्डित हरनन्दन जोशी बनारसके क्वीन्स कालेजमें पढ़े। संस्कृत उनका प्रिय विषय था। वह अपने प्रिन्सिपल डीलाफोसके प्रिय छात्रोंमें थे। बी० ए० करनेके बाद वह सरकारी स्कूलमें मास्टर हो गये और योग्यताके कारण तीन ही चार सालमें एक जिला-स्कूलके

हेडमास्टर बना दिये गये। ब्रजबासी लाल* उस वक्त स्कूलोंके असिस्टैंट इन्स्पेक्टर थे। हरनन्दन जोशी दबनेवाले न थे और इस फरऊन-मिजाजसे लड़ पड़े। नतीजा हुआ कि वह कई सालों तक असिस्टैंट-मास्टर बने रहे।

हरनन्दन जोशी ब्रजबासीकी चोट खाये तब तक संभल नहीं पाये जब तक कि चिन्तामणि शिक्षा-मन्त्री नहीं हुये। अब वह फिर हेडमास्टर थे। सबसे बिगडा सबसे पिछड़ा स्कूल उनको सौपा जाता और दूसरे ही साल इम्तिहानमे कईका फर्स्ट डिविजन होना धरा रहता।

पूरनकी माता मालती अल्मोडाके एक गावके पन्त-घरानेकी लड़की थी। मालतीके पिता सतनामें डाक्टर थे। उन्होने अपनी पुत्री-को संस्कृत, हिन्दी और थोडीसी अंग्रेजी भी पढाई थी। मालती बहुत सुन्दर लड़की थी, बल्कि कह सकते हैं, अल्मोडा शहरकी वह जनपद-कल्याणी (सुन्दरतम स्त्री) थी। लेकिन उनमें इतना ही गुण नहीं था। हरनन्दन जोशी परिवारमें सबसे जेष्ठ सतान थे, इसलिये, वही घरके सरदार थे। घरके भीतर मालती देवीको मालकिनका फर्ज अदा करना था और वह बहुत सफल मालकिन निकली। इतने बड़े संयुक्त परिवारकेलिये

* शिक्षा-विभागके किसी अधिकारीसे यदि मुझे [राहुलको] सख्त नफरत हुई थी, तो इसी ब्रजबासी लालसे। मैं अपर-प्राईमरी दर्जा चारमे पढता था। वार्षिक इम्तहान लेनेके लिए ब्रजवासी लाल आनेवाले थे। ट्रेन चली गई और जब वह नहीं आये, तो दूसरे डिप्टियोंने इम्तिहान ले लिया। हमारी क्लासमें एक दर्जनके करीब लडके पास हो गये। ब्रजवासीकी नींद जब टूटी, तो अगले स्टेशनसे उतर कर दुसरी ट्रेन द्वारा हमारे स्कूलमें पहुँचे। लडके खुशियाँ मना रहे थे। उन्होंने आते ही कहा कि फिर इम्तिहान लेंगे। और फिर सिर्फ दोही पास हुए—मैं कतई और एक दूसरा लडका शर्तिया—मुझे तो उनका बाबा भी फेल नहीं कर सकता था, लेकिन अपने साथियों का यह कत्लग्राम देखकर उस कसाई पर मुझे सख्त नफरत आई।

मालकिनका सर्वप्रथम कर्त्तव्य होना चाहिये अपने-परायेका भेद न करना। मालतीमें यह स्वार्थ-त्यागका भाव बहुत अधिक मात्रामे था। परिवारके लडकोंकी अच्छी शिक्षा और लड़कियोंकी अच्छे घरमें शादी इसकेलिए वह सब कुछ करनेकेलिए तैयार थीं। लड़कियोंके व्याह-दहेजके लिये वह अपने ज़ेवर-कपड़े बेंचे देती और दूसरी स्त्रियोंको भी इच्छा या लज्जासे वैसा करना पड़ता। मालती देवीको प्रसन्नता थी कि अपने घरमें उनके पचीस-तीस देवर हैं। सारे घरकी सुध रखनेवाली ऐसी स्त्रीकी कौन कद्र न करेगा? घर तो घर ही अगर रास्ते जाते किसी आदमीसे भी एक फर्लाङ्ग नीचे उतर फिर एक फर्लाङ्ग ऊपर चढ़ पानी भर लानेकेलिये कह देती, तो कोई इन्कार न करता। मालती तरुणाईमें तपेदिकसे मर गईं, और उन्हीकी छूतसे सुश्रुपा करनेवाली पूरनकी एकमात्र बहन भी चल बसी। मांके मरते वक्त (१९१७) पूरनकी उम्र नौ-दस सालकी थी।

पूरनका जन्म ऐसे देश, ऐसे परिवार और ऐसे माता-पिताके घर अल्मोडामे १४ फरवरी १९०७में हुआ। बाप एक योग्य अध्यापक थे, फिर लड़केकी शिक्षापर ध्यान देनेकी बात ही क्या! पण्डित हरनन्दन जोशी अपनी नौकरीके सिलसिलेमें जहाँ-तहाँ बदलते रहे। पूरन भी बापके साथ इसी तरह युक्तप्रान्तके शहरोंकी हवा खाते रहे। बाप अनुशासन चाहते थे, मगर लाठीके जोरके अनुशासनपर उनका विश्वास न था। पूरन लड़कपनसे ही बड़े मेधावी विद्यार्थी थे। इतिहासमें उनकी खास रुचि थी। हाँ, एक बड़ा "दोप" था, वह अपनी पढ़ाईको पाठ्य-पुस्तको तक ही सीमित रखना नहीं चाहते थे। भाषाका ज्ञान होते ही उन्होंने ढेरकी ढेर पुस्तकोंको चबाना शुरू किया। स्कूलके दिनोंमें बाहरी पुस्तकोंमे हिन्दी-साहित्य, शरत्चन्द्र और रवीन्द्रके अनुवादोंको वह बहुत रुचिसे पढ़ा करते थे। बाहरी पुस्तकोंके इतना ज्यादा पढ़नेका ही यह नतीजा था, कि पूरन जैसा विद्यार्थी परीक्षाओंको सेकेण्ड डिवीजनमे पास करता। कालेजके दिनोंमें वह अपने एक प्रोफेसरसे कहा

करते थे कि इतिहासके सवत्सरोंको विद्यार्थी दश-पाँच साल इधर-उधर लिख दें, तो क्या हर्ज ? १९२२ ईस्वीमें पूरनने हापुड़से मैट्रिक पास किया।

कालेजकी पढ़ाईको उन्होंने अपने ही शहर अल्मोड़ामें शुरू किया। उस वक्त वहाँके इण्टर-मीजियेट कालेजके प्रिंसिपल मि० पालप्राइस थे। पूरनका विषय था तर्क और संस्कृत। दो साल घरपर रहना उनके लिये बड़ी खुशीकी बात थी। माँ न थीं, लेकिन उनकी बारह चाचियाँ अपने लाड़ले तेज़ सुन्दर पढ़ाकू भतीजेको हाथपर उठाये रहती थी। यहाँपर भी पूरनने अपना बहुतसा समय बाहरी पुस्तकोंके पढ़नेमे लगाया। १९२४में एफ़० ए० पासकर पूरन इलाहाबाद यूनिवर्सिटीमे दाखिल हुये। पण्डित हरनन्दन जोशी अपने मेधावी एकलौते पुत्रको आई० सी० एस० देखना चाहते थे और इसके बारेमे इलाहाबादकी कुछ ख्याति हो चली थी।

इलाहाबादमे कुछ समय तक पूरन हिन्दू-होस्टलमे रहते थे, इसके बाद वह हालैंड-हालमे चले आये और गिरफ्तारीके पहिलेका बाकी समय यही बिताया। पूरनकी एक और भी विचित्रता थी—यही नहीकी वह पाठ्य-पुस्तकोंसे बाहरकी ढेरकी ढेर पुस्तकें पढ़ते थे, बल्कि हर परीक्षाके बाद विषय बदल देते थे। वह सोचते थे, बाहर-भीतर मिलाकर जिस विषयको काफी पढ़ लिया गया, उसीको फिर लेनेसे फायदा ? एफ़० ए०मे तर्क और सस्कृत यदि था, तो बी० ए०मे यूरोपीय इतिहास और अर्थशास्त्र, और इतिहासके पर्चोंमे और भी फेंटफाँट। एम० ए० मे उन्होंने इतिहास लिया था, जिसमें भी कई एक-दूसरेसे न मिलने वाले भागोंका मिश्रण किया था। इससे स्पष्ट ही है कि पूरन फर्स्ट डिवीजन आना ही नही चाहते थे। १९२८में उन्होंने एम० ए० किया और १९२९की मार्चमें जब वह मेरठ-षड्यन्त्रमे पकड़े गये, तो एल-एल० बी०के अन्तिम वर्षमे थे और जेलमें रहते ही परीक्षा देकर उसे उन्होने पास किया।

१९२१-२२में पूरन सोलह-सत्रह वर्षके थे। इसी वक्त गाँधीकी

आँधी आई, लेकिन उसका झोंका उनके दिल और दिमाग तक नहीं पहुँच सका।

सबसे पहिले राजनीतिकी ओर उनका ख्याल उस वक्त गया, जब कि वह १९२४में इलाहाबाद आये। इलाहाबाद यूनिवर्सिटीमे कुछ ऐसा वायु-मण्डल भी था। बी० ए० मे उन्होंने यूरोपका इतिहास लिया। पाठ्य और उनके बाहरकी पुस्तकोंको पढ़ते-पढ़ते यूरोपके इतिहासने उन्हे बतला दिया कि इतिहासमे कैसे परिवर्त्तन हुआ करते हैं और हमारे देशमे भी परिवर्त्तनकी कितनी जरूरत है। इस इतिहासके अध्ययनका पहिला असर यह हुआ कि वह साम्प्रदायिकताके घोर विरोधी बन गये। उस वक्त पं० मोतीलाल और मालवीयजीकी राजनीतिक झड़प चल रही थी। जोशी मालवीयजीके साम्प्रदायिक विचारोंके विरोधी और मोती-लालजीके समर्थक थे। १९२५मे पहुँचते एक ही साल पहिले राजनीतिसे बिल्कुल कोरे पूरन अब राष्ट्रीयतावादी बन गये। गाँधीजीका रास्ता उन्हें बहुत पसंद आया, और वह खद्दरधारी कट्टर गाँधी-भक्त होगए। आई० सी० एस०की बात अब दूर हट गई थी, अब तो उनके सामने थे। नेहरु और लाजपतराय।

यूरोपीय इतिहासमे और भी प्रगति हुई। अर्थशास्त्रमे कहीं-कहीं सोशलिज्मका नाम भी पढ़ा, जिज्ञासा और बढ़ी और १९२६में पहुँचते-पहुँचते वह भौतिकवादी सोशलिस्ट बन गये। पढ़ना और और पढना, उसपर विचार करना यही उनका काम था।

१९२८की गर्मियोंमें वह घर गये। उस वक्त कलकत्ताके एक मजूर-नेता आफताब अली भी अल्मोड़ा आये थे। जोशीसे भेंट होनेपर उन्होंने रजनी पाम-दत्तकी पुस्तक "माडर्न इण्डिया" (आधुनिक भारत) दी। पढ़ कर जोशीकी आँखे खुल गई। उन्हे साफ दिखाई देने लगा कि हमारी बीमारियाँ क्या हैं और उनकी चिकित्सा क्या है?

इलाहाबाद लौटकर उन्होंने और भी तत्परतासे विद्यार्थियोंमें काम शुरू किया। यूथ-लीग (युवक-सभा)ने जोर पकड़ा। यूनिवर्सिटीके

दूसरे विद्यार्थी भरद्वाज उनके सहायक थे और उनके दूसरे सहायक सर-देशाई थे, जोकि उस समय सर तेजबहादुर सप्रूके प्राईवेट-सेक्रटरी थे।

आफ़ताब अलीसे ही जोशीको कमूनिस्त पार्टी तथा उसके दूसरे कार्यकर्त्ताओंका पता लगा। सितम्बर १९२८में मेरठमे कमूनिस्तोंने मजूर-किसान पार्टी कानफ्रेंसकी। यहाँ जोशीकी दूसरे कमूनिस्तोंसे भेंट हुई, देशकी समस्याओंपर उन्होंने विचार किया। अब भी वह समय बीते देर नही हुई थी, जबकि बंगालमें आतंकवादियोंको खासतौरसे कमूनिज्मपर पुस्तकें दी जातीं और सरकारी अधिकारी तक आतंकवादका पथ छोड़ कमूनिज्मका रास्ता लेनेकी सलाह देते। बमों और पिस्तौलोंसे बेचारे परेशान थे, लेकिन अब समय आचुका था, जबकि उन्हे अनुभव करना पड़ा कि कमूनिज्म कही ज्यादा खतरनाक है। लिलूआ, बम्बई आदिकी बड़ी-बड़ी हड़तालोंने उनकी आँखें खोल दी—नमाज छोड़कर रोजा गले पड़नेका खतरा साफ दिखाई पड़ने लगा।

१९२८के दिसम्बरमे कलकत्तामें कमूनिस्तोने अपनी बड़ी मजूर-किसान पार्टी कानफ्रेंस की। मुज़फ्फर अहमद, ब्राडले, घाटे, मीरजकर उस समयके मुख्य-मुख्य कमूनिस्त कलकत्तामें इकट्ठे हुए थे। पुलिस मेरठ हीसे चौकन्नी हो गई थी। कलकत्तामे उसने और देखभाल रखी।

एम० ए० पास करनेके बाद जोशी सालभरकेलिये इलाहाबादमे ट्यूटर हो गये थे, अब भी वह उसी हालैण्ड-हालमे रहते थे। १९२९का मार्चका महीना था। पुलिसने यकायक हालैण्ड-हालको घेर लिया। छात्रोंमे बड़ी उत्तेजना फैली, लेकिन जोशी और उनके साथियोंने समझाया।

जोशीको गिरफ्तार कर मेरठ पहुँचाया गया और वहाँ भारत और इङ्गलैण्डके बहुतसे कमूनिस्तोंपर वह इतिहास-प्रसिद्ध मुकदमा शुरू हुआ, जिसे मेरठ-षडयन्त्र कहते हैं। सरकारने पानीकी तरह लाखों रुपये उस मुकदमेंपर बहाये, विलायत और कहाँ-कहाँसे गवाह और सबूत जमा किये। मुकदमा १९३३ तक चलता रहा। लेकिन सरकारको इस

मुकदमेंसे नफा नही सबसे ज्यादा घाटा हुआ। यह मेरठ-षड्यंत्र मुकदमा ही था, जिसने हिन्दुस्तानके कोने कोनेमें कमूनिस्त पार्टीका नाम पहुँचा दिया। यह मेरठ जेल ही था, जिसमे हिन्दुस्तानके भिन्न भिन्न प्रान्तों, और बाहरके कमूनिस्त भी, सरकारके खर्च पर इकट्ठा हुए। उन्होने एक दूसरेके ज्ञान और तजर्बेसे ही फायदा नही उठाया, बल्कि जेलमें जमा मार्क्सवादकी भारी लाइब्रेरीसे भी उन्हें लाभ उठानेका मौका मिला।

जजने सजा दी। हाईकोर्टने जेलमे रहे दिनोंको ही काफी सजा मान जोशीको छोड़नेकी आज्ञा दे दी। इस तरह अपने कितने ही साथियोंके साथ जोशी भी अगस्त १९३३में छूटकर चले आये।

मेरठमे जोशीने अपने साथियों पर काफी प्रभाव डाला, यद्यपि वह उमरमे सबसे छोटे, गिरफ्तारीके वक्त केवल बाईस वर्षके थे। कानूनदा होनेकी वजहसे मुकदमेंकी रिपोर्ट लेने और बहुतसे काग़ज़-पत्रकी तैयारीका काम उन्हींके जिम्मे था। आगेकेलिए इससे उन्हे बड़ी शिक्षा मिली। जेलके चार वर्षके जीवनमे उन्होंने अपनेको जबर्दस्त लगनका विद्यार्थी साबित किया।

जेलसे छूटनेके बाद जोशीने अपने पढ़े सिद्धान्तको काममे लानेकेलिए कानपुरको अपना कार्य-क्षेत्र चुना। बिना मजूर-संगठनकी मजबूत बुनियादके कमूनिस्त पार्टी पनप नहीं सकती। कानपुरमे भारी संख्यामें मजूर थे, जोशीने अजय घोष तथा दूसरे नौजवानोंको लेकर वहाँ काम शुरू किया, लेकिन वह साल भर या कुछ ही अधिक काम करने पाये थे, कि सरकारने फिर फरवरी १९३५में पकड़ कर ढाई सालकी सजा दे दी। सजाका समय उन्होंने कानपुर और गोरखपुरकी जेलोंमे काटा। जेलमें वह बडे भलेमानुष कैदी थे, इसकेलिए कैदियोंको जितना रेमीशन (छूट) मिल सकता था, उतना मिला; साथ ही कैदी पूरनचंद्रने जेलमे बागको सजानेमें कमाल किया था, इसके लिये खासतौरसे रेमीशन मिला। पुलिस इन्तिजार कर रही थी, लेकिन

जोशी बाहर निकलते ही लोप हो गये, और तब तक पुलिस उनकी गंध भी न पा सकी, जब तक कि कांग्रेस मिनिस्ट्रीके जमानेमें वारण्ट नहीं हटा लिया गया।

मेरठके समय जोशीने अपनेको मार्क्सवाद का एक अच्छा विद्यार्थी और अन्तमें एक अच्छा पण्डित साबित किया। कानपुरमें काम करते समय उन्होंने अपनेको एक अच्छा संगठनकर्त्ता, पथप्रदर्शक और सहकारियोंका स्नेहपात्र साबित किया। इस वारण्टके निकलनेके समय उन्होंने एक दूसरी दिशामें भी अपना कौशल दिखलाया। १९३६-३७में ही नहीं अक्तूबर १९३९से जून १९४१ तकके वारण्टके समयमें भी उन्होंने पुलिसको अपने पास नहीं फटकने दिया और साथ ही सारे हिन्दुस्तानमें अपने कामको जारी रखा, जिसमें कितनी ही बार उन्हें दूर-दूरका सफर भी करना पड़ता था।

साथी पूरनचद्र जोशी १९२९में कमूनिस्त पार्टीके मेंबर बने, १९३६मे भारतीय पार्टीके जेनरल सेक्रेटरी निर्वाचित हुए और तबसे आज तक उनके सेक्रेटरी होनेके समयमें भारतमें पार्टीकी जो उन्नति हुई है, उसमे उनका सबसे बड़ा हाथ है।

आज आसाम हो या बंगाल, पंजाब हो या बिहार, केरल हो या आन्ध्र, मद्रास हो या महाराष्ट्र, गुजरात हो या ओड़ीसा---भारतके हर हिस्सेके कमूनिस्त पी० सी०के नेतृत्वको अपने गौरवकी चीज़ समझते हैं। जोशीकी खरी खरी बातों—जो कि कितनी ही बार काफी कड़ी आलोचनाके रूपमें होती हैं—को सुनकर वे नाराज़ नहीं होते, बल्कि सभी जानते हैं कि हमारा सेनापति अपनी क्रान्ति-सेनाको मज़बूत करनेकेलिए इसकी जरूरत समझता है। जोशी किसी भी कड़े कामको खुद भी करनेसे नहीं हिचकिचाता, इसलिए उसके साथी भी उसकी आलोचनाको कैसे बुरा मान सकते हैं। अपने साथियोंके भीतर वह एक बिल्कुल मामूलीसा साथी है। वह खुद दूसरोंसे 'तू' और 'मैं'के साथ छेड़खानी करता है और दूसरे भी वैसा करते हैं।

उस वक्त मालूम नहीं होता कि वह भारतकी एक जबर्दस्त संगठित तथा नई पीढ़ीके बेहतरीन तरुण भारतीय दिमागोंका सर्वप्रिय नेता है।

उसकी दृष्टि बड़ी पैनी है। भारतके प्रान्त-प्रान्तके सेक्रेटरी दिनों लगाकर तैयारकी अपनी रिपोर्टोंको सुनाते हैं, पी० सी० कुछ घंटोंके भीतर कोने कोनेकी राष्ट्रीय तथा दूसरी प्रगतिका संक्षेप करके रख देता है। परिस्थितियोंके मुताबिक कामके तरीकेको बदलना मार्क्सवादका एक मूल सिद्धान्त है, लेकिन यह बदलना इतना आसान नहीं है। उसके सहकारी अधिकारीका कहना है—ऐसे समय पी० सी० बहुत जल्द अपनेको तैयार कर डालता है।

आज ही नहीं भारतकी आनेवाली पीढ़ियाँ भी जोशीके नेतृत्व पर अभिमान करेगी। अल्मोड़ा और हिमाचल-खण्डको ऐसे सपूतकेलिए गर्व रहेगा।

४

हाजरा बेगम*

बरेली कमिश्नरी ही पुराना उत्तर-पंचाल है। वैदिक कालके प्रतापी राजा दिवोदास् और सुदास् यहीं हुए, जिनकी सरक्षतामें वशिष्ट, विश्वामित्र, भरद्वाज जैसे महान् ऋषियोंने ऋग्वेदकी पुरातनतम ऋचाएँ रची। लेकिन यह साढ़े तीन हजार बरस पहलेकी बात है। मुगल-साम्राज्यकी अधोगतिके समय देशमें जगह जगह स्वतंत्र सामंतोंने अपनी-अपनी रियासतें कायम कीं। प्राचीन उत्तर-पाचालके इस भूभागमें कई रुहेले पठान सर्दारोंने अपनी नवाबियाँ स्थापित की, जिसके कारण उत्तर-पाचालका नाम रुहेलखड पड गया। उन रियासतोंमेंसे सन् सत्तावनके गदरके बाद सिर्फ रामपुरकी रियासत बच रही। ग़दरके पहले रुहेलखडकी सबसे बड़ी रियासत नजीबाबादके नवाबकी थी। नवाब भंबूखाके महलों और किलेके ध्वंसावशेष अब भी नजीबाबादमे मौजूद हैं। सन् सत्तावनके स्वतंत्रता-युद्धमें नजीबाबादके नवाबने पूरी तौरसे भाग लिया। देश स्वतंत्र हो गया होता, तो आज भंबूखांकी संतान और नजीबाबादकी कुछ दूसरी अवस्था होती। नजीबाबाद रियासतका कुछ भाग नवाब रामपुरको

---

* १९१० दिसंबर १० जन्म, १९१७-१९ पर्देमें, १९१८ इन्फ्लुयेंजामें मरोंकी लाशें, १९१९ क्वीन्स मेरी कालेज (लाहौर) में, १९२० मॉकी मृत्यु, १९२४ सोवियत-विरोधी व्याख्यान सुना, १९२६ मेट्रिक पास, १९२८ मिस्टर अब्दुल-जमीलसे ब्याह, १९३१ पुत्रजन्म, देशभक्तिका रंग; १९३२ मेरठमें कमूनिस्तों के मुकदमेंको देखा, तिलाक; १९३३-३५ इग्लैंडमें, १९३४ रूसमें, १९३५ भारतमें, कमूनिस्त, १९३६ डाक्टर अहमदसे ब्याह, १९४० भारतीय स्त्री कान्फ्रेंसकी संगठन-मंत्री, १९४३ युक्त-प्रान्तकी स्त्रियोंमें काम।

राजभक्तिके पुरस्कारमें मिला और बाकी भाग सीधे ब्रिटिश शासनमें चला गया। नवाबकी संतान उजड़े नजीबाबादको छोड़ देहरादून और दूसरे शहरोंमें बिखर गई।

हाजराकी माँ नातिका बेगम इन्हीं नवाब भंवूखाकी औलादमें थी। नानाके भाई जेनरल अजीमुद्दीन खा वर्तमान नवाब रामपुरके नाबालिगी-के वक्त रीजेंट रहे। नवाबके बालिग होने और अधिकार संभालने के बाद दोनोंमें कुछ अनबन हो गई। जेनरल गोलीके शिकार हो गये। नवाबको अफसोस हुआ और मृत रीजेंटकी नतिनीसे शादी कर स्नेह प्रकट करना चाहा। जेनरल अजीमुद्दीन खा विचारमें बहुत आधुनिक थे, उन्होंने अपने सभी भतीजोंको शिक्षाकेलिए इंग्लैंड भेजा और भतीजियोंको भी अंग्रेजी शिक्षा, गाना, तैरना आदि सिखलाया। नातिका बेगमपर अपने चचाके इन विचारोंका खास तौरसे असर पडा और उन्होंने भी अपनी औलादको वैसा ही बनाना चाहा।

हाजराके परदादा बारकजई पठान सैनिक थे। अच्छे पढ़े लिखे थे, तरक्की करते करते वह रामपुरमें काजी (जज) हो गये। १८५७के स्वतंत्रता-युद्धमें उन्होंने रामपुरको उसमें न पडने देनेकेलिए भारी काम किया था, और गदरके बाद रामपुरकी जो श्री-वृद्धि हुई उसका बहुत सा श्रेय काजी साहबको था। काजी साहबके भी घरमें आधुनिक शिक्षा का आदर था। पुराने विचारके मुल्लोंकी तरह वह अंग्रेजोंको काफिर कहकर घृणा नहीं प्रकट करते थे। उनके लड़के दो साल इंग्लैंडमें रहे। काजी साहबके पोते मुमताजुल्ला खान शिक्षा प्राप्त कर तहसीलदारसे तरक्की करते करते डिप्टी-कलक्टर हुए।

मुमताजुल्ला खान और नातिका बेगमके दो लड़के और चार लडकियाँ हुईं। लडके इंजीनियर और नौसैनिक अफसर हैं। उदयशंकर-के स्कूलसे सम्बन्ध रखनेवाली जोहरा बेगम भारतीय नृत्यकला-गगनकी एक प्रकाशमान् तारका हैं। यहाँ हमें जोहराकी सबसे बडी बहन हाजरा के बारेमें कहना है।

हाजराका जन्म १० दिसम्बर सन् १९१०में सहारनपुरमें हुआ। उदार विचारके माँ-बापके घरमें पैदा होने तथा खानदानमें शिक्षाके प्रति प्रेम होनेसे हाजराकी शिक्षापर लड़कपनसे ही ध्यान दिया जाने लगा। नौ सालकी उम्र तक वह घरमें ही उर्दू, फारसी, कुरानशरीफ़, अंग्रेजी पढ़ती रहीं। आधुनिक शिक्षाके प्रति प्रेम होने पर भी घरमें धार्मिक वायुमंडल था और माँकी तरह हाजरा भी रोज़ा-नमाज़की बड़ी पाबंद थी। वह जब बहुत छोटी थीं, तो उनकी माँको पढ़ानेवाली मेम बच्चीको रीछ दिखलाने ले गईं, रीछको देखकर डरना तो था ही। मेम एक रोज हाजराको अपने घर ले गईं, उसके पतिने नकली दात लगा रखे थे। उसने बच्चेके दिलमें कौतूहल पैदा करनेकेलिए नकली दातोंको हिला कर दिखलाया। अगरेजोंको देखनेपर बहुत दिनों तक हाजराको वही रीछ और दातोंका हिलाना याद आ जाते और वे डरावने जानवरसे मालूम देते।

१९१८में जब इन्फ्लुएंजाकी महामारी फैली हुई थी, उस वक्त पिता बस्तीमें डिप्टी-कलक्टर थे। हाजराने नदीको लाशोसे पटा देखा। कुत्ते और कौए लाशोको नोंच नोंचकर खा रहे थे। आठ बरसकी बच्ची हाजराने प्रत्यक्ष देखा मानव-शरीरकी दुर्गतिको।

सातसे नौ साल तक हाजराको भी पर्दा करना पड़ा था। लड़कीको और ज्यादा दिन तक घरमें पढ़ानेसे वक्तकी बर्बादी समझ नानिका बेगम-ने स्कूल भेजनेकेलिए आग्रह किया। लाहौरका क्वीन्स मेरी कॉलेज लड़कियोंकी शिक्षाकेलिए उस वक्त खास प्रसिद्धि रखता था। लेकिन वह वहाँके चीफ कालेजके जोड़ेका था, चीफ़ कालेजमे राजकुमार और नवाबजादे पढ़ते थे। शिक्षित राजकुमारों और नवाबजादोंके हरमोंकेलिए शिक्षित बीबियोंकी जरूरत थी, इसी माँगको पूरा करनेकेलिए क्वीन्स् मेरी कालेज खोला गया था। उसका दरवाज़ा नवाबजादियों और राजकुमारियोंकेलिए खुलता था। हाजराको दिक्कत होती, यदि उनका सम्बन्ध नवाब रामपुरसे न होता। १९१९ में जब हाजरा क्वीन्स् मेरी

कालेजमें दाखिल हुईं, तो इनकी अवस्था नौ सालकी थी। अमीर खान-दानकी जर्कवर्क लड़कियाँ हाजराके ऊपर खास रोब नहीं डाल सकती थीं। हाँ, अध्यापिकाएँ जरूर रोब डाल सकती थीं, क्योंकि उनमेंसे अधिकांश अंग्रेज और ईसाई थीं। ऊँचे दर्जेकी उर्दू हाजराकी मातृभाषा थी। उन्हे लड़कपन हीसे साहित्यसे प्रेम था। थोड़ेही दिनोंमे अपने वर्गमे उन्होंने प्रथम स्थान लिया और फिर तो कालेजके सारे जीवनमें हरेक विषयमें वह प्रथम होती रहीं। खेलोंका भी उन्हें शौक था। हरेक सहपाठिनीको सहायता देनेकेलिए वह सदा उद्यत रहतीं, जिससे छात्राओं मे वह सर्वप्रिय हो गईं। दश-ग्यारह सालकी उम्रमें उन्होंने अंग्रेजी में एक कविताकी थी, जो कालेज-मैग्जिनमें छपी थी। यह वह समय था, जब कि देशके कोने कोनेमे खिलाफत और असहयोगका आन्दोलन तूफानकी तरह फैला हुआ था। मगर, क्वीन्स मेरी कालेजकी चहारदीवारीके भीतर उसका एक छींटा भी नहीं पहुँचा। वहाँ नित्य नई सौंदर्य-रचनाके सिवा लड़कियोंको और किसी बातमें दिलचस्पी नहीं थी। हाजरीकी बात दूसरी थी। कालेज लाइब्रेरीकी शायद ही कोई पुस्तक हो, जिसे अपने छात्र-जीवनमे हाजराने न पढ़ा हो। उर्दू साहित्यके साथ उनका खास प्रेम था। एक दिन उन्होंने प्रेमचन्दकी कहानी "बूढ़ी काकी" पढ़ी, बहुत पसंद आई। हाजराने समझा, दूसरी लड़कियाँ भी सुनकर खुश होंगी। लेकिन लड़कियोंने जिन शब्दोंमें उसका स्वागत किया, उसे सुनकर हाजराको लज्जित होना पड़ा। लड़कियोंको सिर्फ ध्यान था, कैसे सौंदर्य-प्रतियोगितामे वे अव्वल रहेंगी, फिर किसी अमीर तरुणसे उनकी शादी होगी, वह ऐसे जेवर और कपड़े देगा, जैसे दूसरोंके पास न होंगे। स्त्रियाँ भी मनुष्य हैं, उनके भी अपने कुछ अधिकार होते हैं, यह ख्याल क्वीन्स मेरी कालेजकी छात्राओंके दिमागसे दूरकी बात थी। हाजरा भी तो रही राजनीतिसे अछूती ही, मगर स्त्रियोंकी परतंत्रताका भान उन्हें अच्छी तरह होने लगा था। उन्होंने अपने सामने आदर्श रखा था, डाक्टर

बनने, शादी न करने और स्त्रियोंके अधिकारकेलिए लड़नेका। इसके साथ उर्दू साहित्य और पासके वातावरणसे प्रभावित हो बृहत्तर इस्लाम-वादकी ओर भी उनका ध्यान खिंचा। १९२१-२२में सहारनपुरमें उन्होंने काग्रेसके झंडे, स्वयंसेवक, गाँधी-शौकतअली-महमदअलीके नारे भी देखे-सुने थे, मगर वह उनकेलिये एक निम्न कोटिके तमाशेसे बढ़कर नहीं थे।

१९२४में हाजरा नवे दर्जेकी छात्रा थीं। स्कूलका समय खतम हो चुका था, तो भी लड़कियोंको एक संभ्रान्त रूसी महिलका व्याख्यान सुननेकेलिए रोक रखा गया था। शायद, स्कूलका अध्यापिका-वर्ग बोल्शेविक हौएसे बदहवास था और समझता था कि कहीं उनके कालेजकी साहबजादियोंमें भी उसके कीटाणु घुस न जायं। रूसी महिला बोल्शेविक बीमारीसे बचावका टीका लगानेकेलिए खास तौरसे आई थीं। उन्होंने रूसी बोल्शेविकोंके खिलाफ खूब जहर उगला खूब जली-कटी सुनाई—"बोल्शेविक नरपिशाच हैं, वे बूढ़े, बच्चे और स्त्रियोंकी हत्या करनेमें भी नहीं हिचकिचाते। मेरी माँ उनके जुल्मका शिकार हुई। बापने किसी तरह मुझे बचाकर बाहर निकाला। मैंने अपने जीवनको इसी कामकेलिए समर्पण कर दिया है। मैं सारी दुनियामें घूम घूम कर बोल्शेविकोंके कच्चे चिट्ठे सुनाऊँगी" - इत्यादि।

लड़कियोंको कुछ समझमें नहीं आ रहा था। 'बोल्शेविक' शब्द सुननेका उन्हें यह पहलेपहल मौका मिला था। वे ऊब रही थीं कि कब व्याख्यान खतम होगा। उन्हें खुशी होती यदि रूसी महिला नृत्य-परिधानमें आतीं और कोई रूसी नृत्य दिखलातीं, गान सुनातीं। कालेजकी लड़कियोंमें इन ललित-कलाओंकी काफी प्रतिष्ठा थी।

हाजराके वक्त कालेजमें एकबार ईदकी छुट्टी न हुई थी, लड़कियोंने हाजराके नेतृत्वमें हड़ताल कर दी। दूसरा झगड़ा सिक्ख लड़कियोंने उठाया और वह था झटकेकेलिए। हिंदुस्तानियोंका मंत्रिमंडल था, उन्होंने सिक्ख-भोजनालयका अलग होना मंजूर कर दिया।

अंग्रेज अध्यापिकाओंमेंसे कुछको कलाका प्रेम था, कमसे कम वे उसका अभिनय कर सकती थीं। वे कितनी ही भारतीय चीज़ोंकी तारीफ करती, संध्याकी अरुणिमाको देखकर दो शब्द प्रशंसाके निकाले बिना न रहती। इसने हाजराके हृदयमें भी कलाका प्रेम अंकुरित किया, मगर इस बारेमें उनपर सबसे अधिक प्रभाव रवीन्द्र और प्रेमचंदकी कृतियोंका पडा।

१६२६ में हाजराने मैट्रिक पास किया, उस वक्त उनकी उम्र सोलह सालकी थी। माँ १६२०में ही मर चुकी थीं और मैट्रिक पास करने से पहले ही सौतेली माँ भी मर गईं। घरमें कोई देखने-भालनेवाला न था। तीन छोटी बहनों और एक छोटे भाईकी भी देखभाल करनी थी, इसलिए हाजराको आगेकी पढ़ाईका ख्याल छोड़ देना पड़ा। अब वह पिताके साथ-साथ कभी बलिया और बुलंदशहर रहती, कभी रामपुरमें अपने रिश्तेदारोंके पास भी हो आती। रामपुरके उच्च घराने की—शिक्षामें सबसे पिछड़ी किंतु फैशनमें सबसे आगे बढ़ी—बेगमोंको हाजराकी स्त्री-स्वतन्त्रतावाली बाते अनोखी सी जान पड़ती। उन्होंने हाजराका नाम "हिमायतुन्-निसा" (महिला-समर्थक) रख दिया। हाजराने कालेज छोड़नेके बादके दो सालोंको परिवारके कामके अतिरिक्त फारसी पढने मे लगाया, कभी कभी "इस्मत", "तहज़ीब" पत्रिकाओमें लेख लिखतीं जो ज्यादातर स्त्रियोंके अधिकार और सामाजिक सुधारके बारेमें होते। ये साल हिंदू-मुस्लिम दगोंके थे; लेकिन हाजरा सात साल तक हिंदू लडकियोंके साथ रह चुकी थी, इसलिए उन्हें समझमें नही आता था कि ऐसा होता क्यों है।

भारतकी आजादीकी ओर उनका ध्यान नही जाता था, हाँ, औरतों की आजादीका ख्याल उनके दिलमें जबर्दस्त था। रोजा-नमाजकी कड़ी पाबंदी अब भी वैसी ही थी, मगर पर्देको उन्होंने छोड़ दिया था। पिताके मित्र हिंदू अफसरों के घरोंमें भी आना जाना होता था, और उनकी छूत-छात कुछ खटकती थी। हाजरा लड़ाकू महिला-समर्थक बनना चाहती

थी, शायद बंदूक चलाना, छुरी लेकर घूमना, जुजुत्सु सीखना भी उसीका एक अंग था। उस वक्त उनके बड़े भाई पढ़नेकेलिए इंग्लैंड गये हुए थे।

ब्याह—सौतेली माँ मर तो गई, मगर उन्होंने लड़कीकी इच्छाका ख्याल कुछ भी किये बिना मंगनी पक्की कर डाली थी और वह भी हाजराकी फूफीके लड़के अब्दुल जमील खाँके साथ। अब्दुल जमील खा उस वक्त पुलिसके डिप्टी-सुपरिन्टेन्डेन्ट थे, विचारमें उदार और साहित्यिक रुचि रखनेवाले थे। १६२८में हाजरासे उनकी शादी हुई। बुआ और मामाके बच्चे होनेसे दोनों पहले ही एक दूसरेसे परिचित थे। हम कह चुके हैं कि हाजराने अपने जीवनके सामने कुछ आदर्श रखे थे। बेचारी हिंदुस्तानी लड़की घरवालोंकी इच्छाके विरुद्ध ब्याह न करनेकी प्रतिज्ञापर डटी कैसे रह सकती? विवाहने सारी आकाक्षाओं पर पानी फेर दिया, हाजराने सचमुच अपनेको 'अबला' पाया। अब भवितव्यताके सामने सिर झुकानेके सिवा कोई चारा न था आखिर उनकी दुनियामें यही बात तो सर्वत्र देखी जाती थी। आदर्शका ख्याल गया। अब उन्होंने वैवाहिक जीवनको बेहतरीन बनानेका निश्चय किया। खुदाके प्रति विश्वास और धार्मिक श्रद्धाने सहायता पहुँचाई। दोनों परिवारोंमें इस जोड़ीको आदर्श दम्पती कहा जाने लगा। १६३१ में हाजराको एक पुत्र हुआ।

मृत आदर्शोंका पुनरुज्जीवन—हाजराके मामूके लड़के, (जनरल अजीमुद्दीनके भाईके पोते) महमूद-उज्-जफर सात साल बाद इग्लैंड से पढ़कर लौटे। बम्बईमे जहाजसे उतरनेके बाद वह सीधे करॉची-कॉग्रेसमे गये। फिर हाजराके पुत्र होनेकी बात सुनकर वह उनके पास लखनऊ आए। हाजराने जब अपने महमूदको खद्दरकी धोती, कुर्ता और गाधी टोपीमें देखा, तो भारी धक्का लगा। हाजराको लिए जब वह देहरादून अपने घर पहुँचे, तो वहा तहलका मच गया। माँ खूब रोई। उनको क्या पता था कि लड़का बिलायत जाकर पागल बनकर

लौटेगा। धोती में महमूद उन्हें पागल मालूम होते थे या इस्लामसे खारिज। महमूदने विलायतमें रहते राष्ट्रीयता खूब गहरी छान ली थी और धोती उन्हे भारतीय राष्ट्रीयताकी शुद्ध प्रतीक मालूम होती थी। उन्हें क्या पता था कि भारतमें दोनों ओरकी चोटोंसे बचकर रहना पड़ेगा।

दो महीने तक महमूदके साथ मसूरीमें रहनेका मौका मिला। महमूद अपने मामाके लड़के थे, किंतु बात करने में झिझकते थे। समझते थे, पुलिस-अफसरकी बीबी है। फिर धीरे-धीरे झिझक हटी और पुराणपंथिताके विरोधी अपने विचारोंको कहना शुरू किया। कभी वह मजहबपर प्रहार करते और कभी वर्तमान समाज तथा उसकी रूढ़ियोंपर: कभी वह स्त्रियोंकी दयनीय अवस्थाका चित्र खींचते और कभी देशकी राजनीतिक परतंत्रताका। हाजराको अभी महमूदकी बातें समझमें नहीं आती थी, मगर हमदर्दी उनके साथ थी। अभी तक अंग्रेजीके पुराणपंथी साहित्यको ही पढ़ा था महमूदने उन्हे गोर्की और अन्य आधुनिक लेखकोंकी पुस्तकें पढ़नेको दीं। सोया भूत फिर जाग उठा। हृदयमें राष्ट्रीयताकी लहर पैदा हो गई। पुलिस-अफसरकी बीबीने खद्दरकी साडी और चपली पहनी। वह अपने उस जीवनसे असंतुष्ट हो उठीं।

जब हाजरा पतिके पास रायबरेली (या गोंडा) आई, तो उनमें कुछ परिवर्त्तन था। १९३१का समय था, चारों ओर सत्याग्रहकी धूम थी। एक जगह लोग 'इनकिलाब जिंदाबाद' करते नमक बना रहे थे। डी० एस० पी० साहबकी मोटर उनकी बीबी चला रही थी। पतिके मना करनेपर भी हाजराने मोटर खड़ी कर दी। यहीं उन्होंने पहलेपहल एक राजनीतिक सभा देखी।

१९३२में पिताके पास मेरठ गईं। उस वक्त कम्यूनिस्त षड्यन्त्र-केस का फैसला होने जा रहा था। पिता जिस मकानमें रहते थे, उसीके आधेमें अभियुक्त हचिन्सन जमानत पर छूटकर ठहरा हुआ था। बापने उससे मिलनेकी सख्त मनाही कर दी थी। फैसला सुननेकेलिए महमूद भी

आये हुए थे और हाजराके बड़े भाई भी विलायतसे इंजीनियर बनकर लौट आये थे। भाई और महमूदकी राजनीतिक विषयोंपर बहस होती, हाजरा भी आँख-कान खोलकर उसे सुनती रहती थीं। मेरठमें एक नई स्त्री-क्लब खुली। स्त्रियोंकी हिमायती हाजरा भी एक दिन क्लबमें गईं। वहां सफेद साड़ी पहने एक खूबसूरत तरुणी बैठी थी। उसके प्रतिभापूर्ण चेहरेने हाजराको अपनी ओर आकृष्ट किया। बातचीत करते वक्त उसने एक बार कहा—"पिछड़े लोग ईश्वरको मानते हैं।" तरुणीकी एक सखीकी शादी अभी हाल हीमें मेरठ-षड्यंत्र-केसके एक अभियुक्तसे हुई थी। पीछे हाजरा उसके घरपर भी गईं। वह बड़ी सादगीकी जिंदगी बसर करती थी। उसके एक प्रिय संबंधीको किसी राजनीतिक मामलेमें फांसी की सजा हुई थी। हाजराकी नजरोंमें वह गोर्कीके उपन्यासोंकी कोई रूसी क्रान्तिकारिणी तरुणी सी जंचने लगी। धीरे-धीरे मेरठ-केसके अभियुक्तोंके प्रति हाजराको सहानुभूति पैदा हो गई।

मजिस्ट्रेटने फैसला सुनाया, अभियुक्तोंको लम्बी-लम्बी सजाएं दीं। हाजराको खेद हुआ। कमूनिज्मका नाम तो सुना, लेकिन वह कड़वा-मीठा दोनों लगता। उनकी समझमे नहीं आता था, कि देशकी आजादी के जबर्दस्त हामी उनके भाई और महमूद गाधीजीके रास्तेके इतने खिलाफ क्यों हैं। एक दिन पिताकी मोटर ले खद्दर-भडारमें खद्दर खरीदने गईं। सरकारी अफसर होनेसे पिता यह क्यो पसंद करने लगे? उन्होंने कहा—"वे तो क्रातिकारी हैं, पिस्तौल लिये बैठे रहते हैं, वहाँ क्यों गईं?" निजी तौरसे पिताकी राजनीतिमें कुछ दिलचस्पी थी लेकिन उदारदलवालोंके ढगकी। अपनी हालतसे वह असन्तुष्ट जरूर थे, किंतु कमूनिज्म उन्हे एक व्यर्थका शब्द मालूम देता था। उनकी रायमें हचिन्सन बेचारा पत्रकार है और ब्राडले इंजीनियर नौकरीकी खोज में आया था· नाहक फँसा दिया गया है। रूसके बारेमें उनका ज्ञान शून्यके बराबर था, और लेनिन् एक शब्दसे बढकर कुछ नही।

मेरठसे हाजरा पतिके पास लौट गईं। अब वह जाग्रत नारी थीं

और अपनी हस्तीको भुलानेकेलिए तैयार न थीं। पतिकी जिन बातोंको पहले वह साधारणसी समझती थी, अब उनमें हकूमतकी बू आती थी। धीरे धीरे खुला वैमनस्य पैदा हुआ। गर्मीमें देहरादून चली गईं। अब महमूदकी बाते उन्हें और समझमें आने लगीं। जब वह आगे बढ़नेका हौसाला दिखलातीं, तो महमूद कहते—"ख्याल है? तुम पुलिस-अफसर की बीबी हो!" वर्षा शुरू हो गई, लेकिन हाजरा नहीं लौटीं। पतिने आनेकेलिए पत्र पर पत्र लिखे, जिनमें एक काफी कड़ा था। इसपर वह पतिके पास रायबरेली चली आईं। पतिने कड़े शब्दोंकेलिए खेद प्रकट किया। लेकिन, जब दोनोंके जीवनके दो रास्ते हों, तब कितने दिनों तक निभ सकता है? दो-तीन महीने मुश्किलसे कटे, वैमनस्य कम होनेकी जगह बढ़ता ही गया और अंतमें उनकेलिए पतिको त्याग देनेके सिवाय और कोई रास्ता न रहा।

नया जीवन—१९३२ के अगस्तमें हाजरा बापके पास चली गईं। भाई छोड़ सारा खानदान विरोधकर रहा था। खानदानमें कभी ऐसी बात हुई न थी। भाईका कहना था—"कोई हर्ज नही, लेकिन ऐसा करो जिसमें तुम्हें किसीका मुहताज न रहना पड़े।" घरमें रहना मुश्किल था। भाई अलीगढ़में इंजीनियर थे, वहीं चली गईं। अपने-पराये सभी विरोधी हो गये थे, किंतु हाजराको-आत्मविश्वास था। कुछ समय तक वह अलीगढ़ स्कूलमें बच्चोंको पढ़ाती रही, उनको शिक्षाका काम पसंद आया और अपनेको और योग्य बनानेकेलिए मौन्टेसेरी शिक्षा-प्रणालीके विशेष अध्ययनकेलिए उन्होंने विलायत जाना ते कर लिया!

इंग्लैंडमें—१९३३में हाजरा आधा जेवर बेचकर लंदनकेलिए रवाना हुईं, और दो बरसके बच्चेको साथ लिये। उस वक्त छोटी बहन जोहरा जर्मनीमें नृत्य-कलाकी शिक्षा पा रही थी। छोटा भाई पोर्टस्मथ (इंग्लैड)में नौसैनिक अफसरोंके शिक्षणालयमें था। कई और संबन्धी लड़के विलायतमें पढ़ रहे थे। इस तरह विलायतमें सिर्फ अपरिचित ही अपरिचित लोग नहीं थे। वह हैम्पस्टेडके मौन्टेसरी कालेजमें

भर्ती हो गईं। पाठ्य-विषयमें बड़ी दिलचस्पी थी, मगर दो सालके बच्चेको साथ रखनेसे उन्हें बड़ी दिक्कतें उठानी पड़ती थी। बच्चा रोता, पड़ोसी बुरा मानते। किरायेदार रखनेको कोई तैयार न होता। फिर किसी तरहसे लड़केको बच्चोंके स्कूलमें दाखिल कर दिया। रविवारको उसे देखने जातीं और बाकी समय निश्चित होकर पढ़तीं। कालेजकी सहपाठिनियोंमें हिटलरके जुल्मकी मारी जर्मन लडकियाँ भी थीं, उनसे हाजराने जर्मन-फासिस्तो के हृदय-द्रावक अत्याचार सुने।

लंदन पहुँचनेके तीसरे ही दिन सज्जाद जहीर मिले। उनके साथ तीन-चार और राजनीतिक विचार रखनेवाले भारतीय तरुणोंसे परिचय हुआ। १६३४ के विहार-भूकम्पकी जब खबर मिली, तो हाजराने भी सहायताकेलिए काम किया। कालेजकी पढ़ाईके साथ साथ उन्होंने अपनी राजनीतिक शिक्षाको भी जारी रखा। छै महीने तक राजनीति-कक्षामें हाजराको मुँह खोलते न देख कितने ही उन्हें गूगी समझने लगे। बिल्कुल नया विषय था, जिसे धीरे धीरे ही समझा जा सकता था। हाजराके साथ कक्षामें दो और चुप्पे बैठते थे। एक बार तीनों चुप्पोंको परीक्षार्थ कोई निबंध लिखनेको दिया गया, सभी रद्दी निकले।

१६३४ की गर्मियाँ आईं। कितने ही अंग्रेज रूस देखने जा रहे थे। हाजराने भी दश दिनकेलिए रूसकी ओर प्रयाण किया। उन्होंने लेनिनग्राद, मास्को, खरकोफ आदि देखे। इस यात्राका हाजरापर भारी असर हुआ। इसने दिशा पलटनेका काम किया। उन्हे कितनी ही बातोंमें वहाँकी पूर्वस्थिति हिंदुस्तान जैसी मालूम पड़ी। यदि सत्रह वर्षोंके भीतर रूसमें इतने जबर्दस्त परिवर्तन किए जा सकते हैं, तो भारतमें भी वह असभव नहीं। बच्चाखानोंमें सैकड़ों स्वच्छ बच्चोकी सुन्दर शिक्षा-दीक्षा देखकर शिक्षा-विज्ञानके एक विद्यार्थीके दिलपर जैसा प्रभाव पड़ना चाहिए, वैसा ही हाजरापर पडा। रह-रहकर उनके दिलमें ख्याल आता था, "काश, अगर हम अपने हिंदुस्तानके बच्चोंकेलिए ऐसा कर पाते!"

लंदन लौटकर हाजरा फिर अपनी पढ़ाईमें जुट गईं। अब

राजनीतिक बातोंमें भी अपनेको थाहमें पाने लगी। दो सालकी पढ़ाई के बाद कालेजसे ग्रेजुएट हुईं। इस सारे समयमें पिताने कभी कभी थोड़ी बहुत आर्थिक सहायता पहुँचाई, नहीं तो अपने गहनोंपर गुजारा करना पड़ा।

भारतमें लौटना—१९३५में हाजरा भारत लौटी। लखनऊ में एक लड़कियोंके स्कूलमें नौकरी कर ली और एक साल तक पढ़ाती रहीं। यहीं लखनऊ-कांग्रेसमें डाक्टर अशरफ आये और पंडित जवाहरलालसे मिले। अशरफके सुझावपर पंडितजीने कांग्रेसकी ओरसे कुछ विभाग खोले। डाक्टर जैनुल्-आबदीन अहमद हैदराबाद (सिंध)के किसी कालेजमें प्रिंस्पल थे। पंडितजीके बुलाने पर डाक्टर अहमद नौकरी छोड़कर १९३६में इलाहाबाद चले आये। हाजरा भी अध्यापकी छोड़ इलाहाबाद चली आई। वर्षोंसे एक दूसरेके विचारोंसे परिचित तथा एकसे विचारवाले डाक्टर अहमद और हाजराकी शादी हो गई। कांग्रेसमें खूब दिल लगाकर काम करना शुरू किया। किसानों और मजदूरोंमें भी काम करती। कांग्रेस ने मुस्लिम महिला-चुनाव-क्षेत्र से एसेम्बली के लिए खड़ा करना चाहा, लेकिन हाजरा खड़ी नहीं हुईं।

हाजरा उर्दूकी एक सुंदर लेखिका हैं, खासकर बच्चोंके लिए उनके लेख बड़े रोचक होते हैं। वह हिंदी भी जानती है और छै महीने तक 'प्रभा'की सम्पादिका रही हैं।

१९३५में हाजराको पूरनचद्र जोशीके घनिष्ट सम्पर्कमें रहकर काम करनेका अवसर मिला और उससे अपने कामकी योग्यता बढ़ाने में बड़ी सहायता मिली।

१९३९ में डाक्टर अहमद और हाजराको एक पुत्री (सलीमा) पैदा हुई। अगले साल डाक्टर अहमद जेलमें नजरबंद कर दिये गये। १९४०में हाजरा अखिल भारतीय स्त्री-सम्मेलन (Women's Conference) की संगठन-मंत्री रही। फिर कुछ समय लाहौरके एक स्कूल

तथा प्रयागके जगत्तारिणी स्कूलमें अध्यापिका रहीं। आजकल सब कुछ छोड़कर वह प्रांतकी स्त्रियोंमें—विशेषकर किसान और मजदूर-स्त्रियोंमें—जागृतिका काम कर रही हैं।

हाजराकी लेखनी और वाणी दोनोंमें जबर्दस्त शक्ति है; मगर सबसे बड़ी बात है, उनकी सादगी, त्याग और कष्टसहिष्णुता। प्रांतीय किसान संमेलन (१९४३) आगरा जिलेके एक छोटेसे गाँव—बछगाँव में हो रहा था। हाजरा एक सप्ताह पहले ही पहुँच गईं। थोड़े ही समय में बछगाँवकी स्त्रियोंमें जीवन दिखलाई देने लगा। वह पाँच-पाँच, सात-सातकी टोली बना आसपासके कई गाँवोंमें गईं। कान्फ्रेन्सके वक्त स्त्रियोंकी सभामें डेढ़ हजार स्त्रियाँ शामिल हुईं। गाँवकी धूल, खेतोंकी ऊँची-नीची जमीनमें मार्चकी धूपमें पैदल घूमती हाजराको देखकर क्या कोई कह सकता था, कि यह "असूर्यम्पश्या" ललनाओंमें किसी दूसरे ही जीवनकेलिए पैदा हुई थीं। हाजराको शिशु-साहित्यकी तरह स्त्रियोंके भिन्न-भिन्न प्रकारके गीतों और धार्मिक रस्म-रवाजोंके अध्ययनकी भी बड़ी रुचि है। इस अध्ययनने उनको बतला दिया है कि हिंदू और मुसलमान स्त्रियोंका भेद बहुत ही सतही (ऊपरी) है। उन्होंने बस्ती जिलामें गाये जानेवाले पंचपीरोंके गीतको सुनकर कहा—"यहाँ पीरकी जगह देवताओंको रखकर गाइये, मालूम होगा यह उन्हींका गीत है।" क्या ही अच्छा होता, यदि हाजरा ऐसे गीतों और रस्म-रवाजोंका एक सुंदर संग्रह प्रकाशित करतीं।

५

सज्जाद जहीर*

उर्दूके तरुण लेखकोंमें सज्जाद जहीरका ऊँचा स्थान है। उनके 'अंगारा', 'लदनकी एक रात' (उपन्यास) आदिको लोग बड़े चावसे पढ़ते हैं। जब वह अपने जौनपुर जिलेकी अवधी बोलते हैं तो पता नहीं लगता कि एक सुशिक्षित व्यक्ति बोल रहा है। वह सादा मिजाज हैं, मगर गुदड़ीमें ढाँकने पर भी सज्जादका तप्त गौर मुख, उन्नत नासा और प्रशस्त ललाट छिप थोड़े ही सकता है! उनको घर तथा मित्र-मंडलीमें 'बन्ने' कहकर पुकारा जाता है।

बन्नेका जन्म ५ नवम्बर १६०५को लखनऊमें हुआ था। उस वक्त उनके पिता (सर) वजीर हसन वहीं वकालत करते थे। सर वजीर का घर कलापुर (खेतासरायके पास), जिला जौनपुरमें है। बन्नेकी माँ सकीनत्-उल्-फातमा बड़ी ही संस्कृत और गंभीर महिला हैं। युक्तप्रांतमें वह शायद पहली उच्चकुलीन महिला हैं, जिन्होंने कि पर्देका

---

*१९०५ नवम्बर ५ जन्म, १९१४ जुब्ली स्कूल लखनऊमें प्रवेश, १९२१ मैट्रिक पास, देशभक्तिका रंग; १९२४ रूसके साथ सहानुभूति, १९२५-२६ "जमाना"में कहानियाँ, १९२६ बी० ए० पास, १९२७ इंगलैंड (आक्सफोर्ड) में, कम्यूनिज्मका प्रभाव, १९२८ स्विट्जलैंडमें, १९३२ बी० ए० (आक्सफोर्ड) पासकर भारतमें, १९३२ लदनमें, १९३५ बैरिष्टर, भारत लौटे (दिसंबर); १९३६ जेलमें पहिली बार १ दिन, १९३७ जेलमें दूसरी बार १ दिन, १९३८ व्याह, १९४०-४२ लखनऊ जेलमें नजरबंद, १९४० पहिली पुत्री नज्मा (नज्जुस्सहर) का जन्म, १९४३ दूसरी पुत्री नसीमा (नसीनुस्सहर) का जन्म।

परित्याग किया, सुक्कन बीबी—गाँववाले बेचारे इसी नामको आसानी से बोल सकते हैं—को शायद इलाहाबाद और लखनऊके सभ्य-समाज में वार्तालाप करनेमें उतना आनंद नहीं आता होगा, जितना कि अपने नैहर, बड़ागाँव (शाहगंज तहसील, जिला जौनपुर) के उजड्ड किसानों के बीच पूर्वी अवधी बूकने मे। सुक्कन बीबीके पाँच पुत्रोंमें बन्ने चौथे और अधिक प्रिय हैं।

लड़कपनमें बन्नेको कहानियाँ सुननेका बड़ा शौक था और घर की जौनपुरी नौकरानियोंको याद शायद ही कोई कहानी हो जिसे बन्ने मियाँने न सुना हो। उस वक्त सैय्यद वजीर हसन—सर वह बहुत पीछे हुए—एक अच्छे वकील ही नही थे, बल्कि दृढ़ राष्ट्रीय विचारोके होने से शहरके एक प्रसिद्ध व्यक्ति थे, और बन्नेको घर बैठे ही देशके बड़े-बड़े नेताओंको देखनेका मौका मिलता था।

बन्ने जब पाँच सालके हो गये, तो "कायदा बग़दादी" (अरबी वर्ण परिचय) हाथमें थमाकर मौलवीके पास बैठा दिये गये। वह तीन साल तक घरही में जायसी मौलवीके पास उर्दू, अरबी, फारसी पढते रहे। फारसीके गुलिस्ताँ, बोस्ताँको बन्नेने समाप्त किया। कुरान के तो पाठमात्रसे पुण्य होता है, इसलिए उसे अर्थसहित पढ़नेकी जरूरत नही। सुबह-सुबह उठकर मौलवीके पास पढ़ने जाना पड़ता था। सुबहकी नींद कितनी मधुर होती है, और खिलवाड़ी लड़कोंके लिए तो और भी। बन्ने मियाँको यह सुबहका उठना और मौलवीके पास जाना जिंदगीकी सबसे कड़वी बात मालूम होती थी। सारा घर अल्ला पर विश्वास रखता था। गुलगुलों, मिठाइयों, नये कपड़ों और भेटोंकेलिए खुश-खुश बन्ने मियाँने अल्लाकेलिए जिंदगीमे एक बार रोजा भी रखा। अभी अल्लाके न होनेकी ओर उनका विचार नहीं गया था। सवेरे की मीठी नींदसे वञ्चित बन्नेकेलिए मौलवी राक्षससा जान पडता था। वह मनही मन कहते—"यदि मौलवी मर जाय, तो अल्ला है।"

मौलवी तो मरा नहीं, मालूम नहीं अल्लाके न होने पर बन्नेका पूरा विश्वास जमा या नहीं।

गवर्नमेन्ट जुब्ली स्कूल उस समय लखनऊका सबसे अच्छा स्कूल था। नौ सालकी उम्र (१६१४)में उसी स्कूलके पाँचवे दर्जेमें बन्नेका नाम लिखा गया। बन्नेको हॉकी, फुटबालका बहुत शौक था, मुहल्लेके लड़कोंके साथ खेलनेमें भी उन्हे आनंद आता था, मगर माँकी आँख बचाकर ही। सुक्कन बीबी लखनऊके लडकोंको आवारा समझती थी। उन्हे ताशसे भी नफरत थी, इसलिए बन्नेको ताशकी ओर हाथ फैलानेकी हिम्मत न होती थी। बन्नेको लडकपनहीसे साहित्यका शौक था। बारह-तेरह साल तक पहुँचते पहुँचते उर्दूके जितने कवियोंके दीवान (कविता-सग्रह) प्राप्य थे, सभीको पढ़ डाला। खुद शिया खानदानमें उत्पन्न, फिर लखनऊका शिया-वातावरण, वहाँ मुहर्रम जिस प्रभावशाली ढंगसे मानाया जाता था, बन्नेको वह बहुत अच्छा लगता था—खासकर कवि 'अनीस' के मर्सियोंमे कर्बलाके शहीदोंके हृदय-द्रावक मृत्युके सजीव चित्रणको सुनकर वह अपने आसुओंको रोक नहीं सकते थे। लेकिन मुहर्रमके समय बन्नेको अधिकतर लखनऊ नहीं ननिहालमें रहना पड़ता था। सुक्कन बीबीको अपने नैहरका मुहर्रम ज्यादा पसंद था। बन्नेका हृदय बहुत कोमल था नौकरोंके लड़कों पर जब डाट पड़ती, तो वह दुखित हुए बिना नहीं रहते। अकालकी 'खरीदी' लड़कियोंकी जब पिटाई होती, तो बन्ने भैया 'बुवो' (अम्मा) के पास फरियाद पहुँचाए बिना नहीं रहते। अपनेसे चार साल बड़े भाई (डाक्टर) हुसैन जहीर बन्नेके गहरे दोस्त थे; कभी-कभी दोनों झगडते भी खूब थे, फिर बुवोको बीचमें पड़नेकी जरूरत पडती।

उर्दू, अंग्रेजी और इतिहास बन्नेके प्रिय विषय थे, मगर हिसाबके नामसे नानी मर जाती, लेकिन वह अनिवार्य था, इसलिए पढ़ना जरूरी था।

महायुद्धका समय था। सरकारी नौकर हर जगह अपनी राजभक्ति

दिखानेकेलिए उचित अनुचित हर तरहके दबावसे चदा और युद्ध-ऋणकेलिए रुपया वसूल करते। जुब्ली स्कूलके हेडमास्टर भी पीछे रहनेवाले जीव नही थे। उन्होंने भी लड़कोंपर युद्ध-ऋण और देशरक्षा-बचत-प्रमाणपत्र खरीदनेकेलिए जोर दिया। बन्ने राष्ट्रीय विचारवाले पिताके पुत्र थे, मास्टरसे उनकी झड़प हो गई। "तुम्हारे पिताके पास बहुत रुपया है"—बन्ने इसे इन्कार कैसे कर सकते, लेकिन कुछ तो कहना चाहिए; झट बोल दिया—"इनकम-टेक्स भी तो देना होता है।" बन्ने उस समय ग्यारह सालके थे। इस आदोलनका यह परिणाम हुआ, कि दशसे ज्यादा लड़कोंने प्रमाणपत्र नहीं खरीदे।

स्कूलके प्रिन्सिपल ऐंग्लो-इडियन थे। एक साल पहले (१९१५की बात है) वार्षिकोत्सवका समय था, प्रिन्सपलकी स्त्री उर्दू मे युद्धके बारेमें कुछ बोली और हिंदुस्तानियोंकी नमकहलालीकी बात कही। बन्नेको न जाने कैसा सा जान पड़ा। इसी साल उन्हे मसूरी जानेका मौका मिला। हिमालयका दृश्य बहुत प्रिय लगा।

युद्ध बडे-बड़े आदर्शोंकेलिए लड़ा जा रहा है, यह चिल्लाते-चिल्लाते अग्रेज राजनीतिज्ञ थकते नही थे, लेकिन, जब मिसेज बेसेन्टने हिदुस्तानकेलिए "गृह-शासन" (होमरूल)की आवाज उठायी, तो उन्हें नजरबंद कर दिया गया। लखनऊवाले "रफाहे-आम" हालमे इसके विरोधमें सभा करना चाहते थे। मगर मजिस्ट्रेटने आज्ञा न दी। ग्यारह बरसका होनेपर भी बन्ने पर इन बातोंका बहुत प्रभाव पड रहा था। १९१६का दिसम्बर हमारे राष्ट्रीय इतिहासमे बड़ा महत्त्व रखता है। उस साल काग्रेस लखनऊमें हुई। कई सालोंके जेल और निर्वासनके बाद लोकमान्य तिलक काग्रेसमें भाग लेनेकेलिए लखनऊ पहुँचे। घोड़े हटा दिये गये और लोग हाथोंसे गाडी खींच रहे थे। "तिलक महाराजको जय" का गगनभेदी नाद चारों ओर सुनाई दे रहा था। इसी रमणीय अधिवेशनमें काग्रेस-लीग समझौता हुआ। सैयद वजीर हसन लीगके प्रधान-मंत्री थे, इसलिए बन्ने मियाँको अपने बारह बरस के बाल-नेत्रोंसे

देशके महान् नेताओंको नजदीकसे देखनेका मौका मिला। मिसेज नायडू, मौलाना मुहम्मदअली, मौलाना आजाद तो कितनी ही बार उनके घर आए। बन्नेके निर्माणमें इन बातोंका काफी हाथ है, इसमें संदेह क्या ?

अब बन्ने अखबार भी पढ़ने लगे थे। लखनऊका "सय्यारा" जबतक निकलता रहा, बराबर पढ़ते थे। पब्लिक् लाइब्रेरीमें जाकर 'मॉडर्न रिव्यू' पढ़नेका भी शौक हुआ। रूसी क्रांतिके बारेमे उन्होंने इतनाही सुना, कि शिया ईरानियोंपर जुल्म हुआ है, इमाम रजाकी समाधि (मशहद, ईरान) पर घोड़े दौड़ाए गए। लेकिन बन्नेको यह सुनकर खुशी हुई, कि रूसमें क्रांति हुई, क्रांतिका शब्द उन्हे प्रिय मालूम देता था।

महायुद्ध खतम हुआ। समय बीतनेके साथ बन्नेकी दृष्टि भी विस्तृत होती गई। उन्हें बहुत खुशी हुई, जब १९२०मे मा-बापने छोटे भाईके साथ बन्नेको भी कर्बला ले चलनेकी इच्छा प्रकट की। कर्बला हिंदुस्तानसे बाहर, इराकमे है। हिंदुस्तानके बाहरकी दुनिया कैसी है, उसे देखनेकेलिए पंद्रह सालके बन्ने बड़े उत्सुक थे। एक नौकरके साथ लोग बंबई पहुँचे। बन्ने मिया बाजार करने गये और पाकेटमारने साठ रुपएके नोटोंपर हाथ साफ कर दिया। समुद्र और जहाजको देखकर बन्ने बहुत खुश हुए। युद्ध खतम हो गया था। इराक (मसोपोतामिया)मे अंग्रेजोने हिंदुस्तानी सैनिकोंके बलपर नया राज दखल किया। जहाजमें सैनिक ही ज्यादा जा रहे थे। लड़ाईके वक्त तो जरूरत थी, इसलिए इराकमे हिंदुस्तानियोंकी बड़ी माँग थी। सिपाहियोंके अतिरिक्त बाबू-बनिया भी बसरा बग़दादमें छा गये। इराकी लोग इन परदेशियोंकी बाढ़को कैसे पसंद करते ? अंग्रेजोका भी काम अब निकल चुका था, उन्होंने आँख मींच ली और इराकी हिंदुस्तानियोंको निकलनेकेलिए मजबूर कर रहे थे। हिंदुस्तानी देशका भारी आदमी समझकर सर वजीर के सामने आ आकर अपना रोना रोते और अंग्रेजों की तोताचश्मीकी

शिकायत करते। कर्बलाके पडे (मुजाविर) जवाब देते—"यह देश हमारा, हिंदुस्तानियोंका नही।" मजहबसे देशका सम्बन्ध ज्यादा घनिष्ठ है, इस बातका पता बन्नेको यही लगा।

कर्बलासे लौटकर बन्ने फिर पढ़ाईमें लग गये। १९२१ में दूसरे दर्जेपर मैट्रिक पास किया। उर्दू, अंग्रेजी, साइन्स सभी अच्छे थे मगर हिसाबने लुटिया डुबो दी।

देशमें असहयोगकी जबर्दस्त लहर चल रही थी। बन्नेके दिल मे भी गर्मी थी, मगर उन्होंने पढाईसे असहयोग नहीं किया। कारण, किसी पथप्रदर्शकका न होना था। १९२२में बन्ने क्रिश्चियन कालेजमे इतिहास, अंग्रेजी और फारसी पढ़ रहे थे। रंगा अय्यर, हरकरणनाथ मिश्र और दूसरे राष्ट्रीय नेताओंके व्याख्यान होते, बन्ने सुननेके लिए जरूर मौजूद रहते। पिता अब अवध चीफकोर्टके जज थे, लेकिन राष्ट्रीयताका भार बन्नेने सभाल लिया था। खद्दर पहनते थे, गोश्त खाना और पलंग पर सोना छोड़ दिया था। तीन महीने तक रोज कुरान का लम्बा पाठ करते। घरवाले बन्नेको खब्ती समझते। बाबा (पिता) मुसकुरा देते। बुवो बेचारीका दिल बहुत परेशान था। लेकिन कोई बन्नेको टोकता नही था। शहरमे सर वजीर हसनके लडकेकी राष्ट्रीय फकीरीकी बड़ी प्रसिद्धि थी।

१९२३-२४ में बन्नेने कितने ही अंग्रेज और फ्रेंच लेखकोंकी पुस्तकें पढ़ी। अनतोल फ्रास और बर्ट्रेन्ड रसलने बहुत प्रभाव डाला। रसलकी पुस्तकें पढ़नेके बाद तो बन्ने पूरे नास्तिक होगये। एफ० ए० पासकर १९२४मे वह लखनऊ विश्वविद्यालयमें बी० ए०मे प्रविष्ट हुए। इतिहास, अर्थशास्त्र और अंग्रेजी पाठ्य विषय थे। इसी वक्त कानपुरमें कम्यूनिस्टोंपर षड्यंत्रका मुकदमा चला। रूस, मास्को और लेनिनका नाम ज्यादा सुनाई देने लगा। रूसके बारेमें जिज्ञासा बढ़ी और लाइब्रेरीमे उस विषयकी जितनी पुस्तके मिली, सबको पढ़ डाला। यह

कहनेकी जरूरत नहीं, कि पुस्तकें ज्यादातर रूस-विरोधी लेखकों द्वारा लिखी गई थी।

इधर बन्नेका स्वास्थ्य खराब हो गया। अक्सर बीमार रहते, तो भी १९२६की बी० ए० परीक्षामें बैठे और तीसरे दर्जेमें पास हुए। अब उन्हें ऑक्सफोर्ड (इङ्गलैंड) पढ़ने जाना था, किन्तु स्वास्थ्यकी खराबीके कारण एक साल रह जाना पड़ा। इस समय वह फ़ारसी पढ़ते रहे।

१९२७के मार्चमें बन्ने विलायतकेलिए रवाना हुए। मार्सेई (फ्रांस) में यूरपका प्रथम दर्शन हुआ, बन्ने उससे प्रभावित हुए। बड़े भाई (डाक्टर) इस समय हैडलबर्ग (जर्मनी)में रसायन-शास्त्र पढ़ रहे थे, पेरिसमें आकर मिले। दो तीन दिन रहकर पेरिसकी दर्शनीय चीजोंको देखा। लंदनमें दो-तीन दिन ठहर आक्सफोर्डमें दाखिल हो गए। आधुनिक इतिहास, अर्थ-शास्त्र, राजनीतिक-विज्ञानको पाठ्य विषय चुना। प्रोफेसर कोल उनके अध्यापकोंमें थे। आक्सफोर्डमें उस वक्त पहलेसे चली आती पुराणपंथिताका जोर था। सारे ही अध्यापक रूढ़िपोषक थे।

आक्सफोर्डमें बहुत समय नहीं रह पाये थे, कि बन्नेपर तपेदिकने आक्रमण किया। लाचार आक्सफोर्ड छोड़ स्विटजरलैंडके एक सेनिटोरियम् (स्वास्थ्य-सुधार आश्रम) में भागना पड़ा। इस साल भरके स्विट्जरलैंडके प्रवासका भी बन्नेने अच्छा उपयोग किया। फ्रेंच भाषा और फ्रेंच साहित्यका अध्ययन किया। रूस और कमूनिज्म पर वहाँ काफी पुस्तकें पढ़नेको मिली। सेनिटोरियमके उदारमना डाइरेक्टरकी कृपासे यही बन्नेको पहला सोवियत् फिल्म देखनेको मिला।

स्वास्थ्य ठीक हो जानेके बाद १९२८मे बन्ने जब ऑक्सफोर्ड लौटे, तो वह पक्के कमूनिस्त विचारोंके हो चुके थे। अबकी प्रथम भारतीय कमूनिस्त एम पी. (पार्लमेन्टके मेम्बर) सकलतवालासे भेंट हुई। महमूदुज्जफर भी ऑक्सफोर्डमें थे और एकसे विचार होनेसे रूढ़िके गढ़में वे एकातता नहीं अनुभव करते थे। लंदनमें डाक्टर अशरफ, डाक्टर

अहमद, आदि कितने ही और भारतीय तरुण अपने जैसे विचार रखनेवाले थे। लदनकी काग्रेस-मंडलीमें बन्ने भी शामिल होगये। ऑक्सफोर्डके भारतीय छात्रोंकी 'मजलिस' नामसे अपनी एक सभा है, बन्ने उसके प्रतिनिधि बनकर साम्राज्यविरोधी परिषद्मे शामिल होनेकेलिए यूरोप (फ्राकफुर्त) गये। परिषद्में उन्हें सोवियत् प्रतिनिधियोंसे मिलनेका अवसर मिला। सोवियत् प्रतिनिधियोंने भारतके बारेमें बहुत सी बातें पूछी और स्वतत्रता-आदोलनसे अपनी सहानुभूति प्रकट की। इसी साल १६२१में साइमन कमीशनके खिलाफ जलूस निकालनेकेलिए लदन-पुलिसके डडे खाने पड़े।

१६३२मे ऑक्सफोर्डसे बी० ए० किया और डेन्मार्क, जर्मनी, आस्ट्रिया और इटलीकी सैर की, फिर बन्ने भारत लौट आये। स्विट्जरलैंडमे रहते वक्त उन्होने 'अगारे' लिखा था और उसे अब प्रकाशित किया, वह जल्दी ही जब्त भी होगया। यह बन्नेकी पहली कृति न थी। 'अगारा'से पहले (१६२५-२६मे) उनकी कितनी ही कहानियाँ "जमाना"में छपी थीं।

भारतमे छै महीना रहनेके बाद बन्ने बैरिस्टर बननेकेलिए विलायत लौट गये। अब वह लदनमें रहते थे। ज्यादा समय राजनीतिक कामोंमें लगता था। मजदूरोंके प्रदर्शनोमें शामिल होते। जब गोलमेज कान्फ्रेंसमें गाधीजी लदन गये, तो उनसे भी गाधीवादी प्रोग्रामपर बातचीत हुई। पहले बन्ने हिदुस्तानी विद्यार्थियोके "भारत"के सम्पादक रह चुके थे, अब उन्होने "न्यूभारत" (त्रैमासिक) निकाला। इस समय बन्ने पढ़ तो रहे थे कानून, मगर उनका सारा समय जा रहा था राल्फ फाक्स, डेविड गेस्ट आदि मार्क्सवादी लेखकों और विद्वानोके सत्संगमे।

१६३५में बन्नेने बैरिस्टरी पासकी। इस समय तक आक्सफोर्ड और कैम्ब्रिज पुराण-पंथिताके गढ़ नहीं रह गये थे। अब वहाँ मार्क्सवादी छात्रोंका जोर था।

दिसम्बर (१६३५) में बन्ने भारत लौटे। आखिर माँ-बापने रुपया

खर्च करके आठ वर्ष तक विलायतमें पढ़ाया था, उन्हें भी तो मालूम होना चाहिए, कि बन्ने कुछ होकर आये हैं, कुछ कर सकते हैं। इसीके-लिए अगलेसाल बन्नेने प्रयागमें बैरिस्टरी शुरूकी; लेकिन बैरिस्टरी सिर्फ कानूनकी परीक्षा पासकर लेनेसे थोड़े ही होती है ? उसके लिए खास दिल और दिमाग चाहिए। वर्ण-भेदकी खाईसे भरे इंगलैंडके भद्रसमाजमें उन्हें कमूनिस्त अंग्रेजोंका समाज बहुत आकर्षक और प्रिय मालूम पड़ा। कितने ही और प्रतिभाशाली भारतीय छात्रोंकी भाँति आत्माभिमानी बन्ने भी उधर आकृष्ट हुए। जितना ही नजदीक होते गये, उतना ही अधिक उन्होंने वहाँ सच्चा सौहार्द्र पाया और फिर उनके विचारोंका गंभीर अध्ययन बन्नेकेलिए अनिवार्य होगया। उनकी आँखें खुल गईं। राष्ट्रीय स्वतंत्रता और अंतर्राष्ट्रीय शान्तिका मार्ग साफ साफ दिखलाई देने लगा। देशकी धार्मिक, राजनीतिक, सामाजिक गुत्थियाँ सिद्धात रूपसे समझमें आने लगी, किन्तु उनके खोलने और सुलझानेकेलिए भारी श्रमकी जरूरत थी। ऑक्सफोर्डका ग्रेजुएट और लंदनका बैरिस्टर बनना गौण चीज थी, बन्नेने तो अपनेको एक दक्ष राष्ट्रकर्मी बननेकेलिए तैयार किया था; फिर, बैरिस्टरी-लायक दिल और दिमाग वह कहाँसे लाते ? उनका समय जाता था, काग्रेसका काम करनेमे—जवाहरलाल नेहरूके नगरकी काग्रेसकमिटीके वह दो साल तक सेक्रेटरी रहे और प्रातीय कांग्रेस कौंसिलके सदस्यभी। कांग्रेस सोशलिस्ट पार्टीके एक जबर्दस्त स्तंभ थे। "नया भारत" (हिंदी साप्ताहिक) का सम्पादन करते थे और कलम चलानेका समय निकाल लेते थे। "बीमार" एकाकी नाटक भी इसी समय लिखा और प्रगतिशील लेखक संघके मुख्य कर्णधार बन गये। प्रयागमें जो थोड़े बहुत मजदूर हैं, उन्हें संगठित किया और वह प्रांतमें मार्क्सवादी संगठन करनेकेलिए भारद्वाजकी सहायता करते रहे।

१६३८में बन्नेको दूल्हा बननेका सौभाग्य मिला। अजमेर बारात गई। बीवी (रज़िया) सुशिक्षिता और उर्दूकी सुलेखिका हैं। व्याहके

बाद बहुत अच्छे नंबरोंमें उन्होंने इलाहाबादसे एम० ए० (प्रथम) पास किया। जोड़ा खूब अच्छा रहा, इसमें संदेह नहीं। लेकिन, पहले कुछ प्रेमकी रस्साकशी जारी रही। एक अमीर सैय्यदजादी, फिर सर वजीर हसनकी बहू, फिर जेठोमें कोई आई० सी० एस० और कोई प्रभावशाली यूनिवर्सिटी-प्रोफेसर, नजदीकी सम्बन्धियोंमें हाईकोर्टके जज और बड़े बड़े दर्जेवाले। रजिया ब्याहके वक्त खुश हुई थी कि उनके मियाँ इतने बड़े खानदानके रत्न हैं, ऑक्सफोर्डके ग्रेजुएट और लदनके बैरिस्टर हैं, और देखने-सुननेमें तो कहना ही क्या है ! मगर, जब बन्नेके घर आई और देखा कि मियाँ कर क्या रहे हैं, तो माथा ठनका। उन्हे पागलोंके रास्तेसे हटाकर होशवालोके रास्तेपर डालना अपना फर्ज समझा। इसीमें दोनोंका कल्याण भी था और साथ साथ रजियाको अपने ऊपर पूरा विश्वास था। रजियाके सौदर्य ही पर नही गुणो पर भी मियाँ मुग्ध थे, फिर उसके हित-मनोहारी वचनसे इन्कार क्योंकर करते ! बन्ने पुष्पशरोके आघातसे अकुलाये उकताये नही, वह मुसकुरा देते और अपने रास्तेपर चलते जाते। रजिया पर्दा नहीं करती थी, मगर यह तो उनके बसकी बात नही थी, कि मियाँके मित्रोंकी मडलीमें उनका पीछा करती। यदि ऐसा होता, तो बन्ने खुश होते और रजिया बन्नेको मजूर-किसान अशिक्षित-अर्धशिक्षित दोस्तोंमे घुलते-मिलते देख क्षुब्ध ही होती। रजियाका प्रयोग चल ही रहा था और शायद वह किसी समय मियाँसे साफ कह देना चाहती थी कि अपने इस जीवन और मुझमेसे एकको चुनना होगा। बन्ने इसका क्या जवाब देते, शायद इसका भी कुछ कुछ सकेत उन्हें मिलने लगा था। इसी बीच १२ मार्च १६४० आगया। बन्ने मियाँको पकड़कर लखनऊ जेलमें नजरबंद कर दिया गया। पूरे दो साल जेलमे रहनेके बाद १४ मार्च १६४२को बन्ने बाहर निकले।

रजिया पहले बड़े धार्मिक विचारोकी थी, प्रगतिशीलताका दम भरते हुए भी। मियाँ रोजी नहीं कमाते, इसकी भी उन्हें बड़ी फिक्र थी।

अब उनके विचारोंमे वास्तविक प्रगति हुई है। अब वह मियाँको पागल नही समझती। आखिर मियाँ कमाऊ भी तो हैं—बम्बईकी महानगरीमें रहते है, एक अखबार ('कौमी जग')का सम्पादन करते है और पच्चीस रुपयेकी भारी तनखाह पर। रज़िया जब बंबई रहती हैं, तो बन्ने जो खाना खिलाते हैं, वह सर वजीर हसनके दस्तरखानसे कम मीठा नही लगता होगा।

बन्ने जनताके आदमी हैं, इसीलिए जनताकी भाषा और उसके गीतोंसे बहुत प्रेम रखते हैं। उन्होंने जौनपुरी भाषामे लेनिनपर एक आल्हा लिखा है।

६

डाक्टर-अहमद*

वह लंबा शरीर किसी वक्त व्यायाम और खेलके कारणखूब स्वस्थ और पुष्ट था, यद्यपि आज अध्ययन और अति श्रमके कारण मरीजसा मालूम होता है; उसके चेहरेपरकी स्वाभाविक शान्ति और गंभीरता बहुधा भीतर छिपी प्रतिभाको ढाँकनेका काम करती है; मितभाषिता भी इस षड्यंत्रमें सहायता करनेकेलिए तैयार थी, किन्तु आँखोंसे निकलती किरणें सबका भंडा फोड़ देती हैं। अपने उच्च आदर्शकी सलग्नताके साथ साथियोंमें वह अपनेको इतना खो देता है कि जान पड़ता है, उसमें स्वतंत्र प्रतिभा शून्यसी है, मगर अहमद अपनी स्वतंत्र प्रतिभा पर

---

*विशेष तिथियाँ—१९०७ सितंबर २९ जन्म, १९१३ शिक्षारंभ, १९१६-१७ गोधडा (गुजरात) स्कूलमें, १९१८—१९ नौशेहरा (सिंध) मद्रसामें, १९१९-२० हैदराबाद (सिंध) स्कूलमें, १९२१-२३ भडौंच (गुजरात) स्कूलमें, १९२३ मेट्रिक पास, १९२३-२८ अलीगढ युनिवर्सिटीमें, १९२७ सकलतवालासे भेंट, सौशलिस्ट; १९२८ बी० ए० (आनर्स) पास, १९२८ सितंबर लंदनमें, १९२९ अनीश्वरवादी, कम्यूनिस्त, १९३१ बी० एस्-सी० (लंदन) पास, १९३२ जर्मनीमें तीन सप्ताह, १९३३ हाजारासे परिचय, १९३३ भारतमें ७ मास, इस्माईल कालेज (बंबई)में प्रोफेसर, १९३४ लंदनमें, १९३५ पी० एच्-डी० (लंदन) पास, १९३५ भारतमें, हैदराबादमें, प्रिंस्पल छ मास; १९३६ कांग्रेसके अर्थशास्त्र-विभागके अध्यक्ष, हाजरासे शादी; १९३७ यु० प्रान्त किसान सभाके उपसभापति, १९३८ यु० प्रान्त कांग्रेसके सेक्रेटरी, १९३९ पुत्री (सलीमा) जन्म, १९४० अगस्त-१९४२ मार्च जेलमें, १९४३ पिताकी मृत्यु।

अंकुश रखनेका कौशल जानते हैं, और अच्छी तरह समझते हैं कि वह सबके पहले एक क्रान्ति-सेनाके एक सैनिक हैं; हाँ सेनापनि भी हैं, मगर ऐसी सेनाके जिसमें आत्म-अनुशासन विजयकी सबसे पहिली शर्त है। और आत्मत्याग ? उसकी तो वह ज्वलन्त मूर्त्ति हैं, तभी तो उन्होंने अमीरी जिन्दगीको लात मारा, धन और सम्मानकी खान कालेज-प्रिंसपल पदके प्रलोभनको पास आने नहीं दिया।

डाक्टर अहमद—जैन, जैनुल-आबदीन या जेड० ए० अहमदका जन्म २६ सितम्बर १६०७ को मीरपुरखास (सिंध) में हुआ। उस समय उनके पिता जियाउद्दीन अहमद* वहाँ डिपुटी सुप्रेंडट पुलीस थे।

ज्येष्ठपुत्र होनेसे ज़ैन अपने पिताके लाडले बेटे थे। यद्यपि पिता जबर्दस्ती अनुशासन लादनेको पसंद नहीं करते थे, मगर उनका प्यार इसके खिलाफ था, कि बच्चेको अंगूरकी तरह रूईकी गोलेवाली पिटारियों में बंद रक्खा जाए। वह होश सँभालते अपने ज़ैनको घुड़सवारी सिखलाते, तेज घोड़ों पर बिना रिकाबके चढ़ा देते, और यदि ज़ैन कभी गिर जाते; तो शाबाशी दे फिर चढ़नेकेलिए उत्साहित करते। बच्चोंको कहानियाँ सुनने का बड़ा शौक होता है, और जियाउद्दीन साहेब स्वयं उन्हे कहानियाँ सुनाते, जिनमें कितनी ही पैगंबर-इस्लाम और आदिम खलीफ़ोंके सीधे सादे त्यागमय जीवनकी होतीं, और कितनी ही गाँधी-तिलक जैसे देशके नेताओंके बारेमें। वह खुद मानते थे, कि वह पुलीसकी नौकरीके काबिल नहीं है, आंदोलनमें नौकरीसे इस्तीफा देते देते बाल-बाल बचे, और वह ज़ैनकी माता अकबाल बेगमके आसुओंके कारण जो बढ़ते परिवारके भविष्यकी चिन्तासे उनकी आँखोंमें एकसे अधिक बार उछल आये थे। १६१६ में कर्मवीर गाँधी गोधरा (गुजरात) में भंगियोंके सहभोजमें शामिल होने वाले थे। मेहतरानीने सुप्रेंडेट साहेबके घरमें सेवरीके रामकी चर्चा की। जियाउद्दीन साहेब गरीबोंके अपमानको

*पंजाब युनिवर्सिटी के एम० ए०; एल्-एल्० बी०। लाहौर (गुमटी बाजार) उनका वतन है।

बर्दाश्त नहीं कर सकते थे, एक बार जैनके छोटे भाईने एक गरीब लडकेको गरीबीके कारण खेलते वक्त अपमानित किया, पिताने बहुत फटकारा। डी० एस्० पी० ने भंगी सहभोजकी बात सुनी, तो ज़ैनको लिए स्वयं वहाँ पहुँचे। गाधीके साथ फर्श पर बैठनेवालोंमें तुर्की टोपी लंबी दाढी वाले श्री विट्ठल भाई पटेल भी थे। सबने खना खाया, जियाउद्दीन और ज़ैनने भी। गाँधी जी बोले। मौलवी जियाउद्दीन साहेबको भी बोलने लिए कहा गया। पैगंबरके जीवनकी कुछ घटनायें उनके सामने मूर्त्तिमान् दिखलाई पड़ रही थीं, वह भूल गये थे, कि वह एक विदेशी शासनके सबसे निष्ठुर यंत्रके पुर्जे हैं। वह अपने हृदय-उद्‌गारको रोक न सके। बोल दिया "मै गाँधीजीको अपने बापसे भी ज्यादा इज्जत करता हूँ।" नौकरशाहीका सिहासन गर्म हो गया। एक विद्रोहीकेलिए पुलिस के आला अफसरके मुँह-हृदयसे ऐसी बात! जाँच हुई, जवाब माँगा गया। जियाउद्दीन साहेबने साफ लिखकर दे दिया, कि गाँधीके लिए अबभी उनके यही भाव हैं। कितने ही समय तक घरमें प्रतीक्षा होती रही कि मुअत्तलीका हुकुम आने ही वाला है। खेर, बात आगे नहीं बढी। यह थी पाठशाला जिसमें जैनने मानवता, राष्ट्रीयता, निर्भयताके आरंभिक पाठ पढ़े। पिताकी शिक्षा थी—(१) बहादुर बनो, (२) आत्मत्यागी बनो, (३) सच बोलो। ज़ैनको भली भाँति मालूम था, कि इन शब्दोंका स्रोत जीभ नहीं हृदयका अन्तस्तल है। जियाउद्दीन साहेब धर्म-विरोधी न होते भी बडे उदार विचारके थे। उन्होंने बच्चोंको धार्मिक शिक्षा दिलाने पर कभी जोर नहीं दिया, बल्कि जब देखादेखी रोजा रखना चाहते, तो यह कह कर मना कर देते, कि अभी तुम्हें रोजा रखनेकी जरूरत नही। वह बड़े ही अध्ययनशील थे, जिसे उनके ज्येष्ठ पुत्रने दायभागमें पाया। उन्होंने इस्लामिक तसव्वुफ् और दर्शन ही नही, हिन्दू वेदान्तका भी गभीर अध्ययन किया था—हाँ, अग्रेजीके द्वारा ही। मगर, वह पीरो-मुर्शिदोंके बडे विरोधी थे, मुल्लाओंके सतसगको बच्चोंके-लिए पसद न करते थे।

जैनकी माँ १६१६ में ही मर गई, उस समय जैन १२ सालके थे। अपने पीछे माँने पाँच बेटों दो बेटियोंको छोड़ा था। बेटोंमें आगे चल कर बड़ा देशसेवक मानव-सेवक बना, दो इम्पीरियल् सर्विस् (एक आई० पी० एस, दूसरा आई० सी० एस्०), एक सब-जज और एक शालामार फिल्मकम्पनीका मालिक तथा डाइरेक्टर। माँको यह सब देखनेका मौका नहीं मिला, पिताके बारेमें यद्यपि किसी आई० जी० ने बोल्शविक और सरकार-विरोधी लिख मारा था, मगर वह बंबईके डिपुटी-इन्स्पेकटर जेनरल बन कर पेंशन ले सके। उन्होंने अकबाल बेगमके बच्चोंको दुनियामें सफल जीवन बिताते भी देखा और जैनके जीवनको अफसोस नहीं गर्वकी चीज़ समझा।

जैनको सबकी पुरानी स्मृति उस वक्त १६११ ई० की है, जब कि वह-चार साढ़े चार सालके थे। सिंधके सीमान्तके बहुँई कबीलोंने विद्रोह किया था, कितनेही पुलीस अफसरोंको उन्होंने मौतके घाट उतारा था। जियाउद्दीन साहेब उस मुहिमपर जा रहे थे, अकबाल बेगम रो रही थीं।

शिक्षा—साढ़े पाँच सालकी उम्रमें जैनको गोधड़ाके म्युनिस्पल स्कूलमें पढ़नेकेलिए बैठा दिया गया—पढ़ाई थी गुजराती और उर्दूकी। तीन सालकी पढ़ाईके बाद जैन वहाँके तैलंग हाईस्कूलमें दाखिल हुए। पहिले और दूसरे स्टेंडर्डको समाप्त कर पाये थे, कि पिताकी बदली नवाबशाह (सिंध) हो गई, और जैनको नौशहरा मद्रसा (हाई स्कूल) में भेज दिया, जहाँ उन्होंने चौथा स्टैंडर्ड पास किया। और फिर हैदराबाद (सिंध) के आमिलों (शिक्षित अफसर वर्गके सिंधियों) के प्रसिद्ध स्कूल नवलराय हीरानंद हाई स्कूलमें जा पाँचवाँ* स्टैंडर्ड खतम किया। हैदराबादमें पढते वक्त कनाटके ड्युक भारत आये। नौकरशाही बच्चोंको राजभक्ति सिखानेके इस सुन्दर मौकेको हाथसे क्यों जाने देने लगी। उसने लड़कोंमें तमगा बाटना चाहा। जैन और उनके साथी लेनेसे

*बंबई प्रान्तमें सातवाँ स्टैंडर्ड मेट्रिक होता है।

इन्कार कर रहे थे। हेडमास्टरने तमगोंको क्लासमें मेजपर रखा। लड़कों ने गदहेको पहिनाकर शहरमें जलूस निकाला। तीन साल सिंधमें रहनेके बाद पिता फिर गुजरातमें बदल आये। अब (१६२१ में) जैनकी उम्र चौदह सालकी थी, और वह भडौचके दलाल हाई स्कूलके विद्यार्थी थे। सिंध और गुजरातके इन प्रवासोंमें जैनको सिंधी और गुजराती सीखनेका मौका मिला। स्कूलमें अंग्रेजीके साथ वह फारसी भी पढ़ते थे। गणित उन्हें प्रिय न था, हाँ साहित्य और इतिहाससे उन्हें बहुत प्रेम था, और इन विषयोंमें वह क्लासमें अव्वल रहा करते थे। पढ़नेके अतिरिक्त जैन क्रिकेटके अच्छे खिलाड़ी थे, निशाना लगाने, शिकार खेलने घुड़सवारी करने तथा दौड़ लगानेका उन्हें बड़ा शौक था; जिससे उनका स्वास्थ्य सुन्दर और शरीर हृष्ट-पुष्ट रहता था। इसके साथ जैनको राजनीतिक सभाओंमें जानेसे कोई रोक नहीं सकते था, यद्यपि स्कूलके राजभक्त हेडमास्टर लोग लड़कोंको उनसे बचानेकेलिए शाम-दाम-दंड-विभेद सारे ही हथियार इस्तेमाल करते थे।

अलीगढ़में—मेट्रिक पास करनेके बाद कालेजमें भेजनेका सवाल आया। अलीगढ़ विश्वविद्यालय शिक्षाके साथ-साथ मुस्लिम सस्कृतिका एक जबर्दस्त केन्द्र था, पिताने जैनको वहीं भेजना पसंद किया। अब जैन गणित जैसे अपने अरुचिकर विषयको लेनेसे मुक्त थे। उन्होंने अंग्रेजी साहित्यके साथ फारसी और इतिहास (भारतीय, युरोपीय और इस्लामी) को पाठ्य-विषय चुना। स्कूलमें जैनका जीवन एक खिलाड़ीका जीवन था, मगर अब वह गंभीर अध्ययनप्रिय मेहनती विद्यार्थी बन गये। चीनके इतिहास पर उन्होंने जो भी मिल सका पढ़ा। बी० ए० (आनर्स) में जैनका मुख्य विषय अर्थशास्त्र था। उस समय समाजवाद सोशलिज्म) की गालिओंसे भरा साहित्य ही ज्यादा सुलभ था। अर्थशास्त्रमें मार्क्सके "मूल्यके सिद्धान्त"को प्रोफेसर लोग अपने अंग्रेज गुरुओंका पदानुसरण करते हुए सिर्फ उपहासकी बात समझते थे। मगर जहाँ पुस्तक और प्रोफेसर सहायता देनेसे इन्कार करते, वहाँ विदेशी शासनसे असन्तुष्ट

जैनको उनकी देशभक्ति रास्ता दिखलाती। १६२१ ही में एक दिन जैनने पिताके हाथोंमें लेनिनकी एक जीवनी देखी। पुत्रके पूछनेपर पिताने कहा था—यह एक बहुत महान् पुरुष है, वह वहाँ दुनियाके अभिशाप गरीबीको हटाकर अमीर-गरीबके भेदको लुतकर एक नये समाजको बनानेमें लगा हुआ है; ऐसा काम कर रहा है, जैसाके दुनियामें किसीने नहीं किया। अलीगढके कालेज जीवनमें जैन रूस और समाजवादके बारेमें ज्यादा जाननेकेलिए बेकरार थे, मगर उन्हें "ट्रिब्यून" और "टाइम्स" में जब तक निकलते फुटकर लेखोंपर ही सन्तोष करना पड़ता था।

जैन मेगजीनमें इतिहास और राष्ट्रीयतापर लेख लिखते, विश्वविद्यालयकी वाद-सभामें भाग लेते, और कुछ साथियोंको लेकर उन्होंने अलीगढमें रेडिकल (उग्रवादी) पार्टी कायम की। वह क्रान्तिके पक्षपाती थे, लेकिन सोशलिस्ट क्रान्तिके, आतंकवादको उन्होंने कभी पसंद नहीं किया।

१६२७ मे कामरेड सकलतवालाको बडी मुश्किलसे भारत आनेकी इजाजत मिली। अलीगढ़के रेडिकलने जब सकलतयालाके दिल्ली जाने आनेकी बात सुनी, तो छात्र-यूनियनकी ओरसे बुलाना चाहा, लेकिन युनिवर्सिटीके महन्त इसे क्योंकर पसंद करने लगे, उन्होंने मनाही कर दी। मगर तरुण इतनेहीसे चुप थोड़े ही किये जा सकते थे। जैन दिल्ली पहुँचे; और साथी सकलतवालाको लिए दिए अलीगढ़ पहुँच गये। छात्रोंने स्टेशनपर भारतके सपूतका शानदार स्वागत किया। यूनियनमें पहुँचनेपर महन्तजीने काम बिगड़ते देख, स्वयं सभापतिकी कुर्सी सम्हाल ली। सकलतवाला खूब बोले, और कहा—जिनके हाथोंने इन महलोंको बनाया है, जिनके खून-पसीनेपर तुम गुलछर्रें उड़ा रहे हो वह सदा मूक नहीं रहेंगे। वह समय नज्दीक आ रहा है, वह जब तुमसे हिसाब माँगेंगे।

जैनके बंधन धीरे-धीरे ढीले होते गये। लाठीके बलपर नमाज

पढ़वानेकेलिए अधिकारी जैसे उतावले थे, वैसे ही जैन उससे बचनेका रास्ता ढूँढ लेते थे, नमाजमें न जा उसके लिए वह प्रतिमास साढ़े तीन रुपए जुर्माना दे दिया करते थे। सकलतवालाके आनेका सबसे ज्यादा फ़ायदा जैनको यह हुआ, कि उन्होंने अपनेको समाजवादी मान लिया, यद्यपि पुस्तकोंके अभावमें अभी समाजवादके सिद्धान्तोंका उनका ज्ञान बहुत हल्का था। अलीगढ़में रहते वह कुँअर मुहम्मद अशरफ़—डाक्टर अशरफ़—को भी अपनी ओर खींचनेमें सफल हुए।

२१ सालकी उम्र (१६२८)में जैनने बी० एस-सी० (आनर्स) पास किया। पिताने आगे पढ़नेकेलिए विलायत भेजना तै किया।

विलायतमें—सितंबर (१६२८ ई०)में जैन लंदन पहुँचे। कई महीने जैन और अशरफ़ मौलाना मुहम्मदअलीके साथ एक ही मकान मे रहते थे। भारतके भविष्य, राष्ट्रीयता आदिपर लगातार बहस रहती। मौलाना हर चीजको मजहबी नजरसे पेश करते, जिससे जैनको इतना ही फ़ायदा हुआ, कि वह संप्रदायवादियोंके दृष्टिकोणको भी देख सके, उनकी अपनी धारणा तो समाजवाद पर और दृढ़ होती जा रही थी।

लंदनमे वह अर्थशास्त्र-विद्यालयमें दाखिल हुये। विषय उनका अपना प्रिय विषय अर्थशास्त्र रहा। लास्की, ह्यु डाल्टन और हॉब्हौस जैसे योग्य विद्वान् उनके प्रोफेसर थे। एक बार बूँद बूँदकर पिलाये जाते प्यासेको विद्याका सागर उमड़ता दिखलाई पड़ा। मगर ज़ैन जैसा देशकी आजादीकेलिए पागल सिर्फ़ पुस्तकों तथा युनिवर्सिटीकी पाठ्य-पुस्तकों पर सन्तोष नहीं कर सकता था। बहुत जल्द ही वह सकलतवालाके संपर्कमें आगये। इंगलैंडके कमूनिस्तोंके सौहार्द्र और सहानुभूतिको प्राप्त किया। वह उनकी बैठकोंमें जाते, मजूरोंके प्रदर्शनोंमें शामिल होते, और मजूरोंको नजदीकसे देखते। क्लेमेंट पामदत्त, रजनी पामदत्त, रस्ट, जान केम्ब्ल्, राल्फ फाक्स जैसे क्रान्तिकारी विद्वानों को अध्ययन क्लासोंमें सम्मिलित होनेका उन्हें अवसर मिलने लगा।

यद्यपि अभी इङ्गलैंडमें कमूनिस्त पार्टी आरंभिक अवस्थामे थी, और उसको वह सर्वतोमुखी सफलता तथा प्रभाव नहीं प्राप्त हुआ था, जोकि आज (१६४३)में है, किन्तु उसके बलको जैन अच्छी तरह समझने लगे थे। ज़ैनने बृटेनके इन उच्च शिक्षित मार्क्सवादियों तथा साधारण मजदूरोंके घनिष्ट संपर्कमें आकर सिर्फ अपने ज्ञातव्योंमें ही वृद्धि नही की, बल्कि उनका दृष्टिकोण ही बदल गया। वह अब अंग्रेजोंको भारतको परतंत्र रखनेवाले शासक होनेके अभिमानमे चूर साहबोंके रूपमे ही नही देखा, बल्कि उन्हे देखा उन विचारकोंके रूपमे भी, जो कि इङ्गलैंडकी (और दुनियाकी भी) सबसे अधिक संख्याके भविष्य—उनका शोषण भूख-बेकारीसे मुक्त होनेको भारतकी सच्ची स्वतत्रता पर निर्भर मानते हैं। उन्होंने देखा, १६२६-३२की महामन्दी और बेकारीके समय टेम्सके बाँधपर सैकड़ोंको भूखे रात-रात घूमते, असह्य भूखसे निराश हो गेस लगाते, नदीमें कूद मरते। अब उन्हे इङ्गलैंडमें दो जाति साफ दिखलाई देने लगी, एकको उन्होंने दुनियाके चतुर्थांश नहीं खुद इङ्गलैंडके भी ६६६ प्रति हजार लोगोंके नरकका कारण समझा, और दूसरी वह साधारण अंग्रेज जनता, जो अपने ही अंग्रेज उच्च-वर्गके द्वारा पिसी जाती है उन्हें अपने स्नेह और सम्मानका पात्र नही समझती।

भावी इङ्गलैंडके निर्माता और जनसाधारणके नेताओंमे घुल-मिल जानेका दर्वाजा ज़ैन और उनके साथियोंकेलिए दस्तक लगानेके साथ ही नही खुल गया। वे मानते थे कि भारतीय तरुण जिस शिक्षित तथा उच्च या निम्न मध्यम वर्गसे सम्बन्ध रखते हैं, वह क्रान्तिके पक्के पथिक नहीं हो सकते। और जैनके तजर्बेने इस बातको सच्चा साबित किया। जिन भारतीय तरुणोंने लंदनमे देशकी वास्तविक स्वतंत्रताके लिए अपना जीवन देनेकी बाकायदा प्रतिज्ञा ली थी, और जो लंदनमे रहते ४, ५ पौंड (पचास साठ रुपये) प्रतिमास अपने राजनीतिक कार्यकेलिए नियमपूर्वक दे दिया करते थे, भारत लौटनेपर उनमेसे एक दोही डटे रह गये, बाकी अब सरकारी नौकरियाँ तथा दूसरे कामोंमें

चैनकी बंशी बजा रहे हैं, और लंदनके उन मन्सूबों और प्रतिज्ञाओंका नाम तक भूल गये हैं। जैन इससे इसी परिणामपर पहुँचे, कि क्रान्तिका बोझा शिक्षित मध्यम-वर्गका अस्थिर निर्बल कंधा नहीं उठा सकता, उसकेलिए तो वेही कन्धे उपयुक्त हैं, जिनके पास अपनी पैरकी बेड़ियोंके सिवाय और कुछ खोनेकेलिए नही है। जिस अंग्रेज साथीने जैनको पहिलेपहिल अपने पास आनेपर संदेहकी दृष्टिसे देखा तथा उपेक्षाका वर्ताव किया था, वही छै सात महीने बाद उनके कामोंको देखकर खुद उनके पास आया, और फिर तो सभी दर्वाजे जैन और उनके साथियों केलिए खुल गये।—दोनोंके जब एक सपने एक उद्देश्य थे, फिर देश और रंगका भेद वहाँ कहाँ ठहर सकता था? जैनने अंग्रेजोंमें बहुतसे अपने सगे भाई पाये। उनके लिए इङ्गलैंड विदेश नहीं रह गया।

लंदनमें अपनी पढ़ाई—अर्थशास्त्र—जोकि उनके भविष्य जीवन और आदर्शकी अभिन्न चीज होनेके कारण बहुत ही दिलचस्प मालूम होता था—में काफी समय देते। राजनीतिक हलचलोंमें भाग लेते, और हर साल गर्मीके कितने ही महीनोंको यूरोपके भिन्न भिन्न देशोंमें घूमने अपने सहविचारियोंसे विचार-विनिमय करनेमें लगाते। आक्सफोर्डमें सज्जाद जहीर और महमूद-उज-जफर भी मौजूद थे, और लन्दन तथा आक्सफोर्डके ये शैदाई बराबर मिलते तथा अपने सपनोंका विनिमय करते। किसी समय बर्टरंड रसलकी किताबोंने उनके हृदयके अन्तस्तलमें छिपे अन्धकारके निकालने तथा पुराने धार्मिक सांस्कृतिक संस्कारों पर हथौड़ा चलानेका काम दिया था, मगर अब रसलके संदेहवादसे भरे आदर्श तथा पुरुत्वहीन प्रोग्राम निर्जीव और नीरस मालूम होते थे। हाँ, लास्कीने मार्क्सवादकी अर्थशास्त्रीय और राजनीतिक गंभीरता के समझानेमें बड़ा काम किया; मगर थोड़े ही समय बाद पता लगने लगा, कि लास्की भी जगत्की व्याख्या करने हीमें सहायता प्रदान कर सकता है, उसके बदलनेमें वह कोसों पीछे रहनेवाला है।

१६२६में जैनने एक और भारतीय तरुणके साथ साढ़े तीन मास

तक युरोपकी साइकल यात्राकी। उन्होने हालैडसे इताली, फिर फ्रांस होते उसके आखिरी बंदरतकको देखा। शहरके भद्रपुरुषों तथा साधारण नागरिकों ही नहीं, गाँवोके सीधे-सादे दीहातियोंको भी उनके घरों, खेतों और क्रीड़ा-स्थानोंमें नजदीकसे देखा। भाषाकी दिक्कत थी, परिचयका अभाव था, जिससे कितनी ही बार उन्हें तकलीफ भी उठानी पड़ी, मगर इस कड़वाहटने यात्राके स्वादको और बढ़ानेका काम किया।

१६३१में जैनने लन्दन युनिवर्सिटीकी बी. एस्सी परीक्षा पास की, फिर पीएच्. डी. के विद्यार्थी बन गये, जिसमें उनके निबंधका विषय था "भारतमें बच्चे स्त्री मजूर"।

१६३२मे जैनने तीन सप्ताह बर्लिनमे बिताये। यह सिर्फ सैरकेलिए नही था, वह वहाँ अपनी राजनीतिक शिक्षाकेलिए गये थे, और अधिक समय उन्होंने मजूरोंके घरोंमे बिताया था। हिटलरकी काली परछाई यद्यपि जहाँ-तहाँ दिखलाई पड़ती थी, और जब-तब जैनवाले मुहल्लेमे नात्सी गुंडे लड़ाकू मजूरोंपर खूनी हमले भी करते थे, लेकिन बर्लिन उस समय लाल-बर्लिन था, कमूनिस्तोंका जबर्दस्त संगठन था। उस वक्त जैन यही विश्वास लेकर लौटे थे, कि जर्मनी लाल ध्वजा स्वीकार करने जारहा है। मगर जर्मनीकेलिए हिटलरी नरक बनना जरूरी था। कमूनिस्त मजबूत थे, मगर अकेले इतने मजबूत न थे कि सबके संयुक्त प्रहारका मुकाबिला कर सकते। क्रुप, थाइसन जैसे थैलीशाहोंने खतरेकी लाल झंडियाँ देखी, हिंडनबुर्ग जैसे सामन्त-जमीदारोंने पुराने स्वार्थोंके गलेकी ओर बढ़े उनने फौलादी हाथोंको देखा, उन्होंने हिटलरी गुंडोंके पीछे शरण लेने हीमें खैरियत समझी। क्रान्तिको एकबार धोखा दे चुके नामधारी समाजवादियों (समाजवादी जनतांत्रिकों)ने एकबार फिर लीडरी कायम रखनेकेलिए कमकरवर्गके कितने ही भागको अफीम पिलाई, हिटलर जर्मनीका सर्वेसर्वा बन गया।

जर्मनीमें जैनको भारतीय कमूनिस्त भी मिले, मगर उनमेंसे अधिकाश हवामें महल बनानेवाले लीडरशाह ही दीख पड़े।

१९३३में जैन छै महीनेकेलिए भारत आये, जिसमें आधा समय उन्होंने भिन्न-भिन्न प्रान्तोंमें घूमने तथा तीन मास बम्बईके इस्माईल कालेजकी प्रोफेसरीमे बिताया। अभी भारतमें कमूनिस्त नहीके बराबर थे। इससे पहिले कि उनका कोई सगठन होता, इससे पहिले ही सरकारने चुन-चुनकर सभी प्रभावशाली तजर्बेकार कर्मियोंको मेरठ-षड्यन्त्रमें फँसा दिया। बम्बईके कुछ लोगोंसे मिलकर जैनको बड़ी निराशा हुई, लीडरी-केलिए मरी जाती उनकी दो गुट पागलोंकी सी बात करती थी; किन्तु, जैनने पाँच सालोमे इङ्गलैंडकी कमूनिस्त पार्टीको कुछसे कुछ होते देखा था, इसलिये भारतमे साम्यवाद (कमूनिज्म)के भविष्यके प्रति आशावान् छोड़ वह दूसरा होही कैसे सकते थे !

लन्दन लौट जानेपर अबकी जैन सज्जादके साथ कमूनिस्त पार्टीके बाकायदा मेम्बर बना लिये गये। हाजरा भी लन्दनमे पढ रही थीं। इसी वक्त जैनका हाजरासे परिचय हुआ, और वह धीरे धीरे बढता ही गया।

पीएच्. डी. बन जैन १९३५के अगस्तमें भारत लौटे हाजरा भी साथ ही आई। पिता उस वक्त सिंधमे डी आई. जी. थे। स्टेशनपर स्वागतकेलिए आनेवाले सज्जनोंमेंसे एकने हैदराबादमें एक स्कूल—जिसके कालेज बनानेकी सारी तैयारियाँ हो चुकी थी—का प्रिंसपल पद स्वीकार करनेकेलिए कहा, वेतन तुरन्तका था ४५०) मासिक, लेकिन कुछ ही मासोंके बाद कालेज-प्रिंसपलके तौरपर उन्हे छै सौ रुपये मासिक मिलते। हैदराबाद (सिंध)से जैनका बचपनका प्रेम था, पिताने भी कहा, लोगोंने भी जोर लगाया, उधर अपने राजनीतिक जीवनके आरम्भ करनेकेलिए अभी अधिक देखभाल और परिचयकी जरूरत थी; डाक्टर जेड्० ए० अहमद प्रिंसपल बन गये।

लेकिन जैनने अपनेको प्रिंसपल बनने, आरामकी जिंदगी बसर करने केलिए नहीं तैयार किया था। लखनऊ काग्रेसके प्रेसीडेंट पंडित जवा-

हरलालने डाक्टर अशरफके सुझावपर काग्रेसमे कुछ नये विभाग खोलने तै किये थे, जिसमे एक था अर्थशास्त्रीय विभाग। जब उन्हें जैनके बारेमें पता लगा, तो तुरन्त लिख भेजा। अबतक भारतकी पार्टी भी कामरेड पूरनचंद्र जोशीके नेतृत्वमें बहुत आगे बढ़ चुकी थी। जोशीके नाम वारंट कटा हुआ था, वह अन्तर्धान रहते काम कर रहे थे। हाजरा उस वक्त जोशीके काममे हाथ बॅटानेवालोंमें थीं। जैनने इजाजत मॉगी, और स्वीकृति पा वह अर्थशास्त्रीय विभागके अध्यक्ष बन स्वराजभवन प्रयाग चले आये। पिताको पहिले यह बात उतनी रुचि-कर तो नही मालूल हुई, मगर पीछे उन्हे इसके लिये अफसोस नहीं अभिमान होता था। वह अपना जीवन तो नहीं दे सके, मगर अपने ज्येष्ठ पुत्रको देशकी सेवाकेलिए प्रदान कर पाये। जियाउद्दीन अहमद साहबकी दूसरी पुत्रीने बिना धर्म बदले एक हिन्दू तरुणसे ब्याह कर भावी भारतीय समाजकी ठोस नींवकी एक मज़बूत ईंट बन अपने पिताके गौरवको भविष्य भारतकी दृष्टिमे बढ़ाया।

इसी साल (१९३६ ई०)में हाजरा और जैनकी शादी हो गई। दोनोंने अबसे अपना जीवन अपनी मातृभूमि और उसके करोड़-करोड़ जॉगरचलानेवालोंकी सेवामे अर्पित किया।

अपने विभागकेलिए जैनने कितनी ही पुस्तिकायें लिखी। और विभागकी उपयोगिताको साबित किया। वह अब भारतीय काग्रेस कमीटीके सदस्य थे, काग्रेस-सोशलिस्ट पार्टीकी भारतीय कार्यकारिणीके भी मेम्बर थे, किसान-सभाके संगठन और प्रचारमें खुलकर भाग लेते थे।

साल बीतते-बीतते इन्द्रका आसन गर्म हो गया। विभागके अध्यक्ष को किसान-सभा और सोशलिज्ममे भाग नहीं लेना चाहिये, भारतीय काग्रेस-कमीटीमे स्वतंत्र दृष्टिकोणसे महन्तोंके निश्चयकी नुकताचीनी नहीं करनी चाहिये, और न प्रस्ताव रखना चाहिये आदि आदि शर्तें सूर्य चद्रवंशके पुरोहित वल्लभ भाई पटेलने पेश करवाईं। अर्थशास्त्रीय

विभागकी पुस्तिकाओंकी भी कड़ी टिप्पणियाँ की गई, उनकी पंक्ति-पंक्तिसे थैलीशाहीके कृपापात्रोंको कमूनिज्मकी गंध आने लगी। जैनने अपने जीवनको इतना सस्ता नही समझा। आखिर १९३७में उन्होंने इस्तीफा दे दिया, अर्थशास्त्रीय विभाग तोड़ दिया गया।

अब जैनका सारा समय पार्टी, किसान-सभा, कांग्रेस और कांग्रेस-सोशलिस्ट पार्टीके कामोंमें लगता था। युक्तप्रान्तीय किसान-सभाके वह उपसभापति बनाये गये, पार्टीकी केन्द्रीय समितिके भी उम्मीदवार सदस्य हुये। युक्तप्रान्तके बहुतसे जिलोंमे घूमकर उन्होंने कांग्रेस-सोशलिस्ट शाखाएँ स्थापितकीं, युक्तप्रान्तसे बाहर मद्रास तकका दौरा किया। कांग्रेसमें तो इतनी सरगर्मी दिखलाई, कि १९३८में वह युक्तप्रान्तीय कांग्रेस कमीटीके एक मत्री चुने गये, और बराबर रहते चले आये। इस साल भी उन्हें मद्रास प्रान्त तक दौरा लगाना पड़ा और अपनी क्लास, व्याख्यान और सलाप द्वारा कितने ही तरुणोंको मार्क्सवादके आलोकसे आलोकित किया। १९३९ भी इन्ही सरगर्मियोंमें बीता, दक्षिण-भारत, आसाम और और कितनी ही जगहोंमें जाना पड़ा।

१९४०में मोतिहारीमे विहार प्रान्तीय किसान सम्मेलन था, जिसका सभापति इन पक्तियोंका लेखक था। जैनका व्याख्यान वहाँका सबसे सुन्दर सबसे सारगर्भित भाषण था।

अगस्तमें जैनको सरकारने पकड़कर जेलमें बन्द कर दिया, और फिर मार्च १९४२में ही जेलसे बाहर आ सके। देवली केम्पमें वह हमारे नेता थे, हुकुम देने तथा कर्नलसे बात करनेमें ही नहीं, बल्कि हमारी भूख-हड़ताल और हमारी हर जद्दोजहदमें हमारा जनरल खाइयोंमें हमसे आगे आगे रहता था। जैनके पास जबर्दस्त कलम है, प्रभावपूर्ण, लेख लिखनेके ही लिये नही, बल्कि बिलकुल तुले शब्दोंके प्रयोग बिलकुल मजे वाक्य-विन्यासके करनेमें। मुझे बराबर शिकायत रही, कि जैनने अपनी प्रौढ लेखनीको जेलके इस दीर्घजीवनमें इस्तेमाल

क्यों नही किया। लेकिन मै उनके कामोको भी देखता था, और उनपर सुस्त या कामचोर होनेका दोषारोपण नहीं कर सकता था।

जैन जैसा कर्मी पा कोई भी दल गर्व कर सकता है। जैन जैसा सिपाही पा कोई भी क्रान्ति-सेना सफलताको असंदिग्ध समझ सकती है, जैन जैसा त्यागी नेता पा कोई भी सहृदय आदर्शप्रेमी मानवताके भविष्यसे निराश नही हो सकता।

७

अजय घोष*

भावी भारतके भव्य प्रासादके निर्माणमें जिन्होंने अपने सर्वस्वकी आहुति दे डाली। फाँसी और गोलीके भयसे ज़रा भी विचलित हुए बिना जिन्होंने शिर हथेली पर रख अपने विचारोंके अनुसार देशकी स्वतंत्रताके-लिये प्रयत्न किया। जेलकी यातनाओंने जिनके स्वस्थ सोने जैसे शरीरको मिट्टी बना उसे क्षयके कीटाणुओंका शिकार बना दिया। तरुणाई जीवनके सुखोंकेलिए है, इसका जिन्हें क्षण मात्रकेलिये भी ख्याल नहीं आया। जीवनके अन्तिम क्षण तक जिनकी सिर्फ एकही धुन रही—देश को कैसे स्वतंत्र किया जाये। अजय घोष भारतके उन्हीं सुपुत्रोंमें हैं। उन्होंने वीर भगतसिंहके नेतृत्वमें काम किया, उन्हीके साथ निराहार

* विशेप तिथियाँ—१९०८ फर्वरी '२२ जन्म कानपुरमें, १९०३ अक्षरारंभ, १९२१ में दासकी गिरफ्तारीमें स्कूलकी हडतालके अगुआ, १९२३ हिंदुस्तान प्रजातंत्र सेनाके कर्मी, १९२४ लेनिन मृत्युदिवस मनाया, १९२४ मेट्रिक पास, १९२४-२६ क्राइस्ट चर्चकालेज (कानपुर)में, १९२५ भगतसिंहसे भेंट, १९२६-२९ इलाहाद विश्वविद्यालयमें, १९२९ बी० एस्सी० पास, १९२९ जून लाहौर षड्यत्रमें गिरफ्तार, १९३० अक्तूबर मुकदमैंसे छोड दिये गये, आतकवादसे अविश्वास; १९३० नवबर फिर गिरफ्तार, छ मासकी सजा; १९३१ मुक्ति और रायके पक्षमे, १९३२ गिरफ्तारी डेढ सालकी सजा, १९३३ जुलाई, जेलसे बाहर, कम्यूनिस्त पार्टीमें; १९३३-३७ वारट और अन्तर्धान, १९३६ पी० बी० के सदस्य, १९३७-३९ बंबईमें ज्यादातर, १९४० जुलाई लखनऊमें गिरफ्तार, १९४१ मार्च देवली केम्पमें क्षय-रोगके शिकार, १९४२ जूलाई जेल से छुट्टी, १९४३ क्षय-रोग पीड़ित।

भाग लेकर मृत्युके पास पहुँचनेकी कोशिश की।' लाहौर-जेलकी काल-कोठरीमें महीनों फाँसीकी प्रतीक्षा की। इतना ही नहीं, बल्कि जब उनके अध्ययन और चिन्तनने बतलाया कि आतंकवाद—इक्के-दुक्के सरकारी अफसरों पर बंब या गोली छोड़ने—से देशकी स्वतंत्रता नज़दीक नहीं आ सकती, तो उन्होंने उस रास्तेको एकदम छोड़ दिया, और पीछे फिर कर देखा भी नहीं कि हमने इस पथ पर जीवनके इतने अनमोल वर्ष नौछावर किए।

अजयका जन्म २२ फर्वरी १९०८ को युक्तप्रान्तके औद्योगिक केन्द्र कानपुरमें हुआ था। उनके पिता डाक्टर शचीन्द्र घोष अपने ज्येष्ठ पुत्र अजयके जन्मसे दस साल पहिले कलकत्तासे आकर कानपुरमें बस गये थे। साधारणसे तौर उनकी प्रेक्टिस अच्छी थी, मगर उनकी रहन-सहन निम्न मध्यम-वर्ग नहीं उच्च मध्यम-वर्गकी थी, जिसके कारण वह धन जमा नहीं कर सकते थे। हाँ परिवार सुखसे रहता था, और परिवारके हरएक वयस्क व्यक्तिसे यही आशा रखी जा सकती थी, कि वह अपनेको भार नहीं साबित करेगा। पिता पक्के ब्रह्मसमाजी थे। ब्रह्मसमाज पिछली सदी तक सामाजिक क्रान्तिका वाहक समझा जाता था; मगर पीछे जब ईश्वरके ऊपर भी चारो ओरसे अंगुलियाँ उठने लगीं, तो उसका पक्का ईश्वरवाद तथा निराकार-उपासना बहुत पिछड़ी बात मालूम होने लगी। लेकिन, डाक्टर शचीन्द्र घोष बहुत ही उदार विचारोंके थे, उनका विश्वास सिर्फ बुद्धिवाद पर था, और पुत्रको समझाकर अपने मतका बनानेके सिवा और किसी तरहका दबाव, नहीं डालते थे।

अजयकी माँ शशांकघरवाला (स्याहनवीस) नदिया जिलेकी थीं और ब्रह्मसमाजी होनेसे बहुतसी हिन्दू रूढ़ियोंसे मुक्त थीं।* पुत्रपर उनका स्वाभाविक वात्सल्य था, मगर पिताकी भाँति उन्होंने भी पुत्रकी स्वतंत्र उन्नतिमे कभी बाधा उपस्थित नहीं की।

---

* पिता माता दोनों अभी जीवित हैं।

अजयको सबसे पुरानी स्मृति साढ़े चार सालकी उम्र तक ले जाती है. जबकि बड़े भाई सुधीन्द्रनाथके* हाथमें एक फुटबाल देखा था। दूसरी स्मृति छ सालकी है, जबकि पिताने पिछले महायुद्धकी घोषणा होनेकी खबर घर भरको सुनाई। बचपनमें और लड़कोंकी भाँति अजयको भी कथा सुननेका शौक था। माँ उन्हे तरह-तरहकी कथाये सुनाती, जिनमें बंगालके दीहातकी कथाये भी होतीं। बचपनमे अजयका घूमना-फिरना बगाली परिवारों तक ही सीमित था, इसलिए कानपुरमें रहते भी उस समय अजय बंगाली भाषा ही बोल-समझ सकते थे।

५ सालकी उम्र (१९१३) में माँने बंगला पढ़ाना शुरू किया, और तीन सालतक अजय घरपर ही पढ़ते रहे, जिसमे बंगला और थोड़ी-थोड़ी अंग्रेजी भी शमिल थी। बड़ा भाई मामाके पास बंगालमें था, अजयके साथ उनकी बड़ी बहिन घरपर साथ रहती और पढ़नेके-लिए बालिका विद्यालयमें जाती। पिताको युद्धकी खबरोंमें बड़ी दिलचस्पी थी, वह रोज ताजा खबरे सुनाते। बालक अजय भी कुछ समझता कुछ नही समझता, मगर उसको सुननेका शौक था; और सुनी-सुनाई खबरोंमें नमक-मिर्च लगाकर वह अपने मुहल्लेके हमजोलियोंको सुनाता था। फिर लडके जर्मन और अंग्रेज सिपाही बन युद्धका अभिनय करते। जब पिता बंगालके आतंकवादी देशभक्तोंकी कुर्बानियोंका वर्णन करते, तो अजय कान खड़ेकर उनमें रस लेनेकी कोशिश करते। अजयका शरीर लंबा-तगड़ा और बहुत स्वस्थ था। वह मुहल्लेकी बाल-सेनाके स्वनिर्वाचित अगुआ थे, और मारपीटमें सबसे पहिले पहुँच जाते। बातें सुनते-सुनते शासकोंके प्रति अजयका हृदय घृणासे भर गया था, और जब सड़क पर कोई सिपाही दिखाई पड़ता, तो कंकड़-पत्थर फेंके बिना नहीं रहते।

स्कूलमें—ग्यारह सालके हो जानेपर (१९१६ में) अजयको

---

* सुधीन्द्रनाथ घोष इंजीनियरकी मृत्यु १९४० में हुई।

आदर्श वग विद्यालय (जो उस समय तीसरी क्लास तक ही था) में भरती कर दिया गया। अजयके आगे बढ़ते-बढते उनका विद्यालय भी बढ़ता गया और वहीसे उन्होंने १४ सालकी उम्रमें आठवाँ दर्जा (मिडल) पास किया। वह अपने दर्जेमें सदा प्रथम रहते। गणित, इतिहास उनके प्रिय विषय थे। शिक्षित साहित्य-प्रेमी परिवारके होनेसे उन्हें बंगला साहित्यमें विशेष रुचि थी। नौ सालकी उम्रसे ही वह "प्रवासी" (मासिक) को नियमपूर्वक पढ़ा करते।

काकोरी केसके अभियुक्त श्री सुरेश भट्टाचार्य उनके अध्यापक थे। उनका प्रभाव अजयपर पड़ना जरूरी था। भट्टाचार्यने एक तरुण-संघ खोला था, अजय उसमें शामिल थे। तरुण संघमें खेलोंका इन्तिजाम होता, रामकृष्ण मिशनकी ओरसे बाढ़ महामारीके वक्त लोक-सेवा का काम किया जाता, अजय उसके स्वयंसेवकोंमें रहते। विजयकुमारसिंह और बटुकेश्वरदत्तभी तरुण-संघके उत्साही सदस्य थे, और वहीं अजयका उनसे परिचय हुआ। सुरेश बाबू प्रान्त के आतंकवादी नेता थे, उनके सपर्कके कारण आतंकवादी शहीदोंकी वीरतापूर्ण गाथायें इन तरुणोंको खूब सुननेको मिलतीं। वे अजयकेलिए महान् वीर थे।

१६२१में जब देशबंधु दास गिरिफ्तार हुए, तो स्कूलमे हड़ताल करानेमें अजय आगे थे। वह असहयोग आन्दोलनके साथ थे, और उन्होंने स्वयंसेवक बनने की कोशिश भी की, मगर उम्र कम होनेसे किसीने उन्हें स्वीकार नही किया।

असहयोग साल भरमें स्वराज्य नही ला सका, इसके लिए अफसोस होनेके साथ अजयका विश्वास अहिसा परसे बिल्कुल उठ गया। सुरेश बाबू बगालके शहीदोंकी कथा सुनाते, देशमाताकी वेदीपर खुदी-राम बोसके बलिदानका सजीव वर्णन करते; अजयके मनमे होता, धन्य है उनका जन्म और धन्य है उनकी मृत्यु, जीवनका मूल्य इससे बढ़कर क्या हो सकता है। अजयभी देखादेखी कालीके रूपमें भारत-माताको देखनेकी कोशिश करते, और रामकृष्ण मिशनकी कालीपूजामें

अपने साथियोंके साथ उपस्थित होते। यद्यपि पिता ब्रह्मसमाजी होनेसे मूर्त्तिपूजा-विरोधी थे, मगर वह साथही विचार-स्वातन्त्र्यके पूरे पक्षपाती थे।

अजयका घर अकसर उनके साथियों वटुकेश्वर, और विजयके सम्मिलनका स्थान था। पिताको भी धीरे-धीरे रग-ढंग मालूम होने लगा, वह कभी-कभी कुछ समझानेका भी प्रयत्न करते; लेकिन, एक बातसे बिल्कुल सहमत थे—गिरिफ्तार होने पर जेल या फाँसीके डरसे सरकारी गवाह बनना परले दर्जेकी नीचता है। जिस वक्त अजय लाहोरमें भगतसिंह और अपने दूसरे साथियोंके साथ भयंकर भूख-हड़ताल कर रहे थे, और २१ दिन बीत चुके थे, उस वक्त पिताभी वहाँ पहुँचे थे। जेल-सुप्रेडेंटने उस वक्त मुलाकात करानेकेलिए शर्त्त पेश की, कि वह पुत्रको हड़ताल तोड़नेकेलिए कहेंगे, मगर डाक्टरने साफ इन्कार कर दिया, वह अपने साथियोंके साथ इस प्रकारके विश्वासघातकी जगह बेटेको मृत्यु पसंद करेंगे।

१६२२मे अजय गवर्नमेंट स्कूलमे भरती हुए, द्वितीय भाषा अब हिन्दी थी। दो साल (१६२४) तक वहीं पढ़ते रहे। इस समय उनका ध्यान स्कूली पढ़ाईकी ओर उतना नही था। वह बाहरी पुस्तकें बहुत पढा करते थे। मेजिनी, गेरीबाल्डी, जोन-द-आर्ककी जीवनियाँ उन्हें बहुत पसंद आती। सोवियत्का नाम सुन लिया था, और उनकी सहानुभूति सोवियत्के साथ थी। अजय आसपास लोगोकी गरीबी देखते, और व्यथित होकर कह उठते—हमे जमींदार और धनिक नही चाहिए। १६२४में लेनिन्के मृत्यु-दिवसको उन्होंने मनाया, मगर उस वक्त अजयको मालूम न था, कि लेनिन्का पथ क्या है। किन्तु, उनके लिए इतना जानना काफी था, कि लेनिन्ने रूससे गरीबी उठा दी। इस समय वह हिन्दुस्तान-प्रजातंत्र-सेनाके काममें भी बहुत लगे रहते।

साहित्यकी ओर अजयकी विशेष रुचि थी, खासकर वंग-साहित्यकी ओर, वह एक हस्त-लिखित पत्र "निर्माल्य" निकालते थे, अजय और विजय तीनसाल तक उसके संपादक रहे। रवीन्द्रकी कविताएँ द्विजेन्द्रलाल

रायके नाटक और शरत्के उपन्यास उन्हें बहुत प्रिय थे। नवीन चंद्र-सेनके "पलाशी-युद्ध"को वह बहुत भावावेशके साथ दुहराया करते।

१६२४ मे अजयने मेट्रिक पास किया, विजय भी पास हो गए, मगर बटुक फेल हो गए और आगे उन्होंने स्कूलकी पढ़ाई छोड़ दी।

घरमें देवी-देवताकी अर्चा-पूजा पहिले ही नही होती। रूसके अनीश्वरवादको सुनकर अजयका विश्वास भी ईश्वर और धर्मसे डगमगाने लगा। अभी वह धर्मविरोधी नहीं हुए थे, मगर उसे कुछ-कुछ अनावश्यक सा समझने लगे थे।

कालेजमें—आगे पढ़नेकेलिए अजय विजयके साथ कानपुरके क्राइस्ट चर्च कालेजमे दाखिल हो गये, विषय थे भौतिकशास्त्र, रसायन और गणित। अगले दो साल (१६२४-२६) यही बिताये। साइंसके विषयके चुननेमें अजयका एक यह भी अभिप्राय था, कि इस प्रकार बम बनाना सीखनेमें उन्हें सुभीता होगा; और, इसीलिये अब वह रसायन-शास्त्रको बहुत ध्यानसे पढ़ा करते। पढ़नेके अतिरिक्त वह "रेड बंगाल" (लाल बंगाल) पर्चेको बाँटते, रिवाल्वर चलानेका अभ्यास करते। शरीरको आगेके कामोंके योग्य बनानेकेलिए खूब व्यायाम करते; और दिलको मजबूत करनेकेलिए खुदीराम, कन्हाईलाल और यतीन्द्र मुकर्जीकी जीवनियाँ पढ़ते, और अंग्रेजीमें अनुवाद कर लोगोंमें फैलाते। "प्रताप" (कानपुर)के देशभक्तिपूर्ण लेख उनके उत्साहको बढ़ाते। १६२५में एकबार भगतसिंह कानपुर आये। अजयने उनसे खूब विचार-विनिमय किया, भगतसिंहने युद्धकालीन लाहौर षड्यंत्रके वीरोंकी बातें बतलाईं—किस तरह तरुण करतारसिंहने मृत्युका उपहास करते फाँसीकी आज्ञा देनेवाले जजको "थैंक यू" (धन्यवाद) कहा। इसी साल काकोरी-कांडके लिए गिरिफ्तारियाँ हुईं। सुरेश और राजकुमार (विजयकुमारके बड़े भाई) गिरिफ्तार कर लिये गये। भद्रलोक संदिग्ध तरुणोंकी परछाईंसे घबड़ाने लगे, और उन्होंने उनसे पूरी तौरसे असहयोग कर डाला। पिता यद्यपि

अहिंसावादी गाधीवादी काग्रेसभक्त थे, मगर पुत्रके स्वतंत्र चिन्तनमें बाधा डालनेको वह अनुचित समझते थे।

हिन्दुस्तान प्रजातत्र सेना (हिन्दुस्तान रिपब्लिकन आर्मी) बंगालकी अनुशीलन पार्टीसे संबद्ध थी। युक्त-प्रान्त और पंजाबमें उसने काफी संगठन किया था। काकोरी-काडमे उसके बहुतसे आदमी गिरिफ्तार कर लिये गये थे, अब बोझ नये जवानोंपर आगया था। भगतसिंह और दूसरे साथी तैयार थे। अब तक (१९२५) तक नौजवानोंको सोशलिज्म (समाजवाद)की कुछ झनक लग चुकी थी, उन्होंने उसे दिखलाने तथा कालीमाई और देवी-देवताओंके फंदेसे छुड़ानेकेलिए सेनाका नाम "हिन्दुस्तान सोशलिस्ट प्रजातंत्र सेना" नाम रखा। पुराने दादा जेलमें पहुँच गये थे, नहीं तो शायद वह धर्म और कालीमाईके विछोहको सह न सकते। अब भी सेना साधारण जनताके बलपर नही नेताओंके बलपर क्रान्ति करना चाहती थी, हाँ, क्रान्तिके सफल होनेके बाद वह भारतमें सोशलिस्ट प्रजातंत्र कायम करना चाहते थे।

१९२५में कानपुरमें राष्ट्रीय काग्रेस हुई। अजय उसमें स्वयं-सेवक थे।

प्रयाग विश्वविद्यालय (१९२६-२९)में—एफ० ए० पास करनेके बाद बी० एस्सी०में दाखिल होना था, मगर कानपुरमें उस विषयका इन्तिजाम न था, और प्रयागमें ज्यादा व्यापक तौरपर राजनीतिक काम करनेका सुभीता होता, इस ख्यालसे भी, अजय प्रयाग विश्वविद्यालयमें दाखिल हो गये। विषय वही थे। हिन्दू होस्टलमें रहते। यहाँ उन्हें बहुत आजादी थी। उनके साथी आकर मिलते, महीने-महीने होस्टलसे गुम रह सकते। बीमार पड़जानेके कारण एक साल परीक्षामें नहीं बैठ सके और २१ सालकी उम्र (१९२९)में अजयने बी० एस्सी० दूसरे डिवीजनमे पास किया। वह फर्स्ट डिवीजनकेलिए तैयारी भी तो नहीं कर रहे थे। सारा समय आतंकवादी राजनीतिको अर्पित था। कभी भगतसिह आते तो कभी दूसरे। राजनीतिक डकैतियोंकी बड़ी-बड़ी

योजनाएँ बनाई जाती। एक डकैती प्रयाग-कानपुर सड़कके पास डाली गई। चार आदमी शामिल हुये, जिनमेसे तीनके पास पिस्तौल और एकके पास नेपाली खुकड़ी थी। एक बड़े अफसरकी मोटर उडाई गई। मोटर दूर सड़कपर टहलती रही, चारो बहादुर किसी आदमीके घरपर पहुँचे। पिस्तौल दिखलानेपर उसने चाभी देदी, तिजोरीमें दस बारह रुपये मिले। गाँववालोंने घेर लिया, मगर लाठी और पिस्तौलका भारी भेद होता है। फैर करते हुये लोग गाँवसे निकल आये, और मुँह गिराये मोटर पकड़ प्रयाग पहुँचे।—यह १९२७की बात है।

१९२७मे एक राजनीतिक डकैती बनारस जिलेमें हुई। तीन आदमी साइकलपर प्रयागसे गये और कुछ साइकल-सवार बनारससे आये। भेदिया एक पेशेवर चोर था। लोग दिनमें ही जाकर किसी जगह मिले। ग्यारह बजे रातको पाँच-सात मील जाकर उस बनियेके घरपर पहुँचे। घरवालेको क्या पता था। कहनेपर उसने दरवाजा खोल दिया। बनिया चिल्लाना चाहा, मगर पिस्तौलकी थूथुनको देखते ही चुप हो गया, रुपयोंसे प्राण ज्यादा मूल्यवान् होता है। संदूकमे सत्रहसौ रुपये मिले। पाँचसौ भेदियाको दिया, बनिया जैसे कितनोंको अपने प्रति अपारघृणासे लोग अपनी-अपनी जगहपर लौट आये।

सेनाने कितनी ही डकैतियाँ की, मगर अजयको एक दोही बार उनमें शामिल होनेका मौका मिला। उनके जिम्मे और कितने ही काम थे, फिर बंब बनानेकी विद्या सीखनेकेलिए ही तो वह साइंस पढ़ रहे थे, रसायनोकी प्रयोगशालामें परीक्षा कर रहे थे।

खुफिया विभागके डी. एस् पी. जितेन्द्र बनर्जी बुरी तरहसे सेनाके सदस्योंके पीछे पड़े थे। १९२८में बनारसमें किसीने उनपर आक्रमण किया, मगर वह घायल होकर बच गये।

जिस साल अजय बी० एस्सी० परीक्षामें बैठ रहे थे, उसी साल मार्चमें दिल्लीकी एसम्बलीमें बबका धड़ाका हुआ, गेलरीमें दो तरुण—भगतसिंह और बटुकेश्वर—पकड़े गये। उन्होंने बंब फेंकना स्वीकार किया,

और कहा —हम सदस्योंको मारना नही चाहते थे, यद्यपि वह हमारेलिए आसान था, हम इन्हें और दुनियाको सिर्फ यह दिखलाना चाहते थे, कि इस पंगु, धोखेकी नामनिहादी चीजको अपनी असलियत मालूम हो, और दुनिया भी समझे; साथ ही यह भी कि स्वतंत्रताकी लगन और भी मजबूत हथियारोंको दिखला सकती है।

गिरिफ्तारियाँ और हुईं, मोतीहारीका फणीन्द्र भी पकड़ा गया, और सरकारी गवाह बन गया। उसने सारा कच्चा चिट्ठा खोल दिया, बहुतोंके नाम बतलाये। फिर अजय और कितने ही दूसरे तरुण गिरिफ्तार हुये। लाहौरमें उनपर भयानक षड्यंत्रका मुकदमा चलने लगा। पुलीसने अजयको किलेमें रखा। उनसे अपराध स्वीकार करानेकेलिए तरह-तरह की यातनाये की। कभी उन्हे चुचुकारा जाता, कभी कहा जाता—अमुकने तो सब कह दिया है, काहे मुफ्तमे जान देना चाहते हो। कभी माँ-बहिनकी गदी गदी गालियाँ दी जाती। कभी तीन-तीन दिनरात सोने नही दिया जाता, आँख झँपते ही आदमी छड़ीकी नोक बदनमें चुभो देता। यह खबरें बाहर मालूम हुईं। अखबारोंने कड़ी निन्दा की। पुलीस भी अपना काम बना चुकी थी। सात आदमी सरकारी गवाह बन चुके थे। अजय जैसोंसे कुछ और पानेकी आशा नहीं रखती थी, तो भी एकबार और हवालातमें रखनेकी पुलीसने इजाजत माँगी, मगर मजिस्ट्रेटने स्वीकृति देनेसे इन्कार कर उन्हे जेलकी हवालातमें भेज दिया।

भगतसिंह और बटुकेश्वरको एसंबली बमूकांडमें सजा हो चुकी थी, अब उनपर तथा तेरह और आदमियों पर लाहौर षड्यंत्र मुकदमा चल रहा था। पद्रह आदमियोंमें सात सरकारी गवाह बन चुके थे, इसलिए सरकारको सब बातोंका कितना पता था, यह अच्छी तरह समझा जा सकता है। और फिर अपराधोंमे पुलीस सुप्रेंडेंट सौन्डरकी हत्या जैसे संगीन अभियोग थे। क्या होने वाला है, यह वह जानते थे। आठों अभियुक्तोंमें सभी समाजवादी विचारके थे, लेकिन अभी वह बहुत गहरा नहीं था, नही तो कैसे आतंकवादपर उनका विश्वास रह जाता। हाँ, जेलमें

रहते धीरे-धीरे वह और आगेकी ओर बढ़े। उन्होंने समझा, जबतक क्रान्तिका सन्देश जनता तक नहीं पहुँचता और वह उसे नहीं अपनाती, तब तक क्रान्तिके सफल होनेकी कोई आशा नही।

वह खूब जानते थे, दुनियामें अब वह कुछ ही दिनोंके मेहमान हैं, और उनका तरुण शरीर जिस खाकसे पैदा हुआ, उसीकी खाद बन जाएगा, ऐसी अवस्थामें भगतसिंहके मौलिक दिमागने सोचा, इस शरीर-की अधिकसे अधिक कीमत अदा करानी चाहिए। आजतक क्रान्तिकारी मुकदमेमें इतने व्यापक रूपसे राजनीतिक प्रोपेगेंडा नही हुआ था। भगतसिंह तथा उनके साथी यह इसीलिए कर सके, कि उन्होंने कुछ बहादुर जॉफरोशोंके इक्के-दुक्के अफसरोंके मारनेके कामकी व्यर्थताको समझ लिया था, और अब वह क्रान्तिमें सारी जनताका सहयोग चाहते थे। उन्होंने जो लम्बी-लम्बी भूख हडतालें की, उनमें राजनीतिक कैदियोंके साथ जेलमे होनेवाले वर्त्तावको दूर करने के अतिरिक्त यह उद्देश्यभी था। उस वक्त मेरठमे कमूनिस्तों पर भी इतिहास-प्रसिद्ध षड्यंत्र केस चल रहा था, वहाँ पर अदालतके कमरे और जेल निवासको उतनी सफलतासे प्रचारकेलिए नही इस्तेमाल किया जा सका, यद्यपि वह मुकदमा दो साल और पीछे तक चलता रहा। परिणाम यह हुआ, कि भगतसिंह और उनके क्रान्तिके नारेकी गूँजसे भारतका कोई गाँव भी बचा नही रहेगा। बिहारकी दीहातके एक्केवालेतक "दीवाना भगतसिंह" का गाना गाते थे।

अजय १० जूलाईसे १५ सितम्बर (१९२९) तक ६३ दिनकी भूख हड़तालमे बराबर डॅटे रहे, यद्यपि उनके कुछ साथियोंने ५२ दिन बाद भूख हड़ताल तोड़ दी, जबकि जेलसंबंधी उनकी शिकायतोंमेंसे बहुतोंको दूर करनेकी बातको सरकारने मान लिया। यतीन्द्र दासके जीवनकी आशा बिल्कुल नहीं थी, इसलिए हड़ताल तोड़ उस वीरके बलि-दानके मूल्यको उन्होंने कम होने नही दिया, और यतीन्की मृत्युके दूसरे दिन ही उसे छोड दिया। यतीन्का शव लाहौर से कलकत्ता तक किस

महान् सत्कारसे पहुँचा, कलकत्तानगरीने अपने वीरपुत्रका कितना स्वागत किया, यह भारतके इतिहासकी चिरस्मरणीय चीज है। भूखसे हड्डी मात्र रह गए अजयको देखनेकेलिए पिता-माता लाहोर गए। सुप्रेंडेंटने हड़ताल तोड़देनेकेलिए पुत्रको समझानेकी शर्त पेश की, मगर वीर पुत्रके वीर-हृदय पिताने किस तरह उसे ठुकरा दिया, यह हम बतला चुके। पिता-माताने पुत्रके कंकालको देखा, उनके हृदय मे हजारों सूइयाँ चुभने लगी, मगर 'सी' कहकर पुत्रको पीड़ा पहुँचाना नही चाहा।

अक्तूबर (१९३०) में भगतसिंह, राजगुरु और सुखदेवको फाँसीकी सजा हुई। अपीलमे सर्वत्र सजा बहाल रही। गाँधीजीने ईसाई भक्त इर्विनके सामने घुटने टेककर इन वीरोंकी प्राणभिक्षा माँगी, मगर सब व्यर्थ। १९३१के शुरूमे उन्हें फाँसीके तखतेपर लटका दिया गया। भगतसिंहसे बढ़कर किसीने अपने जीवनका मूल्य नही पाया होगा। अजय-पर भगतसिंहका जबर्दस्त प्रभाव पड़ा था। भगतसिंह और बटुकेश्वरको जेलमें अलग रक्खा जाता था, मगर कचहरीका कमरा उनके मिलने और आगेके कामकी योजनाओंके बनानेके स्थान था। भगतसिंह रास्ता बतलानेमें सबसे आगे रहता, वह सबका सचालक मस्तिष्क था। आतंक-वादकी अनुपयोगिता स्वीकारने और मार्क्सवादी तरीके जनताकी क्रान्तिका वाहन बनानेकी ओर सबसे पहिले उसीका ख्याल गया। १० जूलाई (१९२९)को जब पहिलीबार उन्हें एक एक सिपाहीके हाथके साथ हथ-कड़ी बाँधकर पेश किया गया, तो क्रान्तिकारियोंने इसे बहुत बुरा माना। वकीलोंने अदालतके विरोधी हो जानेका डर दिखलाकर मामलेको हाई-कोर्टके सामने रखनेका परामर्श दिया, मगर भगतसिंहने वही स्वयं फैसला कर डालनेके लिए राय दी। उसे किसी दया-मयाका भरोसा नही था। वह तो कहता था—हम साल भरकेलिए इस दुनियामे हैं, इसमें जितना प्रचार होसके, कर लेना चाहिये। हथकडी लगानेके वक्त हाथापाई हुई, और काम बन गया।

अजय भी निर्भय हो फॉसीका हुकुम सुननेकी प्रतीक्षा कर रहे थे, मगर उनके खिलाफ सबूत न था, और अक्तूबर (१६३०)में अदालतने उन्हे छोड़ दिया। मगर भगतसिंहकी आखिरी बरासत उनके साथ थी, भगतसिंहका सजीव चेहरा सदा उनके सामने रहता।

छूटकर घर कानपुर आये। अब वह आतंकवादके विरुद्ध थे, मगर सरपर कफन बॉधकर चलनेके विरुद्ध नही। वह मार्क्सवाद पर विश्वास रखते थे, मगर कांग्रेस-द्वारा छेड़े जन-संग्रामपर कितने ही कमूनिस्तोंको प्रहार करते देख खिन्न होते थे।

वह आतंकवाद और डकैतीके सख्त खिलाफ थे, मगर पुलीसको समझावे कौन ! कुछ ही दिनों बाद नवम्बरमे फिर उन्हें एक डकैतीके इल्जाममें पकड़ लिया गया। सबूत तो था नहीं, मगर उससे क्या, छै मास जेलकी हवा खानी पड़ी, और गाधी-इर्विन समझौतेके हो जानेपर (१६३१)में छोड दिये गये।

करॉची कांग्रेसमें गये। पार्टी अभी बाकायदा संगठित नहीं हो सकी थी, कमूनिस्तोंकी तत्कालीन नीति और वह नीति एक तरह कुछ व्यक्तियोंकी राय थी—से वह असंतुष्ट थे। एम्० एन्० रायसे बातचीत हुई। अभी वह रायको अच्छी तरह समझ नही पाये थे, और उनकी गरम-गरम बातोंसे प्रभावित हुए।

कानपुर लौटकर अजय मजूरोंमें काम करने लगे, वहॉ मजूर-किसान पार्टी कायम की, और खुद सेक्रेटरी बने। तरुणोंकेलिए अध्ययन-चक्र खोलते, और खुद पढ़ाते समझाते डेढ़ साल किसी तरह बीते।

१६३२के प्रारम्भमें फिर गिरफ्तार। डेढ़ सालकी सजा—सालभर कानपुर और तीन महीने फैजाबाद जेलमें।

इस समय उन्हे मार्क्सवादके गंभीर अध्ययनका अवसर मिला। उस समय कामरेड सरदेशाई कानपुर जेलमें थे, जिससे अध्ययनमें उन्हें बड़ी सहायता मिली। "कापिटल" प्रथम भागको दोनोंने साथ पढ़ा। मेरठके बंदियोंके अदालतमें दिये वक्तव्योंने खास तौरसे प्रभाव

डाला। मार्क्स, एन्गेल्स, लेनिन, स्तालिन्के ग्रंथोंके गंभीर अध्ययनने अजयकी स्वाभाविक प्रतिभाको और तीक्ष्ण बना दिया। अब उन्हें अपने देशकी सारी समस्यायें, उनका निदान, उनकी चिकित्सा साफ झलकने लगी। फैजाबाद जेलमें उन्हें कांग्रेस सत्याग्रहियोंसे मिलनेका मौका मिला, और उनकी रजनीतिक शिक्षाके लिए वह क्लास लेने लगे। यही रुस्तमसे उनकी मुलाकात हुई। यह "पाठशाला" क्यों पसंद आने लगी, आखिर उन्हे फिर कानपुर जेलमें पहुँचाया गया, जहाँसे जूलाई (१९६६) में छोड दिया गया।

छूटनेके बाद भी पिंड नही छूटा। पुलीस बराबर निगरानी रखती, किसी समय रातको भी आकर देख सकती थी। राजनीतिमें न भाग लेनेका हुकुम दिया गया था। कानपुरसे बाहर जानेकी खबर खास थानेमें जाकर देनी पडती थी। जीविकाकेलिए दो तीन साल स्कूलमें पढाने जाते। स्वास्थ्य धीरे-धीरे जवाब देने लगा, फौलादी शरीर पिघलने लगा। निद्राने आनेसे इन्कार कर दिया।

नवम्बर (१९३३) मे पूरनचंद्र जोशी जेलसे छूटकर बाहर आये। जोशीको अजय जानते थे। कानपुरके मजूरोंमे जोशीने काम शुरू किया। उसकी पैनी दृष्टि अजयको परखनेमे क्यों चूकने लगी। अजय सीधे पार्टीमे आ गए। जोशीने पार्टी-टुकड़ियोंको तोड़कर पार्टीको सगठित करनेका काम शुरू किया ही था, कि फिर पकड़कर दो सालकेलिए सीखचोंमे बंदकर दिया गया, अजय एक ही मासकी सजा पा बँच गए।

तबसे दिसंबर १९३५ तक अजयका कार्यक्षेत्र युक्त-प्रान्त था। वह मजूर सभाका काम करते, तरुणोंके राजनीतिक अध्ययन-चक्रको चलाते। प्रयाग, बनारस, लखनऊ जा तरुणोंसे बहस संलाप करते। इसी समय अजयको रमेश सिन्हा, हर्षदेव मालवीय जैसे तरुण मिले। इस सबके साथ जुलाई १९३१ से ३४ दिसबर तक कानपुरके तिलक राष्ट्रीय विद्यालयमें ४०) मासिकपर नौकरी करते, जीविकाका तो कोई प्रबंध करना ही था। "स्पार्क" (चिंगारी) का एक अक भी निकाला, फिर जब

बंबईसे पत्र निकलनेकी बात तै हो गई, तो बंद कर दिया। "नेशनल फ्रांट" के अंकोंको जिन्होंने देखा है, वह जानते हैं, अजयके कलमकी शक्तिको; जिन्होंने उनके अध्ययन चक्रमें भाग लिया है, वह जानते हैं अजयकी तीव्र विश्लेषण शक्तिको।

माता-पिताअजयके विरोधी नहीं थे; हाँ काँग्रेस-भक्त पिता अजयको काँग्रेसमें काम करनेकी सलाह देते।

जोशीको दूसरी बार जेलसे छूटनेके बाद अन्तर्धान रहना पड़ा, मगर वही समय था, जब कि उसने भारतीय पार्टीके संगठनकी दृढ़ नीव रखी। अब अखिल भारतीय कार्यकर्त्ताओंकी जरूरत थी। जोशीकी दृष्टि अजय की ओर गई, और उन्हें युक्त प्रान्तको छोड़ना पड़ा। १९३६के प्रारंभमें फिर अजयके नाम वारंट निकला, मगर तब तक उनका पता नही लगा, जब तक कि काँग्रेस मिनिस्ट्रीने १९३७में वारट हटा नही लिया। अजय अब भारतीय पार्टीके पोलिट ब्यूरोके सदस्य थे, पार्टीकी नीतिको निर्धारित करनेमें उनकी रायका बहुत भारी वज़न था। अन्तर्धान अवस्थामें कलकत्ता और दूसरी जगहोंमें जाना पड़ता। अधिकारी बीजापुरमें नजरबंद थे उनको छुड़ाना जरूरी था। यह काम अजयको सौंपा गया। अजय कृस्तान साहेब बनकर बीजापुर पहुँचे। एक दिन जोशीने अपने शरण-स्थानमे अधिकारी और अजयको सामने देखकर आश्चर्य किया। बीजापुरकी पुलीस तीन दिन तक किसी अधिकारीकी सूरत बारबर देखती और रिपोर्ट भेजती रही। एकबार अजय बंबईमें थे। चरको पता लग गया। अजयने खतरेको भाँप लिया। वर्षा हो रही थी, उसीमें अजय दौड़ पड़े। पुलीस पीछा कर रही थी। टेक्सी लेकर बढ़े, पुलीसने दूसरी टेक्सी पर पीछे दौड़ना शुरू किया। अजयकी प्रत्युत्पन्न बुद्धि और स्थिर मनस्कता उनके साथ थी। एक सिनेमामें गये और जब समुद्रमें घुस दूसरी ओरसे निकल भागे। एक बार अजय और जोशी दोनों कानपुरमें थे। पुलीसने बीस जगह छापे मारे और दोनों एक छापा मारचुके स्थानमें दो दिन तक रहे। अजयकी जीवनी ऐसी घटनाओंसे भरी पड़ी है।

इसी अन्तर्धान अवस्थामें अजयका स्वास्थ्य तेजीसे गिरने लगा, और आज वह भयानक रूप ले चुका है।

१९३७-३९ में अजयको खुलकर पार्टीकेलिए काम करनेका अवसर मिला। इस वक्त उनकी प्रतिभा, सूझ, गंभीर ज्ञानका पता सारे भारतके साथियोंको लगने लगा।

१९४० में जब प्रधान-प्रधान कमूनिस्तोपर वारंट निकला, तो पोलिटव्युरोके चार मेम्बरोमेंसे एकको कैसे भूला जा सकता था, मगर अजय पहिलेसे ही चम्पत थे। लेकिन अन्तर्धान रह मुर्दा बनबैठनेकी नीतिको तो उनकी पार्टी पसंद नहीं करती। अजयको भारतके भिन्न-भिन्न स्थानोंमे घूमते रहना पड़ता था। उनका पाँच फीट दस इंचका लंबा शरीर, उनकी असाधारण ऊँची भौंहें, उनकी चमकीली निलीन आँखे भारी बाधक थीं। जुलाई (१९४०) मे वह लखनऊमें पकड़े गये। इस अन्तर्धानकालमे "कमूनिस्त"के प्रकाशनका बहुत सा भार अजयके ऊपर था।

गिरिफ्तारीके वक्त भी तपेदिकका उनपर असर हो चुका था—बुखार बराबर बना रहता था। मार्च १९४१ में उन्हे देवली केम्पके कालापनीमें भेज दिया गया। विशेषज्ञोंने परीक्षाकर टी० बी० (तपेदिक) का होना घोषित किया। उनका फेंफड़ा गलगलकर मुंहसे बाहर आता जा रहा था, साथी बराबर चिन्तित रहते थे, मगर अजय तब विश्राम लेनेकेलिए तैयार न थे। राजबंदियोंके बुरे बर्त्तावकेलिए भूख हड़ताल शुरू हुई, अजय क्यों पीछे रहने लगे, वह केम्पकी सबसे भारी सख्याके सबसे बड़े नेता थे, उनका काम आगे रहना था।

कमूनिस्तोंकी नीति बदल चुकी थी, वह फ़ासिस्तोकी पाराजयको सब कुछ लगाकर सबसे पहिले हासिल करनेकेलिए बेकरार थे।

मगर नौकरशाहीको इससे क्या। उसने अजयको छोड़नेकेलिये तब तक ख्याल नहीं किया, जब तक कि वह मरणासन्न नही हो गये। जुलाई (१९४२) में अजय अपने दोनों फेफड़ोंके बर्बाद हो जानेके बाद छोड़

दिये गये। डाक्टरोंने सब तरहके शारीरिक मानासिक श्रमको पूरी तौर छोड़ देनेकी सलाह दी, डाक्टरोंसे भी अनुल्लंघनीय पार्टीका हुकुम था, जिसके लिये ही जीने और मरने को वह अपनी सबसे बड़ी लालसा रखते हैं। कितने ही मास तक तलेगाँ (पूना)के सेनीटोरियम्‌में रहे, वजन भी बढ़ा, मगर यह रोगोंका राजा टी० बी० सबसे बड़ा धोखेबाज मर्ज है। डाक्टर किसी तरहकी आशा नहीं दिलाते। (मार्च १९४३से) तीन मास मदनपल्ली (मद्रास)के सेनीटोरियम्‌में रखे गये। डाक्टरने कहा—घाव भर गये हैं, अब उन्हें किसी ठंडे किन्तु सूखे स्थानमे रखनेकी जरूरत है, और ७ मास पूर्ण विश्रामकी। साथियों के चेहरों पर यह खबर सुनकर प्रसन्नताकी रेखा दौड़ गई। डाक्टरोंने डेढ़ फेफड़ेको काम करनेसे रोक दिया है। आधे फेफड़ेको लिये अजय आजकल (सितंबरमें) कश्मीरमें हैं। आज अपना जीवन देकर अजयके जीवनके पानेकी उम्मीद हो, तो पचासों साथी अपने जीवनको देनेके लिये तैयार हो जायेंगे। हमारा देश और भी बहुतसे अजयोंको चाहता है, वह उसे खोना नहीं चाहता। हमें पक्का विश्वास है, अनेक बारकी तरह अब भी अजय मृत्युंजय होकर निकलेंगे।

८—स्वामी सहजानंद सरस्वती

होश सँभालते ही जिसे योग, वैराग्य और वेदान्तने अपनी ओर खींचा, जिसे मायामय संसार छोड़ अद्वैत ब्रह्ममे लीन होनेकी एक समय भारी साध थी; किसको पता था, कि वह संसारके सबसे उपेक्षित, शिक्षा-संस्कृतिमे सबसे पिछड़े भारतीय किसानोको अपने पैरोपर खड़ा करनेकी प्रतिज्ञा लेगा। वह एक मेधावी बालकके तौरपर शिक्षाके जिस रास्तेसे जारहा था, उससे वह विश्वविद्यालयका एक सम्मानित स्नातक बनता, कानूनपेशा वकील, सरकारी नौकर या प्रोफेसर बनता; मगर रास्ता यकायक मुडा, और वह दूसरे—भारतीय प्राचीन-विद्याके—रास्ते पर चला गया। वह विद्वान् संन्यासीके तौर अपनी प्रौढ़ प्रतिभा और व्यापक ज्ञानसे एक सर्वमान्य सन्यासी, सैकड़ों छात्रों और शिष्योका गुरु होता: मगर ब्राह्मणोंके मिथ्याभिमानने व्यक्ति नही एक गौरवपूर्ण जाति को अपमानित करना चाहा, और वह उसे बर्दाश्त नही कर सके। उसने अपने दंडको उठाया और कुछ ही सालोमे भूमिहारोंमें वह भाव भर दिया, कि ब्राह्मणोंको अपनी शेखी छोड़नी पड़ी। लेकिन समय आया, जब उसकी तीक्ष्ण प्रतिभाने बतलाया, कि उसका कार्यक्षेत्र इतना संकुचित नहीं होना चाहिए, भूमिहार या ब्राह्मण मानने न मानने से देशके आत्म-सम्मानका सवाल हल नही हो सकता, और उसने असहयोग आन्दोलनमें पड़कर एक व्यापक क्षेत्रमे अपनी शक्ति लगा दी। फिर एक समय आया, जब कि राजनीतिके भीतर भी जात-पांतके नामपर एक जातिने दूसरी जातिको दबाना चाहा, उसके हृदयमें भूमिहारोंके लिये किये अपने कामकी स्मृतिसे कुछ लोगोंने नाजायज फायदा उठाया, और एकबार फिर उसी संकीर्ण क्षेत्रमें वह जाता दिखाई पड़ा। लेकिन

उसका हृदय पीड़ित, गरीब जनताकी मार्मिक व्यथाको सबसे पहले अनुभव करता और विचलित हो जाता। उसे इस षड्यंत्रका पता लगते देर न लगी, कि किस तरह सत्ताधारी धनिक जात-पाँतके नामपर उनको भ्रममें डाल अपना उल्लू सीधा करना चाहते हैं। वह फिर विस्तृत क्षेत्रमें आया फिर जेलमे गया। वहाँ पक्के गाँधी शिष्योंकी करतूतोंको देखकर उसके देहमें आग लग गई। राजनीतिक आन्दोलनमें उसे कोई भी आशा नहीं रह गई। जिसने योग-साधन पवित्र जीवन और मोक्ष प्रातिकेलिये दरबदर ठोकर खाई, वर्षो तकलीफें सही, उसके मनमे इस तरहका भाव आना जरूरी था। वह सबको सन्तके रूपमें देखनेकी आशा तो नही रखता था, मगर यह आशा जरूर रखता था कि गाँधीजीके विश्वसनीय भक्त कुछ ज्यादा ईमानदार होगे। उसने अपने जान राजनीतिसे सदाकेलिये सम्बन्ध विच्छेद कर लिया। वह नही जानता था कि उसके दिलमें एक भारी कमजोरी है - वह गरीबोंके ऊपर होते अत्याचारको सहन करनेकी शक्ति नहीं रखता। हुआ वही और अब वह नावको डुबोकर परलेपार उतर गया। भारतके किसान आन्दोलनको उठाने और आगे बढ़ानेमें जो काम उसने किया है, वह सदा स्मरणीय रहेगा। वह व्यक्ति है स्वामी सहजानंद।

गाजीपूर जिलेमें दूलहपुर स्टेशनके पास देवा एक छोटासा गाँव है। जिसके सवादोसौ घरोंमे सौघर भूमिहारोंके हैं। आज ये लोग भूमिहार हैं, लेकिन कुछ पीढ़ियों पहले वे बुन्देलखण्डके जुझौतिया ब्राह्मण थे। दस बारह शताब्दियों और पहले वे यमुनासे पश्चिम हिमालयकी तराईसे मेवाड़ तक फैले यौधेयगण (प्रजातन्त्र)के नागरिक थे। देवामें पहुँचकर अब आसपास जुझौतियोंकी बस्ती नहीं थी, इसलिये उन्हे मजबूरन भूमिहारोके साथ व्याह-सम्बन्ध करना पड़ा। इतिहासने अनजाने ऐसी जातियोंका मेल करा दिया, जो राजतन्त्र नहीं गणतन्त्रकी मलिक थी, और जिन्होंने पिछले समयमे पैदा हुये ब्राह्मण-क्षत्रियके भेदको अपनी स्वतन्त्रताके समय अपने भीतर नही आने दिया, और

न ब्राह्मणोंको अपनेसे ऊँचा स्थान दिया।—युक्तप्रान्त और विहारके अधिकाश भूमिहार मल्ल, बज्जी आदि गणोंके उत्तराधिकारी हैं।

गाँवमें दो हजार एकड़ ज़मीन है, जिसमें पचास एकड़से ज्यादा परती नहीं है। कुछ जमीनके मालिक बाहरके राजपूत हैं और कुछके गाँवके भूमिहार। बेनीरायके पिता और दादाके समय काफी जमीन थी। उनका रहन-सहन किसान नहीं जमींदार सा-था। लेकिन हर पीढ़ीमें जब खेतको चार चार टुकड़ोंमें बँटना हो और धरतीमाता अपने कलेवरको बढानेसे इनकार करती हों, तो कितने दिनों तक वह ठाट रह सकता। तो भी बेनीरायके पास इतना खेत रह गया था, कि वह एक अच्छे किसानकी तरह अपने परिवारका भरण-पोषण कर सकते थे। बेनीरायके पिताको सवारीके लिये अच्छे घोड़े रखनेका बहुत शौक था। एक बार उनकी घोड़ीको कोई बारातमें मँगनी ले गया। मँगनीकी चीज थी, अपने कामसे काम; घोड़ी भूखी रह गई और मर गई। शोकाकुल मालिक भी उसका सहयात्री हुआ।

जन्म—१८८६ की शिवरात्रिको बेनीरायके घर उनका सबसे छोटा पुत्र पैदा हुआ, जिसका नाम नौरगराय रक्खा गया। तीन बरसकी आयुमें ही माँ मर गई और नौरंगको माँ का नाम भी नही मालूम हो सका। माँके मरनेकी क्षीण स्मृति नौरंगके दिलमें सदाके लिये रह गई। लोग रो रहे थे। नौरगके आँखोंसे आँसू निकले या नही इसका उसे पता नही।

लड़कपन हीसे नौरंगका स्वास्थ्य अच्छा था, लेकिन उसे खेलसे बिलकुल प्रेम न था। हाँ, कहानियोका उसे बहुत शौक था और उस वक्तके गाँवोंमें उनका अकाल भी न था। नौरंगकी चाची—जो कि उनकी मौसी भी थी—ने बच्चेको माताकी तरह पाला, वह वस्तुतः चाचीको ही माँ समझता था। चंदामाईकी कहानियाँ वह बड़े शौकसे सुनता। जिउतियाकी कहानी बड़ी रोचक मालूम होती थी—चीलो और सियारो दोनों दोस्त थीं। मगर सियाँरो बहुत चालाक थी। जिउतियाका

व्रत आया, अखंड व्रत करना चाहिये था, लेकिन सियारो इसके लिये तैयार न थी। वह कहींसे एक मुर्दा घसीट लाई और चुपके चुपके खाने लगी। चुरचुरकी आवाज हुई। चीलोने पूछा—"क्या खाती हो बहिनी? "जिउतिया का भूखा शरीर है, इधर उधर करवट बदल रही हूँ।"

गाँवमें स्कूल न था, मगर पासके गाँव जलालाबादमें प्राइमरी स्कूल था। पिछली शताब्दी के अन्तिम वर्षोंमें अभी गाँवके लोग विद्याको शौकीनीकी चीज समझते थे। दस सालकी उम्र तक नौरंगका काम था चरवाही करना। खेलनेका उसको शौक न था इसलिये दिन कैसे कटता था, यह समझना मुश्किल है। जान पड़ता है, अब घरवाले भी विद्याके महातमको कुछ कुछ समझने लगे थे। १८९९के शुरूमे नौरंगको जलालाबादके मदरसामे दाखिल कर दिया गया। यद्यपि पढ़नेकी अवस्थाके चार साल उसने बरबाद करा दिये थे, लेकिन उसकी बुद्धि बहुत तीव्र थी, गणितसे बहुतही ज्यादा प्रेम था। मदरसामें हर साल वह दो दो दर्जे पास करता और अपने दर्जेमे सदा प्रथम रहता। १९०२ तक ३ सालोंके भीतर नौरंगने छै सालकी पढ़ाई खतम कर दी। अपर प्राइमरी पास लड़कोंकी जिला-प्रतियोगितामें उसने बीसमे से उन्नीस अंक पाये।

अब नौरंग तेरह सालका था। रामायण पढ़नेका उसे बहुत शौक था। किसीने गीताका महातम बतलाया और उसे भी अपने पाठमें शामिल कर वह अच्छा खासा पुजारी बन गया। जलालाबादके एक अध्यापक भी पुजारी थे, नौरंगकी पूजामें उनका प्रभाव अवश्य था। पूजा बिना देवताको खुश कैसे किया जा सकता है, और किसी बड़े देवताको खुश किये बिना छोटे-मोटे भूतोंसे बचनेका उपाय क्या है? सारी दुनिया "टिकुलिहा" पीपल के नीचे अकेले जानेसे भय खाती थी; रामायण पढ़कर अंजनीसुत हनुमान्‌के बलसे नौरंग अपनेको कुछ निर्भयसा पाता था।

अब मिडिलमें पढ़नेके लिये नौरंग गाजीपुर तहसीली स्कूलमें दाखिल हुआ। दर्जेमें अव्वल तो रहना ही था। सभी विषयोंमें उसकी गति थी। स्मृति भी तीक्ष्ण थी, मगर इतिहास, भूगोल कुछ रूखेसे मालूम होते थे। १९०४में हिन्दी मिडिल पास किया, सारे युक्त प्रान्त-में नौरंगका नम्बर छठाँ या सातवाँ था। उर्दूको नियमपूर्वक नहीं पढ़ा था, लेकिन उर्दू पढ़नेवाले विद्यार्थियोंके साथ बराबर बैठना पड़ता, जिससे सुनते ही सुनते नौरंगको उर्दू आने लगी।

गाजीपुरमें आकर नौरंगकी धार्मिक प्रवृत्ति और बढ़ गई। यहाँ उसे सनातन धर्म और आर्य समाजके उपदेशकोंके व्याख्यान सुनने-को मिलते। धर्म पर श्रद्धा और जमती गई। वह आर्य समाजी नहीं बना और रोज नियमसे स्नान कर शंकरके ऊपर बेलपत्र और गंगाजल चढ़ाता। शिवजीका व्रत बड़े उत्साहके साथ करता। उस वक्त आजमगढ़के अमृतराय वहीं अध्यापक थे, वे खुद भी प्रतिभाशाली थे, इसलिये प्रतिभाशाली लड़केकी कदर करना जानते थे। नौरंगराय भी उन्हींके साथ बोर्डिंगमें रहता।

हिन्दी मिडिल पास करनेके बाद फिर नौरंगको छात्र-वृत्ति मिली और वह गाजीपुरके जर्मनमिशन हाई स्कूल(आजकलके सिटी हाई स्कूल) में प्रविष्ट हुआ। मारवाड़ियोंके टोलेमें गोणेश्वरनाथ महादेवका मन्दिर है, उसीकी एक कोठरीमें नौरंग रहा करता था। वहाँ गंगा भी नज़दीक थी और पासमें महादेवका मन्दिर भी। नौरंगरायको इन दोनों चीजोंकी सबसे ज्यादा जरूरत थी। अब नौरंगरायके पाठ्यमें संस्कृत भाषा भी थी। अपने रटे महिम्न स्तोत्र और गीताके श्लोकोंके अर्थ समझनेकी लालसामें वह उसे बहुत ध्यानसे पढ़ता था।

नौरंगकी पूजापाठ घरवालोंको पसन्द न थीं, वे समझते थे—नाक दबाता है, मर जायेगा। देर करनेमें हानि समझ सोलह वर्षकी अवस्था (१९०५) में नौरंगकी शादी कर दी गई। लेकिन स्त्री वेचारी भलेमानुस थी, एक ही साल बाद परलोक सिधार गई।

मिडिल इंग्लिशमें भी नौरंगरायका नंबर अच्छा रहा और उसकी छात्रवृत्ति ५ से ७ रुपया मासिक हो गई। उसके अध्यापकोंमे मास्टर सूरजप्रसाद (कायस्थ) बड़े भगत थे। नौरंगकी उनसे खूब पटती थी। १९०६ में कुछ संन्यासी घूमते-घामते उसी महादेवके मन्दिरमें ठहरे। नौरंग धर्म-प्रेमी तो था ही, संन्यासियोंके गेरुये तथा उनका उन्मुक्त जीवन उसे और भी आकर्षक मालूम हुआ। एक साल पहले भी नौरंग भाग बनारस और काकोरी तक गया था लेकिन बरसातका दिन था और अभी दिल मजबूत नही हुआ था, इसलिये वहाँसे लौट आया। इस पहली उड़ानका घरवालोंमेंसे किसीको पता नहीं था और यह अच्छा ही हुआ, नही तो वे और कड़ी निगाह रखते। अबकी नौरंगने बनारसके सन्यासियोंसे उनके मठका पता पूछ लिया था। वह अपने लिये यही रास्ता पसन्द कर चुका था।

अब (१९०७में) नौरंगकी उम्र १८ सालकी थी। वह हाई स्कूलकी आखिरी क्लासका विद्यार्थी और बहुत तेज विद्यार्थी था। मेट्रिक परीक्षा में भी उसे छात्रवृत्ति जरूर मिलती और घरकी मददके बिना भी विश्वविद्यालयकी सभी सीढ़ियोंको पार कर सकता था। वह जानता था कि तब वह एक अच्छा वकील बन सकता है, अध्यापक बन सकता है, या डिप्टी कलेक्टर हो सकता है। लेकिन नौरंगका मन रह रह कर कह उठता "और पढ़लिख कर क्या करोगे, तुम्हें कोई दूसरा खिला देगा।" अब वह गीताको कुछ समझ सकता था, उसने लघुकौमुदी पढी। भागवतको भी वह शौकसे सस्कृतमें पढ़ता, यही नहीं छोटी-मोटी वेदान्तकी पुस्तके भी पढ़ लेता, इससे उसका दिल वेदान्तसे रंग गया।

शायद घर वालोंको कुछ भनक लगती जा रही थी। उन्होंने सोचा—जल्दी ही शादी कर दो, नहीं तो लड़का हाथसे बेहाथ होने जा रहा है। नौरंगको भी पता लग गया; खतरेकी घन्टी बजी— "भागो अभी।"

संन्यास—शिवरात्रि (१९०७) के कुछ ही दिनों पहले नौरंग

राय भाग कर बनारस चले आए। सिद्ध अपारनाथके मठका नाम नोट किया हुआ था। गाजीपुरमें मिले पहलेके परिचित संन्यासी भी मिल गये। शिवरात्रि ऐसे महान् पर्वको हाथसे जाने नहीं देना चाहिये सलाह हुई शिवरात्रिके दिन ही सन्यास ले लिया जाये। स्वामी सच्चिदानंदगिरि व्याकरण मीमासाके एक अच्छे पंडित थे। १८ सालके नौरग उन्ही के पास गिरिनामा सन्यासी बने। जब उनके बालामित्र हरिनारायण को पता लगा, तो वे भी आकर सन्यासी हो गए।

चंद ही दिनों बाद—घर वालोंको पता लग गया, और भाई बनारस चला गया। स्वामी सहजानदको घर आना पड़ा। सब लोग समझाने लगे। मास्टर सूरजप्रसाद तरुणके इस जीवनसे असन्तुष्ट नही थे, मगर उनकी आँखोंसे आँसू निकल रहे थे। पूछने पर कहा—"बैकुंठ जानेवाले केलिए भी घरवाले रोते ही हैं।" फलाहारी गजेड़ी खाकीजीको बुलाकर लाया गया। तरुण सन्यासीके मुहसे ज्ञान-वैराग्यकी बात सुनकर कहने लगे—"हमारी समझसे बाहरकी बात है, हम क्या समझाएँ।" खाकीजीकी इस दीहातमें बड़ी प्रसिद्ध थी। वह सिद्ध पहुँचे हुये महापुरुष समझे जाते थे। वह दिन भर सोये रहते, और रातको जागते, इसीको लोग कहते—"खाकी जी अखड समाधिमें रहते हैं।" समझा बुझाकर लोग हार गये, तो पिता कहने लगे—"तो हम भी तुम्हारे साथ चलेगे।" स्वामीने कहा –"चलिए, छोड़िये घरबारको।" चार पाँच दिन देवामें यह तमाशा रहा, अन्तमें हार मान कर घरवालोंको स्वामीका रास्ता छोड़ना पड़ा।

स्वामी फिर दूलहपुर स्टेशनसे रेल पकड़ बनारस चले आये।

स्वामी और बालसंघाती हरिनारायणको संन्यास जीवन और उससे भी ज्यादा योग-समाधिका शौक था। बनारसमें कोई योगी नहीं मिला, उन्होंने अब योगी गुरुको ढूँढ निकालनेका निश्चय किया। दोनों गंगाके किनारे-किनारे पैदल ही पश्चिमकी ओर चल पड़े। भोजनके लिये दस घरोंसे मधूकरी माँग लेते। भूसी (प्रयाग) तक किसी योगीसे भेंट नहीं

हुई, भूसीमे मठकी छत पर नंगे सोनेसे शरीरमें दर्द और बुखार हो आया। किसी ने दवा समझकर चाय पिलाई, मगर बीमार बेहोश हो गया। एक और साधु वैद्यक करने लगे, और लोहा पीसकर पिला दिया। किसी समझदार आदमीने कहा भी—"जहर पिला रहा है, मर जायेगा," मगर कई खूराक खा चुकनेके बाद। सारे शरीरमें रोये-रोये पर फुंसिया निकल आईं। आज इस घटनाको हुये ३६ साल हो गये, और स्वमी खाने-पीनेमें बड़ा संयम रखते हैं, मगर आज भी लोहेका प्रभाव बिल्कुल खतम नही हुआ। महीने भर भूंसीमें बीमार पड़े रहे, बडी पीडा सहनी पडी।

शरीरके संभलते ही फिर योगीकी खोज। किसीने बतलाया—चित्रकूट मे योगी रहते हैं। दोनोंने चित्रकूटका रास्ता पकडा, पैदल ही। मगर वहाँ भी दूरकी ढोल सुहावनी। जंगलकी ओर और बढ़े। अनुसूयाके बैरागी बाबाको पीटकर चोर सोलह हजार रुपये लेकर चंपत हो गये थे। कामदगिरिमे बैरागियों(वैष्णवो)के स्थान हैं, और शायद ही कोई योगिनी बिना हो, वहाँ रातको रहनेके लिये कोई स्थान देनेकोतैयार न हुआ। चित्रकूटसे निराश लौटे। तुलसीदासकी जन्मभूमि राजापुर देखी, फिर प्रयाग की सड़क पकडी और पश्चिमकी ओर मुँह किया। अब अंतरिया बुखार आने लगा था। भादोंका दिन था, वर्षा हो रही थी। बुखारके दिन पूड़ी मिली, खा, लिया ऊपरसे ठंडी हवा लगी बुखार और बढ़ा। गाँवमे शरण ढूँढ़ने गये, किसीने बीमार परदेसी सन्यासीको जगह न दी। गाँवमे एक टूटी चौपाल थी, जिसमें गोबरका कीचड़ भरा हुआ था, दुर्गन्धका ठिकाना नही था, वहाँ बैठनेके लिये भी स्थान नही था। पानी-बूदींमें जाये कहाँ? चौपालमे खड़े रहे, जब वर्षा बंद हुई, तो फिर उस गाँवको अभागे संन्यासी तरुणोंने सलाम किया। फतेहपुरके पहिले महादेवका मंदिर मिला था, जिसमें दोनों ठहरे। बुखार जाता रहा।—पूडीने बुखारको बढ़ाया, महादेवजीने छुड़ा दिया। घूमनेके आलावा इस वक्त गीता और शिव-महिम्नका

पाठ होता रहता, साथमें कुछ वेदान्तकी पुस्तकें थी, कुछ उन्हें भी किसी-किसी समय देख लेते।

पता लगा, नर्मदाके तटपर योगी लोग रहते हैं। कानपुरसे काल्पी-की ओर मुड़े। उरई, झाँसी, ललितपुर सब पैदल गये। यहाँ ५२ घंटे तक अन्नसे भेंट नहीं हुई। श्रद्धा सारे भारतमें एकसी तो बँटी नही है। भूखने दूर चले जानेको मजबूर किया। बेटिकट रेल पकड़ी और बीनामें उतर पड़े। फिर पैदल। सागरमें नर्मदा पार की। नरसिंहपुर होते मानेपुर (जबलपुर जिला)मे पहुँचे। यहाँ हरिनारायणजीके परिचित एक राजपूत गृहस्थ रहते थे। वह संन्यासियोंके भक्त और वेदान्तके शौकीन थे—वेदान्त पढ़ते-पढ़ाते तथा कुछ दवा भी करते थे। १५, २० दिन यही दोनो जने ठहरे।

पहिले भी सुन चुके थे, और मानेपुरमें भी ओंकारेश्वरके कमल-भारती महायोगीका नाम सुना। कमल भारतीसे योग सीखनेकी लालसा ले खडवा होते ओंकार पहुँचे। योगी वहाँसे और उत्तर जंगलमें रहते थे। वहाँ पहुँचने पर मालूम हुआ, वह अनन्त समाधि ले चुके हैं। किसीने कहा—"योगी-वोगी नही थे, कायाकल्प करते थे।" उनके चेलेको भी कोई-कोई योगी कहते थे, और उनका योग था—द्वार बंद कर दिन भर सोते रहना।

फिर पैदल। पैसे पास नही थे, खानेकेलिये भिक्षा मधूकरी माँग लेते, और रसवती मालव-भूमिमें उसकी कमी नही हुई। हाँ, अब योग-से निराश हो चले—"दूरकी ढोल सुहावन" की बात ठीक जँचने लगी। हाँ, वैराग्य पर दृढ श्रद्धा थी। भर्तृहरि "वैराग्य शतक" बड़ा सुन्दर लगता था। इन्दौर होते उज्जैन गये। बीस दिन महाकालेश्वरकी नगरीमें बिता फिर पैदल ही उत्तरका रास्ता लिया। मथुरा, हाथरस, हरद्वार होते ऋषिकेश पहुँचे।

अब सन् १९०८ था। योगकी आशा जाती रही थी, सोचा, कुछ वदान्त ही पढ़ डाले। कैलाश-आश्रमके किसी संन्यासीके पास "वेदान्त-

मुक्तावलि'[1] पढ़ने लगे। मगर व्याकरण कच्चा था, इसलिये समझनेमें कठिनाई होने लगी। कुछ यह भी मनमें होने लगा—संस्कृतकी खान बनारस छोड, यहाँ टक्करें मारनेकी जरूरत ?

यहाँ तक आये तो चलो हिमालयकी तीर्थयात्रा ही कर डालें। अभी हिमालयके तीर्थ इतने आबाद नहीं हुये थे। रास्ते कठिन थे। धर्मशालाओं-सदावर्तोंकी आजकी भरमारका नाम तक न था। कभी-कभी, दो-दो दिन तक खाना नहीं मिलता, और दोनों पथिक ठिठुरकर लेट जाते। केदारनाथ हो जब तुंगनाथ पहुँचे, तो हरिनारायणसे अलग हो जाना पड़ा, इतने दिनोंके तजर्बेने बतला दिया कि यहाँ "मन मिलेका मेला' नहीं है। अब बिल्कुल एकाकी—अकेले चलना, अकेले भूखे रहना। बदरीनाथसे ऋषिकेश लौट आये, मगर वहाँ कोई आकर्षण न था।

पाँव फट गये थे, इसलिये पैदलका ख्याल छोड हरद्वारमें रेल पकडी। लुकसरमें उतार दिया, और मुरादाबादमे, भी लेकिन उतरते-चढ़ते आखिर बनारस पहुँच गये। शायद फिर किसीने योगीकी आशा दिलाई। फिर गंगा किनारे पैदल ही चल पडे, अबकी पूरबकी ओर। बलिया तक गये, कही न योगी न योगीकी पूँछ दिखाई पड़ी। वर्षा आगई थी, भरौली (उंजियारपुर)में चौमासा रहे। सोचा, अब छोडो योगियोंके परपंचको, जिनको लोग योगी समझते हैं, वह हमारे लिये दिनके सोने-वाले या कायाकल्प करनेवालेसे अधिक होते नही, अब अच्छा यही है, कि चलकर संस्कृत पढ़ो, फिर यदि कोई वास्तविक योगी मिल गया, तो देखा जायेगा।

बनारसमें विद्याध्ययन—१९०९से बनारसमें डटकर संस्कृत पढ़ने लगे। अपारनाथके मठमें ठहरे। पास ही संन्यासी पाठशालामें अपने समयके प्रसिद्ध व्याकरणी पंडित हरिनारायण तिवारी पढ़ाते थे। उनसे सिद्धान्त कौमुदी शुरू की। ढाई वर्ष लगाकर उसे खूब मनसे पढा। पढ़ाई आगे जारी ही रही। संस्कृतकी जड मजबूत हो गई। पाठशालाके दूसरे

अध्यापक शंकर भट्टाचार्यसे न्याय पढ़ते थे। पंडित नित्यानंद पंजाबी मीमांसा, और एक बलियावाले पंडित वेदान्त पढ़ाते थे। संन्यासीके लिए काशीमें दुख क्या ? पाँच क्षेत्रोंमें घूम जाते और भोजनकेलिए पर्याप्त मधूकरी मिल जाती रहते। कभी किसी मठमे कभी किसी मठमे। विरक्त सन्यासी थे, इसलिये परीक्षा देनेका कभी ख्याल नही आया।

स्वामी अब (१६१२में) तेईस सालके थे। अभी भी योग और दिव्य-शक्तिपरसे उनका विश्वास उठा नहीं था। टक्कर मार कर असफल होनेके बाद वह इतना ही समझ पाये थे, कि योगी अब कलियुगमें दुर्लभ हैं, भाग्यसे ही कही मिल जाये। एक दिन नवाबपुरा (कम्पनी बागके पास) में उन्होंने एक बूढ़े दंडी सन्यासीका पता पा, जाकर उनके दर्शन किये। वहाँ एक चमत्कार देखनेमें आया—दडी खर्राटे भरते सो रहे हैं. और उनकी अंगुलियाँ मालाके मनके गिन रही हैं। स्वामीअद्वैतानद सरस्वती यही दंडीका नाम था—सीधे-सादे साधु थे, कुछ पढ़े-लिखे भी थे। तरुण सन्यासीने जिसके लिये घर छोड़ा था, पूरा नही तो उसमेंसे कुछ तो मिला। स्वामी बारबार जाने लगे, दडीजीने दंड ले लेनेकेलिए कहा, आखिर शंकराचार्य भी तो दडी थे। अभी तक अपारनाथके गिरि थे, अब उन्होंने स्वामी अद्वैतानद सरस्वतीका शिष्य सहजानद सरवस्ती बन दंड धारण किया। संन्यासियोंमे दडी सिर्फ ब्राह्मण ही हो सकते हैं, क्षत्रिय, वैश्य आदि किसी दूसरी जातिका आदमी दडी-संन्यासी नही बन सकता। भूमिहार-वशज बनारस (रामनगर)के राजाको द्विजराज ब्राह्मण-राजा कहा जाता है, इसलिये भूमिहार होनेसे उसमे आपत्ति नहीं हुई, शायद भूमिहारोकी निवास भूमि—पूर्वी युक्त-प्रान्त तथा विहार—का यदि कोई ब्राह्मण-दडी होता, तो आपत्ति करता। अद्वैतानद बड़े पंडित न थे, कि सहजानदको उनसे ज्यादा ज्ञान प्राप्त होनेकी आशा होती। वह भक्ति-भाववाले आदमी थे भक्तिपूर्ण कथा-प्रसंगोंको सुनते वक्त उनकी आँखोसे आँसूकी धारा वह चलती। उनकी एक मुख्य शिक्षा थी—"अवगुणग्राही साधु, गुणग्राही असाधु" जोकि लोक-

प्रसिद्ध कहावत "गुणग्राही साधु, अवगुणग्राही असाधु" का उलटा है, जिसका अर्थ है, साधु परायेके गुणोंको ग्रहण करते हैं, और असाधु परायेके अवगुणोंको। अद्वैतानद अपने सूत्रका अभिप्राय लेते थे— "साधु अपने अवगुणोंको पकड़ते और असाधु अपने गुणोंको।"

दंडी होनेपर स्वामी सहजानदके नियम कुछ कड़े हो गये, लेकिन दंडियोंका काशीमें (और बाहर भी) बहुत मान है, उनके अलग क्षेत्र हैं। इस समय वह अधिकतर गोदौलियाके पीछे एक दंडी-मठ तथा ललिताघाटमें रहते थे। पढ़ना पहिलेहीकी तरह जारी रहा। व्याकरणमें मनोरमा, शेखर और महाभाष्य पढ़ा। वात्स्यायन-भाष्य, न्यायवार्त्तिक, तात्पर्य-टीका, कुसुमाजलि, आत्मतत्त्व-विवेक जैसे प्राचीन-न्यायके प्रौढ़ ग्रंथोंका अध्ययन किया। नैयायिक जीवनाथ मिश्रसे पक्षता, सामान्य निरुक्ति सिद्धान्त-लक्षण तथा वादके ग्रंथ पढे। वेदान्ततो अपने घरका जरूरी विषय था, उसके पढ़ानेवालोंमें बलियाके पडित अच्युत त्रिपाठी थे, उनसे गन्होंने खडनखंड खाद्य, सक्षिप्त-शारीरक, अद्वैतसिद्धि आदि ग्रंथ पढ़े। जब वह मीमासामें न्याय-रत्नमाला आदि ग्रंथोंसे पढ़कर आगे बढ़ना चाहते थे, उस वक्त देखा कि उनके अध्यापकोंको कठिनाई हो रही है। सतोष नही होता था। खुद सर पटकनेकी कोशिश की, मगर उससे काम बनते नही दीख पडा, अब (१९१५मे) वह किसी प्रौढ़ मीमासक गुरुकी खोजमें थे। साहित्यमें नैषध आदि पढ़े थे, मगर योग-वैराग्यके शैदाई सहजानदको ये शृंगारपूर्ण ग्रंथ पसंद न आते थे।

पुराने युगको पुरानपंथी संस्कृत पुस्तकों तथा योग-वैराग्यके अतिरिक्त और भी दुनिया है, इसका स्वामीको पता न था। अंग्रेजी भाषाको भी वह भूल गईसा समझ बैठे थे। अखबारोंसे कोई वास्ता न था। हाँ, जब भूमिहारोको पता लगा, कि एक प्रतिभापूर्ण संस्कृतज्ञ दंडी संन्यासी उनकी जातिमें भी है, तो वह १९१४की भूमिहार ब्राह्मण महासभामे पकड़ ले गये। उन्हें बोलनेकेलिए कहा गया, यह जर्मनीसे युद्ध ठन जानेके बादकी बात है। स्वामीको व्याख्यानका नया तजर्बा था।

बोलते हुये कह गये—संस्कृत विद्याका प्रचार करना चाहिये। शर्मकी बात है, कि हम उससे उदासीन रहें, और जर्मनी जैसा गुणग्राहक देश हमारी विद्याओंका पठन-पाठन करे, रक्षा करे, हमे मीमासा पर प्रभाकरके एक ग्र थकी जरूरत थी, वह जर्मनीमें मिली, उसे लिखकर बनारससे लौटाया गया। धिक्कार है, तुम लोगोपर ! शाबास जर्मनी !!" राजभक्त जाति-पञ्चोंके कान खड़े हो गये, कपित हो उठे, जर्मनी हमारी सरकारका शत्रु है ! शत्रुकी प्रशसा !!

तो भी स्वामीने अपने व्याख्यानमें भूमिहारोको उनके ब्राह्मणत्व को जतलानेवाली कितनी ही बातें कही थी, जिससे वह स्वामीके महत्त्वको समझने लगे। अब तो वे पकड़-पकड़ कर जातीय सभाओंमें ले जाये जाते। भूमिहार ब्राह्मण हैं, यह कह देनेसे तो अपने पराये ब्राह्मण नही मानने लगेंगे, इसलिये अब स्वामीने सामग्री एकत्रित करनेकेलिए बस्ती, गोरखपुर, प्रयाग, मेरठ आदिके सफर किये, ऐसे परिवारोंको भी देखा, जिनके ब्याह-संबध खाँटी ब्राह्मणोके साथ होते है। फिर १९१५में भूमिहार-ब्राह्मण-परिचय लिखा, और उसे अगले साल प्रकाशित कराया। पीछे और खोजके बाद वह बहुतसी ज्ञातव्य बातोंसे पूर्ण "ब्रह्मर्षिवंश विस्तर"के नामसे एक विशाल ग्र थ बन गया।

मीमासाकी प्यास बुझी न थी। पता लगा दर्भगामें चित्रधर मिश्र नामक एक बड़े मीमासक हैं। १९१५में वहाँ पहुँच गये, और उन्हीके पास ७ मास रहकर मीमासाके कितनेही ग्रंथ पढ़े। कुमारिलकी दुर्लभ-पुस्तक टुप्टीकाको हाथसे लिखकर पढ़ा। पंडित बालकृष्ण मिश्रभी उस वक्त वही थे। उन्होंने बड़े स्नेहसे स्वामीको वाद (न्याय) तथा काव्य-प्रकाश पढाया। चलते वक्त अपने प्रतिभाशाली शिष्य—परन्तु धर्ममे गुरु—को अपने गुरुद्वारा प्रकाशित एक पुस्तक भेंट की, जिसपर अपने हाथसे यह स्वरचित पद्य लिख दिया—

"प्रेमैव मास्तु यदि स्यात् सुजनेन नैव,
तेनापि चेत् गुणवता न समं कदाचित्।

तेनापि चेद् भवतु नैव कदापि भगः,
भंगोपि चेद् भवतु वश्यमवश्यमायुः ॥"

[प्रेमही मत हो, यदि हो तो सुजनके साथ नही, उससे भी हो तो गुणीके साथ कभी भी नहो। उससे भी हो तो कभी भी (प्रेमका) भग न हो, भंग भी हो, तो आयु अपने वसमें जरूर हो ॥]

१९१६ मे स्वामी सहजानंद फिर बनारस लौट आये। "परिचय" प्रकाशित हुआ। ब्राह्मणत्वके ठीकेदार सरयूपारियो और कन्यकुब्जोंने आक्षेप करने शुरू किये और योगके शैदाई स्वामी एक अनाशंकित क्षेत्रमे उतरनेकेलिये मजबूर हुये।

भूमिहार ब्राह्मण-अंदोलनके सूत्रधार—"अब तो भूमिहारोंको ब्राह्मण सिद्ध करके दिखला देना है"—यह थी भीष्म-प्रतिज्ञा स्वामी सहजानन्दके हृदयमें। प्रयागके ब्राह्मण-पंडे भूमिहारोंसे शादी व्याह करते हैं, हजारीबागके भूमिहार पुरोहिती करते हैं। खोजोसे इस तरहकी चीजै मिलने लगी। स्वामीने "ब्राह्मण-समाजकी स्थिति", "झूठा भय और मिथ्याभिमान" नामकी पुस्तिकाये छपाई। स्वामीके जीवनका यह चक्कर जो १९१५में आरंभ हुआ, वह १९२० तक वैसे ही चलता रहा। उनके सामने भारतीय समाजमें भूमिहारोका स्थान और उनके हीन करनेमें ब्राह्मणोकी चाल बस यही बाते खडी रहती थी।

एक महायुद्ध हो रहा हो हो नही सकता, कि स्वामी सहजानन्द ऐसा तीव्र बुद्धिका व्यक्ति अपनी चिर-समाधिको भंग न करे। १११५से युद्धकी खबरोंकेलिए स्वामीको अखबार पढ़नेकी चाट लगी। बाहरकी दुनियाका ज्ञान जैसे-जैसे बढ़ता जा रहा था, वैसेही वैसे राजनीतिमे भी दिलचस्पी बढ़ चली। समस्तीपूर (दरभंगा)में उन्होने फीरोजशाह मेहताके मरने की खबर पढ़ी और यह भी समझा कि संसारमें देशभक्तिभी कोई चीज है। लखनऊ-काग्रेसमें हिन्दू-मुस्लिम समझौता हुआ, उसेभी उन्होने पढ़ा। वह 'प्रताप' (कानपूर)को नियमपूर्वक पढ़ते थे, जिससे भारतकी राजनीतिक अवस्थाकी झलक थोडी-थोड़ी सामने आने लगी। 'प्रताप'

मे तिलककी मृत्युके बारेमे इस पद्यको पढकर बड़े प्रभावित हुए—"मुद्दते काट दी असीरीमे। था जवानीका रग पीरीमें। अब कहाँ मुल्क का फ़िदाई हा! मौत इस मौतको न आयी हा।" स्वामीने इसे पढ़कर एक दिनरात खाना नहीं खाया। अब उनकी नजर गांधीजीकी ओर लगी हुई थी। जलियाँवालाबाग काड सुनकर उन्हे सख्त धक्का लगा। उसके बारेमे हटरकी सरकारी रिपोर्टको उन्होंने खूब अच्छी तरह पढा। उसी वक्त "ख्याली क्रान्ति और कैसे उसे दबाया गया" नामक एक अग्रेजी पुस्तक उनके हाथ आयी। सुख-दुःख अनुभव करने का एक नया संसार उनके सामने खडा हो गया। सस्कृत-साहित्यमें गोता लगाना छूट गया। ढूँढ़-ढूँढ कर रोज-रोजकी ज्ञातव्य राजनीतिक बातें पढते, अब उनके भाव देशके परतन्त्रकारियोके विरुद्ध हो गये। मृत्यु-शय्या पर पड़े तिलकको देखने गाधीजी बम्बईके सरदार-गृहमें गये। तिलकने कहा—"Non-co-operation" चुप रहकर फिर "Very high method" यह कहते हुए लोकमान्यने आखिरी सांस ली। स्वामीने कही पर ये बातें पढीं। मालवीयजीका नाम वे सुन चुके थे, और यह भी जानते थे कि वे कायदा-कानूनसे आगे बढ़नेकी हिम्मत नहीं रखते, इसीलिये मालवीयजीके ऊपर उनकी कभी श्रद्धा नहीं हुई।

१६२० मे गाधीजी पटना आये, वहाँ मौलाना आजाद और कई दूसरे नेताओंके व्याख्यान सुने। आजादके व्याख्यानका बहुत असर पड़ा। ५ दिसम्बरको वे मौलाना मजहरुलहकके मकान पर गाधीजीसे बात करने गये। संन्यास पर कुछ बात चली, फिर गाधीजीकी राजनीति पर स्वामीने तर्क करना शुरू किया, और कहा कि खिलाफतके सवाल के हल हो जानेके बाद महम्मद अली शौकत अली मुल्कको धोखातो नहीं देगे? गाधीजीने कहा "हम तर्क नहीं जानते, धोखा नहीं देगे"। आराकी सभामें गाधीजीने सन्यासीके इस वार्तालापका ज़िक्र किया था। अब स्वामीने निश्चय किया—देशकी सेवा बड़ी चीज है, मै मुल्ककी सेवा करूँगा।

राजनीतिक क्षेत्र में—स्वामीजी नागपूर कांग्रेसमे गये। लौटकर (१६२१ मे) बक्सर चले गये और वही काम शुरू किया। कांग्रेसने कौसिलोंके बाईकाटका निश्चय किया था। हथुआके महाराजा (जोकि खुद भूमिहार ब्राह्मण हैं) कौसिलकेलिए खड़े हुए। कांग्रेसके लोगोंने एक अनपढ़ धोबीको उनके खिलाफ खड़ा किया। स्वामीजीने सभामें बोलते हुए कहा था—'राजामहाराजासे हमारा धोबी कहीं अच्छा है।" धोबी जीत गया। वहाँ तिलक स्वराज्य फंडकेलिए चंदा जमा करनेमें सहायता की। कुछ लोगोंने रुपयेमें गड़बडी की, जिसके कारण स्वामीजीका मन बिदक उठा और वे कांग्रेसका काम करनेकेलिए गाजीपुर चले गये।

अहमदाबाद कांग्रेस (१६२१) से लौटने पर उन्हे गिरफ़ार कर लिया गया। सजा पाकर गाजीपुर, बनारस, फैजाबाद, लखनऊके जेलोंकी हवा खाते रहे। वहाँ पर भी आदर्शवादी स्वामीके हृदयमें गाधी अनुयायियोंकी कितनी ही बातें खटकती थीं—(१) गाधी-सिद्धान्तको वे दिखानेकेलिए मानते थे, (२) कृपलानी, संपूर्णानन्द जैसोंका हिन्दू-मुस्लिम-एकतामें विश्वास नहीं था तोभी वे उसका अभिनय करते थे; (३) फजूल बातकेलिए जेलवालोंसे झगडते रहते (४) जब राजनीतिक बन्दियोंके डिवीजन (विभाग) का सवाल आया, तो लोगोंका रुख देखकर पहले तो कह दिया "हम हलवा खाने जेलमे नही आये, हम चक्की चलाने आये हैं" लेकिन जब डिवीजन करके फैजाबाद भेज दिये गये, तो बादाके एक तिलक-भक्तने रोज आध-सेर घी पानेकेलिए भूख-हड़ताल कर दी। यह गलत बात है—इसे बहुतसे लोग मानते थे, तब भी दूसरोंने साथ दिया। खैर हड़ताल तो टूटनी ही थी, चार दिन बाद सबने फिर खाना शुरू किया।

जनवरी (१६२३) मे स्वामी जेलसे छूटकर गाजीपुर लौट आये, और कांग्रेसका काम करते रहे। अब आन्दोलन शिथिल हो चला था। शिथिलताका प्रभाव स्वामी पर भी पड़ रहा था। १६२४में

वे सेमरी (बिहार) चले गये और वहाँ "कर्मकलाप" नामक पुस्तक लिखी।

अब बिहारमे काग्रेसने कितने ही डिस्ट्रिक्ट-बोर्डोंको दखल कर लिया था। सरकार-परस्तोंके सिरमौर सर गणेशदत्त सिंह (भूमिहार) मिनिस्टर थे। स्वामीजीका प्रभाव वे जानते थे, इसलिये उनकी बहुत लल्लोचप्पो करते थे। लोग बराबर उनका कान भरा करते थे, कि कायस्थ काग्रेसके नाम पर भूमिहारोके प्रभावको खतम कर देना चाहते हैं। बिहारके बड़े जमींदारोमे बहुत अधिक सख्या भूमिहारोंकी है, यह स्वामीजी जानते थे। साथ ही साथ वे यह भी जानते थे, कि काग्रेस-कर्मियोंमें उनकी सख्या कम नही है। इसलिये भूमिहारोंका अस्तित्व खतरेमें, यह बात तो उनके मनमें नही आती थी, लेकिन तब भी गढ़-गढ कर कितने ही उदाहरण उनके सामने पेश किये जाते थे। सर गणेशने एक बार बड़े तपाकके साथ स्वामीजीके सामने कहा था 'पहले देश फिर बिरादरी", लेकिन जब गया डिस्ट्रिक्ट-बोर्डको उन्होंने काग्रेसियों के साथसे निकालनेकेलिये तोड़ दिया, तो स्वामीजीके मन पर इसका बहुत बुरा असर हुआ। सर गणेशने बहाना बनाया कि गवर्नरने जबरदस्ती ऐसा कराया।

१९२६ आया। काग्रेसने कौंसिलोमे जाना तै किया और भिन्न-भिन्न चुनाव-क्षेत्रोंकेलिए काग्रेसी उम्मेदवार खड़े किये जाने लगे। उस वक्त कुछ योग्य काग्रेसकर्मियोको ठुकरा कर दूसरोंको वे स्थान दिये गये। स्वामीजीके आस-पास अब भी जात-पाँतकी मनोवृत्ति वाले लोग ज्यादा रहते थे। उन्होने कायस्थ-पक्षपात, भूमिहार-विद्वेष आदि कह कर भडकाना शुरू किया। स्वामीजीने अन्यायके खिलाफ गाधीजीको एक लम्बा-चौडा पत्र लिखा, लेकिन कोई उत्तर नहीं आया। सर गणेश और बाबू रनधारी सिंह जैसे गण्यमान्य नेता स्वामीजीका चरणामृत ले रहे थे, अन्तमें स्वामीजीको वे खींचनेमें सफल हुए। एक चुनाव-क्षेत्र में स्वामीजी और इन पक्तियोंके लेखक दो विरोधी उम्मेदवारोंके समर्थक

थे। यद्यपि लेखक मानता था और जिलेके अधिकांश काग्रेसकर्मी भी समझते थे, कि जिस उम्मेद्वारका स्वामीजी समर्थन कर रहे हैं, उसने काग्रेसकेलिए ज्यादा काम किया है, वह ज्यादा जनप्रिय है, किन्तु, जब काग्रेसने दूसरे उम्मेदवारको खड़ा कर दिया, तो काग्रेसियोंकेलिए उसका सनर्थम करनेके सिवाय और कोई चारा नहीं था।

धीरे-धीरे स्वामीजोको त्रिलथ्या भक्तोंका पता लग गया। भूमिहार महासभाके सभापतित्वकेलिए जब मेरठके काग्रेस-नेता चौधरी रघुवीरनारायणका नाम आया, तो उन्होंने किसी राजा-महाराजाको उस जगह बैठाना चाहा। खैर, वे इसमें सफल नहीं हुए और चौधरी साहब ही सभापति बने। गया डिस्ट्रिक्ट-बोर्डके तोड़नेके बारेमें स्वामी जीने सर गणेशको फटकारते हुए कहा "अब तुम्हारे यहाँ हम फिर नहीं आयेंगे।"

किसानोंके नेता—भूमिहार सामन्तों और जमींदारोंकी मनोवृत्तिको भीतरसे देखकर स्वामीजीकी आँखे खुलने लगी। वह समझने लगे कि मुट्ठी भर जमींदारों, राजा-महाराजाओंके सिवाय सबकी सब भूमिहार जनता किसान हैं, और इन दोनोंके हित एक दूसरेके खिलाफ है। भूमिहार किसानों और गरीबोंके वही हित हैं, जो कि भारतके सभी किसानों और गरीबोंके। इसलिये सबका उद्धार भारतके सारे किसान-वर्गके उद्धारमे ही है। अब वह पटना जिलेमें ज्यादा रहते थे। वहीं उन्होंने पहले-पहल भूमिहार किसानोंसे भूमिहार जमींदारोंके अत्याचार सुने। इसकेलिये १९२७के अन्तमें उन्होंने पश्चिम पटना किसान-सभा बनाई। अभी भी उनका विश्वास था कि परस्पर सहयोगसे किसान और जमीदारका भला हो सकता है. लेकिन साथ ही वह समझते थे कि किसानोंके मजबूत हुए बिना जमीदार सहयोग नहीं करेंगे। चार मार्च १९२८को स्वामीने पश्चिम पटना किसान सभाका बाकायदा संगठन किया। एक पैसा मेम्बरी फीस रक्खी गई। घूम-घूमकर गावोंमें किसानोंके हितपर स्वामीजी व्याख्यान देने लगे—भरतपूराके भूमिहार जमींदार की जमीदारीके गाँवोंमें सभायें खास तौरसे ज्यादा हुईं।

अगले साल तथा १९२९का भी बहुत-सा समय बीत गया, स्वामीजी उसी तरह अपने धुनमें लगे हुए थे। उसी साल बिहारमें काश्तकारी कानूनमें सुधार करनेकी बात जोर-शोरसे चलने लगी। सरकार किसानों के रुखको समझ रही थी और चाहती थी कि जिन अत्याचारोंके बोझसे —नाजायज नज़रानों और करोंके बोझसे—किसान जनता पिसी जा रही है, उन्हें कुछ कम करना चाहिये, नही तो यह मवाद भयंकर हो उठेगा। जमींदारोंको भी अभी किसी कांग्रेसी मिनिस्टरीका तजर्बा न था। वे समझते थे, कि कांग्रेसी नेता जिन लम्बी-लम्बी बातोंको कहते हैं, मिनिस्टर बनकर वैसा कर बैठेंगे; इसलिये चाहते थे, कि सौदा सस्तेमें इसी समय पटा लिया जाये। उधर किसानोंके भी कुछ नामधारी प्रतिनिधि थे, जो कि कुछ मामूली सुधार कराकर अगले चुनावकेलिए अपने वास्ते रास्ता साफ करना चाहते थे। लेकिन, सरकारने कह दिया था कि जमींदारो और किसानोंके समझौतेसे जो बिल पेश होगा, सरकार उसीका समर्थन करेगी। उस समय एक जमींदार मुखियाने जमींदारोंकी ओरसे एक बिल पेश किया था और कांग्रेसके भगोड़े एक दूसरे सज्जन ने किसानोंकी ओरसे एक दूसरा बिल रखा था। मिनिस्ट्रीके रससे अनभिज्ञ कांग्रेसी नेता घबड़ा रहे थे, कि कही दोनों समझौता करके कोई कानून न पास कर दें, और श्रेय उनको मिल जाये। कांग्रेस नेता बाबू रामदयालुसिंह (वर्तमान स्पीकर)ने स्वामीजीके पास आकर कहा, कि किसान सभाका काम जोरसे होना चाहिये और सारे प्रान्तके किसानोका संगठन करना चाहिये। इससे आठ साल पहले १९२१ में सोनपुर-मेलाके समय इन पंक्तियोंके लेखकने भी कुछ कांग्रेसकर्मियोंको मिलाकर एक बिहार प्रान्तीय किसान-सभा कायमकी थी, मगर यह यह बात समयसे बहुत पहिलेकी गई, इसलिये वह सिर्फ कागजी रह गई। अब स्वामीजीके किसानोंमें ठोस प्रचार तथा कांग्रेस-विरोधियोंकी चालसे भयभीत कांग्रेस-नेताओंके सहयोगसे उसी सोनपुर मेलेमे १७ नवम्बर (१९२९)को प्रान्तीय किसान कान्फ्रेन्स हुई। कान्फ्रेन्सके

सभापति थे स्वामी सहजानन्द सरस्वती। उन्होंने काश्तकारी बिलके षड्यन्त्रकी पोल खोली और उसका खूब विरोध किया। प्रान्तके कांग्रेसके बड़े-बड़े नेता वहाँ मौजूद थे। प्रस्ताव आया, सारे प्रांतकी एक किसान सभा बनाई जाये। वेनीपुरीने कांग्रेसके कमजोर हो जानेकी बात कह कर उसका विरोध किया, स्वामीजीने समर्थन किया। प्रस्ताव पास हुआ। बिहार प्रान्तीय किसान-सभाका पहला चुनाव हुआ—

सभापति—स्वामी सहजानन्द सरस्वती—

मन्त्री - बाबू श्रीकृष्णसिंह (पीछे बिहारके महामंत्री)

मेम्बरोंमे बाबू राजेन्द्रप्रसाद, बाबू ब्रजकिशोरप्रसाद, बाबू रामदयालु सिंह (पीछे असम्बेलीके स्पीकर), बाबू अनुग्रह नारायण सिंह (पीछे बिहारके अर्थ-सचिव) आदि सभी कांग्रेसके प्रमुख नेता थे। ब्रजकिशोर बाबूने यह कह कर उसमे रहना पसन्द नहीं किया, कि यह बहुत खतरनाक काम हो रहा है। पीछे ब्रजकिशोर बाबूकी बात सच निकली, या यों कहिये दूसरे नेताओंने अपनी क्षमताको जाने बिना ही इतना भारी जोखम अपने सर पर लेना चाहा।

लाहौर कांग्रेस (१६३०)के पहले बिहारमे वल्लभभाई पटेल आये। जगह-जगह बडी बडी सभायें हुईं। स्वामीजी अपने व्याख्यानों से किसानोंमे नया जोश भर रहे थे। वल्लभभाई भी उसी सभामें किसानोंको उत्साहित कर रहे थे। सीतामढ़ीमें वल्लभभाईने कहा—जमींदारोंकी क्या जरूरत? पकड कर दबा दूँ तो चूर-चूर हो जॉय। अभी बात बनानेका समय था, काम करनेका नहीं, वह तो सात वर्ष बाद आनेवाला था, फिर 'वचने किं दरिद्रता"। मुँगेरमे प्रान्तीय राजनीतिक सम्मेलन हुआ। वहीं प्रन्तीय किसान कान्फ्रेन्स भी हुई। कान्फ्रेन्सने प्रस्ताव पास किया, कि राजनीतिक मामलोंमें किसान-सभा कांग्रेसके विरुद्ध नहीं जायेगी, किसान-सभा सरकारी काश्तकारी बिलका विरोध करती है और गवर्नमेंटको चाहिये कि उस बिलको उठा ले। पीछे सरकारी मेम्बरने कौंसिलमें यह बात कहते हुये बिलको वापिस

ले लिया कि किसान सभा इसका विरोध कर रही है। किसानोंके कौंसिली स्वयभू नेता उस वक्त मुँह ताकते रह गये।

लाहौर कांग्रेसके बाद स्वतन्त्रता दिवस (२६ जनवरी १९३०) आया। नमक-सत्याग्रह छिड़ा। स्वामीजी पकड़ कर छै महीनेकेलिए हजारीबाग जेलमें बन्द कर दिये गये। गाँधी-भक्त नेताओंकी कमजोरियाँ पहली जेलयात्राकी तरह अब अभी दिखलाई पड़ने लगी। जरा-जरा सी सुविधाकेलिए लोग क्या-क्या नही करते थे। स्वामीजीको बहुत शोक हुआ। अभी भी राजनीतिमे स्वामीजी गाधीवादी थे। उनको घोर निराशा हुई—ऐसे चरित्रहीन लोग कैसे स्वराज्य लेंगे। राजनीतिसे वे अब उदास हो चले।

सन् १९३१ आया। स्वामीजी अब ४२ सालके थे। अब उनका ज्ञान और तजर्बा बहुत विस्तृत था। घर छोडते समय उनके सामने जो आदर्श थे, उनका स्थान एक दूसरे उच्चतर आदर्शने ले लिया था। वैयक्तिक मोक्षकी जगह वे अब सारी जनताको मुक्त देखना चाहते थे। जनतामें भी गरीबी और अत्याचारसे अत्यन्त पीड़ित किसान ही उनके हृदयमें सबसे अधिक स्थान रखते थे। वे किसानोंसे अलग शहरोंके महल्लोंमें बैठकर किसानोंका हित-चिन्तन नही करते थे। वे गाँवोंमें घूमते, जहा कोई किसान आकर कहता—"स्वामीजी हमारे चलते खेतमेसे छीन कर हमारे हल-बैलोंको जमीदारके आदमीने ज़िरात (सीर) जोतनेमे लगा दिया" कोई कहता हम नाजायज नज़राना और रसूमोंके साथ मालगुजारी हरसाल बेबाक करते रहते हैं, लेकिन जमींदार रसीद नही देता, हमारे ऊपर सूद और तावानके साथ चार-चार सालकी बाकी मालगुजारीकी डिग्री करवा कर हमको तबाह कर रहा है। कहीं वे सुनते कि गाय-भैस न रहनेसे मुफ्त दूध न दे सकने पर जमीदारने अपने आदमीसे किसानकी स्त्रीका दूध निकलवाया। कही वे देखते, किसानोंकी बहू-बेटियोंकी इज्जत जमीदारोंके हाथ लुटते देखकर भी कानून कुछ भी मदद करनेमें असमर्थ है। वे ससारको सुखी देखना चाहते थे और देख

रहे थे जनताकी सबसे अधिक संख्या, सबसे मेहनती समुदाय, किसानोंको नरककी जिन्दगी भोग.ते। यह भावनायें थीं, जिन्होंने स्वामीजीको किसान-सभा तक पहुँचाया। लेकिन, वेदान्ती आदर्शवाद, संन्यासियोंका एकान्ती जीवन, और उच्च सदाचारकी हाथमें तराजू-ये बातें अब भी उनके दिमाग़ पर जबर्दस्त प्रभाव रखती थीं। इसीलिये जब उनकी अपनी पुरानी भावुक-वृत्तियोंपर किसीकी ओरसे चोट पहुँचती, तो उनका कोमल भावुक हृदय तिलमिला उठता. इस तिलमिलाहटमें उनका हृदय जनताकी व्यथावाले भागको भूल जाता और सिर्फ अपनी तत्कालीन चोटको लेकर पुनः १८ सालकी उम्रमें गाजीपूरसे भागनेका अभिनय करता।

१९३१ में बिहारमें किसानोंकी दुर्दशाकी कांग्रेसकी ओरसे जाँच हुई। नेताओंने लम्बे लम्बे व्याख्यान दिये। लेकिन उसके परिणाम-स्वरूप जो परिवर्तन करने पड़ते, उन पर बिहारी कांग्रेस नेता जो कि खुद जमींदार थे अभी दूर तक सोच नहीं सके थे। १९३२के आन्दोलनमें स्वामी जी शामिल नहीं हुए। दोस्तोंने बहुत कहा, मगर उनका भावुक हृदय हजारीबागके जेलके दृश्यको भूल नहीं सकता था: लेकिन इसी वक्त दूसरी परिस्थितियाँ उपस्थित हुईं और अपने हृदयके गहन कोनेमें छिपे स्वामीको फिर बाहर आनेकेलिए मजबूर होना पड़ा। कुछ अवसरवादी लोगोंने एक और किसान-सभा बनाई। किसानोंके कुछ स्वयंभू नेता कौंसिलमें इस नकली किसान-सभाकी मददसे फिर कोई कानून पास करवा लेना चाहते थे। इस समय कौंसिलके कांग्रेसी मेम्बर जेलोंमें बन्द थे, यह उनकेलिए सुनहला अवसर था। इन स्वयंभू किसान-नेताओंने—जो कि सरकार और ज़मींदारोंके हाथमें खेल रहे थे—ने जमींदारोंके साथ चुपके-चुपके एक समझौता भी कर डाला था, और चाहते थे कि उसे उस नकली किसान-सभासे मंजूर करा लिया जाये। १९३३की जनवरीके मध्यमें उक्त किसान-सभाके बुलानेका दिन भी निश्चित कर लिया गया। स्वामीजीने बहुत आश्चर्यसे पत्रोंमें इस समाचारको पढ़ा। कुछ क्षोभ भी हुआ, मगर उन्होंने अपनेको दबाया।

एक किसान कार्यकर्ता स्वामीजीके पास दौड़े दौड़े पहुँचे और खतरेकी खबर देकर आगे आनेकेलिए कहा—"स्वामीजी आइये, नही तो सारा काम चौपट हो जायगा।" स्वामीजीने दृढ़तापूर्वक "नहीं" कहा। कार्यकर्ताने बहुत तरहसे समझाया, रातको देर तक गिड़गिड़ाते रहे, मगर स्वामीजीकी "नही" को नही बदल सके। किसान कार्यकर्ताको एक सख्त फोडा निकला हुआ था और उस परसे बुखार भी था, जिसके दर्दके मारे उनके मुँहसे आह निकलती रहती थी। बीच बीचमे स्वामीजीके पास लेटे उस निस्तब्ध रात्रिमें उनके मुँहसे शब्द निकल आते—"स्वामीजी नही चलेगे ?... . चलते तो......क्या करै !" कार्यकर्ताके इस आहभरे शब्दोंने स्वामीजीको सोचनेकेलिए मजबूर किया। धीरे-धीरे उन्हे मालूम होने लगा, कि यह आह एक किसान कार्यकर्ताकी नही है, यह है करोड करोड़ पीड़ित किसानोंके दिलकी आह।

सवेरे बिना पूछे ही स्वामीजीने कार्यकर्तासे कह दिया—"मै चलूँगा !"

गुलाबबाग़ (पटना)मे उक्त सभाकी तैयारी थी। किसानोंकी सभामे राजा सुरुजपुरा और मिस्टर सच्चिदानन्दसिह जैसोको भी बैठे देखकर स्वामीजीका माथा ठनका। सभाके संयोजकोमेसे एक बाबू गुरुसहाय-लालसे, पूछा—"यह क्या ?" गुरुसहायलालने जमीदारोंके साथ हुए समझौतेको स्वामीजीके सामने रखकर कहा—"इसे पास हो जाना चाहिये।" स्वामीजीने समझाना शुरू किया कि पास कराना है तो उसे चोरी-चोरी पास नही करना चाहिये। प्रान्तीय किसान-सभा मौजूद है, उससे पास कराओ, दूसरी तारीख मुकर्रर करो। फिर समझौतेकी बात छेड़ी गई। स्वामीने कहा—"समझौता किसने किया है ?" राजा साहब बोल उठे—"यह तो कुछ दो और कुछ लो का सवाल है।" स्वामीजीने सीधे जवाब दिया—"हाथीकेलिए एक चावल देना कुछ भी नहीं है, किन्तु चीटीकेलिए वह जीने मरनेका सवाल है।" गुरु-

सहायलालको स्वामीके सामने दबते देखकर मिलीभगतवाले लोगोंको असन्तोष हुआ। नामधारी किसान-सभाके एक नामधारी मन्त्रीने मिस्टर सिंहको धन्यवाद देनेकेलिये प्रस्ताव रखना चाहा। उस समय पता लगा कि सभा बुलानेमें मिस्टर सिंहकी उदारता सहायक हुई है। खैर, चाहे कैसे भी लुक-छिपकर किसानोंकी सभा बुलवाई जाय, लोग स्वामीके प्रभाव, उनके तर्क और भाषण शक्तिको जानते थे, और यह भी जानते थे, कि स्वामीके विरोध करने पर कोई प्रस्ताव पास नहीं हो सकता। सिंह साहबको धन्यवाद नहीं मिला, उसका कितनोंको खेद रहा। सभामें प्रस्ताव पास हुआ, कि समझौतेके मसौदेको छापकर बाँटा जाय और ३० मार्चको किसान सभाकी बैठक की जाय। उसी समय कौंसिलका भी अधिवेशन होनेवाला था। किसान सभा ३० मार्चको तसीरे पहरसे १० बजे रात तक समझौतेके हर पहलू पर विचार करती रही, और सर्व-सम्मतिसे प्रस्ताव पास हुआ—शिवशंकर झा किसानोंके प्रतिनिधि नहीं हैं, गुरुसहायलाल कौंसिलमे जाकर बिलका विरोध करें, कोई इस तरहका कानून पास नहीं होना चाहिये। पीछे गुरुसहायलालको हिम्मत न हुई।

अब उस काश्तकारी बिलको लेकर सारे बिहारमे वह स्मरणीय आँधी चली, जिसने सदियोंसे सोये किसानोंकी आँखोको खोल दिया। ज़मींदारो और सरकारके स्नेहभाजन गुरुसहायलायलाल और शिवशंकर झा सभा करके किसानोंको समझानेकी कोशिश करते, मगर स्वामीकी सभाओं और उनके प्रचारके सामने कौन टिकता? स्वामीजी बवंडरकी तरह बिहारमे घूमते हुए किसानोके दिलोंमें आग लगा रहे थे और बतला रहे थे कि कैसे पीठ-पीछे गला काटनेकी कोशिश की जा रही है। जमीदार इस कानूनके पास करानेकेलिए बहुत उत्सुक थे, क्योंकि उसमे ज़मींदारोंमें १०० एकड़ पर १० एकड़ अपनी खास जिरात (सीर)मे लानेका अधिकार दिया गया था। आन्दोलनका यह फल हुआ, कि उस १० सैकड़ा ज़िरातवाली बातको

निकाल देना पड़ा। कानून पास कर दिया गया और कुछ छोटे-मोटे अधिकार किसानोंको मिले। सबसे बड़ा फ़ायदा यह हुआ, कि किसानोंको भ्रममे नही डाला जा सका, स्वामी और किसान-सभाकी यह पहिली सफलता थी।

१६३४ में बिहारमें भूकम्प आया। काग्रेस-नेता जेलोंसे छूटकर बाहर चले आये। सभी पीडित-सहायताके काममे लग गये। गॉधीजी भी पटना आये थे। स्वामीजीने फिर उनसे राजनीति-सम्बन्धी कुछ सवाल पूछे, जिसका जवाब स्वामीजीको इतना असन्तोषजनक मालूम हुआ, कि उन्होंने वही गॉधीजीके सामने गॉधीवादको आखिरी सलाम किया।

१६२७में किसान-सभा गुम नाम तौर पर पैदा हुई। १६२६में प्रान्तके बड़े-बड़े काग्रेस-नेताओंका उसे सहयोग और आशीर्वाद मिला। अब वह सात सालकी थी। इस बीचमे उसका जो रूप स्पष्ट होता जा रहा था, उससे जमींदार काग्रेसी-नेता शंकित होने लगे। तत्कालीन डिक्टेटर सत्यनारायण सिंहने नोटिस निकाली, कि किसान-आन्दोलनमें किसी काग्रेसीको भाग नही लेना चाहिये। यह भी पता लगा, कि जिस समझौतेके विरोधमें बिहारी किसानोकी इतनी जबर्दस्त राय है, कितने ही काग्रेस नेता उसके पक्षमें हैं। उनकी ओरसे स्वामीके दिल पर यह दूसरा सख्त धक्का लगा। किसान भूकंपके सर्वनाशकारी प्रभावसे एक ओर त्राहि-त्राहि कर रहे हैं, और एक ओर बिहारके एक जमींदार साहब अपने आदमियोंके नामसे सर्कुलर निकाल रहे हैं, कि जहां-जहा रिलीफ (सहायता) बॅटे, वहा-वहा पहुँचे रहो और उसी वक्त मालगुजारी वसूल कर लो। बिहारके कमिश्नरोंकी बैठकमे तय किया गया कि जब तक कोई भीषण अवस्था नही दीख पड़े तब तक किसानोंको छूट-छाट देनेकी जरूरत नही। दरभगाकी ज़मींदारीकी कितनी ही शिकायते भेजी गई, जिस पर गाधीजी कहते थे—गिरीन्द्रमोहन मिश्र (दरभंगा राज्यके सहायक मैनेजर) अच्छा आदमी है, उससे कहो, वह सभी शिकायतें दूर

कर देगा। गिरीन्द्रमोहन कांग्रेसी माने जाते थे। गांधीजीने यह भी कहा कि हरएक किसान अपनी शिकायतोंको अलग-अलग लिख कर दे। स्वामीजीको बहुत निराशा हुई, किसानोंकी सभी तकलीफोंके बारेमें काग्रेस-नेताओंको टालमटोल करते देखा। यहींसे उनके प्रति स्वामीजीका भाव बदल गया।

१९३५मे किसान सभा-कौंसिलने जमींदारी प्रथाके उठा देनेका प्रस्ताव रक्खा गया। स्वामीजीने विरोध किया—अभी भी उनके दिलमे ज़मीदारोंके लिये कुछ कोमल स्थान था। स्वामीजीके विरोध करने पर भी कौंसिलने प्रस्ताव पास कर दिया, लेकिन जब स्वामीजी हटने लगे, तो लोग घबड़ा गये और प्रस्तावको लौटा लिया गया।

इसके बाद ही अमॉवा राज्यकी जमींदारीके पचास गावोंमें किसानों पर होते अत्याचारोंकी स्वामीजीने जॉच की, उन्हें उन्होंने अमॉवाके राजा के सामने रखा। हटा देनेका वचन मिला। मनेजरसे ३॥ घंटा बात करनेके बाद भी जवाब गोलमटोल रहा। स्वामी अनुभवको अपना गुरु मानते हैं। इन पचास गावोंके किसानोंके ऊपर होते अत्याचारोंको ऑख से देख कर और सुलह-समझौतेके साथ उसके हटानेकेलिए विफल-प्रयत्न होनेके बाद उनकी समझमे आ गया, कि जमींदारी-प्रथाको हटाना होगा। नवम्बरमें हाजीपुरकी प्रान्तीय कानफ्रेन्समे उन्होंने खुद जमींदारी प्रथा हटा देनेकेलिए प्रस्ताव पास कराया।

१९३६में लखनऊ कांग्रेसके वक्त पहिला अखिल भारतीय किसान-सम्मेलन हुआ, और स्वामीजी उसके पहले सभापति थे। यही किसानों का चार्टर तय्यार हुआ, जिसके कारण अगले साल फैजपुर-कांग्रेसको कितनी ही बातें स्वीकार करनी पड़ी। किसानोंकी जॉचका सवाल भी स्वामी जी काग्रेसके सामने लाये। कितने ही लोग विरोध कर रहे थे। जवाहर लालने कहा—“जरूर लाना चाहिये, हम इसकेलिए स्वामीजीको धन्यवाद देते हैं”। लखनऊमे किसान जॉच कमीटीका प्रस्ताव पास हुआ। उसके अनुसार कितने ही प्रान्तोमें जॉच हुई। रिपोर्ट भी तय्यार

हुई। मगर विहारके कांग्रेस-नेता किसान-आन्दोलनको कुछ नजदीकसे देख चुके थे, इसलिये वे कानमें तेल डाल लेना चाहते थे। फैजपुर में फिर पूछताछ हुई, अब क्या करते! जांच कमेटीकेलिए जब स्वामी जीका भी नाम पेश किया गया, तो प्रान्तीय कार्यकारिणीके दूसरे मेम्बरों ने यह कह कर विरोध किया, कि रिपोर्टमें हम एकमत चाहते हैं।

कौंसिलके नये चुनावकेलिए कांग्रेस उम्मीदवार नामजद करने लगी। प्रान्तीय नेता इस बातका पूरा ध्यान रखते थे, कि कोई किसान-पक्षी नेता न आ जाये। किशोरीप्रसन्न सिंह (हमारे कामरेड) जैसे जबर्दस्त जनप्रिय तथा काग्रेसकर्मीके लिए कोई स्थान नही और उनकी जगह एक ऐसे आदमीको स्थान दिया गया, जिसने काग्रेस मे कभी कुछ नहीं किया, और स्वयं जमीदार होते एक बडी जमींदारी का मनेजर रहा। इस अन्धेरखातेको देख कर स्वामीजीने प्रान्तीय काग्रेस कार्यकारिणीसे इस्तीफा दे दिया। लेकिन, काग्रेस-चुनावमें सरकारपरस्तोंसे लोहा लेने जा रही थी, यह समझ कर उन्होंने अपना इस्तीफा लौटा लिया। स्वामीजीने चुनावकेलिए खूब काम किया। कौंसिलके पुराने प्रेसीडेन्ट और एक बड़े जमींदार बाबू रज़नधारी सिंह (भूमिहार) एक साधारण काग्रेसकर्मीके सामने चारो खाने चित्त हो गये। ऐसे ही और भी कितने ही उदाहरण मौजूद हुये।

फैजपूर काग्रेसके समय (१९३६) भारतीय किसान सभाकी दूसरी कानफ्रेंस हुई, अबकी स्वामीजी जेनरल सेक्रेटरी हुए। तबसे स्वामीजी (जब कभी भारतीय किसान सभाके सभापति नही हुये,) जेनरल सेक्रेटरी बराबर बने रहे। भारतमें किसान आन्दोलन अब स्वामी जीके जीवन एक अभिन्न अग बन गया। तीसरी कानफ्रेन्स (कुमिल्ला) स्वामीजी सभापति हुए।

किसानोंकी जिन जिन लड़ाईयोंमें स्वामीजीने भाग लेकर नेतृत्व किया, उनमेंसे एक-एककेलिए एक-एक पोथी लिखी जा सकती है, और वह इस लेखका विषय नही हो सकती। बढैयाटाल (मुंगेर)के किसान

संघर्षमें स्वामीजी साथी कार्यानन्दकी सहायतामें पहुँचे रहते। दरमपूर (बिहार-शरीफ)के किसानोंके सङ्कटमें स्वामीजी मौजूद थे। सोलहंडाको लिजिये या रेवडाको, मझियावाँको लीजिये या अमवारीको; सभी जगह स्वामीजी पहुँचकर किसानोंका उत्साह बढ़ाते थे। यह लड़ाईयाँ अब कांग्रेस-मिनिस्टरीके जमानेमें हो रही थीं। कांग्रेस-मिनिस्टर और कांग्रेसी बड़े नेता अब अपने असली रूपमें सामने आरहे थे। उन्होंने स्वामी जीको गिरिफ्तार कराके अपनेको बदनाम करना पसन्द नहीं किया, लेकिन और तरहसे स्वामीजीको नीचा दिखानेमें कोई कसर उठा नहीं रक्खी। उन्हे अनुशासनके नामपर कांग्रेससे सालोंकेलिए बाहर कर दिया गया। कांग्रेसी अखबार स्वामीजीके खिलाफ जो कुछ भी अनाप-शनाप बोलनेके लिये स्वतन्त्र थे, लेकिन, स्वामीने, कभी इसकी पर्वाह न की, उन्होंने किसानोंकेलिये (मजदूरोंकेलिए) अपना जीवन अर्पण किया है, उनकी रण-गर्जनाको सुनकर किसानोंके दिल बल्लियों उछलने लगते और जालिम जमींदारोंके प्राण सूखने लगते हैं। वे कर्ममय हैं। साक्षात् देखने पर चुप रहते समय भी उनकी आँखें बोलती मालूम होती हैं, गालों पर उछलती हंसी अत्याचारियोंका परिहास करती हैं, रोये रोये सजग हो कुछ आवाजसी निकालते दिखाई पड़ते हैं।

महायुद्ध आया। स्वामीजीने साम्राज्यवादी युद्धके बारेमे हर तरहके समझौतेका विरोध किया। रामगढ़मे (अप्रैल १९४०) दिये हुए व्याख्यान केलिए उनपर मुकदमा चलाया गया और तीन सालकी सजा हुई। जिस वक्त हिटलरने सोवियत रूस पर हमला किया, उसी वक्त हरएक चीजको किसान और शोषितवर्गके हितकी दृष्टिसे देखनेवाले स्वामीजी को यह समझनेमें देर नहीं हुई, कि अब युद्धका स्वरूप बदल गया; आज फासिस्तवादके विजयी होने पर किसानोंकेलिए कोई आशा नहीं, मजूरोंकेलिए कोई आशा नहीं भारत जैसे परतन्त्र देशकी स्वतन्त्रता चाहनेवाली जनताको कोई आशा नहीं। स्वामीजीने अपने सहकर्मियों को बुलाकर और दूसरे जरियेसे इसे समझाया।

(मार्च १९४२)मे समयसे कुछ पहिले स्वामीजी जेलसे छोड दिये गये ।काग्रेसके कितनेही विरोधी भाईयोंने कहना शुरू किया, कि स्वामी जी सरकारको वचन देकर छूटे हैं। स्वामीजी किसीको वचन नही देते— उन्होंने अपना वचन सिर्फ किसानों और भारतकी शोषित जनताको दिया है, और उसे वे आखिर तक निबाहेगे। ९ अगस्तके (१९४२) स्वतन्त्रता युद्धके नामपर जो आत्महत्या-काण्ड शुरू हुआ, स्वामीजीने इसका सख्त विरोध किया; यद्यपि इसकेलिए भी विरोधियोंने तिलका ताड़ बनानेमें कोई कसर नहीं उठा रक्खी। किसान जानते हैं—उनका स्वामी निर्भय है, जेल क्या मृत्युभी उसे डरा नही सकती। किसान जानते हैं, उनका स्वामी निर्लोभ है, उसने चरणामृत पीनेवाले सरों और महाराजाओंको धुतकार दिया। किसान जानते हैं, उनका स्वामी उनकी पीडाको खूब अनुभव करता है। किसान जानते है उनका स्वामी उनकी आवाजको दुनियाके सामने रखनेमे गजबकी शक्ति रखता है। फिर वे स्वामी पर क्यो न विश्वास करें क्यो, न न्योछावर हो ? हाँ, स्वामीमें दोष भी हैं—कौन नही जानता कि गुस्सामें वे द्वितीय दूर्वासा हैं; लेकिन दिल ? कितना मधुर, कितना सरल है। विलैया दडवत्‌वाले कभी-कभी उसे धोखेमें डाल देते हैं, लेकिन, महान् उद्देश्यसे उनसे जरा भी विचलित नही कर सकते। और सभी दडौतियोको पहचाननेकी उसके पास एक जबर्दस्त कसौटी है। किसान और शोषित जनताकेलिए कौन वस्तुतः मरने जीने वाला है, बस वही उसका अपना रहेगा। उसका पढा वेदान्त, और बालकी खाल निकालनेवाली पुरानी पोथियाँ अब बहुत कुछ भूलसी गई हैं, मगर कभी-कभी वह अनजाने में धर दबानेका प्रयास करती हैं, और उस समय स्वामीजी कुछ विचलितसे दीख पडते हैं। लेकिन अब वह उन पोथियोंके हाथमें नही रह गये हैं, अब वह हैं साधारण जनताके हितोंके हाथमे।

९

यदुनंदन शर्मा

(१)

काला अर्ध-नग्न मझोले कदका शरीर, जिसपर गर्मीके घाम, जड़ोंकी सर्दी, निरन्तर दौड़ने-धूपनेकी प्रवृत्तिने कभी चर्बी नहीं जमने दी। वह घुटनों तककी धोती और उसपर गमछा या मीठिया चादर, जिसे देखते ही भारतके करोड़-करोड़ किसान आँखोंके सामने मूर्तिमान् हो दिखलाई पड़ने लगते हैं। वह मोटा बाँसका डंडा, जो उसके कर्कश हाथोंका अभिन्न अंग बन गया है, और जिसे देखकर विहारके किसान अपनी बेबसीको भूल जाते हैं। मगर इस सीधी सूरतको देखकर एक अपरिचित आदमी आसानीसे धोखा खा सकता है, उसको पता नहीं लग सकता, कि यह राखकी पतली तहमें छिपी प्रचंड अंगार-राशि है, जिसके भीषण ताप और ओजको विहारका एकएक जमींदार समझता है और उसके नामसे ही काँपता है। यह हमारा यदुनंदन किसानोंका असाधारण नेता ही नहीं है, उसने जीवनमें जिन रास्तोंको पार किया है, वे भी असाधारण रहे हैं।

आज भी जो लोग यदुनंदन शर्माको देखेंगे, उन्हें वह एक अपढ़,

१८९६ जन्म, १८९९ पिताकी मृत्यु, १९१४ बनारसमें क-ख-आरंभ, १९१६ टेकारी स्कूलमें, १९१९ मैट्रिक पास, १९२० एक साल अध्यापक, १९२२ जमींदारके मनेजर, १९२५ हिन्दू विश्वविद्यालमें, १९२७ एफ़० ए० पास, १९२९ बी० ए० पास, सत्याग्रह युद्धमें: १९३० सोलह मासकी सजा, १९३१ जेलसे बाहर, १९३३ किसान-आंदोलनमें, १९३६ साढाको किसान-संघर्ष, १९३८ रेवड़ा-संघर्ष, १९४०-४२ अन्तर्धान,

ग्रामीण किसान मालूम होंगे। यदि संलाप करेंगे, तो उनकी सीधी-सादी भाषा मालूम होगी, उनकी प्रतिभाकी छिपानेकेलिये बनी है। विद्याका पुस्तकी रूपमे उन्होंने कभी नहीं प्रयोग किया। जिन युद्धोंको उन्हे लडना पडा, उनके कौशलको, उनके कुटिल पथको, उन्होंने पुस्तकोंमें नहीं पाया। कमसेकम उन पुस्तकोंमें नही, जिन्हें उन्होंने मंगनीसे विश्वविद्यालयमें पढा था। इसीलिये यदुनंदनका विश्वास इन पुस्तकोंसे उठ गया। इसलिये यदि उनकी सरल भाषा पुस्तकोंकी पेचीली शब्दावलीसे बच निकलना चाहती है, तो कोई आश्चर्य नहीं।

तो भी जिन लोगोको यदुनदनकी शिक्षा और उनके संस्कृत मस्तिष्कका पता है, उन्हें भी यह सुनकर आश्चर्य होगा, कि अठारह सालकी उम्र (१९१४ ई०) तक वह बिल्कुल निरक्षर रहे। टेकारी राजकी जमीदारीके एक छोटेसे गॉव, मझियॉवॉ (जिला गया, थाना कुर्था)में एक गरीब किसानके घरमे उनका जन्म हुआ था। उनके पिता तीस वर्षकी उम्रही मे मर गये। वह सस्कृतके विद्वान् थे। अभी पढ़ाईमें लगे ही हुए थे, कि भारतके सहस्र-सहस्र तरुणोंकी भॉति अकालमे ही काल-कवलित हुए। उनका लडका, जिसे घर और गॉवके लोग सुखल कहते थे, ऐसी अवस्थामे नही था, कि धनिक-पुत्रोकी भॉति किसी स्कूलमें पढ़ने जाता। कुछ सयाना होते ही घरवालोने सुखलको चरवाहीका काम दिया। ग़रीब घरमें एक भैस थी, सुखल उसको चराता था, उसकेलिए जहॉ तहॉ बिखरी छोटी छोटी घासोंको खुरपेसे काट नही, गढ लाता था। उसके इस काममें सहकारी उससे १५ दिन बड़े उसके चचा भी थे। इस चरवाही जीवनमें भी सुखल असाधारण चरवाहा था, वह गॉवके सारे चरवाहोंका सर्व-सम्मत कमाडर था। इस पदको उसने अपनी टोलीमे सबसे सबलको परास्त कर, तथा बाहरवालोंसे लड़नेमें अपना कुशल नेतृत्व दिखलाकर प्राप्त किया था। भुट्टोंकी चोरी या डकैतीमें सबसे खतरेकी जगह सुखल रहता, मगर अच्छे भुट्टे के लेनेमें पीछे। यह भी उसके सर्व-स्वीकृत नेतृत्वका एक गुर था।

(२)

पिताके मरनेके वक्त सुखल तीन वर्षका था। माँ गाँवकी दूसरी स्त्रियों की भाँति अनपढ़ थी, तो भी यह ज्ञान रखती थी, कि पंडित बापके पुत्रको कुछ पढ़ना चाहिए। अपने पतिके उदाहरणसे वह यहभी समझती थी, कि ब्राह्मणका लड़का बिना पैसे भी संस्कृत पढ सकता है। उन्होंने कितनी ही बार सुखलको पढ़नेकेलिए कहा, मगर सुखल उस दुनियासे अपरिचित था, जिसमें पैर रखनेकी माँ प्रेरणा दे रही थी; स्वावलंबनकी कला भी उसे मालूम नही थी, जिसे वह आगे अपने जीवनका अंग बनाएगा। सबसे बडी बात यह थी, कि दूसरोंके कहने सुनने पर भी वह विद्याकी महिमा पर विश्वास नही रखता था।

सुखल १८ वर्षका हो रहा था, उस वक्त एकाएक खयाल आया कि उसे पढना चाहिये। ख्यालके साथ दृढ़ सकल्पभी हो आया; फिर अपढ़ किन्तु साहसी, निडर तरुण यदुनदनको आगमे कूदने, समुद्रको फाँद जानेकी हिम्मत थी। एक दिन गया जिलामें, रेल-सड़कसे दूरके उस छोटेसे गाँवसे, यदुनंदन गुम हो गया। कैसे बे-पैसे, निःसबल, वह मगधसे काशी पहुँचा, यह भी मनोरजक ही नही तरुणोंकेलिए उत्साहप्रद चीज है, मगर यहाँ विस्तृत जीवनी नही लिखी जा रही है।

बनारस विद्याकी खान है, यह उस ग्रामीण तरुणको मालूम था। वहाँ पहुँच कर उसने पूछा—काशीका सबसे बडा पंडित कौन है? किसीने उजड्ड तरुणके सकल्पको समझे बिना कह दिया—महामहोपाध्याय शिवकुमार शास्त्री। दूसरे दिन यदुनंदन पूछते-पाछते वहाँ पहुँचा। शास्त्रीजी द्वारपर दातवन कर रहे थे। उनके सरल-सौम्य शरीरको देखकर यदुनंदनकी झिझक—जो पहिले भी उसके हिस्सेमे कम ही मिली थी—जाती रही। उसे कहाँ मालूम था, यह सामने बैठी वृद्ध-मूर्ति सिर्फ काशी (बनारस) नही, सारे भारतमें अपनी विद्वत्ताका सिक्का जमा चुकी है। देश-देशके भारी-भारी पंडित उसका विद्यार्थी बनना अपना अहो-भाग्य समझते हैं।

वह उनके पास गया। शिवकुमार खुद दरिद्रतासे परिचित थे, इसलिए दरिद्र ब्राह्मण बालकको देखकर आत्मीयता अनुभव करनेकेलिए विवश थे। उन्होंने पूछा—कहाँ आये? संकोच और डरसे शून्य यदुनंदनने कहा—"विद्या पढ़ने। आपका नाम सुनकर आपसे पढ़ने गयासे आया हूँ।" "कुछ पढ़े हो?" "एक अच्छर भी नही!" शिवकुमार शास्त्रीने दुत्कारा नहीं, हालाँकि अठारह वर्ष तक निरच्छर रहनेवाले इस काले-कलूटे ग्रामीणको वैसा करनेका वह हक रखते थे। उन्होंने कुछ पैसे देकर कहा—'जाओ इससे क-ख सीखनेकी पोथी खरीद लाओ।"

यदुनंदनमें प्रतिभा थी, यद्यपि अबतक उसका प्रयोग नहीं होने पाया था। शास्त्रीजी बड़े स्नेहसे स्वय इस होनहार बालकको पढ़ाते थे, उस समयको निकालकर, जिसे पानेकेलिए बड़े-बड़े पंडित-शिष्य इच्छुक रहते थे। अक्षर-ज्ञानके बाद उन्होंने लघुकौमुदी (व्याकरण) पढानी शुरू की। यदुनदनको अब कुछ आगेका रास्ता भी दिखलाई पडने लगा। उन्होंने बड़ी तत्परतासे पढ़ाई जारी रखी। खानेकेलिए संस्कृत पढ़नेवाले ब्राह्मण-विद्यार्थीयोंके वास्ते बनारसमें सैकडों अन्नक्षेत्र खुले हुये थे।

यदुनदन शर्माने लघुकौमुदी समाप्त करली, अब वह आगेकी सीढ़ीपर कदम रखना चाहते थे, इसी वक्त वह बीमार हो गये। पुस्तकके हाथ से छूटते ही माँ याद आने लगी, गुरुजीसे आज्ञा ली, और स्वास्थ्य-लाभकेलिए गाँव चले आये। साल भर पर लौटे पुत्रको देखकर माँको बहुत प्रसन्नता नही हुई, शायद अभी उसे यदुनंदनमें वही स्वच्छंद चरवाहा सुखल दिखलाई पड रहा था।

(३)

यदुनंदन बनारस लौटनेकी सोच रहे थे, इसी बीच गाँवके रिश्तेमें उनके चचा नौकरीसे छुट्टी पर आये थे। सुखलको बिल्कुल दूसरे यदुनदनके रूपमें देख वह आकृष्ट हुये, और धीरे-धीरे परामर्श देना शुरू किया—"संस्कृत विद्याकी आजकल माग नहीं है। भिखमङ्गी करना ठीक नहीं। अंग्रेजी पढ़ो। वकील बनना, या अच्छे सरकारी ओहदेपर

अधिकार करना !" अंग्रेजी पढनेकेलिए फीस-किताब-खाना यदुनंदन कहाँ से लायेगा, इसका ख्याल चचाको नहीं था, नहीं तो ऐसे उपदेशसे वह बाज आते। मगर एक बार समझमें आ जानेपर यदुनंदनके लिये दुरूहसे दुरूह काम भी कोई चीज़ न था। यदुनन्दनने अभीतक जो रास्ता लिया था, उससे वह एक अच्छे संस्कृतके पंडित होनेवाले थे—शिवकुमार शास्त्री और उनके प्रतिभाशाली शिष्य जयदेव मिश्र नहीं, तो कमसे कम काशीके गण्य-मान्य सौ-पचास पंडितोंमें उनका भी नाम होता। वह व्याकरण, न्याय, और साहित्यके पंडित होते। विद्यार्थियोंको सहृदयतासे पढ़ाते, और सिफारिश लग जानेपर 'महामहोपाध्याय' भी हो जाते। यदुनंदन शर्माका रास्ता इसी ओर जा रहा था, यद्यपि उन्हें इसका पूरा पता न था।

मझियाँवा टेकारी-राजकी जमींदारीमें है। टेकारीमे अंग्रेजीका हाईस्कूल है, यह यदुनंदनको मालूम हो गया। उन्होंने वहाँ जाकर अंग्रेजी पढनेका संकल्प किया। बनारस जाते वक्त यदुनंदन सब तरहसे कोरे थे, मगर अब वह लघुकौमुदीको अच्छी तरह पढ़ चुके थे, साथ ही शाकद्वीपी ब्राह्मण कुलमें जन्म होनेसे अपनी कुल-विद्या. वैद्यकका भी थोड़ा थोडा परिचय रखते थे। किन्तु टेकारीमें उससे सहायता नहीं मिली। उन्होंने पहिले तै किया, टेकारीमें रहनेकेलिए स्थान बनानेका। स्कूलके एक विद्यार्थीने खानेपर रसोई बनानेकेलिये रख लिया। रसोइया देख रहा था, उसके 'मालिक' शिवबालक सिंहको संस्कृत (द्वितीय भाषा) पढ़नेमें भारी दिक्कत मालूम होती है। उसने अपनी सेवाएँ पेश की। यदुनंदनके बतलाये सरल रास्तेसे उसे लाभ हुआ, और कृतज्ञतामें उसने उन्हे अंग्रेजी पढ़ाना स्वीकार किया। शिवबालक सिंहने छ-सात मास पढ़ाया, और आगे पढ़ाने में उन्हे दिक्कत मालूम होने लगी। उन्होंने फीसका भार अपने ऊपर लिया, और यदुनंदन स्कूलमें दाखिल हो गये। पुस्तकोंके खरीदनेकेलिए विद्यार्थी अवस्थामे कभी पैसे नहीं रहे, लेकिन माँगनेपर सहपाठी कभी इन्कार भी नही करते थे।

यदुनंदन उस समयके पॉचवे, आजके सातवें, दर्जेमें पढ़ रहे थे। स्कूलका नया मकान बना था, उसी समय टेकारी-राजके स्वामी विलायतसे लौटे थे, और मकान के उद्घाटनकेलिए जलसा हो रहा था। यदुनंदनने महाराज-कुमारके सामने पढ़नेकेलिए अंग्रेजीमें एक तुकबदी लिखी। अध्यापकोंको दिखानेपर उन्होंने अपनी अज्ञता प्रकट की, मगर कविताको पढ़े जानेसे रोका नही। यदुनदनने अपनी लम्बी तुकबदीको सुनाया, जिसकी अन्तिम पक्तियॉ थी—

"This poem has been composed by your subject who is the student of fifth class, Named Yadunandan, by caste Brahmin, who wants your welfare till the Moon and Sun."

(तुम्हारा गरीब रैयत, पाचवे दर्जेके ब्राह्मण-जातिवाले यदुनंदन नामक विद्यार्थीने इस कविताको बनाया, जो कि यावत्‌चद्रदिवाकर तुम्हारा मङ्गल चाहता है।

यदुनंदन शर्माको सात रुपयेकी पुस्तकें इनाममें मिली। फीस माफ करनेकी बात कही गई, तो तरुणने कहा—"मुझसे भी अधिक निस्सहाय विद्यार्थी हैं, जिनको फीस देकर पढ़ना कठिन है। बड़ी कृपा हो यदि उनकी भी फीस माफ हो जावे।" प्रार्थना मंजूर हुई. टेकारी हाईस्कूल बेफीसका कर दिया गया।

१९१६ ई० में यदुनंदनने मेट्रिक पास किया। उनकी इच्छा थी कालेजमें जानेकी। यद्यपि कालेजके खर्चका ख्याल कर कभी कभी उनका उत्साह मंद हो जाता था, तो भी वह बाज़ न आते। मगर उनके हेड मास्टरने जोर दिया, कि वह वहीं स्कूलमें अध्यापकी स्वीकार कर लें। एक साल तक उन्होंने अध्यापकी की। अध्यापकोंके आपसी झगड़े में यदुनंदनको हेडमास्टरका पक्ष लेना पडता था, एक बार दूसरोंका पल्ला भारी हुआ और यदुनदनकी नौकरी जाती रही।

गया में एक जमींदार विधवाको अपने लड़केकेलिए एक अध्या-

पककी ज़रूरत थी, यदुनंदन मिश्र उसे पढ़ाने लगे। धीरे धीरे उसकी ४० हज़ार सालाना आमदनीकी ज़मीदारीका प्रबन्ध भी उन्हें करना पड़ा, जिसमें आगे किसान-नेता बननेवाले यदुनंदन शर्माको बहुतसे तजर्बे हासिल हुए। इसी समय उन्हे वहाँकी लेडी-डाक्टरको हिन्दी पढानेका ट्यूशन मिला। लेडी-डाक्टर अपने सीधे-सादे अध्यापकसे बहुत प्रभावित थी, उन्होंने उपकार-भावसे बार-बार आग्रह किया कि, वह ज़िला मजिस्ट्रेटसे नौकरीकेलिए सिफारिश करेगी। शील-संकोचमें पड़ एक दिन यदुनदन मिश्रने हाॅ कर दिया। कलेक्टरने पुलीस सुप्रेन्डेंटसे सिफारिश कर दी। यदुनंदन मिश्र क्या क्या सोचते 'इंटरव्यू' (साक्षात्कार) के लिये गये। उनकी तरह कितनी ही और मूर्तियाँ सब-इन्सपेक्टरीकी उम्मीदवार वहाँ मौजूद थी। उन्होंने देखा, जो लोग लौट कर आते हैं उनका मुंह गिरा हुआ रहता है। पूछा, मालूम हुआ, अंग्रेज़ सुप्रेंडेंट शराब पीकर खूब गालियाँ निकालता है। उन्होंने मनमे कुछ तै कर लिया। साहबके सामने गये। एकाध बात पूछा, वह मुंहसे गाली निकालना ही चाहता था कि यदुनंदनने कहा—

"Hold your tongue please" (कृपया अपनी ज़बान रोकिये)

"Is it so" (ऐसा)?

"Yes" (हाॅ)

"Good-bye Babu, you are not meant for the police service. (विदा बाबू, तुम पुलीसकी नौकरीके योग्य नही हो)"

यदुनंदन मिश्र लौट आगे, उनका चेहरा उदास नही था। बर्बरताका उन्होंने एक बड़ा नमूना देखा और जन्म भरकेलिए उन्हें एक बड़ी सीख मिली।

यदुनंदन मिश्रके सहपाठी कई बेकार थे, वह कोई रोज़गार करना चाहते थे, किन्तु उनके पास पैसा न था। यदुनंदन इधर कुछ पैसे जमा

कर रहे थे, कालेजकी पढाईकेलिए। उन्होंने कहा—"मेरे ये रुपये अभी वेकार पड़े हैं, इन्हें ले रोज़गार करो, जब पढ़ने जाऊँगा, तो कुछ मासिक देते रहना।" नौसिखियोने रोज़गार शुरू किया। मिश्रजी अपनी मालकिनके साथ तीर्थयात्रामे निकल पड़े। कुछ महीनों बाद लौट कर आये, तो मित्रोंने टाट उलट दिया था। कुछ समय और रह कर रुपया जमा करने लिये उनके पास उत्साह नही रह गया था।

[४]

यदुनंदन शर्मा हिन्दू विश्वविद्यालयमें दाखिल होनेकेलिए उतावले हो रहे थे, लेकिन पैसा पास नहीं। यद्यपि वह असहयोग (१६२१-२२) मे शामिल नही हुए थे, और न राजनीतिका ज्ञान ही रखते थे, किन्तु देशकेलिए काम करनेवालोंके प्रति उनकी बड़ी श्रद्धा थी। किसीसे उन्होने एक देशभक्तकी बहुत तारीफ सुनी थी। उन्हें आशा हुई, कि वह उनकी सहायता करेंगे। वह उनके पास गये। उनके सामने अपनी इच्छा प्रकट की। देशभक्तके पास इस अध-गँवारकी बात सुननेकेलिए समय नही था। उनके जवाबमें कुछ करनेकी बात सुनकर उन्होंने कहा—"तुम माँगने आये हो, या बहस करने। अपने ही चले जाओगे या निकलवाना पड़ेगा ?"

यदुनंदन मिश्र इसके लिये तैयार न थे। उन्हे ऐसे देशभक्तसे ऐसे उत्तर पानेकी आशा न थी। उन्होंने कुछ खरा जवाब दिया, और चले आये। उस वक्त उनके मनमें एक ख्याल उठा—"किसी वक्त इस कुर्सीपर एक ऐसे आदमीको बैठाना है, जो मुझे निकलवानेकी जगह, मेरे लिये यह कुर्सी छोड़कर खडा हो जायेगा।" चौदह वर्ष बाद वह ख्याल साकार हुआ।

किसी दूसरे मित्रने उन्हें २५ रु० दिये, जिन्हे लेकर १६२५ ई० में वे हिन्दू-विश्वविद्यालयमे दाखिल हुये। दाखिला फीस दे देनेके बाद उनके पास दो-तीन रुपये बच रहे। पुस्तक न वह खरीद सकते थे, और न खरीदी पुस्तकके बल पर पढ़नेकी उन्होने आशा की थी। छित्तूपूरके

एक लोहारके घरमे एक सबमे बुरी कोठरी ली। लोहारने किरायेकी माँग की। यदुनंदन—जो एक वक्त थोड़ा चबेना और एक शाम बीनकर लाये कंडोंसे गंगातट पर बाटी लगाकर गुजारा कर रहे थे—किराया कहाँसे देते? उन्होंने कहा—"किरायेकेलिए मेरे पास पैसे नहीं हैं, मगर मैं तुम्हारी भाथीको दो घंटे चला दिया करूँगा।" ४-५ दिन चलायी भी। लोहारने तरुणकी तपस्याको देखा, और कह दिया—"मुझे किराया नही चाहिये, आप पढ़ें और जबतक चाहें यह कोठरी आपके लिये रहेगी।"

यदुनंदनको अब फिक्र थी फीसके रुपयोंकी। उनके सहपाठी अपने असाधारण मित्रसे परिचित हो गये थे, इसलिये अपनी पुस्तक उन्हें दे देते थे, मगर फीस न देनेपर तो नाम कट जाता। आखिर शिवकुमार शास्त्रीको पढानेके लिये राजी करनेवाला तरुण एक दिन मालवीयजीके पास गया। बात सुनकर मालवीयजीने उपदेश देना शुरू किया—"पढ़-कर क्या करोगे, कोई काम करो, जीविका कमाओ।" यदुनंदन उपदेश सुननेकी नीयतसे नही गये थे। उन्होंने कहा—"मैं जीविकाकेलिये काम भी करना चाहता हूँ, और पढ़नेके संकल्पको भी नही छोड़ना चाहता। मुझे कोई काम दे दीजिये।" मालवीयजीने उपेक्षापूर्वक जब कहा कि तुम्हारे जैसे कितनेही विद्यार्थी काम करनेकी बात करते हैं, मगर कामके मैदानमें डट नही सकते! यदुनंदनने कहा—"आप कोई काम, पाखाना साफ करनेका काम भी, देकर देख लीजिए—और यदि मै निरालस हो महीने भर करता रहूँ, तो मेरी फीस माफ करवा दीजिये।" बातका प्रभाव पडा, काम नहीं मिला, मगर फीस माफ हो गई।

कितनाही समय इसी तरह फाका करते और गंगातटपर बाटी लगाते गुजर गया। उनके सहपाठियोंने यह बात किसी प्रोफेसरसे कही। उनके पूछनेपर यदुनन्दनने कुछ काम करके सहायता लेनेकी बात कही, और खुद ही किसी होस्टलमे झाड़ू देनेका काम माँगा। प्रोफेसरने कालेजके विद्यार्थीसे झाड़ू दिलवाना पसंद नहीं किया और, आफिसके रूममें

-सोनेकी जगह दे दर्वाजोंमें रंग लगानेका काम दिया। यदुनन्दन होस्टलके अनपढ़ रसोइयोंको देखते थे, उनको ख्याल आया इन्हें पढ़ाना चाहिये। उनके उत्साहको देखकर उक्त प्रोफेसरने यही काम उनके सुपुर्द किया, और इस प्रकार पेटकी दिक्कतसे निश्चित हो वे पढ़ने लगे।

उस समय यदुनंदन शायद एफ० ए० पास हो चुके थे। उनके पास पुस्तक-पन्नेकी भाति लोटेका भी अभाव था। वह गगाके किनारे जाते, और सनातन-प्रथाके अनुसार पाखना हो गंगामें पानी 'छू' लेते। गगातटवासी एक साधुने देखा, उसने 'गंगामाई'को अपवित्र करनेके लिये उन्हें कितनीही गालियाँ सुनाईं। यदुनन्दन चुप रहे। थोड़ी देर बाद साधु स्नान करनेकेलिए गंगामाईमें उतरा। अब यदुनन्दनकी बारी थी, उन्होने साधुको गालियाँ देनी शुरू की।—"साला साधु बना फिरता है। हमारी गगामाईको अपना सारा अंग दिखलाता है, गगामाईमे मैल साफ करता है।..." साधूने हाथ जोड़े. और अपनी पहिली गल्ती के लिए माफी माँगी।

(५)

बी० ए० की परीक्षा दे रहे थे, उसी वक्त गाधीजीका नमक-सत्याग्रह शुरू हुआ। हिन्दू विश्वविद्यालयके नमक बनानेवालोंमें वह भी थे। परीक्षा दे चुके थे, उस वक्त पता लगा दर्भगामे भारी हैजा आया हुआ है, सेवा-सुश्रूषा क्या मुर्दोंके उठानेकेलिए भी कोई नही मिलता। जो यदुनन्दन अनपढ़ अवस्थासे बढ़कर परिश्रम करते हुए ग्रेजुयेट होने जा रहे थे, और जीवनकेलिए कितनी ही उमगे रखते थे, अब पराये के सकटको कम करनेकेलिए अपने जीवनको संकटमे डालनेकेलिए तैयार हो गये। वह सीधे दर्भगा ज़िलेमें दलसिंगसराय गये। वहाँ ३-४ सप्ताह तक सेवा करते रहे। अब हैजा भी कम हो गया था। देशकी स्वतंत्रताके युद्ध-सत्याग्रहसे-वह अपनेको अलग कैसे रख सकते थे? वह गया पहुँचे। वहाँके कितने ही नेता नमक बनाना जानते भी न थे। यदुन्दन विशेषज्ञ निकले; और उनकी देखरेखमें बदरी बाबूके गाँवमें नमक

बना। बहुतसे लोग जेल चले गये थे, अब गया जिलेके काग्रेसके नेतृत्वका भार उनके ऊपर आया। अपनी श्रेणीके सही अर्थमें पुत्र यदुनंदन शर्माने बडी योग्यतासे गॉव-गॉव घूम कर आन्दोलनको चलाया, लेकिन पुलीसकी नज़रसे बहुत दिनों तक बच नहीं रह सकते थे। एक दिन जब शेरघाटीसे गिरफ़्तार होकर वह गया-कोतवाली जा रहे थे, तो समाचार मिला कि वह बी० ए०में उत्तीर्ण हो गये। उन्हें सोलह महीनेकी सजा हुई, मगर दस महीने बाद ही गाधी-इर्विन समझौते (१६३१ ई०)के कारण छोड दिये गये।

जेलमें गये नेताओंमे कुछ तो ऊपरी श्रेणीमे रखे गये थे। साथके रहनेवालोंमें भी बाबुओका बर्ताव साधारण किसानों—स्वयंसेवकों—से अच्छा नहीं था। यदुनन्दन शर्मा किसान थे, उन्हे यह बाबू-गीरी पसद न थी। वह स्वय-सेवकोंमें अकृत्रिम भावसे हिले-मिले रहते थे। इसका परिणाम यह हुआ, कि साधारण किसान-सत्याग्रही यदुनन्दनको अपना अगुआ मानने लगे। उसी वक्त यदुनन्दनको कुछ कुछ समझमे आने लगा, कि बाबू और किसान दो अलग-अलग श्रेणियॉ ही नहीं हैं, बल्कि उनके स्वार्थ भी अलग अलग हैं; और उनका अपना सबंध है किसान-स्वार्थसे।

१६३३ ई०से बिहारमें किसान-आन्दोलनका ज़ोर हुआ, स्वामी सहजानंदजीने किसानोंकी मूक वेदनाको अपनी प्रबल वाणी प्रदान की। यदुनंदन शर्मा वाग्मीसे भी अधिक कर्मठ जीव हैं। उन्होने गयाके अत्यन्त पददलित तथा भयत्रस्त किसानोंमे रूह फूँकनी शुरू की। उन्होंने किसानोंकी अनेको लड़ाइयॉ लड़ी। १६३६ ई० मे सॉडाके किसानोंका संगठित संघर्ष हुआ, जमीदार हारे, किसानोंको खेत मिले। शाहबाजपूर में भी किसानोंको विजय प्राप्त हुई। गयाकी किसान-सभा और काग्रेस कमेटीका नेतृत्व यदुनन्दन शर्माके हाथमें आया। काग्रेसके बाबू नेता उनसे खार खाये हुये थे, क्योंकि उनकी वजहसे गया जिलेसे उनकी जड़ें कट गईं थीं। बिहार काग्रेस-मिनिस्ट्री किसानोंके हितकी भारी

शत्रु निकली। इस समय भी यदुनंदन शर्माको कई लड़ाइयाँ लड़नी पड़ी, और कई बार जेलकी हवा खानी पड़ी। उनका संगठित किया रेवड़ाका किसान-सत्याग्रह बिहारमें ही नहीं, भारतके किसान-संघर्षके इतिहासमें भी ऊँचा स्थान रखता है। रेवड़ाके जमींदारकी ऐसी तपी थी, कि गायके दूधके अभावमें उसने घरकी स्त्रीका दूध दुह लानेकेलिए सिपाही भेज दिये थे। सारे गाँवमें किसीके पास खेत नहीं रहने दिया था, और ऊँची जातिके किसानोंकी जीविकाका एक भारी साधन कन्याकी वेच थी। यदुनन्दन शर्माने रेवड़ाकी किसान-भेड़ोंको बाघ बनाया। औरतों तकने कांग्रेस-मिनिस्ट्री द्वारा भेजी गई मिलिटरीके सामने वह निर्भयता और साहस दिखलाया जिसकी आशा नहीं हो सकती थी। जमींदारके दात खट्टे करके उन्होंने किसानोंको खेत दिलवाये।

(६)

द्वितीय महायुद्ध छिड़ा। साम्राज्यी युद्धमें सहायता देना वह कैसे पसंद करते? १६४०में यदुनंदन शर्माके खिलाफ़ वारंट निकला। किन्तु वह आसानीसे हाथ लगनेवाली चिड़िया न थे। पुलिस दो सालसे ज्यादा खोज करती ही रह गई, मगर वह हाथ नहीं आये। साथ ही इस सारे समय वह चुप नहीं रहे। उनकी चेतावनियाँ, नोटिस, और अखबार भी बराबर प्रकाशित हो किसानोंके पास पहुँचते रहे। पुलिसके हाथ पड़ कर भी निकल भागनेकी उनकी कितनी ही साहसपूर्ण घटनाएँ हैं।

१६४० की बात है। वह एक गांव(गोपालपुर)में छिपे हुए थे। अपने सच्चे नेता यदुनंदन शर्माको कौन नहीं शरण देगा? पुलिस को पता लग गया। वह गावमें पहुँच गई। गाववालोंको अपने नेताके लिये भारी चिन्ता हुई, लेकिन शर्माजी विचलित नहीं हुए। उन्होंने तुरन्त एक तरकीब सोची और किसानोंको बतलाई। सब सहमत थे। पुआलका एक पुतला बनाया, शर्माजीने आधी धोती नीचे आधी ऊपरकी, और कपड़ेसे लिपटे "शिशुके शव"को दोनों हाथोंमेंलिए

"हाय बाबू," "हाय बाबू" चिल्लाते आसू बहाते गाँवसे सोनका रास्ता लिया।

१९४१ ई० में एक शामको ५ बजे वह पटनासे कागज, टाइपराइटर आदि लिये एक आदमीके साथ एक्के पर दीघाघाटकी ओर जा रहे थे। सी० आई० डी०के आदमीने पीछा किया। निश्चय कर लेनेपर उसने एक्केवालेको कोतवाली ले चलनेकेलिए कहा। शर्माजीके पूछनेपर सी० आई० डी० वालेने कहा—"मै अच्छी तरह पहिचानता हूँ, आप यदुनंदन शर्मा हैं।" शर्माजीने एक्केके लौटनेमें आपत्ति नहीं की और देश-प्रेमके नामपर उस आदमीको समझानेकी कोशिस की। मगर उसपर क्या असर होता? शर्माजी भी वैसी आशा रखकर बात नही कर रहे थे। एक्का राजापुर गाव पहुँचा, तो उनके डॉटकर कहने पर एक्का खड़ा हो गया। शर्माजी डण्डा संभालकर उतर पड़े। सी० आई० डी० भी उतर पड़ा। शर्माजीके साथी सामानको लेकर चले गये। हाथसे निकलते देख सी० आई० डी०ने "चोर-चोर"का हल्ला किया। लोग दौड़े। शर्माजी एक किसानके घरके भीतर घुस कर बैठ गये। लोगोंने घर घेर लिया, उन्हें बतलाया गया था, कि एक पिस्तौलवाला चोर बहुत-सा रुपया लिये बैठा है। उनके समझाने पर भी जब गाँववाले नही माने, तो उन्होने यह कह कर खाली हाथको पाकेटमें डाला —"पहिले रुपया लोगे या पिस्तौल? अच्छा यह दस गोलीका पिस्तौल है, पहिले इसीको लो, लेकिन गोलियोंको खाली कर लेने दो" यह कह कर उन्होंने ज्योंही पाकेटमें हाथ डाला, लोग भाग गये। वहाँसे निकलने पर एक किसान कार्यकर्ता मिला, जो उन्हें पहिचानता था। रात भर उसने अपने घरमें रखा, दूसरे दिन अंधेरा रहते ही वे वहाँसे चले गये।

(७)

किसानों और मजदूरोंके साथ सोवियत-रूस पर जब हिटलरने प्रहार किया, तब साथी यदुनंदन शर्माकी युद्ध-सबधी धारणा बदल गई।

उन्होंने कितने ही मासोंतक इन्तज़ार किया, और जब (१६४२) स्वामी सहजानन्दजी जेलके चिर-निवाससे छूटे, तो शर्माजी अदालतमें हाजिर हो गये। पीछे सरकारने उन परसे भी वारंट हटा लिया। शेरघाटीके प्रान्तीय और बिहटा अखिल भारतीय किसान-सम्मेलनोंको सफल बनाने में शर्माजीका भारी हाथ रहा।

यदुनदन शर्मा किसानोके निर्भीक, लड़ाकू नेता हैं। रातदिन, सोते जागते उन्हें यही धुन सवार रहती है—किसान अपने मालिक कैसे बने! लोभ, अभिमान, उनको छूतक नहीं गया है। गाधीजीके छेड़े नमक-सत्याग्रहसे उन्होंने अपने राजनीतिक जीवनको शुरू किया, मगर गाधी-वादपर उन्हें कभी विश्वास नही रहा। उनके लिए किसी आन्दोलन, या किसी राजनीतिके ठीक होनेकी एक मात्र परख है किसान-मजदूर-हित, किसान-मजदूर-राज्य!

हालमें तोड-फोड आन्दोलन जब शुरू हुआ, उस वक्त शर्माजी और मै कितने ही दिनों तक पटनामें प्रान्तीय किसान सभाके आफिसमें साथ रहे। "आन्दोलन" सबंधी हमारी नीतिको देखकर तोड़-फोड़ आन्दोलन वाले हमसे बहुत नाराज थे। उन्होंने प्रान्तीय छात्र-संघके कागज़-पत्रोंको जला दिया, बिहार कम्यूनिस्त पार्टीके आफिसके बारेमें भी धमकियाँ सुनी जा रही थी, और किसान-सभा-आफिसपर भी वह चढ़ाई करना चाहते थे। शर्माजीने मिट्टीका तेल मंगवाया और कहा—"हमारे ज़िन्दा रहते यह नही होने पायेगा। इस तेलकी मशाल बालेंगे, और दरवाजेसे घुसनेवाले हरएकका मुँह बलाते जायेंगे। फिर यह डडा! हमारी लाशके ऊपरसे जाकर वे भले ही हमारे आफिसको जला सकेंगे।" अच्छा हुआ, जो लोग नहीं आये!

यह हैं किसानोंके सर्वप्रिय नेता यदुनन्दन शर्मा। किसानोंका उनपर अटूट विश्वास बिल्कुल उचित है।

कार्यानन्द शर्मा

लम्बा कद, हट्टा कट्टा शरीर यह तो बतलाता है, कि इसमें बल है, लेकिन शारीरिक बल उस मानसिक बल का परिचायक नहीं है, जो कि इस व्यक्तिमें कूट-कूट कर भरा हुआ है। वह एक साधारण किसान-घरमें पैदा हुआ, उसने गरीबीको देखाही नहीं, गरीबीका अनुभव भी किया। कितने ही मर्तबे परिवार, बच्चोंकी तकलीफोंको देखनेका मौका मिला, शायद कभी अपनों और परायोंके तानेको भी सुनना पड़ा, मगर उसने कभी अपनी धुनको नहीं छोड़ा; देशकी स्वतंत्रता किसानों और मजदूरोंकी मुक्तिका जो अपना ध्येय आजसे तेईस वर्ष पहिले उसने बनाया, वह उसके लिये दिन पर दिन अधिक स्पष्ट अधिक आकर्षक होता गया। शारीरिक और मानसिक बड़ेसे बड़े कष्टको उसने वैसे ही सहन किया, "बुँद अघात सहहिं गिरि जैसे"। उसके चेहरेको देखनेसे ही मालूम होता है कि

विशेष तिथियाँ—१९०१ भादों शुक्ल २, १९०९ शिक्षारंभ, १९११-१३ घरका काम, १९१४-२० स्वावलंबी अध्ययन, १९२० मेट्रिक पास; कालेजमें; १९२० असहयोग, कांग्रेसमें; १९२१ एक सालकी सजा, १९२३-२७ कांग्रेस कार्य और राष्ट्रीय स्कूलके हेडमास्टर, १९२४ पिताकी मृत्यु, १९२७ चाननके किसानोंके संग्राममे, १९३० नमक-सत्याग्रहमें जेल, १९३२ साढे चार सालकी जेल, १९३४ भूकंपकी सहायतामें स्वयंसेवकोंके इन्चार्ज, १९३५ फिर चानन-संग्राम, १९३६-३८ बढैयाके टालके किसानोंका संग्राम, १९३८ प्रान्तीय किसान सम्मेलनके सभापति, १९४० जेलमें (कम्यूनिस्त), १९४१ सितम्बर—१९४२ फर्वरी १०, हजारीबागजेलमें नजरबंद, १९४२ प्रान्तीय किसान सभाके सेक्रेटरी।

उसके भीतर कितनी गभीरता, कितनी शान्ति है। शायद ही वह कभी क्षुब्ध-क्रुद्ध होता हो, लेकिन इस शान्ति और सीधे सादेपनसे आश्चर्य हो सकता है कि यह कैसे किसानों की दर्जनों लड़ाईयोको वर्षोंतक दुश्मन और उसके समर्थकोंकी चली जाती हरेक चालको समझते हुए संचालित करता रहा।

किसानोंको कार्यानन्दके सामने अपनी तकलीफोंको रखनेमे झिझक नहीं होती, उसी तरह जिस तरह अपने दिलके सामने। जिस तरह उसे गाँवके स्कूलके साधारण विद्यार्थीसे उठाकर विद्या-प्रेमने कमाकर पढ़नेवाले हाई स्कूलके विद्यार्थीके रूपमें परिणत किया, जिस तरह उसके ज्ञानने देशके प्रति अपने कर्तव्यको बतलाया और कॉलेजकी पढ़ाई पर लात मार गाँवोमे नया संदेश-वाहक बना दिया; उसी तरह वह हवाई क्रान्तिकी जगह ठोस क्रान्तिकी ओर बढ़ते बढ़ते किसानोंके पास पहुँचा। किसानोंकी लड़ाईयोंने उसे दुनियाकी सबसे जबर्दस्त क्रान्तिकारी पार्टीके पास पहुँचाया। यह सब ऐसे हुआ कि कार्यानन्दको पता ही नहीं लगने पाया, उसने किसी कामको बेकार किया। उसके जीवनकी हर एक पहली सीढ़ी आगेकी तैयारी बनी।

जन्म—बनारससे कलकत्ता जाने वाली रेल पर क्यूल एक अच्छा जकशन है। सितम्बर अक्टूबरमे जानेपर क्यूलसे दूर दूर सारी भूमि हरे धानके खेतोसे ढकी दीख पड़ती है। दूर कितनी ही पहाड़ियाँ दिखलाई देती हैं। क्यूलसे जो रेलवे-लाईन भागलपूरकी ओर जाती है, उसीके साथ साथ तीन मील जाने पर पश्चिमकी ओर पासमें एक छोटा सा गाँव सहूर है। सारे गाँवमें चारसौ एकड़से कम ही जमीन है और इस पर ही एकसौ चालीस परिवारोंको गुजारा करना पड़ता है। आधे गाँवके मालिक एक बड़े जमींदार हैं। और आधा गाँव सहूरके पचास घर बाभनों(भूमिहारों)का हैं। गजाधर शर्मा इन्हीं बाभनोंमें से एक थे। वे बहुत समझदार थे। पढ़े लिखे कम ही थे, तो भी बिरादरी के सुधारों पर व्याख्यान दे डालते। गरीब घरके पुत्रको कॉलेजसे

असहयोग करते देखकर ही उनकी सहानुभूति पुत्रके साथ रही और उन्होंने खुद चौकीदारी सरपंचोको छोड़ दिया। गजाधर शर्माके घर १६०१के भादों शुक्ल ३को ज्येष्ठ पुत्र पैदा हुआ। माँने पहिले बच्चेको यमदूत द्वारा छिनते देखा था, उसको डर था कि कहीं वह इसे भी उठा न ले जाय; इसलिये नाम रख दिया कारू (कालू)। गोरा या कोई अच्छा नाम सुनकर मृत्युके मुँहमें पानी भर आता है, मगर कारू सुनकर मृत्यु दर्वाजे पर आकर भी लौट जायेगी, कहेगी क्या ले चलना है काले कलूटेको। कारूकी माँ पार्वती समझती होगी कि, उसका जादू चल गया, क्योंकि उसका पुत्र स्वस्थ और जीवित था। लेकिन माँको भूतप्रेतका बहुत कम विश्वास था। हाँ, धार्मिक भक्ति-भाव ज़रूर रहा, लेकिन उसे पुत्रने पुत्राधिकारमें नहीं पाया। पिताका स्वभाव जितना ही अनुशासनके लिये कड़ा था, माताका उतनाही नरम। कारु नाम बचपन हीमे कही भूल गया और आज दुनिया उन्हें साथी कार्यानन्द शर्माके नामसे जानती है। माँ स्नेहमयी थी, तो भी चाचीसे जान पड़ता है, ज्यादा आकर्षण था। बालक कार्यानन्द सदा चाची हीके पास रहता। चाची बच्चेको कहानियाँ सुनाती—वीरोंकी कहानियाँ, नल और ढोला की कहानियाँ। चाचीको कुछ कौरव पांडवोंकी कथायें मालूम थी, वह उन्हें भी बच्चेको सुनाती। लड़का बड़ा ज़िद्दी था, किसी चीजको पकड़ लेने पर छोड़ना जानता ही न था। शायद वही ज़िद्द आज कर्यानन्दकी हरएक दृढ़तामें पाई जाती है।

गजाधर शर्माका परिवार बड़ा था; फिर बाभन जातिके श्राद्ध-ब्याह, आये-गयेका खर्च, इसीलिए सोलह एकड़मे सात एकड़ जमीन कर्जमे चली गई। ६ एकड़में चार बेटे! खैर दो बेटियाँ तो ब्याहके बाद अपने घर चली जायेंगी, लेकिन उनके तिलक-दहेजकेलिए भी तो काफी चाहिये।

गजाधर शर्माको घरकी चिन्ता थी, लेकिन साथ ही वह आशा रखते थे, कि बच्चे लायक और सयाने होकर सब दूर कर देंगे। पाँच साल

ही की उम्रमे (१६०६) कार्यानन्दकी पढ़ाई शुरू हुई । गाँव में भी पाठशाला थी। पाठशालाके गुरुजी घर पर रहते थे, जाति-सुधारक गजाधर शर्माने बेटेको जल्दी ही "ओ नामासीधं" शुरू करवा देना अच्छा समझा। कार्यानंद कुछ खेलता भी था, कुछ पढ़ता भी था। किताबे थोडी थीं, बरसके बारह महीने लम्बे थे, दर्जेमे भी लड़के कम ही थे। गाँवके स्कूलमे कार्यानद अपने दर्जेमें सदा अच्छा रहा, गणित और भी अच्छा था। आठ सालके होते-होते कार्यानंद रामायण पढ़ने लगा - रामायण की युद्ध कथा उसे बहुत दिलचस्प मालूम होती थी। इसी समय उन्होंने "भूमिहार-ब्राह्मण" कहीं देखा। उसकेलिए यह नाम समझनेकी बात नही थी, आखिर उसके प्रदेशमें उसकी जाति भूमिहार नही बाभन कही जाती है, शायद उससे यदि कोई पूछता, तो वह बाभन-ब्राह्मण नाम रखनेकी सलाह देता। उसको पता नही था, किसी जगह उसके सम्बंधियोको भूमिहार कहा जाता है। ब्राह्मण लगाये बिना हिन्दूसमाजमें उनके मानको ऊपर नहीं बढ़ाया जा सकता। नौ वर्षकी उम्रमें उसने किसी अंग्रेजको देखा, अभी वह यही समझता था कि गोरा-गोरा रंग अच्छा होता है।

कार्यानन्दका स्वास्थ सदासे अच्छा रहा। खेल खेलनेवाले लडके स्वस्थ होते हैं—या स्वस्थ लडके खेल खेलते हैं, यह कहना कठिन है। वह लड़कोंकी मडलीका नेता था। आजके नेतापनकी शिक्षाको उसने उसी समय प्राप्त किया। कार्यानन्दके खेलोमे एक डाकखानेका भी खेल था। एक लडका डाकखाना बनता दूसरे चिट्ठी डालते। हुक्का पीना भी खेलोंके भीतर, न जाने कब शामिल हो गया। वृक्षों पर चढ़ना और कौओंका घोंसला उजाड़ना यह भी एक खेल था—बल्कि घोसले उजाड़नेमें तो खेलके साथ ही साथ पुण्यका भी सवाल था। शहरसे थोड़ी दूर पर पहाड़ी है। वहाँ पानीका झरना भी है। कार्यानन्द अपनी बालसेनाको लिये पहाड़ पर चला जाता, वहाँ वे फल खाते, झरनेमें नहाते। तम्बाकू पीनेवाले लड़के—खासतौरसे ग्रामीण गरीब लड़के-के

लिये अनाजकी चोरी जरूरी है, आखिर कार्यानन्द दूसरे लडकोंके लाये तम्बाकूको सदा पीते रहकर सर कैसे ऊँचा रख सकता था ?

१० वर्षकी उम्र (१६११) में पहुँचकर कार्यानन्दको पढ़ाई बन्द करनी पड़ी, तब तक वह अपर पास कर चुका था। गाँवमे मिडिलकी कक्षाये जो खोली गई थी, उन्हे धनके अभाव और विद्यार्थियोंकी कमीके कारण बद कर देना पड़ा। वह दूर गाँवमें जाकर पढ़ाई जारी नहीं रख सकता था। इसी वक्त चचाका दिमाग खराब हो गया, इसलिये वह खेतीबारीका काम देख नही सकते थे। पिता छोटी-मोटी ठीकेदारी करते और उन्हें घरसे बाहर रहना पडता। अब किसीका घर रहना जरूरी था। दस सालका कार्यानन्द खेतीमें पूरी मेहनत तो नही कर सकता था, तब भी वह उसे कुछ सम्हाल सकता था। तीन साल तक उसे घरपर ही रहना पड़ा। उन दिनों कुछ समय निकाल वह गाँवसे तीन-चार मील दूर एक तरुणके पास जाकर कुछ अंग्रेजी पढ़ आता था। पढ़नेका शौक था, लेकिन मजबूर था। इसी बीच १६१३में चौदह सालकी उम्रमें उसकी शादी भी हो गई।

१६१४ आया। अब वह अपनेको और रोक नहीं सकता था। पिता पढ़ानेकेलिए पैसा देनेकी शक्ति नहीं रखते थे, लेकिन पुत्रको मजबूर करके बैठाना भी पसन्द नहीं करते थे। कार्यानन्द अपनी बुआ के पास चला गया। बुआके गाँव रामदिरीसे बेगूसराय दो मील पर था। वह वहाँके ब्रह्मदेवप्रसाद हाई स्कूलमें छठें क्लासमें दाखिल हो गया। खानेके लिये बुआके घर चला आता। नाम लिखानेके बाद महायुद्धके छिड़नेकी खबर मिली। गणित उसको बहुत प्रिय था। इतिहास, संस्कृत और हिन्दीमें भी वह बहुत अच्छा था। अपने क्लासमे वह सदा दूसरे नम्बर पर रहता। पहला नम्बर एक धनी बापके लडकेका था, जिसके घर पर भी मास्टर पढ़ानेके लिये जाया करते थे। स्कूलके अध्यापक सूर्य-नारायणसिंह लड़केमें कुछ विशेषता देखते थे, इसलिये कार्यानन्द पर

उनका विशेष स्नेह था। स्कूलमें फीस माफ हो गई थी, और यह उसके लिये बड़ी सहायता थी।

बुआका घर भी बहुत धनी नहीं था। यह कार्यानन्दके आत्मसन्मानके विरुद्ध था, कि वह अपना बोझ दूसरेके ऊपर डाले। बेगूसरायमें एक ट्यूशन मिल गया, १९१५में वह वहीं चला गया। युद्धकी खबरोंमे दिलचस्पी होने लगी थी और वह अखबार पढ़ने लगा। पीछे "प्रताप" (कानपुर) मिलने लगा, और उसने कार्यानन्दमे देश-भक्तिका भाव भरना शुरू किया। देशकी परतन्त्रतासे क्षुब्ध होनेके कारण परतन्त्र-कारियोंके प्रति घृणा पैदा होना जरूरी था। वह समझता था, कि जर्मन बड़े बहादुर हैं। स्कूलमे आतंकवादकी ओर रुचि रखनेवाले कुछ लडके भी पढ़ते थे, जिनके संसर्गसे उसने 'आनद-मठ' पढा। पढ़नेके बाद उसके दिलमे यही होता था, कि अपने विदेशी शासकोंको मार भगाना चाहिये। "प्रताप"से लखनऊ कांग्रेसकी खबरे मिली। चम्पारनमे निलहे गोरोंके खिलाफ गाँधीजीके संघर्षकी बातें पढ़पढ़कर उसकी देश-भक्ति और गाँधीजीमें श्रद्धा बढ़ती जा रही थी। आतंकवादियोंसे कभी-कभी बातचीत हो जाती, मगर वह चीज बातचीत तकही सीमित रही। मास्टर सूर्यनारायणसिंह राष्ट्रीय विचारके आदमी थे। १९१८ मे गाँधीजीके बारे मे बतलाते हुए उन्होने कहा, कि वे चाहते हैं, विद्यार्थी पान न खायें, सिगरेट न पियें। कार्यानदने इन दोनों चीजोंको तभीसे छोड दिया।

धर्मकी ओर कार्यानदकी कोई विशेष रुचि न थी, लेकिन चन्दन लगा लिया करता था। स्कूलमे धनी लड़कोंसे वह बिलकुल अलग रहता और सदा गरीब लड़कोंसे प्रेम और मेल रखता। धनी और गरीबका भेद उसे साफ समझमे आता था। कार्यानन्दका शरीर खूब मजबूत और लम्बा चौड़ा था। रोज वह दो-तीन मीलकी दौड़ लगाता था। हाई स्कूलके लड़कोंका जब कभी पुलीस या दूसरोंसे झगड़ा

हो जाता, तो कार्यानन्द उसमें आगे रहता। वह बहादुर लड़कोंका बहादुर नेता था।

बेगूसराय कसबेसे लगा हुआ पोखरिया गाँव है। वहाँके बाबू कुलदीपसिंहको लड़केके पढ़ानेकेलिए एक मास्टरकी जरूरत थी। उनकी नजर कार्यानन्द पर पड़ी। कार्यानन्दने भी स्वीकार कर लिया। बाबू कुलदीपसिंहका घर उसके लिये घरसा था मालूम होता था कि वह अपने छोटे भाईकी पढ़नेमें मदद कर रहा है। १६१८ से वह पोखरियामें रहने लगा और जबतक मेट्रिक पास नहीं किया, तब तक (१६२०) वहीं रह कर पढ़ता रहा। जब कभी घर आता, तो समाज-सुधारकी बात करता, गाँवमें नाटक खेलता। सालमें पाँच छै बार घर आना होता, वह गंगा पारहो पैदल ही अठारह मील चला आता। शहरी (बेगूसरायवाले) लड़कोंका ठाट-बाट और गप्पीपन उसे पसन्द न था लेकिन वह यह जरूर देखता था कि उनमें पढ़ने-लिखनेकी लगन होती है, भाषा साफ बोल सकते हैं। राजनीतिके सम्बन्धमें जो कोई उपन्यास मिलता, उसे वह पढ़ता, खड़ी बोलीकी कवितायें उन्हें पसन्द आती। यद्यपि वह दौड़नेवाला तथा स्वस्थ लड़का था, खेलमें शौक भी रखता था; लेकिन जब फुटबालमें खेलने गया, तो चालाक लड़के उसे बराबर गोलकीपर बनाये रखना चाहते थे, उसे खेलनेका मौका नहीं मिलता था और उसने फुटबाल खेलना ही छोड़ दिया।

कॉलेज में—अब कार्यानन्द शर्मा बीस सालके हो गये थे। और आगे पढ़नेका शौक वैसा ही बना था। फीस और खाने कपड़ेकी समस्या सर पर थी, मगर मुंगेरके डाइमण्ड जुब्ली कॉलेजमें नाम लिखाते ही उन्हें पुलिसके दरोगा साहबके यहाँ ट्यूशन मिल गया, समस्या हल हो गई। अबकी बार नाम लिखाते समय उन्हें कारुप्रसाद नाम पसन्द नहीं आया। माँ से पूछते तो वह अब भी शायद राजी न होतीं—मृत्युका क्या ठिकाना, नाम बदलते ही धोखेको पहचान जाये। जुलाईमें नाम लिखाया। तर्क, संस्कृत और गणितकी पढ़ाई मजेमें चल रही थी।

लेकिन देशकी बातोंके लिये उनके कान खुले हुए थे। गाँधीजीके लिये पहले हीसे उनमें अपार श्रद्धा थी। इसी समय गाँधीजी मुंगेर आये कार्यानन्दको दर्शन करनेका ही नहीं उनके व्याख्यान सुननेका भी मौका मिला। देशकी आजादीकेलिए स्कूलों और कॉलेजोंको छोड़ कामके मैदानमें चले आओ, सरकारसे असहयोग करो—यह थी गांधीजीकी पुकार। अक्टूबरमें कार्यानन्द कॉलेज छोड़कर बाहर चले आये।

कांग्रेसके काममें—उनके गाँव सहूरसे पाँच छै मील पर लक्खीसराय एक अच्छा कसबा और व्यापारका केन्द्र है। कालेजसे असहयोग कर कार्यानन्दने लक्खीसरायमें एक राष्ट्रीय विद्यालय खोला, जिसमें सौ लडके पढ़ते थे। वे स्वयं हेडमास्टर बने। बाजार के मारवाड़ी व्यापारी और दूसरे लोग आर्थिक सहायता देते। बीच-बीचमें गाँवोंमें व्याख्यान भी देने जाते।

१९२१ में तिलकस्वराज्य फंड जमा करनेकेलिए गाँवोंका खूब दौरा किया। कार्यमें उत्साह था और वे अपनी वाणीकी शक्तिको भी अनुभव करने लगे थे। स्वयंसेवकोंका संगठन करना, गाँवोंमें पंचायत बनाना, शराब-गाजेकी दूकानों पर धरना देना, और जगह-जगह घूमकर लेक्चर देना—इतने काम हो गये कि छ सात महीनेके बाद स्कूलकी अध्यापकी उन्हें छोड़ देनी पडी। गाँधीजीकी भक्ति उनमे वढती ही जा रही थी और वे रोज वडी श्रद्धासे चरखा चलाते थे।

१९२१ का अन्त आया, चारों ओर राजनीतिक जोश फैला हुआ था। लोग सत्याग्रहकी प्रतीक्षा कर रहे थे। सरकारने चुने हुए नेताओं को जेलमें बन्द करना जरूरी समझा। कार्यानन्द भी पकड लिये गये, उन्हे एक सालकी सजा हुई, जो पीछे छ महीनेकी कर दी गई। जेलका समय उन्होंने भागलपुर और मुंगेरमे बिताया। वहाँ गीता और रामायण छोड़ पढ़नेकेलिए उन्हें कोई दूसरी किताब नही मिलती थी, अगर मिली होती, तो पढते, यद्यपि वे गाधी वादी थे, तो भी राजनीतिक पुस्तकोंको पढ़नेका उन्हें शौक था।

जुलाई (१६२२) मे वे जेलसे बाहर निकले। फिर वही काम—गॉव-गॉव घूमना, लोगोंमें राजनीतिक जाग्रति पैदा करना। गया काग्रेसमें पहुँचे। उस समय इन पंक्तियोंका लेखक कॉग्रेसकी नीतिमें परिवर्तन चाहता था और वह दास और मोतीलाल नेहरूके स्वराज्य पार्टीवाले प्रोग्रामको पसन्द करता था। लेखकने प्रतिनिधियोंमें उसके प्रचारार्थ कितने ही व्याख्यान भी दिये, कार्यानन्द उस समय पक्के गॉधी भक्त और इस तरहके कुफ्रके कट्टर विरोधी थे।

धीरे-धीरे राजनीतिक आन्दोलन मुर्दा पड़ गया, लेकिन कार्यानन्दने अपने आस-पासके लोगोंको जगाया था, जगाये रहते थे, इसलिए वहॉ काग्रेसका काम चलता रहा, या कमसे-कम उसका सङ्गठन जीवित रहा। कार्यानन्द मुंगेर जिला काग्रेस कमेटीके मेम्बर थे। १६२३-१६२७ तक राष्ट्रीय स्कूलका भी सञ्चालन करते रहे। लोगोंको उनपर विश्वास था। कार्यानंदने वहॉ चित्तरञ्जन आश्रम बनाया, जिसका उद्घाटन १६२७मे गाधीजी ने किया।

किसान नेता—कालेज छोड़नेके बाद सात साल तक लगातार कार्यानन्दने काग्रेसी राजनीतिके अनुसार काम किया। लेकिन वे ऐसे नेता नही थे, कि फुर्सतके वक्त छठे-छमाहे कहीं जाकर एकाध लेक्चर झाड़ आते और फिर अपने निजी काममें लग जाते। वे चौबीस घण्टे देशके कामकेलिए देते थे, चरखा, करघा, खद्दर और दूसरे कांग्रेसी प्रोग्रामोंको पूरा करानेकेलिए वे किसानोको समझाते थे। वह खुद किसान थे और किसानोमे घुलमिल जाना उनकेलिए स्वाभाविक था। किसानोंके पास जाते तो वे अपने दुख-सुखको दिल खोलकर कहते। चारो ओर जमीदारोंके अत्याचारोका रोना सुनाई पड़ता। कार्यानन्द समझते थे कि गाधीजीके स्वराज्यमे किसानोंके सारे दुःख दूर हो जायेगे, लेकिन वह स्वराज्य कितना दूर है इसका कोई पता नही मिल रहा था, साथही किसानोंके ऊपर होते जुल्म बढ़ते ही जारहे थे। काग्रेसके आन्दोलनने हजारों-लाखों किसानोंको सभाओं और काग्रेसोंमें एकट्ठा हो गगनभेदी

नारा लगाना सिखलाया। सुपुत करोड़ों कंठों-हाथों-पैरोंको चलते देखकर जुल्म करनेवालोंकी टाग थर्राने लगी। समूहमें बल है—इसका पता लगने लगा। यदि यह समूह अपनेमें गति लाकर विदेशी शासकोंको घुटने टिकवा सकता है, तो क्या वह इन जमीदारोंको जुल्मसे बाज नहीं रख सकता। काग्रेस कार्यकर्त्ता इस बातको आसानीसे समझ सकते थे। उनके सामने पीड़ित किसान अपनी गाथायें सुनाते भी थे, मगर उनका ध्यान इधर नही जाता था। कुछको तो फुरसतही नहीं थी, वे काग्रेसमें आकर काग्रेस कमेटियाकी बैठकमे जब तब हाजिरी दे जाते थे, जिसमें डिस्ट्रिक्ट-बोर्ड और कौंसिलकेलिए उम्मेदवार बनाते वक्त अपना दावा पेश कर सकें। कुछ तो स्वयं छोटे-मोटे जमींदार थे, वे भला क्यों अपने स्वार्थके विरुद्ध जाने लगे। और फिर यहाँ किसी विदेशी निलहे गोरेके खिलाफ लड़ना नही था, यहाँ लड़ना था, अपने भाई-बन्दोंके अत्याचारोंके खिलाफ। कार्यानन्द बहुत दिनतक अपनेको रोके रहे। लेकिन अब जमीदारोके जुल्मोंको सुनते-सुनते उनके कान पक गये। अब उनकेलिए दो ही रास्ते थे—या तो पिसते-उजड़ते किसानोंके साथ उनके सघर्षमें शामिल हों, अथवा राजनीतिको छोड़ जॉय, आत्मवचंना और परवंचना उनके बूतेसे बाहरकी बात थी। इसीलिए १६२७में गिद्धौर-राज्य और खैरा इस्टेटके अफ़सरों और कारिन्दोंके अत्याचारोंसे तङ्ग आकर चानन-परगनेके किसानोंने जब गुहारकी, तो कार्यानन्द कानमें तेल नहीं डाल सके। उन्होंने जिला काग्रेससे मदद मॉगी। काग्रेस-वालोंको, किसान-आन्दोलन कहाँ तक ले जायगा, अभी इसका पता नहीं था, इसलिए थोडोंके विरोधके साथ उन्हें आगे बढ़नेका हुकुम मिल गया। कार्यानन्दने हल-बेगारी, मुफ्त दूध-बकरा-तरकारी लेना, खेतोंसे बेदखल कर देना, रसीद न देना, बहू-बेटियोकी इज्जत बरबाद करना, आदि सभी चीजोंकी सूची बनाकर महाराजा गिद्धौर और दूसरे मालिकोंके पास भेजी। महागजने बुलाया। कार्यानन्दने जाकर सारी शिकायतें उनके सामने रक्खी। महाराजाने किसानोंके ऊपर होते जुल्मोंको दूर

करनेका वचन दिया। कार्यानन्द अभी समझते थे, कि बड़े आदमी भले आदमी होते हैं, सारी बुराइयोंकी जड ये नीचेके अहलकार हैं। किसानोंमें जबर्दस्त एका था, इसीलिए जमींदारोंका दबना जरूरी था। अभी बात लिखा-पढ़ी, भेंट-मुलाकात और तसल्ली-दिलासामें चल रही थी।

इसी समय १९३० का नमक-सत्याग्रह आगया। कार्यानन्दके कामोंकी वजहसे लक्खीसराय कांग्रेसका गढ़ बन गया था। मुंगेर और सन्थाल-परगना दोनों जिलोंके सत्याग्रहका केन्द्र लक्खीसराय बना। फिर कार्यानन्द पर नजर क्यो न जाती। अप्रैलमें पकड़कर उन्हें एक सालकी सजा देदी गई, और हजारीबाग जेलमें भेज दिया गया। पिछले तीन सालके किसानो के संघर्षने बतला दिया था कि राजनीति गीता और रामायणके बल पर नहीं चलाई जा सकती। हजारीबाग जेलमे अब भी कांग्रेसी सत्याग्रहियोकी बड़ी सख्या थी, जो अपने समयको गीता रामायण पढ़ने, सखी धर्म करने या ताश शतरंज खेलनेमे बिताते थे। कार्यानन्दकी कसौटी थी, किसानों और गरीबोंका साथी कौन है, जो किसानों और गरीबोंका साथी नहीं है, उसे वह अवसरवादी छोड़ और कुछ नहीं समझ सकते थे। इसी कसौटीने पुराने गाधीवादी कार्यानन्दके दिलमें रूसके प्रति स्नेह पैदा कर दिया।

१९३१ में गांधी-इर्विन समझौतेके बाद बहुतसे कांग्रेसी सत्याग्रही जेलसे छूटे। कार्यानन्द भी जेलसे बाहर आये। और फिर उसी धुनसे काम शुरू किया। अभी किसानोंका संघर्ष थोड़े दिनोके लिए स्थगित कर दिया गया था।

१९३२में कार्यानन्दने अपने इलाकेमे इतना जबर्दस्त संगठन किया था और लोगोंका अपने नेताके प्रति इतना सम्मान था, कि पुलिस गिरफ़ार करनेमे डरती थी। लाचार मिलिटरीसे भरी एक स्पेशल ट्रेन बुलाई गई और वह कार्यानन्दको पकड़कर ले गई। अबकी साढे चार सालकी सजा देकर उन्हें दरभंगा कैम्प-जेलमें भेज दिया गया।

अभी भी उनके दिलसे गांधीवाद हटा नहीं था। वे समझते थे,

किसानोंकेलिए वे जो कुछ कर रहे हैं, वह गाधीवादके अनुकूल है, अमीर काग्रेसी अपने स्वार्थकेलिए किसानोंके संघर्षमे भाग लेना नहीं चाहते। तो भी वह जो कुछ समाजवादके बारेमें सुनते थे, उससे उसके पक्षपाती बनते जा रहे थे, हॉ, उस वक्तका उनका समाजवाद गाधीवादके सीमाके भीतर था। कैम्पजेलमे बहुतसे दिहाती काग्रेस-कार्यकर्ता आये थे। वे उन्हें पढ़ाते—किन्हीके लिए राजनीतिक क्लास लेते और कितने ही निरक्षरोंको साक्षर बनानेका प्रयत्न करते।

जेलमें उन्हे साढ़े चार साल पूरे करने पड़ते, मगर इसी समय (फर्वरी १९३४मे) बिहारका भूकम्प आ गया। पीड़ित-सहायताकेलिए बहुतसे काग्रेसी नेता छोड़ दिये गये। कार्यानन्द भी जेलसे बाहर आ गये। मुंगेरमें भूकम्प नही महाप्रलय आया था। हजारों आदमो मर गये थे, शहर बरबाद हो गया था। कार्यानन्दने मुंगेरमे पहुॅचकर स्वयसेवकों का चार्ज लिया। साल भर यह काम चलता रहा, लेकिन जब लोगोंकी अवस्था कुछ सुधरी, तो वे कभी कभी किसानोंकी भी सुध लेने चले जाते थे। किसानोंके भीतर कार्यानन्दके कामको देखकर जिलाकी काग्रेस-नेताशाही कुछ शंकित हो गई थी। जिला किसान सभा थी, मगर नामकी; वह एक साहबके पाकेटमें चलती थी। नवम्बर (१९३५) में जमुईमें जिला किसान-सम्मेलन हुआ। बाबू श्रीकृष्ण सिह (पीछे बिहारके महामन्त्री) उसके सभापति थे। स्वामी सहजानन्द भी पहुॅचे थे। कुछ लोग चाहते थे, किसान-सभा उनका पाकेट हीमे रहे, और समय-समय पर वे उससे नाजायज फायदा उठायें। पाकेटवाले सज्जनको कार्यानन्दने ललकार कर कह दिया—"आपके पाकेटसे हम किसान सभाको निकाल कर छोड़ेंगे।" पदाधिकारियोंके चुनावमें लोग अपना कॉत बाध रहे थे। कार्यानन्दने सब कुछ देखा और स्वयं अपना नाम जिला किसान-सभाके सेक्रेटरी पदके लिये पेश किया। विरोधी समझ रहे थे—कार्यानन्द संकोच कर जायेगे और उनका काम बन जायेगा। वे सर्व-सम्मतिसे मंत्री चुने गये। अब तक जमींदारोंने बहुत टाल-मटोल

किया, अब उनसे भिड़न्त जरूरी हो गई। जमुईमें ही चाननके किसानों के पक्षमें भी प्रस्ताव पास हुआ।

सन् १९३५ आया। पहिली बार उठकर किसानोंको दब जाते देख जमीदारोंके अमले शोख बन गये। महाराजके अमलोंने कितने ही आसामियोंको निर्दयतापूर्वक पीटा, और मनमानी करनेकेलिए कागजों पर उनके अंगूठोंके निशान लिये। कार्यानन्दके कण्ठद्वारा किसानोंने अपनी असह्य पीड़ाको प्रगट करना शुरू किया। पहली सभामें दो हजार किसान शामिल हुए और फिर तो दस-दस हजार किसानोंका जमाव होना मामूली बात हो गई। महाराजके अमले चानन-पर्गना छोड़कर भाग गये, जनताकी हुंकारके सामने ठहरनेकी उनकी हिम्मत नही हुई। किसान जेल जानेकेलिए तयार थे। हर तरहकी तकलीफ उन्हें शिरोधार्य थी। महाराजाको समझौता करना पड़ा। राज्यके मैनेजरने अपने अमलोंके कारनामोंकेलिए माफी माँगी। समझौता सब-डिविजनल मजिस्ट्रेटके सामने लिखा गया। चानन परगनेसे जमींदारी जुल्म सदाकेलिए सपना बन गया। अलग-अलग न्यायालयका दर्वाजा खटखटाते किसान निराश हो गये। उन्होंने समझा "खुदा उनकी मदद करता है, जो अपनी मदद आप करते हैं।" कहाँ तो महाराजाके आदमी जरा-जरा बात पर किसानोंको पीटने और इज्जत बिगाड़नेकेलिए दौड़ पड़ते और कहाँ खुद पिटजाते, और एकभी गवाह नहीं मिलता। बाबू श्रीकृष्णसिंहने उस वक्त कार्यानन्दकी सहायताकी थी, वे खुद कितनीही सभाओं में बोले थे।

चाननकी विजयकी खबरे दूर-दूरके किसानोंके कानों तक पहुँच गई। बरसातमें कलकत्ता मेलसे आते वक्त लक्खीसरायके पश्चिम रेलकी सड़कसे लेकर बहुत दूरतक एक जल-समुद्र दिखलाई पड़ता है। इस समुद्रमें कहीं-कहीं गाँवकी बस्तियाँ टापूसी नजर आती हैं। यही बढ़ैया-ताल है। पचासों हजार एकड़की यह भूमि खेतीकेलिये अनुपयुक्त है, पानी जमा होनेका स्थान नहीं है। वर्षाके बन्द होतेही यह सारा पानी गङ्गासे होकर बङ्गालकी खाड़ीमें चला जाता है, और वहाँ चारों ओर

काली मिट्टीकी गीली धरती रह जाती है। नजाने कितने जिलों के सड़े-गले गोबर, ढेले, कूड़े-करकट को बहाकर पानी बढ़ैयाताल में लाता और हरसाल बढ़िया खादकी एक मोटी तह जमीन पर छोड़ जाता है। बरसातकी फसल तालमे नहीं हो सकती, मगर जैसी रब्बी वहाँ होती है, वैसी दूसरी जगह देखनेको न मिलेगी। पानी हटतेही किसान हल-बैल और बीज ले जाते हैं। सिर्फ बीजको जमीनमे ढाकनेकेलिए एक बार उन्हें हल चलाना पड़ता है। हाँ निकाई, जानवरों से रखवाली आदि काम उन्हे जरूर करने पड़ते हैं। बरसातके तीन-चार मास उन्हें बुरी तौरसे काटने पड़ते हैं। दिसम्बरमें कलकत्ता मेलकी खिड़कियोसे झाँकने पर ताल हरे-हरे गेहूँ, जौ, चने का एक हरा समुद्र दिखलाई पड़ता है। इस अपार हरियालीके बीच-बीचमें किसानोंकी झोपड़ियों-वाले पचासों गाँव दिखलाई पड़ेगे। प्रकृतिने इन्हे इस धान्यराशिका स्वामी बनाया है, मगर कानूनने बढ़ैया और दूर-दूरके दूसरे गाँवोंको कितनेही लोगोंकी, जिनके महल इन गाँवोंको बरबाद करके बने हुए हैं। किसान पीढ़ियोसे इन खेतोंको जोतते आरहे हैं। ये खेत बकाश्तके खेत कहे जाते हैं, और सरकारी कानून कहता है कि बकाश्त खेतको एक साल जोत लेने पर किसान उसका अचल काश्तकार बन, जाता है, मगर तालवाले किसान इन खेतों पर कोई अधिकार नही रखते—यह जमींदारों की तरफ से कहा जाता है। किसानोंसे आधासे ज्यादा अनाज ही नही भूसा और क्या-क्या लेकर भी जमीदार रसीद नहीं देते। किसान अदालतके सामने सबूत क्या पेश करते। वे निर्भर रहते थे जमीदार की दया पर। वह जिसको चाहता खेत जोतने देता और जब चाहता, किसीको भीख माँगने पर मजबूर करता। तालके किसानों पर जो-जो जुल्म होते थे, उसकी लम्बी गाथा है।

लेकिन चाननके विजेता कार्यानन्दके पास जानेसे किसानोंको कौन रोक सकता था ?

१६३६मे कार्यानन्दको बढ़ैयातालके किसानोंके अत्याचारके विरुद्ध

कमर कसनी पडी। असेम्बलीके चुनावमें कांग्रेसकेलिए जो प्रचार हुआ था—कांग्रेसके खिलाफ विहार में बड़े-बड़े जमींदार खड़े हुए थे और चुनावमे कांग्रेस-नेता किसान और जमींदारके विरोधी स्वार्थोंको खूब अच्छी तरह समझाते थे—यद्यपि मिनिस्टरी सम्हालनेके बाद उनका रूप बदल गया था। टालमे किसानोंका आन्दोलन पहले आठ गाँवोंमें शुरू हुआ, पीछे वह चालीस गावों में फैल गया। जमींदार बराबर जोतते आये खेतोंको बोनेसे किसानोंको रोक रहे थे। झगडा यहींसे शुरू हुआ। खेत न बोकर किसान मरनेकेलिए तय्यार कैसे होते? उन्होंने खेत बोना चाहा। जमींदारोंके पास गुंडे, पहलवान और लठैतोंकी कमी न थी और पहले वह सफलतापूर्वक किसानोंको पीट लिया करते थे। मगर अब एक्के दुक्के किसानोंको पीटना नही था। अब गाँव-गाँवके किसान जीव और जीविका एक करनेकेलिए तैयार थे। पहले पिटकर किसानों को अदालत में पहुँचना पडता था और वहाँ सुनवाई होनेकेलिए मोटी रकमकी जरूरत पड़ती थी। अब अदालतका दरवाजा खटखटाना उन्होंने छोड़ दिया था। बड़ी बड़ी जगहों तक रसूख रखनेवाले जमींदार अपनी शिकायतें लेकर गये, और मिलिटरी घुड़सवारोंके कैम्प ताल की हरियाली में पड़ गये।

मार्च १९३७ आया। तालके पास ही शेखूपुरामे जिला किसान सम्मेलन हुआ, कार्यानन्द सभापति थे। अब फसल कटनेका समय था। जमींदार चाहते थे कि किसानोंके घर एक अच्छन न जाने पाये। किसानो ने काटना शुरू किया और मारपीट हुई। किसान किसी निराकार स्व-राज्यकेलिए नही लड रहे थे, बल्कि वे लड रहे थे अपनी साकार जीविकाकेलिए। जेल जाने केलिए गाँवका गाँव तैयार हुआ। मगर पाँचसौ से ज्यादा किसान गिरफ्तार नही हुए। कार्यानन्द और उनके बीस साथी किसान-लीडर बनाकर पकड़े गये। उनपर बीस-बीस दफाओ के जुर्म थे।

सिर्फ सरकारकी मददसे काम बनता न देख, जमींदार कांग्रेस-

नेताओं तक पहुँचे। राजेन्द्र बाबू तालमें पहुँचे। यह कहकर समझौता कराया कि जो जमीन किसान जोतते आये हैं, वह उनको दे दी जायेगी। जमीनकी जाँच हुई और पंचों—जो तीनों ही जमींदार थे—ने ३५० बीघा जमीन किसानों की बतलाई। समझौतेकी शर्तके मुताबिक किसानोंके ऊपरसे मुकदमे हटा लिए गए।

इसी बीच मिनिस्टरी कांग्रेसवालोंके हाथमें आ गई। सिवाय एक के सभी बिहारी मिनिस्टर जमीदार थे। उनके भाई-बन्धु, ससुर-साले-दामाद उनके पास दौड़ने लगे। उन्हें मालूम होने लगा कि चुनावके समय किसानोंके सामने जो वादे किये गये हैं, यदि वे पूरे किये जाँय तो इन बाबू-बबुवानियों, राजा-रानियों का सारा लिफाफा खतम हो जायेगा। सारा १९३७ टाल-मटोलमें बीत गया, किसानोंको जमीन नहीं मिली। जिन खेतोंके बारेमें पचोंने फैसला कर दिया था, उन्हेंभी जमीदारोंने देनेसे इनकार कर दिया।

सालभर बाद फिर बोनेके समय जमींदारोंने किसानोंको रोकना चाहा उनकी मददकेलिए कांग्रेस-मिनिस्टरीने झट मिलिटरी भेज दी। जमींदारोंको बल मिला और उन्होंने काफी लठैत रखे। मारपीट हुई, किसान दबे नहीं। १९३८में जिला किसान सम्मेलन लखीसरायमें हुआ। जगह-जगहसे किसान झंडा लिये अपने सम्मेलनमें आ रहे थे। जब कुछ किसान बढ़ैया गाँवके भीतरसे गुजरे, तो जमींदारोंने उन्हें पकड़कर बड़ी निर्दयतासे पीटा। हालाकि कांग्रेसवालोंने अखबारोंमें इन करुण कहानियोंको न छापने दिया, मगर वह बीसों मील तक गाँवके एक एक किसान के जीभ पर थी। लोग कांग्रेस-मिनिस्टरीके नामपर थू-थू कर रहे थे। मिनिस्टरी घबड़ाई। कहसुनकर जमीदारों को पंचायत माननेकेलिए राजी किया पाँच पंच बने जिनमें दो किसानोंके पक्षके और दो जमींदारोंके और पाँचवें थे एक कांग्रेसी नेता, जो खुद भी जमीदार थे।

१९३८के दिसम्बरमे ओइनीमें बिहार प्रान्तीय किसान सम्मेलन हुआ। साथी कार्यानन्द की ख्याति सारे बिहारके किसानोंमें हो गई थी,

लोग उनके साहसका लोहा मानते थे। लखीसरायसे लालकिसान स्वयंसेवकोंकेलिए पैदल ही हमारे किसान सभापति ओइनी पहुँचे। रास्ते में हर गाँवमे लाल वर्दी धारी, लाल झंडेवाले, इन तरुणोंको देखकर किसान आकृष्ट होते, उनमेंसे बहुतोंके कानोंमे यह बात भी पहुँच चुकी थी, कि यह लड़ाके किसान हैं और उनका सरदार कई युद्धोंमें किसान शोषकोंके छक्के छुड़ा चुका है। हर जगह सभाये होती और किसान समझते कि वह क्यों ऐसी दयनीय दशामें हैं। उनके उद्धारका रास्ता क्या है?

१६३६में रेलगाड़ीके सामने खड़ा होनेके बहाने कार्यानन्द फिर गिरफ्तार कर लिये गये! हाँ कांग्रेसकी मिनिस्टरी थी, मगर किसानोंकी नही। एक साल की सजा हुई। बढैयातालवाली पंचायतने एक हजार बीघा जमीन किसानोंको देनेका फैसला किया। पंचायतका कागज़ हस्ताक्षर करनेकेलिए साथी कार्यानन्दके पास जेलमें गया। देहमें आग लग गई। हस्ताक्षर करनेसे इनकार कर दिया। मुंगेर जेल से उन्हें हजारीबाग जेल भेज दिया गया।

काग्रेस मिनिस्टरी किसान-सत्याग्रहियोंको चोर-डकैत कैदियोंसे अलग माननेकेलिए तैयार न थी। अब उसे वे पहले दिन भूल गये थे, जब काग्रेसी लोग राजनीतिक बन्दियोके साथ अच्छा बर्ताव करनेकेलिए भूख हड़तालें करते। लेखकने जब किसान सत्याग्रहियोंके साथ अच्छा बर्ताव करनेकेलिए काग्रेस मिनिस्टरीको अवसर देकर भूख हड़ताल की, तो एक प्रभावशाली पार्लियामेंटरी सेक्रेटरीने कहा, जो किसान अपने खेतोंकेलिए लड़कर जेलमें आते हैं, वह निस्वार्थ नही है, इसलिए उन्हें साधारण कैदियों से अलग नहीं माना जा सकता। कैसी विडम्बना? यह शब्द एक समझदार देशभक्तके मुँहसे सुनने पड़े!! क्या देशकी आजादीकेलिए जेल जाने वाले हर एक व्यक्तिका अपना भी स्वार्थ देश की आजादी में निहित नही है। लेखकको दस दिन तक भूख हड़ताल करनेके बाद मिनिस्टरीने माँगोंको बिना माने जेलसे बाहर निकाल

दिया। कुछ थोड़े ही समय बाद दूसरी बार फिर जेलमे जाना पड़ा। और लेखकने फिर उन्ही मॉगोंकेलिए हजारीबागमें भूख हड़ताल शुरू की। इसी समय (१६३६)में साथी कार्यानन्दभी हज़ारीबाग पहुँचे और उन्होंने भी किसान राजनैतिक बन्दियोंके उक्त मॉगकेलिए भूख हडताल शुरू कर दी। लेखक तो चौदह दिनकी भूख हड़ताल के बाद छोड़ दिया गया। मगर कार्यानन्द और उनके साथी तरुण अनिलमित्र को ३६ दिन तक भूखों घुलने दिया। अगस्त (१६३६)में साथ कार्यानन्द की अवस्था खतरनाक हो गई और कांग्रेस मिनिस्टरी ने उन्हें छोड़ दिया, लेकिन किसान कैदियोकी मार्गोको ठुकराते हुए।

१६२७के बाद १६ वर्षोंमें जेलमें रहे समयको छोड बाकी सारा वक्त साथी कार्यानन्दका किसानोंके सघर्षमें बीता। उन्होंने मुंगेर जिलेमें दर्जनों जगह किसानों की लडाइयाँ लड़ी। औरत और बच्चे तक निर्भय हो अपनी जिविकाकेलिए सब तरह स्वार्थत्यागकेलिए तैयार थे। रोंदी गाँवके किसान जब जमीदारके अत्याचारके खिलाफ उठे, तो वहाँके मर्दही नही जेल में भेज दिये गये, बल्कि अठारह औरतें और उनके छत्तीस बच्चे भी जेलमें डाल दिये गये। अब इन लडाइयोंके बाद वे किसान नहीं रहे वे बदल गये जहाँ सीधे लड़ाइयाँ हुईं, सिर्फ वहींके किसानोको फायदा नही हुआ, बल्कि किसानोंके बलको देखकर हजारों जगह जमींदार खुद दब गये और उन अत्याचारोंसे अपने हाथोंको खीच लिया, जिन्हें वे भगवानकी ओरसे मिला अपना हक समझते थे।

भूकपके बादसे साथी कार्यानन्दको गाँधीवादसे संतोष नही होता था। सघर्षके दौरानमें गाँधीवादको और पहचाननेका मौका मिला और उनकी आस्था उसपरसे उठ गई। वे समाजवादी बन गये।

१६४०मे जमुईमे किसानोकेलिए फिर उन्हे छ मासकी सजा और दो सौ रुपया जुर्माना हुआ। जूनमे छूट कर वे सिर्फ दो मास बाहर रह सके और बीस सितम्बरको पकड़कर हजारीबागमें नजरबन्द कर दिये

गये। पहले छ मास और इस नजरबन्दीके समय (२० सितम्बर १९४०-२३ फरवरी १९४२)में उन्होंने किसान और मजदूर समस्याओं का गम्भीर अध्ययन किया। मार्क्स, एन्गेलसे, लेनिन, स्तालिनके गंभीर विचारोंका अध्ययन किया। जिन बातोंको अभी वे प्रयोग करके ठीक समझते और उनपर चलते, अब मालूम हुआ कि समाज, उसके अंदर की विरोधी शक्तियाँ और उनके पारस्परिक संघर्षके भीतर भी खास नियम काम कर रहे हैं। उनका एक साइंस है, जिसे मार्क्सवाद कहते हैं। मार्क्सवादको पाकर कार्यानन्द अपनी क्षमताको कई गुना बढ़ी पाते हैं। आज राष्ट्रीय और अन्तर्राष्ट्रीय गुत्थियोंको समझनेमें उनको बड़ दिक्कतें नहीं उठानी पड़तीं। जर्मनी और जापानके फासिस्तोंकी पराजय क्यों जरूरी है, इसे वे साफ-साफ समझते हैं। आज तेईस वर्षसे वे काग्रेस में काम कर रहे हैं। आल इन्डिया काग्रेस कमेटीके मेम्बर हैं। काग्रेस के सम्माननीय नेता हैं, यह सब होते हुएभी वे किसानों और मजदूरोंके हितोंको सर्वोपरि समझते हैं, और किसानों और मजदूरोंकी आजादीमें मनुष्य-मात्रकी आजादी मानते हैं।

२३ फरवरी १९४२को साथी कार्यानन्द जेलसे छूटे, तबसे वे लगातार किसानोंकी सेवामें लगे हुये हैं। युद्धके कारण जो दिक्कतें उनके सामने आती उनका रास्ता बतलाते। अन्धी देशभक्ति, अङ्गरेज शासकोंके प्रति घृणा, और एमरीके स्वार्थी वर्गके भड़कानेमें आकर बिहारमे जब लोगोंने रेल-तार काटने शुरू किये, उस वक्त साथी कार्यानन्द बम्बईमे भारतीय कागेस-कमेटीवाली बैठकसे लौटकर पटना पहुँचे। वे उतावले थे अपने कार्यक्षेत्रमे जानेकेलिए। रास्तेमें मिलिटरी अकल खोकर दौड़-धूप कर रही थी। रेलें बन्द थी। साथी कार्यानन्द पैदलही लक्खीसरायकी ओर चल दिये। मुकामामें अङ्गरेज सैनिकोंने इस लम्बे-चौड़े खद्दरधारीको पकड़ लिया। कमाण्डरके पास लेगये। कमाण्डरने उनके पास लेनिनकी एक पुस्तक देखी। उसे मालूम हुआ कि फासिस्तोंकी सबसे जबरदस्त दुश्मन कम्युनिस्ट पार्टीका आदमी

है। पकड़नेवाले सिपाही पर वह बहुत बिगड़ा। कार्यानन्द लक्खीसराय पहुँचे। अनजाने जापानी फासिस्तोंकी मददका काम करनेवाले अन्धे देशभक्तोंने अपने अन्वेपनका सबूत दिया था। मगर सरकारी कर्मचारी भी अन्धेपनमें उनका कान काटनेकेलिए तैयार थे। लक्खीसराय में गोली चली—साथी कार्यानन्द लोगोंको समझा रहे थे—"इस समय फासिस्तोंके फायदेका काम करके हमें जापानके आनेमें आसानी पैदा नही करनी चाहिए। जापान और जर्मनी शताब्दियोंकेलिए मानव-जातिको गुलाम बनाकर अपने फौलादी पजेके भीतर रखना चाहती है। हमें अपनी आजादीकेलिए अपना एका कायम करना चाहिए और इस लड़ाईमें फासिस्तोंको हराना अपना कर्तव्य समझना चाहिए। हम लड़ना चाहते हैं फासिस्त-राक्षसोंसे। लेकिन एमरी और चर्चिल जैसे थैलिओंके चट्टे-बट्टे अपने भविष्यके स्वार्थका ख्याल कर हमें हथियारबन्द हो अपनी लड़ाई समझकर इस लड़ाईमें पड़ने देना नहीं चाहते।" साथी कार्यानन्द लक्खीसरायसे पकड़कर मुगेर जेलमें भेजे गये और कुछ दिनोंके बाद उन्हें छोड़ा गया।

आज कार्यानन्दका जिला (मुंगेर) बिहारका सबसे आगे बढ़ा हुआ जिला है। दर्जनों तरुण वहाँ अपना सारा समय देशकेलिए दे रहे हैं।

११

मुज़फ़्फ़र अहमद

कमूनिस्त विचारोंका प्रचार, रूसी क्रान्तिके बाद, बहुत बाद—एक तरहसे १९२९के शुरू होनेवाले मेरठके कमूनिस्त षड्यंत्र मुकदमेके बादसे लोगोंको सुनाई देने लगा, लेकिन आज तेजीके साथ कमूनिस्तोंका प्रभाव मजूरों और किसानोंमें बढ़ा है और उनकी काम करनेकी धुन और समझका लोहा सारे भारतमें माना जाने लगा है। भविष्यमें कमूनिस्त पार्टी भारतकी सबसे बड़ी शक्ति होगी। नवभारतके निर्माणमें उसका सबसे बड़ा हाथ होगा, इसमें सन्देह नहीं रह गया है। भारतीय कमूनिस्तोंका सबसे पुराना कर्मठ सरदार, उनका पितामह कौन है, यह

विशेष तिथियाँ—१८९३ जन्म (सन्दीपमें), १८९७ अक्षरारंभ १८९९-१९०१ हरीशपुर एम्० ई० स्कूलमें, १९०१-५ घर पर बेकार, १९०५-६ वामनीमद्रसा अरबी फारसीके विद्यार्थी, १९०६ बुडीचरमें अध्यापक, १९०६-१० सन्दीप हाईस्कूलमें विद्यार्थी, १९१०-१३ नवाखली हाईस्कूलमें विद्यार्थी, १९१३ मेट्रिक पास, १९१३ हुगली कालेजके विद्यार्थी, १९१३-१६ बंगवासी कालेजके विद्यार्थी, १९१५ बंगीय मुसलमान साहित्य परिषद्के सहायक मंत्री, १९१७ बंगाल गवर्नमेंट प्रेसमें असिस्टेंट स्टोरकीपर, १९१८ राजनीतिक विभागमें उर्दूसे बंगलाके अनुवादक, १९२१ मजूरोंकी ओर, पत्रकार, कमूनिस्त-विचार, १९२२ कमूनिस्त कार्य, १९२३ मई गिरिफ्तार और नजरबन्द, १९२४ मार्च कानपुर कमूनिस्त षड्यत्र, १९२५ सितम्बर जेलसे बाहर, १९२६-२८ मजूरोंमें काम हड़तालें, १९२९ मेरठ कमूनिस्त षड्यत्र मुकदमेमें, १९३५ जुलाई जेलसे बाहर, फिर नजरबन्द, १९३६ जून २५ जेलसे बाहर, १९३७ मजूर-आंदोलन हड़ताल, किसान आंदोलन, १९४० कलकत्तासे खारिज।

पूछने पर बङ्गालके एक छोटेसे समुद्री द्वीपमें पैदा हुए, दुबले-पतले लज्जा और संकोचकी साक्षात् मूर्ति एक आदमीकी ओर सबकी अंगुलियाँ उठेंगी। आज भारतके सारे कमूनिस्त जिस आदमीको अपना पितामह कह सबसे बड़ा सम्मान करते हैं, वह है मुजफ़्फ़र अहमद, जिसका जीवन बराबर संघर्षका जीवन रहा है। उसने बचपनहीसे गरीबीके साथ संघर्ष किया था। पीढ़ियोंसे चले आते संकुचित विचारोंके साथ संघर्ष किया। अपनी मेहनतके बलपर शिक्षा प्राप्त की, लेकिन प्रलोभनोंने उसे अपने जालमें फँसानेमें कभी सफलता नहीं पाई। वह उन घड़ियोंसे भी वाकिफ है जब कि वह अकेला था। वह निराशापूर्ण परिस्थितियोंमें भी बड़ी आशाके साथ अपने काममें तत्पर रहा। जेलों और नजरबन्दियोंने उसके शरीरको कुछ विश्राम और दिमागको और अधिक काम देनेके सिवाय और कुछ नही किया। वह समय आयेगा, जब मुजफ़्फ़रके नामसे शहर बसाये जायेंगे। उसके नामसे सामूहिक खेतियोवाले गावोंके नाम रक्खे जायेंगे। बड़े-बड़े कारखाने उसके नामसे पुकारे जाने पर अभिमान करेंगे।

जन्म नवाखोली जिलेमें किन्तु स्थल भागसे कुछ हटकर बङ्गाल की खाड़ीमें सन्दीप एकसौ पचास वर्गमील का एक द्वीप है। भूमिके अधिक उपजाऊ न होने पर भी सन्दीपकी आबादी (१,६६,०००) बहुत घनी है। सन्दीपके गाँवोंमें मूसापुर एक बड़ा गाँव है, जिसमें सोलह-हजार आदमी बसते हैं, और बीस चौकीदार अपनी 'ड्यूटी" बजाते हैं। आबादी ज्यादातर मुसलमानों की है, जो अधिकतर किसानी और मल्लाहीका पेशा करते हैं। मूसापुरके मल्लाह अंग्रेज-मालिकोंके जहाजों पर लश्कर बन दुनियाके कौनसे भागमें नहीं पहुँचते? मूसापुरमें कितने ही हिन्दू कायस्थ, तमोली, जोगी, पुराने बौद्ध भिक्षु, अब हिन्दू जुलाहे, हजाम और धोबी भी बसते हैं। सिर्फ अपनी जमीनके भरोसे वहाँ कोई खुशाल नहीं हो सकता। वस्तुतः अधिकाश जनता बहुत गरीब है। पहले किसी समय वहाँ के ज़मींदार भी मुसलमान थे। जिनसे

उनकी जमीदारी को दो फ्रेंच जमीदारो और उन्नॉवके एक तिवारीने खरीदा। फ्रेन्च जमीदारकी जमीदारी रायबहादुर सुखलाल करनानीने लेली। कितनेही छोटे-छोटे जमीदार भी हैं।

मुग़ल शासनके समय संदीपका अफसर दिलावर खॉ था, जो पीछे स्वतत्र हो गया था। दिलावर खॉके कर्मचारियोंमें मुजफ्फरके पूर्वज भी थे। इसी खानदानमे १८६२ के आसपास मुजफ्फर का जन्म हुआ।

मुजफ्फरके पिता मुशी मंसूरअली (मृत्यु १६०५) वहीं द्वीपकी कचहरीमें मुख्तार थे। मुख्तार मंसूरअली हाथसे मुंहवाले मुख्तार थे, और घरका गुजारा उनकी आमदनीसे बहुत मुश्किलसे होता थाँ। उनमे मजहबी कट्टरता छू नही गई, थी। उस वक्त अंग्रेजी-शिक्षाके खिलाफ हरएक मुल्ला जहाद बोले हुए था, और संदीपके अनपढ़ मुसलमानों पर मुल्लोंका बहुत प्रभाव था, तोभी मुंशी मंसूरअली अंग्रेजी शिक्षाके पक्षपाती थे। बङ्गालके दूसरे मुसलमानोंकी तरह संदीपके मुसलमानोंकी मातृभाषा बङ्गला थी और वे बङ्गला हीमें लिखा-पढ़ी करते थे लेकिन पिछली शताब्दीके अन्तमे उत्तरी भारतसे उर्दू अरबी पढ़कर गये मुल्ले प्रचार कर रहे थे, कि लडकोंको उर्दू-अरबी पढ़ाना चाहिये। मुन्शी मंसूरअलीने अपने लड़कोंको पहले कुरान नहीं बङ्गला पढ़ाया। मुजफ्फर भी जब चार साल छ महीनेके हुए तो पिताने ही बिसमिल्ला के साथ अ, आ, पढ़ाकर बङ्गलाकी पहली पोथी खतम कराई। पिता बहुत कड़ा अनुशासन चाहते थे लेकिन मुजफ्फरकी मॉ चुनाबीबी (मृत्यु १६१४) बच्चे पर बड़ा प्रेम रखती थीं। मुजफ्फर बचपनहीसे बहुत दुबले पतले थे। पिताने बुढ़ापेमें दूसरी शादीकी थी और मॉभी शरीरसे बहुत दुर्बल थी। फिर मुजफ्फरको दूसरी तरहका स्वास्थ मिल कैसे सकता था। मुजफ्फरकी पहली सौतली मॉ से तीन भाई और दो बहने थीं।

मुजफ्फर तीन चार सालके थे, जबकि उनका छप्पर टट्टरवाला

मकान आगसे जल गया। और घरभर चिन्तामें डूबा हुआ था। मुजफ्फ़र की सबसे पुरानी याद उस समय की है।

बचपनमें माँ मुजफ्फ़रको तरह-तरह की कहानियाँ सुनाया करती थी। समुद्रके बीच एक टापूमें रहते भी समुद्रकी कहानियाँ उन्हें सुननेको नहीं मिली। मझले भाई कलकत्ता मद्रसामें पढ़ते थे। वे जब आते, तो कुछ उर्दूकी कहानियाँ सुनाते। संस्कृतसे भरी बंगलाके निर्माता, लोग समझते होंगे, बंगाली हिन्दू रहे होंगे, लेकिन बात उलटी है। यह काम सैय्यद अलावलने अपनी 'पद्मावती द्वारा किया। पद्मावतीकी कहानी मुजफ्फ़रको बहुत प्रिय थी। १८९७से मुजफ्फर गाँवके प्राईमरी स्कूलमें पढ़ने लगे थे। पढ़नेमें उनकी दिलचस्पी थी, मेहनत भी करते थे। स्कूलमें मार खानी नही पड़ती थी। लेकिन पिता दुर्बल शरीर पुत्र को और भी दुर्बल बनाना चाहते थे। लड़कोंके साथ खेलते देख पीटे बिना नहीं रहते थे। मुजफ्फ़रके अध्यापक पूर्णचन्द्रनाथ (जोगी) का अक्षर बहुत सुन्दर होता था, वे चाहते थे कि उनके विद्यार्थी भी सुन्दर अक्षर लिखा करें और वह केलेके पत्ते पर काली स्याहीसे खूबसुन्दर अक्षर लिखाया करते थे। मुजफ्फ़रके बंगला अक्षर बहुत सुन्दर होते हैं।

गाँवके स्कूलकी पढ़ाई खतमकर वह (१८९९में) हरीशपुरके मिडिल इंग्लिश स्कूलमें दाखिल हुये। स्कूल घरसे चार मील था और रोज आना-जाना नहीं हो सकता था। इसलिए सौतेले मामाके घर पर रहकर पढ़ने जाया करते थे। यहाँ खेलनेकी कुछ सुविधा थी। पिता बहुत बूढ़े हो गये थे। और उन्होंने कचहरी जाना छोड़ दिया था। घरकी हालत बदतर से बदतर होती गई। मुजफ्फ़र गरीबीके कारण फीस भी नहीं दे सकते थे और उनका नाम कट गया। इस प्रकार हरीशपुरमें दो साल पढ़कर उन्हें घर बैठ जाना पड़ा।

घरमें थोड़ा सा खेत था, मगर उसके जोतनेकेलिए अपना हलबैल नहीं था। बहनोईसे हलबैल मंगाकर खेत जुतवा लेते थे। नौ बरसके

मुजफ्फरको भूखसे तिलमिलाती अँतड़ियोंको देखनेके सिवाय और कोई काम नहीं था। पिता गाँवके लड़कोंसे मिलने भी नहीं देते थे। खेतकी जुताई, कटाई बुनाईमें से जो कुछ बन पड़ता, मुजफ्फर उसे करते थे। घरके खेतों से दाल, मिर्च और दो फ़सल धानकी हो जाती थी। कुछ नारियल और सुपाड़ी के वृक्ष भी थे। मछलियाँ मार लाते। गाँवमें कुवाँ नहीं था, सिर्फ़ तालावका पानी पीने को मिलता था। एक टूटे तालावमें इतना घना जगल हो गया था, कि वहाँ अजगरोंने वसेरा कर दिया था। लेकिन मुजफ्फरको उनसे कभी वास्ता नहीं पड़ा।

उसी समय मदरसेका एक विद्यार्थी उनके घरमें रहने लगा। बैठे-ठाले रहनेसे कुछ पढ़ना अच्छा है, सोच मुजफ्फरने उस विद्यार्थी से क़ुरान का पाठ सीखा, एकाध उर्दूकी कितावें पढ़ीं; पन्दनामा खतम किया। स्कूलमें तो फीसके मारे पढ़ना मुश्किल था लेकिन मदरसेमें फीस देने की जरूरत नहीं थी। मुजफ्फर मदरसेमें जाने लगे। फ़ार्सी पढ़ते और अरबी व्याकरण भी कंटस्थ करते थे।

१६०५में जब पिता मर गये, तो उन्हें अपने हाथ-पैरके बन्धन टूटे मालूम हुए। वे किसी अच्छे मद्रसेमें जाकर पढ़ना चाहते थे। अब वे तेरह सालके थे। एक दिन बिना किसीके कहे ही घरमें रहनेवाले विद्यार्थीके साथ खाड़ी पार कर बामनीमें चले गये, और वहाँ के मदरसेमें दाखिल हो अरबी-फारसी पढ़ना जारी रखा। बामनीके अपने दो सालके निवासमें उन्होंने गुलिस्ताँ, बोस्ताँ और कई दूसरी कितावें खतम कीं। स्कूलोंके डिप्टी इन्स्पेक्टर उमेशचन्द्र दासगुप्त एक दिन मदरसा देखने आये। उन्होंने इस मेधावी लड़केको देखकर कहा तुम्हें अंग्रेजी पढ़नी चाहिए। लेकिन अंग्रेजी पढ़ें कैसे? बड़े भाईको खत लिखा, उत्तर उत्साहवर्धक नहीं आया। मुजफ्फरने निश्चय कर लिया कि वह अंग्रेजी पढ़ेंगे। पता लगा बरीसाल जिलेमें कुछ महीने गाँववालों को पढ़ाकर बिदाईमें कुछ रुपये मिल सकते हैं। मुजफ्फर सीधे गुडरीन्चर (थाना अमतली) पहुँच गये। यद्यपि इधर वे मदरसेमें अरबी फारसी

पढ़ा करते थे, मगर बंगलाकी किताबोंको भी वे पढ़ते रहते थे, उमर छोटी थी और दुर्बल होनेके कारण और भी छोटी मालूम होती। लेकिन कुछ ही दिनमें गाँववालोंको पता लग गया कि अध्यापक खूब पण्डित है। मुजफ्फ़रने सोचा था कि छ-सात महीने पढ़ानेके बाद लड़कोंके माँ-बाप जो बिदाई देंगे, उससे पचीस-तीस रुपये आ जायेंगे, फिर किसी अंग्रेजी हाई स्कूलमें दाखिल हो जायेंगे। दो-तीन मास पढ़ा पाये थे, कि इधर घर में तलाश होने लगी, आखिर पता लगाकर बड़ा भाई एक दिन पहुँच गया और उन्हें पकड़कर मूसापुर लाया। लेकिन मुजफ्फ़रको फिर भागने न देनेका एक ही रास्ता था कि, उन्हें स्कूलमें दाखिल कर दिया जाय।

स्कूल छोड़नेके पाँच साल बाद अब वे फिर सन्दीपके हाई स्कूलके आठवें दर्जेमें पढ़ने लगे। एक साल तक वहीं भाई के साढू एक काजी साहबके दफ्तरमें रहते और भातकी दूकानमें खाना खाते। उनके भाई—जो कि किसी मामूली पाठशालामें अध्यापक थे—पैसेकी मदद किया करते। फिर कितने ही और लोगोंके घरों में रहते रहे। एक बार उन्हें डबल तरक्की भी मिली। तीसरे (आजके आठवें) क्लासमें जाने पर इस स्कूल की पढ़ाई उन्हें पसन्द न आई और १९१०में वे नवाखोलीके जिला स्कूलमें चले आये।

यहाँ भी किसी मुस्लिम परिवारमें रहते और दूकानमें खाना खाते। फीस पहिले पूरी देनी पड़ती थी, किन्तु पीछे आधी माफ हो गई। गणितमें मुजफ्फ़र कमजोर थे, लेकिन बंगला उनकी बहुत मजबूत थी। बंगलाके काव्यों और साहित्यकी पुस्तकोंको बहुत तन्मय होकर पढ़ते थे। सबसे पहिला बंगला लेख १९०७में कलकत्ताके साप्ताहिक 'सुल्तान'में छपा। सुल्तानके संपादक थे बंग-भंग विरोधी देशभक्त मौलवी इस्लामाबादी। वैसे स्थानीय खबरोंको वह अखबारों में सन्दीपसेही भेजने लगे थे। मौलाना इस्लामाबादी मुजफ्फर को लिखनेकेलिए बहुत उत्साहित किया करते थे। मास्टर अब्दुल अहद

स्वय बँगलामे कहानियाँ और लेख लिखा करते थे। वह भी तरुण मुजफ्फरके लेखक बननेमें सहायक थे। किसी समय कविता करने का भी प्रयत्न किया, मगर मुजफ्फरको जल्दी ही मालूम हो गया कि वह उनका क्षेत्र नही है।

१६१३ में वे मेट्रिक दूसरे डिवीज़नमे पास हुए। जीविकाकेलिए उन्हें ट्यूशन करना पडा था और गणितसे इतना मन भड़कता था कि बीजगणितको उन्होंने छुआ तक नही।

स्वाध्याय—बंगला साहित्यके अध्ययनमे उनकी बडी दिलचस्पी थी। मरीज और कमजोर रहना उन्होने माता-पिता से उत्तराधिकारमें पाया था। खेलकूदमे वे कभी भाग नही लेते थे और न व्यायामका ही शौक पैदा हुआ। १६०६मे बंगभंगको लेकर बंगालमे एक जबर्दस्त आदोलन चल रहा था, उसी वक्त से अखबारोंको वे बड़े ध्यानसे पढ़ने लगे थे। बंगालमे और जगहोंकी तरह नवाखोलीमे भी आतंकवादका जोर था। पूर्वी बंगालमे—जिसे ढाका राजधानी बना अलग सूबा कर दिया गया था—सबसे ज्यादा और बड़े-बड़े जमींदार हिन्दू हैं और सबसे अधिक किसान मुसलमान हैं। पूर्वी बङ्गालका गवर्नर सर बैकफील्ड फुलर जमींदारोंके सख्त खिलाफ था। हिन्दू जमीदार भयभीत थे कि कही जमींदारी प्रथा पर खतरा न आये, इसलिए बंगभंग आन्दोलनमें वे सबसे आगे थे, और सबसे जबरदस्त देशभक्त थे। पूर्वी बङ्गालके मुसलमान शिक्षामें बहुत पिछड़े हुए थे, नई सरकारने स्कूलोंकी सख्या बहुत बढ़ाई और मुसलमानोंमे ज्यादा शिक्षा-प्रचार करना चाहा। मुजफ्फर जिस 'सुल्तान' के नियमपूर्वक पाठक थे, वह बङ्गभङ्ग-विरोधी था और उसका असर उनपर पड़ना जरूरी था। उधर पूर्वी-बङ्गालके मुसलमान नेता भी चुप नही बैठे थे और वह हिन्दू जमीदारोंके किसानों पर प्रभुत्व और हिन्दू-शिक्षितोंके सरकारी नौकरियो पर सर्वाधिकारकी बात कहकर मुसलमानोको भड़काते थे। मुजफ्फर इन सच्चाइयोंसे इनकार नही कर सकते थे। उनके स्कूलके एक अध्यापक मुजफ्फरसे

सिर्फ इसलिए घृणा करते थे कि वे मुसलमान थे। मुजफ्फ़र दुविधा में जरूर थे, मगर बङ्गालके शहीदोंकी कुर्बानियोंके प्रतिवे भारी सन्मान रखते थे। सिर्फ स्वदेशी कपड़ा पहनते थे और अंग्रेजोंको पसंद न करते थे। मजहबका ख्याल उनके दिलमें था जरूर, मगर कट्टरता नही थी और नमाज-रोजा में भी उपेक्षाकी दृष्टि रखते थे।

कालेजमें—अब मुजफ्फ़रको कालेजमें पढ़नेकी इच्छा हुई। बड़े भाईने कुछ मदद देनेका वादा किया और बाकी कमीको ट्यूशनसे पूरा कर लेनेकी उन्हें आशा थी। १६१३में वे हुगली कालेज (वर्तमान मुहसिन कालेज)में दाखिल हुए और अरबी, इतिहास और तर्क-शास्त्रको पाठ्य-विषय रक्खा। लेकिन थोड़ेही दिनों बाद मलेरियाने प्रहार करना शुरू किया और मुजफ्फ़र को हुगली छोड़ कलकत्ताके बङ्गवासी कालेजमें आजाना पड़ा। ट्यूशनमें काफी समय लगता था और उधर स्वास्थ खराब ही था। साथ ही कालेजकी पुस्तकोंके पढ़नेकी जगह बङ्ग-साहित्य-सागरमें वे गोते लगाते रहे। इस्लामिक संस्कृतिके इतिहासमें उनका खास शौक था। बङ्गीय साहित्य सम्मेलन और साहित्य परिषद्के वे सरगर्म सदस्य भी थे। मुसलमानोंने एक बङ्गीय मुसलमान साहित्य-परिषद्के नामसे अपनी अलग भी बङ्गलाकी साहित्य-परिषद् खोली, इसमेंभी मुजफ्फ़र भाग लेते थे और १६१५में उसके सहायक मंत्री चुने गये—इन सबका यह परिणाम हुआ कि १६१६की इंटर-मीडियेट परीक्षामें मुजफ्फ़र फेल हो गये। आगे फिर कालेजमें पढ़ना उन्होंने फजूल समझा।

जीविकाकेलिए तो कुछ करना ही था, सिर्फ साहित्य परिषद्से काम थोड़े ही चल सकता था। १६१७में मुजफ्फ़र बङ्गाल गवर्नमेंट प्रेसमें असिस्टेंट स्टोरकीपर हुए और एक वर्ष तक काम करते रहे। मुजफ्फ़र की राष्ट्रीय भावना इतनी उग्र थी कि वे वहाँ देर तक ठहर न सके। अंग्रेज सुप्रेन्टेन्डेंटने मुजफ्फ़रको भी चापलूस बन दुम हिलाते देखना

चाहा, और वे इसकेलिए तैयार न थे। दो तीन महीने तक झगड़ा चलता रहा। अन्तमे मुजफ्फ़रने नौकरी छोड़ दी।

१६१८ में अभी महायुद्ध चल ही रहा था, मुजफ्फ़रको पोलिटिकल विभाग में उर्दू से बगला मे अनुवाद करनेका काम मिला और एक मास तक वे वहाँ काम करते रहे।

अब उन्होंने तै किया कि सारा समय बङ्गीय-मुस्लिम साहित्य-परिषद्को देना चाहिये। बङ्गालमें मुसलमानोंकी इतनी भारी संख्या हो और वह अपनी मातृभाषा बङ्गलाके साहित्यके निर्माणमे अपनी संख्याके अनुरूप भाग न ले, मुजफ्फ़रको यह बहुत चुभता था। उन्होंने परिषद् कार्यालयको साठ रुपया मासिकवाले एक नये मकानमे तबदील किया। "बङ्गीय मुसलमान साहित्य पत्रिका" नामसे एक त्रैमासिक पत्रिका निकाली, जिसके सम्पादककेलिये नाम तो दूसरोंके दिये गये थे, मगर काम सारा मुजफ्फ़रको करना पडता। उस वक्त बङ्गभाषाके तरुण कवि नजरुल् इस्लाम बङ्गाली रेजीमेंटमें थे, उनकी प्राथमिक कवितायें इसी पत्रिकामें छपती थीं।

लड़ाईके बाद सारी दुनियामे क्रान्ति और हलचल शुरू हुई। भारतमें वह काग्रेसके आन्दोलनके रूपमें दिखलाई देने लगी। मुजफ्फर केवल साहित्यिक रहना चाहते थे, मगर उनका मन बगावत करने लगा। अन्तमें उन्हे समझौता करना पड़ा और साहित्य द्वारा राजनीतिक सेवा करनेका निश्चय किया। मिस्टर फजलुलहक काग्रेस-खिलाफतके बड़े लीडर थे। मुजफ्फ़र उनके पास गये और एक बङ्गला पत्रिकाकी योजना सामने रखी। हकने कहा हमारा प्रेस है, अखबार निकालो। १६२०मे 'नवयुग' बङ्गला दैनिक निकला। मुजफ्फर नवयुगके रूपमे राजनीतिक क्षेत्रमें प्रविष्ट हुये। काजी नजरुल इस्लामकी रेजीमेंट तोड़ दी गई थी, और उन्हें सब-रजिस्ट्रारी मिलनेवाली थी। मुजफ्फरके समझाने पर नजरुल्ने सरकारी नौकरी पर लात मारी। अब नजरुल् और मुजफ्फर दोनों मिलकर 'नवयुग'का सम्पादन करते थे।

'नवयुग'के गरम-गरम लेखोंको देखकर सरकारने एक हजारकी जमानत जप्त करली और फिर हककी खुशामद करके दो हजारकी नई जमानत दिलवाई। पत्र चार हजार छपने लगा। नजरुल्की "अग्निवीणा" जैसी जोशीली कवितायें 'नवयुग'में ही निकली थीं। 'नवयुग'की धाक जमने लगी।

मौलाना अबुल कलाम आजादने कलकत्ता टाऊन हालमें तीन दिन तक छ छ घटा व्याख्यान दिये। मुजफ्फर बराबर सुननेकेलिए जाया करते थे। मुजफ्फर बहुत प्रभावित हुए। वैसे मुजफ्फर पर रूसी क्रान्ति का कुछ प्रभाव पड चुका था। मूसापुरके सैकड़ों आदमी जहाजी मल्लाह थे और उनके दुःखोंको जाननेका मौका मुजफ्फरको बहुत नजदीक से मिला था। 'नवयुग' में किसान मजूर राज्य के सपनेकी भी बाते निकलती थी; यद्यपि समाजवाद या कमुनिज्म क्या है, इसके बारेमें उनका ज्ञान शून्य सा था। सितम्बर १९२० मे कलकत्तामें कांग्रेसका विशेष अधिवेशन हुआ। अहिंसात्मक असहयोगके बारेमे प्रस्ताव पास हुआ। फजलुलहक वकालत छोड़ें या न छोड़ें इस दुविधामें पड़े हुए थे। इधर किसीने उनके कानोंमें 'नवयुग' के सम्पादकोंके लेखोंके बारेमें कुछ उलटासीधा भरा। वह रुकावट डालना चाहते थे। दिसम्बर मे मुजफ्फर और नजरुल 'नवयुग' से अलग हो गये और अखबार बन्द हो गया।

मुजफ्फरने नया अखबार निकालना चाहा। इसकेलिए एक कम्पनी बनानेका आयोजन किया। कम्पनीकी रजिस्टरीकेलिए भी पैसे नहीं थे। उसी समय (१६२१मे) मौलाना कुतुबुद्दीन से परिचय हुआ। मौलाना कुतुबुद्दीनने रुपया दिया। मुजफ्फरने एक वक्तव्य तैयार किया, जिसमें कम्पनीकी ओरसे निकाले जाने वाले पत्रको 'मजूर किसानोंका पत्र' लिखा गया था। बगलाके अंग्रेजी अनुवादमें अनुवादकने मजूरकी जगह प्रोलेटेरियट (Proletariat) शब्द लिख दिया। आक्सफोर्ड डिक्शनरी देखकर मुजफ्फरने उसका अर्थ समझा। शायद भारतमें पहिली

बार इस शब्दका प्रयोग हुआ। कम्पनीके शेअर नहीं बिके और पत्र नहीं निकल सका।

राजनीतिमें—मुजफ़्फर मासिक और साप्ताहिक पत्रोंमें लेख लिखा करते थे। अब उनका सारा समय सक्रिय राजनीतिमें लगता था। सोवियत और मजूर किसान हितकी ओर उनका खासतौरसे ध्यान था और उसपर लिखी गई पुस्तकोंको वह खोजने लगे। अंग्रेजी अखबारोंमे जो कुछ निकलता था, उसमे सोवियत् और कमूनिज्म पर गालियाँ ही होती थीं। एक दिन एक दूकान पर मुजफ्फरको लेनिन्‌की दो पुस्तकें अंग्रेजीमें मिलीं—"वामपन्थी कमूनिज्म", "क्या बोलशेविक राज-शक्तिको हाथमे रख सकेंगे ?" मुजफ्फरने बड़े ध्यानसे इन पुस्तकोंको पढ़ा। उसी समय एक छोटीसी पुस्तिका "जनताका मार्क्स" भी हाथ लगी। पढते तो थे, मगर अभी बातें उनकी समझमें अच्छी तरह न आती थीं। किन्तु मन कह रहा था कि यही उनका अपना रास्ता है। विलायतकी मजदूर पार्टीकी ओरसे छपी पुस्तकोंको भी वह पढ़ते थे, मगर उनकी बाते सन्तोषजनक नहीं मालूम होती थीं। इसीसमय उन्हें मालूम हुआ कि साम्यवाद (कमूनिज्म)के प्रचारकेलिए 'कमूनिस्त इंटरनेशनल' नामकी एक संस्था मास्कोमे मौजूद है। मुजफ्फरने उसके बारेमे जानकारी प्राप्त करनी चाही। कमूनिस्त इटरनेशनल ने एशियाई विद्यार्थियोंकी शिक्षाकेलिए ताशकन्दमें एक सैनिक स्कूल खोला था, जिसे हालके अंग्रेजोंके साथ हुए व्यापारिक समझौतेके कारण तोड़ दिया गया। अब विद्यार्थी मास्कोके पूर्वी विश्वविद्यालयमें पढ़ते थे। अब इन सस्थाओंमें पढ़े हुए दस-बारह विद्यार्थी भारत लौट आये थे, जिनसे मुजफ्फरको कुछ बातें मालूम हुई। मुजफ्फर अब कमूनिस्त थे—भारतके सबसे पहले कमूनिस्त।

१९२२में मुजफ्फर और उनके साथियोंने भारतीय कमूनिस्तोंका 'कमूनिस्त इंटरनेशनल'से सम्बन्ध जोडनेका प्रयत्न किया। मास्कोसे महम्मदअली नामक एक कमूनिस्त काबुल आये। पेशावरके इस्लामिया कालेजके प्रोफेसर गुलामहुसेनसे उनकी बात-चीत हुई। उन्होंने प्रोफेसरी

छोड़ दी और पंजाबमें आकर मजूरोंमें काम शुरू किया। भारतसे भागे हुए कुछ भारतीय आतंकवादी भी मास्को पहुँचे थे और आतकवाद छोड़कर वे कमूनिस्त बन गये थे। उन्होंने नलिनीगुप्तको भारत भेजा। कलकत्तामें नलिनीने आतंकावदियोंसे बात-चीत की। उसी समय नलिनी-को मुजफ्फ़रके लेखोंका पता चला। मुजफ्फ़रको नलिनीसे सोवियतके बारेमें बहुतसी बातें मालूम हुईं और कमूनिस्त इंटरनेशलकी दूसरी काग्रेसके बारेमे ज़ाननेका मौका मिला।

मजफ्फ़र १६१८ ही में 'भारतीय मल्लाह सभा' में शामिल हुए थे, मजूर सभाभी उन्होंने कायम की थी, जिसके सेक्रेटरी मौलाना कुतुबुद्दीन थे। इस समय उन्हें "वानगार्ड आफ़ इण्डियन इन्डिपेन्डेन्स" और "इम्प्रेकोर" की प्रतिया मिलने लगीं और कमूनिज्म और मजदूर आदो-लनके सम्बन्धमें उनका ज्ञान बढ़ा। मार्क्सवादकी बहुत सी किताबोंके नाम और उद्धारण भी उनको मिलने लगे। कुछ किताबें उन्हें मिली भी। १६२२में एन्गेल्सके 'समाजवाद' और 'बुखारिन' के 'कमूनिज्मका 'क, ख, ग" भी पढ़नेको मिला और फिर तो मार्क्सवादी-साहित्यके पढ़नेका रास्ता खुल गया।

लेकिन, अब उनकी आर्थिक अवस्था बहुत शोचनीय थी, मुजफ्फ़र बाटके भिखारी हो गये थे। काममें इतने लगे थे कि ट्यूशन आदि कर नहीं सकते थे। मौलाना कुतुबुद्दीनका घर अक्सर उनकेलिए शरण होता था। नजरुलभी चुप हो गये थे। काग्रेसके कर्मियोंमें अब्दुलहलीम-जो कि असहयोगमें तीन बार जेल गये थे-- तथा कुछ और तरुण उनके साथी बने। कुछ आतंकवादीभी यह ख्याल करके बात बताने आते थे कि मुजफ्फ़रके पास मास्कोका सोना आता है, उसमें उन्हेंभी हिस्सा मिलेगा। उन्हें क्या मालूम था कि मुजफ्फ़रको कभी-कभी दो-दो दिन तक फाका करना पड़ता है। कुतुबुद्दीनसे अभी वे सशक्त रहते थे— उर्दू भाषी मुसलमानोसे बङ्गाली मुसलमानोंका साधारण-मनोभाव इसमें काम कर रहा था। आखिर कुतुबुद्दीनसे एक दिन-बात खोलनी ही पड़ी।

वे भी मार्क्सवादी साहित्यके पढ़नेकेलिए उत्सुक हो गये। अब मुजफ्फरको एक और फायदा हुआ। कुतुबुद्दीन मार्क्सवादी पुस्तकें खरीदते थे और मुजफ्फरभी उन्हें इतमीनानसे पढ़ सकते थे। कभी-कभी नजरुलके पत्र 'धूमकेतु'केलिए कुछ दिया करते थे, बाकी सारा समय मजूरोंमें जाने और पुस्तकें पढ़नेमें बीतता था। १९२२ में मुफ्जफरको डॉगेका पत्र 'सोशलिस्ट' भी मिलने लगा और उन्हें यहभी मालूम हुआ कि बम्बईमें डांगे और उनके साथी कम्यूनिज्मकेलिए काम कर रहे हैं। मास्कोसे लौटे शौकत उसमानी १९२२ के अन्तमें कलकत्ता आये और मुजफ्फरसे मुलाकात की।

धीरे-धीरे पतालगा कि पुलिस और कस्टम-विभागकी सारी सतर्कता के बादभी हिन्दुस्तानमे जो बहुतसा कमूनिस्त साहित्य विदेशोसे आकर फैल रहा है उसमें मुजफ्फरका बड़ा हाथ है। पुलिस चौकन्ना हो गई।

१९२३ में पुलिसने खुल्लम-खुल्ला सी० आई० डी०के सब इन्सेपेक्टरको मुजफ्फरके पीछे लगा दिया। मुजफ्फर कुतुबुद्दीनके बैठकखानेमें बैठे रहते और सी० आई० डी० का आदमी बाहर चक्कर लगाता रहता। अन्तमें इससे भी सन्तोष नही हुआ और मईमें उन्हें पकड़कर १८१८के तीसरे रेग्युलेशनके अनुसार राजबन्दी बना दिया गया। उस समय पेशावरमें हिन्दुस्तानका पहला 'कमूनिस्त-षडयंत्र' मुकदमा चल रहा था। मुजफ्फरको भी उसमें समेटना चाहते थे, मगर कोई सबूत न था। अब मुजफ्फरका कमूनिज्म पर दृढ़ विश्वास हो गया था। धर्म और ईश्वरसे विश्वास दूर हो चुका था।

मार्च १९२४ में कानपुरमें कमूनिस्त षड्यन्त्र मुकदमा चलाया गया। मुजफ्फर और डॉगे उसमें घसीट लिये गये। अप्रैल में उन्हें चार सालकी सजा हुई। जेलमें तपेदिकका आक्रमण हुआ। बुखार रहता और मुंहसे खून निकलता। वजन बहुत घटता गया। डाक्टरोंने खतरेकी घण्टी बजाई और ढाका, कलकत्ता, कानपुर, रायबरेली, अलीगढ़ केजेलों

की हवा खाते मुजफ्फर सितम्बर १६२५ में छोड़ दिये गये। बाहर निकलनेपर स्वास्थ्य थोड़ा सुधरा।

कुछ ग़ैर जिम्मेवार लोगोंने एक इण्डियन कमूनिस्त पार्टी कायम कर लीथी और कानपुर कांग्रेसके समय पार्टी-कांग्रेस बुलाना चाहते थे। बरसोंसे कमूनिज्मकेलिए काम करनेवाले साथियोंको बदनामी और सी० आई० डी०के भीतर घुस आनेका अन्देशा पैदा हो गया। मुजफ्फरको कानपुर जाना जरूरी हो गया। घाटे और दूसरे साथी भी आये। उन्होंने कुछ सम्हालनेकी कोशिशकी, लेकिन तब भी चुनावमें सी० आई० डी० का आदमी एक मन्त्री बन ही गया।

१६२६मे मुजफ्फ़र कलकत्तामें काम कर रहे थे। उन्होंने कृष्णनगर मे किसानोंका एक सम्मेलन किया और वहीं "किसान पार्टी" कायम की। १६२७ में इसीका नाम 'मजूर किसान पार्टी' पड़ गया। मजूरोंके साथ सम्बन्ध जोडनेकी ओर मुजफ्फ़र और उनके साथियोंका सबसे ज्यादा जोर था।

१६२७मे डकके मजूरोंकी हड़तालमें मुजफ्फर शामिल थे। यहीं पहले-पहल लालझण्डा उठाया गया। अग्रेजोके अखबार 'स्टेट्समैंनने लालखतरेकी बात कहकर जहर उगलना शुरू किया। मुजफ्फ़र आल-इण्डिया कांग्रेस कमेटीके मेम्बर थे, कांग्रेसमें काम भी करते थे। लेकिन ज्यादा समय मजूरोंके कामोंमें बीतता था। अब उन्हें कामसे दम लेनेकी फुर्सत न थी। वे कलकत्ताके मेहतरोंका सङ्गठन कर रहे थे। भाटपाडाके जूट-मजूरोंके सङ्गठनमें अलग समय देना पडता था। मद्रास-कांग्रेस (दिसम्बर १६२७)में मुजफ्फर शामिल हुए थे। जवाहरलाल विलायतसे सीधे आये थे। उन्होंने स्वतन्त्रताका प्रस्ताव रक्खा। मुजफ्फ़र और उनके साथी उनके समर्थक थे। प्रस्ताव पास हो गया।

१६२८में कलकत्ताके मेहतरोंने हड़ताल कर दी। घर-घरमें मेहतरों के कमूनिस्त नेताओंका नाम पहुँच गया, कार्पोरेशनको झुकना पड़ा। सेनगुप्तने दो रुपया मजूरी बढ़ानेका वचन दिया, लेकिन हडतालके हटा

लेने पर बचनसे मुंह फेर लिया। इस वक्त कारखानेके मजूरोंके ऊपर मजूरी घटाने आदिका जो प्रहार हो रहा था, उसे वह अब बर्दाश्त नहीं कर सकते थे और कमूनिस्तोंके नेतृत्वमें जिधर देखो उधर हड़तालें हो रही थीं। इंगलैंडकी पार्टीने भी कुछ अंग्रेज साथियोंको भारत भेजा था। दूसरे पश्चिमी देशोंसे कुछ कमूनिस्त हिन्दुस्तानमें पहुँचे थे। इन सारी बातोंको देखकर सरकार घबड़ा गई और उसने सार्वजनिक रक्षा कानून पासकर मनमाना करना चाहा। कानूनके मसौदेको पेश करते हुए सरकारी मेम्बरोंने जिन कमूनिस्त खुराफातियोंका नाम कौंसिलमें लिया था, उनमें मुजफ्फ़र भी थे। खैर असेम्बलीके प्रेसीडेन्ड विट्ठलभाई पटेलकी दृढ़ताके कारण कानूनका मसौदा पेश नही हो सका। मगर सरकार हाथ-पाव मारनेकेलिए बेकरार थी।

अक्तूबर (१६२८में) मेरठमें मजूर-किसान पार्टीकी कान्फ्रेंस हुई, जिसमे मुजफ्फरभी पहुँचे। वहां देशके और-और प्रान्तोंके कमूनिस्त इकट्ठा हुये थे। यहीं तत्कालीन युक्तप्रान्त मजूर-किसान पार्टीके सेक्रेटरी पूरनचन्द्रजोशीसे भेंट हुई। दिसम्बरमें काग्रेसके समय कलकत्तामें सारे भारतके मजूर-किसान-पार्टीका सम्मेलन हुआ था। प्रान्त-प्रान्तमें बिखरे कमूनिस्त् अब एक अखिल-भारतीय सङ्गठनमें आ रहे थे और एक दूसरेके तजुर्बेसे फायदा उठा रहे थे। मन्दीके कारण हड़तालें बहुत होने लगी, १६२६ में बङ्गालमे एक जबर्दस्त हड़तालकी तैयारी हो रही थी। अंग्रेजी पूंजी-पतियोंके पत्रोंने सरकारको कमूनिस्तों पर प्रहार करनेकेलिए लेखपरलेख लिखने शुरू किये। आखिर २० मार्च (१६२६)को मुजफ्फरभी दूसरे प्रान्तोंके कमूनिस्तोंके साथ गिरफ़ार करलिए गए और उनपर इतिहास प्रसिद्ध मेरठ कमूनिस्त षड्यन्त्रका मुकदमा चलाया गया।

६ जनवरी (१६३३) को मुजफ्फरको आजन्म कालापानीकी सजा हुई। आपत्ति करने पर वह सजा तीन सालकी कर दी गई, जिसे उन्होंने मेरठ, नैनी, अलमोड़ा, दार्जिलिंग, बर्दवान और फरीदपुरमें बिताया।

जुलाई १६३५में जेलसे निकलते ही बङ्गाल क्रिमिनल ला एमन्डमैन्ट-एक्टके अनुसार उन्हें नजरबन्द कर दिया गया। दो महीने फरीदपुर ही में रक्खा, इसके बाद जन्मगाव (मूसापुर)मे लेजाकर नजरबन्द कर दिया। १४ साल ३ महीने बाद एक नजरबन्दके तौर पर मुजफ्फरको सन्दीप और मूसापुर देखनेका मौका मिला। लोग इस देशभक्तकी कुर्बानियोंकी घर-घरमें चर्चा कर रहे थे। अभी तक जो सिर्फ बम् और पिस्तौल चलानेको ही देशभक्ति समझते थे उन्होने एक नये तरहके देशभक्तको देखा, जिसे कि सरकार और भी ज्यादा खतरनाक समझती थी। सरकारने मुजफ्फरका मूसापुरमें रहना ज्यादा खतरनाक समझा और उन्हें मेदनीपुरके एक गावमे ले जाकर नजरबन्द कर दिया। बङ्गाल क्रिमिनल ला एमेन्डमेंट ऐक्ट आतकवादियोंकेलिए बना था और मुजफ्फर कमूनिस्त थे, आतंकवादको बिलकुल न मानने वाले थे। यह कानूनका सरासर दुरुपयोग था। विलायतमें ब्रिटिश साथियोंने भारत-मन्त्रीके पास डेपुटेशन भेजा और इस अन्यायके खिलाफ आन्दोलन किया। सरकार और धाधली नही मचा सकती थी और सालभर बाद २५ जून (१६३६)को मुजफ्फरको छोड दिया।

सात सालबाद मुजफ्फरने कलकत्ताके खुले-वायुमण्डलमे सॉस ली। उन्होंने निराशपूर्ण घड़ियोंमें जिस बिरवेको बड़ी आशाके साथ लगाया था, अब वह बहुत बढ चुका था, फूलफल रहा था। सैकड़ों बङ्गाली तरुण 'लालझंडे'को उठाये हुये थे, और सारा समय उस काममे दे रहे थे, जिसे १५ साल पहिले मुजफ्फरने अकेले अपने कन्धे पर उठाया था। मुजफ्फर अब सबके पितामह कहे जाते थे, सब उनके सम्मानकेलिये होड़ लगाये हुए थे। बुरे स्वास्थ्य और बीमारीके कारण समयसे पहिले ही बूढ़े हो गये मुजफ्फर अपनेमें फिर जवानीका अनुभवकर रहे थे। वे किसानों और मजदूरोंके संगठन आन्दोलनमें भाग ले रहे थे।

१६३७ की जूट-मजूर-हड़तालमें उन्होंने भाग लिया। वे उसी साल आलइण्डिया-काग्रेस कमेटीके मेम्बरभी चुने जा चुके थे।

दूसरा महायुद्ध छिड़ा। १६४० में कम्यूनिस्तोंके प्रति सरकारकी भृकुटि टेढ़ी हुई। कलकत्ताके मजूरोंमें मुजफ्फ़रके प्रभावको देखकर फरवरी (१६४०)में उन्हें कलकत्तासे निकल जानेका हुक्म दिया गया। न जानेपर गिरफ़्तार कर एक महीनेकी सजा दी गई। छूटने पर फिर कलकत्ता छोड़नेका हुकुम मिला। वे कलकत्तासे बाहर चले गये, और थोड़े समय बाद अन्तर्धान हो गये पर २३ जून १६४० को फिर कलकत्ता पहुँच गये। तबसे २३ अगस्त १६४२ तक अन्तर्धान रहते हुए पार्टीका काम करते रहे। जब उनके ऊपरसे वारंट हटा लिया गया, तो फिर बाहर चले आये।

मुजफ्फ़रकी जीवनीको संक्षेपमें भी लिखनेपर भारतमें कम्यूनिस्त पार्टीके इतिहासको संक्षेपमें लिखना पड़ेगा। पार्टी ही उनका जीवनरही और आजभी है।

१६०७ में मुजफ्फ़रकी शादी हुई थी। चौदह बरस बाद बाहर रहे नजरबन्दीके वक्त बीबीको देखनेका मौका मिला। उनकी एक लड़की है; जिसका व्याह हो चुका है, और दामाद एक प्रगतिशील कवि है।

१२

गोपेन्द्र चक्रवर्ती

सावन भादोंकी अंधेरी रात, जिसमें हाथ भी देखना मुश्किल है, पानी पड़ रहा है। आधी रात बीत चुकी है। सिवाय बूँदोंके टपटपके सारी काशी निशब्द सो रही है। यकायक सड़कके दोमहलेकी एक खिड़की खुली और कोई चीज धप्से जमीन पर गिरी। खैरियत थी कि बूँदोंकी टपटप की आवाजमें यह धप्धप् दूर तक नही जा सकी। वह निर्जीव चीज नहीं थी, जरा देरमें बस पाँच फीट आठ इंचके आदमीकी शकल सामने खड़ी हो गई। कौन है उस अंधेरेमें जाना नहीं जा सकता। उसके शरीर पर एक घुटने तककी धोती है और दूसरी धोती सिरसे बँधी हुई। वह सड़क पकड़े चला। अभी कई चौरास्तोंको पार करना था, आखिर एक कानिस्टेबलने पकड़ ही लिया। समझा होगा, रातको सेंध देने चला है लेकिन सिपाहीको उसे जेल भेजवानेमें तो उतना फायदा नहीं था, उसकी मुट्ठी कुछ गरम हुई और अल्लाअल्ला-खैरसल्ला। आदमी तेजीसे बढ़ चला, और लंका पार हो हिन्दू विश्वविद्यालयकी सीमाके भीतर घुस गया, लेकिन उसे हिन्दू विश्वविद्यालय से मतलब नहीं था। उसने मुड़कर गंगाका रास्ता लिया। सावन-भादोकी गंगा करारमें ऊपर ऊपर तक भरी और कोसों तक फैली, यदि आँखोंसे दीखती नहीं थी, तो कमसे कम वह आदमी उसे जानता जरूर था। बिना एक सेकेण्ड भी देर किये उसने छलाग मारी और तैरने लगा। कितनी देर तक तैरता रहा, कब उसकी बाँह थकने लगी और कुछ देर तक उसने पानी पर लेटकर विश्राम ली और किस आशा और निराशाके भीतर से होकर वह गंगाके दूसरे पार पहुँचा इसका उसे स्मरण नही। हाँ, पार जाकर उसने देखा कि उसकी एक धोती बह गई है।

१२. गोपेन्द्र चक्रवर्ती

बनारस और सावन-भादोंकी गंगाकी यह घटना २७ साल पहलेकी है। ब्रह्मपुत्र समुद्रकी प्रार्थना पर सहस्राधार बन जाता है, उन्हीं धारोंमें से एक के किनारे लोहाजंग (विक्रमपुर, जिला ढाका) एक बड़ा गाँव बसता था। आज वह पद्मा के गर्भमें चला गया है। वहीं हरेन्द्रलाल चक्रवर्ती और उनकी धर्मपत्नी सुकेशिनीदेवीको १८९६के सौर फाल्गुण ३ को एक पुत्र पैदा हुआ जिसका नाम गोपेन्द्रनाथ रखा गया। बालकने बचपन ही से पद्मा की विशाल धाराको देखा था और अवगाहन भी किया था। इसीलिये उस दिन वह गंगामें निधड़क छलांग मार गया।

हरेन्द्रलाल चक्रवर्ती वकालत पासकर चाँदपुर में प्रैक्टिस करते थे और उन्होंने अपने परिवारको भी वहीं बुला लिया था। बालक गोपेनका अक्षरारंभ घर ही पर हुआ था। फिर भी हसनअली जुबिली हाई स्कूलमें उन्हें १९०७में भर्ती कर दिया गया। उस वक्त बंगालमें स्वदेशी, बायकाट, युगान्तरकी धूम मची हुई थी। बंगाल देशके इतिहास में एक नई लहर पैदा कर रहा था। अभी तक लोग भगवान्‌की मर्जी या अंग्रेज प्रभुओंकी मर्जी पर देशके उद्धारकी आशा रखते थे, लेकिन अब नवीन बंगालने एक दूसरा रास्ता अपने नौजवानोंके सामने रखा। वह रास्ता था सर्वस्व त्यागका, प्राणोंकी बाजी लगानेका, दाँत चियारनेका, नहीं, भौंहें ताननेका। तरुणों में सरफरोशीकी आंधी लगी हुई थी। विदेशी शासकोंने हथियार छीनकर देशको निरीह और नपुंसक बना दिया था। उन्होंने समझा था कि इस प्रकार स्वतन्त्रता की उमंगको वे पोरसों जमीनके नीचे गाड़ चुके, लेकिन बंगालने उनके सारे छन्द बन्द तोड़ दिये और चारों ओर ऐसी बाढ़ चला दी कि अंग्रेज शासकोंके लिए नींद हराम हो गई।

बालक गोपेन पर भी इस बाढ़का असर पड़ा, उसके स्कूलके छात्रोंमें और मुहल्लेके रहने वालों में कुछ ऐसे तरुण थे जिनके सम्पर्कमें आकर उसने समझा कि वकालत, क्लर्की और सरकारी नौकरी से भी बढ़कर

भी कोई चीज है जिसके लिये कोई भी क़ीमत अदाकी जा सकती है। १६११ में बढ़ते बढ़ते गोपेन्द्र क्रान्तकारियोंके अनुशीलन दलमें सम्मिलित हो गया। उस वक्त के क्रन्तिकारियोंकी क्रन्तिकी शिक्षामें सम्मिलित थे—(१) विवेकानन्दका वेदान्त, राजयोग, और देश भक्ति पूर्ण धार्मिक ज्ञान। (२) राष्ट्रीय चेतनाको जाग्रत करने और उससे भी ज्यादा शासकों के प्रति घृणा पैदा कराने के लिये अतिशयोक्ति पूर्ण इतिहासकी कथाओंको पढ़ना। इनके अलावा तरुणोंको अहिंसा और "भिक्षांदेहि" से स्वतन्त्रता प्राप्त करने की आशा नहीं थी इसलिए वे हथियार, विशेषकर पिस्तौल से निशाना लगाना सीखते थे। शरीरको मजबूत करनेकेलिए दंड बैठक और दूसरे व्यायाम थे। शरीर और मनको फौलाद बनानेकेलिए जितना कुछ भी सम्भव था वह करते थे। गोपेन्द्रने यह सब शिक्षा प्राप्त की।

१६१५में पिछले महायुद्धका दूसरा वर्ष चल रहा था, गोपेन्द्र मेट्रिक क्लासका विद्यार्थी था। बाप लड़केको समझाते समझाते हार गये, लेकिन असर नही हुआ, इसलिये उन्होने बेटेको सुधारके ख्याल से कलकत्ताके रिफेक्टरी स्कूलमें भेज दिया। यह स्कूल था तो एक तरह का जेल, मगर प्राईवेट जेल सा। गोपेन्द्र पर पुलिस की बहुत कड़ी निगाह थी। यहाँ उसे देख-भाल करने का और सुभीता था। लड़कोंको सुधारने केलिए जो उपाय इस्तेमाल किये जाते थे उनमें पैरों में बेड़ी और पीटना भी शामिल था। गोपेन्द्र साधारण अपराधी तो था नहीं। उसके सुन्दर आचार और उच्च विचारों ने सहपाठियों पर प्रभाव डाला और उन्होंने स्कूलसे भाग निकलनेमें गोपेन्द्रकी मदद की—किसी तरकीबसे खिड़कीका लोहेका छड़ काटा गया और रातको पानी बरसते वक्त वह जेलसे भाग गया। कलकत्तामें इधर-उधर घूमते उसने कई दिन बिताये। अपनी पार्टी के क्रान्तिकारियों से मुश्किल से उसकी भेंट हो सकी और उन्होंने भी उसे कोई काम न दिया। पुलिस उसके पीछे पड़ी हुई थी, लाचार होकर एक बार फिर वह अपने पिताके घर चला गया। पुलिस को पता लग गया

और उसने आकर घर घेर लिया। गोपेन्द्रकी उमर सोलह सालसे ज्यादा न थी, लेकिन अब तक दिमागको ठंडा रखनेकी तरकीबको वह सीख चुका था। वह पुलिसके घेरेको तोड़कर निकल गया, उन्होंने बहुत पकड़ने की कोशिशकी लेकिन दौड़ना क्रान्तिकारियों की शिक्षाओंमें से एक था, फिर कौन गोपेन्द्रके साथ दौड़ पाता? कितने ही समय बंगालमें छिपे रहनेके बाद वह बिहार चला आया। बंगालकी तरह बिहारमें अभी पुलिसका घना जाल नहीं बिछा हुआ था। बिहारके शहरोंमें कितने ही बुद्धिजीवी बंगाली बहुत पहिलेसे बस गये हैं, इसलिये कुछ आसानी भी थी। गया, बाँकीपुर, भागलपुर, छपरा, पूर्णियाँ कई शहरोंमें वह १९१६-१७ मे छिपा फिरता रहा। पूर्णिया मे भी एक बार पुलिसने घेर लिया था। लेकिन वहाँ भी तरुण गोपेन्द्र घेरा तोडकर साफ निकल गया।

१९१७ मे जाकर भागलपुरमें पुलिस गोपेन्द्रको पकड़कनेमें सफल हुई। उसे पकड़कर कलकत्ता स्पेशल ब्रान्चमें पहुँचाया गया। वही स्पेशल ब्रांच जिसकी यातनाओं से मानवता पनाह माँगती थी, जिसके अत्याचारोंको जब कागजके ऊपर उतारा जायगा तो दुनिया दाँतों तले अंगुलियाँ ही नहीं दबायेगी, वह आश्चर्य करेगी कि देशकेलिए सर्वस्व अर्पण करने वाले उन तरुणोंका दिल कितना मजबूत रहा होगा जिन्होंने इन यातनाओंको बर्दाश्त किया। मारपीट तो बिल्कुल मामूली चीज़ थी, सक्षेपमें वहाँ के दूत मरने देना नहीं चाहते थे। बल्कि मरने से भी ज्यादा कष्ट देकर तरुणों के दिलको तोड़ देना चाहते थे और साथ ही उन्हें अपने साथियोंके साथ विश्वासघात करनेकेलिए आमादा करते थे। सत्रह-अठारह वर्षके तरुण गोपेन्द्रको भी उनसे गुजरना पड़ा। उसे साँतगढ़ के सिरमौर दालदाहौसमें भेजा गया, जहाँ उस पर और भी बीती मगर इसा समय एक क्रान्तिकारी वहाँ से भाग गया। अधिकारी डर गये और गोपेन्द्र को १८१८ के रेगुलेशन ३का कैदी बनाकर मेदिनीपुर जेलमे भेज दिया गया।

मेदिनीपुर जेलमें उन्हें बिल्कुल मामूली कैदियोंकी तरह खाना

कपड़ा दिया जाता था और बर्ताव बहुत सख्त था। अन्त में वहाँ के राजनीतिक कैदियोंको अपनी व्यवस्था सुधारनेकेलिये भूख हड़ताल करने केलिए मजबूर होना पड़ा। ये हड़तालें साल भर तक चलती रहीं और राजबन्दियोंको कुछ सुभीते मिले। यह युद्धके बाद १८-१६ का समय था। जेलके जमाने में पढ़ने का अच्छा अवसर मिला जिसमें और विषयोंके अतिरिक्त गोपेन्द्रने फ्रेंच भाषा भी पढ़ी। सरकारी अफसर आतकवादियो से कितने परेशान थे इसका इससे पता लग जाता है कि सुपरिन्टेण्डेण्ट और मेजिस्ट्रेट उनसे लेनिनकी तारीफ करतेऔर लेनिनकी पुस्तकें पढ़नेकेलिये कहते। जिसमे उन्हें इस तरहकी पुस्तकें आसानीसे मिल जायँ इसका भी प्रयत्न करते। कमूनिज़्म वैयक्तिक हत्या और आतकवादके खिलाफ है यह वे मानते थे और उनका ख्याल था कि इस प्रकार नौजवान आतंकवादसे हट जायँगे। उनका उद्देश्य था नौजवानों को आतकवादसे हटानेका और रूसकी तरह भारतमें भी यह भी दवा अमोघ साबित हुई। मगर उनको यह कभी ख्याल नही आया था कि यह चद दिमागों मे बिखरे हुए क्रान्ति की विचार सोखी पीसी जनतामें फैल कर और भीषण रूप लेगी। शायद वे वैयक्तिक सुरक्षा और तुरन्त के लाभ की ओर ज्यादा ध्यान रखते थे। १६२२ मे सरकारी इजाजत से उन्होंने मेट्रिक पास किया।

इसके बाद नये सुधारके दौरानमे बहुतसे राजबंदी छोड दिये गये जिनमे गोपेन्द्र चक्रवर्ती भी थे। अब गाधीजीका असहयोग आन्दोलन छिड़ने लगा। नागपुरमे देशबधुदासने गाधीजीके प्रोग्रामको स्वीकार किया। बगालके आतंकवादियोंने साल भरके लिये आतंकवादी कार्य न करनेका वचन दिया। १६२०-२१ मे उस वचनके पालन करनेका एक और भी कारण था, आतकवादियोंकी जड़जनतामे तो थी नहीं। जोशीले नौजवानोंकी देशभक्तिकी भावनाको उभाड कर विदेशी शासन के खिलाफ लड़नेको तैयार करना बस यह काम था। आतंकवादी कई पार्टियोंमें बटे रहने पर भी कुछ सगठित जरूर रहते थे, मगर अपने

दिमागके बाहरसे शक्ति और आत्मविश्वास पानेका स्रोत न होने से वर्षोंकी जेलों और एकान्तवाससे उनमें बहुत निराशा आ गई थी। जो अब भी कर्मठ थे उन्होंने कांग्रेस आन्दोलनमें सहायता करनी शुरू की।

इन आतकवादी कर्मियोंने कुछ राजनीतिका भी अध्ययन किया था। राजनीतिक प्रोग्राम पर बुद्धि लगा कर सोचते भी थे, इसलिये गाधीवादी राजनीतिक-रहस्यवाद पर उनका विश्वास कैसे हो सकता था। कमूनिज्मसे अभी पहिलेपहल पाला पड़ा था और वह उनकी सारी धाराको बदल देना चाहता था। जिसके लिये तैयार होनेमें कुछ और विचार और कुछ अधिक समयकी ज़रूरत थी।

१६२०-२१ में गोपेन्द्रने समाजवादके बारेमें बहुत काफी अध्ययन किया। लेकिन उन्हें पुस्तकें अधिकतर इङ्गलैण्डके फाबियन समाजवादियों या साम्राज्यवादी समाजवादियोंकी लिखी हुई मिलीं।

१६२२में अवनी मुकर्जी रूससे आये। रूस अभी अभी साम्राज्यवादियोंके चारों ओरसे पड़ते प्रहारसे अपनेको बचा पाया था और अभी पुनर्निर्माणके कामका श्रीगणेश ही हो पाया था तो भी जिस तरह वहाँके जीवनमें परिवर्तन था उसके बारेमें तथा कमूनिज्मके बारेमें काफी सुननेका गोपेन्द्रको मौका मिला। अनुशीलन पार्टीके काफी लोगोंने इन वर्षों में समाजवादका अध्ययन किया था और निराकार उद्देश्यकेलिये क्रान्ति करने पर जोर देनेकी जगह उन्होंने समाजवादके सरकार उद्देश्यको रखना पसन्द किया। १६२४में मास्कोमें विश्व कमूनिस्त सम्मेलन होने जा रहा था। अनुशीलनने साथी गोपेन्द्र चक्रवर्तीको वहाँ जानेकेलिये अपना प्रतिनिधि चुना। लेकिन मास्को जाना इतना आसान तो न था। पासपोर्ट मिल नहीं सकता था। जहाजके बड़े बड़ोंको रिश्वत देनेके लिये भारी थैली कहाँसे होती। गोपेन्द्रने जिस वक्त यूरोपकेलिये जहाज पर पैर रखा उस वक्त सवातीन रुपये पास थे। गोपेन्द्र अभी (जनवरी १६२३) २३-२४ सालके जवान थे। लेकिन

इतने ही दिनोंमें क्रान्तिकारियोंके कड़वे तजर्बोंने उन्हें काफी हिम्मत और समझ दे दी थी। जहाजोंमें खलासियोंकी जरूरत होती है, गोपेन्द्रने एक उत्तर भारतीय मुसलमान मजूरके नामसे जहाजकी नौकरी प्राप्तकी। इसके लिये उन्हें अपने वेतनमेंसे रिश्वत भी देनी पड़ती थी। तनखाह २५) रुपया महीना। मालका जहाज था, उसे जगह जगह भिड़ते जाना था। विजगापट्टम, मद्रास, सीलोन, अदन, हेजाजके कुछ बन्दरों, पोर्ट सईद, मार्सेई घूमते-घामते हाम्बर्ग पहुँचे। हेजाजमें कोई अरब मुल्ला आया। गोपेन्द्रने भी अपने "सहधर्मियों" के साथ उसका स्वागत किया। गोपेन्द्रको नमाज याद ही नहीं थी, बल्कि नियमपूर्वक नमाज अदा करनेमें वह किसीसे पीछे नही थे और अपनेको खोट्टा अपढ़ मुसलमान साबित करनेमे तो उन्होंने कमाल ही किया था। इस बात में बिहारमें छिपकर रहने और वहाँ की भाषाके परिज्ञानने उनको मदद पहुँचाई थी। मार्सेईसे ही उन्होंने कोशिश की थी जहाजसे निकल भागने की और इसकेलिये अपने परिचित नामों पर पत्र भी भेजा था। मगर उन्हें अवसर नहीं मिला। हम्बर्गमें वह तय कर चुके थे निकल भागने का। और इस प्रकार सात आठ महीने खलासीका जीवन बिताकर गोपेन्द्र एक दिन हम्बर्गकी गलियोंमें गुम हो गये। उस समय जर्मनीमें कमूनिस्तोंका प्रभाव अपने उच्च शिखर पर तो नही पहुँचा था लेकिन काफी हो रहा था। गोपेन्द्रने चलफिर कर किसीसे परिचय प्राप्त किया, बर्लिन गये और वहासे किस तरह अंधेरे-अधेरेमे तहखानों और सुरगो और किस किस तरहसे छिपते बचते वह रूसके लिये रवाना हुए वह इस छोटे से लेखका न विषय हो सकती है और न लिखना वाछनीय है। आठ घंटे उन्हे एक मोरीमें फेंक दिया गया था जहाँ की बदबू और बुरी हवासे वह बेहोश हो गये थे। खैर जैसे भी हो सवातीन रुपयाले कलकत्ता से निकले हुये गोपेनदा एक वर्षके जद्दोजहदके बाद १९२३ के अन्तमें लेनिनग्राद पहुँचे।

लेनिनग्रादमें सप्ताहसे कुछ ही अधिक रह कर १९२४के शुरूमें

वह मास्को चले गये। एक सालसे अधिकका उनका सोवियत निवास यही गुजरा।

गोपेनदा भारतके प्रतिनिधिके तौर पर विश्वकानफ्रेंसमें शामिल हुए। भारतसे ताज़ा आये अकेले प्रतिनिधि होनेके कारण उन्हें सोवियत के भिन्न-भिन्न नगरों और संस्थाओंमें जानेका मौका मिला। सोवियतमें जो कुछ उन्होंने देखा उसने उनपर जबर्दस्त प्रभाव डाला और कानफ्रेंस के बारेमे तो उनका कहना था कि वह प्रभाव किसी भी नवागतुक पर इतना जबर्दस्त पड़ता है कि वह कभी मिट नही सकता। काले गोरे, पीले, भूरे सारे दुनियाके प्रतिनिधिको एक जगह एक मंचसे पूर्ण भ्रातृभावके साथ मिलकर नई दुनियामे बदलनेके लिये विचार करते देख कौन प्रभावित हुए बिना रहेगा? किसीने उनके सामने पढ़ाई की लम्बी चौड़ी योजना पेशकी लेकिन गोपेन्द्र जानते थे कि किताबों और युनिवर्सिटीमें पढ़नेकी काफी बातें वे पढ़ चुके हैं। अपने अनमोल समयको पढ़नेके बहाने गंवानेका यह अवसर नहीं, बल्कि इस वक्त भारत में चलकर काम करनेकी जरूरत है।

साल भर सोवियतमे रहनेके बाद उन्होंने भारतके लिये प्रस्थान किया। अबकी उन्हें मार्सेईसे जहाज पकड़ना था। लेकिन आना था तो उसी तरह बिना पासपोर्ट के। हम्बर्ग, बर्लिन आदिकी बात छोड़ते हैं। इस यात्राके सिर्फ एक खतरेकी बातका जिक्र कर देते हैं। यह है बासल (स्वीजरलैण्ड)में एक जगहसे उन्हें पार करना था जहाॅ पर कि जर्मनी, फ्रास और स्वीजरलैण्डकी सीमाये मिलती है। यह १६२५ का समय था। क्रान्तियोंके मारे यूरोपकी सरकारें सभी जगह पागल हो गई थी। सौभाग्यसे गोपेन्द्र स्वीजरलैण्डकी पुलिसके हाथमें पड़ गये। यदि कहीं जर्मन या फ्रेंच पुलिसने सीमान्त पार करते देखा होता तो वह गोलीके निशाना बन गये होते और भारतको पता भी न लगता कि उसके गोपेन क्या हुए। पुलिसके हाथमें जाने पर गोपेन्द्रने अपनेको सिवाय बंगलाके किसी भी भाषाका न जाननेवाला मल्लाह बतलाया।

अफसरको भी सूरतशकलसे ऐसा विश्वास हो गया और उसने छोड़ दिया। स्वीजरलैण्डसे वह उसी तरह छिपते-छिपाते पेरिस और फिर मार्सेई पहुँच गये। जहाजोंसे नाविक भागते ही हैं और नई भर्ती होती ही रहती है। और अब तो गोपेन्द्रको इस हुनरका काफी अभ्यास हो गया था। उन्हें फिर एक जहाज़में मल्लाहकी नौकरी मिल गई। और फिर कोयला झोंकते नमाज़ पढ़ते एक दिन (अगस्त १९२५) वह बम्बई पहुँच गये। उस वक्त विश्वकमूनिस्त संगठनमें भारतके ऊपर देखरेख करनेकी जिनको जिम्मेवारी मिली थी उनकी दक्षताका एक बड़ा सबूत तो यही था कि बम्बईमें उन्होंने एक खुफिया पुलिसके आदमीको अपना प्रतिनिधि बनाया था। गोपेन्द्रके पास उसके लिये चिट्ठी थी। उन्हें रहस्यका क्या पता था। उसने धीरेसे गोपेन्द्रको पुलिसके हाथमें दे दिया। पुलिसने पीटा, लेकिन गोपेन्द्र इससेभी बड़ी-बड़ी यातनाओंको सह चुके थे। पुलिसको ख्याल आया कि इसे जेलमें डालनेकी अपेक्षा अपने गोयन्दोंको लगाकर इसे छोड़ दिया जाय ताकि इसके जरिये औरोंका भी पता लगे। गोपेन्द्र बम्बईसे रवाना हुए और उनके साथ-साथ आधे दर्जन पुलिसके आदमी भी। इलाहाबादमें उन्होंने पण्डित जवाहरलाल नेहरूसे मुलाकात की। पुलिसके परेशान करनेकी बात सुनकर पण्डितजीने सलाह दी कि समर्पण क्यों नहीं करते। गोपेन्द्रको इस गम्भीर सम्मतिकी हलके दिलसे अवहेलना करते देख पंडितजी चिड़चिड़ाकर कुछ बोले, जिसपर इन्होंनेभी कुछ खरी-खरी सुना दी और फिर बनारसमें रातके वक्त धर्मशालामें क्या गुजरा इसका वर्णन हम इस लेखके शुरूमें कर आये हैं।

गंगापार हो चरवाहोंका रूप धरे और इसमें गोपेनदाका सांवला रंग और जवानीका खूब हृष्ट-पुष्ट शरीर सहायक सिद्ध हुआ। कितने दिनों तक पैदल चलते गये। फिर रेल पकड़कर आगरा पहुँचे। अब उन्हें मालूम हो गया कि कोई चिड़िया उनका पीछा नहीं कर रही है: तो सीधे बंगाल पहुँचे। अनुशीलनके लीडरोंमें सात दिनतक बहस चलती

रही अंतमें उन्होंने समाजवादके प्रोग्रामको स्वीकार किया लेकिन साथ ही काली माईकी गुंजाइश रखते हुए।

नदीके प्रवाहकी तरह पार्टी हो या समाज हमेशा नये-नये करण उसमें आकर शामिल होते रहते हैं। इधर अनुशीलनमे भी बहुत काफी तरुण आये थे जो पुराने दादोंकी तरह काली माईके हाथमें पिस्तौल देकर वारा-न्याराकी आशा नहीं रखते थे बल्कि वे समझते थे कि हमेंभी समयके अनुसार परिवर्तित होनेकी जरूरत है। इन नौजवानोंको गोपेनदाने बाकायदा राजनीतिक शिक्षा देनेका इन्तिजाम किया। अध्ययनकेलिए क्लास लगने लगा जिसमें सभी समस्याओं पर खुली दृष्टिसे बहस होने लगी और मार्क्सवाद के हलको सामने पेश किया जाने लगा। पुराने दादा लोग अपने सब कुछको गुरु-चेलाके सम्बन्ध पर स्थापित किये हुए थे। इस तरहसे पैरके नीचेसे ईंट सरकते देख फिर वे कैसे इसे सह सकते थे। पहिले उन्होंने लड़कोंकी शिक्षाका काम गोपेन्द्रको दे दिया था अब उनकी जगह उन्होंने एक दूसरे विश्वासपात्र दादाको दिया जो साथ ही साथ सरकारी गुप्तचर विभागके विश्वासपात्र भी थे।

लेकिन तरुणोंको एक नई दिशा मालूम हो गई थी और वे पीछेकी तरफ़ लौटनेकेलिए तैयार न थे। गोपेन्द्र, मुजफ्फ़र और दूसरे साथी मिलकर इस प्रगतिका रास्ता साफ़ कर रहे थे। १९२५में नदियामें किसान कानफ्रेंस हुई जिसमें मुजफ्फ़रके साथियों और अनुशीलनके कुछ मार्क्स-वादी तरुणोंने मिलकर किसान-मजूर पार्टी कायम की।

अभी भी गोपेन्द्र छिपे हुए थे, और पुलिस उनका पीछा कर रही थी। छिपे रहते भी बराबर काममें लगे रहते थे। एक बार ढाकाकी पुलिसको पता लग गया और उसने उस मकानको घेर लिया। गोपेन्द्र बीस हाथ ऊपरसे पिछवारेकी तरफ़ कूद पड़े। उस जोशमें उन्हें यह सोचनेकी भी फ़िक्र नहीं थी कि पैर टूटेगा या बचेगा। खैरियत हुई कि पैर टूटा नही और आगेके हातेमे ताला न बन्द होता तो वह पुलिसको चकमा देकर निकल भी गये होते। इस प्रकार उनके पुराने साथियोंमेंसे

किसीकी कृपासे १९२९के आरम्भमें पुलिस उन्हें पकड़नेमें सफल हुई। बहुत पूछताछकी लेकिन पुलिसको यह विश्वास हो गया कि गोपेन्द्रका आतंकवाद पर बिल्कुल विश्वास नहीं रह गया। वह सोशलिज्म पर विश्वास रखता है—गोपेन्द्रने अपनेको सोशलिस्ट ही कहा था। पुलिसमें अभी ऐसे बुद्धू काफी थे जो सोशलिस्टका अर्थ शोशल-वर्कर या सामाजिक काम करनेवाला समझते थे। खैर, एक महीने बाद उन्हें छोड़ दिया और वह अब खुलकर काम कर सकते थे।

मार्क्सवादके अध्ययन और सोवियत भूमिके देखनेके बाद तो खास तौरसे उनको निश्चय हो गया कि बिना मजूरोंको संगठित किये समाजवादी क्रान्ति सिर्फ सपना है। पढ़े-लिखे मार्क्सवादी भद्रलोग मजूरोंमें जानेसे घबराते थे यद्यपि उसकेलिए वे कोई दार्शनिक दलील दे देते थे। गोपेन्द्रका सारा जीवन ऐसा है कि बिजलीकी लाईनकी तरह स्वीच करनेके साथ भद्रलोगके जीवनसे जहाजके खलासीके जीवनमें जा सकते थे। उन्होंने मजूरोंमें घुसना तय कर लिया और एक दिन साधारण मजूरके तौरपर किसी जूट-मिलमे भर्ती हो गये। वहां जिन मजूरोंके साथ रहना, जिनके साथ खाना, सोना, हँसना-बोलना उन्हें अपनी ओर खींचनेमें क्यों देर होने लगी जबकि वे जानते थे कि हमारा यह साथी हमारी तरह का ही मजूर होते हुएभी अपने भाईयोंकेलिए खून-पसीना एक करनेकेलिए तैयार है। धीरे-धीरे उन्होंने भीतरसे जूटके मजूरोंका एक मजबूत संगठन तैयार किया।

मजूरोंमें अब मार्क्सवादियोंने काम शुरू किया था। १९२८में गोपेन्द्रकी बात कितने ही और बंगालके राजनीतिक कर्मियोंको मालूम हो गई थी। बकिम मुकर्जी और सोमनाथ लाहिड़ी उस वक्त कांग्रेसका काम करते थे। कांग्रेसके तरीकेको उन्होंने मजूरोंमें असफल होते देख लिया था। और गोपेन्द्रकी बात सुनकर वे खुद भाटपाड़ाके मजूर गोपेन्द्र (!)के पास पहुँचे। गोपेन्द्रने अपने सरल, कर्मठ, ज्ञानपूर्ण, त्यागमय, साहसके जीवनसे बहुतोंको आकृष्ट किया, बहुतसे नौजवानोंका पथ-प्रदर्शन किया।

११२८में कलकत्ता कांग्रेस हुई, उस वक्त मजूरोंने जो कांग्रेस पण्डालमें अपना प्रदर्शन किया था उसे देखकर सुभाषबाबू बहुत नाराज हो गये थे। लेकिन १९२९में जब साइमन कमीशन कलकत्ता जानेवाला था तो सुभाषबाबूने बंगालकी इज्जतके नामसे गोपेन्द्रके साथियोंको लिखा कि इस वक्त साइमन कमीशनके खिलाफ जबर्दस्त प्रदर्शन होना चाहिए। सिर्फ २४ घण्टेका मौका मिला लेकिन मजदूरोंका वह जबर्दस्त प्रदर्शन हुआ जो कि सदाकेलिए कलकत्ताकी एक स्मरणीय घटना रहेगी और जिसमें ४ लाख आदमियोंका होना तो "स्टेट्समैन"ने भी कबूल किया था।

जब तक बंगालके नौकरशाह आतंकवादियोंसे परेशान थे और कमूनिज्मका रूप उनके सामने कुछ न आया था तब तक वे भले ही लेनिनकी तारीफ करते और कमूनिज्म पर पढ़नेकेलिए किताब देते। लेकिन अब कमूनिस्तोंने बड़ी-बड़ी हड़तालें संगठित की और मजदूरोंकी हालत जितनी बेहतर बनाई उससे भी ज्यादा उनमें आत्म-विश्वास पैदा किया। लिलूआकी जबर्दस्त रेलवे हड़ताल, खंगपुरकी हड़ताल और फिर बंगालके बाहर बम्बईकी हड़तालें, धनिकवर्गके प्रतिनिधि नौकरशाहोंकी आँख खोले बिना नहीं रह सकती थी। स्टेट्समैन और टाइम्स आफ इण्डियाने कमूनिस्तोंको पकड़नेकेलिए ताबड़तोड़ लेख लिखे। जूटके अंग्रेज पूँजीशाहोंका आसन भी बड़े जोरसे गरम हो गया और फिर दिल्ली और लंदन कैसे शांत रह सकते थे? आखिर उन्होंने हिन्दुस्तान भरके इन खुराफाती मार्क्सवादियोंको पकड़कर सारे आन्दोलनको खतमकर देना चाहा। उस वक्त कामरेड गोपेन्द्र और उनके साथी जूटके मजदूरोंकी तकलीफोंको दूर करानेमें और किसी तरह सफल न हो हड़तालकी तैयारी कर रहे थे। इसी समय १९ मार्चको कामरेड गोपेन्द्र, कामरेड मुजफ्फर अहमद तथा दूसरे कमूनिस्तोंको कलकत्तामें पकड़ लिया गया। १९२९से १९३३ तक मेरठमे उनपर षड्यन्त्रका मुकदमा चलता रहा। हाईकोर्टकी अपीलमें उनकी सजा कुछ कम कर दी गई और इस प्रकार साढ़े पांच वर्ष जेलमें रहकर १९३४ के अगस्तमें वह जेलसे बाहर निकले। मास्कोमें

भी गोपेन्द्रके सामने किसीने सात वर्षकी पढ़ाईकी योजना रक्खी थी और मेरठमे सरकारकी योजनाने साढ़ेपाच सालकी पढाईका मौका दिया। सभी मानेंगे कि यह साढ़ेपाच सालकी पढ़ाई—जिसकेलिए सरकारने खाने पीने रहनेका मुफ्त इन्तिजाम नहीं किया बल्कि कमूनिज्म पर लाईब्रेरीकी लाईब्रेरी और हिन्दुस्तानके प्रातप्रातके ही नही बल्कि इंगलैण्डके भी कुछ अच्छे साफ दिमागोंको प्रस्तुत कर दिया—कहीं ज्यादा मुफीद साबित हुई।

जेलसे छूटनेके बाद फिर कामरेड गोपेन्द्र बगालके मजूरोंके सगठनमे लग गये। अब उनके साथियोंकी संख्या बहुत हो गई थी, उनके कार्यका क्षेत्र भी दूर तक फैल चुका था। लेकिन कमनिस्त पार्टी गैर-कानूनी थी। शिक्षितवर्गसे आये हुए कर्मियोंमें अभी कमूनिस्त पार्टी जैसे अनुशासनकी कमी थी जिसकी वजहसे नेतृत्वकेलिए वैमनस्य हो उठता था। इसकेलिए पार्टीने यही तय किया कि पार्टीके नेता सबसे नीचेकी कमिटियोमे जाकर काम करे और अनुशासनकी एक-एक बात पालन करनेमें अपने तरुणतम साथियोंकेलिए उदाहरण उपस्थित करे। कामरेड गोपेन्द्रभी उनमेंसे एक थे और १९३९-४० तक वह प्रातीय पार्टीके सहायक मन्त्रीके स्थानको छोड़कर स्थानीय सबसे नीचले सगठनमें रहे। इसका परिणाम पार्टीकेलिए बहुत अच्छा हुआ।

वर्तमान युद्ध शुरू होनेके बाद कमूनिस्तोके खिलाफजो सरकारने वारण्ट निकाले थे वह १९११से चले आते अपने पुराने परिचित गोपेन्द्र चक्रवर्तीको कैसे छोड़ सकते थे। लेकिन उन्हे पकड़ना आसान न था। कितनी बार तो जानते हुए भी पुलिसको पकड़नेकी हिम्मत न हुई क्योंकि वे अब आतकवादी कुछ नौजवानोंके नेता न थे बल्कि किसानोंके गावके गाव उनके प्रभावमें आ गये थे। वे जानते थे कि यही लोग जो किसान और मजूरोंके स्वार्थकेलिए लड़नेमे न हिन्दूका ख्याल करते हैं, न मुसलमानका, न देशीका और न विदेशीका। कभी-कभी तो ऐसा हुआ कि गांवके एक तरफ उनके खोजमें गई सौ-सौ पुलिस चल रही

है और गाँवके दूसरी ओर गोपेन्द्र और उनके साथी जा रहे हैं। पुलिसको पता है, लेकिन वह जानती है कि सारे गांववाले उनकी पीठपर हैं। इसलिये नाहक जान जोखिममें डालनेकी हिम्मत नहीं थी। १ली मई १६४१में वह पार्टीके कामसे मैमनसिंह गये हुए थे। वहीं उन्हें पुलिस गिरफ्तार करनेमें सफल हुई और फिर तबसे ६ जून १६४२ तक जेलमें नजरबंद रहे।

१६११में बारह वर्षके दुधमुंहे बच्चेके दिलमें देशकी आजादीकेलिए जो आग जल रही थी, आयुके अनुसार वह मद्धिम नहीं पड़ी बल्कि और तेज होती गई। समय बीतनेके अनुसार उन्हें अपना आदर्श और स्पष्ट और तेज दिखलाई पड़ने लगा और साथ ही उधर बढ़नेमें वह और सफल हुए इसीलिए कि उनके हृदयमें अटूट आत्म-विश्वास है। वह समझते हैं कि उन्होंने जीवनके किसी क्षण किसी कष्टको बेकार नहीं जाने दिया। उनकी माँ (मृत्यु १६४१) चाँदपुरके स्त्री-संगठनकी नेता थीं। उनमें जोश था जिसे कि गोपेंद्रने मातासे बरासतमें पाया। धैर्य और लगातार काममें लगा रहना, अदीनता और आत्म-सम्मान उन्हें अपने पिता हरेंद्रलाल चक्रवर्तीसे मिला जो आज भी वकालत छोड़ प्रयागमें अपने अंतिम दिन बिता रहे हैं।

१३

भवानी सेन*

भारतके प्रतिभाशाली व्यक्तियोंमें न जाने कितने ऐसे हैं, जो गरीबीके कारण पाठशालाका मुँह तक देखने नहीं पाते। जो 'भाग्यवान्' हैं पाठशाला, स्कूल या कॉलेजके भीतर घुस सकते हैं, आजकल ऐसे फर्स्टक्लास दिमागोंमें करीब करीब सारे ही उत्तरी भारत और दूसरे सूबोंके भी—सरकार द्वारा आई० सी० एस्०केलिए खरीद लिए जाते हैं। अंग्रेज शासक जानते हैं, कि यह सौदा बहुत फर्स्ट क्लास है। लेकिन भारतकेलिए यह सौदा बहुत महँगा है। जो दिमाग अपनी साइसकी गवेषणाओंसे भारतका मुख उज्वल करते, अपने आविष्कारोंसे देशकी स्वतंत्रताको नजदीक लाते, वे विदेशी शासन-यन्त्रका पुरजा बन विदेशी शासनको देशमें दृढ करनेकेलिए मजबूर किये गये हैं। जो प्रतिभायें राजनीतिक क्षेत्रमें नेतृत्व करके देशकी राजनीतिक गुत्थियोंको सुलझातीं और आजादीका रास्ता साफ करती वह उससे उलटे कामोंमें लगी हैं।

---

* विशेष तिथियाँ—१९०९ जनवरी जन्म, १९१५-१९ गाँवके प्राइमरी स्कूलमें पढना, १९१९-२१ फूलतला स्कूलमें, १९२१-२७ खरडिया हाईस्कूलमें, १९२५ आतंकवादसे संबध, १९२७ मेट्रिक पास, १९२७-२९ दौलतपुर कालेजमें १९२९-३१ कलकत्ता (स्काटिश चर्च) कालेजमें, १९३१ बी० ए० (अनार्स) पास, आतंकवादी नेता, १९३२ कम्यूनिज्मका प्रभाव, वारंट और अन्तर्धान, १९३२ मई २२ गिरफ्तार, १९३३-३७ देवली केम्पमें नजरबंद, १९३७ देवली कैम्पसे एम्०ए० पास किया, १९३७-३८ कस्बा (कुमिल्ला)में नजर बंद, १९३९ फर्वरी कलकत्ता खारिजका हुक्म, १९३९-४२ अन्तर्धान कलकत्तामें, १९४१ इन्दिरासेनसे ब्याह और एक पुत्र।

उससे बादकी प्रतिभायें काले चोगे पहन धनिकोंकी थैलीमें फँसकर गरीबों को सदा दबाये रखनेमें सहायक होती हैं। इसकी वजहसे हमारे राजनीतिक क्षेत्रमें ऐसी प्रतिभाओंका एक ओर अभाव होता है। दूसरी ओर हमारे विश्वविद्यालयोंमें उठती हुई प्रतिभाओंको सुशिक्षित करने केलिए छटुये लोग प्रोफेसर होनेकेलिए रह जाते हैं, जो कि शिक्षाकेलिए साधक नहीं बाधक साबित होते हैं, और आज हमारे विश्वविद्यालयोंमें इन खूसट दिमागोंकी सारी बाधाओंको पार कर विद्यार्थीको कुछ बनने की कोशिश करनी पड़ती है। यह सौभाग्यकी बात है, कि इस सारे जालके होनेके बाद भी कुछ प्रतिभायें बच निकलती हैं। यहाँ हम ऐसी ही एक प्रतिभाके बारेमें लिखने जा रहे हैं।

बंगलाके खुलना जिलेमें पयोग्राम एक छोटासा गाँव है। इसके दो सौ परिवारों में सभी हिन्दू हैं, जिनमें आधे तो हिन्दू जात-पाँतमें दूसरा नम्बर रखनेवाली और शिक्षामें सबसे आगे बढी वैद्यजातिके घर हैं। गाँवके पडोसमें मुसल्मानोंकी भी बस्तियाँ हैं। वैद्य शिक्षामें आगे बढ़े होनेसे राजनीतिक चेतना भी ज्यादा रखते हैं। उनमें कुछ छोटे-छोटे जमींदार भी हैं। हर्षित सेन (मृत्यु १६२७) ऐसे ही एक छोटे जमींदार थे। उन्होंने मेट्रिक पास किया और जमींदारीके काममें लग गये। आमदनीको बढ़ानेकेलिए वे एक बड़े जमीदारका भी कुछ काम कर दिया करते थे, जिसकी वजहसे आखिरमें उन्हें आफतमें पड़ना पड़ा। हर्षित सेन और उनकी पत्नी नलिनी बाला सेन (मृत्यु १६३७) को जनवरी १६०६ में दूसरा पुत्र पैदा हुआ जिसका नाम उन्होंने भवानी रखा।

भवानीके नाना कृष्णचन्द्र मजुमदार बंगलाके पुराने प्रसिद्ध कवियोंमें एक थे, जिनसे भवानीने साहित्यिक रुचि प्राप्त की। भवानीका एक बड़ा और एक छोटा भाई था। एक छोटी बहन भी थी। भवानीका प्रेम माँकी अपेक्षा चाचीसे ज्यादा था, और वह उसीको माँ कहा करता था।

भवानीकी प्राचीनतम स्मृति उस समयकी है, जब कि वह पाँच वर्ष का था। बड़े जमीदारकी नौकरीमें किसी फन्देमें पड़कर पिता अपना सब धन खोकर आधे पागल हो कलकत्तासे लौटे। पिताका स्वास्थ्य फिर नही सुधरा।

भवानीको बचपनमें कहानियोंके सुननेका बहुत शौक था। पयोग्राम के लोग भगवान्की भक्ति संकीर्तन-द्वारा किया करते थे, भवानीको वह अच्छा लगता था।

शिक्षा—छः वर्षकी अवस्था (१६१५)मे भवानीको गाँवकी बंगला पाठशालामें पढ़नेकेलिए बैठा दिया गया। गणितमे उसके १०० मे १०० नम्बर आते थे; दर्जेमे दूसरा नम्बर होना उसने कभी जाना नही।

पिता और चाचाने गाँवमें फूलतला स्कूलके नामसे स्कूल स्थापित किया था। बगला पाठशालाकी परीक्षा पास कर छात्रवृत्ति ले बालक भवानी १६१६में फूललता स्कूलमें दाखिल हुआ, और दो साल यहीं पढ़ता रहा। बड़े जमीदारने घरकी सारी सम्पत्ति नीलाम करवाली। घरकी हालत बहुत ही शोचनीय हो गई। भवानीको बूआके घरमे शरण लेनी पड़ी। फूललता स्कूलमें पढ़ते वक्त भवानी काग्रेसके आन्दोलनमें अपनी अवस्थाके अनुसार भाग लिया करता था। वह चरखा कातनेमें बहुत दक्ष था, और घटेमें चालीस नम्बरके सूतके पाँच गज कात सकता था। दो साल तक वह अपने काते सूत का कपड़ा पहनता रहा।

प्राइमरीकी छात्रवृत्ति सिर्फ दो सालकी थी। अब बुआके घरमें रहते उसने (१६२१) खरडिया हाईस्कूलमें नाम लिखाया। बड़ा भाई भी कॉलेजमें पढ़ रहा था। फुफेरे भाई इन दोनों भाइयोंकी सहायता करते थे (पटनाके बी० एन० कॉलेजके प्रो० हेमचन्द्रराय चौधरी भवानीके फुफेरे भाई हैं)। स्कूली पुस्तकोंके अतिरिक्त भवानीको बाहरकी पुस्तकोंको भी पढ़नेका बहुत शौक था। विवेकानंदके ग्रथोंको वह बड़े प्रेमसे पढ़ता। बंकिम, शरद, रवीन्द्रके ग्रंथोंके भी उसने खूब

पारायण किये। उसका ज्ञान अपनी आयुसे कहीं ज्यादा था। यह सब होते हुए भी १९२७मे उसने मेट्रिक बहुत अच्छे नम्बरोमें पास किया, और उसे कमिश्नरीकी छात्रवृत्ति मिली।

अब वह दौलतपुरकी हिन्दू एकडेमी (कॉलेज)में प्रविष्ट हुआ। उसने पाठ्य-विषय चुने तर्क-शास्त्र, संस्कृत और गणित। यही उसने मजूर-किसान-पार्टीका नाम सुना। जिन विवेकानन्दके ग्रन्थों को वह बड़े सम्मानसे पढ़ा करता था, उन्हींके छोटे भाई डा० भूपेन्द्रदत्तके मुँहसे समाजवाद पर उसने व्याख्यान सुने। भवानीकेलिए समाजवाद कुछ आकर्षकसा मालूम हुआ। लेकिन अभी समाजवादका असर बहुत भीतर तक नही पहुँचा था।

दक्ष चरखा चालक भवानी भी कांग्रेस आन्दोलनकी असफलतासे निराश हो गया। उसने शहीदोंकी जीवनियों और कुर्बानियोंको बड़ी श्रद्धासे पढ़ा था। देशकी परतन्त्रतासे उसका भी दिल क्षुब्ध था। भद्र लोकके तरुणोंमें बम और पिस्तौलकी बहुत चर्चा थी। सरकारी दमनसे आतंकवाद कम नही हुआ और कांग्रेस आन्दोलनकी असफलताके बाद वह और भी प्रचंड हो उठा। दौलतपुरमें पढ़ते-पढ़ते वह आतंकवादियोंकी यशोहर-खुलना पार्टीका एक भक्त मेम्बर बन गया। वह पार्टीके संगठन का काम करता और साथ-साथ आतंकवादी साहित्यका स्वाध्याय भी करता।

१९२९में इटरमीजियट पास कर उसने फिर कमिश्नरीकी छात्र-वृत्ति प्राप्तकी।

कलकत्तामें—अब वह कलकत्ताके स्कॉटिश चर्च कालेजमें दाखिल हुआ। अर्थशास्त्र और इतिहास उसके पाठ्य-विषय थे। यहाँ सोशलिज्मका नाम ज्यादा सुननेमे आया। मेरठके मुकदमेंने भारतीय कमूनिस्तोंकी बात भी उसके कानोंमे डाली। अर्थशास्त्रका एक असा-धारण मेधावी विद्यार्थी होनेसे मार्क्सकी "कापिटल" और लेनिनकी

कितनी ही पुस्तकोंको उसने चावसे पढ़ा। लेकिन उसका विश्वास आतंकवाद ही पर ज्यादा था। मार्क्सवादकी पुस्तकें ज्यादातर बौद्धिक व्यायाम या शौककेलिए पढ़ा करता था। इस समय अपनी कालेजकी पढ़ाई पर वह अधिक ध्यान नहीं दे सकता था। बीस रुपयेकी छात्र-वृत्तिपर गुजारा कर लेता और बाकी समय आतंकवादी तरुणोंकी क्लास लेने तथा उनके संगठन आदिमें लगाता। पुलिसके कान कुछ खड़े हो गये और उसने मछुवा बाजार षड्यन्त्रमें गिरफ्तार भी किया। मगर जिरहके बाद मजिस्ट्रेटने छोड़ दिया। अपनी आतकवादी सरगर्मियोंके अतिरिक्त इस साल भवानी टाईफाईड और निमोनियाका शिकार हो गया। किसी तरह जान बची, मगर शरीर अब भी दुर्बल रहा तब भी बी० ए० (आनर्स) उसने दूसरे डीविजनमें पास किया। राजनीतिक तत्परता और बीमारीने उसे अपनी प्रतिभाका जौहर परीक्षाके मैदानमें नहीं दिखलाने दिया।

राजनीतिक जीवन –१९३१में बंगालके सभी आतंकवादी नेता पकड़कर जेलोंमें बन्द कर दिये गये। भवानी अब (२२ सालकी आयु) यशोहर-खुलना पार्टी (आतंकवादी) का सेक्रेटरी था। पिस्तौल-बम जमा करना और डकैतियोंका संगठन उक्त पार्टीका मुख्य काम था। पुलिस पीछे पड़ी हुई थी और उसका तरुण भवानीपर भी बहुत संदेह था। दिसम्बरमें भवानीकी गिरफ्तारीकेलिए वारंट निकला। भवानी, जो दिसम्बर १९३१में अन्तर्धान हुआ तो मई १९३२ तक पुलिसके हाथ नहीं आया। अन्तर्धान अवस्थामें भवानीने मार्क्सवादका खूब अध्ययन किया। छिटपुट एकाध सरकारी अफ़सरोंपर पिस्तौल या बम चलाना और डकैतियाँ डालकर रुपये जमा करना, आतंकवादका यह प्रोग्राम अब उसे बिलकुल निकम्मा मालूम होने लगा। भवानीको निश्चय हो गया कि मार्क्सवाद ही वह रास्ता है जिससे क्रान्तिकेलिए जनताको तैयार किया जा सकता है, और फिर देशकी आज़ादीकी प्राप्ति तथा हर तरहके शोषणको बन्द कराया जा सकता है। १९३२में भारतमें

कमूनिस्त पार्टीकी शक्ति क्षीण थी। अभी वह संगठित पार्टीका रूप नही ले सकी थी। कई गुट्ट थे, जिनमें एक "कारखाना" साप्ताहिक पत्र निकालता था। भवानी अन्तर्धान रहते "कारखाना"का सम्पादन करता, यद्यपि पत्रपर नाम दूसरेका होता।

भवानी जीविकाकेलिए ट्यूशन करता, और नाम बदलकर किसी अपरिचित जगहमें रहता। १६३२मे एक बार पुलिसके गोईन्देको भवानी ने देखा। उसने झट स्थान बदल दिया। एक बार वह एक मजूरके घरमें बंगाली मजूरके रूपमें रहता था। पुलिसको किसी तरह पता लग गया। पकड़नेकेलिए एक भारी जत्था आ धमका। मध्यान का समय था। पुलिस मजूर स्त्रीसे पूछताछकर रही थी। पत्ता खरखराते ही भवानीके खान खड़े हो गये। बाहर देखा तो पुलिस दलबलके साथ मौजूद है। वह भी अपने मैलेकुचैले लिबासमें आकर मजूरों में बैठ गया। पुलिस भवानीको ढूंढ़ने जब घरके भीतर घुसी, तो भवानी दस-कदम चलकर साइकिल से चम्पत हो गया। भवानी सिर्फ मार्क्सवादकी पोथियाँ ही नहीं चबाता था। वह मजूरोंके भीतर काम भी कर रहा था। उन्हें राजनीतिक आँख दे रास्ता बतलाता था और उनकी लड़ाइयों, सुखों-दुखोंमें शामिल होनेकेलिए तैयार रहता था। इसीलिये मजूर भवानीको अपना बेटा या सगाभाई समझते थे। अन्तर्धान अवस्थामें अंधेरे तहखानेमे सिर घुसेड़कर लेट रहनेसे जेल जानेको ज्यादा पंसद करता, क्योकि जेलमे दूसरोंको समझने-समझानेका मौका तो मिलता। भवानी अन्तर्धान रहा, मगर भेस बदलकर लिलुआके रेलवे मजूरों, जहाजी मल्लाहों और दूसरी जगहोंमें काम करने जाता। ६ बजे रातको किसी जहाजी मल्लाहसे मिलने गया था। देखा नियत स्थानपर कोई नही था। उसी समय एक दूसरा आदमी भी साइकिलसे उतरा। भवानी साइकिल-पर सवार हो चल पड़ा। देखा दूसरा आदमी भी पीछे आ रहा है। रात अँधेरी थी। एक बड़े मैदानके पास आकर भवानी उतर पड़ा और साइकिलको कन्धेपर उठा मैदानमें दौड़ने लगा। पीछा करने

वाला किसी दूसरी ओर पीछा करता रह गया। भवानीने दूसरी ओर आकर सड़क पकड़ी और फिर अपने शरणस्थान पर आया।

२१ मई १६३२को भवानीको पता लग गया था कि पुलिस किसी समय भी पकड़नेकेलिए आ सकती है। लेकिन भवानीके शरीरमें एक भारी फोडा था और ऊपरसे जोरका बुखार। २२ मईके सबेरेही पुलिस दलबलके साथ आ धमकी। पहले वह इस मजदूरको पहचान न सकी, फिर थानेपर ले गई और वहाँसे उसने स्पेशल ब्राचमें भेज दिया। कितने ही सवाल-जवाब किये गये। फिर आतकवादियोंकेलिए बने बगाल क्रिमिनल ला एमेन्डमेन्ट एक्टके अनुसार आतंकवाद विरोधी कमूनिस्त भवानी सेनको बिना मुकदमा चलायेही नजरबंदकर दिया गया।

मईसे फरवरी (१६३३) तक भवानी अलीपुर जेलमें रहा। फिर छै महीने हिजलीमे, फिर वहाँसे देवली कम्पमे भेज दिया गया, जहाँ १६३७ तक नजरबद रहा। १६३७मे माँ पुत्र-वियोगसे घुलते-घुलते मरणासन्न हो गई। बहुत कोशिश करने पर माँको देखनेकेलिए घर पर भेजा गया। माँने आँख भर पुत्रको देखा और उसके घरसे देवली रवाना होनेके दो दिन बाद मर गई।

देवलीमें रहतेही स्वय पढ़कर भवानीने अर्थशास्त्रमें एम्० ए० पास किया। यहाँ उसने मार्क्सवाद प्राणि-शास्त्र और समाजवादका स्वय गंभीर अध्ययन किया और साथ ही आतकवादी तरुणोंको बम और पिस्तौलके सम्प्रदायसे हटाकर जनताकी शक्ति और सगठन पर विश्वास करनेवाले मार्क्सवादकी ओर खींचा। उस समय देवली केम्पमें पाँचूगोपाल भादुड़ी, अब्दुल मोमिन, बकिम मुकर्जी (एक मास), मणीन्द्रसिह आदिने भी मार्क्सवादका गभीर अध्ययन और प्रचार किया था। आज ये लोग प्रान्त और जिलोंके कमूनिस्त नेता हैं। देवलीमे मार्क्सवादके अध्ययन अध्यापनका सूत्रपात करनेवाला भवानी था। जिस वक्त ये लोग मार्क्सवादका अध्ययन करते और भावी कार्यक्रम पर विचार कर रहे थे, उस समय दूसरे दलवाले मारपीट करनेमें

लगे थे। भवानी और उसके साथियोंने पाँचसाल तक तरुणोंको समझानेकी कोशिश की और उसके बाद करीब-करीब सभी नजरबद आतंकवाद छोड़ मार्क्सवादकी ओर चले आये। जिस समय अंडमनके राजनीतिक बन्दियोंने कालेपानीसे लौट आनेकेलिए भूख-हड़तालकी थी, उस समय भवानी और उसके साथियोंने उनकी माँगकी सहानुभूतिमें बाईस दिन तक अनशन किया।

१६३७में देवली केम्प तोड़ दिया गया, नई मिनिस्टरीको कुछ तो कर दिखलाना था। लेकिन भवानी छोडा नही गया। उसे कुमिल्ला जिलाके कसबा स्थानमें नजरबन्द कर दिया गया, इसी समय कुमिल्लामें स्वामी सहजानन्दके सभापतित्वमें अखिल भारतीय किसान कान्फ्रेन्स हुई। सरकारी हुकुम था कि वह गांवकी थोडी सी सीमाके भीतर घूम सकते हैं। खर्चकेलिए सरकार २५ रुपया महीना देती थी। भवानी किसान कार्यकर्त्ताओंसे छिपकर मिलता था। उसके प्रयत्नसे गांवमें काग्रेस कमेटी कायम हुई। इस समय भवानीको पढ़नेकेलिए पुस्तकें नहीं मिलती थीं, मगर भवानीका सबल-मस्तिष्क भावी कार्य-क्रमके चिन्तनमे लगा रहता था।

अगस्त १६३८ में भवानीको छोड़ दिया गया और वह कलकत्ता चला आया। नवम्बरमे उसे बाकायदा पार्टी मेम्बर बननेका सौभाग्य प्राप्त हुआ। अब उसका कार्य-क्षेत्र ईस्टर्न-बङ्गाल रेलवेके मजूरोंमें था। कचरापाड़ामें कमकर सभा कायम की, पार्टीकेलिए कई पुस्तकें लिखी। दिसम्बरसे फरवरी (१६३६)तक भवानी जिला कमेटीमें रहा। नेताशाहीकेलिए एक शिक्षित सज्जनने पार्टीमें धाँधली करनी चाही। लेकिन सुसंगठित, सुअनुशासित पार्टी भला इसे क्यों बर्दाश्त करने लगी। उसने उन्हें निकाल बाहर किया। उक्त सज्जनका कचरापाड़ाके मजदूरोंमे बहुत स्वागत होता था, और वह चाहते थे वहाँ अपनी चलाना। मगर भवानी और उसके साथियोंने मजदूरोंको खूब समझाया और पार्टीसे भगाये सज्जनकी दाल न गलने पाई।

महायुद्ध शुरू हुआ। कमूनिस्तोंके ऊपर सरकारकी वक्रदृष्टि हुई। फरवरी (१६४०)में भवानीको कलकत्ता और आस-पासके चार जिलोंसे निकल जानेका हुकुम मिला। भवानी दूसरे जिलोंमें गया और फिर अप्रैलमें वहाँसे अन्तर्धान हो गया।

अबभी उसका ज्यादा रहना कलकत्तामें होता, क्योंकि वह प्रान्तीय कमेटीके संचालकोंमें था। कभी-कभी चटगाव, नवाखोली और दूसरे जिलोंमें भी पार्टीका काम करनेकेलिए वेष बदलकर जाता और वहाँ साथियोंकेलिये क्लास भी लेता। भवानी दो वर्षसे ज्यादा अन्तर्धान रहा, इस बीच उसे बंबईभी जाना पड़ता था।

लड़ाईका स्वरूप बदला। भवानीके दृष्टिकोणमें भी परिवर्तन हुआ और इस लड़ाईके परिणामपर सारी मानवता और भारतके भाग्यका भी फैसला समझ उसने फासिस्तोंकी पराजयकेलिए जोरसे काम शुरू किया। १६४२में उसके ऊपरसे वारंट हटा लिया गया। अब वह बाहर आया। इन्दिरा सेन उसकी सहचरी हैं, जिससे भवानीने १६४१में ब्याह किया था।

भवानीमें संगठनकी अद्भुत शक्ति है, मार्क्सवादके समझाने और उसपर कलम चलानेमें वह सिद्धहस्त है। इस अपरिचितसे ३४ वर्षके तरुणका भारतके राजनीतिक क्षेत्रमें क्या वास्तविक स्थान है, यह इसीसे आप समझ सकते हैं कि बंगालमें दावानलकी तरह बढ़ती कमूनिस्त पार्टीका वह आज (मार्च १६४३ से) सेक्रेटरी है।

१४

कल्पनादत्त (जोशी)

हमने रानी दुर्गावती और लक्ष्मीबाईकी वीर गाथायें सुनी हैं, मगर उन्हे हुए बहुत दिन हो गये। हमने जोन आफ् आर्कके कारनामे पढ़े हैं, मगर वह भी बहुत पुरानी और दूरकी घटनाये हैं। लेकिन बंगालसे बाहर हममेंसे बहुत कम चटगावकी उस वीर तरुणीके बारेमें जानते हैं जिसने आधुनिक हथियारोंसे सुसज्जित सुशिक्षित सेनाका गोलियोंसे एक नहीं तीन-तीन बार जबर्दस्त मुकाबिला किया। वर्षाकी बूँदोंकी तरह बरसती गोलियोंके बीचसे जो आँधीकी तरह दौडती निकल गई। भय क्या चीज है इस नवतरुणीके हृदयने कभी जाना नहीं। उसके हृदयमें

विशेष तिथियाँ—१९१४ जुलाई २७ जन्म, १९१८ पढाई आरंभ १९२९ मेट्रिक पास, १९२९-३० बेथुनी कालेज कलकत्तामें, १९३० लडकियो, की हडतालमें अगुआ, १९३१ फर्वरीमें इंडियनरिपब्लिक आरमीमे, १९३२ पुलीसने थानामें बुला मुचलका लिया, सितंबरमे पुरुषवेषमे पकड जेलमें, फिर घरमे नजरबंद, दिसंबर १० नजरबंदीसे भागना, १९३३ जनवरी, गोरखा सेनासे भिडन्त, दूसरी भिडन्त, मई १९ दूसरी भिडन्त, आखिरी गोलीके बाद गिरिफ्तार, अगस्त १४ आजन्म कालापानी की सजा, १९३३ नवंबर राजशाही जेलमे (९ मास), १९३३ नवंबर २७,–१९३९ मई १ जेलोंमें, १९३९ मई १ जेलसे बाहर, १९४० बी० ए० पास किया, कम्यूनिस्तों के साथ, एम० ए० (Applied Mathematics) में पढना शुरू, १९४० नवंबर कलकत्ता से निर्वासित, चटगाँवमें घरमें नजरबन्द, १९४१ मई, म्युनिस्पेल्टीके भीतर नजरबंद, १९४२ मार्च जापान विरुद्ध संगठन—मई, टाईफाइडका आक्रमण, पार्टीमे मेम्बर, १९४३ अगस्त १५, पूरनचद्र जोशीसे ब्याह।

स्थान है सिर्फ देशभक्ति, देशोद्धार और आत्म बलिदानके भावका। जिस तरह उसको ऐसा महान हृदय मिला, उसी तरह उसे प्रतिभा भी अत्यन्त तीक्ष्ण मिली। मैट्रिक परीक्षाको उसने प्रायः १४ सालकी उम्रमें छात्रवृत्तिके साथ पास किया। गणित उसे किसी सरस उपन्यासकी तरह प्रिय मालूम होता था। सारी बाधाओंके रहते, जेलों और कालकोठरियों की सजाको भोगते उसने अपनी शिक्षाको पूरा किया। और स्वभाव! कितना सरल और मधुर, उसकी बड़ी-बड़ी आखोंकी विस्तृत श्वेतिमा दर्शकके ऊपर एक अद्भुत प्रभाव डालती है। वह समझने लगता है कि नारी सिर्फ स्थूल ऐन्द्रिक आकर्षणही नहीं रखती, वह उससेभी ऊँचे प्रेमका पात्र होनेकी क्षमता रखती है। उसके मुख पर अल्प विकसित हंसी बड़ी मोहक है लेकिन उसका आकर्षण नीचेकी ओर नहीं ऊपरकी ओर ले जाता है, शायद यही कारण है जिससे यह अल्प भाषिणी तन्वंगी बालिका,-पुरुषों और स्त्रियोंमें क्रान्तिकी आग लगानेमें सफल हुई। हाँ, वह अल्पभाषिणी है, लेकिन उसके मुँहसे निकले अत्यन्त सीधे-साधे छोटे-छोटे वाक्य भारी असर करते हैं। जब उसके आतंकवादी साथीने कहा—"मेयेदेर रेव्युल्युशन करते पारे आमादेर विश्वास नाइ, मेयेदेर केवल साहाय्य करते पारे", तो उसने कहा "आच्छा, आमि प्रमाण करे दीबो"। शायद इस एक वाक्यसे, उसके हृदयस्पर्शी स्वरसे साथीको विश्वास होगया होगा।

यह वीर तरुणी है चटगांवके प्रसिद्ध विद्रोहकी क्रान्तिकारिणी कल्पनादत्त, या कल्पना जोशी।

जन्म—चटगावके पाससे समुद्र नजदीक है और पहाड़भी। उसके आस-पास सदा हरियालीसे लदी पहाड़ियाँ हैं, जो इस भूखंडको अद्भुत सौंदर्य प्रदान करती हैं। चट्टग्राम (चटगांव) से बारहमील दक्षिण सदा-नीरा कर्णफूली नदीके तट पर श्रीपुर नामका कसबा और भी सुन्दर भूमि पर बसा है। उसके पांच छः मील पर आगे बढ़ती पहाड़ियां शीतल सघन छायासे कभी शून्य नहीं होतीं। सृष्टिकालसे चला आया

बंगल अबभी वहा देखनेको मिलता है। हाँ, श्रीपुर कसबा है, यद्यपि उसमें तीनसौ ही घर हैं। यहाके निवासी हैं बहुसंख्यक वैद्य, कितनेही कायस्थ और ब्राह्मण शिक्षित भद्रलोक, जिसके कारण बालकों और बालिकाओंके दो मिडिल स्कूल और संस्कृत टोल (पाठशाला) भी हैं। भद्रलोकोंने अपने गावको कसबेका रूप देनेकी कोशिशकी है। गावके जमींदार गावकेही वैद्यलोग हैं। रायबहादुर दुर्गादासदत्त श्रीपुरके सबसे बड़े जमीदार थे, उनकी आमदनी बारह हजारके करीब थी। गावमें कुछ मुसलमान परिवार भी रहते हैं और कितनेही डोम और हाडी—अछूत कही जाने वाली जातियोंके घर।

रायबहादुरका घर आदर्श राजभक्त था। 'बंग-भंग' स्वदेशी असहयोग की एकके बाद एक बाढ़ आती रही, लेकिन रायबहादुरके घरमें अंग्रेजी शासनके खिलाफ एकभी शब्द निकालना सह्य नही समझा जाता था और वे कानोंमे अगुली डालकर 'शातं पापं' कहने लगते। दुर्गादासदत्त महाशयको सरकारने झूठेही रायबहादुर नहीं बनाया था। दुर्गाबाबू जातिसेही वैद्य नहीं थे बल्कि डॉक्टरभी थे और कमानेवाले डॉक्टर। जमींदारीभी थी, लेकिन उनके सात पुत्र थे, इसलिये सिर्फ जमींदारी या बापकी डॉक्टरीके भरोसे काम नहीं चल सकता था। सातों बेटोंमे दो डॉक्टर, एक वकील, एक साइन्स-मास्टर, दो सब-रजिस्ट्रार और एक मैनेजर बने। रायबहादुरके पुत्र विनोदविहारीदत्त सरकारी नौकर सबरजिस्ट्रार थे। इनका ब्याह श्रीपुरकेही रमेशचन्द्र सेनगुप्तकी पुत्री शोभनादेवी से हुआ था। शोभनादेवी बंगला और कुछ अंग्रेजीभी जानती थी, वह भद्र समाज की एक भद्रमहिला थीं। हिन्दू-धर्ममें उनका दृढ़ विश्वास था और छूतछातमें सबका कान काटतीं थीं। कभी-कभी उन्हे साख्ययोग भी पढ़ते देखा जाता लेकिन वे उसे पढ़ती समझती हैं, इसमें भारी सन्देह होनेके कारण थे। लोग तैंतिसकोटि देवताओंके नामही सुनते हैं, लेकिन शोभनादेवी पूजामें उनकी संख्या पूरी करनेकी कोशिश करतीं थीं।

लेकिन विनोदविहारीदत्त और शोभनादेवीको हम अलग करके नहीं

देख सकते। रायबहादुरके सातों पुत्र कभी अलग नहीं हुए। उनके तेईस पुत्रों और तेईस पुत्रियोंको सिर्फ अलग-अलग गर्भोंसे पैदा होनेके कारण सगे भाई बहिन छोड़ और कुछ कहना ठीक नहीं।

विनोदबिहारीदत्त और शोभनादेवीको २७ जुलाई १९१४ को प्रथम सन्तान, पुत्री पैदा हुई। माता-पिता या शायद ठाकुरमा (दादी)ने नाम कल्पना रखा। कल्पना किस अर्थमें? कल्पनाको कलपना कर देने पर उसका अर्थ, 'दुखी होना' होता है, जिसकी रेखातो कल्पनाके सदाविकसित रहनेवाले चेहरे पर फाँसीकी शंका वाली घड़ियोंमेंभी नहीं हुआ होगा। कल्पना मनमें सदा होनेवाली क्रिया-मनकी कर्मण्यता—जरूर कल्पनामें बहुत भारी परिमाणमें पाई जाती है, लेकिन, आकाश चारिणी कल्पनाका कल्पनाके मस्तिष्कमें स्थान नहीं। माँ, यद्यपि अत्यन्त धर्मभीरु पूजापाठ परायणा रही, मगर पिता जवानीमें बहुत समय तक धर्मसे उदासीन रहे और बुढ़ापेके साथ वेदान्तमें आत्मविस्मृति ढूंढ़ने की कोशिश करने लगे।

रायबहादुर डॉ० दुर्गादासदत्तका घर इसके लिये कभी नहीं बना था कि वहा एक कल्पना उनकी पोतीके रूपमें पैदाहो। बचपनहीसे ठाकुरमाँ की गोदमें बैठे-बैठे उनके मुँहसे कथाओंके सुननेका कल्पनाको शौक था। कोई कथा राजरानीकी होती, अच्छी लगती, कोई कथा पुराण या महाभारतकी होती, वहभी अच्छी लगती, जब कल्पना भूतकी कथा सुनती तोवह दिलचस्पतो जरूर मालूम होती। लेकिन फिर अन्धेरेमें हाथ पैर हिलाना तो दूर आँख खोलनेमेंभी उसे भय लगने लगता। पासमें रक्षाके लिये लोहा रखा रहने पर भी उसे विश्वास न होता। घरमें दोनों वक्त भगवान्का भजन होता, कल्पनाभी भजन सुनने और मीठे प्रसादको पाने केलिये वहाँ पहुँचती।

दत्तपरिवारका घर यद्यपि श्रीपुरमे था, लेकिन रायबहादुर चटगांवमें डाक्टरी करते थे, और वहा उनका अपना अच्छा खासाखा घर था। परिवार अधिकतर चटगाँवहीमें रहता। जब दशहरेका समय आता,

तो दुर्गापूजाके लिए श्रीपुर जाता था। कटहल और आमकी फसलके समयभी लड़के लडकियाँ श्रीपुर जानेकी कोशिश करते।

कल्पनाकी सबसे पुरानी स्मृति तीन सालकी उम्रकी है जबकि सीता-कुण्डके गरम पानीके चश्मेमें वह माँ आदिके साथ नहाने गई थी और कपडा उठाये वहा से चल पडी।

शिक्षा—सुशिक्षित घर था। स्त्रियोंमी पढ़ी लिखी थीं। इसलिए कल्पनाने चार वर्षकी उम्रमें घरहीं पर पढ़ना शुरूकर दिया। पाचवें वर्ष (१९१९)में कल्पना डॉक्टर खेस्तगीर बालिका हाई-स्कूलमें दूसरे दर्जे में भरतीहो गई, इस स्कूलको माँके नानाने स्थापित किया था। पढ़नेमें कल्पना दर्जेमें हमेशा अव्वल रहती थी। छोटी छोटी कहानियों और पुस्तकोंको पढ़नेके बाद वह बगालके बड़े बड़े ग्रंथकारोंकी कितावें पढ़ने लगी। ११ सालकी आयु (१९२५)में कल्पनाने 'पथेर दावी' पढ़ी। इसी समय कन्हाईलाल आदि शहीदोंकी जीवनियाँ भी पढ़ीं। असहयोग (१९२०)के ज़मानेमे कल्पनाके दो चाचाओंने असहयोग किया। इसका प्रभाव कल्पना के छ: सात वर्षके हृदयपर जरूर पड़ा होगा। जैसे जैसे उसका ज्ञान बढ़ता गया, वैसे वैसे कल्पनाकी पुस्तक पढ़ने की भूख बढ़ती जाती थी। गणितमें वह बहुत तीव्र थी और साइन्सके प्रति प्रेम था। उसने आचार्य प्रफुल्लचन्द्र रायको अपने लिये आदर्श रखा—उसे साइंसवेत्ती बनना था।

१९२९में कल्पनाने छात्रवृत्तिके साथ मैट्रिक पास किया। उस वक्त उसकी उम्र १४ वर्ष ७ महीने की थी, संस्कृत उसकी द्वितीय भाषा थी।

कल्पनाने अब तक सिर्फ कितावों तक ही अपने शौकको सीमित नही रखा था, वह शारीरिक व्यायाम भी करती। श्री पुरकेपोखरमें कूदकूद-कर उसने तैरना भी सीख लिया था। दो असहयोगी चचोंके कारण यद्यपि राजभक्तिके गढ़में कुछ दरार पड़ गई थी, मगर अब भी रायबहादुरकी परंपरा बिलकुल लुप्त नहीं हो गई थी, घरमें सरकारी अफ़सरोंको पार्टियाँ दी जाती थीं। पिताके घरकी तरह नानाका घर

भी जबर्दस्त राजभक्त था। चटगाँवमें घरकी एक अच्छीसी दूकान थी, जिसमें ज्यादातर विलायती कपड़े बिकते थे। असहयोगके समय गाँधीजी चटगाँव गये, इस समय दूकान पर बंग लक्ष्मी मिल्सके कपड़े रखवा दिये गये। उस समय गाँधीजीके दर्शन के लिये दत्त परिवारकी स्त्रियाँ भी गई थीं। छः सात वर्षकी बच्ची कल्पना भी उनमें थी। गाँधीजीके अपील करनेपर जब स्त्रियाँ अपने अपने आभूषणोंको उतार उतारकर देने लगीं, तब कल्पनाके मनमें न जाने क्या उमंग आई और वह अपने सुनहले कंकणोंको देनेके लिये उतावली हो गई मगर छोटी बच्ची समझ उन्हें नहीं लिया गया।

चाचा राजनीतिकी बात कभी कभी सुनाया करते। यद्यपि कहावत थी, "दत्तका घर जिस दिन स्वदेशी (देशभक्त) हो जाय, उस दिन सारा भारतवर्ष स्वदेशी हो सकता है" तो भी दत्तपरिवारकी तीसरी पीढ़ी कल्पनामें 'स्वदेशी' के अंकुर जमने लगे। मैट्रिक परीक्षा पास करने वाले साल (१९२९)में चटगाँवमे विद्यार्थी-सम्मेलन हुआ। चचाने सम्मेलनमें कल्पनाके बोलनेके लिये एक व्याख्यान तैयारकर दिया और वह वहाँ जाकर बोली। वाद विवादमें भी हिस्सा लिया। परीक्षा दे देनेके बाद जो छुट्टीके महीने मिले उसमें कल्पनाने तरह तरहकी बाहरी पुस्तके भी पढ़ी। उस वक्त तक चटगाँवमें क्रान्तिकारियोंका काफ़ी संगठन हो चुका था। सूर्यसेन, अनन्तसिंह, गणेश घोषने तरुणोंमें रुहसी फूँक दी थी। इस दलके युवक पुर्णेन्दु दस्तीदारका कल्पनाके घरमें आना जाना था। दस्तीदारने कल्पनामें रुचि पैदाकी और पुस्तकें भी देना शुरू किया।

कॉलेज—(कलकत्ता)में—कल्पनाको साइंस पढ़ना था। चटगाँव कॉलेजमें साइन्स विभाग था, मगर वहाँ लड़कियोंके पढ़ने का इन्तजाम न था, इसलिये तय हुआ कि उसे कलकत्ताके बेथुनी कालेजमें दाखिल कर होस्टलमें रखा दिया जाय। कल्पनाके पाठ्य विषय थे, भौतिकवाद, गणित और वनस्पति शास्त्र। चटगांवके छात्रसम्मेलनमें भाग लेनेवाली

कल्पना यहाँ छात्र संघमे शामिल हुये बिना कैसे रह सकती थी। आतंकवाद का कीटाणु दिमागमे प्रविष्ठ हो चुका था। और शरीरको फूल बनाने से काम नही चलता, इसीलिये वह शिमला व्यायाम समिति और नौका क्लबमें भी शामिल हो गई। कालेजसे बाहरकी पढ़ाईमें उसने हिन्दी और फ्रेंच भाषाको भी शामिलकर लिया था। होस्टलकी लड़कियोंसे वही मुलाकात कर सकते हैं, जिनका नाम माता-पिताकी ओरसे आकर सूचीमे दर्ज हो चुका है। पूर्णेन्दु दस्तीदारका बाप भी उस सूचीमें था। इस प्रकार कल्पनाको दस्तीदारसे अनन्तसिह, गणेश घोष आदिके बारेमे जाननेका मौका मिलता था और क्रान्ति सम्बन्धी साहित्य भी पढनेको प्राप्त होता था। दस्तीदार उस समय शिवपुर कॉलेजमे पढ़ता था। सूर्यसेन, अनन्तसिह और गणेश घोषके साहसपूर्ण जीवन और प्रतिभाके बारेमें दस्तीदारसे सुनकर कल्पनाके दिलमें इन नेताओंके प्रति भारी श्रद्धा होती जा रही थी। वह क्रान्तिकारियोकी जीवनियाँ ढूँढ-ढूँढ़कर पढ़ा करती थी। भगतसिहकी जीवनी भी उसे सुननेको मिली थी। कितना ही गैरकानूनी साहित्य कल्पना और दूसरी 'स्वदेशी' विप्लवी छात्राओंके पास पहुँचता, शक्ति-पूजा, काली माँ, और गीतापर कल्पनाका खूब विश्वास था। मृत्युसे वह निर्भय थी। वह गीताके श्लोकोंको पढ़ते हुए कहती—मरना, पुराने वस्त्रको छोड़ना जैसा है। उसके हृदयमें शान्तिका स्रोत उमड़ता चला आ रहा था और वह सीधे युद्धमें भाग लेनेके लिये आग्रह करती थी। वह क्रान्ति युद्धमें भाग लेकर दिखलाना चाहती थी कि स्त्रियाँ भी बीरतामें पुरुषोंसे पीछे नहीं हैं, इसीलिये वह शारीरिक व्यायामकी ओर ज्यादा ध्यान दे रही थी जुजुत्सूभी बड़ी तत्परताके साथ सीख रही थी। छुरा, लाठी चलानाभी वह सीखती थी और साइकिल चलानेमे दक्ष बननेकी कोशिश करती थी।

अप्रैल (१९३०)मे जब जवाहरलाल गिरफ्तारकर लिये गये तो कल्पनाने बेथुनी कालेजमें—जो कि सरकारी कालेज है—सफल हड़-

ताल करानेके लिये बहुत काम किया। कालेजकी प्रिन्सिपल महिलाने आग बबूला हो कितनी ही लड़कियोंको जबर्दस्ती घसीटा और दूसरी तरह से अपमानित किया। छात्रियोंने परीक्षा न देनेका संकल्प कर लिया। आखिरमें प्रिन्सिपल महाशया को लड़कियोंसे क्षमा माँगनी पड़ी।

१८ अप्रैल (१६३१)के चटगाँवके अस्त्रागार पर क्रान्तिकारियोंने आक्रमण किया। यह साधारण आक्रमण नहीं था। इस आक्रमणसे क्रान्तिकारियोंने अपनी सैनिक सूझ और दावपेंच, दृढ़ संगठन और निर्भीकताका वह प्रमाण दिया, जिसे देखकर उनके शत्रु भी दग रह गये। और भविष्यकेलिए अब वह पुरानी निश्चिन्तता नहीं रख सकते थे। यह अस्त्रागार-आक्रमण समय बीतने के साथ और भी ज्यादा स्मरणीय होता जायेगा। हड़तालके बाद कल्पना चटगाँव जानेकी तैयारी करने लगी, किन्तु चटगाँवके इस आक्रमणके बाद सारे रास्ते बन्द हो गये। बहुत से क्रान्तिकारी पकड़े गये। दस्तीदार अपने कॉलेजसे लापता हो चुका था। अप्रैलके अन्तमें जब कल्पना चटगाँव गई तो वहाँ क्रान्तिकारियोंसे सम्बन्ध रखनेका सामान नहीं रह गया था। अभी भी चटगाँवमें करफ्रू ऑर्डर था। कितनी ही गिरफ्तारियोंके बाद चटगाँवमें काम बन्द हो जाता, इसलिए कल्पनाने चटगाँव कालेजमें ही पढ़नेकेलिए पिता पर जोर दिया—"कलकत्तामें धर्मघट (हड़ताल) होता है, वहा रहने पर शामिल होना पड़ेगा और छात्रवृत्ति भी बन्द हो जायेगी इसलिए चटगाँव ही में पढ़नेका प्रबन्ध कर दें।"

चटगाँवमें कोशिश करने पर दो चार क्रान्तिकारियोंके साथ संबंध हुआ। और काम बढ़ने लगा। बेथुनी कालेज ट्रान्सफर सार्टीफिकेट देनेकेलिए तैयार नहीं था और न चटगाँव कालेज एक लड़कीको लेनेकेलिए तैयार था। इसी लिखा-पढ़ीमें बहुत सा समय बरबाद हो गया। एकबार कल्पनाने परीक्षाका ख्याल छोड़ देना चाहा। मगर अनन्तसिंह आदिने परीक्षा दे देने पर जोर दिया। स्कालरशिप तो बेथुनी कालेज की हड़ताल ही में खतम हो चुका था। अन्तमें उसने इंटरमीजियेट

साइन्स परीक्षा प्राइवेट तौर पर बैठनेका निश्चय किया। नवम्बरमें टेस्ट की परीक्षामें शामिल हुई और 'भालो रिजल्ट' (अच्छा परिणाम) रहा। टेस्ट पास कर फिर चटगाँवमें चली आई, क्योंकि यहीं के केन्द्रसे उसे परीक्षामें बैठना था।

चटगाँवके उस महाकाण्डके बाद वह क्रान्तिकारी काममें भाग लेनेकेलिए इतनी उतावली हो गई थी कि उसका और किसी काममें मन ही नहीं लगता था। वह या तो गुप्तरीतिसे क्रान्तिकारी-प्रचार करती या क्रान्ति साहित्यको पढ़ती। बीच-बीच में पिस्तौल चलाने का अभ्यास करती। चटगाँवमें मेट्रिक साथ पास करने वाली सहपाठिनी सुरमादत्त कमूनिस्त विचारवाली थी। पूँजीवाद, भौतिकवाद, मजदूर आदिकी बातें करती, किन्तु कल्पना मित्र होते हुए भी इससे सदा बिलगाव रखती। अनन्तसिंहने एकबार कहा "अपने आदर्श और उद्देश्यकेलिए माँ-बाप और भाई तक को मार डालनेमें हिचकिचाहट नहीं होनी चाहिए। क्या तुम इसकेलिये तैयार हो?" कल्पनाके विचार-क्षेत्रसे पुराना धर्मशास्त्र लुप्त हो चुका था। अब वह एक नये आचार शास्त्रकी अनुयायिनी थी, उसने अनन्तदाको बिना जरा भी झिझकके कह डाला "आमी सबी करते पारी" (मैं सब कर सकती हूँ)।

चटगाँवके क्रान्तिकारियोंका मुकदमा जेलमें हो रहा था। उनपर भयंकर अभियोग था। उन्होंने अंग्रेज सैनिकोंको मारा था। बाहर बच रहे क्रान्तिकारियोंने—जिनमें कल्पना भी एक थी—डाईनामाइटसे जेल तोड़नेका निश्चय किया, और इसकेलिए जहाजघाटके एकघरको प्रयोगशाला बनाया।

फर्वरी (१९३१) आई। इन्डियन रिपब्लिकन आर्मी के अध्यक्ष मास्टर सूर्यसेनने हुकुम दिया कि कलकत्ता जाकर तेजाब और दूसरी चीजें खरीद लाओ। कल्पनाने घरमें आँखकी परीक्षा कराने का बहाना किया और वह उसी दिन कलकत्ता चली आई। सात दिन बाद सभी "जिनिसपाती" खरीद कर चटगाँव पहुँच गये। अब मास्टर दाको

१७ वर्ष की इस बालिका की हिम्मत पर विश्वास हुआ और उन्होंने किसी भिड़ंतमें कल्पनाको शामिल करने का निश्चय किया। तै हुआ सिम्सन की हत्या के लिए। दिनेशगुप्त और रामकृष्ण विश्वासको जिस दिन फाँसी दी जाये, उसी दिन कोई बड़ा काम करना होगा। विस्फोटक पदार्थोंकी तैयारी होने लगी। कल्पनाकी परीक्षाका समय आगया था, वह कामके सामने परीक्षा देनेकी बात छोड़ना चाहती थी, किन्तु अनन्तदाने हुकुम दिया—'परिक्खा दीते होबे' (परीक्षा देनी होगी)। परीक्षा दे डाली।

जेलकी दीवारमें भीतरसे डाईनामाइट लगा दिया गया, और विस्फोट करनेकेलिए एक तार जेलसे बाहर दूर तक रखा गया। किसी सिपाहीने तार देख लिया। खोदने पर वहाँ से डाईनामाईट निकला। पहाड़के ऊपर सरकारी कचहरी थी। वहाँ भी डाईनामाइट पकड़ा गया। बहुतसे तरुण गिरफ्तार किये गये। दिनेश और रामकृष्णको फासी हो गई और इधर काम निष्फल रहा। अनन्तसिह, गणेशघोष, लोकनाथ बाल आदि जेलमें पड़े फाँसीकी सजा सुननेका इन्तजार कर रहे थे। परीक्षामें पास हो जानेका कल्पनाको क्या सन्तोष हो सकता था। उसे तो सशस्त्र क्रान्तिकी ही एकमात्र धुन थी और दिखाना था कि स्त्री सिर्फ ओठों या सीमन्तोंको ही लाल करना नही जानती। मगर इस कामको भी आड़की जरूरत थी। कालेज खुले तीन मास बीत भी गये, तब सितम्बरमें कल्पना चटगाँव कालेजमे बी० एस् सी० में दाखिल हुई। श्रीपुरमें पिस्तौलके अभ्यासका सुभीता था, इसलिए वह प्रायः श्रीपुर चली जाती और भूत के नामसे काँपने वाली कल्पना साँपों और बिच्छुओंसे भरे कान्तारमें अंधेरी रातमें जाकर पिस्तौल चलाना सीखती! मास्टर दा (सूर्यसेन) नहीं पकड़े जा सके थे। वे चटगाँव जिलेमें ही छिपे हुए अपनी बिखरी सेनाको संगठित कर रहे थे।

१९३०में एक दिन पुलिसने कल्पनाको बुलाया। बापको भी बुलाकर पुलिस सुपरिन्टेन्डेन्टने कहा कि—'कल्पनाका सम्बन्ध आतंकवादियोंसे

है।" कल्पनाको मुचल्का देनेपर छुट्टी मिली। उसे कहना पड़ा कि मैं न गैरकानूनी पुस्तक रखूँगी और न किसी सभा या गुप्त समितिमें जाऊँगी। लेकिन इस वचनको माननेकेलिए वह क्यों मजबूर होने लगी? १७ सितम्बरको वह वारण्टसे छिपे एक साथीसे मिलने पुरुष वेषमें जा रही थी और पहाड़ तली (चटगाँवके एक महल)में पकड़ी गई। उसे जेलमें भेज दिया गया।

सात दिन बाद २४ सितम्बरको क्रान्तिकारियोंने दूसरा साहसपूर्ण काम किया। और उन्होंने पहाड़तलीके यूरोपियन क्लबके ऊपर छापा मारा। कई अंग्रेज घायल हुए। एक मेम मारी गई। इस भिड़न्तमें एक क्रान्तिकारिणी महिला प्रीति वद्देदार भी शामिल हुई थी जिसने पकड़े जानेके डरसे पोटास खाकर वहीं प्राण देदिये। पुलिसने कल्पनाको भी फँसाना चाहा, क्योंकि सात दिन पहले वह वहीं पुरुष वेषमें पकड़ी गई थी। गिरफ्तारियाँ बहुत हुईं मगर सबूत न मिलनेसे सबको छोड़ देना पड़ा। दो महीना जेलमें रखनेके बाद कल्पना पर १०६ दफा चलाई गई और वह जमानत पर छूटी।

जमानत देते समय हुकुम हुआ था कि कल्पनाको घर से बाहर नहीं जाना होगा। घरवाले घरके कोठेसे नीचे भी नहीं उतरने देते थे। कल्पनाने छः सालकी अपनी छोटी बहन को सहायक बनाया और उसके द्वारा क्रान्तिकारियोंसे सम्बन्ध स्थापित किया। मास्टरदाने सलाह दी कि भाग जाना चाहिए।

२० दिसम्बर १९३२ का दिन था, रात नहीं दिन था। दत्त-परिवारके मकानके इर्द-गिर्द चार पुलिसके आदमी दिन रात पहरा वाले सादे कपड़े में थे। ठाकुरदा (दादा) रायबहादुर दुर्गादासदत्त के श्राद्ध का दिन था। लोग स्वादिष्ट, गरिष्ट भोजन ग्रहणकर दो बजे दोपहरको विश्राम ले रहे थे। मकान के एक ओर पहाड़ी थी। ढँकी हुई खिड़कियोंके भीतरसे दो चमकीली आँखें इस ओर बड़े ध्यानसे देख रही थीं। इस ओर का पहरे वाला कितनी ही बार थोड़ी देरके वास्ते अनु-

पस्थित रहता चला आता था। आज भी उसने वैसा ही किया। चमकीली आँखे और चमक उठीं। दबे पाँव श्राद्ध के अन्न के खुमारमें मस्त घरके स्त्री-पुरुषोको जराभी आहट दिये बिना कल्पना अपनी साड़ीको सँभाले पहाडीकी ओर बढ़ी, और थोड़ी ही देरमें आँखोसे ओझल हो गई। इस समय कल्पना पर मुकदमा चल रहा था।

उस वक्त चटगावका सारा जिला सेनासे भरा हुआ था। जगह-जगह मिलिटरी कैम्प लगे हुए थे। एक नही दो-दो बार क्रान्तिकारियोंने अंग्रेज शक्ति पर आक्रमण किया था, इसलिए वह चटगावसे क्रान्तिकारी भावनाको नेस्तनाबूद करनेकेलिए तुली हुई थी। क्रान्तिकारी यद्यपि बलमे समान नहीं थे, लेकिन सूझमें उनसे भी ज्यादा तेज थे, जोश और निर्भीकताका तो कहना ही क्या था। पहली रात कल्पना शहर ही मे एक घरमें रह गई। दूसरी रातको उसने वधूका वेष धारण किया और मास्टरदाके साथ रातको शहरसे दस बारह मील दूर एक गावमें चली गई।

पुलिस कल्पनाके भागनेकी खबर सुनकर सन्न हो गई। सरकारने बेटीके कसूरका गुस्सा बापके ऊपर उतारा और नौकरीसे मुअत्तल कर दिया। पुलिस शहर वाले घरकी सारी जगम सम्पत्ति उठा ले गई। पिताको नौकरी जानेका अफसोस था और उससेभी ज्यादा अपनी लड़कीके 'कहाँ होने'की चिन्ता। बाबा (पिता) कल्पनाको पहाड़-पहाड ढूंढ रहे थे।

कल्पनाको मास्टरदा और दृढ़ कर रहे थे। वह उनके साथ रातको जहाँ-तहाँ घूमती, दिनमे विश्वासपात्र घरोंमें रहती, भविष्यके प्रोग्राम पर मास्टरदा (सूर्यसेन)के साथ विचार करती और पिस्तौलोंकेलिए कारतूस बनाती।

पहला मुकाबिला – अब जनवरी (१६३३)का महीना आ गया। गाँव गाँव सैनिक कैम्पोंसे भरे चटगाव जिलेमें एक रातमे एक गावसे दूसरे गावमें स्थान बदलते मास्टरदाके साथ कल्पना अभी-अभी रातमें

आकर एक नये शरण स्थानमे पहुँची थी। अभी अच्छी तरह उनकी नीद पूरीभी न होने पाई थी, कि तीन या चार बजे रातको गोरखा सैनिक उस दरवाज़ेको खुलवाने लगे। अगर जाड़ेकेलिए काफी कपड़े होते तो शादय कल्पनाकी नींद न खुलती। अभी उसे इस तरहके जीवनका अधिक अभ्यास नही हुआ था। आहट पाते ही आँख खुली। उसने खतरेको समझा और मास्टरदाको तुरन्त जगाया। कल्पना और मास्टरदाके अतिरिक्त तीन और क्रान्तिकारी वहाँ छिपे हुए थे। दिमागको ठंडाकर घरके चारों ओरका पता लगाया। मालूम हुआ, मकानको एक ओर सेना घेर नहीं पाई है। पाचों क्रान्तिकारी उसी रास्तेसे निकल भागनेमें सफल हुए।

दूसरा मुकाबिला और मेहनत—और कितना ही समय बीता। कल्पना अपने साथियोंके साथ एक घरमें शरण लियेहुए थी। रातके नौ बज चुके थे। मास्टरदा, कल्पना, शान्ति चक्रवर्ती और तीन दूसरे साथी घरके भीतर मन्त्रणा कर रहे थे। गांवमें गोरखोंका कैम्प था। साथी जिस समय बात करके बाहर जाने लगे, सैनिकने आवाज दी "कौन है"? लोग पीछे बागकी ओर हटे। सैनिकोने गोली चलाई। क्रांतिकारियोंने गोलीका जवाब गोलीसे देना शुरू किया। ट्रेसर (प्रकाशदायिनी) गोलियोंने रातके अन्धकारको छिन्न-भिन्न कर दिया। एक गोरखाने कल्पनाको पकडना चाहा। उस समय एक तरुण क्रांतिकारी पीछे हटकर आगे बढ़ गया। गोलियोंसे बचनेकेलिए जमीन पर पड़ते और खड़े होते कल्पना खाईके पानीमें गिर गई, फिर बंसवारीकी आड़से रिवाल्वर चलाने लगी। उस समय उसके शरीरसे गरम खूनकी धारा तेजीसे बह रही थी और दिमाग बिलकुल शीतल था। गोलियोंको वह बहुत साध कर चला रही थी और कोशिश करती थी कि कोई गोली बेकार न जाये। जो भी सैनिक बंसवाड़ीकी ओर बढ़ना चाहता, वह कल्पनाके अचूक निशानेका शिकार होता। कल्पनाको नहीं मालूम कि उसने कितनोंको घायल किया और कितनोंको मारा, लोगोंने बतलाया कि उस रात सात

सैनिक कल्पनाकी गोलियोंके शिकार बने। अब आकाशमें सिगनेलिंग-फायर करके रातको दिन बना दिया गया और आस-पासके गावोंसे भी मिलिटरी आने लगी। कल्पना और उसके साथ गोली चलानेवाले क्रांतिकारी तरुणको खतरेको समझनेमें देर न लगी। गोरखा कुछ पीछे हट गये थे। तरुण और कल्पना दोनों दौड़कर पूस-माघके जाड़ेमें एक पोखरीमें कूद पड़े और दो घण्टे भर गले तक डूबे रहे। घाटकी आड़ थी, इसलिए गोलिया सनसनाती ऊपरसे निकल जाती। अब चार बज रहा था। सूर्योदयका खतरा नजदीक आ रहा था।

दोनों पोखरीसे निकल कर उन्हीं भीगे कपड़ोंमें एक तरफको भाग निकले। बस्तियोंसे बचते चार पाच मील तक वे दौड़ते ही गये। एक गाँवमें एक भक्त लड़का मिला, जिसने दोनोंको कपड़ा दिया और पुरुषके वेषमें एक धानके कोठलेमें छिपा दिया। दिनके आठ बज चुके थे। जबकि लड़केका पिता धान लेने गया, वहां उसने इन दोनोंको छिपे देखा। उसने रातको गोलियोंकी आवाज सुनी थी, धमकाकर कहा—अभी हमारे घरसे निकल जाओ। गावके कुछ आदमी पकड़वानेकी तदबीरमें थे, लेकिन दोनोंके पास पिस्तौलभी थी, यह वे जानते थे। तरुणने कल्पनाको आगे दौड़ जानेकेलिए समय देते उनसे बात छेड़ दी। वह दिनभर दौड़ती तीस मील जाकर एक गाँवमें पहुँची। वहाँ किसी भक्तसे शरण-स्थानका पता लगा, जाकर देखा, वहाँ तीन साथी घायल पड़े हुये हैं, जिनमें शान्ति चक्रवर्तीकी छातीसे गोली आर-पार हो गई है। अपने एक आदमीके गिरफ़ार होनेकी उतनी चिन्ता नहीं हुई, लेकिन जब उसने सुना कि मास्टरदा गिरफ़ार हो गये, तो एक बार उसके आँखोंके सामने अँधेरासा आ गया।

सारे चटगाव जिलेमें छान-बीन जारी है। कल्पना एक जगहसे दूसरी जगह बचती हुई चली जा रही है। १६मईका दिन आया। उसदिन समुद्र-तटपर एक घरमें शरण ली थी। वहाँ कल्पनाको लेकर तीन क्रान्तिकारी और रक्षक, चार जने थे। मिलिटरीको पता लग गया कि

क्रांतिकारी किसी काण्डकी तैयारी कर रहे हैं। मिलिटरीने घरको चारों-ओरसे घेर लिया। ७ बजे सबेरेका समय था। सैनिक घरके नजदीक आना चाहते थे। कल्पना और उसके साथी जंगलोंसे गोलियाँ चलाते। इनके पास पिस्तौल थे जिनकी मारक गोलियाँ दूर तक नहीं जा सकती थी, जबकि सैनिकोंके पास दूर तक मार करनेवाली राइफलें थी। क्रांति-कारी जङ्गलेके ऊपर मुंह नहीं कर सकते थे, क्योंकि उसके छड़ोंमें होकर गोलियाँ लगातार घरके भीतर गिर रही थी। वे बिना देखे बाहरकी तरफ गोलिया चला रहे थे। सोलह वर्षके तरुण क्रान्तिकारीको एक गोली लगी, और वह कल्पनाके सामने ही गिरकर सदाकेलिए सो गया। कल्पनाके हाथमें कई छर्रें लगे और खून बह रहा था। कल्पना और उसके साथी अब भी आत्म-समर्पणकेलिए तैयार न थे, यद्यपि वे जानते थे कि देरतक उनकी गोलियाँ नही बची सकती। सैनिकोंने घरवालोंको भी मारना शुरू किया। घरका एक आदमी जानसे मारा गया। एक भीषण रूपसे घायल हुआ, कईके सिर फूट चुके थे। घर भरके लोग मारे जीने वाले थे। कल्पनाने देखा कि सारे घरका संहार होने जा रहा है, उधर उनके कारतूस खतम हो रहे हैं। कल्पनाने चिल्लाकर कहा—"गोली बन्द करो, हम आत्म-समर्पण करते हैं।" सैनिकोंको अब भी विश्वास नहीं आया। दुबारा चिल्लाने पर उन्होंने गाँवके दफादार (बड़े चौकीदार)को भेजा। जब कल्पना और उसके जीवित साथीने अपनी खाली पिस्तौलोंको दफादारके हाथमें दे दिया तब कहीं सैनिकोंको मकानके पास आनेकी हिम्मत हुई।

गिरफ्तार—नौ बजे दिन चढ़ आया था, जबकि दो घण्टेके संग्रामके बाद १६ वर्षकी इस वीर-बालिकाके हाथोंको सैनिकोंने बाँध दिया। वह अब उनकी कैदी थी। जाट सूबेदारने कल्पनाको हंटरसे मारा। सिपाही नाराज हो गये—"हमारी बंदिनी तथा एक स्त्रीके ऊपर हाथ छोड़ना बहादुरका काम नहीं है।"

कल्पना और उसके साथीको जोरसे जकड़े हाथोंके साथ उसी दिन

अनवारा थानामें पहुँचाकर रातभर वहीं रक्खा गया। इस वीर बालिकाकी वीरताकी कौन नही प्रशंसा करता। पुलिस हो या सैनिक, सभी उसे एक अद्वितीय स्त्री समझते थे। रातको खाना दिया गया, मगर दोनोंने नही खाया। वह सबेरेके बिछुड़े भाईके शोकको भुला नहीं सके थे। सैनिक जासूस अफसर मि० स्टिवेंसन बीस मईको सबेरे मोटर लाच द्वारा उन्हें चटगाँव ले गये। स्टिवेंसनने पूछा—"तुमने क्यों ऐसा किया?" कल्पनाने कहा—"तुमने हमारी स्वाधीनता छीन ली, उसीकेलिए हम लड़ते हैं"। स्टिवेंसनने कहा—"What a silly girl you are" (तुम कैसी अबूझ लड़की हो)।

सुपरिटेन्डेन्ट स्प्रिङ्गफील्डने जोरसे कसकर बँधे हाथोंको ढीला करवाया और सूबेदारको फटकारते हुए कहा—"तुम स्त्रीके साथ सुव्यवहार करना नहीं जानते हो"? सुपरिन्टेन्डेन्टने नरमीके साथ कल्पनासे पूछा—"क्या तुम कोई वक्तव्य देना चाहती हो?" कल्पनाने 'नहीं' किया। फिर उसे जेल भेज दिया गया।

जेलमें—जेलमें महीने भर रहनेकेबाद पता लगा, कि कल्पना, सूर्यसेन, तारकेश्वर और दस्तीदार पर चटगाँव अस्त्रागार पर छापामारीके दूसरे पुछल्ले मुकदमेकी तैयारी है। एक हिन्दू, एक मुसलमान और एक अंग्रेज तीन जजोंकी एक खास अदालत बनाई गई। दो महीने तक मुकदमा चलता रहा। कोई सवाददाता या जनताका आदमी वहां जा नहीं सकता था। सम्बन्धियों तकको जानेकी कोई इजाज़त नहीं थी। क्रान्तिकारी दलका सारा कागज-पत्र पकड़ा गया था, इसलिए बचनेकेलिये उम्मेद न थी। तीनों दृढ़-हृदयके साथ फांसीका हुकुम सुननेकेलिए तैयार थे। १४ अगस्तको सूर्यसेन और तारकेश्वरको फाँसीका हुकुम सुनाया गया। कल्पनाकी कमउम्र और स्त्री होनेका ख्याल करके आजन्म कालेपानीकी सजादी गई। कल्पना मास्टरदाको पहले जाते देख अपने स्त्रीत्वको कोसने लगी। अदालतमें आखिरी बार उसने अपने उन दोनों साथियोंको, देखा, जिन्हें अब वह फिर न देख सकेगी।

खास अदालतके फैसलेके बाद ही कल्पनाको हिजली जेलमें भेजा दिया गया। हाईकोर्टकी अपीलसे कुछ नही हुआ, और दोनों साथियोको फाँसी हो गई।

जेल जीवन—तीन मास हिजलीमें रहनेके बाद २७ नवम्बर (१९३३,को कल्पनाको राजशाही जेलमें भेज दिया गया। यहाके छः महीने के निवासमे वह सिलाईका काम करती थी। उस उक्त विवेकानन्दके ग्रन्थोंपर उसकी बड़ी श्रद्धा थी। सितम्बर (१९३४)से अक्टूबर (१९३५) तक कल्पना मेदिनीपुर जेलमे डेढ़ साल रही। यहाँ भी सिलाईका काम दिया जाता था। पढ़नेकेलिए बिल्कुल साधारणसे उपन्यास मिलते थे। जब कुछ और आतकवादी लड़कियाँ यहा लाई गई, तो कल्पनाको दिनाजपुर जेलमे भेजा दिया गया। वहाँ उसे ११ मास रहना पड़ा। उसके बाद फिर मेदिनीपुर लाई गई।

जिस समय देशके अधिक प्रान्तोंमे कांग्रेसी मन्त्रिमडल काम कर रहे थे, और राजनीतिक बन्दियोंको छोड़ा जारहा था, उस समय बंगालमे भी आन्दोलन चल रहा था। खासकर आतंकवादकेलिए लम्बी सजा काट रही लड़कियोंके छुड़ानेकेलिए बहुत कोशिश होरही थी। गाधीजो भी इसपर जोर देरहे थे। फर्वरी १९३९को कल्पनाको गाधीजीसे भेट करनेकेलिए कलकत्ता लाया गया। महात्माजीके पूछने पर कल्पना ने कह दिया "आतकवाद पर मेरा विश्वास नहीं है।" एक दिन रखकर उसे फिर-मेदिनीपुर भेज दिया गया।

जेल से रिहा—चारों ओरसे दबाव पड़ रहा था। सरकारी परामर्शदात्री कमिटीने स्त्रियोके छोड़नेकी सिफारिशकी थी। मि० एन्ड्रूज इसके लिये गवर्नरसे मिले। अन्तमें १ मई १९३९को कल्पनाको जेलसे छोड़ दिया गया।

पुरुष आतंकवादियोंकी जेलमें बड़ी संख्या थी। उन्हें मार्क्सवादी साहित्य पढ़ने और विचार-विनिमयका काफी मौका मिलता, इसलिए

उनकी भारी संख्या जेलमें ही आतंकवादको छोड़ चुकी थी। मगर स्त्री राजबन्दिनियोंको यह सुभीता न था, इसीलिए इस बारेमें वे घाटेमें रही। कल्पनाने बाहर आकर देखाकि उसके साथ काम करनेवाले तरुण कमूनिस्त पार्टीमें काम कर रहे हैं। चटगाव अस्त्रागार-काडमें सजा पाये उसके मौसेरे भाई सुबोधरायने दूसरी पार्टीवालोंकी तरह छीना-झपटी न करके कल्पनासे कहा –'मैं तो सब कुछ समझनेके बाद आतंकवादका पक्ष छोड़ कमूनिस्तपार्टीका हो गया हूँ, तुम खुद समझो और अपना रास्ता स्वीकार करो।" जेलमें कल्पनाका विश्वास आतकवादसे हिला नही था। हाँ, उसके साथ-साथ वह वेदातवाद और गीतावाद पर विश्वास रखनेवाली बन गई थी। समाजवादके बारेमें वह बेमनसे कह देती—"हाँ अच्छा है।" बाहर आकर देशमें उसने जो परिवर्तन देखा, उसका असर होना जरूरी था।

उसे कोई कॉलेज लेनेकेलिए तैयार नही था, इसलिए फिर बी० एस्सी करनेकेलिए रास्ता न था। चटगॉवके राजनीतिक वायुमंडलमें अब भारी अतर था। वहा अब आतंकवादकी जगह कमूनिज्मकी हवा चल रही थी। कल्पनाभी कमूनिस्त लड़कियोंके साथ मिलकर काम करने और उनके कामको नजदीकसे देखने लगी। अब उसे कमूनिस्त साहित्यके पढ़नेका अच्छा मौका मिला। इसी बीच दिसम्बरमें उसे टाईफाईड होगया और पन्द्रह दिन तक जीवन और मृत्युके बीच झूलती रही। काम और बीमारीसे बचकर सिर्फ तीन मास उसे पढनेको मिले थे। बंगला, अंग्रेजी और गणित लेकर सन् १६४०में उसने बी० ए० पास कर लिया। परीक्षा पास करते-करते अब मार्च तक उसने अपना रास्ता चुन लिया था—वह सिर्फ कमूनिस्त पार्टीकी ही हो सकती है।

चटगॉवमे अभी घरवालोंकी ओरसे कुछ अड़चन होती थी, इसलिए खुले तौरसे काम करनेकेलिए वह ६ अप्रैलको कलकत्ता आगई और

एम्० ए० (गणित) पढ़नेकेलिए युनिवर्सिटीमें भरती होगई। लेकिन उसका अधिकतर समय मजदूरोंमें काम करनेमें जाता था।

अबभी पुलिस उसको चैन देनेकेलिए तैयार न थी। १० नवम्बर (१९४०)को उसे कलकत्तासे निकल जानेका हुकुम हुआ और चटगांवमें घरमें नजरबन्दकर दिया गया। इस नज़रबन्दीसे मई १९४१ मेंही उसे छुट्टी मिली। अबभी उसके रास्तेमें तरह-तरहकी रुकावटे थीं। वह मुनिसिपैलटीकी सीमासे बाहर नही जासकती थी। भूतपूर्व आतंकवादियोंसे मिल नहीं सकती थी। लेकिन, कल्पना चुप बैठनेवाली नहीं थी, उसने स्त्रियोंमें काम करना शुरू किया। उनके लिए अध्ययन-चक्र खोले। "पाथेय" नामक एक हस्तलिखित पत्रिका निकाली जिसमें कमूनिज्मकी बातें होती थीं। सब वर्ग की स्त्रियोंकी एक "नारी समिति" भी स्थापितकी, जिसमें १००के करीब सदस्यायें थीं। स्त्रियोंकेलिए रात्रि-स्कूल और दोपहरके स्कूल खोले। इन स्कूलोंमे सन्थाल, मेहतर, धोबी स्त्रियाँ काफी संख्यामें आती थीं।

१९४२में जबकि कमूनिस्त पार्टीकी नीतिका पता सरकारको लग गया था, तब भी कल्पनाके ऊपर बहुतसी पाबन्दियाँ लगी हुई थीं। उधर बर्माके पतनके बाद चटगाव पर आक्रमण होनेका डर था। कल्पनाने जिला मजिस्ट्रेटसे जाकर कहा—"मेरे खिलाफ क्या शिकायतें हैं? क्यों मुझे फासिस्तोंके खिलाफ सारी ताकतसे काम करनेसे रोका जाता है?" मजिस्ट्रेटने कहा—"मैं देखूँगा।" ७,८ मई और फिर २० मई को जापानी फासिस्तोंने चटगावके ऊपर बम गिरा कर कितनेही बच्चों और स्त्रियोंकी हत्या की। अब बहुतोंकी आँखें खुलने लगीं कि जापान कैसा भारतका मित्र है।

कल्पनाका स्वास्थ्य अच्छा नही था और ऊपरसे उसने काम करनेमें रात-दिन एक कर दिया। मई १९४२में फिर उस पर टाईफाईडका आक्रमण हुआ। वह चारपाई पर पड़ी थी। जिस समयकि उसे सूचना

मिलीकि वह पार्टी-मेम्बर बना ली गई कल्पनाको अपार खुशी हुई। सितम्बरमें उसने जनरक्षक सेनामें शिक्षा प्राप्त की। चटगावमें जापानियोंके घुस आनेका डर था। फिर सूर्यसेन, अनन्तसिंह और गणेश घोषके साथ कदमसे कदम मिलाकर चलनेवाली कल्पना चुप क्यों रह सकती थी? उसने नारी-समितिके भीतर, स्त्रियोंको भी रक्षाके ढंग सिखलाये।

दिसम्बरमे पार्टी-शिक्षाकेलिए वह बम्बई आई थी। पार्टीके जनरल सेक्रेटरीके नाम और योग्यताके बारेमे वह पहले भी सुन चुकी थी। मगर इसी समय पहलेपहल उसने पूरनचन्द्र जोशीको देखा और उसके लेक्चरोंको सुना। वह कलकत्ता लौटकर चटगाव चली गई। फिर पार्टीनें उसकी योग्यतासे सारे प्रान्तको फायदा पहुँचाने केलिए कलकत्ता बुला लिया। अब वह (१६४३)में प्रान्तीय कमिटीकी ओरसे संगठक थी।

कल्पना अकेली नही अपनी चार बहनोके साथ पार्टी मेम्बर हुई। उसका घर भर पार्टीका भक्त बना।

२६ जूनको पार्टीके कामसे कल्पना बम्बई आयी। पी० सी० (पूरन-चन्द्र जोशी)से फिर दुबारा साक्षात्कार हुआ। पी० सी०ने कल्पनाकी वीरताके बारेमें बहुतसी बाते सुनी थी। आतंकवादके विरुद्ध होते हुएभी वह बंगालके उन तरुण शहीदोंका जबर्दस्त प्रशंसक है, और उनकी कुर्बानियोंको वह व्यर्थ नही समझता क्योंकि आज उसीके बल पर बंगालकी पार्टी इतनी जबर्दस्त है। उसने जिस समय पहले-पहल कल्पनाको देखा उस वक्त शायद उसके दिलमे ख्याल भी नही आया कि आगे क्या होनेवाला है। पी० सी०के हृदयसे बगालके शहीदों केलिए जब प्रशंसाके शब्द आते थे, तब उसे कहाँ मालूम था कि ये उसके हृदयके उद्‌गार साकार रूप धारण करनेवाले हैं। दूसरी बार मिलने पर पी० सी० ने धड़कते दिलसे कल्पना से कहा कि "आओ हम तुममी एक हो जायँ।"

कल्पनाकी ठाकुरमा (दादी)को जब मालूम हुआ, तो उनके आनंदकी सीमा न रही। ठाकुरमां निराशहो चुकी थीं कि उनकी पोती व्याह नहीं करेगी। और एकाएक पी० सी० ऐसे जामाताको पानेकी खबर मिली। वह बहुत उतावली होगई—"पका आम गिरनेवाला है, आँखोंके बन्द होनेसे पहलेही तुम दोनोंका व्याह होजाय।" ठाकुरमाकी अभिलाषा पूरी करनी पड़ी और १५ अगस्तको कल्पना और पूरनचन्द्र जोशीका व्याह होगया। नरोन्द्रया—बोल्याके सर्वश्रेष्ठ अंशका मार्क्सवादके साथ स्नेह-संबंध होगया।

—

१५

सोमनाथ लाहिड़ी*

बंगालमें जिन लोगोंने कमूनिस्त आन्दोलनको सार्वजनिक बनाया, उसे सुदृढ़ और सुसंगठित बनाया और आज जिनकी वजहसे वह बंगालके शिक्षित भद्रलोगों, किसानों और मजूरोंमें वह कितना जनप्रिय हो गया है; उनमें पहले नाम आनेवालोंमें सोमनाथ लाहिड़ी प्रमुख है। बगालमे और भारतके दूसरे प्रान्तोंमें पार्टी-संगठन करनेकेलिए उसने भारी उद्योग किया। वह कितने ही समय तक भारतीय पार्टीका सेक्रेटरी रहा। लाहिड़ीकी कलम बहुत तेज है और मार्क्सवादके गंभीर सिद्धान्त उसकेलिये हस्तामलकवत् हैं। ऐतिहासिक और द्वन्दात्मक भौतिकवादकी गहन गुत्थियोंको सुलझाकर विद्यार्थियोंके सामने रखनेमें वह बडा सिद्ध-

---

* विशेष तिथियों—१९०९ भादों जन्म, १९१३ शिक्षारभ, १९१३-१४ कृष्णनगरमें, १९१६-२० शान्तिपुरमें स्कूलमें, १९२०-२४ हेर स्कूल (कलकत्ता)-में, १९२४ मेट्रिक पास, १९२४-२९ सिटीकालेज, १९२९ बी० एस्सी पास, मार्क्सवादी, १९२९-३० प्रेसीडेन्सी कालेजमें एम्-एस्सीमें पढते रहे, १९३० धरनाके कारण कालेज त्याग, चचेरे भाईकी मृत्युसे पूँजीवादके प्रति घृणा, १९३०-३१ "अभिमान" निकाला, १९३१ ई० बी० आर० के मजूरोंमे, १९३१-३२ "चाशी मजूर" फिर "दिन मजूर" निकाला, १९३३ पार्टीमें काम, केन्द्रीय समिति के मैंबर, १९३४ अलीपुर जेलमें सात मास, १९३५ भारतीय पार्टीके सेक्रेटरी, पिता की मृत्यु, १९३६ दो सालकी सजा, येरावदामें, १९३८ जेलमें (१ मार्च), "गणशक्ति" के सपादक, १९४० निर्वासनाज्ञा न मानने पर १ मासकी सजा, फिर निर्वासन १९४० जून-१९४२ अगस्त अन्तर्धान, १९४२ अगस्त जेलसे वाहर "सितम्बरमें बेलासे शादी।"

हस्त है। जातियोका प्रश्न हो या भाषाका प्रश्न हो, हिन्दी-भाषा-भाषी मजूरोंका प्रश्न हो या शिक्षित बंगालियोंका, उसकेलिए सभी सुलझे हुए हैं, और उनका सुलझाना उसकेलिये बिलकुल सरल बात है। आज कलकत्तामें उत्तरी भारतके मजूर—जो कलकत्ताके ट्रामों, बसों और दूसरी जगहोंमे काम करते हैं—का जो इतना जबर्दस्त सगठन है, आज जापानी फासिस्तोंके बमोंके गिरने पर भी—ये मजूर अपने कामों पर जो डटे रहे और डरपोक बनियोंको निर्भयताका पाठ सिखलाते हैं। उनकी फौलादी हिम्मतके बनाने वालोमें लाहिड़ीका जबर्दस्त हाथ है। आज भूखसे मरती बगाली जनताकेलिए कलकत्ताके ट्रामवे; बस आदिके मजूर अपना पेट काटकर सेवा करते दीख पडते हैं और कुछ ही काल पहले स्वार्थसे एक कदम भी न आगे बढ़ने वाली अपनी मनोवृत्तीको भूल-चुके हैं, इसमे भी लाहिड़ीका बडा काम है। उसने उनकेलिए हिन्दी-में भाषण दिये, हिन्दीमें उनकी क्लासें ली और हिन्दी-भाषा-भाषी नेता, लेखक और शिक्षक तैयार किये। तो भी शकल-सूरत देखने पर गजबका पारस्परिक विरोध है। वह अपने प्रतिभाशाली मुखको छिपा नहीं सकता, लेकिन देखनेमे वह एक साधारण आदमीसा जान पड़ता है। शरीर-से अधिक दुर्बल होते हुए भी वह गजबका फौलादी मानसिक बल रखता है। और साधारणसे साधारण मजूरोमें बैठकर ऐसा घुल-मिलकर बात करने लगता है कि मंडली विश्वास करती है कि वह उनमे से एक हैं। वह सचमुच ही एक नये ढंगका नेता है, जिसका स्थान लोगों के ऊपर उनसे दूर नहीं बल्कि उनके भीतर अत्यन्त नजदीक है।

जन्म—नदिया या (नबद्वीप) बंगालमे संस्कृतकेलिए दूसरी काशी समझी जाती है। नदिया जिलेमें शान्तिपुर एक अच्छा कसबा है जो किसी समय अपनी बारीक धोतियोंकेलिए बहुत प्रसिद्ध रहा है। शान्तिपुर से कितने ही मील दूर कृष्णनगर एक अच्छा खासा कसबा है। लाहिड़ीका जन्म कृष्णनगरमें १९०९ (भादों १३१५, बंगला संवत्)में हुआ था। उनके पिता सुरेन्द्रमोहन लाहिड़ी कलकत्ताकी किसी कम्पनी-

में काम करते थे। ब्राह्मण होते हुए भी सुरेन्द्र बाबूका विश्वास धर्मसे उठ गया था। उसके कारण सोमनाथकी मां निर्मलाबाला देवीको भी पूजा-पाठमें संकोच करना पड़ता था। इस प्रकार सोमनाथको धार्मिक गूढ़ विश्वासोंमें धँसने का कम अवसर मिला, और हरएक बातमें स्वतंत्र बुद्धी का इस्तेमाल कर सकता था। सोमनाथकी सबसे पुरानी स्मृति उसे ३॥ सालकी उम्र तक ले जाती है, जबकि वह कृष्णनगरमें अपने बाप-दादाके घरमें रहता था। बापके सबसे बड़े भाई संन्यासी हो गये थे और इस समय वह घर पर आए हुए थे। ये बच्चोंको डराते-धमकाते बहुत थे, जो सोमनाथ को अच्छा नहीं लगता था।

लड़कपनसे ही सोमनाथका स्वास्थ्य अच्छा नहीं रहता था। इसीलिए उसके तीन भाई (एक बड़ा) और तीन बहनों (एक बडी)के होते भी वह खेलका आनन्द न ले सकता था। उसकी जगह वह कहानियाँ सुनना ज्यादा पसन्द करता था और इसी वास्ते चार ही वर्षकी उम्रमें वह पढ़ने बैठ गया। जब कुछ समझने भरकी भाषा आ गई तो किताबोंका कीड़ा बनना उसके जीवनका सबसे बड़ा उद्देश्य बन गया।

पढ़ाई—दो साल तक वह कृष्णनगर ही में पढ़ता रहा। अब कृष्णनगर मलेरिया का भी केन्द्र बन गया। सोमनाथ जैसे दुर्बल बालक केलिए यह और खतरेकी बात थी। सोमनाथके चाचा शान्तिपुरमें डाक्टरी करते थे। उसको उन्हींके पास भेज दिया गया और चार साल (१९१६-१९२०) तक वह वहांके म्युनिसिपल हाईस्कूलमें पढ़ता रहा। अब वह बंगाल साहित्यमें प्रवेश कर चुका था, और स्कूलकी पढ़ाईके अतिरिक्त सारा समय बंगला कविताओं, उपन्यासों और दूसरे ग्रन्थोंके पढ़नेमें लगाता था। बकिम बाबूकी सारी पुस्तकें उसने पढ़ डाली थीं। लड़ाईके समय लड़ाईकी खबरोंको खूब पढ़ता था, और जर्मनोंकी हरएक जीत उसकेलिए खुशीकी चीज थी। उस छोटीसी उम्रमें भी वह कहानियाँ लिखने लगा था और वह स्कूलके मेगज़ीनमें छपा करती थीं। १९२०में स्कूलके एक मास्टरने इस्तीफा दे दिया। असहयोगका

जोर था। हड़तालोंके मारे एक दो मास तक स्कूल बन्द रहा। हड़तालों में सोमनाथ खूब भाग लेता था। एक बार पुलिसने कुछ लड़कोंको पकड़ा। सोमनाथ बहुत छोटा था, इसलिए उसे एक-दो चाँटे लगा छोड़ दिया।

लड़केकी पढ़ाई बिगड़ती देख १९२०में पिताने सोमनाथको कलकत्तामें एक सबसे पुराने हेअर स्कूलके आठवें दर्जेमें दाखिल कर दिया, जहाँसे १९२४में उसने मेट्रिक-फर्स्ट डिवीजनमें पास किया। अंग्रेजी, बंगला साहित्यमें वह बहुत तेज था। गणित छोड़ सभी विषय उसे प्रिय थे।

कालेजमें—मेट्रिक पास करनेके बाद (१९२४) वह सिटी कालेजमें दाखिल हुआ। पाठ्य-विषय थे, भौतिक-शास्त्र, रसायन और गणित। १९२८में वह बी० एस्-सी०में बैठने वाला था। मगर परीक्षाके समय सख्त बीमार पड़ गया और उस साल वह परीक्षा न दे सका। अगले साल (१९२९में) उसने बी० एस्-सी०-पास किया।

सोमनाथका एक सम्बन्धी जर्मनीमें पढ रहा था। १९२९में उसकी चिट्ठियोंसे सोमनाथने मार्क्सका नाम सुना। यद्यपि असहयोगके दिनोंमें उसने भी स्कूलकी हड़तालोंमें भाग लिया था, लेकिन वह राजनीतिसे बिलकुल अछूतासा रहा। मार्क्सका नाम सुनने पर उसने मार्क्सके बारेमें ज्यादा जाननेकी कोशिश की। जो दो-एक पुस्तकें मिली उन्हें पढ़ा और परीक्षा दे देनेके बाद वह अपने परिवारके चार-पाँच तरुणोंके साथ मार्क्सवाद, तरुण-साहित्य और धर्म-विरोधी ग्रन्थोंको खासतौरसे पढ़ने लगा। परिवारके तरुणोंने अपनी हस्तिलिखित पत्रिका भी निकाली, जिसमें लेख लिखनेकेलिए सोमनाथको और भी पुस्तकें पढ़नी पड़तीं। कलकत्ताके स्कूल-मेगजीनमें भी सोमनाथकी कई कहानिया छपी थीं। अब इस घरकी पत्रिकामें तो कहानियोंके अतिरिक्त कवितायें भी लिखता। मार्क्सवाद पर उसने एक लेख-माला भी लिख डाली, जो कि १९३०में 'संवाद'में छपी।

(१६२६-३०)में वह प्रेसीडेन्सी कालेजमें एम्०एससी०केलिए पढ़ रहा था। इसी समय नमक-सत्याग्रह आया। लड़के पिकेटिङ्ग करते, प्रोफेसर लोग उन्हें पुलिससे पिटवाते। सोमनाथको राजनीतिमे अभी कोई रुचि न थी और न आदोलनसे उसका कोई सम्बन्ध था लेकिन धरना देते, मारखाते छात्रोंको देखकर उसने कालेज जाना बुरा समझा।

आँख खोलनेवाली घटना—कालेज छोड़कर अब वह बंगाल मेसेलनीमें केमिस्ट हो गया। और छै मास तक उसकी रसायन-शालामें काम करता रहता। मेसेलनीके पास ही बंगाल केमिकलकी रसायन-शाला थी, जिसमें सोमनाथका चचेरा बड़ा भाई (एम्० एस्सी०) काम करता था। दोनों ही रसायन-शास्त्रके विद्यार्थी थे। दोनों ही मार्क्सीय-सिद्धान्तोंको पसन्द करते थे और पूंजीवादको अच्छी नजरसे न देखते थे, उस समय विदेशी चीजोकी बड़ी माँग थी। बूटकी पालिशमें नाईट्रोबेंनजीनकी जरूरत होती है। बाजारमें उसकी बड़ी माँग थी। बंगाल केमिकलके पास बहुतसे आर्डर आये थे। मालिकोने अपनी रसायन-शालामें उसे बनाना चाहा, लेकिन वहाँ उसकेलिये मजबूत यन्त्र नही थे। मालिकोंने बड़े भाईको जैसे-तैसे यन्त्र-द्वारा नाईट्रोबेनज़ीन बनानेका हुकुम दिया। नाईट्रोबेंनजीन धीरे-धीरे असर करने वाला जहर होता है, यह सबको मालूम था, तब भी पूंजीवादने एक तरुणको मजबूर किया। तरुणकी देहमें यह विषैली चीज स्वासके साथ बराबर घुसती चली जा रहा थी। एक दिन कमजोर फ्लास्क फट गया और जहरीली गैस बहुत भारी परिमाणमें साँसके द्वारा भीतर चली गई। उसके कपडे पर बेन्‌जीनके छीटे पड़े हुए थे। सोमनाथने छुट्टीके बाद घर जानेकेलिए भाईका इन्तिजार किया। वह कुछ देरसे आया। दोनों घरकी ओर चले। भाईके सिरमें चक्कर आ रहा था। उसे अस्पताल ले गये। डाक्टरोंने कोशिशकी, मगर उसी रातको वह खतम हो गया। सोमनाथके दिलपर भारी धक्का लगा। उसके भाईके खूनका जिम्मा पूँजीवाद पर था। अब सिर्फ मार्क्सवादकी पुस्तकोंको पढ़ लेने भरमें सोमनाथको सन्तोष नहीं हो सकता था। उसने

पता लगाना शुरू किया कि कोई पूँजीवादके उखाड़ फेंकनेका काम भी कर रहा है। खोजते-खोजते वह डाक्टर भूपेन्द्रदत्तके पास पहुँचा।...

नया जीवन—अब सोमनाथ नये जीवनमें प्रविष्ट हुआ। डा० भूपेन्द्रदत्तसे मार्क्सवादकी जानकारी हासिल करता। उसे मालूम हो गया कि मार्क्स सिर्फ पारायण करनेकी चीज नहीं है। मार्क्सवाद तब तक हवाकी चीज है, जब तक कि मजूरोंसे इसका अटूट सम्बन्ध नहीं स्थापित हो जाता। अब सोमनाथ जूट-मजूरोंमें जाने लगा। परिवारके कई तरुणोंको मिलाकर 'अभियान' नामसे एक मजूर साप्ताहिक निकाला। पत्र छः-सात सप्ताह ही चल पाया था कि सरकारकी ओरसे उसे चेतावनी दी गई और उसे बन्द कर देना पड़ा।

कलम-घिसाई तो छूटी। मजूरोंके भीतर घुसकर काम करनेकेलिये परिवारवाले तरुण और आगे बढ़नेकी हिम्मत नहीं रखते थे। सोमनाथने अकेलेही आगे बढ़नेका संकल्प किया। मार्क्सवादको सफल और सबल बनानेकेलिये मजूरोंकी आवश्यकता है। मजूर आन्दोलनको निकम्मे नेताओं और अवसरवादियोंसे बचाकर क्रान्ति-पथ पर ले जानेकेलिये कमूनिस्त पार्टीकी जरूरत है, यह बात सोमनाथ समझने लगा। वह कमूनिस्तोंके साथ काम भी करना चाहता था, मगर कमूनिस्त नेता मेरठ षड्यन्त्रमें फँसकर जेलोंमें बन्द थे। बचे-खुचे कर्मियोंमें उतनी सूझ न थी और सोमनाथ जैसे तरुणको काममें कैसे लगाना चाहिये, इसका उन्हें पता नहीं था। सोमनाथने सोचा। पहले मुझे मजूरोंमें काम करके, उनकी यूनियन (सभा कायम करके दिखलाना चाहिये, कि मैं काम करना चाहता हूँ और काम कर सकता हूँ।

अब वह स्यालदा में ई० बी० रेलवेके मजूरोंमें घुसा। उनकी तकलीफोंको हटानेकेलिये उनमें चेतना पैदाकी। फिर सिगनल वर्कशापके मजूरोंकी एक यूनियन बनाई। कितनेही मजूरोंसे जान-पहचान हुई। सोमनाथका आत्म-विश्वास बढ़ा। उसी समय कामरेड हलीम जेलसे छूटकर बाहर आये। सोमनाथ उनसे मिला और फिर पार्टीके ग्रूपमें

ले लिया गया। उस ग्रूपमें सात-आठ कमूनिस्त काम करते थे। अभी उनकी संख्या और प्रभाव कम था, मगर सभी लगनवाले थे। ग्रूपने मजूरोंमें जागृति बढ़ानेकेलिये "चाशी-मजूर" (किसान मज़दूर) नामसे एक बंगला साप्ताहिक निकाला। सोमनाथकी कलम तेज चलने लगी। सरकार कब पसन्द करने लगी थी। उसने उसे दबा दिया। फिर (१९३२-३३)में 'दिन मजूर' साप्ताहिक निकाला। बीच-बीचमें कई पुस्तिकायें लिखता रहा। 'सम्वाद'में छपे लेखोंको "साम्यवाद"के नामसे पुस्तकाकार छपाया। जिसे थोड़ेही दिनों बाद जप्त कर लिया गया। इसी समय लाहिड़ीने लेनिनकी पुस्तक 'राज्य और क्रान्ति' का* बंगला अनुवाद 'राष्ट्र व आवर्तन'के नामसे किया। लिखनेके अलावा उसका सारा समय ई० बी० रेलवे कमकर-यूनियनमें लगता था।

१९३३की मार्चमें मेरठके साथियोंको लम्बी-लम्बी सजायें दी गईं। सोमनाथने 'भारतीय क्रान्ति और हमारा कर्तव्य†'के नामसे पार्टीकी ओरसे एक पुस्तिका निकाली, जिसमें कमूनिस्त प्रोग्राम 'राष्ट्रीय प्रोग्राम' है, इस बातको जनताके सामने रखा और भारतके सारे कमूनिस्तोंको एक हो जाने पर जोर दिया।

इसी समय मेरठसे छोड़ दिये गये साथियों तथा बंगाल और कलकत्तावाले कर्मियोंने प्रयागमे इकट्ठा हो अखिल भारतीय कमूनिस्त-पार्टी बनाने का निश्चय किया।

कलकत्ता लौटकर सोमनाथने "मार्क्सवादी" नामसे बंगलाका एक मासिक पत्र निकाला। एक अंकके बाद मजबूर होकर उसे बन्द करना पड़ा। फिर 'मार्क्सपन्थी' मासिक निकाला, जिसके छै अंक निकल पाये।

जमशेदपुर भारी औद्योगिक केन्द्र है, वहाँ मजूरोंकी भारी संख्या रहती है। वहाँके मजूरोंमें जागृति पैदा करनेकेलिये लाहिड़ीको भेजा

* State and Revolution

† "India's Revolution and our Tasks"

गया। लेकिन, जमशेदपुरमें ठहरना आसान काम न था। मजूर कोई संगठन न करने पायें, इसकेलिये वहाँ गुंडे रखे गये थे। उसके पहले वहाँ कोई सभा नही हो पाती थी। चार साल बाद पहिली बार लाहिड़ी-ने वहाँ सार्वजनिक सभा करवाई। लाहिड़ीको भी गुण्डोंके हाथसे मार खानी पड़ी, तो भी वह डटा रहा। लाहिड़ी रहता तो था कलकत्तामें ही, मगर जमशेदपुर आता-जाता था। छै मास काम करके लाहिड़ीने वहाँ काफी जोश पैदा कर दिया।

१९३३में जब पहली अस्थायी पार्टीकी अस्थायी केन्द्रीय कमीटी बनी, तो लाहिड़ी उसका एक सदस्य था। यही केन्द्रीय कमेटी मई १९४३ तक चली आई, जबकि पहली बार पार्टी-कांग्रेस खुले रूपमें हुई और नये पदाधिकारियोंका चुनाव हुआ।

१९३४में कलकत्तामें काम बढ़ गया था। जूट और दियासलाईके कारखानों में मजूरोंने हड़तालें कीं। जून या जुलाईमें लाहिडी गिर-फ्तार हुआ और सात मास तक अलीपुर जेलमे रहा।

जेलसे निकल कर दो-तीन मास कलकत्तेमें काम किया। जोशी दुबारा गिरफ्तारहो चुके थे, अधिकारी नजरबंद थे। मिरजकर, लाहिडी और घाटे उस समय पोलिटब्यूरोके मेम्बर थे और घाटे पार्टी-सेक्रेटरी। मिरजकर रूस जानेकी कोशिशमें सिंगापुर गये, लेकिन पकड़कर बम्बई पहुँचा दिये गये। पुलिस उन्हें फिर पकड़ना चाहती थी, इसपर वे अन्तर्धान हो गये। अब लाहिडी पार्टी सेक्रेटरी हुए, उन्हें भी अन्तर्धान रहना पडता था। चार मास काम कर पाये थे, कि जनवरी १९३६में गिरफ्तार हो गये और दो सालकी सजा लेकर येरवाडा जेलमें पहुँच गये।

बम्बईमें कांग्रेसने मन्त्रिमडल सँभाला। जनताकी ओरसे दबाव पड़ने लगा। मगर कांग्रेस मिनिस्टरीने यह कहकर लाहिड़ीको छोड़नेसे इनकार कर दिया, कि वह कमूनिस्त है। जब दबाव बहुत ज्यादा पड़ने

लगा, तो हरीपुरा काग्रेससे चन्द दिन पहले (१ मार्च, १६३८) लाहिड़ीको छोड़ दिया गया।

हरीपुरा काग्रेससे लौटकर लाहिड़ी कलकत्ता चला आया और "गणशक्ति" नामसे एक मार्क्सवादी मासिक पत्रिका निकाली। "आगे चलो" नामक एक बँगला साप्ताहिक भी निकाला। लिखनेके अलावा लाहिड़ी मजूरों और काग्रेसमे भी काम करता था। प्रान्तीय काग्रेस कमिटीका मेम्बर था। और सुभासबोस उस वक्त लाहिड़ीको अपना दाहिना हाथ समझते थे। १६३६में लाहिड़ी आल-इण्डिया काग्रेस कमिटीके मेम्बर थे। युद्ध आरम्भ हुआ। बङ्गाल सरकारने पहिले सीधे तौरसे कुछ नहीं किया, मगर १६४० के शुरूमें भवानी, पाचू, मुजफ्फर और जोशीके साथ लाहिड़ीको जिलावतन करनेका हुकुम दिया। मुजफ्फर और लाहिड़ीने हुकुम नहीं माना इसके लिए उन्हे एक मासकी सजा दी गई। जेलसे निकलने पर, कलकत्तासे निकल जानेका हुकुम हुआ। लाहिड़ी अपने जिले नदियामें गया। वहाँके नौकरशाहोंने त्राहि-त्राहि मचाई, एक महीने बाद वहाँसे भी निर्वासनका हुकुम मिला, अन्तमें जून १६४०में अन्तर्धान हो जाना पड़ा। अन्तर्धान रहते हुए वह 'बोलशेविक' (बँगला, निकालता रहा। अगस्त १६४२में वारंट हटा लेने पर लाहिड़ीने खुलकर काम शुरू किया। इसी साल सितम्बरमें अन्तर्धान करलाकी साथिन बेलासे लाहिड़ीने शादीकी। लाहिड़ीने "जाति समस्या व मार्क्सवाद", "किशोर बीर देर काहिनी" (किशोर वीरोंकी कहानी), "आगुनेर फूल" (आगीके फूल), "गान्धी जीर उपवासेर पर" (गान्धीजीके उपवासके बाद) आदि पुस्तकें लिखी हैं। बँगला साप्ताहिक 'जनयुद्ध' और "लोक-युद्ध"में उसके लेख बराबर निकलते रहते हैं।

बंकिम मुकर्जी*

१६

उसने गजबकी प्रतिभा पाई थी। उसके अध्यापक आशा रखते थे, कि वह एक दिन जगत्-प्रसिद्ध साइन्सवेत्ता बनेगा, मगर दर्शनने उलझा दिया। उसकी कलममे गजबकी ताकत थी और वह खुद भारतका

---

* विशेष तिथियाँ—१८९७ (१३०४ बँगला) बैशाख अक्षयतृतीया जन्म, १९०२ अक्षरारंभ, १९०४-७ बेलूर मिडिल स्कूल में, १९०६-९ शाम बाज़ार मिडिल इँग्लिश स्कूलमें (कलकत्ता)में, १९१०-१४ हिन्दू स्कूल (कलकत्ता)में, १९१४ मेट्रिक पास, १९१४-१६ प्रेसीडेन्सी कालेजमें, १९१५-१९ जगत्के दुःखसे व्यथित हृदय दार्शनिक, १९१६ इंटर साइंस पास, कालेजसे निकाला जाना, १९१६-१८ सिटी कालेजमें, १९१९ बी० एस्सी० पास, मार्क्स-गोर्कीका प्रभाव, १९१९ यूनिवर्सिटी साइंस कालेज एमएस्स० सी० (गणित)में दाखिल, १९२१ कालेज छोड़ असहयोगमें वालन्टियर, १९२१-२५ इटावा कांग्रेसके नेता, १९२१ अप्रेल इटावा में कांग्रेस काम, १ दिसम्बर जेलमें (डेढ़ साल की सजा), १९२३ जेलसे बाहर (दिसम्बर ?), १९२३-२५ मार्क्सका और असर, १९२५ मजूरोंमें जानेके लिए कलकत्तामें, १९२६ जादोपुरमें मार्क्सवादका गम्भीर अध्ययन, १९२७ डा० भूपेन्द्रदत्तसे भेंट, पीपुल्स प्रोग्रेसिव पार्टीका निर्माण, १९२८ गोपेनसे मुलाकात, मजूर किसान सभामें शामिल, हड़तालोंमें शामिल, १९२९ मुजफ्फरकी गिरफ्तारीपर आन्दोलनका नेतृत्व, १९३० जेलमें (अप्रैल) ७ साल-की सजा, १९३१ जेलसे बाहर, मेरठमें अभियुक्त कम्यूनिस्ट नेताओंसे वार्तालाप, १९३२ तीन मासकेलिए नजरबंद, १९३४-३६ स्वास्थ्य खराब, १९३६ पार्टीमें। १९४०-४१ जेलमें एक साल, १९४३ भारतीय किसान कान्फ्रेंस (भाखना)के सभापति।

गोर्की बनना चाहता था, लेकिन क्रियात्मक राजनीतिने उसे कलम चलानेकी उतनी आजादी न दी। आज वह बंगालका सबसे बड़ा वक्ता है। अध्यापक अपने विद्यार्थियोंको लेकर उसका व्याख्यान सुनने आते हैं, कि शिष्ट, सजीव बँगला भाषाके बारेमे कुछ सीखे। उसने राजनीतिमें अत्यन्त पिछड़े युक्त-प्रान्तके इटावा जिलेको लिया और अपने संगठन-कौशलसे वहाँके लोगोंमें जान फूंक दी। क्रियात्मक राजनीतिने उसे मार्क्सवादके पास पहुँचाया। वह बंगालका एक प्रमुख कांग्रेस नेता बन चुका था, लेकिन उसने महसूस किया कि निराकार राजनीतिसे नही, बल्कि साकार राजनीति—किसानों, मजूरोंका आन्दोलन—ही देशको आजाद करा सकता है। फिर वह किसान मजूरोंका सेवक बन गया। आज उसकी प्रबल आवाजको लक्ष-लक्ष किसान मजूर सुनते और उसके बतलाये रास्ते पर चलते हैं। उसने साइन्स और साहित्य-गगनके तारा होनेका मोह छोड़ा, लेकिन आज वह जो कार्य कर रहा है, कौन कह सकता है कि वह उनसे कम महत्त्वका है।

यह है बंगालका वक्तासिंह बंकिम मुकर्जी।

जन्म—बङ्किमका जन्म बँगला सन् १३०४ (१८९७ ईसवी)के वैशाख मासकी अक्षयतृतीयाको बेलूर (हावड़ा जिला)मे नानाके घर हुआ। बंकिमके दादाने व्यवसायका रास्ता पकड़ा था, वह बड़े-बड़े ठीके लेते थे और लाखों कमाते थे। एक बार उन्होंने बी० एन० रेलवेमें बरहमपुरके पास लाईन बनानेका काम लिया। उनका भारी ठीका था। उसी समय एक जबर्दस्त बाढ आगई और उनके बनाये सारे काम चौपट हो गये। कई लाखका नुकसान हुआ। वे कर्ज अदा नही कर सकते थे। उसके लिए जेलमे सड़ना होता, इसलिये दादा द्वारकानाथ मुकर्जी घरसे गायब हो गये। १९२५मे बनारसमें उनकी मृत्यु हुई। पिता योगेन्द्रनाथ मुकर्जी भी अपने बापके काममे हाथ बटाते थे। घरके ऊपर जो आफतका पहाड़ गिरा, उसे सम्हालनेमे उन्होंने अपनेको असमर्थ देखा और दो सालके अपने प्रथम पुत्र बंकिमको छोड़ संन्यास ले लिया। लड़केके

पालन-पोषणका बोझ उनकी माँ विभावतीदेवी पर पड़ा। ननिहाल वाले खुशहाल थे, इसलिये बहुत दिक्कत उठानी नही पड़ी। वङ्किमकी तीन पीढ़ीसे घरमें सिर्फ एक ही सन्तान होती आई। जब वङ्किमने यूनिवर्सिटी छोड़ राजनीतिके कंटकाकीर्ण पथ पर पैर रखा और शादी करनेसे इनकार कर दिया, तो विभावतीदेवीने परलोककी ओर लौ लगाना पसन्द किया और तबसे वे काशीवास करती हैं।

वंकिमकी प्राचीनतम स्मृति उन्हें ढाई सालकी उम्रमें ले जाती है। उनका बड़ा भाई मर गया था। घरमें शोक छाया हुआ था। निस्तब्ध-रातमें माँकी गोदमें सोये थे। हवाके झोंकेसे चालित बाँसोंके रगड़नेकी आवाज सुनाई देने लगी। मालूम देता था, कोई रो रहा है। भाईकी मृत्यु और इस रुदनने वंकिमके शिशु-हृदय-पर ऐसा जबरदस्त प्रभाव डाला, कि वह स्मृति मिट न सकी। इस पुस्तकमें आयी जीवनियोंमें वंकिम ऐसे एकाध ही हैं, जिनको ढाई सालकी एक घटना याद है। पता लगता है, जितनी ही बुद्धि तीव्र होती है, उतनीही बाल्यस्मृति दूर तक ले जाती है।

बाल्य—वंकिमका स्वास्थ्य लड़कपनमें बहुत खराब था। बारह सालकी उमर तक बराबर पेचिशके शिकार रहे। लड़कोंके साथ वे खेल नहीं सकते थे। कथाओंके सुननेका शौक था। नानी रामायण महाभारत-की कथायें बहुत सुनाती। माँकी जबान बहुत ही तेज थी, लेकिन साथ ही दिल बहुत नरम भी था। वंकिम जन्म-जात दार्शनिक थे। चार वर्षकी उम्रमें भी वे घटों अचल बैठे सोचा करते। वृक्षको देखा और पौधेको भी देखा। सोचते वृक्ष पहले पैदा हुआ या पौधा। घंटो बैठी अचल मूर्ति-को कोई आकर हिलाता, फिर वे अपनी समस्या उसके सामने रखते।

शिक्षा—पाँच सालकी उम्रमें माँने घर ही पर अक्षरारंभ कराया। दो साल तक माँही उनकी गुरु रही। वेलूरमें मध्यवित्त शिक्षित भद्र-लोक रहा करते थे। वंकिमके भी आसपास भद्रलोक-वातावरण था। एक बड़ी कमी यह भी थी, कि स्वास्थ्यकी खराबीके कारण वह शिशुओंके

संगका लाभ उठा नहीं सकते थे। उनका स्थान बूढ़ोंमें था। आठ-नौ सालहीसे वह पौराणिक कथाओंके विशेषज्ञ माने जाने लगे और सन्देह होनेपर बूढ़े आकर उनसे पूछा करते थे। सात सालकी उम्रमें वे बाकायदा पढ़नेकेलिए वेलूर मिडिल स्कूलमें दाखिल कर दिये गये। और वहांपर वे एक साल पढ़ते रहे। रूस-जापानकी लड़ाई हो रही थी। सात सालके बंकिम लड़ाईकी खबरोंको अखबारोंमें पढ़ा करते थे।

१६०६में नाना, मामा कलकत्ता आ गये। बंकिम भी उनके साथ थे और उन्हें श्यामबाजारके मिडिल इंग्लिश स्कूलमें दाखिल कर दिया गया। स्वास्थ्य अब भी खराब था, यद्यपि उसमें कुछ सुधार होता दिखलाई पड़ रहा था। बराबर वह दर्जेमें प्रथम या द्वितीय रहते थे। गणित और साहित्य उनके अत्यन्त प्रिय विषय थे। नौ सालकी आयुमें उन्होंने आधुनिक बंगाली ग्रन्थकारोंके ग्रन्थोंको पढ़ना शुरू किया था। बंकिमचन्द्र चटर्जीके उपन्यास और मधुसूदनदत्तकी कवितायें उन्हें बहुत प्रिय थीं। चौदह सालकी उमरमें पहुँचने तक चंडीदाससे लेकर सत्येन्द्रदत्त तकके सारे बंग-साहित्यको पढ़ डाला। पुस्तकोंके पढ़नेके अतिरिक्त वे स्वयं चित्र बनाया करते थे।

घरमें माता धार्मिक थीं और सारे नाना-परिवारमें पूजापाठकी धूम थी। पिताका कुल पूजापाठमें विश्वास नहीं रखता था। मगर वह तो अत्यन्त शैशव हीमें बंकिमकेलिए खतम हो चुका था। १६०६में बंकिमका जनेऊ हुआ, अब वह बराबर पूजापाठ किया करते थे।

१६१०में बंकिमने मिडिल पास किया और उन्हें छात्रवृत्ति मिली। अब वे हिन्दू-स्कूलमें दाखिल हो गये, जहाँ ा १७ वर्षकी उम्रमें मेट्रिक पास किया।

स्वास्थ्य अब ठीक हो चला था, मगर खेलमें वे अब भी शामिल नहीं होते थे। हाँ, कुछ व्यायाम कर लिया करते थे। बंकिमके गणिताध्यापकका ख्याल था कि उनका विद्यार्थी साइन्समें युनिवर्सिटीमें फर्स्ट रहेगा। मगर बंकिम फर्स्ट डिवीजन ही लेकर रह गये। बंकिमका

रास्ता बिगड़ रहा था। पाठ्य-पुस्तकोंके पढ़नेकी ओर उनका ध्यान न जाता था। वे बाहरी किताबें बहुत पढ़ा करते थे। इसका एक परिणाम हुआ कि धार्मिक वातावरणमें पले धार्मिक पुस्तकोंके पाठ और भगवद्-भक्तिमें पगे वंकिमका सोलह वर्षकी उम्रमें ही ईश्वरसे विश्वास हटने लगा। जिस स्वतन्त्र-मेधाको पकड़ रखनेमें धर्म असमर्थ होता है, उसपर दर्शन अपने हथियारकी परीक्षा करता है। वंकिम अब दर्शनकी ओर झुके और उसमें इतने तन्मय हो गये, कि पाठ्य-पुस्तकोंकी ओर मुश्किलसे कभी नजर दौड़ाते। मेट्रिकमें उन्होंने संस्कृत ली थी।

वंकिम उस समय अत्यन्त लज्जालु थे। उन्हे कभी स्वप्नमें भी ख्याल नहीं आ सकता था, कि वे एक दिन इतने बड़े वक्ता बनेंगे। स्कूलमें उन्होंने कितनी ही कहानियाँ और निबन्ध लिखे। अपनी कलम पर उनका विश्वास हो चला।

इस समय अपनेसे पाँच वर्षके बड़े मामाका वकिमपर अधिक प्रभाव था। माँ भी नियन्त्रण करना चाहती थी, मगर माँकी कटुभाषिता वकिम-को पसन्द न थी। फिर माँके अधिक पूजापाठसे भी उन्हे अधिक चिढ़ थी।

कालेजमें—वकिम तेज विद्यार्थी थे। प्रेसीडेन्सी कालेजमें उनका नाम लिखाया। विषय थे—भौतिकशास्त्र, रसायन और गणित। नाम लिखाया तो था साइन्समें और दूसरे लोग भी जगत्-प्रसिद्ध साइन्सवेत्ता बननेकी आशा रखते थे, मगर वंकिमका सारा समय जाता था दर्शन और साहित्यके पढ़नेमें। इस समय लड़ाईके आरंभिक वर्षों में बंगालमें आतंकवादका बहुत जोर था, मगर वंकिम जिस दर्शन-दुर्गमें थे, उसकी दीवारें अभेद्य थीं। उनके पास न बम-पिस्तोल जा सकते थे, न राजनीति। वे पूरे सन्देहवादी बन गये थे। वेन्थम और कॉन्टके ग्रन्थोंको पढ़ते, लेकिन जिसपर उनकी सबसे ज्यादा श्रद्धा थी, वह था परमनिराशावादी जर्मन दार्शनिक शोपनहार। अंग्रेज ग्रन्थकारोंकी अपेक्षा यूरोपके ग्रन्थकारों को वे ज्यादा पसन्द करते थे। उनके दोस्त अपने राजनीतिक विचारों

और कामोंको इस विश्वासशून्य बुद्धिवादीके सामने रखनेकी हिम्मत नहीं रखते थे।

परीक्षाके जब तीन मास रह गये, तब उन्होंने पाठ्य-पुस्तकें खरीदीं. लेकिन तो भी फर्स्ट डीवीजनमें पास हो गये।

बी० एससी०में भी उनकी वही रफ़ार-वेढंगी चल रही थी। तरुणोंमें आत्मसम्मानका भाव बढ़ चला था। किसीने इतिहासके अंग्रेज-प्रोफेसरके घमण्डी बर्तावसे तंग आकर ठोंक दिया। रसायनशालामें भी कुछ चीजोंकी चोरी हो गई। जिस वक्त चारों ओर "बम्" "बम्"की आवाज आ रही हो, उस समय यह बड़ी भयानक बात थी। सरकार इसे बर्दाश्त नहीं कर सकती थी। जब असली अपराधीका पता नहीं लगा, तो क्लासके अगुओं पर चोट हुई और उन्हें कालेजसे निकाल दिया गया। सुभाष इसी तरहसे निकाले गये। क्लास-अगुवा होनेसे वंकिमको भी निकलनाही था, मगर साइन्सका विद्यार्थी होनेसे इनके ऊपर रसायन-शालासे चोरी करनेका भी इलजाम था। वंकिम क्लासके बहुत तेज विद्यार्थी थे। प्रोफेसरने गिड़गिड़ाकर कहा—यदि तुम चोरी स्वीकार नहीं करोगे, तो हमारी चेअर (गद्दी) चली जायेगी। वंकिमने स्वीकार किया। कालेजके प्रिन्सिपल जेम्सने कहा, यह मामूली बात है। लड़कों-को चेतावनी देकर छोड़ दो। मगर सरकार और पुलिस उसके लिये राजी न थी। हिन्दुस्तानी प्रोफेसरने अपनी चेअर बचाई और विद्यार्थीको निकलवा दिया। अंग्रेज प्रिन्सिपलसे यह सहन नहीं हो सका और वह अपने पदसे इस्तीफा देकर कालेज छोड़ गया।

अब वंकिम सिटी कालेजमें दाखिल हो गये। पढ़नेमें वही रफ़ार बेढंगी, बाहरी कितावें ज्यादा पढ़ते थे—खासकर रूसी ग्रन्थकारोंकी किताबें। १९१७की रूसी क्रान्ति हुई, मगर उसका पता दार्शनिक वंकिमको पाँच वर्ष बाद लगा। जीविका चलानेकेलिए कुछ ट्यूशन कर लिया करते थे। वे पाठ्य-पुस्तकोंको कलपर छोड़ते जाते थे। १९१८में जब परीक्षाका समय सरपर आ गया तो, मालूम हुआ कि वे तैय्यार नहीं

। वे कॉलेज छोड़कर चले आये। अगले सालके नौ महीनेभी दूसरे ही दूसरे ग्रन्थोंके पढ़नेमें बिता दिये। जब तीन महीने रह गये, तो पुस्तकें उठाई और प्राईवेट छात्रके तौरपर बी० एस्सी० पास किया, प्रशंसाके साथ।

जान पडता है, शरीरसे अस्वस्थ मेधावी बच्चे अपने ही दुःखोंको जगत्के ऊपर फैलाकर हर जगह दुःख ही दुःख देखते हैं। १६१५से १६१६ तकके चार सालोंमें वंकिम पर दुःखवादका जबर्दस्त प्रभाव था। शोपनहार जैसे दार्शनिकोंके ग्रन्थोंने आगमें घीका काम किया। वोल्टेयर और रूसो भी आकृष्ट करते थे, मगर पलड़ा शोपनहार हीका भारी था। राममोहन और मधुसूदन दत्तको वे श्रद्धाकी निगाहसे देखते थे। वंकिम, रवीन्द्र और विवेकानन्दके ग्रन्थोंको भी सम्मानकी दृष्टिसे देखते थे, मगर उन्हें सिर्फ सांस्कृतिक सुधारवादी समझते थे। हेगेल्का दर्शन उन्हें पसन्द नहीं आया, कभी-कभी वह कान्टकी ओर भी जाते और कभी-कभी उनका निराशावाद वैष्णवोंकी भक्तिकी ओर ले जाता। आखिरमें (१६१६)में तालस्तायको वे गुरु मानने लगे। राजनीतिक विचारोंके लिए उन्होंने बकुनिन और क्रोपात्किन के अराजकतावादको पसन्द किया। मार्क्सकी पुस्तकें उस समय अत्यन्त दुर्लभ थीं, इसलिये मार्क्स उनके विचारोंमें भी प्रविष्ट न हो सका। उनके मनमें तब भी एक जबर्दस्त अन्तर्द्वन्द चल रहा था। किसी चीजको वे मजबूतीसे पकड़ नहीं सकते थे। कभी वे देशभक्तिकी ओर खिंचते—खासकर प्रेसीडेन्सी कॉलेजसे निकाले जानेकी घटनाके बाद और कभी अध्यात्म-जीवन बिताने का ख्याल आता। उनके निराशावादने साहित्यकार या साइन्सवेत्ता बननेकी बचपनकी उमगोंको खतम कर दिया।

१६१६के बाद वंकिमने जब गोर्कीके ग्रन्थोंको पढ़ा, तो वह उनसे बहुत प्रभावित हुए। वे कुछ तै सा कर चुके कि मुझे गोर्की बनना है। उनकी कलममें ताकत थी, मगर यह ख्याल करके उन्होंने कलमको रोक दिया, कि पहले पूरी तैयारी कर लो तब कलम उठाओ।

१६१६में अब वे युनिवर्सिटी साइन्स कालेजमें एम०एस्सी०में दाखिल हुए। विषय था गणित। साइन्सवेत्ता बननेका ख्याल अब छूट चुका था और अब परीक्षासे भी दिल ऊबा हुआ था। मगर तो भी कॉलेजमें चले जाया करते थे।

१९२०का समय और उसके बाद गाँधीजीका असहयोग आया। वंकिमकी नैय्या दर्शनके झंझावातमें डावाडोल हो रही थी। वे किसी निश्चयकी ओर नहीं पहुँच पाते थे। बाज वक्त निराशावाद इतना उग्र हो जाता, कि उन्हें क्षणभर सांस लेनेमें तीव्र वेदना मालूम होती। उस वक्त वंकिम आत्म-हत्या कर लेनेकी बात सोचते। वंकिमने इसे अपने लिये अच्छा अवसर माना। यद्यपि भारतीय राजनीतिमें अरविंद और तिलकका प्रभाव उनपर अपेक्षाकृत अधिक था, तो भी गाधीजीको उन्होंने अपना अगुवा बनाया और साइन्स कॉलेजसे बिदाई ले ली।

राधारमण मित्र वंकिमके बालमित्र थे। दोनों हिन्दू स्कूलके साथी थे। राधारमण क्लासमें एक साल आगे थे। तालस्तायकी पुस्तकोंको पढ़ते वक्त १६०६में दोनोंने गाधीका नाम पहलेपहल पढ़ा था। राधारमणने गाधीजीके पास दक्षिणी अफ्रिकामें उस वक्त चिट्ठी भी लिखी थी। गाधीजीके भारत आने पर १६१७में दोनों उनके पास चेला बनने गये। गाधीजीने उन्हें यह कहकर उस वक्त लौटा दिया, कि हमारे गुरु गोखलेने एक साल देशमें घूमनेकेलिए कहा है; उसके बाद आना। पीछे जब गाधीजी साबरमती-आश्रममें रहने लगे, तो इन दोनों तरुणों का जोश ठन्डा हो गया।

१६२०में वकिम दो चार विद्यार्थियोंका ट्यूशन करते थे। कॉलेजमे हाजरी देकर बाकी समय बाहरी पुस्तकोंके पढ़नेमें लगाते थे। उनका बुद्धिप्रधान मस्तिष्क गांधीजीके हृदय-परिवर्तनवाले प्रोग्राम पर विश्वास नहीं रखता था। मगर उन्होंने अपनी बुद्धिको दबाया; क्योंकि वह आत्म-हत्या करके जीवन समाप्त करनेकी सलाह दे रही थी। उन्होंने साल भर तक आँख मूंदकर गाधीजीके प्रोग्रामपर चलनेका निश्चय किया।

असहयोगमें—नागपूरके बाद १६१६ ही के अन्तमें ही वंकिमने कालेज छोड़ दिया था और तीन मास तक वालिंटियरके संगठनके काममें जुटे रहे। राधारमण मित्र छै मास पहिले ही सनातनधर्म हाईस्कूलमें मास्टर होकर इटावा चले गये थे। वंकिमने राधारमणको चिट्ठी लिखी कि नौकरी छोड़कर चले आओ, देशका कार्य करेंगे। राधारमणने लिखा—"मैने नौकरी तो छोड दी है, मगर स्कूलके लड़के जाने नहीं देते। तुम भी यही चले आओ। राष्ट्रीय स्कूल कायम करके उसीमें हम दोनों काम करेंगे।"

अप्रैल (१६२१)में वंकिम इटावा गये। स्कूल और स्वराज्य-आश्रम के सञ्चालनमें लगे। मगर एक महीने ही बाद वंकिमका मन ऊब गया—वही पाठ्य विषय और उसी तरहकी पुस्तकें, क्या है राष्ट्रीय स्कूल ? उन्होंने उसे चर्खा करघा स्कूलमें बदल डाला। स्कूलमें हर तरहका चर्खा, करघा, बुनाई आदिकी शिक्षा दी जाती थी। आश्रम मुठियापर चलता था। गाधीजीने एक करोड़ काग्रेस-मेम्बर और तिलक-स्वराज्य-फंडकेलिए एक करोड़ फंडकी अपील निकाली। इटावाको २५ हजार रुपया, २५ हजार मेम्बर और १२ हजार चर्खा तैयार करना था। चर्खा बाँटते वक्त वंकिमने देखा, कि वहाँ पचास हजारसे ऊपर चर्खे चल रहे हैं और पहले हीसे गाढ़ा (मिश्रित खद्दर) पहना जाता है।

उन्होंने शुद्ध खद्दर और धोती तय्यार करनेकेलिए स्कूलमें शिक्षा देनी शुरू की। इटावा राजनीतिसे बिलकुल कोरा जिला था। बड़े-बड़े जमीदारों—जिनमें आधे राजा हैं—के जुलमोंसे पिसे किसान हिलने-का नाग नहीं लेते थे। जिलेमें कोई उद्योग-धंधा न था और न मोर-पंखी छोड़ कोई दस्तकारी थी। शिक्षित लोग और भी पिछड़े हुए थे। सारे जिलेमें सिर्फ एक मुख्तार महम्मद रहमतुल्लाहको छोड़ किसी वकीलने प्रैक्टिस नहीं छोड़ी। ऐसी मुर्दा जगहमें ठहरना बड़ी हिम्मतकी बात थी। मगर तरुण विद्यार्थियोंके जोशको देखकर राधारमण

और बंकिमकी भी हिम्मत बँधी। किस इलाकेमें राजनीतिक विचार रखनेवाले आदमी हैं, कहाँ कांग्रेसका काम शुरू करनेमें सुभीता होगा, यह पूछनेकी ज़रूरत ही नहीं थी। वहाँ चारों ओर स्याही पुती हुई थी। बंकिम और राधारमणने जिलेका नकशा लिया, जिलेके भूगोलको पढ़ा। फिर विद्यार्थियोंको लेकर गाँवोंकी खाक छाननी शुरू की। शिक्षा और ज्ञानमें आगे कहे जानेवाले भद्रवर्गने यद्यपि अपने मुर्दापनेका सबूत दिया, मगर गांवकी जनता मुर्दा नहीं मूर्छित थी। उसके कानोंमें देशकी आजादीके शब्द पड़े और वह अँगड़ाई लेने लगी। एक मास के परिश्रमसे जिलेमें मंडल और तहसील कमेटियाँ कायम होगईं। विद्यार्थियोंके जत्थोंके साथ-साथ वे जिलेके कोने-कोने में गये। अभी बंकिम हिन्दी नहीं जानते थे, इसलिये व्याख्यान नहीं दे सकते थे। मगर राधारमण बोलते थे। उस समय वे इटावाके गाधी थे। बकिमका काम था, विद्यार्थियों—कांग्रेस कमिटियों—का संगठन और उन्हें राजनीतिकी शिक्षा देना।

मईके मध्यमें पं० मोतीलाल नेहरु जिला कांग्रेस कमीटी बनानेके लिए इटावा आये। पंडितजी एक दब्बू आदमीको जिला कांग्रेस कमीटी का सभापति बनाकर चले गये। उसके बलपर कब बेल मढे चढनेवाली थी। शराब-गाजेकी दूकानों पर धरना देनेकी बात थी। सभापतिकेलिये यह थी खतरेकी चीज। बकिमने जब पं० मोतीलालको लिखा, तो उत्तर दिया— "तुम राजनीति नहीं जानते"। बंकिम कब दबनेवाले थे, उन्होंने कड़ा जबाब लिखा। खैर मुर्दा इटावा अब राजनीतिक जिन्दगीमें बहुत आगे बढ़ा हुआ था। अब आसपासके जिलोंको इटावाका उदाहरण दिया जाता था। किसान, गरीब दूकानदार और दस्तकार राजनीतिमें आगे आये। जनताके नये उत्साहको देखकर कुछ व्यापारी और वकील-मुख्तार सहानुभूति दिखलाने लगे। लेकिन बड़े जमीदार और बड़े-बड़े व्यापारी आन्दोलनके सख्त विरोधी थे। रौलट आन्दोलनके दिनोंमें जिस जिले के बारेमें कहा जाता था "गांधीजीका बोल-बाला। इटावाका मुँह

काला" अब वह इटावाही नहीं रह गया था। तिलक स्वराज्य फंडके लिए जितना रुपया देना था और जिसके लिये पहले आशाकी जाती थी कि कुछ मिलेगा ही नहीं, वह पूरी हो गई। कांग्रेस-मेम्बर तो और भी ज्यादा भरती हो गये। विदेशी कपड़ोंका जबर्दस्त वायकाट हुआ। शराबबंदीमें सौ सैकड़ा सफलता हुई। दूसरे साल शराबका ठीका लेने और ताड़ी निकालनेकेलिए सरकारको एक भी ठीकेदार नहीं मिला। पक्के शराबी गालियाँ देते थे। एक शराबीने आकर पहले वंकिमको खूब गालियाँ दीं, जब फिर भी उन्हें हँसकर बात करके देखा, तो रोने लगा। पीछे वह पक्का कांग्रेस-कार्यकर्त्ता बन गया। वह चालीस सालका शराबी था। इस्माइल नामक एक एक्कावाला भी शराब-बन्दीके लिए गाली देने आया था, और पीछे वह आदर्श वालंटियर बना।

पंडित मोतीलाल नेहरूके बनाये प्रेसीडेन्टकी टाँग थरथर काँपने लगी और वह इस्तीफा देकर भाग गया। रहमतुल्ला प्रेसीडेन्ट थे और राधारमणतो सेक्रेटरी थे ही।

उस समय जनतामें एक तूफान फूट निकला था—ऐसा तूफान जिस पर प्रतिबंध नहीं लगाया जा सकता। एक घंटेकी नोटिसमें गाँवोंमें चालीस पचास हजार आदमी जमा होजाते। जिलेके अफसर काँपते थे। वे उसी जगह शासन चला सकते थे, जहाँ कांग्रेसवाले बाधा नहीं देते थे। सभी जगह स्वयंसेवकोंका जबर्दस्त संगठन था। एक ओर जनताकी भारी संख्या इस आन्दोलनके साथ थी, दूसरी ओर एक छोटी सी संख्या भयभीत हो भीतर ही भीतर कुढ़ रही थी। वहाँ दो वर्ग हैं, यह बात साफ झलक रही थी।

इटावाके अधिकारी ज्यादा देर तक रुक नहीं सकते थे। उन्होंने अक्तूबर (१९२१) में राधारमणको पकड़ कर जेलमें बन्द कर दिया। इटावामें आनेके छै महीने बाद वंकिमको बोलना पड़ा। इस अद्भुत वक्ताका यह प्रथम व्याख्यान था, जो अपनी मातृभाषा बंगलामें नहीं

बल्कि हिन्दीमें हुआ था। भाषामें चाहे दोष हो, मगर हिन्दीका भाषण भी उनका बहुत जोशीला होता।

दिसम्बरमें प्रयागमें प्रान्तीय कांग्रेस कमेटी हो रही थी। वंकिम भी उसमें शामिल होने आये थे। सारी कमेटीको गिरफ़ार करके जेल भेज दिया गया। वंकिमको डेढ़ साल जेल और सौ रुपया जुर्माना हुआ।

जेलमें—उन्हें नैनी जेलमें रखा गया। सजा सख्त थी। तीसरे दर्जेके साधारण कैदीकी तरह खूब चक्की पीसनी पड़ती, ऊपरसे जेलवालोंका बर्ताव बहुत खराब था। खानेमें घास और मिट्टीकी भरमार थी। जिला मजिस्ट्रेटसे कहनेपर कुछ परिवर्तन हुआ और जेलके अफसरोंको डॉट भी मिली। अंतमें बदसलूकीकेलिए वंकिम और उनके साथियोंको भूख-हड़ताल करनी पड़ी। एक दिन साधारण कैदियोंमें भी उत्तेजना हुई और वे खुले विद्रोहकेलिए उतावले होगये। उसी रात उन्हें दबा दिया गया। कितनोंको बेत लगा। राजनीतिक बन्दियोंको अलग करके योरोपियन वार्डमें रखा गया। भूख-हड़ताल और आन्दोलनसे परेशान हो सरकारने उन्हें प्रथम डिवीजनमें करके आगरा बेङ्स्पेशल जेलमें भेज दिया। पहले उन्हें १॥ रुपया रोज खानेको मिलता, फिर लखनऊ भेजकर १ रुपया, १० आना और अन्तमें तीसरे डीवीजनके खाने तक पहुँचा दिया। हॉ, कैदी अपने खर्चसे और चीजें मँगा सकते थे और अपने तत्वावधानमें खाना बनवा सकते थे।

वंकिमने जेलमें हिन्दी-उर्दूको मन लगाकर पढ़ना शुरू किया।

इसी बीचमें चौरीचौराका काण्ड हो चुका था। गाँधीजीने सत्याग्रहको स्थगित कर दिया था। देशमें चारों ओर मुर्दनी छा गई थी। आन्दोलन दबने लगा था। गया कांग्रेस (दिसम्बर १६२२) के वक्तमें भी वंकिम जेलमें थे। फरवरी (१६२३) में वे बाहर निकले। म्युनिस्पिलटी, डिस्ट्रिक्टबोर्ड और कौंसिलका चुनाव हो रहा था—यद्यपि कांग्रेसका जबर्दस्त प्रभाव था, मगर योग्य उम्मेदवार न मिला। वंकिम म्युनि-

सिपलटीके लिये खड़े हुए और चुन लिये गये, मगर कौंसिलमे खड़े होनेकेलिये उन्हें सरकार ने अयोग्य करार दिया था। राधारमणको खड़ा होनेकेलिए कहा, मगर अपने आदर्शवादके कारण उन्होंने इन्कार कर दिया।

गांधीपथसे विमुख—जेलमें जातेही बुद्धिने फिर तीव्र आलोचना शुरू कर दी। ३१ दिसम्बर (१६२१ की आधी रातको एक सालके भीतर जब स्वराज्य नही टपका, तो बुद्धिने और बगावत शुरू की। फिर गान्धीजीके पास रहने वाले लोगोंके आचरणोंने और भी सन्देह पैदा कर दिया। जेलमे बुरे बर्तावके कारण जिस समय लोग सघर्ष कर रहे थे, उस वक्त नगे रहने तथा वन्द न होनेकी प्रतिज्ञाकी गई। जेलवालोंने मार-पीट कर उन्हें बन्द कर दिया और सवेरे बहुतों ने कपड़ा भी पहन लिया। महादेव देसाई जूओंसे भरे अपने कपड़ों को साफ कर रहे थे, उनसे जब कपड़ा पहन लेनेके बारेमे पूछा गया तो उन्होंने कहा—"दिसम्बर न होता तो नंगा-सत्याग्रह करते"। वंकिमके दिल पर भारी आघात लगा। उन्होंने भी कपड़ा पहन लिया था, मगर शरमके मारे, दिसम्बरके जाड़ेके मारेमें नहीं। महादेव देसाई गाँधीजीकी छाया थे। चिराग तले यह अँधेरा। चौरीचौरा काण्डके बाद बारडोली सत्याग्रहको स्थगित कर गान्धीजीने और आँख खोल दी।

१६२३में जेलसे निकलने पर वकिम स्वराज्यपार्टीकी ओर थे। अब राजनीतिकेलिए किसी और रास्तेकी तलाशमें थे। इसी वक्त उन्हें 'वानगार्ड' की कुछ प्रतियाँ मिलीं, जिससे कमूनिज़्मकी कुछ बातें मालूम हुईं। हसरत मोहानी आदिसे भेंट हुई। उन्होंने भी कुछ बातें बतलाईं। एक ओर नये-नये विचार आने लगे, दूसरी ओर जनताके उत्साह और बलको वह अपनी आँखोंसे देख चुके थे, जिसका परिणाम हुआ कि शोपनहारके दुखवाद—निराशावादका प्रभाव घटने लगा। तरुणाईमें उन्होंने स्त्री और शराबमे जिसे भुलानेकी कुछ समय

असफल कोशिश की थी, वह अब नई जीवनधारा-विचारधारासे विलीन होने लगी। इटावा एक अलग थलग कसबा है, जहाँ बौद्धिक जीवन का कोई निशान नहीं। जब-तब वंकिम एकान्तता अनुभव करने लगते, उस समय वे प्रयाग चले आते। यद्यपि उन्होंने कड़े-कड़े पत्र लिखे थे, लेकिन मोतीलाल नेहरु इस तरुणके मूल्यको समझते थे, और वंकिमको मानते थे। प्रयागमें जवाहरलालसे गपशप होती, जब वंकिम चित्तकी चंचलताके बारेमें कहते, तो जवाहरलाल नुस्खा बतलाते—मैं तो ऐसे समय साबरमती चला जाता हूँ, तुम भी ऐसाही किया करो। मगर वंकिमकेलिए साबरमतीमें कोई आकर्षण नहीं रह गया था। आन्दोलनके दब जाने पर भी उन्होंने किसी तरह दो साल और बिताये और १९२५ का अन्त आ गया।

वंकिमका आतंकवादकी ओर कभी आकर्षण नहीं हुआ। उनका उससे कोई सम्बन्ध नहीं रहा। लेकिन वह एक जिलेके प्रभावशाली कांग्रेस-नेता थे, और बंगाली थे। पुलिस उन्हें काकोरीके मुकदमेंमें घर घसीटनेकेलिए तुली हुई थी। १९२५ के अन्तमें वंकिम इटावा छोड़ कलकत्ता चले आये। एक साल तक उन्होंने राजनीतिसे अपना सम्बन्ध तोड़ लिया। यद्यपि इटावा छोड़ते समय वे मजूरोंमें काम करनेका ख्याल लेकर आये थे, किन्तु वे और समझना चाहते थे। अब यादवपुर टेकनिकल स्कूलमें रहते और पुस्तकें पढ़ते। एक बार उद्योग-धन्धेमें भी घुसनेका ख्याल आया।

अभी तक किसी मार्क्सवादीके नजदीक आनेका उन्हें मौका नहीं मिला, तो भी मार्क्सवादकी कुछ पुस्तकें हाथ आईं और उन्होंने उनका खूब अध्ययन किया। १९२७में वे बंगाल प्रान्तीय कांग्रेसके मेम्बर थे। अब मुजफ्फ़र और उनके साथियोंसे जान पहचानहो गई। मजूर सभासे सम्बन्ध जोड़ने लगे। इसी समय हालहीमें बर्लिनसे लौटे डा० भूपेन्द्र दत्तसे मिलनेका मौका मिला। युद्धके बादके नौ वर्षों में योरोपमें जो ज़बर्दस्त उथलपुथल हुई, उसके बारेमें एक प्रत्यक्षदर्शीसे बहुतसी

बातें सुननेको मिलीं। डा० भूपेन्द्रने रूसके बारेमें बहुतसी बातें बतलाईं और साथ-साथ घटनाओंको मार्क्सीय दृष्टिसे देखनेका तरीका बतलाया। अब बंकिम भारतीय आन्दोलनका गंभीर विश्लेषण करना शुरू किया। सारा साल नये रास्तेको समझने, सीखने और पढ़नेमें बीत गया। चौदह-पन्द्रह वर्ष से जमकर बैठे दुःखवादकी नींव हिलने लगी। बंगाल कांग्रेस कमोटीमें बंकिमका प्रभाव बड़ी तेजीसे बढ़ने लगा, एक साल के भीतरही वह सुभास बोसके विरोधी दलके प्रमुख हो गये। बंकिमका दल था "जनताका प्रगतिशील दल"। पीछे सेनगुप्त भी इसमें शामिल हुए, मगर उनसे मदद मिलनेकी जगह रुकावट ही ज्यादा प्राप्त हुई।

नया जीवन, नयी कार्यशैली—१९२८में बंकिमकी गोपेन्द्र-चक्रवर्तीसे मुलाकात हुई। उनकी प्रेरणासे वह मज़दूर किसान पार्टीमें शामिल हुये। इस समय भारतमें मजदूरोंका जबर्दस्त संघर्ष चल रहा था। लिलुवामें रेलवे मज़दूरोंकी जबर्दस्त हड़ताल हुई। चंगेल, बौड़िया, तथा सारे जूट-क्षेत्रमें मालिकोंकी ओरसे होनेवाले प्रहारके जवाबमें मजदूरोंमें जबरदस्त उत्तेजना थी। बंकिमने मजूर-सभाओंके संगठनका खूब काम किया। दिसम्बरमें कलकत्ता कांग्रेसके वक्त जो मजदूरोंने प्रदर्शन किया था उसमें बंकिम भी साथ थे। उस वक्तकी मजूर किसान कान्फ्रेन्समें भी ये मौजूद थे।

अभी कमूनिस्तोंके संपर्कमें वे नये-नये आये थे, इसलिये १९२९ के मार्चमें जब मेरठके मुकदमेंकेलिये मुजफ्फर आदि पकड़े गये, तो वे बच गये। अब बङ्गालमें मजूर-आन्दोलनकी जिम्मेवारी उनपर थी। जूट-मिलोंमें जबर्दस्त सार्वजनिक हड़ताल हुई, जिसमे आंशिक विजय भी मिली। उसी वक्त प्रभावती दासगुप्तासे अलग होनेकी नौबत आई। नागपूरमें ट्रेड यूनियन कांग्रेसमें फूट न होने देनेकी बहुत कोशिश की, मगर सफल नहीं हुए।

१९३०में नमक-सत्याग्रह शुरू हुआ। बंकिम साधारण जनताके मनोभावका अच्छा अनुभव रखते थे। उन्होंने कमूनिस्तोंको न अलग

रहनेकेलिये कहा, मगर अभी वह एक दूरदर्शी पार्टीकी तरह नहीं, बल्कि गुह्य था व्यक्तिकी तरह काम करते थे और वह राजनीतिक आन्दोलन से अलग रहकर सिर्फ मजदूर आन्दोलनमें लगे रहना चाहते थे। १६३० की प्रथम मई आई। मजदूरोंके त्यौहार मई दिवस बड़ी शानसे मनाया गया। उसने राष्ट्रीय दिवसका रूप लिया। सारे बाजार बन्द थे। बंकिम टाटानगरकी हड़तालके सिलसिलेमें पहिलेही तीन अप्रैलको जेल भेज दिये गये। उन्हे एक सालकी सजा हुई थी और तीन सालका मुचलका माँगा गया था। सत्याग्रह सम्बन्धी दो व्याख्यानोंकेलिये दो-दो सालकी और सजायें हुईं। सब मिलाकर छैः सालकी सजा थी। दमदम जेलमें एक सालके करीब रहने पाये थे कि गाँधी इरविन समझौता हो गया। सरकार उन्हें सत्याग्रही नहीं मानना चाहती थी, मगर सेनगुप्तने जोर दिया और बड़े-बड़े कांग्रेस नेताओंके भी बल लगाने पर बंकिम नजरबन्द जेलसे बाहर निकल सके।

१६३०में उन्हें नजरबन्द कर दिया गया। जेलमें उन्होंने राजनीतिक बन्दियोंके क्लास लेने शुरू किये और बंगालके तरुणोंको कमूनिज्मकी ओर खीचनेमें उन्हे सफल होते देखकर गवर्नमेंटने ही बंकिमको जेलमें रखना पसन्द नही किया।

१६३१की कराची कांग्रेसमें बंकिमने गाधी-इरविन समझौतेवाले प्रस्तावका विरोध किया। कराची कांग्रेसमें जो मौलिक अधिकारवाला प्रस्ताव पास हुआ था, उसके लानेमें बंकिम मुख्य प्रेरक थे। जवाहरलाल-को कहकर उन्होंने इस प्रस्तावको पेश करनेकेलिये जोर दिया।

कराचीसे लौटकर बंकिम मेरठके अभियुक्तोंसे जाकर मिले। अदालत के कमरेमें ही मिलनेका मौका मिलता था। वह सात दिन तक अभियुक्त नेताओंके साथ कमूनिस्तोंकी कार्य-नीतिपर वार्तालाप करते रहे।

कलकत्तामें जो अखिल भारतीय ट्रेड यूनियन कांग्रेस हुई थी, उसमें बंकिम जनरल सेक्रेटरी चुने गये। बङ्गालके जिलोंमें भी उन्होंने किसान-सभाका काम करना शुरू किया। कांग्रेसकर्मियोंमें समाजवादका जोर

बढ़ चला। और उनमेंसे आधे वंकिमके साथ थे यह बात बरहमपुरके प्रान्तीय कांफ्रेंसमें साफ दिखलाई दी, जहाँ सुभास और सेनगुप्तके सम्मिलित निरोधके होने पर भी वंकिमका किसानहितवाला प्रस्ताव सिर्फ चालीस वोटोंसे गिर गया।

१६३२ में वंकिमकी सरगर्मियोंको देखकर सरकारने फिर उन्हें गिरफ़ार किया और तीन मास तक अलीपुर तथा देवली जेलमें रखा। वहाँ उन्होंने सभी राजबन्दियोंसे वार्तालाप करके जो मार्क्सवादकी ओर खींचनेका काम शुरू किया था, उससे सरकारने उनके जेलमें रखनेको और भी खतरनाक चीज समझा। चन्द शिक्षित भद्रतरुणोंको दबानेके लिये उसके पास हथियार थे, मगर साधारण किसान मजूर जनतामें समा गये साम्यवादके कीटाणुओंको निकालना वह अपने बससे बाहरकी बात समझती थी।

१६३३–३४में जबरदस्त दमन-चक्र चलता रहा। कांग्रेसका सत्याग्रह आन्दोलन दबा दिया गया। आतंकवादी तरुणोंको जेलोंमें भर दिया गया। इस समय वंकिम छोटे-छोटे अध्ययन चक्रों द्वारा नवयुवकों में मार्क्सवादका ज्ञान बढ़ा रहे थे। १६३४में ट्रेड-यूनियन काँग्रेसमें मेल हो गया। वंकिम जनरल सेक्रेटरीके पदसे अलग हो गये। अब उनका स्वास्थ्य बहुत खराब हो चला था और दो साल तक उन्हें राजनीतिसे अलग रहना पड़ा। डाक्टर अभी भी एक साल तक पूर्ण विश्राम की सलाह देते थे; मगर कार्यक्षेत्रसे अब वे अलग नहीं रह सकते थे। १६३६में वे प्रान्तीय किसान सभाके जनरल सेक्रेटरी हुए। आसनसोल कोलियरी मजदूर-क्षेत्रसे असेम्बलीकेलिये उमेदवार खड़े किये गये, और एम० एल० ए० चुने गये। अब वे कमूनिस्त पार्टीके बाकायदा मेम्बर बन गये। १६३७से वंकिमका वैयक्तिक जीवन खतम होता है और पार्टी-जीवन शुरू होता है। वे पार्टीके एक कुशल सेनानायक हैं, साथ ही एक पक्के कमूनिस्तकी तरह एक कड़े अनुशासनमें बद्ध साधारण सिपाही भी हैं। किसान और मजूर दोनों क्षेत्रोंमें काम करते हैं।

और बड़ी सफलताके साथ। उनके व्याख्यान कमकरोंमें रुह फूँक देते हैं। एक व्याख्यानकेलिये १९४०में फिर जेल जाना पड़ा। साल भर जेलमें रहकर अक्टूबर १९४१में बाहर निकले। १९४३में भकनाकी अखिल भारतीय किसान कान्फ्रेंसके वे प्रेसीडेन्ट बने। आज उनका सारा समय किसानों और मजूरोंकी सेवामें लगता है। 'जन-युद्ध' (बंगाल साप्ताहिक) के छोटे-छोटे लेखोंमें उनकी कलमका जौहर दिखलाई पड़ता है। एक दार्शनिक साहित्यिक विचारककी कलमसे गम्भीर बातोंके इस सरलतासे प्रगट होनेकी आशा नहीं की जा सकती।

माता विभावती देवी अब भी काशीवास करती हैं। अब वे पुत्रसे नाराज नहीं बल्कि बहुत खुश हैं। वह और भी खुश हो जायें, यदि उनका एक मात्र पुत्र विवाह करता। पूँछने पर वंकिमने कहा "मैंने शादी न करनेकी प्रतिज्ञा नहीं की है।"

१७

पी० सुंदरैय्या

उस दिन भारतपर जब पहले-पहल जापानियोंने बम गिराये तो उनमेंसे कुछ आंध्रके विजगापट्टम् और कोकनाडापर भी पड़े थे। मोटी-मोटी तनख्वाह पानेवाले सरकारी नौकरों तकमेंसे कितने ही महाप्रलय आई जान, जान लेकर भाग चले। यह देख साधारण जनताकी हिम्मत कैसे मजबूत रहती? समुद्रतटवर्ती प्रदेशके गाव और शहर दनादन खाली होने लगे। जिधर देखो, उधर लोग लटापटा उठाये सपरिवार भागे जा रहे हैं। कुछ तरुणोंको वीर आंध्रोंकी संतानोंका यह आचरण कायरतापूर्ण मालूम हुआ। उनका अपना संगठन था, यद्यपि उस पर सरकार सारी शक्तिसे प्रहार कर रही थी, तो भी वह उसे नष्ट करनेमें सफल नहीं हुई थी। उन्होंने अपने देश-भाइयोंकी सेवाकी थी और उनकेलिए हर तरहका कष्ट सहा था, इसलिए लोगोंका उनपर विश्वास था। तुरंत दो तीन सौ साइकिल सवार और पैदल तरुण भागे जाते हुए लोगोंमें घुस गये। उन्होंने उस भागनेको कायरतापूर्ण ही नहीं भारी मूर्खतापूर्ण बतलाया। लोगोंका पश्चिमाभिमुख बहता हुआ प्रवाह फिर अपने घरोंकी ओर मुड़ गया और आज ऐसे वैसे गोलोंकी वे परवाह नहीं करते। ये तरुण कौन थे? ये थे सुंदरैय्याके शिष्य, साथी और सहकर्मी।

सुंदरैय्याका जन्म दुनियाके मजदूरोंके पुनीत दिन १ मई १९१२ में वेल्लोर जिले (कोवूर तालुका) के अलगानिपोडु गावमें हुआ था। पिता वेंकटराम रेड्डी अपनी जमीन रखनेवाले किसान (खेतिहर जमींदार) थे। उनके पास पचास एकड़ धानका खेत था। अच्छे

खाते-पीते, प्रभावशाली गृहस्थ माने जाते थे। माता शेषम्मा धार्मिक महिला थीं, पुत्रपर बहुत प्यार रखतीं। सुंदरैय्याके पालन-पोषणमें पेन्ना डेल्टाके धानके खेतोंका ही हाथ नही है, बल्कि समुद्रका भी प्रभाव पड़ा है, जोकि सिर्फ तीन मील ही पर पड़ता है।

अलगानिपोडु बडा गाव है, उसमें एक प्राइमरी स्कूल बड़ी जातवालोंकेलिए और दूसरा अछूतोंकेलिए। अछूतोंके बच्चे बड़ी जातके लड़कोंके साथ कैसे पढ सकते थे? बालक सुंदरैय्याको लड़कपनमें शायद यह बात सनातन चली आनेके कारण नही खटकी, मगर आगे चलकर तो उसने उनके लिए खुद अपनी जातवालोंसे लोहा लिया। दो वर्ष तक गांवके स्कूलमें तेलगू पढनेके बाद सुंदरैय्या अपने बहनोईके साथ रहने लगे। बहनोई जिला-मुन्सिफ थे, जहा-जहा उनकी बदली होती, सुंदरैय्याकी पढ़ाई भी वहीं-वही बदलती जाती। तिरुवल्लूर, राजमहेद्री आदि होते मद्रास पहुँचे और वहा तीन साल तक जमकर पढ़ना पड़ा। सोलह वर्षकी अवस्थामें (१९२९में) हिंदू हाईस्कूलसे एन्ट्रेन्स पास किया और फिर लायोला कालेजमे भर्ती होगये।

घरका वातावरण धार्मिक होनेसे सुंदरैय्याकी भी रुचि बचपनसे धर्मकी ओर थी। तेलगू रामायण (मोल्ल) को वह बड़े प्रेमसे पढ़ा करते और सात साल हीकी उम्रमें रामके भारी भक्त बन गये। तेलगू राष्ट्रीय साहित्य काफी उन्नत है, आठ बरसके होनेके बाद सुंदरैय्याको इन उपन्यासोका चस्का लगा और धीरे-धीरे हृदयमें राष्ट्रप्रेम अंकुरित होने लगा। पुस्तक-पाठ सुंदरैय्याकेलिए सदासे प्रिय वस्तु रही है। बारहवें साल (१९२४) तक पहुँचते-पहुँचते सुंदरैय्याको राष्ट्रीय इतिहास पढनेकी रुचि पैदा हो गई और तेलगूमें प्रकाशित ऐसी हरेक पुस्तक उन्होंने ढूंढ़ ढूंढ़कर पढ़ी। इस समय आंध्रदेशमें आतंकवादी देश-भक्त (अल्लू) सीतारामके साहसकी कितनी ही कथाएं प्रचलित हो चुकी थी। जिन्हे सुनकर सुंदरैय्याके दिलमें भी देशकी आजादीका ख्याल घर करता जा रहा था। इसी वक्त (१९२५ में) मद्रासमें सुंदरैय्याका

किसी आतंकवादी तरुणसे परिचय हुआ, लेकिन मद्रासमे आतंकवाद की अपेक्षा गाधीवादकी अधिक प्रसिद्धि थी। सुंदरैय्याने अगले दो सालोंमें गाधी-साहित्यको खूब पढ़ा, जिससे एक ओर जहा राष्ट्रीय विचारोंको पुष्टि मिली, वहा दूसरी ओर धार्मिक भावोंका भी तूफान उठ खडा हुआ। सुंदरैय्याने रामतीर्थ और विवेकानंदके सारे ग्रंथोंको बड़ी श्रद्धासे पढ़ा, तिलकके गीता रहस्यको भी देखा। इतने तक तो खैरियत थी, लेकिन फिर योग को तरफ कदम बढ़ाया, हठयोग और प्राणा-याम शुरू किया। धार्मिक माताका भी धैर्य टूटने लगा, लडका हाथसे बेहाथ होता दिखाई पडा। अभी हठयोग और प्राणायाम दो ही दिन होपाया था कि माने रोना-धोना आरभ किया और फिर आमरण भूख-हड़ताल ठान दी। सुंदरैय्याको योग स्थगित करना पड़ा। हा, वह मंदिर जाते और अब भी कर्मयोगी संन्यासी बननेका लक्ष्य उनके सामने था।

रामकृष्ण, विवेकानदके उपदेशोंमें सुंदरैय्याने अक्सर दरिद्रनारा-यणकी पूजाके बारेमें पढ़ा था और रामकृष्णमिशनकी ओरसे भिख-मंगोंको टुकड़े बाटकर दरिद्रनारायणकी पूजा होती भी देखी थी। गाधीवादी राष्ट्रीयताने इस पूजाको बहुत पसंद किया, सुंदरैय्याके धार्मिक हृदयने समझा—यह है कर्मयोग। पाश्चात्य महापुरुषोंकी जीवनियों को पढनेसे शरीरसे श्रम करना उन्हें इज्जतकी बात जँचने लगी और १९२६ के बाद वह जब कभी छुट्टियोंमें घर जाते, तो बराबर खेतोंमें काम करते।

१९२७ में मद्रासमें कांग्रेस हुई, जिससे उनकी राष्ट्रीयताका वेग और बढ़ा और अगले साल जब साइमन कमीशन मद्रासमे आया, तो उसके विरुद्ध प्रदर्शन करनेमें सुंदरैय्या कब पोछे रहनेवाले थे? यद्यपि मद्रासमें छूतछात उत्तरी भारतसे भी प्रचंड है, मगर उसका ख्याल उन्हें स्कूलके दिनों ही से जाता रहा।

कॉलेजमें सुंदरैय्या गणित, रसायन और भौतिक शास्त्रके विद्यार्थी

थे, किंतु राजनीति-प्रेमके कारण अर्थशास्त्र और राजनीति-सम्बन्धी पुस्तके बहुत पढ़ा करते और आंध्र तरुणोंकी सोदर समितिके एक सरगर्म मेम्बर थे। गाधीवादी राजनीति पर वह समवयस्कोंमें खूब बहस किया करते। जब १६३०के आरभमें गाधीजीका नमक-सत्याग्रह शुरू होने लगा, उस वक्त सुदरैय्या दूसरे वर्षमें पढ़ रहे थे। सत्याग्रहके धर्मयुद्धमें पड़ना उनके लिए एक अनिवार्य कर्तव्य हो गया। फरवरीमें कालेज छोड़कर गाव चले गये। खेतिहर मजदूरोंके कामके घंटोंका लेखा लिया और देखा कि मालिक मजूरोंको बहुत कम मजदूरी देते हैं। उन्होंने चौगुनी मजूरी बढ़ानेका आदोलन किया। सारे धनी किसानोंमें खलबली मच गई, तो भी दो महीने सुदरैय्या अपनी धुनमे लगे रहे। सुंदरैय्याका बदन बहुत मजबूत और गठीला है, उन्हें आठवे वर्पसे ही कसरतका शौक लग गया। नमक सत्याग्रह छिड़ने पर वह सोदर समितिके केन्द्रस्थान पश्चिम गोदावरीमे चले गये और नमक-सत्याग्रहके दो सौ स्वयसेवकोंके कप्तान बना दिये गये। कवायद-परेट कराने और अनुशासन रखनेमें वह बड़े कुशल थे।

सुंदरैय्या सत्रह वर्षके बच्चे थे, इसलिए पहले पुलिसका ध्यान उनकी ओर नही गया; लेकिन, जब मालूम हुआ "रविमडल देखत लघु लागा" तो पकड़ना जरूरी था। ताड़ कटवानेका जुर्म लगाकर दो सालकेलिए वह कैदी-बालक-स्कूल (तजौर) भेज दिये गये। इससे पहले कालेज छोड़ते वक्त समाजवाद और सोवियत् रूसकी जरासी झलक उनके कानों तक पहुँची थी। जेलमें पहले-पहल उन्हें इस सम्बन्धकी कितनी ही पुस्तकें पढ़नेका मौका मिला। जेलमें खाने-पीने तथा अधिकारियोंके बुरे बर्तावकी बड़ी शिकायत थी। जब ऊपर सुनवाई नही हुई, तो सुंदरैय्या और उनके साथियोंने भूख-हड़ताल शुरू कर दी। ढाई महीने तक उन्हें कोरन्टीनमे रखा गया, फिर और जगह भेज दिया गया। जेलमें सुन्दरैय्याने हिन्दी पढ़ी।

गाधी-इर्विन समझौतेके बाद मार्च १६३१में सुन्दरैय्या जेलसे बाहर

निकले। उस वक्त उनके बहनोई बंगलोरमें थे, सुन्दरैय्या भी वहीं जाकर कालेजके दूसरे सालमें दाखिल हो गये। अब गांधीवादकी कमजोरियाँ उन्हें मालूम हो गई थीं। वह समझने लगे थे कि गरीबों और मजूरोंको सुखी और स्वतंत्र बनानेकेलिए गाधीवादके पास कोई उपाय नही। पहले दरिद्रोंको पैदा करना, फिर दरिद्रनारायणकी पूजा उन्हें भारी उपहासकी बात मालूम हुई। वह कालेजकी पढ़ाईके अतिरिक्त साम्यवाद पर लिखे गये ग्रंथोंको ढूंढ़ ढूंढकर पढ़ते। यहीं (अगस्तमें) अनेक सालोंके बाद अमेरिका और रूससे लौटे प्रसिद्ध साम्यवादी अमीर हैदर खा से उनकी भेंट हुई। सुन्दरैय्याके ऊपर गाधीवादी प्रभावका अंतिम अंश भी मिट गया और उन्होंने लेनिनवादको पूर्णतया स्वीकार किया।

भाजीका व्याह हो रहा था, जिला जजसाहब लड़कीके व्याहमें अपनी राजभक्ति दिखलानेसे कैसे चूकते? उन्होंने तोरण-बंदनवारमें अंग्रेजी-राजध्वज (यूनियन जैक) को भी शामिल किया। सुन्दरैय्याको असह्य घृणा हो उठी, वह कालेज छोड़ घर चले आये।

अब उन्होंने तन्मयतासे अपने भविष्यके कार्यमें हाथ डाला। तरुणों-को हिन्दी पढाते, खेतमें खुद काम करते। १९३२ (मई)में साम्यवादी दलमें शामिल होनेकेलिए वह अमीर हैदरके पास मद्रास गये, मगर तब तक वर्षों से पुलिससे बचते वह पकड़कर जेल पहुँचा दिये गये थे। गांव में लौटकर खेतिहर-मजूरोंका संगठन किया। अछूतों—खेतिहर मजूर भी इनमें ज्यादा थे—को कुएँसे पानी नहीं भरने दिया जाता था। सुन्दरैय्याने कुएँपर चढ़नेकेलिए संघर्ष ठान दिया। आधे अपने अपमानको समझने लगे, मगर आधे अछूतोंमें हिम्मत न थी, वह अपनी अवस्थासे संतुष्ट थे। लेकिन, सुन्दरैय्याने हिम्मत न हारी। उन्होंने उनमेंसे कुछ दर्जन लडाके तरुणोंको रक्षक बनाया और कुएँपर हल्ला बोल दिया। लेनिन-वादी सुन्दरैय्या उन्हें सिर्फ कुएँपर चढ़ाकर संतोष कर जानेवाले जीव न थे, उन्होंने खेतिहर मजदूरोंकेलिए सहकारी दूकान (को-ऑपरेटिव स्टोर) खोली। गांवमें निरक्षरतानिवारणकेलिए दिनका स्कूल, रात्रि-पाठशाला

और पुस्तकालय खोला। सुन्दरैय्याका आदोलन धीरे-धीरे गावसे बाहर तक फैलने लगा, उनके गिर्द कई तरुण जमा होने लगे। अपना अध्ययन अब भी जारी था और पुस्तकोंका सुभीता देख १६३२ के अतिम तीन मास उन्होने मद्रासमे बिताये।

१६३३ (मार्च)में वह मद्रास प्रान्तसे बाहर निकले और कुछ और परिचय बढ़ाकर आध्र लौट गये। यद्यपि सुन्दरैय्या अभी बीस ही सालके थे, मगर बहुश्रुत ज्ञानवृद्ध बन चुके थे। अब काग्रेसके बड़े-बड़े नेता भी इस तरुणकी ओर गभीरतासे देखने लगे। सुन्दरैय्याने दूसरी बातोंके साथ राष्ट्रकर्मी तरुणोंके राजनीतिक अध्ययनकी ओर सबसे अधिक ध्यान दिया। सारे आध्रमें अध्ययन-चक्र चलने लगे। तेलगू भाषामें नया साहित्य भी तैयार होने लगा। सुन्दरैय्या बहुतसे तरुणोंको अपनी ओर खीचनेमें समर्थ थे। कॉमरेड घाटे मद्रासके साम्यवादियोंके पथ-प्रदर्शक थे और सुन्दरैय्या उनके दाहिने हाथ। वह पार्टीके कामसे १६३४में पहली बार मलबार गये और वहाँके सर्वप्रिय काग्रेसी नेता शकरन् नम्बूदीपादको अपनी ओर खींचनेमें समर्थ हुए। काग्रेसके संगठनमें भी सुन्दरैय्याके साथी बहुत प्रभाव रखते थे, लेकिन इसी साल पार्टीने हुक्म दिया कि सब लोग बाहर निकल आएँ। इसपर उन्होंने बाहर निकल कर मजदूर-रक्षक लीग कायम की और किसानों, मजदूरों तथा विद्यार्थियोंमे काम करना शुरू किया। कुछ समय बाद फिर काग्रेसमे जाना जरूरी समझा गया,। सुदरैय्या और उनके साथी फिर काग्रेसमें शामिल हो गये। १६३६मे आध्रकी काग्रेस सोशलिस्ट पार्टी उनके हाथमें थी, कांग्रेसमें सबसे ज्यादा प्रभाव रखनेवाला दल उन्हीका था।

पुलिस हाथ धोकर सुन्दरैय्याके पीछे पडी हुई थी और कोई बहाना ढूँढ़ रही थी। सुन्दरैय्या साधारण सभामें व्याख्यान देनेसे बचकर रहते थे। एक व्याख्यानमें आखिर वह हाथ लग ही गये और उन्हें दो सालकी सजा हुई। लेकिन चार महीने जेलमें रहनेके बाद काग्रेस मिनिस्ट्रीने छोड़ दिया। १६३७ में वह आध्र काग्रेस समाजवादी पार्टीके

सेक्रेटरी थे। उस साल तरुणोंकी राजनैतिक शिक्षाकेलिए कोत्थपटनम्में ग्रीष्म-स्कूल खोला गया। अधिकारियोंने उसपर निषेधाज्ञा लगा दी और पुलिसने लाठी-प्रहार किया। उस वक्त यह खबर सारे भारतके अखबारों में छपी थी।

१९३८-३९ में सुन्दरैय्याके नेतृत्वमें पार्टीने बड़ी उन्नति की। अच्छे-अच्छे तरुण राष्ट्रकर्मी उसमे शामिल हो गये। उनके बढ़ते प्रभावको देखकर पुराणपंथी नेताओंकी नींद हराम होने लगी। विरोधी सभा करनेका बहाना लेकर उन्होंने १९४१ तककेलिए सुन्दरैय्याको कांग्रेस पदाधिकारी होनेसे वंचित कर दिया।

सितम्बर १९३९मे महायुद्ध छिड़ गया। १९४०के वसंतके आते-आते सरकारने कमूनिस्तोंको जेलोंमे भरना शुरू किया। सुन्दरैय्यापर क्यों न नजर पड़ती? लेकिन वारंट निकलते-निकलते सुंदरैय्या अंतर्धान हो गये और १९४२ के मध्य तक पुलिस सर पटककर रह गई, मगर वह हाथ न आ सके। एक बार पुलिसवालेको पीछा करते देख उन्हें पचास मील पैदल भागना पड़ा था। अंतर्धान-अवस्थामें सुंदरैया चुपचाप किसी कोठरीमें बन्द न थे। वह आंध्रके भिन्न-भिन्न स्थानों हीमें नही जाते, बल्कि राजनीतिक कामकेलिए उन्हें मद्रास और केरल भी जाना पड़ता। पार्टी गैरकानूनी थी, मगर उसका पत्र "स्वतंत्र भारत" छपकर नियमपूर्वक निकलता और तीन हजारकी संख्यामे।

आंध्रमें सुंदरैयाकी पार्टी सबसे प्रबल और जनप्रिय शक्ति है। उसका साप्ताहिक पत्र "प्रजाशक्ति" दस हजारसे ऊपर निकलता है। तेलगू भाषामें इतनी कोई पत्र-पत्रिका नहीं निकलती। सुंदरैय्याकी उम्र अभी सिर्फ तीस ही वर्षकी है, मगर आंध्रकी साधारण जनताके वह सबसे प्रिय नेता हैं। जो बीज सुंदरैय्या द्वारा आंध्रभूमिमे डाला गया, आज उसने बढ़कर विशाल वृक्षका रूप धारण किया है। सिवाय उच्च धनिकों, उनके पिट्ठुओं, पुराणपंथी नेताओंके सभी उस वृक्षकी छायामें हैं। "प्रजा-शक्ति" डेढ़ हजार गाँवोंमें हर सप्ताह पहुँचती है। तेलगू भाषामें

मार्क्सवादी राजनीति, अर्थशास्त्र और दर्शनपर बहुतसे ग्रंथ प्रकाशित हो चुके हैं, कितने ही अच्छे-अच्छे कवि तैयार हुए हैं। अभी पिछले महीने पार्टीने अपने कोषकेलिए पचास हजार रुपया जमा करनेका भार आंध्रपर दिया था, तो उसने चौगुनासे ज्यादा रुपया जमा कर दिया। लोग अपना सर्वस्व बेंचकर पार्टी-कोषमें देनेकेलिए होड़ लगाये हुए थे, जिसपर मेम्बरोंपर रोक-थाम करनी पड़ी और एक खास परिमाणमें जायदाद अपने आश्रितोंकेलिए रख छोड़नेका हुक्म निकालना पड़ा। प्रबुद्ध आंध्र-की आंखें भविष्यका एक सुंदर स्वप्न देख रही हैं, जबकि हैदराबाद तथा मैसूरकी रियासतों और ब्रिटिश भारतमें बॅटी आंध्रजाति फिर एक होकर एक महान् साम्यवादी जातिका रूप धारण करेगी और शिक्षा, संस्कृति, वीरता और ज्ञानमें उन्नत आंध्र देश भारतीय राष्ट्रसंघमें विशेष स्थान ग्रहण करेगा। उस वक्त सुंदरैय्या उसके श्रेष्ठ निर्माता समझे जायेंगे।

——

१८

प्रसादराव

कृष्णा नदी जहाँ विशाल रूप धारणकर बगालकी खाड़ीमें गिरती है, और अपनी लाई मिट्टीसे नदीमें एक बड़ा द्वीप बनाती है, यह है कृष्णा जिले (मद्रास)का डेल्टा। वहीं १५३० आदमियोंकी बस्तीका एक पुराना गॉव आरुकोलनो है। समुद्र गॉवसे ३२ मीलपर पड़ता है। गॉव पहले यहॉके ब्राह्मणोंको "मुखासा" या ब्राह्मणोत्तर वृत्तिके तौर पर मिला था। लेकिन कर्जमें वह बहुत कुछ बिक चुका है। गॉवमें ब्राह्मणोंके २५ ही घर हैं सबसे अधिक संख्या रेड्डी (८० घर) जातिके कृषक लोगोंकी है; कम्मा (६०), कापू (४०) जातिके किसान भी हैं, कोमटी या वैश्यों के आठ परिवार हैं, साले (हिंदू जुलाहों)के दो घर, वडरंगी (बढ़ई) चार, कमसाली (सुनार) तीन, मंगली (हजाम पॉच, साकली (धोबी)

विशेष तिथियॉ—१९१२ सितंबर २४ जन्म, १९१८–२१ पढ़ाई बोर्ड स्कूल में, १९२१–२२ राष्ट्रीय गीतोंसे प्रभावित, १९२१-२८ गुडीवाडा बोर्ड हाई-स्कूलमें, १९२१ गाँधीजीका दर्शन, १९२८ मैट्रिक पास, १९२९-३० मछली-पटनम्‌के हिन्दू कालेजमें, १९२९ ब्याह, १९३० सूत कातते, कांग्रेस वालंटियर, १९३०-३१ बीमार, १९३२ इंटर पास किया, १९३२-३४ बनारसमें बी० ए० में, १९३४ कर्जमें घर तबाह, पढ़ाई छोड़ी; १९३५ पक्के समाजवादी सुदरैयासे संपर्क कमूनिस्त बने; १९३६-३७ पार्टी-संगठक, १९३७ पूर्व-गोदावरी जिला किसान-सभाके संगठक, १९३७-३८ "नवशक्ति"के संपादक, किसान-सभा संगठक, १९३९ मोनगोला किसान् संग्रामके नेता, अन्तर्धान, जून ३ गिरफ्तार, १० मासकी सजा; १९४० मई, जेलसे बाहर फिर अन्तर्धान; १९४१ जनवरी गिरफ्तार, डेढ़ सालकी सजा; १९४२ फरवरी, जेलसे छूटे, गाँवमें नजरबंद, सितंबर नजरबंदी हटी; १९४३ मार्च प्रान्तीय किसान सभाके सेक्रेटरी।

आठ घर हैं। आदिवेल्मा (अछूत)के अस्सी घर हैं, और वे ज्यादातर मजूरीपर गुजारा करते हैं। गाँवमें माला जाति वाले मजूर (साठ घर) ईसाई हैं, और मादिगा (चमार)के तीस घरोंमें भी कितने ही ईसाई हैं। एक घर मुसलमान मजूरका होनेसे आरुकोलनोंमें हिन्दू, मुसलमान, ईसाई तीनों धर्म मौजूद हैं।

आरुकोलनोंकी २४०० एकड जमीनमें १८०० एकड़ धानकी, चार सौ ज्वार, मूंगफली आदिकी और छै सौ एकड़ परती है। गाँवके लोगों की जीविका है सिर्फ खेती और वह भी केवल एक फसलकी – कृष्णा-नहरसे एक ही फसलकेलिए पानी मिलता है। गाँवमें एक छोटी सी चावलकी मिल है। आरुकोलनो अपने लिये अनाज काफी पैदा कर लेता है और उसके पास काफी ढोर भी हैं। बरसातमे सारी जमीन पानी में डूब जाती है। खेतीके बाद ढोरोंको चालीस मील दूर जङ्गलमें भेज दिया जाता है, जहाँ से वे चार महीने बाद लौटते हैं।

आरुकोलनोंमें तेलगूका एक प्राईमरी स्कूल है, जिसमें दो अध्यापक पचास लड़कोंको पाँचवें स्टैंडर्ड (दर्जे) तक पढ़ाते हैं। आदिवेलमा, माला और मादिगाके लडके भला ऊँची जातिके लड़कोंके साथ कैसे पढ सकते हैं? उनके लिये रोमन-कैथलिक, प्रोटेस्टन्ट ईसाई-मिशनोंने दो छोटे-छोटे स्कूल खोले हैं। नागार्जुनीकोंडा (श्रीपर्वत)का ऐतिहासिक स्थान वहाँसे पैतालीस मील पर है, और भद्राचलम् महातीर्थ सौ मील पर। गाँवमें मल्लेश्वर (शिव)का एक बड़ा मदिर है। पाँच, छै छोटे-छोटे देवस्थान और दो गिरजेकी कुटियाँ भी हैं। तो भी जान पडता है, लोगोंमें धर्म-प्रेम बहुत जोरका नहीं है। जब पहले पहल नन्डूरु (गुन्टूर जिले) वाले किसी ब्राह्मणको यह मुखासा मिला होगा, उस वक्त उसका परिवार बाकी कमकरोंकी मेहनत पर पलता खूब सुखी और सम्पन्न रहा होगा। लेकिन, अब तो मुखासा वाले २५ घर हैं, जो सभीके सभी काम-चोर—खेतीके काममें हाथ न लगानेवाले—हैं। कोमटी और कम्मा ब्याहमें ब्राह्मण-पुरोहितकी जरूरत समझते हैं और

शायद पूजापाठमे उन्हे कुछ मिल जाता होगा। लेकिन, अब इन ब्राह्मणोंकी भी आर्थिक अवस्था गिर चुकी है। जानकी रामैय्या आरुकोलनोके बारहवें हिस्सेके मुखासादार थे। मगर बिकते-बिकते उनके पास अब सिर्फ १० एकड धानके खेत और १६ एकड़ खेती-लायक परती रह गई है। किसी वक्त यहाँके ब्राह्मण वैदिक कर्मकाण्ड छोड़ बैठे, फिर इन्हें नियोगी कहा जाने लगा। दूसरे वैदिकी ब्राह्मण उनको नीच दृष्टिसे देखने लगे। फिर नियोगियोंमें संगठन हुआ। वैदिकी कर्मकाण्डको फिरसे जातमें लानेकेलिए आन्दोलन हुआ। उन्होंने मूँछें कटा डाली, वैदिकी बननेकेलिए यह जरुरी था। उनके लडकोंमेंसे कुछ वेद और संस्कृत भी पढने लगे। फिर उन्होंने कहा—पक्के ब्राह्मण तो हम हैं, अपनेको वैदिकी कहनेवाले ये सारे ब्राह्मण असुर हैं। नियोगी रामैय्या भी बलि वैश्वदेव और अग्निहोत्र करने लगे। शायद यजुर्वेदको भी पढा।

जानकी रामैय्या और उनकी पत्नी शान्तम्माको चौबीस सितम्बर १६१२को मझला लडका पैदा हुआ। उसके दो और भाई और चार (दो छोटी बहनें भी हैं; मगर अपने छहों सतानोंके होते भी आरुकोलनों का नियोगी ब्राह्मण वंश वहीं टापूमें अपने पुराने जीवनको बिताता चला जाता और हमें उसका नाम भी सुननेका मौका न मिलता। यह शान्तम्माका मझला लड़का प्रसादराव है, जिसने आरुकोलनोंके नाम कोही हम तक नहीं पहुँचाया, बल्कि आन्ध्र देशमे उसने किसानोंके सगठन द्वारा उनकी शक्तिको अजेय बना दिया। मोनगालाके अत्यन्त पीड़ित किसानोंका पक्ष लेकर, सस्ती काग्रेस-भक्ति करनेवाले उसने वहाँके राजासे जो लोहा लिया और जिस तरह बटेरोंको बाज बनाया, वह सिर्फ आन्ध्रकेलिए ही नहीं सारे भारतकेलिए स्मरणीय चीज रहेगी।

बाल्य—प्रसादरावका ननिहाल अपने ही गाँवमे था। नानी के पास सोकर राजारानीकी कथायें सुनना उसे बहुत प्रिय लगता था। मालूम होता है, भूतोंकी कहानियाँ काफी बचपनमें और पूरी मात्रामें नहीं

सुनाई गईं। प्रसादको भूतोंका डर नहीं लगता था, वह श्मशानमें भी खेलते भय नहीं खाता था।

आंध्र के ब्राह्मणोंके रिवाजके अनुसार जब प्रसाद पाँच वर्ष पाँच मास पाँच दिनका हुआ, तो गाँवके स्कूलमें उसका अक्षरारंभ कराया गया। ६०, ७० लड़के-लड़कियाँ सभी एक साथ बैठते थे। प्रसाद, व्यंकटेश्वर और प्रसादकी बहन सुशीला तीनों एक ही दर्जे में पढ़ते थे। तीनों दर्जेमें सबसे तेज थे, इसलिये उनमें पढ़नेकी होड़ लगी रहती थी। प्रसाद गणित पढ़ता था, मगर उसमें उसे विशेष रुचि न थी। चौथे दर्जेसे अंग्रेजी भी शुरु हुई, प्रसादकी उसमें ज्यादा रुचि थी।

प्रसादने नौ सालकी उम्रमें गांवके स्कूलकी पढ़ाई खतम की। अब उसे गूडीवाड़ाके बोर्ड-हाईस्कूलमें दाखिल कर दिया गया। गूडीवाड़ा तालुक (तहसील या सब-डिवीजन)का हेडक्वार्टर था। यद्यपि जन-संख्या २५,०००की थी, तो भी गूडीवाड़ा देखनेमें एक बडा गाँवसा मालूम होता था। चावलका वह एक बड़ा बाजार है, जहाँसे बेजवाड़ा, मछली-पट्टमको माल भेजा जाता है। कुछ चावलकी मिलें भी हैं। यह सब होते भी गूडीवाड़ामें शहरियत नही है। प्रसादकी बहन गूडीवाड़ामें ब्याही थी। बहनोई जमीदार थे। प्रसाद बहनके घरमें रहता और स्कूलमें पढ़ने जाता।

इसी वक्त असहयोगकी आँधी सारे देशमें फैली और आंध्रका यह छोटा कसबा भी उसके असरसे प्रभावित हुए बिना नहीं रहा। लोग एक नये तरहके गीत गाते थे। प्रसादके स्मृति-पटल पर उसी वक्तका एक पद अंकित हो गया "माकोद्दू तेल्ल दोरतनमू" (हमें नहीं चाहिये सफेद-राज्य)। लेकिन राजनीतिमें उसे और ज्यादा दिलचस्पी नहीं थी। जब गूडीवाडामें गाधीजी आये, तो प्रसादराव भी दर्शन करने वालों में था।

१९२३-२४ तक कांग्रेस-आन्दोलन बहुत मन्द हो गया था; और गांधीके रास्तेसे निराश हो कितने ही तरुणोंने दूसरा रास्ता पकड़ा।

इस समय आन्ध्रमें रम्पा-पितूरी (रम्पाका गदर) हुआ, और सीताराम राजूने अपना दल बनाकर सरकारके खिलाफ बगावत की। सीताराम राजूने पुलिसको इतने चकमे दिये और विद्रोहको इतनी बहादुरी से चलाया, कि सारे आन्ध्रमें उसकी प्रसिद्धि हो गई। तेलगू भाषामें सीतारामके बारेमें कितने ही गीत बने। लोग उन्हें बड़े उत्साहके साथ गाया करते थे। प्रसादराव भी इन गीतोंको बड़े शौकसे सुना, करता था। १९२४में मौलाना महम्मद अली आये। इस वक्त प्रसादरावकी उम्र बारह सालकी थी। उसने भी कुछ राजनीतिक बातें सुनी लेकिन राजनीतिमें दिलचस्पी नहीं बढ़ी। वह अपनी पढ़ाईमें लगा था। इतिहाससे उसे खास तौरसे प्रेम था। गणित, अंग्रेजी, इतिहास तीनो विषयोंमें वह मजबूत था और क्लासमें प्रथम या दूसरा रहा करता।

१९२८ में प्रसादने मेट्रिक (S. L. C.) पास किया। दो साल संस्कृत भी पढ़ी थी।

१६ सालकी उम्रमें प्रसादराव एक मेधावी विद्यार्थी तरुण थे, मगर राजनीतिका कोई प्रभाव उन पर नहीं पड़ा, इसका एक बड़ा कारण यह था कि स्कूलके सभी अध्यापक और छात्र पुराने ढर्रे पर चले जा रहे थे, वहाँ कोई राजनीतिक वातावरण न था। गूर्डबाड़ा का 'गुध्र बिहार' संस्कृत नाम उसकी ऐतिहासिकताको बतलाता है, मगर इतिहास-प्रेमी प्रसादरावकी जिज्ञासा उधर अधिक नहीं बढ़ी। प्रसादरावके विचार कुछ धार्मिकसे थे। भविष्यकेलिये वे सोच रहे थे—'हम मुखासादार हैं, जीविकाकेलिये हमारी सम्पत्ति काफी है। नौकरीकी जरूरत नहीं। विद्या पढ़ना अच्छा है।" उस वक्त परिवारकी आर्थिक अवस्था अच्छी थी, इसलिये भविष्यके वास्ते निश्चिन्त होना स्वाभाविक था।

कॉलेज में—१९२९मे प्रसाद मछलीपट्टमके हिन्दू कॉलेजमें दाखिल हुए। पाठ्य विषय थे, इतिहास, तेलगू और अंग्रेजी। तेलगूके अध्यापक विश्वनाथ सत्यनारायण तेलगूके सर्वश्रेष्ठ कवि और लेखक

थे। उन्होंने प्रसादरावके दिलमें तेलगू साहित्यके प्रति प्रेम पैदा किया। तेलगू साहित्यका सबसे पुराना कवि नन्नैया बारहवी शताब्दीके पूर्वार्धमें (पूर्वी चालुक्य-वशी राजा राजराजके समयमें) हुआ था। नन्नैयाका "भारतम्" प्रसादका अतिप्रिय ग्रन्थ था। पन्द्रहवीं शताब्दीके कवि श्रीनाथके ग्रन्थ—नैषध-अनुवाद, काशीखंड-अनुवाद—भी उनके प्रिय ग्रथ थे। प्रसाद उस समय कॉलेज मेंगजीनमें साहित्य सम्बन्धी लेख लिखा करते थे। प्रसादराव प्रगतिशीलताकी ओर बढ़ते-बढ़ते आज उसकी चरमसीमाको पहुँच गये हैं, मगर उनके अध्यापक विश्वनाथ आज भी कट्टरपन्थी ब्राह्मण हैं।

मछलीपट्टम् एक अच्छा बन्दरगाह है, प्राचीनकालमें तो वह और भी महत्त्व रखता था। यहाँ प्रसादरावको राजनीतिक वातावरण मिला, कुछ राष्ट्रीय व्याख्यान भी सुने। जब वे पहले वर्षमें थे, उसी समय अपने कुछ व्याख्यानोंके लिये साम्बमूर्ति (मद्रासके स्पीकर) के ऊपर मछलीपट्टम्में मुकदमा चल रहा था। लड़के उस वक्त कचहरी जाना चाहते थे, मगर प्रिन्सिपल छुट्टी देनेके लिये तैय्यार न थे। प्रसादरावने हड़ताल करवानेमें खूब भाग लिया और कचहरी गये। पट्टाभी सीता-रामैय्याके पास भी गये, उन्होंने खद्दर खरीदकर पहना और विदेशी कपड़े के न पहननेकी प्रतिज्ञा की। समाचार-पत्रोंमें प्रसादराव राष्ट्रीयताकी बातें पढ़ा करते थे। वे अब "आन्ध्र पत्रिका" "हिन्दू" (अंग्रेजी), और "माडर्न रिव्यू" को नियमसे पढ़ते थे। तिलक, सावरकर, आदिकी जीवनियोंके पढ़नेने उनपर अपना असर जमाना शुरू किया। उन्होंने विक्टर ह्यूगो, दूमा, मेटरलिंक और इब्सनके प्रायः सारे ग्रन्थ पढ़ डाले। भगतसिहकी वीरताकी बाते भी उन्होंने सुनी और लाहौरके मुकदमेंकी खबरें बड़े गौरसे पढ़ा करते थे। इस वक्त प्रसादराव भगतसिंहकी ओर खास तौरसे आकृष्ट हुए।

१७ सालकी उम्र (१९२९)में घरवालोंने इच्छाके विरुद्ध रामचंद्र-पुरम् (पूर्व गोदावरी)की कन्या वरलक्ष्मीसे प्रसादका ब्याह कर दिया।

राजनीतिके भीतरके भेदोंको वे अभी नहीं जानते थे। वे भारतकी स्वतंत्रताके पक्षपाती थे; यद्यपि हिंसाकी उतनी निंदा करनेके लिये तैय्यार नहीं थे, तो भी उन्हें गांधी-प्रोग्राम अच्छा लगने लगा था। १९३०में वे चरखा भी कातने लगे।

मार्च (१९३०)में उन्होने इंटरकी परीक्षा दे दी। छुट्टियोंमें घर जानेकी जगह कांग्रेस वालंटियर बन मछलीपट्टम्‌में ही रह गये। सैनिक कवायद करते और अहिंसा आदि पर लेक्चर सुनते। कांग्रेस-नेताओंमें पट्टाभी सीतारामैय्यासे साम्बमूर्ति उन्हे ज्यादा पसंद थे—पट्टाभी मछली-पट्टम्‌के रहने वाले थे और उनकी कमजोरियोंसे प्रसाद ज्यादा वाकिफ़ थे, शायद यही कारण था। महीने भर वे चरखा चलाते रहे। इसी बीच पिताको कुछ भनक मिली और पकड़ कर गाँव ले गये।

गाँवमें दो महीने रहे। नमक-सत्याग्रह आरंभ हो गया था। गिरि-फ़्तार स्वयंसेवकोंको चाय सोडा पिलानेका वे इंतजाम करते थे। परीक्षा परिणाम निकला तो मालूम हुआ कि राजनीतिकी अधिकताने उन्हें (इतिहासमे) फेल कराके छोडा।

फिर मछलीपट्टम्‌मे द्वितीय वर्षमें पढ़ने लगे। एक बार हम्पी (विजय नगर) देखने गये। मलेरियाने आ दबाया। फिर दो साल तक बीमार पड़े रहे। स्वास्थ्य-सुधारकेलिये पूर्व-गोदावरी और दूसरी जगहों पर गये। जब कुछ स्वास्थ्य सुधरा तो फिर पढ़ाई शुरू की और १९३२में इंटर पास किया।

प्रसादराव अब बीस सालके थे। उन्हें राष्ट्रीय आन्दोलनकी हवा लग चुकी थी। आन्ध्रके कॉलेज इस वक्त विद्यार्थियोंके लिये पूरे कैद-खाने थे। अध्यापक ज्यादातर खुशामदी थे। विद्यार्थियोंको खुलकर साँस लेनेका अवसर नहीं मिलता था। इसी समय हिन्दू विश्वविद्यालय-के कुछ विद्यार्थियोंसे उनकी मुलाकात हुई। पता लगा, हिन्दू-विश्व-विद्यालयका वातावरण अधिक मुक्त अधिक राष्ट्रीय है। १९३३ में

प्रसादराव बनारस चले आये और हिन्दू विश्वविद्यालयमें दाखिल हो राजनीति और अर्थशास्त्र पढ़ने लगे। मछलीपट्टम्‌के अध्यापक सिर्फ पढ़ाने भरके साथी थे, मगर यहाँ बात दूसरी थी। विद्यार्थियोंको यहाँ दबाया नहीं जाता था। वे राजनीतिक बातों पर खुलकर बहस किया करते थे। प्रसादको भगतसिंहका रास्ता अच्छा मालूम होता था। समाजवाद क्या है, इसका उन्हें पता नहीं था। यहीं प्रसादरावकी आन्ध्रपार्टी के वर्तमान सेक्रेटरी राजेश्वररावसे घनिष्ठता हुई।

१६३४में प्रसाद बी० ए० के आखिरी सालमें पढ़ रहे थे। समाजवादकी कुछ किताबें उन्होंने पढ़ीं और उधर कुछ दिलचस्पी हो चली। राजेश्वरराव, शिवय्या और प्रसादरावने देश-सेवाके लिये जीवन देना तय कर लिया। इसी वक्त परिवार पर विपत्तिका पहाड़ गिरा। कर्जमें बापकी जमीन बिक गई। पढ़नेके लिये खर्च कहाँसे आता? प्रसाद आरुकोलनो लौट आये। पिता ज़ेवर बेंचकर पढ़ानेके लिये तैय्यार थे, मगर प्रसादरावको यह रुचिकर नहीं मालूम हुआ।

राजनीतिक क्षेत्र में—चार-पाँच मास घर रहनेके बाद प्रसाद फिर एक बार बनारस आये। शिवय्यासे मिलकर भविष्यके प्रोग्राम पर बातचीत की—शिवय्या १६३० और ३२में दो बार जेलहो आये थे। दोनों साथियोंने समाजवाद और मजूर-संगठनके लिये काम करना तै किया। १६३५में शिवय्या और प्रसादरावने गुन्टूरमें काम शुरू किया। वहाँ अपने विचारवाले कई और कार्यकर्त्ता मिले। 'राष्ट्रकर्मियोंके खानेका सवाल आया। दोनोंने फ्रैन्ड्स-होम (मित्रभवन)के नामसे ८०० रुपये लगाकर एक होटल खोला। होटलकी आमदनीसे छै साथियोंका काम चल जाता था। यहीं सुन्दरैय्याके सम्पर्कमें आनेका मौका मिला, और उन्होंने पहली पार्टी-ग्रूप बनाया। दो आन्दोलनोंकी असफलताके कारणों पर विचार करके आन्ध्रके इन तरुणोंका विश्वास गांधीवादसे बिलकुल उठ चला था। कांग्रेस-नेताओंके व्यवहारसे मालूम होता कि स्वराज्यके लिये उन्हें कोई जल्दी नहीं पड़ी है।

प्रसादराव और उनके साथियोंने मजूर-रक्षक-संघ (लेबर प्रोटेक्शन लीग) और तरुण-संघ (यूथ लीग) संगठित किये। गून्टूरका चावल और जूट मिलोंके मजूरोंमें भी काम शुरू किया। मजूरोंको वे अखबार पढ़कर सुनाते और रात्रि-पाठशालामें अक्षर सिखलाते। मजूर ज्यादातर ईसाई थे और उनपर पादरियोंका बहुत प्रभाव था। इसी समय इन्होंने गाड़ीवालोंकी हड़ताल करायी। गाड़ीवालोंकी माँगोंको मानना पड़ा। अब मजूरोंमें कुछ आत्मविश्वास बढ़ा। इसी वर्ष (१६३४) प्रसादराव पार्टीके मेम्बर बने।

बाबू राजेंद्रप्रसाद आन्ध्रमें लेक्चर दे रहे थे। वे तेनाली (गून्टूर)में आनेवाले थे। प्रसादरावने कांग्रेसकी नीतिके प्रति असन्तोष प्रकट करते काला झंडा दिखलानेकेलिये तरुणोंका संगठन किया। पुलिसने [illegible] जेलमें डाल दिया; और राजेन्द्र बाबूके जानेके बाद छोड़ा। [illegible] समय "कमूनिस्त घोषणा" "डूहरिंग-खंडन" आदि कितने ही मार्क्सवादके मूल-ग्रन्थोंको पढ़नेका मौका मिला। "मजूर-रक्षक-संघ" केलिये कितनीही पुस्तकें लिखीं, जिनमें कांग्रेस नेताओंकी आलोचना की गई थी और मजूरोंको उनसे सावधान रहनेकेलिये कहा गया था। इसी समय प्रसाद कांग्रेस सोशलिस्ट पार्टीमें शामिल हुए और अगले साल तक उसपर उनके साथियोंका ही अधिकार हो गया। १६३६में पार्टीने किसानोंमें काम करनेका निश्चय करके प्रसादरावको पूर्व-गोदावरी जिलेमें भेज दिया। प्रसादरावकी लगन और कार्य-दक्षतासे प्रभावित हो कितने ही तरुण उनके साथ हो गये। उन्होंने वहाँ किसानोंमें खूब प्रचार किया और पूर्व-गोदावारी किसान-सभाका जबर्दस्त संगठन किया। १६३७में वहाँ किसान-सभाके चौदह हजार मेम्बर बन चुके थे।

अभी पार्टी एक संगठित, सु-अनुशासित सेनाका रूप नही ले पाई थी, इसलिये व्यक्तियोंके कारण फूट पड जाती थी; दूसरी ओर आन्ध्रके साथी अभी व्यापक दृष्टि नही पा सके थे, और वे कांग्रेससे सीधे

झगड़ पड़ते थे। शिक्षित तरुणोंको किसान या मजदूर किसी जन-सगठनमें रहकर काम करनेकी आवश्यकता नही समझी जाती थी, और वे सीधे पार्टीके मेम्बर बन जाते थे। फिर हवाई बातोंपर बालकी खाल-खींचते, वाद-विवाद करने लगते।

प्रसादरावको कुछ समयकेलिए कृष्णा जिलाके किसानोंमे काम करनेकेलिए भेज दिया गया, वहा वे किसान-सभाके सेक्रेटरी चुन लिये गये। पार्टीके साप्ताहिक "नवशक्ति" के सम्पादनकेलिए जब प्रसादरावकी जरूरत पड़ी, तो वे बेजवाड़ा चले आये। यहा वे प्रान्तीय किसान-सभाके आफिस सेक्रेटरीका भी काम करते थे। १९३७के मध्यसे १९३८के अन्त तक प्रसादरावका कार्यक्षेत्र बेजवाड़ा रहा। वे "नवशक्ति" मे लेख लिखते, प्रान्तीय किसान-सभाके आफिसका काम देखते और शहर में मार्क्सवादकी शिक्षाकेलिए क्लास लेते। लेनिनकी पुस्तक 'वामपक्षी कमूनिज़्म' का तेलगू भाषामें अनुवाद किया, मगर छपनेसे पहलेही वह नष्ट हो गई।

मोनगालाका संग्राम—मोनगाला एक राजाकी जमीदारी है। वहा किसानोंपर बहुत अत्याचार होते थे। तरीफ यह थी, राजासाहब काग्रेसी थे। ज़रा-जरासी बातपर किसानोंसे जुर्माना वसूल किया जाता था। उनके खेत छीन लिये जाते थे। उन्हें किले (महल) में कैद कर लिया जाता था। इनाम (वृत्ति) दीहुई जमीनको भी छीन लिया जाता था। सार्वजनिक परतीका मनमाना बन्दोबस्त किया जाता था, ब्याह, श्राद्ध और क्या-क्याका बहाना कर कितने ही नये कर वसूल किये जाते थे। १९३०में श्री टी० प्रकाशमूने किसानोंके कष्टोंको दूर करनेकेलिए कुछ कोशिश की। मगर उनके जेल चले जानेपर राजासाहब किसानोंके ऊपर सारी ताकत लगाकर चढ बैठे। १९३२से ३७ तकके पाच वर्षों में १,८०,००० रुपये किसानोंसे जुर्मानेमें वसूल किये गये और बाकी अत्याचारोंको और ज्यादा उग्ररूपमें दोहराया गया। किसान-सभाको मोनगालाके किसानोंकी दुर्दशाका पता लगा।

प्रसादराव १९३८ मे एक-दो-बार वहा गये, लेकिन हलके-हलके प्रयत्नसे यह समस्या हल होनेवाली न थी। १९३९में प्रसादराव बिना सेनाके सेनापति बनाकर मोनगाला भेजे गये। अब प्रसादरावको तीन-चार साल का तजर्बा था, मगर अभी तक उन्होंने कोई बड़ी लड़ाई नहीं लड़ी था। राजासाहबका कांग्रेसी मिनिस्टरी तक भारी रसूख था। सेवगाव तकमें उन्हें भारी कांग्रेस-भक्त माना जाता था। प्रसादरावने किसानोंका संगठन मजबूत करना शुरू किया। फिर किसानोंने जुल्मोंके बन्द करनेकेलिए माग पेश की। प्रसादके नेतृत्वमे थोड़े दिनोंमें ही दबे-पिसे किसानोंमें अद्भुत उत्साह देखा जाने लगा। किसान अब राजाके कारिन्दोकी मनमानीको बर्दाश्त नहीं करते थे। सत्याग्रहकी जबर्दस्त तय्यारी होने लगी। किसानोंने कहा—हमारा जुर्माना लौटाओ, हम अपने खेत जोतेंगे, हम कोई गैर-कानूनी टेक्स नहीं देंगे, गांवकी सामूहिक भूमिको हम जमींदारके हाथमे नही रहने देंगे। बात संगीन होते देख जनवरी सन् १९३९में राजाने समझौता कर लिया और पेटमें पच गये जुर्मानेकी रकमके लौटानेको छोड़ कर सभी मागे मंजूर कर लीं। मगर चसका लग चुका था। जमींदार इतनी जलदी कैसे पराजय कबूल कर लेता। वह अब समझौतेकी बातोंसे मुकर गया। प्रसादराव भुलावामें पड़नेवाले नहीं थे। उन्होंने क्षणिक सफलताको लेकर किसानोंके संगठनको और मजबूत किया, उनकी चेतनाको और बढ़ानेका काम जारी रखा। जमींदारके दाहिने हाथ कांग्रेस-मिनिस्टरीके चीफसेक्रेटरी (जो दुर्भाग्यसे प्रसादरावके चाचाके साले भी थे) पर जमीदारका पूर्ण विश्वास था, कि कांग्रेस मिनिस्टरी अपनी सारी राजशक्तिसे उसकी पूरी मदद देगी। मिनिस्टरी ही क्यों गांधीजीका भी आसन डोल गया और कातीपट्टमूके किसानोंके अपने हककेलिए सत्याग्रह करनेकी बातको लेकर उन्होंने नरम नीति स्वीकार करनेके लिए राजगोपालाचारीकी मिनिस्टरीको बड़े जोरकी फटकार दी। गरीबोंकी हिमायतका दम भरनेवाला हमारा महान् नेता एक स्वदेशी-

भक्त राजाके स्वार्थके सामने आते ही बिलकुल नंगा दिखलाई पड़ने लगा। एक ओर राजा और उसकी सारी सेना; कांग्रेस मिनिस्टरी और उसकी सारी पुलिस और सेनाका बल, फिर महान गांधी और उनके भगवान्‌का सोलह आना आशीर्वाद था, और दूसरी ओर थे मोनगालाके किसान—जो गरीब थे अपढ़ थे, मगर अब चेतनावान् हो गये थे—अपने सम्मिलित हककेलिए प्राण तकको न्यौछावर करनेके वास्ते तैय्यार थे। प्रसादने बारह सौ किसान स्वयं-सेवक भर्ती किये। उन्हे कवायद-परेड सिखलाई। उनकी राजनीतिक शिक्षा का पूरा प्रबंध किया। कांग्रेसी सरकारने १४४ दफा लगा दी। जून (१६३६)में सत्याग्रह शुरू हो गया। दनादन गिरफ्तारियाँ होने लगीं। प्रसादरावने वारंटको देखकर अन्तर्धान हो जाना पसन्द नहीं किया और तीन जूनको वह नडीगूडमूमें गिरफ्तार हो गये। लेकिन किसानोंका सत्याग्रह रुका नहीं, न किसानोंका जोश मद्धिम् पड़ा।

१७ दिन बाद कांग्रेसी मंत्री प्रकाशम्‌ने आकर किसानोंको सत्याग्रह उठा लेनेकेलिए कहा और जमींदारसे समझौतेकी बातचीत की। मंत्री, राजा और चीफ पार्लियामेंट्री सेक्रेटरी (कालेश्वर राव) नहीं चाहते थे कि प्रसादराव राजाकी जमींदारीमें रहने पायें, लेकिन यह हो नहीं सकता था। राजाने कितनी ही मांगोंको स्वीकार किया। पाँच सहकारियों के साथ प्रसादरावको ग्यारह महीनेकी सजा हुई। इनमेंसे दो छोड़ दिये गये, लेकिन तीनको कमूनिस्त कह कर कांग्रेस-सरकारने छोड़नेसे इंकार कर दिया। प्रसादरावको राजमहेंद्री जेलमें रखा गया। यद्यपि राजा फिर अपनी बातोंसे मुकर गया, लेकिन अब वह मोनगाला नहीं था। आज मोनगालाकी किसान-सभा हिंदुस्तानका सबसे जबर्दस्त किसान-संगठन है। वहाँके किसान बड़े सख्त जमींदार-विरोधी हैं और पार्टीके पक्के भक्त—तीस पार्टी मेम्बर और सैकड़ों लड़ाके वीर इसके प्रमाण हैं। चालीस गाँवोंमें १८ सहयोग समितियाँ और सारी पंचाइतों पर किसानों का अधिकार है। जमीनें उन्होंने लौटा लीं, अब लाठीके हाथ कोई

काम नहीं चल सकता, न राजा साहब लाठी चलवा सकते हैं न फौजदारी मुकदमा। किसानोंमें कोई जाति-द्रोही नहीं है; सामाजिक बहिष्कारने स्वार्थियोंको रास्ते लगा दिया। अब राजा साहब जो कुछ भी करना चाहें, उसकेलिये दीवानी अदालतका दरवाजा खट-खटाना पड़ेगा।

मई १९४०मे प्रसादराव जेलसे छूटे। मोनगालासे निकल जानेका सरकारी हुकुम मिला। प्रसाद अतर्धान हो गये और जाकर फिर वही काम करने लगे। किसानकर्मियोंकी राजनीतिक शिक्षाका और भी अच्छा प्रबंध किया। उनकी तकलीफोंको लेकर किसान-संगठनको और भी मजबूत किया। राजाके गाँव नंडीगूडम् और थानेवाले गाँव मोनगाला को छोड़ सभी जगह वे सभायें करते, खुले घूमते, क्लास लेते और पुस्तकें पढ़ाते। इस संघर्षने मोनगालाकी बहुतसी पुरानी रूढ़ियोंको खतम कर दिया। जेलमें ब्राह्मणोंने अछूतोंके साथ खाना खा उन्हें अपना भाई बनाया। खेतिहर मजूर भी पूरी ताकतसे इस संघर्षमे शामिल हुए, उन्हें भी खेत दिया गया।

जनवरी १९४१को प्रसादराव रातको मोनगालासे गुजर रहे थे, उसी वक्त उन्हें पकड़ लिया गया, डेढ़ सालकी सजा हुई जो अपीलसे एक साल रह गई।

अपने जेलकी मियादको प्रसादरावने राजमहेन्द्री, त्रिची और अली-पुरम्के जेलोंमें बिताया। वहाँ उन्होंने कांग्रेस-कर्मियोंकी राजनीतिक शिक्षा में खूब भाग लिया। अलीपुरम्में १५० राजनैतिक बंदी पार्टीकी देख-रेखमे राजनीतिक शिक्षा प्राप्त करते रहे। सारे संगठनके सेक्रेटरी प्रसादराव थे।

फासिस्तोंके साम्यवादी देश पर आक्रमणके साथ प्रसादरावने अपनी जिम्मेवारीको और महसूस किया, और उन्होंने राजबन्दियोंको समझाना शुरू किया—आज फासिस्त, जर्मनों और जापानियोंको जल्दीसे जल्दी मलियामेट करना हमारा सबसे पहला कर्तव्य है।

फरवरी १९४२में प्रसाद जेलसे छूटे, मगर उन्हें आरुकोलनों में नज़रबंद कर दिया गया। नजरबंदीकी आज्ञा सितम्बरमें हटी। इतने सालों बाद उन्हें लगातार सात महीने अपने गाँवमें रहनेको मिले। उन्होंने ग्राम-किसान-सभा संगठित की। गाँवमें एक अच्छी सहयोग समिति कायम की। आज उनका एक साला और एक बहनोई पार्टी-मेम्बर हैं।

नजरबंदीकी आज्ञा हटनेके बाद प्रसाद बेजवाड़ा चले गये, और वहाँ पार्टी कमीटीके सहायक-मंत्रीका काम करने लगे।

१५ जनवरी १९४३से उन्होंने आंध्रके एक छोड़ सारे जिलोंका दौरा किया और देश-रक्षा, अधिक अन्न उपजाओ, आदिके बारेमें समझाया, अनाज-समस्या पर एक पुस्तिका लिखी। मार्चमें वे प्रांतीय किसान-सभा के सेक्रेटरी चुने गये।

प्रसादरावकी स्त्री वरलक्ष्मी अभी राजनीतिक चेतना नहीं प्राप्त कर सकीं, मगर उनका बड़ा लड़का (८ वर्ष) नानाके यहाँ रामचंद्रपुरम्में बाल-सघम् (बालसघ)का नेता है। नियोगी ब्राह्मण कहाँ मूंछ मुड़ाकर वैदिकीय ब्राह्मणोंसे भी ऊपर उठनेकेलिए तैय्यारी कर चुके थे, और कहाँ उनका सपूत पञ्चमोंके साथ भात-दाल खाता है! लेकिन परिवार वाले अब विरोध नहीं करते।

—

कल्याणसुंदरम्

मद्रासमे रामेश्वर और तूतीकोरन तक जानेवाली रेलवेका नाम एस० आई० (दक्षिण भारत) रेलवे है आज सारे भारतमें रेलवे मजदूरोंका सबसे जबरदस्त संगठन इसी रेलवे लाइनमें है। इस सगठनमे जिस पुरुषका सबसे जबर्दस्त हाथ है और जो उनका सर्वमान्य नेता है, उसका नाम है (मीनाक्षीसुन्दरम्) कल्याणसुन्दरम्।

जन्म—कल्याणसुन्दरम्का जन्म त्रिचनापल्ली (कुडितलै तालुका) के कडवरकोइलमें नानाके घर सोलह अक्तूबर १६०६में हुआ। कुडितलै १०,००० आबादीका एक कसबा है और कडवरकोइल उसीका उपनगर। यहाँ द्रविड देशकी गगा कावेरीके तीरपर कडवर नामक शिवका एक मन्दिर है। कडवर शिवके बारेमें प्राचीन तमिलके महान् कवि सम्बन्दरने कविता लिखी है। इसलिये यह एक ऐतिहासिक स्थान है। कडवरमें पिल्ले (हिन्दू) जातिके घर अधिक हैं, जो ज्यादातर किसान-

---

विशेष तिथियाँ—१९०९ अक्तूबर १० जन्म, १९१५-२० प्राथमिक स्कूलमें, १९२१-२८ नेशनल का०हा०में, १९२६ तरुण-सघमें, तुकबंदीका प्रयत्न; १९२८ मेट्रिक पास, डिस्ट्रिक्ट बोर्डमें नौकर; १९२८-३० रेलवेमें स्टोर-कीपर, १९३० राष्ट्रीय भावका प्रादुर्भाव, १९३३ ब्याह, १९३७ जीवन-परिवर्तन, मजूरोंमें काम; १९३८ एस० आई० रेलवे युनियनके उपसभापति, १९३८-३९ तालुका काग्रेस प्रेसीडेंट, १९४० मई १४ गिरफ्तार, १ साल सजा,—अक्तूबर जमानत पर, फिर अन्तर्धान—गिरफ्तार, ९॥ मास जेलमें, १९४१ अक्तूबर सजाके बाद नजरबन्द, १९४२ जून २६ जेलसे बाहर—डिसम्बर गिरफ्तार, नजरबन्द, १९४३ मार्च जेलसे बाहर।

जमींदार हैं। कुछ घर ब्राह्मणों और मुदलियार (कुनबी) जातिके भी हैं। गाँवमें कितनेही ईसाई और मुसलमानोंके घर भी हैं। कडवर-कांग्रेस समर्थक गाँव है।

कल्याणसुन्दरम्‌के पिता मीनाक्षीसुन्दरम् मुदलियार (मृत्यु १६४१) त्रिचनापल्लीके पास वोरेऊरके रहनेवाले थे और एक सिगार-फैक्टरीमें क्लर्कका काम करते थे। मीनाक्षीसुन्दरम् पुराने शैव-साहित्य (तमिल)के बड़े प्रेमी और पक्के शैव थे। राजनीतिमें उनके विचार राष्ट्रीयतावादी थे। कल्याणसुन्दरम्‌की माता राजाम्बाल तमिल पढ़ी-लिखी और बड़ी धार्मिक प्रवृत्तिकी स्त्री हैं। कल्याणसुन्दरम् अपने तीनों भाइयोंमें सबसे बड़े हैं।

बाल्य—कल्याणसुन्दरम्‌की सबसे पुरानी स्मृति साढ़ेचार सालकी उम्रतक लेजाती है। उस समय माँ नैहर गईं, जहाँ कल्याणका सबसे छोटा भाई पैदा हुआ। कल्याणका सबसे अधिक प्रेम अपने पितामें था। बचपनमें नानी कहानियाँ सुनाती थीं, जिससे कल्याणकी कहानियों की भूख और बढ़ती ही जाती थी। भूतोंकी कहानियाँ उसने कितनी ही सुनीं, मगर वह निडर लड़का था। पिता बहुत धार्मिक थे और बेटेको पौराणिक कहानियाँ सुनाकर शिवभक्त बनाना चाहते।

शिक्षा—छै सालकी उम्र (१६१५)में कल्याणने पढ़ना शुरू किया। कृष्ण ऐय्यरके इमदादी स्कूलमें पहले तमिल और फिर अँग्रेजी पढ़े। उस वक्त पिछला महायुद्ध चल रहा था। मिट्टीके तेल और चावलके लिए लोग परेशान थे। युद्धके बारेमें बालक कल्याणको इतना ही मालूम होसका।

हाईस्कूल—बारह वर्षकी उम्र (१६२१)में कल्याणसुन्दरम्‌को त्रिचनापल्ली (त्रिची)के नेशनल कालेज हाईस्कूलमें दाखिल कर दिया गया। तमिल साहित्य और इतिहास उसके प्रिय विषय थे। त्रिचनापल्लीमें अच्छा राजनीतिक वायुमंडल था। होमरूल आन्दोलनके जमाने में एनी बीसेन्टकी आवाज गूँजती थी। जब कल्याण हाईस्कूलका

विद्यार्थी था, उस वक्त त्रिचीमे गाधीजी और राजगोपालाचारीका खूब प्रभाव था। कल्याण राजनीतिक-सभाओंमें व्याख्यान सुनने आया करता था।

१७ वर्षके होते-होते कल्याण तरुण-संघमें दिलचस्पी लेने लगा। अब वह अखबार भी पढ़ता था। उस समय मद्रास प्रान्तमें जस्टिस् (अब्राह्मण) पार्टी और कांग्रेसका द्वन्द्व चल रहा था। कांग्रेसका आन्दोलन कुछ शिथिल पड़ गया था, जिससे जस्टिस पार्टीवालोंका उत्साह और बढ़ गया था। जस्टिस पार्टीवाले ब्राह्मणोंके सदियोंसे चलते आये जुल्मको गिनाते, और अब्राह्मणोंसे अपील करते थे, कि हमारा तमिल-नाड मुट्ठीभर ब्राह्मणोंकेलिए नही है; सरकारी अफसरों और क्लर्कोंमें भी ब्राह्मण भरे पड़े हैं, हाईकोर्ट और जिलाकोर्टके जजोंमें भी ब्राह्मण, स्कूलों-कालेजोंमें भी ब्राह्मण—सभी जगह ब्राह्मण ही ब्राह्मण दिखलाई देते हैं और वे ब्राह्मणोंका पक्ष लेते हैं; अब ६० सैकड़ेसे अधिक अब्राह्मणोंको अपना 'हक' लेना होगा। कल्याणसुन्दरम् स्वयं भी अब्राह्मण था, मगर उसे काग्रेस और जस्टिसपार्टीमें कोई फरक नहीं मालूम होता था। उसे मानवतावाद अच्छा लगता था और छात्रसभामें इस सम्बन्ध में निबंध भी पढ़ता था। बोलनेकी अभी बहुत आदत नही थी।

कल्याणसुन्दरम्का स्वभाव लड़कपनसे ही गंभीर और शान्त था। वह लड़कोंका नेता था, मगर लड़ने-भिड़नेकी आदत न थी। वह नेता था शान्ति-स्थापन करनेकेलिये। पिता और माता दोनों ही कड़े अनु-शासनके माननेवाले नही थे, इसलिये कल्याणको अपने स्वभावको संयत बनानेमें किसी बाहरी दबावकी जरूरत नही थी। पिता धर्म सिखलाना चाहते थे और चोटी रखनेकेलिये भी कहते थे; मगर कल्याण पसन्द नहीं करता था, उसने चोटी नही रखी। हाँ उसे संगीतका प्रेम था और नाटक खेलने का भी। नाटकमें वह खुद भी भाग लिया करता था।

१६२८में कल्याणने मेट्रिक (S L C.) पास किया।

कल्याणसुन्दरम्के सामने अभी कोई लम्बा-चौड़ा आदर्श नहीं था।

उसके पिता क्लर्क थे और कमा कर किसी तरह परिवारका गुजारा चलाते थे। वह भी समझता था, कि कहीं क्लर्क हो जायेगा और फिर नैय्या किसी न किसी तरह पार हो जायेगी।

जीवन-क्षेत्रमें—चाहे कल्याणने राजनीतिक व्याख्यान कुछ सुने भी हों और उसकी सहानुभूति भी उस ओर रही हो, लेकिन वह उसके लिये बहुत दूरकी चीज थी। वह राजनीतिसे बिलकुल कोरा था। स्कूल छोड़ते वक्त उसकी उम्र १६ सालकी हो चुकी थी, और अब जरूरत थी अपने पैरपर खड़े होकर पिताके बोझको कुछ हलका करनेकी। पहले कुछ दिनों तक उसने डिस्ट्रिक्ट बोर्डमें क्लर्कका काम किया, फिर एस० आई० रेलवेके मशीन-विभागमें पहले क्लर्क और फिर स्टोर-कीपरका काम। दस साल तक उसने यह नौकरी की।

कल्याणसुन्दरम्को पता भी नहीं था, कि जीवन उसे ऐसी जगह पहुँचा देगा, जिसकी उसे कल्पना भी न की थी। उसने जीवनके आरम्भको देखकर ऐसा विश्वास भी कर लिया होगा। आफिसका काम करनेके बाद वह क्लर्कोंकी क्लबमें जाता, संगीतका आनन्द लेता और नाटकोंके खेलने और उनमें भाग लेनेकी योजना बनाता।

१६३०में नमक-सत्याग्रह जोरका चला। उसकी सहानुभूति लाठी खानेवाले सत्याग्रहियोंकी ओर थी, मगर तो भी वह समझता था, कि वह उसके क्षेत्रसे बाहरकी बात है। हाँ, देश-भक्तिको वह अच्छी चीज समझता था और देश-भक्ति-विरोधियों, खुशामदियोंको बुरा। वह चौबीस वर्षका हो गया। अभी भी वह शादीके पक्षमें नही था, मगर एक दिन (१६३२में) घरवालोंने कभीकी भी न देखीसुनी एक लड़कीके साथ कल्याणका व्याह कर दिया। कल्याण इच्छाके बिना समाजकी और भी कितनी ही बातोंको मानता चला आया था, व्याहको भी उसने उनमेंसे एक समझा।

जीवन-परिवर्तन—१६३६में कल्याणसुन्दरम् इरोद स्टेशनमें स्टोर-कीपर थे। आफिसके बड़े लोग सभी उनके साथ अच्छा बर्ताव करते और

छोटोंके साथ वे खुद प्रेमभाव रखते तथा मदद करनेकेलिए तैय्यार रहते थे। लोकोशेडके मजूरोंका कल्याणसुन्दरम्से बहुत प्रेम था। वह उनकी अर्जियाँ लिख देते थे, जो भी और काम होता कर देते। मजूरोंसे इतना हेलमेल हो जानेपर उन्होंने सोचा, इनका एक संगठन हो जाये तो अच्छा होगा। उसी साल उनके उद्योगसे "ऐक्य-वलिवर-संघम्" (एकता-तरुण-संघ) स्थापित किया। इस संघमें सभी तरुण मजदूर थे। कल्याण उनकी सभाओंमें जाते। किसी कामकेलिए चन्दा देने दिलानेमें मदद करते। लेकिन अभी कोई राजनीतिक उद्देश्य नहीं था।

१६३८में मजूरोंकी हालत अबतर होने लगी--किसीकी मजूरी कमकी जा रही थी और किसीको कामसे निकाला जा रहा था। पहिले किसी वक्त मजूर यूनियन बनी थी, मगर अब उसका नाम नहीं रह गया था। मजूर चुपचाप भूखे मरनेकेलिए तैय्यार न थे। कल्याणसुन्दरम्के सामने एकाएक बिलकुल नये तरहका प्रश्न खड़ा हुआ—मजूरोंके हितैषी मजूरोंसे हिले-मिले कल्याणका इस वक्त क्या कर्तव्य होना चाहिये? मजूरोंका साथ छोड़ना उन्हें कायरता मालूम हुई। डाक्टर कृष्णस्वामीको भी उन्होंने कभी-कभी वलिवर-संघम्में बुलाया था और उनसे परिचय हो गया था। उन्होंने राजनीतिसे कोरे तजर्बेके पूरे कल्याण-सुंदरम्को मार्क्सवादकी बातें बतलाई। लेनिनकी कोई पुस्तक पहले-पहले उन्हें पढनेको मिली। पार्टी साहित्य भी उनसे मिलने लगा। हॅन्डबुक आफ मार्क्सिज्म (मार्क्सवादकी गुटिका) को पढने पर उन्हें बहुत सी बातें मालूम हुईं। लेकिन अभी भी ये चीजें बहुत कुछ सिर्फ पढनेकेलिएसी मालूम होती थीं। दुनियाके सहस्रो वर्षोंके संघर्षोंके आधारपर बने सिद्धान्तोंको अपने सामनेकी समस्यासे जोड़नेका गुर उन्हें नहीं मालूम हुआ। लेकिन मजूरोंका संघर्ष बढ़ता गया और साथ-साथ कल्याणसुन्दरम्भी एक अज्ञात दिशाकी ओर बढ़ते गये। यह तो मालूम होने लगा कि अब पुराने क्षेत्रसे हटकर राजनैतिक क्षेत्रमें उनका कदम पड़ चुका है। मजूरोंके लड़ाइयोंके सम्बन्धमें

राममूर्ति और जीवानन्दम्‌को वे भाषण देनेकेलिए बुलाते। जीवानन्दम्‌ने खासतौरसे उनपर अधिक प्रभाव डाला। बलिबर-संघम्‌से अब आगे बढ़नेकी जरूरत महसूस हुई और अप्रैल १६३८में 'मजूर-सभा' (लेबर यूनियन) कायम की, कल्याणसुन्दरम्‌ उसके सभापति बने।

लेकिन सिर्फ एक जगह मजूर-सभा बनानेसे तो काम नहीं चल सकता। आखिर उन्हींकी तरह और भी मजदूर कष्ट उठा रहे हैं। सबको एक ही कम्पनीसे जीविकाकेलिए लड़ना पड़ता है। १९३८में कल्याणसुन्दरमने एस्० आई० रेलवे के दूसरे मजूर-केन्द्रोंमें जाकर मजूर-सभायें कायम कीं। फिर सभी मजूर-सभाओंके ऊपर एक केन्द्रीय मजूर-संगठन कायम किया। कल्याणसुन्दरम्‌ इसके उपसभापति चुने गये। रेलवेवाले अधिकारी घबड़ाने लगे। उन्होंने मार्चमे कल्याणसुन्दरम्‌की बदली गोल्डेनराक (त्रिची) में कर दी। लेकिन इससे क्या होता है ? दस ही दिन बाद वे अखिल भारतीय रेलवे मजूर-कान्फ्रेन्सके स्वागताध्यक्ष चुने गये। वैसे होता तो कल्याणसुन्दरम्‌ और उनके मजूर-संगठनको बहुत अड़चनोंका सामनाकरना पड़ता, मगर उस वक्त मद्रासकी मिनिस्टरी कांग्रेसके हाथोंमें थी। प्रधान-मन्त्री राजगोपालाचारीने स्वयं कान्फ्रेन्सका उद्घाटन किया। कांग्रेस-मिनिस्टरीने जोर दिया और रेलवे-अधिकारियोंको मजूर-सभायें मंजूर करनी पड़ीं। कल्याणसुन्दरम्‌के सामनेसे परदा हटता जा रहा था। वे मजूरोंकी शक्तिको देखते थे और उनके सामने जो महान् काम है उसे भी। कान्फ्रेन्ससे पहले फरवरीमें जब एजेन्टके सामने उन्होंने अल्पतम मजूरीकी माँग रखी, तो एजेन्टने कहा था—"यदि तुम्हें यह बात पसन्द नहीं, तो छोड़ कर चले जाओ। हमारे पास काम चाहनेवालोंकी हजारों दरख्वास्तें हैं।" एजेन्टने इस उत्तरको एकसे अधिक बार दोहराया। अब उनकी आँखोंका पट्टर खुल गया। उन्होंने अपनेको राजनीतिसे उदासीन व्यक्तिकी जगह राजनीतिमें आसक्त व्यक्ति पाया। "नेशनल फ्रान्ट" "न्यू एज" "जनशक्ति" (तमिल) के पढ़नेसे उनकी मानसिक दिक्कतें दूर होती गईं। उस साल

के अन्त तक उन्हें साफ मालूम होने लगा, कि मजूर-आन्दोलनके चलाने, मजूरोंकी लड़ाईयोंको लड़नेमें लोभ और स्वार्थसे परे निर्भय समझदार नेताओंकी एक संगठित पार्टीकी बहुत जरूरत है। पार्टी अभी मद्राससे आगे नहीं बढ़ी थी, लेकिन कल्याण पार्टीके और भी अधिक नजदीक होते गये। अब मजूरोंको ज्यादा समझा सकते थे और उनमें मजूर-हितोंकेलिये स्वार्थ-त्याग करनेकी भावना देखते भी थे। कांग्रेसमें भी भाग लेने लगे थे, और वे तालुका (तहसील) कांग्रेसके सभापति और जिला-कांग्रेसके मेम्बर थे।

१६३६में महायुद्ध छिड़ा। दक्षिणके पितामह साथी घाटे और राममूर्ति गोल्डेनराक आये। उन्होंने युद्धके बारेमें विश्लेषण करके बतलाया, वहाँ पार्टीका संगठन किया और क्लास लेकर बहुतसी बातों को समझाया। अब कल्याणसुन्दरम पार्टी में थे। १६४० में पहुँचते-पहुँचते जीवनोपयोगी चीजें बहुत महंगी हो चली थी, मगर मजूरोंकी मजूरी बढ़ी रखी गई थी। महंगाई भत्ता तथा दूसरी मांगोंके लिये एक जबर्दस्त रैली की गई और मांगोंके न मानने पर हड़तालकी नोटिस दे दी गई। स्वतंत्रता-दिवसको मजूरोंने खूब जोशके साथ मनाया और अपने त्योहार मई-दिवसके प्रदर्शनमें भी अपने बल और उत्साहका परिचय दिया। मजूरोंमे इस उत्साह और संगठनको देखकर अधिकारी घबड़ा उठे। जब सरकारने सेनाकी कुछ चीजोंको तैयार करनेका आर्डर एस्० आई० रेलवेके पास भेजा, तो रेलवे-अधिकारियोंने कहा कि जिस तरहकी गडबड़ी है, उसमे आर्डर पूरा नहीं किया जा सकता।

कल्याणसुन्दरम्को सारी खुराफातकी जड़ समझा जाता था। १४ मई (१६४०) को उनके घरकी तलाशी ली गई और उन्हे गिरफ्तार कर लिया गया। गिरफ्तारीके समय कपड़ा-मिल-मजूर सभाके भी वही प्रेसीडेन्ट थे। १॥ सालकी सजा हुई, जो अपीलमें एक सालकी रह गई। उन्हें वेल्लोर जेलमें भेज दिया गया। जेलमें सख्त बीमार हो गये, जिसके कारण उन्हें जमानत पर छोड़ दिया गया।

कुछ दिनोंमें चलने-फिरने लायक हो वे अन्तर्धान हो गये और कितने ही महीनों तक पुलिससे बचते सारी तमिलनाड-पार्टीका काम करते रहे। एक दिन वे त्रिचनापल्लीमें पार्टीके कामसे आये थें, पुलीसने आकर घरको घेर लिया और गिरफ्तार करके ले गई। अलीपुरम् जेलमें साढ़े नौ महीने के बाकी कैदको पहले काटा, फिर नजरबन्द कर दिये गये और वेल्लोर जेलसे २६ जून १९४२ को छूटे। सजाके बाद ही उन्हें रेलवेमें नौकरीसे निकाल दिया गया था। कल्याणसुंदरम् बहुत पहलेहीसे इसके लिये तैय्यार थे।

जेलमें कल्याणसुन्दरम्ने अपने राजनीतिक ज्ञानको अध्ययन तथा साथियोंके संसर्गसे खूब बढ़ाया। मार्क्सवादकी मूल पुस्तकोंका गभीर अध्ययन किया। भूखहड़ताल भी की और लाठियाँ भी खाई। जिस समय आध्रके शिवैया और उनके तीन साथी जेलसे भगे थे, उस समय कल्याणसुन्दरम् भी भागने वाले थे; मगर उनका स्वास्थ्य बहुत खराब था, इसलिये वह ख्याल छोड़ देना पड़ा।

जून (१९४२)में बाहर निकलकर फिर वे पार्टीके कार्य और एस्० आई० मजूर-सघके काममें जुट गये। रेलवे मजूरोंका सगठन बड़ी तेजीसे बढ़ा और कुछ ही समयमें मेम्बरोंकी संख्या तिगुनी हो गई। १६ अगस्त (१९४२) को एस्० आई० रेलवे मजूरोंकी कान्फ्रेन्स हुई, जिसकी सफलताको देखकर अधिकारी और चौके,—यह जानते हुए भी कि आज एस०-आई० रेलवेके मजूर और उनका संगठन जर्मन और जापानी फ़ासिस्तों सबसे जबरदस्त का दुश्मन है, आज ये मजूर होड लगाकर अपने कामोंको कर रहे हैं, और पहलेसे उपजको ज्यादा बढ़ा रहे हैं, डब्बे और इंजनोंसे ज्यादा काम ले रहे हैं। दिसम्बरमें फिर कल्याणसुन्दरम्को पकड़कर जेलमें बन्द कर दिया गया। इस वेव-कूफीका भी कोई ठिकाना है? तीन महीने बाद मार्च (१९४३) में फासिस्त-विरोधी मजूरोंके प्रिय नेताको जेलसे बाहर निकाला गया। आज वह एस्० आई-रेलवेके मजूरोंमें काम करनेका जो जोश पैदा कर

रहे हैं, अफसर भी उसको माननेकेलिये मजबूर हैं। लेकिन डर रहे हैं, अपने भविष्यके स्वार्थसे। एस्० आई० रेलवे यूनियनमें २११३०० मेम्बर हैं। उसकी ओरसे "तोडिल अरसू" (मजूर-राज्य) पत्र निकलता है, जिसके ग्राहकोंकी संख्या ४३०० है। सिर्फ गोल्डेनराकूमें ८०० मजूर-स्त्रियों का संगठन है।

पिता मरते वक्त (१६४१में) पुत्रके स्वरूपको देख पाये थे। वे उससे संतुष्ट थे—"यदि मेरा पुत्र इतने हजार आदमियोंके हितका काम कर सकता है, तो वह काम सबसे बड़ा है।" ससुर और स्त्री अभी भी कल्याणसुन्दरम्को समझ नही पाये, लेकिन लोकम्बाल समझनेकी कुछ-कुछ कोशिश जरूर कर रही हैं।

कल्याणसुन्दरम्ने पहलेसे इस जीवनके बारेमें कोई ख्याल नही किया था। हा, उनका हृदय जरूर ईमानदार और समझदार था। परिस्थितियोंने उन्हें सघर्षमें डाल दिया और वहासे वह तपा सोना बनकर निकले।

२०

शंकर नम्बूदरीपाद

उस देशमे ब्राह्मणोंकी स्थावर-जगम सम्पत्ति कभी नही बॅटती। घरका बड़ा लड़का घरका स्वामी होता। अपनी जातिकी कन्यासे व्याह करनेका अधिकार सिर्फ बड़े ही लडकेको होता; और साधारण तौरपर वह तीन लड़कियोंसे शादी करता; जिसके कारण छोटे भाइयोंसे वचित देशकी कुमारियोंको वर पानेका सुभीता हो जाता। मगर, फिर भी सभी लड़कियोको पति मिलना आसान काम न था; इसीलिये शास्त्र-मर्यादाके खिलाफ एक ओर अधिक उमर हो जानेपर लड़कियोंकी शादी होती; दूसरी ओर कुछ आजन्म कुमारियां भी रह जाती। विधवाओंकी भी संख्या वहा कम न थी। यह है केरलके नम्बूदरी ब्राह्मणोंका समाज। शंकराचार्य इसी कुलमें आजसे १००० वर्ष पहिले पैदा हुए थे, इसलिये उनको अपने कुलका भारी अभिमान है, और वह अपने सामने हिन्दुस्तानके सभी ब्राह्मणोंको शूद्र समझते हैं। उनके देशमें भी दूसरे हिन्दुओंमें उनका भारी सन्मान है; जिसमें उच्च-कुल होने के अतिरिक्त उनका धन-विद्या-सम्पन्न होना भी कारण है। केरलके प्रायः सारे नम्बूदरी जन्मी या जमीदार होते हैं और कई तो बड़े-बड़े जमींदार हैं। जायदाद बंट या बिक नहीं सकती, इसलिये अगली पीढ़ियोंमें दरिद्र हो जानेकी बहुत कम सम्भावना रहती है। छोटे भाइयोंकी शादी जातिमे न होनेसे घरमें परिवार बढ़नेका डर नही, जनसंख्याके इस नियन्त्रणसे भी उनकी आर्थिक अवस्थाका वेहतर होना स्वाभाविक है। नम्बूदरियोंमें हाल तक आधुनिक शिक्षाका प्रचार नही था, लेकिन संस्कृत और मातृ-भाषा मलयालम्‌का पढना हर एक लड़केकेलिये अनिवार्य सा था; इसलिये अनपढ़ नम्बूदरीका मिलना मुश्किल है। हाँ, लड़कियोंकेलिये कुछ दूसरे ही नियम थे।

दक्षिण, खासकर मद्रासमें स्त्रियां परदेको जानती ही नहीं। केरलकी स्त्रिया तो सिर्फ सिर और मुँह ही नंगा नही रखतीं बल्कि कटिके ऊपर के भागको भी ढाँकनेकी जरूरत नहीं समझनीं। नम्बूदरी स्त्री भी जब अपने घरकी चहारदीवारीके भीतर होती है, तो अपनी दूसरी केरलीय भगिनियोंकी तरह ही होती है। मगर यह अपने पति या भाईके सामने ही। नम्बूदरी स्त्रीको अपने देवरके सामने भी वैसे ही परदा करना पडता है, जैसे किसी वेगानेके सामने।

जब वह बाहर निकलती, तो उसे सख्त परदा करना पड़ता। कमरसे नीचे आधे घुटने तकके तहमदसे अब काम नही चल सकता। ऊपरसे एक चादर सिरको छोड़ शरीरको ढाक दोनो छोरोंको एक हाथमें पकड़े रहना, और ऊपरसे एक छत्ता हाथमें रखना होता है, जिसे धूप और वर्षासे बचानेके लिये वह अपने हाथमें नहीं रखती, बल्कि इस छत्तेका काम है लोगोंकी नजरसे उसके चेहरेको बचाना। नम्बूदरी लड़की अपने भाईकी तरह संस्कृत नहीं पढ़ती; किन्तु बहुधा उसे मलयालम् पढ़नेकी सुविधा होजाती। जब छोटे भाइयोंका भी घरकी सम्पत्तिपर अधिकार नहीं, तो लडकीके बारेमें पूछना ही क्या? ऊपरसे घर पीछे सिर्फ एकही वर हो सकता था, इसलिये नम्बूदरी लड़कीके लिये पति मिलना कितना मुश्किल था, इसका जिक्र कर आये हैं। शायद नम्बूदरी स्त्रीके लिये यह सोचना भी मुश्किल है, कि दुनियामें ऐसी भी स्त्रियाँ हैं, जिनकी सौतें नही होतीं।

लेकिन केरलमें सिर्फ नम्बूदरी ब्राह्मण ही नहीं बसते। वहाँ भारी संख्या दूसरी जातियोंकी हैं, जिनमें कालीकटके ज़मोरिन् तथा त्रावणकोर और कोचीनके राजवश क्षत्रिय माने जाते हैं—नम्बूदरी भी उन्हें क्षत्रिय मानते हैं, यह प्रशंसाकी बात है। उनकी इस उदारतामें भी एक रहस्य है। इन राजवंशियोंकी राजकुमारियोंको व्याहनेका सबसे पहले अधिकार नम्बूदरी तरुणको है। हाँ, नम्बूदरी तरुण राजकन्याको अर्धाङ्गी नहीं मानता और न माननेके लिये मजबूर है। वह अपनी जातिमें

ब्याह करनेका अधिकार नहीं रखता, क्योंकि वह घरका ज्येष्ठ पुत्र नहीं है। लेकिन ऐसे ब्याह-सम्बन्धको वह एक दूसरी दृष्टिसे देखता है। वह राजकुमारीके हाथका छुआ न पानी पी सकता है, खाना खानेकी तो बात ही क्या। और उसके बच्चे ? चूँकि वे ब्राह्मण-वीर्यसे हैं, इसलिये क्षत्रिय और क्षत्रिया। क्षत्रियत्वके लिये यह है परिभाषा केरलके नम्बूदरियोंकी। इसीलिये वह हिन्दुस्तानके किसी दूसरे भागके क्षत्रियों-राजपूतोंको क्षत्रिय माननेके लिये तैयार नहीं है।

और फिर ब्राह्मण पितासे उत्पन्न इन सन्तानोंका जीवन-जीविका ? हाँ, ब्राह्मणके अपने घरकी सम्पत्ति अविभाज्य है, इसलिये उसमेंसे कानीकौड़ी भी नहीं मिल सकती, इसमेंतो शक ही नहीं। मगर ब्राह्मणोंने इसकेलिये सुन्दर इन्तिजाम किया है। ब्राह्मणोंको छोड़ दूसरेके लिये केरलमें स्त्री-राज्य है। घरकी सम्पत्तिका स्वामी बेटा नहीं बेटी होती हैं। हाँ, इस प्रथाके अनुसार जब माँकी सम्पत्ति अपनी पिताके घरमें है ही, तो बच्चोंके भरण-पोषणका सवाल हल होगया। और राजवंशोंमें तो और भी मज़ेका कानून है। त्रावनकोर और कोचीनमें राज्यका उत्तराधिकारी राजाका लड़का नहीं होता और न उसे तथा राजाकी स्त्रीको राजकुमार या रानीकी पदवी पानेका अधिकार होता है। वह रानी और हरहाइनेस नहीं होती। रानी होती है राजाकी माँ या बहिन। राजका उत्तराधिकारी उसकी बहिनका लड़का होता है, जिसका सम्बन्ध अकसर किसी नम्बूदरी ब्राह्मणसे होता है। राजवंशोंके अलावा उच्च नायर-परिवारकी लड़कियाँ भी इसी तरह कनिष्ठ नम्बूदरी पुत्रोंसे "ब्याह" करती हैं।

लेकिन यह पुराने युगकी बात है। अब बहुत कुछ लोग उसे भूलते जाते हैं। लेकिन युगका मतलब लाख हजार या सौ बरस भी मत समझिये। यह १९३२-३३की ही बात है, जबकि पी० एम्० तंगरने सभी नम्बूदरी लड़कोंके उत्तराधिकारका कानून पास कराया और बृटिश मलबारमें नम्बूदरियोंका पुराना सामाजिक संगठन दस ही वर्षके भीतर

छिन्न-भिन्न होगया। दूसरे कानूनने बहुविवाहको भी निषिद्ध ठहराया और अब नम्बूदरी स्त्रियोंके लिये कुछ ही समय बाद यह समझना मुश्किल हो जायेगा, कि किसी युगमें एक पतिकी कई पत्नियाँ भी होती थीं।

हालमें नम्बूदरियोंमें कितने ही विधवा-विवाह हो चुके हैं, जिसमें पहिला विवाह सन् १९३४में हुआ था।

इस क्रान्तिको केरलमे किसने फैलाया ? हाँ यह एक आदमीका काम नही हो सकता, और इसमें समय (इतिहास)की सहायताकी भी आवश्यकता है। जिस संस्थाने इस क्रान्तिको लानेमें सबसे ज्यादा मददकी वह थी "नम्बूदरी युवजन-संघम्" या "नम्बूदरी तरुण-संघ" और उसका मुख्य पत्र था "उन्नी नम्बूदरी" (नम्बूदरी तरुण)। इस संघका एक सरगर्म नेता और पत्रका सम्पादक था हमारा चरित नायक शंकर नम्बूदरी पाद या पूरा नाम एलंकुलत् मनक्कल् शंकरन् नम्बूदरीपाद। हाँ हजार वर्ष पहले दर्शनमें क्रान्ति करने वाले उस नम्बूदरी ब्राह्मणका नाम भी शंकर था और आज नम्बूदरियोंके भीतर क्रांति मचा कर मलबारकी सारी जनतामें क्रांतिका जबर्दस्त संचार करने वाला आजका यह नम्बूदरी तरुण भी शंकर नाम वाला ही है।

शङ्करका जन्म आजसे ३३ साल पहले तेरह या चौदह जून १९०९ में मलबार जिलेके एलंकुलम् गाँवमें हुआ था। मलबारके गाँवोंके सारे घर एक जगह न बसकर जगह-जगह बिखरे रहते हैं। यह यही बतलाता है, कि वहाँ चोर-डाकुओंका प्रकोप कम रहा, इसलिये लोगोंने झुण्ड (ग्राम) बनाकर बसना पसंद नही किया। एलकुलम् गाँवकी सारी आबादी ६००० या करीब एक हजारके परिवार होंगे। एलंकुलम्में "युगों"से चार नम्बूदरी परिवार रहते चले आये हैं—हाँ यह १९३२के पहले की बात है। चारों परिवारोंके पास अच्छी खासी जमीदारी है, जिसमें एलकुलत् परमेश्वर नम्बूदरीपाद सबसे बड़े जमींदार थे। यही शङ्करके पिता थे, जो शङ्करके छै बरसके होते ही समय मर गये।

नम्बूदरी प्रथाके अनुसार परमेश्वरने दो विवाह किये थे, जिनमेंसे छोटी पत्नी प्रियदत्तासे शङ्कर और उनके बड़े भाई ब्रह्मदत्त पैदा हुए थे। ज्येष्ठ पत्नीके पुत्र राम और परमेश्वर हैं। शताब्दियोंसे एक जगह चली आती जमीदारी और सम्पत्ति अब चार घरोंमें बँट गई है।

छै बरसकी आयु (१६१५)में शङ्कर कुलकी प्रथाके अनुसार घरमें ही अध्यापकसे सस्कृत पढ़ने लगे। नौ बरसकी उम्रमे जब जनेऊ हो गया, तो अपने कुलके वेद ऋग्वेदको पढ़ना शुरू किया, अथवा बिना समझे-बूझे स्वर-सहित मन्त्रोंको रटना शुरू किया। १५ बरसकी उम्र (१६२४) तक यही चलता रहा। चौदहवें बरसमें उन्हें मलयालम् भाषा पढ़नेका भी मौका मिला। उनकी इच्छा और समयकी माँगसे शङ्करको अंग्रेजी पढनेके लिये घर पर ही एक मास्टर रख दिया गया, जिन्होंने डेढ साल तक उन्हे अंग्रेजी पढाई।

१६२५-२६मे शङ्करको गाँवसे पाँच मील दूर पेरिन्तल्मन्नाके हाई स्कूलमें भर्ती किया गया। १६२६में उन्होंने मेट्रिक पास किया। फिर त्रिचूर (कोचिन)के सेन्ट थामस् कॉलेजमे पढ़ने लगे। इतिहास और अर्थ-शास्त्र उनके मुख्य विषय थे। १६३२में वह बी० ए० मे थे, जबकि कांग्रेस-आदोलनमें पड़नेसे अपनेको रोक नही सके और इस प्रकार विश्वविद्यालयकी पढ़ाई खतम हो गई। लेकिन इसका मतलब यह नही, कि शङ्करका विद्यार्थी-जीवन खतम हो गया। वह तो, मालूम होता है, जिंदगी भर विद्यार्थी बने रहनेके लिये ही हैं।

सार्वजनिक जीवन—शङ्कर उस वक्त बारह वर्षके थे, जबकि गांधीजीने १६२१में असहयोगका बिगुल बजाया था। उस समय वह वेदके रट्टू संस्कृतके विद्यार्थी थे। अपने बाल्य-जीवनमें भी उन्हें असहयोग और राजनीतिक हलचल अच्छी मालूम होती थी मगर इससे आगे वह नही बढ़ सकते थे। हाईस्कूलके जीवनमें वह विद्यार्थियोंमें एक सरगर्म विद्यार्थी थे, लेकिन उनका असली सार्वजनिक जीवन त्रिचूरमें कॉलेजकी पढ़ाईके साथ शुरू होता है। नम्बूदरियोंकी सामाजिक रुढियाँ

उन्हें बुरी लगती थीं। "वैसे नम्बूदरी योग-क्षेम सभा" नामकी एक और सभा भी मौजूद थी, लेकिन यह बड़े-बूढ़ोंकी सभा थी जो वह खून, लगाकर शहीद बननेसे आगे बढ़नेके लिये तैयार नहीं थे। यदि समाज-सुधारका झण्डा उन्हें आगे लेकर बढ़ना होता, तो चींटींके चालसे चलनेमें शताब्दियाँ बीत जातीं और शायद "पनाला" यहीं रहता। असली गरम सुधारका बीड़ा नम्बूदरी नौजवानोंने उठाया, जिनकी सभा का नाम "युवजन संघम्" और पत्रका नाम "उन्नी नम्बूदरी" हम बतला आये हैं। कॉलेजमें पढ़ते हुए शङ्कर अपने साप्ताहिकका संपादन करते और सुधार पर जबरदस्त लेख लिखते थे। उनके सुधारके प्रोग्राम थे—बहुविवाह बन्द करना, स्त्री शिक्षा प्रचार, परदा बंद करना, विधवा विवाह, सभी लड़कोंको घरकी सम्पत्तिमें अधिकार। बहु-विवाह-निषेध और उत्तराधिकारके कानून बन चुके हैं यह कह आये हैं। शङ्कर और उनके साथी तरुणोंको वृद्धोंके कोपका भाजन बनना पड़ा, लेकिन वह उसके लिये तैयार थे।

१६३२के सत्याग्रह आदोलनमें कूदकर शङ्करने नम्बूदरी जातिके एक छोटेसे क्षेत्रमें अपने कामको सीमित न रखकर राजनीतिके विशाल क्षेत्रमे कदम रखा। उस वक्त वह यही समझते थे, कि विदेशी शासनसे देशको आजाद करना चाहिये। इसके लिये गाधीजीका तरीका उन्हें पसद था, इसे कहनेकी जरुरत नहीं। एकके बाद एक डिक्टेटर गिरफ्तार होते गयें; जिस पर तीसरे या चौथे डिक्टेटर बननेका अवसर शङ्कर को मिला। शङ्करकी ज़बान रुक-रुक कर चलती है। मैं कभी-कभी सोचता हूँ, यदि कहीं शङ्करका हकलाना न रहता, उनकी कलम मेलकी तरह नहीं बल्कि और तेज गतिसे चलती है—मलयालम् और अंग्रेजी दोनोंमें। संगठन करनेमें तो वह कमाल करते हैं और अनपढ़ ग्रामीण केरल स्त्री-पुरुषोंमे रूह भर देना इनका ही काम है।

कांग्रेस डिक्टेटर बननेके लिये उन्हें तीन सालकी सजा हुई। इसी वक्त केरलके वीर हाल ही में फॉसीके तख्तेसे उतरे मगर अब भी जेलमें

बंद के० पी० आर० गोपालन्‌के साथ रहना पड़ा। जेलके साथियोंमें केरलके जन-नेता कृष्ण पिल्ले और स्वयंसेवकोंके जबर्दस्त कार्यकर्ता चंद्रोत् भी थे। जिस वक्त जेलोंमें गाधीवादी नेता गीता और रामायण के अक्षरोंके गिननेमें अपना सारा समय लगा रहे थे; उस वक्त शङ्कर और उनके तरुण साथियोंने राजनीति और समाजवादके गम्भीर अध्ययनका काम जारी रक्खा। उन्होंने विचारा—भारतकी समस्यायें सिर्फ गोरोंकी जगह कालोंकी सरकार कायम हो जानेसे नहीं हल हो सकतीं। आखिर किसानों-मजदूरोंकी गरीबी कैसे दूर हो सकती है, जब तक कि कितने ही कामचोर उनकी कमाईको चुराकर अपनी तोंदोको फुलाते रहे? अंतमें वह इसी निष्कर्ष पर पहुँचे, कि शोषणका अंत करना, समाजवादका कायम होना ही सभी रोगोंकी एक मात्र दवा है।

१९३३के अगस्तमें अपनी मियादको बिना पूरा किये ही शङ्कर छोड़ दिये गये। उन्होंने अब घूम-घूमकर राष्ट्रीयताका प्रचार शुरू किया और वह देशकी आज़ादीका संदेश गाँवों तकमें पहुँचाने लगे। ऐसे कर्मठ तरुणोंका जनतामें प्रभाव बढ़ना जरूरी था। १९३४ मे जिन तरुणोंने केरलमें कांग्रेस सोशलिस्ट पार्टी कायम की, उनमें शङ्कर प्रमुख व्यक्ति थे। इसी साल प्रातीय काग्रेसमें शङ्कर और उनके तरुण साथियोंका प्राधान्य हो गया और शङ्कर खुद उसके एक सेक्रेटरी चुने गये।

सन् १९३४-३५ से ही शङ्करने केरलके मजदूर और किसान आन्दोलनको आगे बढ़ाया। केरल यद्यपि रैयतवारी बन्दोबस्त वाले प्रदेशमें है, मगर पुश्तोंसे चले आते जन्मी (जमींदारो) खान्दानोंकी वहाँ बड़ी धाक है; इसीलिये किसानोंपर कई तरहके अत्याचार भी होते रहे हैं। शङ्करका परिवार स्वयं एक धनी जमीदार परिवार है। लेकिन, जिस आदर्शको उन्होंने अपने सामने रक्खा है, उसमें अपने और दूसरे परिवारके धन-वैभवका वह क्यों ख्याल करने लगे? और तबसे उनका जीवन मजदूरों और किसानोंके लिये लड़नेका जीवन रहा

है। इस छोटी-सी जीवनीमें उनके इन संघर्षों के बारेमें लिखना सम्भव नही। पहली मजदूर हड़ताल उनकी देख-रेखमें कालीकटमें १६३४-३५ में हुई थी। कानूनन् हफ्तेमें कामके घण्टेको ६०से कमकर ५४ कर देना पडा था। मालिकोंने उसीके मुताबिक मजदूरोंकी मजदूरी भी कम करनी चाही। मजदूर खुशी-खुशी पेट कटाना कैसे पसन्द करते? कांग्रेस मन्त्रि-मण्डलके जमानेमे विहारकी तरह केरलमें भी कितने ही किसानों के संघर्ष चले, जिनमें शङ्कर आगे-आगे रहे।

कमूनिस्त पार्टीमें—१६३५ में आन्ध्रके कमूनिस्त नेता कॉमरेड सुदरैय्यासे शङ्कर और मलबारके दूसरे समाजवादियोका सम्पर्क हुआ। उसके बादसे वहाँकी समाजवादी पार्टी कमूनिस्त प्रभावमें रही, और आखिरमें सभी कमूनिस्त पार्टीमे चले आये। कमूनिस्त पार्टी ग़ैर-कानूनी थी। १६४०में जब सरकार सभी कमूनिस्तोंको गिरफ़्तार करने लगी, तो शङ्कर और उनके सौ से ऊपर साथियोंपर वारन्ट निकला। लेकिन, उन्होंने किसानों और मजूरोंमें जो काम किया था, उसने उन्हें अत्यन्त जन-प्रिय बना दिया था। १६ ० से ४२ अगस्त तक पुलिस वारन्ट लेकर दौड़ती रही, लेकिन केरलका एक-एक किसान अपने लिये मरनेवाले इन तरुणोंकी रक्षाको तैयार था, जिसका परिणाम यह हुआ कि पुलिस मुँह ताकती ही रह गयी। जिस वक्त शङ्कर और उनके साथी छिपकर रहते थे, उस वक्त भी उनके छिपनेका यह मतलब नहीं था, कि वह किसी झोंपड़ीके भीतर जाकर मुर्दे बने पड़े रहे। उन्होंने जिन गावों और घरोंमें शरण ली थी—और वह बराबर बदलते रहते थे—वहाँके रहनेवाले लोगोमे जबर्दस्त राजनीतिक प्रचार किया, जिसकाही परिणाम यह हुआ, कि किसी समय केरल जो सामाजिक रूढियों और हर तरहके राजनीतिक पिछड़ेपनका शिकार था, वह आज चतुर्मुखी क्रान्तिकी जबर्दस्त अग्रदूत कम्यूनिस्त पार्टीका गढ बन गया है।

शङ्करको मालूम था, कि किसी वक्त सरकार पकड़ेगी और उनकी सम्पत्तिको भी छीन लेगी। वैसे होता, तो घरके छोटे लड़के होनेसे, शङ्करके

पास सम्पत्ति ही क्या होती ! मगर नये कानूनसे वह अपने हिस्सेको ले सकते थे। उनके छूत-छात-विरोधी विचारों और कामोंको देखकर उनके बड़े भाईने १६३२ में बायकाट कर दिया। इस पर अलग होनेके सिवा उनके लिये कोई चारा न था। यद्यपि उनकी माँका एक और लड़का भी था, लेकिन मांने अछूतों और पंचमों तकके साथ बैठकर भात खानेवाले अपने "पतित" पुत्र हीके साथ रहना पसन्द किया। मैंने पूछा—"पुराने विचारोंकी नम्बूदरी मांने ऐसा क्यों किया ?"

"क्योंकि मैं उसका पुत्र था।"

"कुपुत्रो जायेत क्वचिदपि कुमाता न भवति।"

और शङ्करके मृदु और त्यागमय जीवनको देखकर जब बाटके बटोही भी प्यार करते हैं, तो वह तो माता ही थी।

१६४०में वारण्ट निकलनेसे कितने ही समय पहले शङ्करने अपनी सम्पत्ति अपनी स्त्री आर्यादेवीके नाम लिख दी थी। पुलिस जब उन्हें न पकड़ पाई, तो सरकारने उनकी सम्पत्ति पर अधिकार जमा लिया; यद्यपि ऐसा करना उसके अपने कानूनके खिलाफ था। १६४२ अगस्त में जब शंकरके ऊपरसे वारण्ट हटा, तो उसी वक्त सम्पत्ति भी लौटाई गई। लेकिन दुनियामें वैयक्तिक सम्पत्ति नष्ट कर साम्यवादके प्रचार करनेवाले शंकरने सम्पत्ति अपने पास रखनी पसद न की। पिछली बार जब भारतीय कमूनिस्त पार्टीने ३००००) जमा करनेकी अपील की, तो अकेले शंकरने ही अपनी सम्पत्तिको बेचकर ५००००) पार्टीको दे दिया। भारतीय कमूनिस्तोंमें शंकर पहले "सर्वमेधयज्ञ" करनेवाले हैं, लेकिन अब तो वह जंगलकी आग बनना चाहता है, और सैकड़ों कमूनिस्त आज उनके दिखलाये पथ पर चल रहे हैं। कमूनिस्त पार्टीकी नई अपील दो लाख रुपयेकी हुई है, मगर सिर्फ आन्ध्रकी पार्टीवालोंने ही अपनी सम्पत्तिको बेंचकर दो लाख देनेका निश्चय कर लिया है। यू० पी० बिहारके एक जिलेके बराबरके मलाबारने भी एक लाख भेजनेका निश्चय कर लिया है।

छिपे रहनेके समय दो वर्ष तक एक गाँवमें एक कोठरीमें बन्द रहना पड़ता था। जब वह वारण्ट हटनेपर बाहर आये तो कितने ही महीनों तक वह एक मीलसे ज्यादा चल नहीं सकते थे।

हकलानेसे उनकी वाणी उतना काम नहीं देती, जितनी कि कलम मगर मलबारके कर्मी उनके एक एक शब्दका भारी मूल्य लगाकर उस कमीको दूर कर देते हैं, और साथियोंके समझानेमें शंकर हिचकिचाते नहीं।

शंकरकी स्त्री आर्या आवणकरके एक नम्बूदरी घरानेकी लड़की है। वह मलयालम् भाषा छोड़ और कोई भाषा नहीं जानतीं। आजकल बम्बईमें रहते वह हिंदी पढ़ रही हैं। अपने पतिके पीछे वह दुनियाके छोर तक जानेके लिये तैयार हैं। अपनी चार वर्षकी कन्याको देशमें एक शिक्षणालयमें छोड़कर वह दूर बम्बईमें आईं। कहाँ वह नम्बूदरियोंकी दुनिया, उसकी जबरदस्त छूतछात और रूढ़ियाँ और कहाँ कमूनिस्त सामूहिक परिवारकी जिन्दगी, जिसमें छूत-छात धर्म-वर्णकी गन्ध तक भी नहीं।

२१

क० केरलियन्

मलबार आज पूरी तौरसे कमूनिस्तोंके प्रभावमें है। भारतमें यह पहला प्रात है, जहाँ मार्क्स-वादियोंने अपने स्वार्थ-त्याग, अपनी राजनीतिक सूझ, और अपने अनथक परिश्रमसे ४० लाखके केरल प्रांतके राजनीतिक सामाजिक आर्थिक जीवनमें अद्वितीय स्थान प्राप्त किया है। इस प्रभाव का पहला प्रभाव उस वक्त मिला, जब प्रांतीय काग्रेस कमेटीपर उनका पूरा अधिकार देखकर ऊपरके नेताओंको उसे तोड़ देना पड़ा, और निर्वाचित कमेटीकी जगह उन्होंने अपने भक्तोंकी कमेटी ऊपरसे टपका दी। केरलके किसान अपने जमीदारों (जन्मियों) से वर्षों लोहा ले चुके हैं और किसी भी कुर्बानीसे पीछे नहीं हटे। केरलके मजूर पूरी तौरसे संगठित हैं, दमन उनको दबा नहीं सका। केरलकी स्त्रियाँ—जिनमें पहलेहीसे परदा नहीं था—राजनीतिक जागृतिमें देशकी अगुवा बन रही हैं। केरलमें राजनीतिका कार्य ठेठ गाँवोंके हृदय तक पहुँच गया है, और जनतामें आत्म-चेतनाके आते ही जनताकी भाषाने अपने अधिकार

१९१३ (मेष) जन्म, १९१८-२३ प्रारभिक शिक्षा, १९२३-२८ हाई स्कूलमें, १९२७ काग्रेस वालटियर, १९२८ मेट्रिक पास, १९२९-३० तंजोर संस्कृत कालेजमें, १९३० नमक-सत्याग्रही, १ मासका जेल; १९३१ जेलसे बाहर, १९३२-३३ जेलमें, १९३३ हरिजन-आन्दोलनमें, १९३४ जमीदार-विरोधी, समाजवादी; १९३५ मजूरोंकी हडतालें, लेखक, पार्टी-मेम्बर; १९३६ जिला कांग्रेस-कमेटीके सेक्रेटरी, जेलमें, १९३७ दस महीनेबाद जेलसे बाहर, १९३७-३८ किसान-सघर्षमें, कवितायें लिखी, १९४० अन्तर्धान, दिसम्बरमें गिरफ्तार, मद्रास षड्यंत्रमे तीन साल सजा, १९४२ अगस्त जेलसे बाहर।

को संस्कृतसे लदी भाषाकी जगह सरल मातृभाषाको रखकर सबक सिखलाया है। उसने नये ढगके कवि, नये ढंगके नाटककार और नये ढंगके अभिनेता पैदा किये हैं। हिन्दुस्तानके सबसे जबर्दस्त छूत-छातके गढ़की ईंटें बड़ी तेजीसे गिर रहीं हैं। केरलकी जागर-चलानेवाली जनता ने हिन्दू-मुस्लिम एकताका अद्भुत आदर्श पेश किया है, और उसके शहीदोंने अपने खूनोंसे उसे दृढ़ता प्रदान की है। केरलीयन् इस नवीन मलबार (केरल) का सर्वप्रिय नेता है, वह उसका लेखक और सुकवि है।

केरलकी चिरतरुणी सदा श्यामला भूमिके पश्चिम पार्श्वको अरब समुद्रकी तरगें चूमती हैं। इसीके तटपर मलबार जिलाका चिरक्कल तालुक (तहसील) है। पेरम्बे एक बडी नदी है, जिसकी विशाल धारा हरियालीसे ढॅकी शर्करिली ज़मीन पर बड़े शानसे बहती है। पेरम्बेकी छोटी बहन पय्यनगाड़ी भी उससे थोड़ी दूर पर बहती है। इन दोनों नदियोंके बीच चिरुदाडम्का दस हजार आबादीका बड़ा गॉव है। चिरुदाडम्के दो मील पूर्व जंगलसे ढॅकी पहाड़ियाँ और दो मील पश्चिम अरब सागर है। चारों ओर कटहल, नारियल, सुपारी जैसे फलदार वृक्षोंके उद्यान लगे हुए हैं।

चिरुदाडम् बडा गॉव जरूर है, लेकिन देखनेमें बडा नही लगेगा, क्योंकि मलबारमें लोग अपने घरोंको एक जगह नहीं, खेतोंके पास बनाते हैं। चिरुदाडम्में ६०० घर नायर (ब्रह्म-क्षत्र) हैं, ५०० घर थीया (पासी), १०० घर नम्बूदिरी ब्राह्मण ५० घर पोलेया (अछूत खेत-मजूर), २० घर लोहार, २० घर बढ़ई, २० घर धोबी, २५ घर जुलाहे रहते हैं। ये सभी जातियॉ हिन्दू हैं। इनके अतिरिक्त कुछ मुस्लिम ब्यापारी और एक कारखाना-दार ईसाई भी चीरुदाडम्के निवासी हैं। गॉवमें एक मलयालम् पाठशाला है। यहॉका बलियंबलम् शिवमन्दिर बहुत प्रसिद्ध है, और उसके पास बहुत भारी देवोत्तर-सम्पत्ति है। यहॉ शिवजीके मेलेमें बहुत भीड़ होती है।

१६१३के मार्च (मेष) मासमें नायरवंशी कुन्निरामन् नायनार (१६३४ मृत्यु) और उनकी पत्नी पार्वतीको जेष्ठ पुत्र पैदा हुआ। कुन्निरामन् संस्कृत (व्याकरण, साहित्य, तर्क) के अच्छे विद्वान् थे और फलित-जोतिषमें ज्यादा गति रखते थे। नायर जाति दक्षिणमें ब्राह्मण अब्राह्मणके मिश्रणका अद्‌भुत नमूना है। अभी आठ नौ साल पहले तक मलबारके ब्राह्मणों (नम्बूदिरियों)में छोटे भाईयोंको न जायदादमें हिस्सा मिलता था और न ब्राह्मण-कन्यासे शादी होती थी। उनकेलिये नायर-परिवार खुले हुए थे, जहाँ जायदादकी उत्तराधिकारिणी बेटियाँ और बहनें होतीं थीं लड़के नहीं। पार्वतीकी माँ का ब्याह इसी तरह वारन्कोड्के नम्बूदिरी ब्राह्मण सुब्रह्मण्यके साथ हुआ था। सुब्रह्मण्यकी नायर-पत्नी केरलियन्की नानी अब भी जीवित है। ब्राह्मणोंकी चलायी विधिके अनुसार वीर्यको नहीं रजको प्रधान मानकर पार्वती नम्बूदिरी नहीं नायर रहीं।

यद्यपि ब्राह्मण-भिन्न जातियोंमें मरुमकतायम् (कन्या-उत्तराधिकार) की प्रथाके अनुसार पार्वतीको बापकी सम्पत्तिमें उत्तराधिकार मिलना चाहिये, लेकिन ब्राह्मण इस नियमसे मुक्त हैं, आखिर कानून बनाना भी तो उनके ही हाथमें था। हाँ नम्बूदिरी और नायरके इस रक्त-संमिश्रणसे एक बात जरूर हुई—नायर भी संस्कृत पढ़नेकी बहुत रुचि रखते हैं। स्मरण रहना चाहिये कि ट्रावन्कोर और कोचीनके महाराजा तथा कालीकटके जमोरिन् राजवंशीय नायर ही हैं।

बचपनमें बालक केरलियन्का अपने माँ-बाप दोनोंसे बहुत प्रेम रहा। पिताने उसमें धार्मिक प्रेम भरनेकी कोशिश की। अपनी उम्रके बच्चोंका वह सदा नेता रहता। खेलकूदसे उसे प्रेम था। ग्रामीण कहानियाँ वह खूब सुनता था और सोनेसे पहले एक-आध जरूर सुन लेता। ताचोड़ी उदयनन् आदिके गीत उसे बहुत पसन्द थे। कभी कभी वह अपने नाना (ब्राह्मण) के पास भी माँके साथ जाता। कैसी विचित्र बात है! नाना अपनी औरस पुत्री पर स्नेह रखते थे, अपने नाती

केरलियन्को प्यार करते थे, मगर बच्चे केरलियन्को वे गोदमें नहानेसे पहले ही उठा सकते थे, क्योंकि शूद्र नातीको नहानेके बाद लेनेसे फिर नहाना पड़ता। चलते समय वे पाँच रुपये बालकके हाथमें रख देते थे। बचपनमें केरलियन् इसे क्या समझता, मगर होशमें आनेपर नानाके प्रति स्नेह रखते हुए भी वह इसे बड़े अपमानकी चीज समझता था—दोनोंके बीच एक बड़ी खाई मालूम होती।

शिक्षा—पाँच सालकी उम्रमें केरलियन्को कुन्यमगलम्के स्कूलमें दाखिल कर दिया गया। वहाँ वह छै साल तक मलयालम् पढ़ता रहा। साथ ही पिताने कुछ फलित-ज्योतिष भी सिखलाया। कडम्बूरमें माँ और उसकी बहनोंकी सम्पत्ति थी—उत्तराधिकार तो लड़कियोंको मिलना था न? हाँ, नानाकी सम्पत्ति नहीं नानी, और उसकी माँ और उसकी माँ··की सम्पत्ति। पाँचवें दर्जे तक पढ़नेके बाद केरलियन् कडम्बूर भाग गया। पिता सिर्फ संस्कृत पढ़ाना चाहते थे। घरमें काफी जायदाद थी, इसलिये वे अंग्रेजीकी पढ़ाईको बेकार समझते थे। कडम्बूरमें केरलियन् वहाँके मिडिल-स्कूलमें भरती हो गया और एक साल तक पढ़ता रहा। कविताओंके पढ़ने और बाँचनेका उसे बहुत शौक था। वह अपने क्लासमें पढ़नेमें सबसे तेज लड़का था।

अब वह किसी हाई-स्कूलमें दाखिल होना चाहता था। बहनोंकी सम्पत्तिका प्रबन्ध आखिर मामाको ही तो करना पड़ता है। केरलियन्ने हाईस्कूलमें भरती होनेके लिये मामासे फीस माँगी। मामाने चार थप्पड़ लगाये। केरलियन् चुप रहा। मगर उसकी आँखोंसे आँसू बह रहे थे। मामाके चेहरेपर भी खेदकी रेखा खिंच आई और उसने कहा—"जा कहीं पढ़, हम फीस देंगे।" केरलियन्ने अब पेय्यनूरके हाईस्कूलके दूसरे फार्म (छठवाँ फार्म मेट्रिक है) में नाम लिखाया। पेय्यनूर नदी-पार था, इसलिये उसे अपने साथियोंके साथ पेरम्बाको नाव पार करना पड़ता था। गाँवके चालीस-पचास लड़के पढ़ने जाते थे, इसलिये दो मीलकी यात्रा और उसमें नावसे नदी पार होना भी मनोरंजक खेल सा था।

चिरुदाडमूके कितने ही अछूत लड़के भी पेय्यनूर पढ़ने जाया करते थे। केरलियन् अपने दलका सरदार था, उसने कहा—यह बुरी बात है, कि हम सभी स्कूलमें पढ़ने जाते हैं और पोलेया (अछूत) बच्चे हमारी नावसे नहीं दूसरी नावसे नदी पार हों। उन्होंने उन लड़कोंको जाकर कहा, मगर मार खानेके डरसे वे बड़ी जातवालोंकी नाव पर चढ़नेके लिये तैय्यार न थे। केरलियन् और उसके साथियोंने जबर्दस्ती लाकर नावपर बैठाया। कितने ही नायर दूध बेचनेकेलिये पेय्यनूर जाया करते थे, उन्होंने अपनी नावपर अछूत लड़कोंको देखकर उनके साथ पार उतरना छोड़ दिया और उन्हें पत्थर मारने लगे। केरलियन् और उसके स्वजातीय साथियोंके साथ तो वे मारपीट कर नहीं सकते थे, क्योंकि खानदानमें मारपीट होने लगती। उन्होंने जाकर पौलेया लड़कोंके माँ-बापों को धमकी दी। बिचारे गरीब खेतिहर-मजदूर डर गये। उन्होंने अपने बच्चोको स्कूल भेजना बन्द कर दिया। केरलियन् और उसके साथी नावपर पोलेया लड़कोंका इन्तिजार कर रहे थे, मगर सबके सब गायब थे। दो तीन दिन बाद केरलियन्को असली बातका पता लगा। बालसेना की उद्दंडता गाँवमें प्रसिद्ध थी। केरलियन्ने अपनी सेनाके साथ पोलेया माँ-बापोंसे कहा—"अपने लड़कोंको स्कूल भेजोगे या चाहते हो कि हम तुम्हारी झोपड़ियोंमें आग लगाकर तुम्हारे बच्चोंको मारकर नदीमें फेंक दें?" पोलेया सयानोंके लिये इस धमकीमें मिठास भी थी, कड़वाहट भी। उन्होंने दूधवालोंकी धमकीकी बात कही। बाल सेनाके नेताने कहा—"जो कोई तुम्हारी ओर हाथ बढ़ायेगा, हम उसको मजा चखायेंगे।" पोलेया बूढ़ोंका बूढ़े नायरोंकी अपेक्षा तरुणोंपर अधिक विश्वास था। अब वे अपने लड़कोंको फिर भेजने लगे। दूधवाले कुड़बुड़ाते रह गये, इन उद्दंड छोकरोंका क्या करते? छोकरोंको इतने हीसे सन्तोष नहीं हुआ। एक दिन कुछ दूधवालोंको अपनी नावमें बैठा देख उन्होंने बीच धारमें जा एक ओर खिसककर नावको ही उलट दिया। बेचारोंका दूध बर्बाद हो गया। तबसे उन्होंने फिर इनके साथ

नावपर बैठनेका नाम नहीं लिया। अब नावपर विद्यार्थियोंका राज्य रहता, जिनमें पोलेया, थीया और नायरका भेद नहीं था। केरलियन्ने उस वक्त यह जौहर दिखलाया था, जब कि वह अभी तेरह-चौदह ही सालका था।

केरलियन् फुटबालका अच्छा खिलाडी था। बड़ी देर तक खेल-खेलते रातको घर लौटता। एक दिन साँपने काट खाया। केरलियन्ने चाकूसे काटकर खून निकाल दिया, और बापको खबर तक न दी। बापसे वह बहुत डरता था।

केरलियन्के प्रिय विषय थे, इतिहास और साहित्य। गणितमें रुचि नहीं थी। महाभारत और भागवतके मलयालम्-काव्योंको वह बड़े शौकसे पढ़ता था। समाचार-पत्रोंको पढ़ता और उनमें लेख भी लिखने लगा था। कवियोंमें बैठकर कविता सुननेका उसे बहुत शौक था, फिर स्वय भी कविता बनाने लगा। मंदिर और पूजापाठसे वह उदासीन रहता था।

हा, उद्दंड लड़कोंका उद्दंड और मेधावी सेनानी राजनीतिकी ओर बिना खिंचे कैसे रह सकता था? बाप भी काग्रेस और गांधीजीके भक्त थे। हाई-स्कूलमें उसने गाधीजीकी 'यंग-इंडिया' (तरुण-भारत) को खूब पढ़ा। 'हिंदू' (अंग्रेजी)को वह रोज नियमपूर्वक पढ़ता था। १९२७में पेय्यनूरमें केरल राजनीतिक कान्फ्रेंस हुई, जिसमें जवाहरलाल आये थे। केरलियन् वहाँ वालंटियर था। उसे वहाँ राजनीतिक व्याख्यानोंके सुननेका अच्छा मौका मिला। राजनीति प्रिय लगने लगी। काम करना होगा, यह भी उसने मान लिया, मगर "कब" और "कैसे"का अभी निश्चय नहीं हो सका। १९२८में केरलियन्ने मैट्रिक पास किया।

संस्कृत कॉलेजमें—मैट्रिक पास करनेके बाद पिताने फिर संस्कृत पढ़नेके लिये जोर दिया और केरलियन्ने १६ वर्षकी अवस्था (१९२९) में तंजोरके संस्कृत कॉलेजमें नाम लिखाया। अध्यापक और विद्यार्थी प्रायः सारे ही ब्राह्मण थे। केरलियन् जैसे कुछ थोड़ेसे अब्राह्मण अब भी संस्कृतसे चिपके हुए थे। अब्राह्मणोंका होस्टल (छात्रावास) और

उनके साथ ब्राह्मणोंका बर्ताव भी अलग था। केरलियन्‌का साथी एक दिन कह रहा था, मीमासक पंडित मेरे मुँहको देखकर मुह फेर लेता है। केरलियन्‌के मनमें आत्माभिमान जाग्रत हो उठता था, मगर अब वह देश-भक्त था ब्राह्मण अब्राह्मण विवादसे ऊपर था। केरलियन् रघुवंश, शाकुतल आदि कई संस्कृत ग्रंथोंको पढ़ चुका था। कॉलेजमें वह "सिद्धात कौमुदी", "यादवाभ्युदय" आदि ग्रन्थोंको पढ़ता। वह अब मद्रास विश्वविद्यालयके शिरोमणि (उपाधि)की प्रवेशिका परीक्षा देना चाहता था। केरलियन् अब कट्टर राष्ट्रीयतावादी था और खद्दरका जबरदस्त भक्त। एक दिन खद्दर-स्टोर वालोंने केरलियन्‌से कहा—जलूस निकालना है, कुछ नौजवानोंको ले आओ। केरलियन्‌ने अपने सहपाठियोंको पट्टी पढ़ाई और सब झंडा लिये उसके साथ जलूसमें शामिल हो गये। कॉलेजके सुपरिन्टेन्डेन्टको देखकर दूसरे लड़के तो झंडा छोड़ भागने लगे, मगर केरलियन् डटा रहा। पढ़ते वक्त सुपरिन्टेंडेन्टने बहुत डॉटा, लेकिन केरलियन् रोबमें आने वाला नही था। अब कॉलेजके मुर्दा वायु-मडलसे उसका दिल ऊब गया, और साल भरकी पढ़ाईके बाद वह घर चला गया।

घरमें चुपचाप बैठे रहनेसे अच्छा है कुछ लिखना-पढ़ना चाहिये, यह सोच केरलियन् वेल्लीकोटकी विज्ञानदायिनी संस्कृत-पाठशाला में चला गया, और वहाँ तीन चार महीने रहा। काम था, कुछ पढ़ा देना।

यहाँ पर कुन्नीरामन् नम्बियर अंग्रेजीके अध्यापक थे। वे नमक-सत्याग्रहमें भाग लेना चहते थे। केरलियन्‌ने भी भाग लेनेकी इच्छा प्रगट की।

राजनीतिक क्षेत्रमें—नम्बियर् और केरलियन् कालीकट गये। नमक बनाया, पुलिसकी लाठियाँ खाईं और नौ महीनेकी सजा ले कनानूर जेलमें चले गये।

केरलियन्‌की उम्र इस समय १७ सालकी थी। अभी उसे गाधी

और संस्कृतके राज्यसे बाहरका पता न था। जेलमें उसने कुछ हिन्दी पढ़ी। आतकवादी विचारोंसे कुछ प्रभावित हुआ।

नौ महीने बाद गाधी-इरविन समझौतेके बाद केरलियन् जेलसे छोड़े गये। पिताने खुद सत्याग्रहके लिये आज्ञा दी थी, इसलिये उनके नाराज होने का सवाल न था। अब (१६३१में) केरलियन् कॉग्रेसके काममें जुट पड़े। सारे चिरक्काल तालुकामे घूम-घूमकर उन्होंने व्याख्यान दिये और काग्रेसके मेम्बर बनाये। साल भर इसी तरह काममें लगे रहे। १६३२में गाधीजीकी गिरफ्तारीकी खबर सुनी। कनानूरमें व्याख्यान दिया। के० पी० गोपालन् और विष्णु भारतीयके साथ केरलियन् भी गिरफ्तार हो गये। जेलमें जाने पर उनकी के० पी० गोपालन् और कृष्ण पिल्लेसे भेंट हुई। गोपालन्, कृष्ण पिल्लेके अतिरिक्त मलबारके जेलोंमें बद कुछ बगाली राज-बन्दियोंसे मिलनेका अवसर मिला, जिनसे उन्हें समाजवादका पता लगा। केरलियन्ने देखा, कि एक और भी पथ है, जिसमे आजादी प्राप्तकी जा सकती है, और देशको ज्यादा सुखी बनाया जा सकता है। केरलियन्ने यहीं पर पहले पहल रामकृष्ण पिल्ले लिखित मार्क्स की जीवनी पढ़ी। गोरकींकी "माँ"को पढ़ा। "कमूनिस्त घोषणा" को देखा। गाधीवादका प्रभाव खतम हो गया, समाजवादकी जरा-जरा छींटे पड़ीं, लेकिन आतंकवादका रंग गहरा चढ गया। केरलियन्ने दिल्लीके आतकवादी शहीद मास्टर अमीरचंद्र की जीवनी मलयालम् भाषामें लिखी, सीलोनके एक मलयालम् पत्रने उसे छापा। १३ सालकी उम्रमें केरलियन्ने पहली कविता ("कहाँसे आये कहाँ है जाना") लिखी थी, अब उन्होंने कई कवितायें लिखी। चीनकी कूमिन् तागका इतिहास लिखा जो 'मातृभूमि' पत्रमें छपा। सुरेन्द्र बैनर्जी आदि कई नेताओंकी छोटी-छोटी जीवनियाँ भी लिखीं।

१९३३में केरलियन् जेलसे बाहर आये। "एइत उच्चाडन" नामकी एक अछूतोद्धार कमेटी कायम की। के० पी० आर० गोपालन्, के० पी० गोपालन् और विष्णु भारतीयके साथ काम करते थे। मलबारमें अछूतो-

द्धारके आन्दोलनने बहुत जोर पकड़ा। गुरुवयूरमें सत्याग्रह छिड़नेकी जबर्दस्त तय्यारी हुई। केरलियन् भी आन्दोलनमें सारी शक्ति लगा रहे थे।

१६३४में पहुँचते-पहुँचते केरलियन्को ख्याल आने लगा, कि जमींदारी प्रथा बहुतसी बुराइयोंकी जड़ है। उसने जमीदारों (जन्मियों)का विरोध शुरू किया। पिता भी छोटे-मोटे जन्मी थे। वे क्यो पसन्द करने लगे। इस वक्त तक केरलियन्का धर्म और ईश्वरसे विश्वास उठ चुका था। वह "युक्तिवादी" को मगाकर पढ़ा करता था। बापने एकदिन देख लिया। कुछ अंकोंको पढ़कर कहा—"पढ़ो, किंतु प्रचार मत करो।" अब बाप भी "युक्तिवादी" को पढ़ा करते थे।

इसी साल केरलियन् का शङ्करन् नम्बूतिरीपादसे भी परिचय हो गया। केरलियन्ने कनानूर और कालीकटके मजदूरोंमे काम किया। १६३४में केरलियन् मलबारकी काग्रेस सोशलिस्ट पार्टीका सेक्रेटरी था।

१६३५मे काम और आगे बढ़ा। कालीकट और तिरुपन्नानूरकी मिलोंके मजूरोंने हड़ताल की, कनानूर और तेलीचरीके बीड़ी-मजूरोंने भी मालिकोंके अत्याचारके खिलाफ काम छोड़ दिया। किसानोंके कष्टोंके बारेमे केरलियन्ने "मातृभूमि" में कितने ही लेख लिखे। १६३४से ही केरलियन्ने समझ लिया, कि काग्रेसी दक्षिण-पक्षियोंका रास्ता दूसरा है और हमारा रास्ता दूसरा। केरलके इन नये तरुणोंके गुरु थे कृष्ण पिल्ले।

१६३४ में पिताकी मृत्यु हुई। पिता पुत्रके कामोंसे बहुत सन्तुष्ट थे और पैसेसे सहायता करते थे। माता पार्वती भी पुत्र पर प्रसन्न रहती है, अब उनकी एकही इच्छा है कि मरनेसे पहले बहूका मुख देख लें।

१६३५-३६ तक केरल काग्रेसपर मार्क्सवादी तरुणोंका अधिकार हो गया। इस वक्त तक उनका सम्बन्ध कमूनिस्तोंसे हो चुका था। कृष्ण पिल्ले साहित्य पढ़नेमें सहायता करते थे। [१६३४ की काग्रेसमें ही

केरलियन्ने कमूनिस्तों की पुस्तिकाये देखीं थीं। उस वक्त उसने मजूरोंका एक भारी जलूसभी देखा और पहली बार कमूनिस्त नारे सुने।।

अब केरलियन्ने चिरक्काल तालुकाके किसानोंमें खूब जोरका काम शुरू किया। वे जन्मियोंके जुल्मोंके खिलाफ उठ खड़े हुये। एक व्याख्यानके लिये केरलियन्को गिरफ्तार कर लिया गया और एक सालकी सजा हुई।

१० महीने बाद (१९३७) में जेलसे छूटे। उस वक्त उसका मुख्य काम किसानोंमें था। कांग्रेस-मिनिस्टरीके कारण किसानोंमें और भी जोश आ गया था। चिरक्काल, कोट्टायम्, कासरगुडके तालुकोंमे खास तौरसे और वैसे सारे ब्रिटिश-मलबार* (आबादी ४० लाख) में जबर्दस्त किसान संघर्ष चल रहा था। केरलियन् और उसके साथियोंको खाने-नहानेके लिये समय निकालना मुश्किल था। अब वे पार्टीके मेम्बर थे और पार्टीके जीवनने उन्हें गंभीर सूझ ही नहीं जबरदस्त शक्ति प्रदान की थी। केरलियन्ने किसानोंके लिये कितनीही कवितायें लिखीं। "प्रभातम्" में छापनेके लिये जयप्रकाशनारायणने मसानीका 'एक लेख भेजा था। सोवियत्-विरोधी लेख देखकर केरलियन्ने नहीं छापा। जयप्रकाशने मलबार आनेपर पूछा, कि क्यो नहीं छापा। केरलियन्ने कहा—"सोवियत् पर प्रहार करते हुए समाजवादकी बात करना है 'मुहमें राम बगलमें छूरी।'"

लडाई शुरू हुई। १९४० में सरकारने कमूनिस्तोकी धर-पकड़ शुरू की। केरलियन् अन्तर्धान हो गया और दिसम्बर (१९४०) मे ही पुलिसके हाथ पड़ सका। सरकारने मोहनकुमार मंगलम्, राममूर्ति आदिके साथ केरलियन् पर भी मद्रास कमूनिस्त षड्यन्त्र मुकदमा चलाया। तीन सालकी सजा (१९४१ में) हुई। मद्रास, अलीपुरम् और कनानूर

*ब्रिटिश और रियासती सारे केरलकी जन-सख्या १ करोड २० लाख है।

के जेलोंमें रहा। मार्क्सबादका अध्ययन और मनन, मार्क्सवादी पार्टी का संगठन यही काम रहा।

अगस्त १६४२ में केरलियन्को जेलसे छुट्टी मिली। अब फिर उसे खाने-नहानेकी फुरसत न थी। अब सारे मलबार जिलेमें फासिस्त-विरोधी मोर्चा बाँधनेका काम केरलियन् और उसके साथियोंका था। "अन्न अधिक उपजाओ" को विज्ञापन नहीं कार्यरूपमे परिणत करना है। जनताकी अन्न-समस्याको भी हल करना है। लेकिन, आज सारा मलबार उसके साथ है। केरलियन्का छोटा भाई, जो खुद अध्यापक है, पाठशालाके अध्यापकोंमें काम करता है। तीनों बहने (दो बडी) केरलियन्के पथ को अच्छा मानती हैं। केरलियन् और उसके साथियोंने मलबारमें वह भूमि तय्यार करली है, जहाँ समय आतेही प्रकृतिके हाथोंसे संवारा केरलका सुन्दर देश मनुष्यके हाथोंसे भी अलंकृत हो सुन्दरतर हो जायगा।

२२

श्रीपाद् अमृत डाँगे

जो ब्रह्मणीके गर्भसे पैदा हुआ, लेकिन अब्राह्मणी माँकी गोदमें पला और उस जातिके कड़वे मीठे अनुभवोंको नजदीकसे देखा। होश सम्हालते जो तिलकका शैदायी हुआ और १८ सालकी उम्रमें "होमरूल" में भाग लिया। गाँधीवादसे आकृष्ठ हो जिसने कॉलेज छोड़ देशसेवा के लिये जीवन दिया, और २२ सालकी उम्रमे सबसे पहले मार्क्सके पास पहुँचा। जिसका सारा जीवन मजूरोंकी लड़ाई लड़नेमें बीता और जो भारतकी पार्टीकी नींव की पहिली ईंट बना। जिसका जीवन एक व्यर्थका

१८९९ अक्टूबर जन्म, १८९९-१९०६ बम्बईमें, १९०६-१५ नासिकके, मराठीस्कूलमें, १९०७ जनेऊ, १९१०-१५ नासिक हाईस्कूलमें, १९१५ बम्बईमें, १९१५-१७ भरडा हाईस्कूलमें, १९१७ मैट्रिक पास, १९१७-२० विल्सन कालेजमें, १९१८ इन्फ्लुयेंजामें मजूरोंमें काम,—कालेजमें मराठी सोसाइटी स्थापना, "यंग कालेजियट" सगठन, १९१७ अनीश्वरवादी १९२० बी० ए० परीक्षासे तीन मास पहिले असहयोग, १९२१ राष्ट्रीय विद्यालयमें अध्यापक, १९२१ अगस्त "गाँधी बनाम लेनिन" लिखा, १९२२ "सोशलिस्ट" निकाला, १९२४ मजूरोंकी हड़तालमें, १९२४ कानपुर बाल्शेविक षड्यन्त्रमे, १९२४-२७ जेलोंमें, १९२७ मई २३ जेलसे बाहर, १९२८ आम हड़ताल, १९२९ मार्च २० मेरठ केसमें गिरफ्तार, १९३३ जनवरी बारह सालकी सजा, अपीलमें तीन साल, १९३५ मई जेलसे बाहर, १९३६ स्वास्थ्य खराब, १९३७ दिसम्बर फैजपुरमें प्रस्ताव पेश किया, १९३९ कांग्रेस मिनिस्ट्रीके जेलमें, १९४० मार्च गिरफ्तार और नजरबन्द, १९४१ अप्रेल-जुलाई जेलकी जेलमें, १९४३ फरवरी जेलसे बाहर।

जीवन नही बल्कि एक महान् आन्दोलनके जीवनका विकास है। श्रीपाद अमृत डागे वह पुरुष है।

अठारहवी शताब्दीमें मध्यभारत और युक्तप्रान्तमे मराठोंका शासन फैला हुआ था। मराठा साम्राज्य जब छिन्न-भिन्न हुआ, तो मराठा-सरदारोंने अलग-अलग कितनीही रियासते कायम कर लीं। झासीका राज्य उन्हींमेंसे एक था। झासीकी बीर रानी लक्ष्मीबाईने अंग्रेजोंके खिलाफ तलवार उठाई। लड़ते-लड़ते रणक्षेत्रमे उसने अपने प्राण दिये। झांसीका राज्य अंग्रेजोंने ले लिया और झासीके सरदार जहाँ-तहाँ बिखर गये। इसी भगदड़मे रघुनाथ डांगे अपने दो भाइयोंके साथ मांडोगणमे (अहमदनगरके पास) आकर बस गये। मकान बनानेमे जमीनसे तीनों भाइयोंको सोनेका एक चहबच्चा मिला। एक भाई निस्सन्तान मर गया, जिसके हिस्सेका सोना उन्होंने मणिकर्णिका (बनारस) में दान दे दिया। उन्होंने नासिकके आसपास कितनेही गॉव खरीदे और वे सुखी जीवन बिताने लगे। बूढ़ोंके पोता रघुनाथ डागे आदि नासिक शहरमे आ बसे। फजूलखर्चीमे धीरे-धीरे सारी जायदाद बिक गई। रघुनाथके पुत्र अमृत तीन भाई जीविकाकी तलाशमें १८६०में बम्बई चले आये। एक भाईने खूब रुपया कमाया। वह अपनी औरत छोड़ एक तरुण अब्राह्मण कन्याके प्रेमपाशमें बद्ध हुआ और अन्तमें पागल होकर मरा। एक भाई अमृत डागे (मृत्यु १६२०) एक छोटे-मोटे कलाकार थे, ब्रुश चलाने वाले नहीं कैंची चलाने वाले। वह ग्वालियर दरबारमें कुछ समय तक रहे, लेकिन उन्होंने दरबारके लायक हृदय नही पाया था। फिर बम्बईमें एक सोलीसीटरफर्ममें क्लर्क होगये। बड़े भाईके पागल हो जाने (१६०५) पर उनके कामको अमृत डागेने सँभाला।

जन्म और बाल्य—अमृत रघुनाथ डागेको अक्टूबर १८६६में एक लड़का पैदा हुआ, जिसका नाम रखा गया था श्रीपाद। श्रीपाद दो वर्षका भी नहीं होने पाया था, कि माँ मर गई और उसका लालन-पालन उसके

बड़े चचाकी रखेली, मगर श्रीपादकी स्नेहमयी माँ दगूताईने किया। श्रीपाद बहुत छोटा था। वह माँकी मृत्युका स्मरण भी नहीं कर सकता था और न उसका नाम ही उसने जान पाया। दगूताईने चाहे श्रीपादको अपने उदरमें न पाला हो, मगर वह श्रीपादकेलिये किसी भी माँ से कम प्रेम नही रखती थी। श्रीपाद सचमुच उसकेलिये आँखोंका तारा था।

श्रीपाद उस समय बम्बईमें था। १६०५के आसपास तिलक बम्बई आये और उनके सम्मानमें एक विराट जलूस निकाला गया। छैसालके श्रीपादने बड़े कुतूहलके साथ उस जलूसको देखा। १६०६में श्रीपादके पागल चचा मर गए। दगूताईने बम्बईमें रहना पसन्द नहीं किया। श्रीपाद उसका था, अमृत डागे भी उसके इस अधिकारको मानते थे। दगूताई श्रीपादको ले (१६०६में) नासिक चली आयी। स्टेशनके पास उसने घर लिया। दगूताई बहुत तेज़ मिजाजकी औरत थी, पास-पड़ोस के लोग उससे दबते थे, मगर श्रीपादकेलिये उसके हृदयमें अमृत भरा था। दगूताई अपने बेटेको पासमें सुला कहानियाँ सुनाती। मिठाई खानेका श्रीपादको बहुत शौक था। दगूताई लड़केको मचलते देखते ही मिठाई सामने रख देती। पिता बहुत ही भद्रपुरुष थे। पुत्रके प्रति उनका भी बहुत प्रेम था मगर वे समझते थे कि वह दगूताईके प्रेमकी तुलनामें कम मूल्यवान् हैं। वे प्रतिमास पुत्रको देखने नासिक जाते और पुत्र जो माँगता दे आते। लेकिन दगूताई भी गरीब न थी। उसके लिये पतिने काफी रुपया छोड़ा था। श्रीपाद जब जरा सयाना हुआ और घरकी पढ़ाईसे काम चलने वाला नहीं था, तो दगूताईने १६०६में पुत्र को स्टेशनसे एक मीलपर देवलालीकी मराठीशालामें दाखिल कर दिया। श्रीपाद बहुत छोटा हलकासा लड़का था। दगूताई उसे कंधेपर बैठा शालामें पहुँचा आती, और फिर बेटेको क्या खिलाना-पिलाना चाहिये इस फिकरमें रहती। पहले ही दिन बूढ़े मुसलमान अध्यापकने पूछा—'क्या पढ़ोगे?' श्रीपाद बचपन हीसे निडर था, वह झट बोल उठा—"तुम्हारी भाषा पढ़ूँगा।" पन्द्रह बीस दिनतक मौलवीने अलिफ-

बे पढ़ाया फिर श्रीपाद मराठी पढ़ने लगे। श्रीपाद हमेशा दर्जेमें अव्वल रहता था। चौथे स्टैंडर्डमें जिलाभरमें प्रथम आया था, इसलिये तीन रुपया मासिक छात्रवृत्ति मिली थी। गणित छोड़ सभी विषय उसके अच्छे थे।

श्रीपाद वैसेही शान्त लड़का था, दुबले-पतले लड़केकेलिये शान्ति की बहुत जरूरत भी थी। अध्यापक भूत-प्रेतकी कहानियाँ सुनाते। श्रीपाद को बहुत डर लगता था। माँ बड़ी पूजापाठ करती थीं। श्रीकृष्णकी मूर्तिके सामने बैठकर वह रोज कुछ घंटे बितातीं। लड़केकी तरह माँको भी भूत-प्रेतका बड़ा भय था। यदि श्रीपादके पेटमें मामूली दर्द भी हो जाता, तो वह चिन्तामें पड़ जातीं और तावीज़ बाँधतीं। आठ सालकी उम्रमें श्रीपादने ध्रुवकी कथा सुनी। उसे ख्याल आया, मैं भी तो ध्रुवकी तरहही छोटा बच्चा हूँ, यदि भगवान्‌को खोजूं तो वे जरूर मिल जायेंगे। स्टेशन-मास्टरके लड़केके साथ श्रीपाद भगवान्‌की खोजमें निकले। मनमाड तक पहुँचे। तार पहलेही पहुँच गया था। पकड़कर नासिक पहुँचा दिये गये और ध्रुव न बन सके। उस वक्त महाराष्ट्रमें भी राष्ट्रीय आन्दोलनने जोर पकड़ा था। कुछ राजनैतिक बन्दी मालगाड़ीमें बन्द "पानी" "पानी" चिल्ला रहे थे, उनके पैरोंमें बेड़ियाँ पड़ी थीं। श्रीपादने माँसे पूछा तो माँने कहा "ये बुरे आदमी हैं"। श्रीपादने कहा— "नहीं, पुलिस बुरी है।" एक बार बम्बईके लाट नासिक आनेवाले थे। सवारोंने चारों ओर पहरा डाल दिया था और वह लोगोंको सड़कके इस पारसे उस पार नही जाने देते थे। दगूताई बच्चेको ले घर लौट रही थीं, बीचहीमें उन्होंने रोक दिया। दगूताईने बहुतेरा कहा "जाने दो, मेरा लड़का भूखा है," मगर सवारोंने घन्टे भर रोक रखा। फिर मीलों का चक्कर काट दगूताई अपने लड़केको लेकर घर पहुँचीं। पुलिसकी सख्त हिदायत थी कि कोई अपनी खिड़कियोंको खुली न रखेगा। एक लड़कीने खिड़कीसे झाँका, सिपाहीने पत्थर मारकर मुँह तोड़ दिया। आठ सालके श्रीपादने कहा "माँ, पुलिस खराब है, लाट बहुत खराब

है।" लेकिन पुलिसभी बहुत बलवान् है, लाटभी बहुत बलवान् है, यह भी श्रीपाद जानता था। माँसे वह सुन चुका था, कि देवता प्रसन्न हो वर देते हैं और वर पानेपर मनुष्य जो चाहे सो कर सकता है। ध्रुव बननेमे इस बातने भी भारी प्रेरणा दी थी।

आठ सालकी उम्र (१६०७)में त्र्यंबकमें ले जाकर श्रीपादका जनेऊ हुआ। घरमे आनेपर माँने खाना नहीं दिया। श्रीपाद रोने लगा। माँने कहा—"तुम्हारा जनेऊ होगया है, अब तुम्हें हमारे हाथका खाना नहीं मिलेगा" श्रीपाद और रोने लगा। माँने पुचकारकर कहा—"बेटा, तुम्हारी माँ मर गई है, तुम ब्राह्मणके लडके हो और मैं अब्राह्मणी हूँ।" श्रीपाद समझता था, उसकी माँ आज बहुत कठोर होगई है। ब्राह्मणी हो या अब्राह्मणी, वह माँका पुत्र रहना चाहता था और माँके हाथका खाना छोड़ना उसे पसन्द नहीं था। मगर माँ भी किसी तरह ब्राह्मणीपुत्रको अपने हाथका खाना खिला पाप कमाना नहीं चाहती थी। रो धो दो-चार दिन हाथ-पैर पटककर श्रीपादको माँके हाथके भोजनका आग्रह छोड़ना पड़ा। उसका खाना ब्राह्मण स्टेशन-मास्टरके घरमें बनता था। लेकिन वह इसकेलिये कभी तैयार न हुआ कि इतना स्नेह करनेवाली स्त्री उसकी माँ नही है।

माँकी देखादेखी श्रीपादकी भी श्रीकृष्णमें दृढ़ भक्ति जग उठी। शिवकी भी वह खूब पूजा करता, फूल चढ़ाता, धूप-दीप देता। इस वक्त दगूताईने बेटेको कई कथापुस्तकें सुनाईं। श्रीपाद "शिव-लीलामृत" पढ़ता। शिवने महानन्दा वेश्याका किस तरह उद्धार किया। महानन्दा वेश्या सभी वेश्याओंकी तरह नये-नये ग्राहकोंको स्वीकार करनेकेलिये मजबूर थी, लेकिन जो ग्राहक जिस समय होता, उसे वह अनन्य भावसे अपना पति समझती। एक ग्राहक उसीके सामने मर गया। महानन्दाने अपने इस पतिकेलिये सती होना मंजूर किया। प्रसन्न हो शंकरने उसे शिवलोक प्रदान किया। श्रीपाद इतना ही जानता था कि देवताओंमें अद्‌भुत शक्ति होती है, इसीलिये उनसे वर मिल सकता है। श्रीपादने "पाडवप्रताप",

"कृष्ण लीलामृत", 'हरि-विजय', "सन्त-लीलामृत"—मराठीके पुराने काव्य-ग्रन्थोंको माँसे सुने। माखनचोर श्रीपादको पसन्द थे, लेकिन खुद दगूताईके यहाँ माखनकी चोरी की इसका पता नही। कंस-बध भी श्रीपादको पसन्द आता था। वह इस फिक्रमें रहता कि कैसे यह शक्ति उसेभी मिल जाये। दगूताई अब श्रीपादको अपने हाथका खाना नहीं खिला सकती थी। उसके सारे भक्ति-भावमें सम्मिलित होते हुएभी जब तब दगूताईके हाथसे मिलने वाले अंडों और मधुर मांसकी याद उसे आजाती। श्रीपादकेलिये जनेऊ क्या बला थी। अब उसे जबर्दस्ती निरामिषाहारी बनना पड़ा। यदि उसके इष्ट श्रीकृष्ण या शकर उसे इतनाही वर दे देते, कि आजसे दगूताई उसकी ब्राह्मण-माँ है और अब वह उसके हाथका खाना खा सकता है, तो श्रीपादको बड़ेसे बड़े वर पानेसे कम खुशी न होती। चचाके मरनेके समय दगूताईकी उम्र चालीस की थी, जबकि वह श्रीपादको ले नासिक चली आई थी। दगूताई बहुत दबंग औरत थी। बचपनसे ही श्रीपादने जो उसकी गोदमें चिपटा रहना शुरू किया, तो तरुणाई तक वह उसे छोड़ न सका। दगूताई डरती थी, कि लड़का डूब जायेगा, इसलिये श्रीपादने तैरना नहीं सीखा। दगूताई सोचती थी कि लड़केका पैर टूट जायेगा, इसलिये श्रीपादने साइकिल चलाना नही सीखा। श्रीपाद चाहे जितना पैसा माँसे ले सकता था। गुल्ली-डंडा जैसे गाँवके खेलोंके खेलनेमें माँको कोई एतराज न था।

नासिक हाईस्कूलमें—मराठीशालाकी पढ़ाई खतम हो चुकी थी। अब श्रीपादको अँग्रेजी पढ़ना था। दगूताई अब नासिक स्टेशन छोड़ नासिक शहरमें चली आई। एक बड़ा मकान किरायेपर लिया और उसीमें माँ-बेटे रहने लगे। एक सालतक घरहीपर अध्यापक रखकर दगूताईने बेटेको अँग्रेजी पढाई। फिर स्कूलमें भरती कर दिया। अब वह ग्यारह-बारह सालका था, इसलिये श्रीपादको कन्धेपर बैठाकर स्कूल पहुँचानेकी जरूरत न थी। यहाँभी श्रीपादको गणित पसन्द न थी। दर्जेमें पहला या दूसरा नम्बर रहता था। खानेका इन्तिजाम ब्राह्मण होटलमें

किया गया। श्रीपादको खेलनेका मौका सिर्फ स्कूलमें मिलता था; एकबार दगूताईके सामने आगया, तो किताब और भगवान्की भक्ति छोड़ किसी चीजमे हाथ नहीं लगा सकता था। श्रीपाद अब (१६१३) तीसरे स्टैंडर्डमे पढ़ रहा था। धनी माँ पैसा खर्च करनेकेलिये तैय्यार थी, फिर वह चाय पीनेकेलिये होटलमें क्यों न जाता? मास्टर लोग इसका विरोध करते थे। कहते थे, घरसे पैसा चुराकर चाय पीरहा है। माँको मालूम हुआ तो आग बबूला होगई—"मेरा लड़का जरूर चाय पीने जायेगा, वह चोरी नही करता।" मास्टरोंके साथ एक और बातकेलियेभी झगड़ा होने लगा था। श्रीपाद कोट-पैंट पहनकर स्कूल जाता। ब्राह्मण-मास्टर समझते कि यह धर्मका विरोध है, इसलिये विरोध करते। श्रीपाद कहता—"मै बम्बईका रहने वाला हूँ, नासिकका नहीं जो धोती बाँधूँगा।" श्रीपाद क्रिकेटका अच्छा खिलाडी था। श्रीपादको खेलनेके लिये अच्छे बैट नहीं दिये गये, वह मास्टरसे झगड पड़ा और बम्बई जाकर नये बैट और नई गेंदे खरीद लाया। उसने लड़कोंकी सुन्दर टीम तैयार कर ली, स्कूलकी दूसरी टीमोंको जिसने खेलमें हरा दिया।

खेल भी उसका काफी समय ले रहा था, यद्यपि दगूताईकी आँखके पीछे ही। हा, वह ढेरकी ढेर किताबें खरीदता और उन्हें पढ़ता रहता। माँको क्या पता था कि वह स्कूलकी पढ़ाईके बाहरकी पुस्तकें पढ रहा है। नासिक राष्ट्रीय जागृतिका एक केन्द्र था। जैक्सनको वहीं किसी आतंकवादीने मारा था। श्रीपाद उस समय इसे अभिमानकी बात समझता। उसकी उग्र विचारवाले लडकोंके साथ मित्रता थी और कभी-कभी उनके साथ जगलमे जाता। अब वह उस समयके सावरकरका भक्त था।

१६११में चार साथियोंने हरिनारायण आपटेका उपन्यास "उषःकाल" पढ़ा। हृदयमें देश-भक्तिकी जबर्दस्त आग लग गई। चारों बम्बई आये। एक कोठरीमें बंद हो प्रतिज्ञा पत्र बनाया गया। लिखा-पढ़ीमें चार घंटे लगे। प्रतिज्ञा-पत्र पर बाकायदा एक आनेका स्टाम्प

लगाया गया। चारों प्रतिज्ञाकारियोंने उसपर अपने अपने हस्ताक्षर किये। एक पाचवाँ बच्चा था, जिसने बात खोल दी। चचाने पकड़कर पीटा और कागजको छीन लिया। श्रीपादने अपनी उस बाल-प्रतिज्ञाको तो निबाहा, मगर बाकी तीनोंमेंसे आज एक कल बड़े ही कट्टर राजभक्त प्रोफेसर हैं।

श्रीपाद आजकी तरह ही बचपनमें भी दुबला पतला और कदमें छोटा था। मगर बुद्धि तेज थी और बुद्धिके भरोसे बड़े-बड़े लड़कोंका सरदार बन जाता था। कई गुण्डे लड़के उसके हाथमें थे, फिर दूसरे क्यों न दबते ?

छठवें स्टैंडर्डमें पहुँचने पर उसका वह बाल-मित्र मर गया, जिसके साथ एक बार वह भगवान्‌की खोजमें ध्रुव बनने जा रहा था।

एक लिखित मासिकमें श्रीपाद कुछ कहानियाँ भी लिखता था। किताबें पढ़नेके लिये लोग उसके पास आते ही रहते। वह खुद भी खूब पढ़ता रहता और बाहरी दुनियाका ज्ञान रखता था।

महायुद्ध छिड़ते-छिड़ते श्रीपाद पन्द्रह सालका हो गया। "केसरी" में वह लड़ाईकी खबरें पढा करता था। एक दिन "रेनाल्ड"के उपन्यास को पढ़ते देखकर अध्यापकने पीटा। हाँ, लड़ाईसे पहले एक और भी बात हो गई थी। १४ वर्षके होते-होते श्रीपाद काफी समझदार हो गया था, अब वह माँके अब्राह्मणी होनेकी बात माननेके लिये तैय्यार न था। माँ अब भी अपने और बेटेके धर्मको बचानेकी कोशिश करती, मगर श्रीपादने अब चौकेसे छीनकर खाना शुरू किया। कुछ दिनों तक हायतोबा रही। मगर श्रीपादने खानेका रास्ता निकाल लिया। शायद माँ अब भी अपना धर्म बचाते हुए खुशीसे खाना न देती थी, लेकिन जब तीसों दिनकी आदत हो गई, तो माँके हाथ स्वभावतः कुछ अधिक स्वादिष्ट भोजन बनाने लगे। माँ हर साल दो महारुद्र करती, जिसमें श्रीपादको बैठना पड़ता था। अभी जब तक माँ थी, तब तक भगवान्‌से बगावत करना दूरकी बात थी।

बम्बईमें—श्रीपाद जब तब पिताके पास बम्बई आता था। अब नासिक गामडेमें उसका मन नही लगता था। माँ पर जोर दिया और दोनों बम्बई चले आये। भरडा हाई स्कूलमें छठें स्टैंडर्डमें श्रीपादका नाम लिखा गया। व्यायाम-शालामें कसरतके लिये भी जाता। अब धर्मकी कथा-कहानियोंसे मन कुछ असन्तुष्ट होने लगा। मनको घेरनेके लिये किसी अधिक शक्तिशाली चीजकी जरूरत थी। अब आया वेदान्त-दर्शन। श्रीपाद रामतीर्थकी पुस्तकोंको झूम-झूमकर पढ़ता। यहाँ भी दर्जेमें उसका नम्बर पहला या दूसरा रहता था।

१९१७में श्रीपाद अमृत डांगेने मेट्रिक पास किया।

इस वक्त डांगे १८ सालके थे, और धर्म-विश्वाससे दर्शन-विश्वास पर पहुँच चुके थे। कुछ राजनीतिक नेताओंमें श्रद्धाके अतिरिक्त राजनीतिका कोई ज्ञान न था, वह शिवाजी और तिलकके भक्त थे। जात-पाँत और छूत-छात सब खतम हो चुकी थी। कुमारी अब्राह्मण-कन्या होते भी माँके परिणीता स्त्री न बननेके कारण डाँगे और जात-पाँत-विरोधी हो गये थे।

१९१७में श्रीपाद विल्सन कॉलेजमें दाखिल हुये। इतिहास और अर्थ-शास्त्र पाठ्य विषय थे। लोकमान्य तिलक उस समय होमरूलका आन्दोलन कर रहे थे। श्रीपाद उसके समर्थक थे, लेकिन अभी सभाओं मे स्वयंसेवक बननेके सिवाय और क्या करते? तिलक-पक्षकी सभाको कराना और नरमदलियोंकी सभाओंको तोड़ना, बस वह यही अपना कर्तव्य समझते थे। इसी समय कुली-प्रथा—जिसके अनुसार लाखों भारतीय कुली बनाकर दक्षिण-अफ्रीका, फीजी, ट्रीनीडाड आदिमें भेजे जाकर पशुओंकी जिन्दगी बितानेके लिये मजबूर किये गये थे—के खिलाफ आन्दोलन चल रहा था। तिलक और गांधीने सरकारको नोटिस दी, कि यदि यह प्रथा बन्द नहीं की जायेगी, तो हम कुलीडिपोकी पिकेटिंग करेंगे। डांगेने भी अपनेको स्वयंसेवकके तौर पर पेश किया। पीछे सरकारने कुली-प्रथाको उठा दिया और मामला आगे नहीं बढ़ा।

१९१८में इन्फ्लुयेजाकी महामारी भारतकी और जगहोंकी तरह बम्बई में भी भयानक रूप धारण किये हुए थी। डांगेके देश-प्रेमने इस समय बीमारोंकी सेवाके लिये प्रेरित किया और उन्होंने मजूरोंके मुहल्लोंको अपना कार्य-क्षेत्र बनाया। यहीं पर पहले डागे मजूरोंके सम्पर्कमें आये। लेकिन उस समय उनको क्या पता था कि यही उनका जीवन-क्षेत्र हो जायगा और एक दिन मजूरोंका ही नेता बनना पड़ेगा। डागे दवा बाँटते फिरते थे। मजूर दवा लेकर नहीं खाते थे और न बीमारी ही बतलाते थे। प्लेगके दिनोंकी कटुस्मृति उन्हें भूली नहीं थी, जब पुलिस और सेनाने प्लेगसे बचानेके बहाने जबरदस्ती उन्हें घरोंसे बाहर निकाल दिया और कितने ही वेपरवाहीके कारण अस्पतालोंमें और दूसरी जगहोंमें जाकर मर गये। मजूर समझते थे कि बाबू लोग दवा खिला बीमारी पूंछ हमें घरोसे जबरदस्ती निकलवायेगे। डांगेने एक चाल निकाली। वह मजूरोंके पास जाकर कहते—हम तिलक महाराजकी ओर से आये हैं, हम तो उनकी दवा बाटते हैं। मजूर ज्यादातर महाराष्ट्र और कोंकणके थे और तिलकका नाम जानते थे तथा यह भी जानते थे कि इस पुरुषने विदेशियोंसे लड़नेमे ही अपनी सारी जिन्दगी गँवाई। मजूरोंने सिर्फ डागे की ही पार्टीकी दवा खाई।

इसी समय विल्सन कॉलेजमें—और बम्बईमें भी—पहिली विद्यार्थी हड़ताल हुई। विद्यार्थी चाहते थे कि कालेज प्लेगके लिये बंद कर दिया जाय, मगर विश्वविद्यालय बन्द करनेके लिये तय्यार न था।

डागेने इसी साल कॉलेजमें मराठी साहित्य समिति स्थापित करवाई। अंग्रेजी कॉलेजमें इस तरहकी यह पहली संस्था थी। वादविवाद परिषद्में डागे पूरी तौरसे भाग लेते थे और अब वक्ता बनते जा रहे थे। अगले साल तक, अब तकके मराठी-साहित्यमें जो कुछ पढ़ने लायक था, डागेने पढ़ कर खतमकर डाला। डागेके पास पैसा था और उत्साह भी। उन्होंने "यंग कालेजियेट" (तरुण कॉलेज-छात्र) के नामसे विद्यार्थियोंका एक पत्र निकाला, जो चार महीने तक चलता रहा। इसके ज्यादातर लेख राष्ट्रीय

होते थे। रूसी क्रान्तिकी खबर पढ़ी जरूर, मगर अंग्रेजीके बड़े-बड़े पत्रोंमें और उनकी लिखावट रूसी क्रान्तिके महत्वको इतना दबा देती थी कि वे उस वक्त उसे समझ नहीं पाये। रौलट-आन्दोलनमें डांगे शामिल थे और छै अप्रैल १६१६ को उन्होंने भी गाँधीजीके आदेशानुसार समुद्रमें स्नान किया और शायद उपवास भी रखा। १६१६में डांगेने अपने संस्कृत प्रोफेसरके सामने मालती माधवके सम्बन्धमें कहा—यह वस्तुतः एक नाटक नहीं है, दो नाटक है"। जिनके अलग अलग दो नायक और दो नायिकायें हैं। अध्यापक इसे हँसीमें उड़ा नहीं सके।

विल्सन कॉलेज ईसाईयोंका कालेज था और इसाई-धर्मका प्रचार वह अपना जरूरी फर्ज समझते हैं। वहाँ हर एक विद्यार्थीको बाइबल-क्लासमें जाना अनिवार्य था। डाँगेने इसको लेकर आन्दोलन शुरू किया। विद्यार्थियोंने हड़ताल कर दी, जिसके लिये १२ विद्यार्थी कॉलेजसे निकाल दिये गये। इस प्रकार डांगेको विल्सन कॉलेज छोड़ जेवियर कॉलेजमे दाखिल होना पड़ा।

धर्म-विश्वाससे आगे बढ़कर डांगे वेदान्त-विश्वासी हो गये, लेकिन अब उसपरसे भी उनकी आस्था छूटी और वे सीधे अनीश्वरवाद पर पहुँचे। उनके बुद्धि-प्रधान मस्तिष्कके लिये वेदान्त और भारतीय दर्शन भी ऋषियोंके वाक्य पर श्रद्धा कर लेनेके सिवाय और कुछ नही थे। इतिहास और राजनीतिक अर्थशास्त्रकी पुस्तकोंको वे बड़े मनसे पढ़ा करते थे।

राजनीतिक क्षेत्रमें—गाधीजीके असहयोगकी बड़ी धूम मची थी। देशकी आजादीके लिये लोगोंमें भारी जोश उमड़ आया था। डांगे उससे अलग रहनेके लिये तैयार न थे। १६२०के आरम्भ हीमें पिताका देहान्त हो चुका था और कुछ ही दिनों बाद बहनने उन्हींका अनुगमन किया। डागे परिवारसे अब मुक्त थे। दिसम्बरमें बी० ए० की परीक्षाके सिर्फ तीन मास रह गये थे, जब कि डागे कॉलेज छोड़ कर राज-

नीतिक क्षेत्रमें कूद पड़े। बम्बईमें जबरदस्त हड़ताल हुई थी और एक हजार विद्यार्थी कॉलेजोंको छोड़ आये। डागेका मानसिक विकास इतना हो चुका था, कि वह न चरखासे स्वराज्य लेने पर विश्वास करते थे और न अहिंसा को ही राजनीतिक हथियार समझते थे। जनता जाग उठी, यह उनके लिये आशाकी चीज थी। कॉलेजों और स्कूलोंसे निकले विद्यार्थियोंके लिये बम्बईमें राष्ट्रीय विद्यालय खुला। डागे चार मास तक उसमें पढ़ाते रहे।

डागेने वेल्स, लान्सबरी, और बर्ट्रंड रसलकी पुस्तकें पढ़ीं और मार्क्स तथा लेनिन्‌के विचारोंको कुछ कुछ देखा। वह रूसी क्रान्तिके महत्वको समझने लगे और उनकी समझमें आने लगा कि समाजवाद ही देशकी आजादीके लिये एक मात्र रास्ता है। यद्यपि समाजवादी ग्रन्थ पढ़नेको बहुत कम मिलते थे और लेनिन्‌के ग्रन्थ तो और भी कम। लेकिन डागेको कुछ मोटामाटी ज्ञान हो गया था और उसीके बल पर अगस्त १९२१में उन्होंने "गाधी बनाम लेनिन" नामसे सौ पृष्ठकी एक अंग्रेजीमें पुस्तक लिख डाली, जिसमें गाधी और लेनिन्‌के रास्तोंकी तुलना करके बतलाया कि मध्यवर्ग क्रान्ति नहीं कर सकता। क्रान्तिके वाहन मजूर और किसान ही हो सकते हैं। अभी उनके विचार कितने उलझे हुए थे, यह इसीसे मालूम होगा कि पुस्तकमें गीता-रहस्यकी प्रशंसा की गई है—गोया मध्यवर्गके चन्द राष्ट्रीयतावादियोंके ऊपर भरोसा करनेवाले तिलकका रास्ता, भारी जनताको संचालित करनेमें समर्थ गाधीके रास्तेसे बेहतर है।

पुस्तकोंके पढ़नेमें डागे तल्लीन रहते थे, साथ ही वह राजनीतिक हलचलसे अलग नहीं रहते थे। उस साल वेल्स-राजकुमारके स्वागतके बहिष्कारमें बम्बईके लोगोंने खूब जोशके साथ भाग लिया था। डागे भी उनके साथ थे। पार्सी और एंग्लोइंडियन तरुणोंने बहिष्कार करनेवालों पर पहले गोलियाँ चलाईं और गाधीजीने "बम्बईके गुण्डोंसे" के नामसे लेख लिखकर देश-भक्तोंकी निन्दा की। डागेको यह बात बहुत

बुरी लगी और वह गांधीके रास्तेके विरोधी बन गये। उसी साल बम्बईमें ट्रेड-युनियन काग्रेसकी स्थापना हुई। डागे भी उसमें गये।

१६२२के प्रारम्भमे बड़ी बहन और माँ दगूताई भी चल बसीं, अब डागेके लिये परिवारका कोई बन्धन नही रह गया था। पैसा पासमे था। अगस्तमे उन्होंने "सोशलिस्ट" नामसे एक अंग्रेजी साप्ताहिक निकाला, जो मार्च १६२६ तक चलता रहा। मराठीमें "इन्दु प्रकाश" (दैनिक गुजराती) को लोटवाला नामक एक सज्जनने खरीद लिया, जिसमे समाजवाद पर लिखनेका काम डागेको दिया गया था। इस समय उन्हे विदेशमें छपे कमुनिस्त और 'इम्प्रेकोर" पत्र भी मिलते थे और उनके विचार ज्यादा स्पष्ट होते जा रहे थे।

मजूरोंमें—१६२४में बम्बईके मजूरोंने बोनसके लिये हड़ताल कर दी। बगलके एक प्रेसमें मिलमालिकोंकी नोटिसें छपती थीं, जिनमें मजूरोंके खिलाफ खूब लिखा जाता था। डागे लेबर प्रेसके स्वामी थे। वह मिलमालिकोंकी झूठी-झूठी बातोंका खंडन करने लगे। नोटिस लिखकर अपने प्रेससे छापना शुरू किया और चार-पाँच साथियोंको मजूरोंमे सभा करनेके लिये भेजा। यहाँसे आरम्भ हुआ डागेका मजूरोंमें काम। लेकिन वह इससे अधिक नहीं कर सके।

पहली बार जेलमें—रूसी क्रान्ति और बोल्शेविक विचारोंसे दुनियाकी सभी पूँजीवादी सरकारें घबड़ा रहीं थीं। हिन्दुस्तानमें अभी इन विचारोंका प्रचार भी बिलकुल आरम्भिक अवस्थामें था, लेकिन सरकारने चाहा कि उन्हें समयसे पहले ही दबा दिया जाय। मार्च १६२४में डागेको गिरफ्तार कर लिया गया और मुजफ्फर, उसमानी और नलिनी गुप्तके साथ कानपुरमें उनपर बोल्शेविक षड्यन्त्र मुकदमा चलाया गया। कर्जन विलायतमें सोवियतके साथ किसी तरहके समझौतेके खिलाफ सारी ताकत लगा रहा था। वह यह कह कर ही लोगोंको भड़का रहा था, कि हमारे साम्राज्यमें रूसी बोल्शेविक गड़बड़ी पैदा करना चाहते हैं। इसका प्रमाण चाहिये था। प्रमाण देनेके लिये कानपुरमें बोल्शेविक षड्यन्त्र

मुकदमा खड़ा किया गया। गाधीका आन्दोलन असफल हो गया था। निराश देशभक्त कही बोल्शेविकोका रास्ता न ले लें, इसलिये इस मुकदमेको चलाना सरकारने जरूरी समझा। दो महीना मुकदमा चला और डांगे तथा उनके साथियोंको चार-चार सालकी सजा होगई।

१६२४से १६२७तक डागे कानपुर और सीतापुरकी जेलोमें रहे। वहाँ राजनीतिक पुस्तकोंके पढ़नेका कोई सुभीता न था। बल्कि पहलेकी पढ़ी बातेभी भूलीसी जाने लगी। हाँ, हिन्दी बोलनेका उन्हें मौका मिला और आगे वह बड़े उपयोगको चीज साबित हुई। उन्होने उस समय पारसीकी पुस्तकें, 'गुलिस्ताँ', 'बोस्ताँ', "अनवार-सुहेली" और हाफिजके ग्रन्थोंको पढ़ा। अंग्रेज आई० सी० एस० अफसरने भासके नाटकों को दिया। सीतापुरमें काकोरीके अभियुक्त रामप्रसाद बिस्मिल'से उनकी मुलाकात हुई। डागे जेलके डाक्टरके काममें सहायता करते थे और दूसरी पुस्तकों के अभावके कारण डाक्टरी पुस्तकेभी पढा करते थे।

मई १६२७में डागेको सीतापुरसे बम्बई पहुँचाया गया और २३ तारीखको वे जेलसे छूट गये।

अबतक मजूर-किसानपार्टी बम्बई और कलकत्तामें कायम हो चुकी थी, मगर अभी मजूरोंमें कमुनिस्त घुसे नही थे। पहली मई १६२७में "क्रान्ति" (मराठी साप्ताहिक) निकलने लगी थी जिसके वह निरन्तर सम्पादक रहे। डागेभी मजूर-किसानपार्टीमें शामिल होगये और "क्रान्ति"में लेख लिखने लगे।

मशीनोंमें नये-नये आविष्कार हुये। पुराने कर्घोंसे महगा कपड़ा तैयारकर बम्बईके मिलमालिक बाजारके प्रतियोगितायें जी नही सकते थे, इसलिये उन्होंने कम आदमियों द्वारा ज्यादा माल पैदा करने वाली मशीनको कारखानोंमें लगाना शुरू किया। कितनेही मजूरोंको कामसे हटाना पड़ा। मजूरोंमें बेकारी बढ़ी और छोटी-छोटी हड़तालें शुरू हुई। डागे इन हड़तालोंमें भाग ले रहे थे। यहाँसे बम्बईके मजूरोंमें कमुनिस्तोंका प्रवेश शुरू हुआ (खड्गपुरके रेलवे हडतालमे भी डागे पहुँचे थे) लेकिन

मजूरोंकी कठिनाइयोंका उनको ज्ञान न था। पामदत्तकी पुस्तक "आधुनिक भारत"को पढ़कर उनको कितनीही बातें साफ दिखलाई देने लगीं, मगर अभी वह मजूरोंको रास्ता दिखलाने योग्य नही हो पाये थे। कानपुरमे इस साल "ट्रेड-यूनियन कांग्रेस" हुई थी, जिसमे डागे सहायक-मन्त्री चुने गये।

छोटी-छोटी हड़तालोंमें मजूरोंके पास जानेपर जब वह किसी तकुवे, लूम या दूसरे यन्त्रकी बात कहकर अपनी दिक्कतोंको बतलाते तो डागे समझ न पाते। अब उन्हें ज्ञान पड़ने लगा कि मजूरोंको रास्ता बतानेसे पहले मिलके भीतरके जीवन तथा उसकी मशीनोंकी हर बातका ज्ञान होना चाहिये। और उन्होंने इस जानकारीको हासिल करकेही छोड़ा।

२४ अप्रैल (१६२८)को आम हड़ताल हुई जो चार अक्तूबर तक जारी रही। डागे और उनके साथियोंने पूरी शक्तिसे मजूरोंकी मदद की। मिलमालिकोंको मजूरोंकी माँगें माननी पडी और कटौतीको बन्द करके मजूरी पूर्ववत रखनी पड़ी। हड़ताल सफल हुई। यहाँसे सामूहिकरूपेण ट्रेडयूनियन (मजूर सभायें) कायम होनी शुरू हुईं। उसी वक्त भारतमे कमूनिस्त पार्टीकी बुनियाद पड़ी। अब डागे और उनके साथी मजूरोंकी दिक्कतोंको समझने लगे। मजूरोंके नरमदली नेता एन० एम० जोशी पहले कमूनिस्तोंसे भय खाते थे, लेकिन उन्होंने उनकी शक्तिको महसूस किया और देखा, कि कमूनिस्त किस तरह निर्भय हो लगनके साथ मजूरोंमे काम करते हैं। अब उनका भाव बदल गया।

इस समय डागे प्रान्तीय-कांग्रेस-कमेटी और आल-इन्डिया-कांग्रेस-कमेटीके मेम्बर थे। १६२७के दिसम्बरमें मद्रास-कांग्रेस होने वाली थी। कांग्रेस जानेसे पहले डागेने एक कोकणी ब्राह्मणी तरुणी उषासे ब्याह किया। डागेके पिता और उषाके चाचा मित्र थे। डागेका पहलेहीसे परिचय था। डागेने विधवा-विवाह करके समाजके सामने अपने साहस का परिचय दिया। मद्रास-कांग्रेसमे डागेने स्वतन्त्रताका प्रस्ताव पेश किया था।

चार फरवरी १९२९को बम्बईमें हिन्दू-मुस्लिम दंगा शुरू हो आजादीकेलिये लड़नेकी जगह दोनों जातियाँ एक दूसरेके खूनकी होल खेलने लगीं। डांगे इस रोगके मजूरोंमें न फैलने देनेकी कोशिश कर र थे। इसी बीच वे २० मार्चको गिरफ्तार कर लिये गये और दूसरे कम्यूनिस्ट के साथ उनपरभी मेरठमे कम्यूनिस्ट षड्यन्त्र मुकदमा चलाया गया जनवरी १९३३में जजने १२ सालकी सजा दी, जो अपीलसे तीन सालव रह गई। यहाँ उन्हें खूब पढ़नेका मौका मिला। डांगेने अदालतके सामने अपना वक्तव्य मजूरसभाके इतिहास और उसकी क्रान्तिके ऊप दिया। उन्हें कई जेलोंमें बदल कर रखा गया। और वह मेरठ नैनी देहरादून, अलमोड़ा और हैदराबाद (सिन्ध)का चक्कर काटते रहे

मई १९३५में हैदराबाद से छूटकर बम्बई आये।

१९३४में मजूरोंकी हड़ताल असफल हुई, जिससे काममें रुकाव हुई। पार्टीको भी सरकारने गैर-कानूनी बना दिया। इस तरह मजूरों कम्यूनिस्टोंका प्रभाव घट गया। लेकिन डांगेके बम्बई पहुँचते ही गिरनी कामगार यूनियन (मजूर-सभा)के चुनावका समय आगया। बीचमें गुण्डे और हड़ताल-तोड़क शेर बन गये थे। उन्होंने चुनावमें मनमानी गड़बड़ी करनी चाही। मगर कम्यूनिस्टोंको मजूर अब समझने लगे थे और गिरनी कामगारके पदाधिकारी वही चुने गये, जो कि कम्यूनिस्टोंके प्रभाव में थे। इस विजयसे कम्यूनिस्टोंका फिर मजूरोंमें प्रभाव स्थापित हो गया।

१९३६में डांगेका स्वास्थ्य बहुत गिर गया था। वह स्वास्थ्यके ख्यालसे पूना चले गये और मार्क्सवादी दृष्टिसे इतिहास लिखनेके लिये सामग्री जमा करने लगे।

दिसम्बर १९३६की फैजपुर-कांग्रेसमें उन्होंने एक प्रस्ताव रखा था, जिसमें माँग पेश की थी, कि एसेम्बलीकेलिए उम्मेदवार खड़ा करते वक्त मजूर-प्रतिनिधियोंके नामजद करनेका अधिकार अखिल भारतीय ट्रेड-यूनियन कांग्रेसको होना चाहिये। प्रस्ताव मंजूर नहीं हुआ। बम्बईमें

मजदूर उम्मेदवारके खिलाफ काग्रेसने दूसरा उम्मेदवार खड़ा किया, और कांग्रेसवालोंने चुनावमें मजूर-उम्मेदवारका विरोध किया। डागेने इसके विरोधमें वक्तव्य निकाला और आल इण्डिया कांग्रेस कमीटीसे इस्तीफा दे दिया। मिनिस्ट्रीके स्वीकार करनेका भी उन्होंने विरोध किया।

काग्रेस-मिनिस्ट्री कायम हो गई। उस समय डागेने माँग पेश की, कि चुनाव घोषणामे काग्रेसने मजूरोंकेलिए जिन बातोंका वचन दिया था, उन्हें मान लिया जाय और यह भी कहा कि जो कमूनिस्त नजरबन्द हैं उन्हें छोड़ दिया जाय। मिस्टर मुशी जैसे मिल-मालिकोंके जबरदस्त समर्थक बम्बई-सरकारके काग्रेसी गृहसचिव थे। वह मजूरोंकेलिए कुछ भी करनेको तैयार न थे। दोनों हाथोंसे नफा बटोरते मिल-मालिकोंके सामने जब मजूरोंने मजूरी बढ़ानेकी माँग पेश की, तो मालिकोंने उसे ठुकरा दिया। झगड़ा और आन्दोलन शुरू हुआ। मिनिस्ट्री पहले अकड़ी लेकिन पीछे झुकना पडा। अधिकारी, देशपांडे तथा पाटकरको भी छोड़ना पड़ा। १९३७के अन्तमे काग्रेस-मिनिस्ट्री द्वारा नियुक्त कपड़ा-मिल जॉच-कमेटीके सामने डागेने मजूरोंकी बातें रखीं।

गाधीजीने रास्ता बतलाया, कि मजूरों और मालिकोंमे संघर्ष होनेकी जगह दोनोमें मेलकी बात होनी चाहिये, मजूरोंके हड़ताल करनेसे झगडा पैदा होता है। मिनिस्ट्रीने एक कानून बनाया, जिसके अनुसार मजूरोंके हडताल करनेके अधिकारके छीननेकी कोशिश की गई और इस तरहके सभी झगड़ोको पंचायतके सामने रखना अनिवार्य कर दिया गया। जिस समय यह कानून कौंसिलके सामने रखा गया, उसके बाद सात नवम्बर १९३८को विरोध प्रगट करते हुए मजूरोंने एक दिनकी हड़ताल की। काग्रेस-मिनिस्ट्रीने मजूरों पर गोली चलवाई। दो मजूर मारे गये। लेकिन, हड़ताल सब जगह रही। मिल मालिकोंकी हाथकी कठपुतली काग्रेस-मिनिस्ट्री और मिल-मालिकोंके कट्टर समर्थक होम-मिनिस्टर मुंशी सारी ताकत लगाकर कमूनिस्त-पार्टीको कुचल डालनेके लिए तैयार थे।

कांग्रेस-मिनिस्ट्रीका बल पाकर मिल-मालिक और शेर बन गये थे। उन्होंने स्त्रियोंसे ज्यादा काम लेना तथा कुछको निकाल देना चाहा। मार्च १९३९में एक मिलकी मजूरिनोंने हड़ताल कर दी। मिनिस्ट्रीने मिल-मालिकोंको मदद दी, और हड़ताल-तोड़कोंकी भरती की। जब धरना देनेवाली स्त्रियाँ मिलके दरवाजोंसे नहीं हटी तो सरकारकी पुलिसने आँसू बहानेवाली गैस छोड़ा। गाधी-भक्त कांग्रेसियोंकी सरकारका दिल तो नही पसीजा, मगर हड़ताल तोड़नेकेलिए लाये गये आदमी इस दृश्यको नहीं देख सके और खुद हड़तालियोंकी ओर हो गये। बेचारी कांग्रेस-मिनिस्ट्री और स्वनामधन्य मुंशी! हड़तालके सम्बन्धमें डागे और गिरनी कामगार यूनियनके चार और नेताओं पर कांग्रेस-मिनिस्ट्री मुकदमा चलाने लगी। सभी मजूरनियोंको काम पर ले लेनेकी बात मालिकोंने मंजूर की, लेकिन यह बात कार्यरूपमे परिणत अक्तूबर १९३९में हुई, जब कि कांग्रेसी मिनिस्ट्री छोड़ चुके थे। यह बहुत ही प्रसिद्ध और सफल हड़ताल हुई थी। इसमें सभी मजूरिनोंने गजबकी हिम्मत दिखलाई थी।

महायुद्ध छिड़नेके बाद—युद्धके विरुद्ध दो अक्तूबरका दुनियाकी सबसे पहली युद्ध-विरोधी हड़ताल हुई, जिसमें बम्बईके नब्बे हजार मजदूर शामिल हुए।

१० मार्च १९४०को दूसरे कमूनिस्त नेताओंकी तरह डागे भी पकड लिये गये और उन्हे येरवाडा भेज दिया गया। कांग्रेस-सरकार द्वारा खड़ा किया मुकदमा अभी चल ही रहा था, अप्रैलमें उन्हें येरवाडासे बम्बई लाया गया और जुलाईमें छै मासकी सजा मिली। कैदकी मियाद उन्होंने नासिक जेलमें काटी, फिर देवली-कैम्पमें भेज दिये गये।

देवली नजरबन्दोंने अपनी तकलीफोंके बारेमे सरकारका कई बार ध्यान आकर्षित किया, मगर कोई सुनवाई न हुई। अन्तमें उन्हें भूख-हड़ताल करना आवश्यक जान पड़ा। डागे वहाँ हमारे नेता थे। सरकारी अधिकारियोंने समझा, कि यदि नेताओंको हटा दिया जाय

तो मामला ठीक हो जायगा। उन्होंने डांगे, रणदिवे और बाटलीवाला को देवलीसे अप्रैलमें अजमेर-जेलमे भेज दिया और जुलाई तक वहीं रखा। इस बीच कई हजार रुपये लगाकर देवली-केम्पके भीतर एक और केम्प बॅगला इन तीनों नेताओंकेलिये बनाया गया। जुलाईमें अजमेरसे लाकर उन्हें उसी बॅगलेमें रखा गया और सैनिकोंका जबरदस्त पहरा तथा दूसरे प्रबन्ध इतने मजबूत कर दिये, कि और नजरबन्दोंको पता भी न लगने पाये कि तीनो साथी देवली-केम्पमे है।

अक्तूबरमें नजरबन्दोंने हड़ताल कर ही डाली और जब आधे महीने भूख-हड़तालके बाद साथी एन्० एम्० जोशीके बीचमें पड़ने पर अक्तूबरमें नजरबन्दोंने भूख-हड़ताल तोड़ दी तो डागे और उनके दोनों साथियोंको अन्य नज़रबन्दोंके मिलनेका मौका दिया जाने लगा।

२२ जून १९४१को जब हिटलरने सोवियन् रूस पर आक्रमण किया और तबसे लड़ाई पूँजीवादियोंके भीतरकी लड़ाई न होकर फासिस्तोंके साम्यवादपर आक्रमणकी लड़ाई हो गई। अब प्रश्न था साम्यवादी भूखण्ड के जीवन और मृत्युका। अब इसके साथ ही दुनियाकी सभी स्वतंत्रता प्रिय जातियोंका भाग्य बँधा हुआ था और हरएक कमूनिस्त हरएक समाजवादी और हरएक देशकी आजादी चाहनेवालेका यह फर्ज हो गया था, कि वह सारी शक्ति लगाकर फासिस्तोंके सर्वनाशकी कोशिश करे। यह बात देवलीमे नजरबन्द जिन तीन-चार कमूनिस्तोंके दिमागमें सबसे पहले आई, उनमें डॉगेका नाम पहला था। २२ जूनको सोवियत पर आक्रमण होनेका रेडियो समाचार जैसे ही देवलीमें आया, वैसे ही हमारे वार्डके इन्सपेक्टरने हमें खबर दी। सभीके दिलपर एक भारी धक्का लगा। अब सभी इसी बात पर सोच और चर्चा कर रहे थे। खबर पानेके साथ ही मुझे तो साफ मालूम होने लगा, कि फासिस्तोंका विनाश अब हमारा मुख्य कर्त्तव्य है। शामके वक्त मैंने दो-तीन मित्रोंके सामने अपना विचार प्रगट किया, तो देखा कि वह मन ही मन खाँव-खाँव करने केलिए तय्यार है। मुझे उस वक्त यह नहीं मालूम था, कि उसी देवली-

केम्पमें मगर हमसे बिलकुल अलग कर दिये गये हमारे साथी डागे, रणदिवे उसी तरह सोच ही नही रहे हैं, बल्कि अपने विचारोंको वे एक निबन्धके रूपमे लिखने जाने वाले हैं। इस निबन्धने पार्टीकी नीतिके बदलनेमें जबरदस्त काम किया, यह सभी जानते हैं।

दिसम्बर १९४१में डागेको और कुछ साथियोंके साथ येरवाडा जेलमे बदल दिया गया।

पार्टीकी नीति युद्धके सम्बन्धमें बदल चुकी थी, तो भी गवर्नमेंट को आधा साल लगा यह तय करनेमें कि कमूनिस्त-पार्टीके ऊपरकी पाबन्दी हटा ली जाय या नहीं। कितने ही कमूनिस्तोंको छोड़नेके बाद भी सरकार डागे और बाटलीवालाको छोडना नही चाहती थी—डागे जो १९२८से कमूनिस्त पार्टीका मेम्बर और प्रभावशाली नेता है, जो मजदूरो पर जबरदस्त प्रभाव रखता है। इसके लिये आन्दोलन होने लगा। सरकार पर दबाव पर दबाव पड़ने लगा, तब जाकर फरवरी १९४३ में उन्हें जेलसे बाहर आने दिया। बम्बईके मजदूरोंकी खुशीका पार नही रहा। डागे अपने काममें फिर जुट गये। "लोक-युद्ध"मे उनकी लेखनी अपना कमाल दिखलाने लगी। १ मई १९४३को नागपुरमे अखिल भारतीय ट्रेड युनियन कांग्रेसके वह प्रेसीडेन्ट चुने गये। जूनमें पार्टीकी केन्द्रीय समितिके सदस्य निर्वाचित हुये।

डागेकी बड़ी लड़की रोज़ा बालसघकी नेता है, छोटी बच्ची शैला अभी बात बनाकर ही मनोरजन करती है।

डागे सुन्दर लेखक हैं—मराठी और अंग्रेजी दोनो के। उन्होंने १९२४ के जेलके अनुभवों पर एक छोटी सी पुस्तक "नरक मिल गया" (Hell Found) लिखी। युक्तप्रान्तकी सरकारने जेलोंके भीतर की गन्दगी पर बहस करते हुए इस पुस्तकके कितने ही उद्धरण दिये थे। डांगे जबरदस्त वक्ता हैं—मराठी, अग्रेजी, हिन्दी तीनोंको। डांगे जबरदस्त विचारक हैं, और भारतीय इतिहासके व्यापक दृष्टिसे मर्मज्ञ भी।

२३

रामचंद्र बा० मोरे

दम्पतीके साथ दो मित्र प्रसन्नतासे बात कर रहे थे। पतिके कृश मुखपर प्रसन्नताकी रेखा बराबर बनी रही। चार-पाँच बज गये थे। हाथमें किताबों और कुम्हलाये मुंहकोलिए छोटे-छोटे दो बच्चे—लडका और लड़की—घरमें आये।

किताबोंको उन्होंने एक ओर रखा रसोईमें जाकर हाडीको टटोला। बाहर आनेपर बच्चोंके मुँह और उतर गये थे। दोनों मित्र दम्पतीसे बिदाई ले सड़कपर आये। एक मित्रने बडे करुणस्वरमें कहा—

"तुमने देखा ?"

दूसरा मित्र—"क्या ?"

पहला मित्र—"वे दोनों बच्चे रसोईमें गये, हांडी ढूँढ़ी। वे दिनभरके

१९०५ जून १० जन्म, १९११-१५ प्राइमरी पाठशालामें, १९१५ दो छात्रवृत्तियोंके साथ परीक्षोत्तीर्ण, १९१५-१८ पिताकी मृत्यु, महाड अँग्रेजी स्कूलमें, १९१८ गरीबीके कारण पढना छूटा, १९१९ बम्बईमें बोरोंपर छापा लगाते, १९२० मार्कर, टिन रंगरेज; १९२० पूनामें फौजमें कुली, फिर दुभाषिया, १९२१ पैकर-क्लर्की, १९२२ दासगाँवके स्कूलमास्टर, १९२४-२५ कांग्रेसमें काम, अम्बेडकरसे परिचय; १९२६ मैट्रिकमें बैठनेवाले, १९२७ कोलाबा जिला बहिष्कृत-परिषद्के संचालक, १९२८-३० दलित-आन्दोलनमें जबर्दस्त काम, १९३० खेड किसान-सम्मेलन, १९३१ रत्नागिरि जिलेमें दो किसान-कान्फ्रेंस, १९३२ बंबई मजूर-हडतालमें, १९३३ हडतालमें डेढ सालकी सजा हुई, १९३४ डेढसाल वारंट और अन्तर्धान, १९३६-३९ किसान आन्दोलनमें, १९४० वारंट अन्तर्धान १९४३ जूलाई खुलकर काम।

भूखे थे। वहाँ खानेकेलिए कुछ नहीं था। निराश हो लौटे। भूख उनके शिशु मुखोंपर उछल आयी।"

दूसरे मित्रकी आँखोंमें आँसू छलछला आये। प्रतापने इससे अधिक क्या कष्ट सहा होगा? इस दम्पतीको कितनीही बार दो-दो तीन-तीन दिनतक निराहार रहना पड़ा और ऐसी अवस्थामें जबकि पति एक अच्छी नौकरी पा सकता था, सैकड़ों रुपये महीने कमा सकता था, अपने और अपने बच्चोंके जीवनको सुखमय बना सकता था। लेकिन, उसने जीवन केलिए एक ऊँचा आदर्श रखा है। उस आदर्शपर चलनेकेलिए ऐसे कष्टोंको बरदाश्त करना जरूरी है। उस आदर्शका रास्ता फूलोंसे होकर नहीं काँटोसे होकर जाता है।

यह आदर्शका पथिक कौन है? यह है रामचन्द्र मोरे। जिसने अत्यन्त दरिद्र और अत्यन्त दलित महार (चमार) जातिमें जन्म लिया। प्रतिभाका धनी होते हुए जिसे अपनी जातिके और लोगोंकी तरह पद-पदपर ऊँची जात-वालोंके अपमानको सहना पड़ा था। महार होने के कारण जिसके सभी रास्ते एक समय रुके हुए थे। जातिके अपमान ने उसके दिलमें आग लगा दी। उसने अपनी जातिका जबरदस्त संगठन किया। अत्याचारोंके खिलाफ बग़ावत की। डाक्टर अम्बेडकरका दाहिना हाथ बना। लेकिन उनका प्रोग्राम उसे पसन्द नही आया। वह अनुभव करने लगा कि सभी जागर-चलानेवालोंके उद्धारसे ही महारोका भी उद्धार हो सकता है। वह अछूत-सम्मेजनोंकी जगह किसान सम्मेलन करने लगा। फिर मजूरोंकी लडाइयोंमें कन्धेसे कन्धा मिलाकर लडने लगा। उसके ज्ञान और अनुभवने बतला दिया, कि और कोई छोटा रास्ता नहीं है। मजदूरों और किसानोंका राज्यही सभी समस्याओंको हल कर सकता है। जातिकी नेतागिरीका प्रलोभन सामने आया, दूसरेभी प्रलोभन आये, मगर वह किसीमें नही फँसा। उसने महान् क्रान्तिके रास्तेको अपनाया, और सभी कष्टोंको फूलकी तरह सहनेकेलिए अपने दिलको मजबूत किया।

रामचन्द्र मोरेका जन्म १० जून १९०५को कोकणके एक गाँव लाड-वलीमें नानाके यहाँ हुआ। यह कोलबा जिलेके महाड तालुका (तहसील) में पड़ता है। पितृग्राम दासगाँवकी एक तरफ समुद्र है (नानशेटची खाड़ी) और दूसरी तरफ हरियालीसे लदी पहाडियाँ हैं। दासगाँवमें छोटे-छोटे समुद्री स्टीमर आते रहते हैं। यहाँ एक हजार परिवार बसते हैं। स्टीमर का घाट होनेके सिवाय गाँवमें एक प्राइमरी पाठशाला, डाकघर और एक-दो दूकानेंभी हैं। लोगोंकी जीविकाका साधन मुख्यतः खेती है। बाशिन्दोंमें ज्यादातर हिन्दू हैं, जिनमें भाई (धीवर) २०० परिवार हैं, कुणबी १५० परिवार तथा २५०के करीब महार (चमार) हैं। दासगाँवमें १००के करीब मुसलमान परिवारभी रहते हैं। दासगाँवके प्रथम बाशिन्दे होनेसे महारोंको सरकारसे १०० रुपया मिलता है। वे गाँवके वतनदार हैं। वतनदारका काम होता है, सभाकेलिए लोगोंको बुलाना, धार्मिक कृत्योंमें सहायता देना। खेतोंकी रखवालीभी उनके जिम्मे होती है। महार पहले मुर्दा जानवरोंका चमड़ाभी निकालते थे, मगर अब उनके आत्म-सम्मानने इस कामको छुड़वा दिया। इन जातियोंके अतिरिक्त दासगाँवमें सुनार १२ घर, साली (पटकार) १० घर, बुरुड (वेणुकार) छै घर, नाव्ही (हजाम) छै घर, कुम्हार छै घर, धोबी, पाँच घर कातकरी (लकड़हारे) पाँच घर रहते हैं। दासगाँवमें भैरव (कालबहिरो)का एक पुराना मन्दिर है, एक छोटासा मारुती (महावीर जी)का मन्दिर है, आये गयोंकेलिए एक सरकारी धर्म-शाला है।

दासगाँवके खेतोंमें धानकी एक फसल होती है। नागली, वरी, मुंगा, उड़द, कुलथा, तूर (अरहर)भी पहाड़के बाजुओंमें हो जाती है। मक्का बहुत थोड़ा होता है। दासगाँव अधिकतर भातशेती (चांवल की खेती) वाला गाँव है। फसल वर्षाके भरोसे होती है। छुट्टीके वक्त लोग जंगलसे लकड़ी काटकर बेचते हैं। कितनेही आदमी बम्बईके कार-खानोंमें जाकर काम करते हैं। पहले सारा गाँव वहाँके किसानोंकी

मिलकियत थी, मगर महाजनोंके चंगुलमें फँस गये, कर्जपर कर्ज चढ़ता गया और अब मालिक हैं पासवाले वहूर गाँवके मुसलमान बनिये। बारहों महीने हरे-भरे रहने वाले पहाड़ और नीचे समुद्रकी नील जलराशि, वर्षाकालका घने श्यामल मेघ, ग्रीष्मका अल्प ताप— कोंकणके इन मनोहर दृश्योंका आनन्द लेना आजके इन भूखे किसानोंके भाग्यमें नहीं है।

मोरेकी गरीबी उनके पिता बाबाजी शिवाजी मोरे (मृत्यु १६१५) से शुरू होती है। बाबाजी जब तीन दिनके थे, तभी उनकी माँ मर गई और नानीने पालापोषा। बहुत छोटेपनसे ही उन्हें पेट चलानेका काम करना पड़ा। जब उनका हाथ मुश्किलसे परिहथ तक पहुँचता था, तभीसे उन्हे हलमें जुतना पड़ा। बड़े परिश्रमसे उन्होंने जीविका भरकेलिए खेत प्राप्त करलिया था; किन्तु सत्तर वर्षकी उम्रमें मरनेसे पहले जाली कागज बनाकर किसीने सारा खेत ले लिया और बुढ़ापेमें फिर बाबाजीको खेतिहर-मजदूर बनना पड़ा। बाबाजीके दो मामा उनकीही आयु के थे। और इस परिवारने कुछ जंगलका ठेका लिया था। कुछ पैसा पैदा किया। लकड़ीसे दोमंजिला घर बनवाया। मकानके वास्तु(नीव)केलिये ब्राह्मण बुलाया गया। दूसरे ब्राह्मणोंने उस पुरोहितके बहिष्कारकेलिए एक पुस्तक लिखी—ब्राह्मण महारोंकी धार्मिक क्रिया करायेगा! बाबाजी के मामाके घरवालोंकी पदवी जोशी (विट्ठल अनन्त जोशी) थी। शायद किसी समय उनके यहाँ ज्योतिषकाभी काम होता रहा। आखिर महारोंको हिन्दुओंके मन्दिरमें जानेका हक नही पूजा और धार्मिक कृत्योंमें हिन्दुओंके पुरोहितों (ब्राह्मणों)से सहायता पानेका अधिकार नहीं। जब उन्हें अपनी पूजा-अर्चा, अपना श्राद्ध-तर्पण, अपनी ब्याह-शादी किसीमें भी हिन्दुओंके धार्मिक साधनोंसे सम्बन्ध रखनेका मौका नहीं तो सचमुच उनका अपनेको हिन्दूधर्मी समझना खामखाहका है। रामचन्द्र मोरेके पिता कुछ थोड़ा बहुत हस्ताक्षर करनाही भर जानते थे, मगर बड़ेही धार्मिक विश्वासवाले थे। उनके सप्ताहके तीन दिन व्रत-उपवासमें

चले जाते थे। बच्चोको वे बहुत मानते थे और कभी उनपर हाथ न छोडते थे। वह गाँवके भले आदमी थे।

मोरेके पिता उन्हें दस सालका ही छोड़कर मर गये, फिर अपने पुत्रकेलिये कष्टके सहनेका भार भीमाबाईके ऊपर पड़ा। वे बहुत नरम दिलकी स्त्री थी और पुत्रपर बहुत स्नेह रखती थी। १६३३में पुत्रके जेल जानेका जो आघात दिलपर पड़ा, उसे वे सह न सकी और उसी साल उनका देहान्त होगया। उस समय उनकी आयु पचास सालसे कम थी।

रामचन्द्रका बड़ा भाई १५ वर्षका होकर मर गया था।

बाल्य—रामचन्द्रकी सबसे पुरानी स्मृति चार सालकी है। उनके भाई और बहन दोनो चेचकसे बीमार थे—बहन उसी बीमारीमें मर गईं।

बचपनमें रामचन्द्रकी नानी राजा-रानी, बाघ-सिंह, कुत्ते, समुद्र और पहाड़की तरह-तरहकी कहानियाँ सुनातीं। ८ सालके होते रामचन्द्र दूसरोंको कहानियाँ सुनाने लगे। वह पूरे सूतपौराणिक होगये थे। उन्होंने भूतोंकी बहुतसी कहानियाँ सुनी थी, मगर किसी भी भुतही पहाड़ी या नालेमे जानेसे डरते नहीं थे। बचपनसे ही लोग कहते—'रामा भूत-बूतसे नहीं डरता।" रामचन्द्रने किताबमें कहीं पढ़ा था कि भूत भूठा है, इसने उनकी निर्भयतामें मदद की थी। घरमें एक साधु रहता था जो बहुत भक्ति-भावकी बात करता था। रामचन्द्र उसके पास बैठा करते और चलने-बोलने आदिके १२० मन्त्र सीखे।

शिक्षा—जाशी-परिवारमें कुछ पढ़ने-लिखनेका भी शौक था, इसलिये पाँच सालकी उम्रमेंही (१६११) गाँवकी प्राइमरी शालामें पढ़ने लगे, और दस सालकी उम्रतक पाचो दर्जे पास कर गये। पढ़नेमें रुचि थी। इतिहास भूगोल, गणित सभी विषयोंमें अच्छे थे। जब इन्सपेक्टर स्कूल देखने आते, तो अध्यापक मोरेको ही पुस्तक बाचनेकेलिए कहते। उनके ब्राह्मण अध्यापक मोरेको बहुत मानते थे। एक बार वे बीमार हुये, तो अध्यापकने अछूतके घरमें आनेकाभी परहेज नहीं किया।

रामचन्द्रको खेलनेका खूब शौक था। पहाड़ी जगलमें वह लडकों के साथ फल जमा करनेकेलिए चले जाते। रामचन्द्रको किसीने कभी गाली देते नहीं सुना। लडके जब उन्हें गाली देते, तो वे मारते जरूर, मगर गालीका जवाब गालीमें नहीं देते। पिता और साधूकी देखादेखी रामचन्द्रमें भी धार्मिक श्रद्धा जग गई थी। वे भगवान्से डरते और देवताओंकी पूजा करते, शनिवार और सोमवारको उपवास रखते। पिताके मरनेके बाद रामचन्द्रकी परीक्षा हुई, जिसमे वे पासही नहीं हुए, बल्कि उन्हें दो छात्रवृत्तियाँभी मिलीं। अब वह मिडिल में पढ़नेकेलिए महाड एंग्लो वर्नाक्यूलर स्कूलमें चले गये। महाड दासगाँवसे पाँच मील है। रोज आना-जाना नही हो सकता था, इसलिये महाडसे १॥ मीलपर लाडवलीमें अपने मामाके घर रहने लगे। वहाँसे रोज पढ़ने जाया करते थे। लाडवलीमेंही वस्तुतः रामचन्द्रका जन्मभी हुआ था। लेकिन पिताका घर दासगाँव था। रामचन्द्र अपने जिलेमें अँग्रेजी पढ़नेवाले पहले महार लड़के थे। दोनों छात्रवृत्तियोमे रामचन्द्रको पाँच रुपये मिलते थे। इसीसे माँ, बहन और अपना गुजर चलाते थे। छात्रवृत्ति सिर्फ तीन सालकेलिए मिली थी। तीन सालके बाद वह बन्द हो गई। भूखे मरने लगे। पढ़ना बन्द करना पड़ा।

बापके मामाके परिवारके तीन-चार आदमी शालाओंमें अध्यापक थे, जो सभी रामचन्द्रके काका (चाचा) लगते थे। एक बार एक चचा मोरेको अम्बेडकरके पास लेगये। उन्होंने लड़केको उत्साहित किया। अम्बेडकर उस समय पढ़नेकेलिए विलायत जा रहे थे, लेकिन सिर्फ उत्साह देनेसे ही काम थोड़ेही चलता है। पढ़ाई छोड़ मोरे तेरह सालका उम्रमे अब काकाकी खेती देखने लगे। एक काकाने अपनी लड़की सीतासे रामचन्द्रकी शादी भी कर दी। एक साल तक वे घर हीमें रहे। लड़ाई चल रही थी। महारोंकी सेना तय्यारकी गई थी। मोरे भी जाना चाहते थे। भरती होती या न होती यह बात तो अलग थी, लेकिन घरवालोंने वहाँ जानेसे रोक दिया। १९१९का समय था।

लड़ाई बन्द हो गई थी ! पढ़नेकेलिए बेकरार रामचन्द्र अपने उस जीवनसे सन्तुष्ट न थे। उसी समय बम्बईसे एक आदमी आया। उसने कहा—बम्बई मे,जानेसे वहाँ रामचन्द्रको चालिसकी नौकरी आसानीसे मिल जायगी।

रामचन्द्र उसके साथ बम्बई आए। लेकिन वहाँ कौन नौकरीके लिए पूछता। दो चार-दिन इधर-उधर टक्कर मारनेके बाद पेट चलाने केलिए कोई काम करना जरूरी समझा। देखा जहाजके गोदाममे लोग बोरे ढो रहे हैं। १ पैसेमे तीन बोरा इधरसे उधर हटाना पड़ता था। काम ज्यादातर शामको करना पड़ता था। मोरे प्रति दिन चार आनेसे आठ आने तक कमा लेते।

काम कुछ ज्यादा कठिन था, इसलिये कुछ दिनों बाद उन्होने हलका काम शुरू किया। रेलवे स्टेशनके बाहर खड़े रह कर मुसाफिरोंका सामान ढोया करते थे। छै महीने तक यह काम चलता रहा। इसी समय उन्होने एक मित्रको मराठीमे कविता लिखी। अब बम्बईमे रामचन्द्रकी जान-पहचान बढ़ गई। वह १४ सालके अभी कमजोर लड़के थे. इसलिये बोझा ढोनेका काम मुश्किल मालूम होता था। किसीने जहाजोंके पुराने रंगको हटानेके कामकी बात बतलाई। मोरे वहाँ चले गये। काम उतना कठिन नहीं था, मगर उन्हें दस घन्टा जुते रहना पड़ता था। रोजके आठ आना दस आना मिलते।

दो महीने तक उन्होंने सैनिक पीयूनका भी काम किया, जहाँ उन्हें १५-१६ रुपये मिलते थे। अब वे पन्द्रह सालके थे। उन्हें टीन पर फेचारा फेरनेका काम मिला। वे अंग्रेजी जानते थे, इसलिये मजूरी एक रुपया रोज मिलती थी, नहीं तो १५-२० रुपया मासिकसे ज्यादा न मिलती।

मोरेके बम्बई आये दो सालके करीब बीत रहे थे। वे रुपया भी कमाते थे, मगर जो भी कमाते ससुर आकर ले जाते। उन्होंने बेटी गले बाँध दी थी, इसलिये उनका यह हक था। मोरे स्वभावतः संकोची हैं। बोल नहीं सकते थे। ससुर इससे भी फायदा उठाते थे। मगर रह-रहकर माकी

दुरवस्थाको सोचकर उनके कलेजेमें टीस सी लगती थी। भूखी माको एक पैसाकी भी मदद किये बिना, ससुरके घरमें पैसा देते जाना उन्हे असह्य हो उठा। एक दिन मोरे बम्बईसे गायब हो गये। ससुरको चिट्ठी लिखनी छोड़ दी। मा यह खबर सुनकर रोती रहती। मोरे भाग कर पूना आये। पूनाके पास खड़कीमे सैनिक कारखाना है। वह कारखाने में काम ढूंढनेकेलिए गये। एक अंग्रेज सार्जेन्टसे पूछा। १५ वर्षके तरुणको देखकर और उसकी अंग्रेजी सुनकर सार्जेन्टने मदद की। मोरेको कुलीका काम मिल गया। मजूरी दस या बारह आना रोज थी। सार्जेन्टको बोली बोलनेमें दिक्कत होती थी, इसलिये मोरे दुभाषिया बन गये। पैक किये हुए बक्सों पर अंग्रेजीके अक्षर-चिह्न लिखने पडते। मोरेने सार्जेन्टसे कहा, कि ब्रुशसे लिखनेका काम मै कर सकता हूँ। उन्हें वह काम मिल गया और मजूरी भी एक रुपया रोज थी। रातके समय वह आलेगावकरके रात्रि-स्कूलमें पढ़ने जाते थे। वे चाहते थे रातमें पढ़कर मेट्रिक पास कर लें। इसी वक्त लोकमान्य तिलकके मरनेकी खबर मिली। मोरे अखबार पढ़ा करते थे और उनमें राष्ट्रीय भावना भी मौजूद थी। वह बाल-लाल-पाल — इस त्रिमूर्तिको बड़े आदर की दृष्टिसे देखते थे। किसीने कहा—तिलकके दर्शनकेलिये पूनासे स्पेशल गाड़ी छूट रही है। मोरेने बिना छुट्टी लिये ही बम्बईको प्रस्थान किया। बम्बई आनेपर मालूम हुआ कि क्रिया-कर्म कभीका खतम हो चुका है। लौट कर खड़की गये, तो मालूम हुआ—नौकरी नही मिल सकती।

ससुरके एक भाई वहाँ पहुँच गये। उनके साथ घर बम्बई चले आये। बंबई में भी काम नही मिला फिर दासगाव पहुँच गये।

पढ़ाई छोड़नेके बाद कुछ दिनों तक ससुरके चार भाई अध्यापकोंके छुट्टी लेनेपर मोरे बदलेमें पढानेका काम पहले भी कुछ दिनों करते थे। अब उन्हें दासगावकी पाठशालामें अध्यापकी मिली। दो साल तक (१९२२-२४) तक वह दासगाँवमें पढ़ाते रहे। तनख्वाह पचीस

२४. डाक्टर गंगाधर अधिकारी

२५. सोहराब शा० बाटलीवाला

२६. मुहम्मद शाहिद

२७ भारतचन्द्र रणदिवे

२८. श्रीनिवास सरदेसाई

रुपया थी, जो मिलते ही ससुरके हाथ चली जाती। मोरे अब भी माकी कोई मदद नहीं कर सकते थे। यह ससुरके मर्जीपर था कि माको कुछ दें या न दे। मोरेका चित्त फिर असन्तुष्ट हो गया।

१९२४में मोरे मामाके घर चले गये। और माँ और बहनके साथ वहीं रहने लगे। मामा भलेमानुष थे। ससुरसे मेट्रिक पास करनेका बहाना करके आये थे।

महाड़में आकर इन्होंने कांग्रेसकी ओरसे अछूत बालकोंकेलिए एक स्कूल खोला। कांग्रेसवाले दस रुपयामहीना देते थे। उसीमें वे तीनों व्यक्तियोंका गुजर करते थे। लोगोंको पढ़ाते हुये वे खुद भी स्कूलमें पढ़ते थे। १९२४-२५के दो साल इनके महाड़मे बीते। एलीफिन्सटन हाई-स्कूलसे मेट्रिकमें बैठनेकेलिए तैयार हुये। यहाँ मोरेने कवितायें लिखनी शुरू कीं। १९२४में डॉक्टर अम्बेडकरसे बम्बईमें मोरेकी जान-पहचान हुई और वे जब-तब बम्बई आया-जाया करते थे। अम्बेडकरकी नीतिके अनुसार अछूतोंके हितोंका समर्थक 'मूक-नायक' पत्र निकल रहा था। मोरे इसमें कुछ लिखा करते थे। पटवर्धनके पत्र "अस्पृश्यता-निवारक" में उनकी कवितायें छपतीं।

महाड़में इसी बीच मोरेको आन्दोलनमें और गहरा पड़नेकी जरूरत पड़ी। मोटरवाले अपनी मोटरोंमें बैठाते नहीं, यह उनके लिये तकलीफ़ और अपमान दोनों बात थी। मोरेने आन्दोलन उठाया और मोटरवालोंको दबना पड़ा। होटलवाले भी महारोंको चाय पीनेकेलिए भीतर नहीं आने देते थे। मोरे शिक्षित, संस्कृत तरुण थे। महाडमें उन्होंने एक होटल खोला और "मेरी मत खाओ" का आन्दोलन शुरू किया।

१९२६में मेट्रिकमें बैठनेकी तैयारी वहीं रह गई। अब वह दलित-आन्दोलनमें लग गये।

दलित-आन्दोलनमें—छोटे-छोटे आन्दोलनोंसे दलित जातियोंमें कुछ चेतना आने लगी। मोरेने सोचा और अधिक लोगों तक अपने

विचारोंको पहुँचानेकेलिए बड़ी सभाका आयोजन किया। मोरेने घूम-घूमकर लोगोंको समझाया और कोलाबा जिला बहिष्कृत परिषद्के नाम से एक बडा सम्मेलन डॉ० अम्बेडकरके सभापतित्वमे महाड़मे करनेका आयोजन किया। लोगोंका मोरेके कामोंमे विश्वास हो गया था। लोगोंने चन्दा दिया और मार्च १९२७मे बड़े धूमधामसे सम्मेलन हुआ। कई प्रस्ताव पास किये गये—सार्वजनिक चीजोके इस्तेमालमें बहिष्कृत (दलित या अछूत) जनताका भी अधिकार होना चाहिये। महारोको मरे ढोर का माँस नही खाना चाहिये। अम्बेडकरके सार्वजनिक कामका आरम्भ महाड़की इस कान्फ्रेन्ससे होता है। इसी कान्फ्रेन्सने अम्बेडकरके काम को दूर-दूर तक प्रसिद्ध किया। अम्बेडकरने घोषित किया था, कि हम बहिष्कृत लोभ और अत्याचारोंको बरदाश्त नही कर सकते। अपने हकोंकेलिए हमारा सत्याग्रह गाधीजीकी तरहका सत्याग्रह नहीं होगा, बल्कि वह फ्रान्सकी क्रान्तिकी तरह उथल-पुथल मचानेवाला होगा।

मोरेने बम्बईमे "समता सैनिक दल" कायम किया। "बहिष्कृत-भारत"का बहुतसा लेख वह खुद लिखते--दूसरे दूसरे नामोंसे। "समता" और "जनता" मे भी उनके लेख निकला करते।

१९२८-३०के सालोंमे मोरेने बहुतसे बहिष्कृत-सम्मेलन किये, और अछूतोंमें आत्मचेतना लानेका खूब प्रयत्न किया। उसमें काफी सफलता भी मिली। लेकिन महाड़में सत्याग्रहकी लम्बी-चौड़ी घोषणाकरके अम्बेडकरका पीछे हट जाना मोरेको अच्छा नही मालूम हुआ। अब भी वह उसी रास्तेपर चले जा रहे थे। १९३०में रत्नागिरि जिलेके खेड़ स्थान में दलितोंकी कान्फ्रेन्सकी तैयारी हो रही थी। मोरेने सलाह दी कि दलित या बहिष्कृत नाम न देकर इसे रत्नागिरि जिला शेतकरी (किसान) कान्फ्रेन्स नाम रखना चाहिये। अब मोरेको मालूम होने लगा था, कि महारोंके जिन मौलिक अधिकारोकेलिये वह लड़ना चाहते हैं, वह सभी खेतिहरोंके हैं, इसलिये इस लडाईमें सारे किसानोंको शामिल करनेसे हमारा पक्ष मजबूत होगा। उनका विचार तजर्बोंसे प्रभावित हो एक

दूसरी धाराकी ओर मुड़ा। अम्बेडकर कान्फ्रेन्समें नहीं आये। देवराव नायक अध्यक्ष बने।

मोरे लड़ाके आन्दोलनके पक्षपाती थे। वाक्शूर नहीं कर्मशूर होना उन्हे पसन्द था। सत्याग्रहसे अम्बेडकरको हटते देख उनकी समझमें आया—तब तो हमारा सारा आन्दोलन विधान-व्यवस्थाका रह गया। सरकार अपने मतलबकेलिए दलितोंको इस्तेमाल जरूर करना चाहती है मगर सस्तेसे सस्ते दाममें, चन्द आदमियोंको कुछ नौकरियाँ देकर। लेकिन क्या चन्द अछूतोंको नौकरी मिल जानेसे ६-१० करोड अछूतों की आजकी भयानक गरीबी और उसीके कारण उनकी हर तरहकी हीन दशाको हटाया जा सकता है। नहीं। यदि सौ, पचास हजारका सवाल होता तो सरकारकी नीतिसे शायद काम चल जाता, मगर हम करोड़ोंकी सख्या रखते हैं। १६२८मे मोरेने आतंकवादकी पुस्तकें पढ़ीं, फिर कमूनिस्तोंके नेतृत्वमे मजदूरोंको हड़तालें करते देखा। उन्होंने मनमें कहा—यह है वह चीज। वह 'क्रान्ति' (मराठी साप्ताहिक)भी पढ़ते जिससे भी उनकी आँखें कुछ खुलने लगी। फिर साम्यवाद पर कितनी ही पुस्तकें पढ़नेको मिली जिससे ईश्वर और धर्म परसे भी उनका विश्वास हट गया—दूसरे भले ही अपने स्वार्थोंकी रक्षाकेलिए धर्मपर विश्वास करें, हमारी इस दारुण दशामें भी हजारों वर्षसे जिस धर्म और ईश्वरने कभी सुध न ली, हम उसको क्यों माने ?

१६२६से ही मोरे अधिकतर बम्बईमे रहते। खर्चकेलिए पहले एक घण्टा इन्डियन इंजीनियरिंग इन्स्टीट्यूटमें काम करते थे, जिससे उन्हें ३० रु० मासिक मिल जाते थे। फिर वह एक दूसरी जगह एक घण्टा काम करते थे, वहाँ भी २५ रु० मिलते थे। अपने गुजारेकेलिए उन्हें कितनी ही बार मराठी या इंग्लिशका ट्यूशन लेना पड़ता।

१६३१में रत्नागिरि जिलेमें दो किसान कान्फ्रेंस हुईं, जिनमे कोलाबा में वह स्वागत-मन्त्री और खेडमें कान्फ्रेंसके सभापति थे। कोलाबा किसान-संघ १६३१मे गैरकानूनी हो गया, फिर मोरे तरुण-मजूर-संघ

(बम्बई)में शामिल हो गये। यहीं मोरेका जगन्नाथ अधिकारी (डॉ० अधिकारीके छोटे भाई) और दूसरे कमूनिस्तोंसे परिचय हुआ। मोरेने उन लोगोंसे कहा—"तुम लोग क्या शहरोंमें पड़े रहते हो? हम दो सालसे किसानोंमें काम कर रहे हैं और अभी तक तुम्हें खबर नहीं? हमें एक मास काम करनेकेलिए चार आदमियोंको दो।" चार आदमी दिये, मगर आठ-दस दिनमें ही वे भाग आये।

अब कमूनिस्तोंके सपर्कमें आने पर मोरेने ट्रेड-यूनियन (मजूर सभा मे काम शुरू किया। इसी समय उन्होंने 'आह्वान' (साप्ताहिक) निकाला, जिसके वे खुद सम्पादक थे। यह कामगारों (मजूरों), शेतकरियों (किसानों) और बहिष्कृतों (अछूतों)का पत्र था। इसमें एक पृष्ठ राउंडटेबुल कान्फ्रेंसमे गये अम्बेडकरके बारेमें होता था। समता-सैनिक-दलकी मददसे इसका प्रचार खूब बढ़ा, यद्यपि मोरेने इसे ५० रू०की पूंजीसे शुरू किया था। बारह अंक निकलनेके बाद सरकारने रुकावट डाली और पत्रको बन्द करना पड़ा। पत्रमें कुरला-स्ट्राइक पर भी लेख निकले थे। 'क्रान्ति', 'रेलवे-वर्कर'मे भी लेख लिखते थे। पत्र निकालने से पहले मोरेकी (देशपाडे और रणदिवेसे मामूली जान-पहचान थी। पत्र निकालनेके बाद, भारद्वाज, देशपाडे, रणदिवे, जाम्बेकर, जगन्नाथ अधिकारीके साथ अधिक घनिष्टता हुई। साम्यवाद और मजूरोंकी लडाई के बारेमें पढ़ने और जाननेका ज्यादा मौका मिला। अभी पार्टी कुछ गुट्टोमें बटी थी। मोरे रणदिवेके साथ थे। वेकार-मजूर-सभाके वे पहले सेक्रेटरी थे। १६३२मे लाल-बावटा गिरनी-कामगार यूनियनके संस्थापकोंमें मोरे भी थे, और सुधारवादी मजूर भाइयों पर प्रहार करते थे। १६३२-३३की सभी हड़तालोंमें मोरेने भाग लिया था। १६३३की एक हड़तालमें उन्हे १॥ मासकी सजा हुई। १६३४में पार्टी की एकताका सवाल उठा। मोरेने एकता पर बहुत जोर दिया। उसी साल कपड़ेके कारखानेमें आम हड़ताल हुई और पहले ही हफ्तेमें सभी नेता पकड़ लिये गये। मोरे पर भी वारट निकला मगर वह अन्तर्धान हो

गये और छिपे रहकर हड़तालको चलाते रहे। १९३१की हलचलोंमें भी वे खूब भाग लेते रहे।

१९३६में किसान महासभाका पहला अधिवेशन हुआ। मोरे कोलावा जिलाके किसान प्रतिनिधिके तौरपर शामिल हुये।

१९३७मे कांग्रेसने मिनिस्टरी संभाली, कोलाबा जिलेके चरीगाँवके किसानोंने साहूकारोंके अत्याचारोके विरुद्ध लडाई शुरू की। इस लड़ाई के संचालनकेलिए चरी-किसान-हड़ताल-कमेटी कायम की गई। मोरे उसके सेक्रेटरी हुए। झगड़ेको मिटानेकेलिए कांग्रेसी मंत्री मुरारजी देसाईको चरी आना पड़ा।

१९३९मे महायुद्ध आरम्भ हुआ। १९४०में दूसरे कमूनिस्तोंकी तरह मोरेके भी पकड़े जानेकी नौबत आई और वह ७ नवम्बरको अन्तर्धान हो गये। तबसे जुलाई १९४३ तक उन्होंने छिपे रह कर बम्बईके मजूरोंमें काम किया। फिर जब वारंट हटा तो बाहर निकल आये।

मोरेको कमुनिज्मकी ओर खींचनेका काम पुस्तकोंकी पढ़ाईने उतना नही किया जितनाकी अछूत सहोदरोंके ऊपर होते सामाजिक आर्थिक अत्याचार और गरीबीने किया। उनके अनुभवोंने बतला दिया, कि अछूतों का उद्धार तो सिर्फ साम्यवाद ही से हो सकता है। जब महाड़ स्कूलके एक ब्राह्मण मास्टर कहते थे—"जब तक मेरे शरीरमें प्राण हैं, तब तक तेरा स्पर्श नहीं करूंगा।" तो मोरे सोचते—"इतना पढ़ने-लिखनेके बाद भी यह आदमी कैसे इस तरहकी बात जबानसे निकालता है?" "दूर-हो" और "परे हट" इन शब्दोंको सुनना तो उनके लिये मामूली बात थी। मोरेने अगर चाहा होता तो डाक्टर अम्बेडकरके अनुयायियोंकी तरह कोई अच्छी आमदनीका पद स्वीकार कर लिया होता। मगर उन्होंने उसकी जगह भूख और गरीबीके कंटाकाकीर्ण पथ को स्वीकार किया। मोरे अगर चाहते तो अछूतोंके एक स्वतंत्र बडे नेता बन सकते थे। मगर उन्होंने सोचा, कि इससे करोड़ों अछूतोंकी समस्या हल नहीं हो सकती। सारी ही समस्याओंका एक ही हल है। देशसे वैयक्तिक सम्पत्ति

उठा दी जाय और राष्ट्रकी खनिज, उद्योग-धंधे, कृषि, रेलवे, बैंक तथा दूसरी सारी सम्पत्तिको चालीस करोड़के विशालभारतीय परिवारकी मिलकियत बना दी जाय। शोषक और कामचोर वर्ग जब मिट जायगा तो काम करनेमें सबसे आगे अछूत प्रमुख स्थान ग्रहण करेंगे। शिक्षा संस्कृतमें वह किसीसे पीछे नहीं रहेंगे और हमारे देशमें भी सारे ही वर्ण जातिके भेद मिट जायेंगे। "साम्यवाद ही एक मात्र रास्ता है" के साथ-साथ मोरेको विश्वास है कि भावी सन्तानें अवश्य साम्यवादकी शीतल छायाको अनुभव करके रहेगी।

२४

डाक्टर गंगाधर अधिकारी

"एक बड़े जर्मन फर्ममें साइंसके विशेषज्ञका पद; जिसके लिये कितने ही जर्मन साइंस-पंडित तरसते रहते हैं। फिर अपने नीचे कितने ही जर्मन साइंस-पण्डितोंसे काम लेना, कितने सम्मानकी बात है! और फिर बर्लिनमें ४८० मार्क जैसे बड़े वेतनका काम! तुम पागल हो! तुम भारत जाकर नाहक जेलमें बन्द कर दिये जाओगे और सड़ते रहोगे।"—ये शब्द थे, जो कि एक हितैषीने तीस वर्षके एक तरुण भारतीय साइंसवेत्तासे बर्लिनमें कहे थे।

वस्तुतः उसके पास साइंसका दिमाग था, मगर उसका साइंसका-प्रेम ही उसे अपने जीवन-प्रवाहको बदलनेकेलिए मजबूर कर रहा था।

गंगाधर मोरेश्वर अधिकारीका जन्म पश्चिमी समुद्र-तटवर्ती कोंकण देशके पन्वेल स्थान (जिला कोलाबा) में ८ दिसम्बर १८६८में हुआ था। पन्वेल गंगाधरके पिता मोरेश्वर कृष्ण अधिकारीका गाँव नहीं था, वह उनके नानाका कस्बा था और पुरानी हिन्दू-प्रथाके अनुसार लक्ष्मीबाई अपने प्रथम पुत्रको पिताके घरमें जन्म देना शुभ समझती थी। जन्मके कितने ही समय बाद बालक गंगाधर कोंकणके दूसरे स्थान हरणै (रत्नागिरि) मे अपने पिताके गावमें चला आया। बम्बई

विशेष तिथियाँ—१८९८ दिसम्बर ८ जन्म, १९१६ मेट्रिक पास, १९२० बी० एस्‌ सी० पास, १९२२ एम्‌० एस्‌-सी०, १९२२ अगस्त जर्मनीमें, १९२५ जुलाई पी-एच-डी०, १९२८ दिसम्बर बबईमें, १९२९ मार्च मेरठ षड्‌यन्त्रमें, १९३३ जेलसे बाहर, १९३४-१९३७ फर्वरी नजरबन्द (बीजापुर) १९३७ फर्वरी अन्तर्धान, १९४०-४२ अन्तर्धान।

भी एक तरह कोंकण-तटवर्ती द्वीप है, लेकिन आजके इस व्यापारी महानगरमे कोंकणकी सुषमा कहाँ दीख पड़ती है ? एक तरफ पश्चिमी घाटकी पहाड़ियों और दूसरी तरफ अपरान्त (पश्चिमी) समुद्र या अरब सागर, दोनोंके बीचमे कोंकण भारतके अत्यन्त मनोरम-प्रदेशोंमें है। इसके पहाड़ और तट बड़े हरे-भरे हैं। पहाडी जमीन है, दलदल मलेरिया आदिका डर नही। इस सस्य-श्यामला भूमिमे शायद कवि होना सबके लिये अनिवार्य है, इसीलिये बालक गगाधरने एक समय कविता की थी और वह छपी भी थी। लेकिन गंगाधर हरणैमें ज्यादा नही रह सका। उसे चार-पाच सालकी उम्रमें बम्बई चला आना पड़ा और फिर पूर्वजोंके उस ग्रामको देखनेका मौका नहीं मिला। उसे इतना ही याद है कि किसी बन्दर पर कुलीने उसकी माको कंधेपर चढा एक जहाज पर बैठाया। जहाज समुद्रके किनारे-किनारे किसी अज्ञात दिशाको चला और धीरे-धीरे वह हरित तटभूमि काली दिशामे परिणत हो गई।

अधिकारी यह मराठा साम्राज्यका शब्दावशेष है। यद्यपि मराठा राज्यकी स्थापना शिवाजीने की थी, किन्तु पीछे वह पेशवाओंके हाथमे चला गया यह इतिहासके विद्यार्थियोंको मालूम है। ये पेशवा कोंकणके थे, उनके सेना-नायकोंमें एक वीर कायस्थ भी था, जिसे किसी युद्धमें बहादुरीके उपलक्षमे बाजीराव प्रथमने अधिकारी (अफसर) या सेना-अधिकारीका पद दिया, साथ ही उसे एक बड़ी जागीर मिली। अधिकारी वंशका ठाट-बाट बिल्कुल सामन्तो जैसा था, लेकिन पेशवोंके राज्यके जानेके बाद जागीर पुत्रोंमें बंटने लगी, ठाटबाटने कर्जका बोझ लाद दिया, और कुछ समय बाद अधिकारी-वंशकी अधिकाश जमीन या तो महाजनके हाथमे चली गई या कुछ भाइयोके हाथमे बच रही। कृष्णाजी सखाराव अधिकारीको इसीसे बड़ा संतोष हुआ, कि उन्हे रत्नागिरिके कलक्टरके औवल क्लार्कोंमें (प्रथम हेडक्लार्क तक) पहुँच जानेका मौका मिला। आखिरमें उनका वेतन ७५ रुपया हो गया और बुढापेमें उन्हें २५ रु० पेंशन मिलती थी।

कृष्णाजीने रिश्वत नहीं ली। यह काजलकी कोठरीसे कालिखसे बॅचकर निकलनेसी बात थी, क्योंकि उस वक्त अंग्रेज कलक्टरसे लेकर नीचेके चपरासी तक रिश्वत लेनी बिल्कुल आम बात थी। इसीके लिये, क्राफोर्ड नामका एक कलक्टर बर्खास्त किया गया था। कृष्णाजीका सामन्ती अभिमान भी शायद इसमें कारण हुआ। वह धर्मभीरु थे इसमे तो सन्देह ही नही। हाथके बने रामके एक चित्रपटको पूजना और भजन गाना (कीर्त्तन) बुढापेमे उनका नित्य कर्म था। दादा और पोतेमें बड़ा प्रेम था। दादासे रामकी कहानी सुनकर पोतेमें भी रामकी भक्ति जगी, और गगाधरने दादाके चित्रपट और पूजामे ही सम्मिलित रहना अपनी भक्तिके लिये तौहीनकी बात समझी। उसके अपने राम थे, जिसके सामने वह अपना निजका कीर्तन करता था।

कृष्णाजीके पुत्र मोरेश्वरने अग्रेजी ज्यादा पढ़ी। वह बम्बई युनिवर्सिटीके बी० ए० हुए। घरकी हालत जैसी खराब थी, उसमे जल्दी नौकरी ढूँढ़ना जरूरी थी। मोरेश्वरको बम्बई हाईकोर्टमे २५ रुपयेकी एक मामूली क्लर्की मिली। बढ़ते-बढ़ते वह ६०० रुपये मासिकके असिस्टैंट सब-रेजिष्ट्रार हो गये।

बम्बईमें गंगाधरको दादरमे रहना था। वहीं एक स्कूलमें उसे भर्ती कर दिया गया। पिताने पुत्रकी शिक्षामें कोई सीधे भाग लिया, इसका तो पता नही लगता, लेकिन लक्ष्मीबाईने बचपनहीमे गंगाधरको शिवाजीकी कथायें सुनाईं, गणपतिके उत्सवका महत्त्व बतलाया। गंगाधरके परिवारके पासहीमे एक और कायस्थ-परिवार त्रयंबक रणदिवेका था। त्रयबक प्रार्थना-समाजी (बम्बईकी तरफके ब्राह्मसमाजी) थे और ईश्वरकी 'सगुण" उपासनाको हतककी चीज समझते थे।—जो सहस्राब्दियोंसे किसीको दृष्टि-गोचर नही हुआ, उसको सगुण या साकार कहना खतरनाक चीज है। बालक अधिकारी एक बड़ा मेघावी छात्र था, त्रयंबकका उसपर खासतौरसे स्नेह था, परिणाम यह हुआ कि त्रयंबककी बातोंको सुन-सुनकर अधिकारीका विश्वास भी

साकार ईश्वरसे उठ गया और वह निराकार एक-ईश्वरको बुद्धि-संगत समझने लगा।

साइंसमें गंगाधरकी बड़ी रुचि थी। बम्बई शहरमें यूरोप और अमेरिकामें बालकोंकेलिए छपनेवाली साइंस-पत्रिकाओंके पुराने अंकोंका कबाड़ियोंके यहाँ मिलना आसान था। अधिकारी ऐसी पत्रिकाओंको जमा करता, उन्हे पढ़ता और प्रयोग करनेकी कोशिश करता। उसके चचा फोटोग्राफर थे, इससे थोड़ा और सुभीता था। उसने मैजिक लालटेन और हाथके कैमरे बनानेको भी अपने मनोरंजनकी चीज समझी। वह तरह-तरहके पत्थरोंको जमा करता और उन्हें सजाकर रखता था। साइंसके अतिरिक्त जिस दूसरे विषयमें उसका बहुत प्रेम था, वह थी संस्कृत। क्लासमें पढ़ाई जानेवाली संस्कृत भरमें उसे संतोष नहीं हो सकता था। कुछ ही समय बाद जब संस्कृतके काव्य, नाटकोंको वह कुछ-कुछ समझने लगा और उनमें रस मिलने लगा तो उनका पढ़ना उसके लिये एक बड़ी दिलचस्प बात हो गई।

१९१६में गंगाधरने मैट्रिक पास किया और उसे दो छात्रवृत्तियाँ मिलीं।

मौरेश्वर कृष्णाजी अधिकारीके वेतनमें कुछ वृद्धि जरूर हुई थी, मगर साथ ही साथ उनके परिवारमें गंगाधरके अतिरिक्त जगन्नाथ और रघुनाथ दो और पुत्रोंकी भी वृद्धि हुई। इसलिये लक्ष्मीबाईको हाथ समेट कर ही परिवार चलाना पड़ता था। गंगाधरको घरमें और भाइयोंके साथ एक कोठरीमें रहना तथा बराडेमें पढ़ना बाधादायक मालूम होता था, उसे एकान्तकी जरूरत थी। अब स्कालरशिप मिल गई थी। बापने खानेका भार स्वीकार कर लिया और गंगाधरको विलसन कालेजमें भर्तीके साथ-साथ वहीं होस्टलमें रहनेकी इजाजत दे दी।

गंगाधर बचपन हीसे लजालू था। पढ़ाईके प्रेमने उसमें कुछ और भी वृद्धि की। शायद साइंसके विदेहोंकी कहानी पढ़-पढ़ कर उसे भी

विदेह बननेकी रुचि हुई और खेल-कूदसे उसने कभी वास्ता नहीं रखा। एफ्० ए०में गंगाधरका विषय था गणित, भौतिक शास्त्र और रसायन शास्त्र। सारे बम्बई विश्वविद्यालयमें परीक्षामें प्रथम आना बतलाता है कि गगाधर साइंसका कैसा विद्यार्थी था। फाराडेके जीवन से वह बहुत आकृष्ट हुआ, और अपनेको बिजलीके आविष्कारक उसी महान साइंस-वेत्ताके कदमों पर चलाना चाहता था।

१६२०मे अधिकारीने बी० एस्‌सी० पास किया और द्वितीय श्रेणी मे। लडाईके बादके ये राजनीतिक हलचलके साल थे। मगर अधिकारी उससे बिलकुल अछूता था। उससे एक साल पीछेके डागे और दूसरे तरुण उसी विल्सन कालेजमे जोशीले व्याख्यानो द्वारा अंगारे उगल रहे थे, विद्यार्थियोंमे भी बड़ी हलचल थी, मगर गंगाधर दूर से खडा होकर देखना भी पसंद नहीं करता था। वह समझता था उसका क्षेत्र साइंस है।

बी० एस्‌सी०के बाद गगाधर मोरेश्वर अधिकारी बंगलोरके साइंस-इन्स्टिट्यूटमें खोजके काम पर चले गए। उन्हें वहाँ स्कालरशिप दी गई। खोज रसायन सम्बन्धी थी, जिसमे एक भारी स्फटिक बराईटसे गधकको अलग करना था। इस विषयकी पुस्तकें ज्यादातर जर्मन भाषामे थी। इसलिये अधिकारीने परिश्रमके साथ जर्मन भाषा पढ़ी और इन्स्टीट्यूटके पुस्तकोंका अच्छी तरह उपयोग किया। कृष्णाजी ने गंगाधरको रामभक्त बनाया था. त्र्यम्बक रणदिवेने साकार ईश्वर को झूठा कह कर निराकार ईश्वरका ख्याल दिलाया। बम्बई छोडते-छोड़ते वह ईश्वरके बारेमें उदासीन हो गये और १६२१में बंगलोर में ईश्वर-विश्वास भी उन्हे मूढ़-विश्वास मालूम होने लगा। राजनीति से अब भी उनको वास्ता न था, तो भी बंगलोर इन्स्टीट्यूटकी भीतरी बातोंने उनपर असर डाला। इन्स्टीट्यूट क्या था अंग्रेज थर्ड-क्लास साइंसवेत्ताओंका पिंजरापोल था, जिसमें गाये लँगड़ी-लूली ही आती थीं, लेकिन उन पर खर्च ज्यादासे ज्यादा करनेमें होड़ लगी हुई थी।

हाँ, गाँधीजीकी राजनीतिको गंगाधर बिल्कुल पसंद नहीं करते थे। मुमकिन है, इसमें लक्ष्मीबाईकी सुनाई शिवाजीकी कथायें और लड़कपनकी तिलक-भक्ति भी काम कर रही थी, मगर उनका कहना यही था कि राजनीतिक शक्ति छीननेमें योग, समाधि, ईश्वर, धर्म, अहिंसा आदिसे कुछ नहीं हो सकता।

१६२३मे उनका खोजका काम खतम हुआ। वहाँ रहते उनको यह भी पता लगा कि साइंसकी विशेष शिक्षा और अनुसंधानके लिए हिन्दुस्तानमे काम नहीं चल सकता। उन्हे जर्मनी जानेका ख्याल आया। वह इसी ख्यालसे घर (बम्बई) आये, देखा मँझला भाई जगन्नाथ गाँधीजीका चेला बनकर पढाई छोड़ चर्खा चला रहा है। पिता तो लड़केके सोलह वर्षके हो जाने पर "मित्रवद् आचरेत्" के माननेवाले थे। मगर गगाधरको घरमें अंधकारका घुसना पसद नही था। जगन्नाथको कुछ युक्तिसे कुछ डाट-डपटसे और कुछ अपने साइसके रोबसे पकड़ कर घर आनेके लिए मजबूर किया।

जर्मनी जाना वैसे होता तो बहुत मुश्किल था, लेकिन उस वक्त जर्मन सिक्के मार्क्सका दाम बहुत गिर गया था, इसलिये थोड़े रुपये में बहुतसे मार्क्स खरीदे जा सकते थे। उनके पिताके गाँव हरणैके रहने वाले बम्बईके एक प्रसिद्ध सर्जन डा० भाजेकरकी तरुण गगाधरमें दिलचस्पी थी। उन्होने कहा था कि आगे शिक्षा प्राप्त करनेमें अगर मैं कुछ कर सकूँ तो मुझसे कहना। गगाधरने इस वक्त डा० भाजेकरसे जर्मनी जानेकी इच्छा प्रकट की। डा० भाजेकर और गंगाधरके मामा देवासके तत्कालीन दीवान समर्थने ४५०० रुपये जमा कर दिये और अधिकारी जर्मनी जानेकेलिये १६२२में कोलम्बोको रवाना हुए। कोलम्बो से उन्होंने साइस-सम्बन्धी अपना एक निबंध बम्बई विश्वविद्यालयके पास भेजा, जिस पर एम० एस्-सी० की डिग्री उन्हें मिली।

अगस्त (१६२२)का महीना था। जब कि गंगाधर अधिकारी बर्लिन में पहुँचे। भौतिक-शास्त्र और रसायन-शास्त्र उनके प्रिय विषय

थे। बर्लिनमें डा० फोलमेरके नीचे उन्होंने भौतिक-रसायन, फोटो-रसायन, धरातल-रसायनके सम्बन्धमे खोज करनी शुरू की।

यहाँ मैक्स बियर (एक जर्मन लेखक)से किसी दिन भेट हुई। उससे रूसी क्रान्तिकी बात पहिलेपहल सुनी। लेकिन उससे गंगाधर को राजनीतिकी तरफ कुछ विशेष आकर्षण हुआ हो, ऐसी बात नहीं। वह अपने साइंसमें डूबे हुए थे। रूसी क्रान्तिने शोषणका अन्त किया यह अच्छी बात है—बस इतनी भर उनकी राय थी।

१६२३मे क्रान्ति-विरोधी एक तरुण रूसीसे उनका परिचय हुआ। वह साइंसका बडा ही तेज छात्र था, इसलिये गंगाधरका खिंचाव उसकी ओर होना स्वाभाविक था। दूसरी ओर वह तरुण क्रान्ति और सोवियत् शासनको बदनाम करने मे किसी बात को उठा नहीं रखता था। इसका असर गंगाधरपर उल्टा पडा। १६२४मे पहिले-पहल गंगाधर अधि-कारीको एक पुस्तक पढ़नेको मिली, जिसने उनके जीवन-प्रवाहको बदल दिया जैसा कि उसने असहयोगके बादकी पीढ़ी के कितने ही भारतीय नौजवानोंके जीवनमे किया है। यह थी रजनी पामदत्तकी पुस्तक "आधुनिक भारत" (Modern India)। गंगाधर जैसे साइंटिफिक दिमागके आदमीके सामने भारतकी सामाजिक राजनीतिक परिस्थितियों को भी साइंटिफिक तरीकेसे पेश किये जानेकी जरूरत थी, वह काम इस पुस्तकने किया। आज तक जिसने राजनीतिसे अपनेको बिलकुल अछूता रखा था, अब उसने बालपनसे चले आये साइंस-प्रेमको गौण स्थान देकर राजनीतिको अपना एक मुख्य काम समझा, यह इसी पुस्तकके करनेसे। मार्क्सवादको गंगाधरने एक मतवाद नहीं बल्कि एक साइंस के रूपमें देखा, जब उन्होंने मार्क्सकी "कमूनिस्त घोषणा"को पढ़ा। इस वक्त गंगाधर थे छब्बीस सालके। अबसे उन्होंने भारतीयोंकी राजनीतिक हलचलमें भाग लेना शुरू किया।

१६२४में ही देशसे रुपया मिलनेमें दिक्कत होने लगी, लेकिन प्रोफेसर फोलमेर अपने विद्यार्थीकी योग्यतासे परिचित थे। उन्होंने

गंगाधर अधिकारी जब अभी डाक्टर भी नही हो सके थे, तभी (१६२४ के जाड़ेसे) उन्हें एक जर्मन फर्मकेलिए कुछ्र रिसर्चका काम दे दिया और इसकेलिए उन्हें हर मास १५० मार्क्स लिफाफेमें बंद मिल जाया करते थे। अगले साल यह रकम १८० कर दी गई।

जुलाई १६२५में गगाधर अधिकारीका खोज सम्बन्धी निबन्ध स्वीकृत हुआ और उन्हे पी० एच्-डी० की उपाधि मिली।

डाक्टर गगाधर अधिकारी अब अपना बहुत समय राजनीतिक ग्रथों को पढ़ने तथा राजनीतिक सभाओ और संगठनोंमें भाग लेनेमें बिताते थे। इसी समय एक जर्मन कारखानेदारको रेडियो यत्रमे कुछ नई खोज करनेवाले साइसवेत्ताकी जरूरत थी। उसने डाक्टर फोलमेरसे कहा। यहाँ तीन सौ मार्क्स वेतनका ही सवाल नहीं था, बल्कि इतने बड़े फर्मके साइस-अनुसधान विभागका प्रधान बनकर अपने नीचे कितने ही साइसदानोसे अनुसधान करानेका बड़ा सन्मान भी था। यह स्वाभाविक ही था न कि स्थान देनेमें जर्मन विद्वान्को लेनेकी ओर ज्यादा झुकाव हो, मगर डाक्टर गगाधर अधिकारीकी योग्यता ऐसी थी कि सिल्वरमानने (यही उस फर्मके मालिकका नाम था।) डाक्टर गगाधर को ही पसद किया। यह १६२६के अन्तकी बात है। अपनी प्रयोगशालामे और दूसरे परिचितोंमे भी अब डाक्टर अधिकारी खुले कमूनिस्त प्रसिद्ध थे।

डाक्टर अधिकारीने अपने कामको बडी योग्यताके साथ निबाहा, लेकिन इसी बीच उनका राजनीतिक ज्ञान और काम करनेकी इच्छा इतनी प्रबल होती जा रही थी, कि वह अब देश-सेवामें लग जानेके लिए बेकरार थे। उधर उनके अपने कारखानेके कितनेही स्त्री-पुरुष, मजूरोंका इस सीधे-सादे साइसवेत्ताकी ओर बहुत ज्यादा आकर्षण पैदा हो गया था, लेकिन गगाधर अधिकारी जानते थे कि उनका कार्यक्षेत्र जर्मनी नही भारत ही बन सकता है। हाँ, जिन जर्मन तरुण तरुणियोंके सम्पर्कमें वह आये, उन्होंने उनके ऊपर बहुत अच्छा प्रभाव डाला।

यद्यपि डाक्टर गंगाधर अधिकारी जर्मनीमें ही कमूनिस्त बन गए थे, लेकिन वह रूस नहीं जा सके और शायद कुछ नामधारी नेताओंने भी उनको रूसमें देखना पसंद नहीं किया। जिस वक्त डाक्टर अधिकारी ने नौकरी छोड़ी, उस वक्त उन्हें ४८० मार्क्स मिलने लगे थे।

दिसम्बर १९२८में वह बम्बई पहुँचे। जहाजसे उतरते वक्त पुलिस ने तलाशी ली, जिसमें किसी दोस्तकी लिखी हुई एक रिपोर्ट मिली, जिसका सम्बन्ध कमूनिस्त इण्टर्नेशनलसे था और इसीके बलपर लाल-बुझक्कड़ोंने डाक्टर गंगाधर अधिकारीको वह मस्तिष्क होनेका खिताब दिया, जिसने कि भारतीय कमूनिस्तोंका कमूनिस्त-इण्टर्नेशनलके साथ सम्बन्ध जोड़ा—मेरठ षड्यन्त्र-केसमें इस बातपर पूरा जोर दिया गया। यद्यपि यह बात सरासर गलत थी। डाक्टर अधिकारी अभी तक कुछ पुस्तकोंको भले ही पढ़ चुके थे, लेकिन वह अपनेको मार्क्सवादके क-खमें समझते थे। क्योंकि व्यवहारकी जराभी शिक्षा उन्हें नहीं मिली थी। हाँ, साइंसका वह तेज दिमाग तबभी उनके पास था, जो कि आज अपना जौहर एक दूसरे क्षेत्रमें दिखला रहा है। बम्बईमें आते वक्तही मालूम हुआ कि इसी महीने कलकत्ता-कांग्रेसके वक्त वहां मजूर-किसान पार्टीकी कान्फ्रेंस होनेवाली है। घरवालोंने आशाकी होगी कि अब उनका गंगाधर किसी यूनिवर्सिटीमें प्रोफेसर होगा, उनके नामको उज्ज्वल करेगा और साथही पैसा भी कमायेगा। मगर जब उन्होंने डाक्टर अधिकारीको कलकत्ताका रास्ता लेते देखा, तो बहुत निराश हुए। बम्बई लौटकर वह अपने काममें जुट गये। उन्हें सिर्फ १०० दिन काम करनेको मिले। उन्होंने इस समय "क्रान्ति" (मराठी)में कितने ही लेख लिखे, जिनमें एक था "कमूनिज्मचा ओनामा" (साम्यवादका ओना-मासीधम् या क ख)। अंग्रेजी "स्पार्क" (चिंगारी)के लिए भी लेख लिखते थे। उस वक्त ब्राडले आदि कई अंग्रेज कमूनिस्त भारतमें आकर काम कर रहे थे। लेखोंके अतिरिक्त मजूरोंमें भाषण भी दिया करते थे, यद्यपि वह कोई वक्ता न थे।

मार्च (१९२९)में एक ही बार भारतके भिन्न-भिन्न प्रान्तोंमें कई जगहपर पुलिसने छापा मारा और तीन दर्जनके करीब राजनीतिक कर्मियोंको पकड़ लिया। फिर १९२९से ३३ तक लाखों रुपयोंको पानी-की तरह बहाकर मेरठ षड्यंत्र-केस चला। यद्यपि सरकारी बैरिस्टर बड़ा जोर देकर साबित करना चाहता था, कि डाक्टर गङ्गाधर मोरेश्वर अधिकारी सगठनका एक्सपर्ट (विशेषज्ञ) है। लेकिन संगठन करने, संगठनमे रहने और चलनेका अवसर पहिले-पहल यही मेरठमें डाक्टर गगाधरको सरकारकी कृपासे प्राप्त हुआ। कितने ही वक्तव्योंके मसविदे बनानेका काम डाक्टर अधिकारीको सौंपा जाता था। मेरठ षड्यंत्र-केसके अभियुक्तोंने बहुतसे विषयो पर अपने वक्तव्य अदालतमे दिये। उनमें किसानोंके सम्बन्धमें विद्वत्तापूर्ण वक्तव्य डाक्टर अधिकारीका तैयार किया हुआ था।

जेलके दिन मेरठ और नैनीमे काटने पड़े। यद्यपि मेरठमे उन्हें पाँच सालकी सजा मिली। मगर हाईकोर्टने पूरनचन्द्र जोशी तथा कितने ही और साथियोंकी तरह डाक्टर गगाधर अधिकारीकी सजाको उतना ही काफी समझा, जितना कि वह जेलमें रह चुके थे। १९३३के अगस्त या सितम्बरमें अधिकारी छूटे। वह बम्बई पहुँचे और वहाँ फिर काम शुरू किया।

१९३४के मईमे मजूरोंकी हड़तालमे भाग लेनेकेलिए दो महीनेके लिए उन्हें जेल भेज दिया गया और निकलनेके बाद सरकारने डाक्टर-का बाहर रहना खतरेकी चीज समझी और उन्हे बीजापुरमें ले जाकर उनके भाई जगन्नाथ अधिकारीके साथ नज़रबन्द कर दिया। नजरबन्द करनेके बाद सरकारने यह जाननेकी जरूरत नही समझी कि ये लोग जीवित आदमी हैं, इनको खाने-कपड़ेकी जरूरत होगी।

डाक्टर अधिकारीको नज़रबन्दीको मजूर करते हुए पेटकी भी तदबीर करनी थी। बीजापुरमें वार्निशका कोई कारखाना था। अधिकारी कारखानेवाले से मिले और उसके सामने कारखानेको ज्यादा लाभदायक

बनानेकेलिए कुछ सुझाव पेश किये। कारखानेवाला बेचारा नज़रबन्दको नौकर रखनेसे डरता था, लेकिन मजिस्ट्रेटने यह समझकर इजाजत दे दी, कि बैठा-ठाला दिमाग शैतानका मिस्त्रीखाना होता है। डाक्टर अधिकारी ३५ रुपये पर नौकर हो गये। वहाँ उन्होंने एक प्रयोगशाला बनाई। रंग बनानेके ढंगमें कितने ही सुधार किये और यदि कारखानेवाला ज्यादा साधन-सम्पन्न होता, तो शायद अधिकारीके ज्ञानसे और भी ज्यादा लाभ उठाता।

१९३७का फरवरी महीना था। सी० आई० डी०की पल्टन अब भी अपनी ड्यूटी पर मौजूद थी, डाक्टर अधिकारी जैसे कपड़ेको पहने किसी तरुणको देखकर वह सन्तुष्ट हो जाते थे, मगर डाक्टर अधिकारी तीन दिनसे बीजापुरसे गायब हो चुके थे।

उस वक्त वह कलकत्तामें कहीं छिपकर रहते थे। मईमें किसी दिन "आनन्द-बाजार पत्रिका"में उन्होंने अपने भाई जगन्नाथके मरनेकी खबर पढ़ी। एक पेटसे जन्मे, एक विचारके भाईके मरनेका कितना शोक हुआ, इसे कहनेकी अवश्यकता नहीं। जगन्नाथको खून न थमनेका रोग था। सरकारकेलिए एक आदमीके जीवनकी क्या कीमत? उसने चिकित्सा करनेका न खुद इन्तिजाम किया न उसकी सुविधा दी। अनेक भारतीय तरुणोंकी भाँति तरुण जगन्नाथ अधिकारी भी देश-सेवाकी भारी उमंगोंकेलिए चल बसा।

हरिपुरा कांग्रेसमें अधिकारी गये थे, मगर अभी भी उनके ऊपरसे वारण्ट हटा नहीं था। कांग्रेस मिनिस्ट्रीने पीछे वारण्ट हटा लिया और डाक्टर अधिकारी तबसे १९३९के शरद् तक खुलकर काम करते रहे। जब वर्त्तमान युद्ध शुरू होनेपर सरकारने उन्हें भी पकड़कर जेलमें डालना चाहा तो वह फिर गुप्त हो गये और पुलिस हिन्दुस्तानका कोना-कोना छानती ही रह गई, लेकिन वह हाथ नहीं आये। पिछले सालके मध्यसे वह फिर बाहर आगये।

डाक्टर गंगाधर अधिकारीकी साइंस-सम्बन्धी गवेषणाओंको उनके

निबन्धोंके पढ़नेवाले या जिन्होंने उनके साथ काम किया है वे लोग, जान सकते हैं; लेकिन अँगरेजी 'पीपुल्सवार' हिन्दी "लोक-युद्ध" और दूसरे पत्रोंको जो लोग पढ़ते हैं, उन्हें डाक्टर अधिकारीके युद्धकी आलोचना प्रति-सप्ताह पढ़नेका अवसर मिलता है। वह इस आलोचनासे जान सकते हैं डाक्टर अधिकारीकी पैनी दृष्टि और गम्भीर अन्तर्राष्ट्रीय ज्ञानको। वैसे डाक्टर अधिकारीके लेख अत्यन्त संक्षिप्त और कुछ कठिनसे होते हैं, खासकर जब कि वह किसी सिद्धान्तकी विवेचना करते हैं, लेकिन "युद्धकी प्रगति"में वह काफी सरल भाषाका प्रयोग करते हैं।

भावी भारतमें जब शोषणका अन्त हुआ, जब अराजकताकी जगह पंचवार्षिक योजनाओं जैसी योजनाओंके द्वारा देशको तेजीसे आगे बढ़ानेकी जरूरत पड़ी, जब इस योजनामें साइंसदानोंकी योग्यतासे पूरा फ़ायदा उठानेकी जरूरत पड़ी, उसकेलिये तब डाक्टर गंगाधर मोरेश्वर अधिकारी हमारे पास मौजूद हैं।

२५

सोहराब शा० बाटलीवाला

उस समय हिन्दुस्तानमें बोतलें (बाटली) नहीं बना करती थीं, काचका उद्योग-धंदा बहुत ही अविकसित अवस्थामें था। १६वीं सदीमें चीनसे हिन्दुस्तानमें बोतलें ज्यादा आया करती थीं। पारसी लोग ईरानी और भारतीय दोनों ही थे, इसलिये उनमें कूपमण्डूकता पहले हीसे बहुत कम थी, और फिर खेती-बारी नही करते थे, व्यापार, नौकरी आदिको जीविकाका साधन बनाया था। इसीलिये विदेशसे व्यावसायिक तथा व्यापारिक सम्बन्ध स्थापित करनेमें इन्होंने सबसे पहिले कदम बढ़ाया। चीनसे बोतलोंके मँगानेका काम बम्बईके एक पारसी सज्जनने लिया। जमशेदजी ताताका खानदान भी वही था, मगर बोतलोंके रोजगारके कारण व्यापारीने अपने नामके साथ बाटलीवाला लगाना शुरू किया। छोटा-मोटा व्यापार होता तो शायद बाटलीवाला बहुत सन्मानका नाम न होता, मगर रोजगार काफी मुनाफेका था, साथ ही बाटलीवाला परिवार आगे बड़े-बड़े डॉक्टरोंकी खान बन गया, जिससे यह नाम और भी सन्माननीय हो गया। डॉक्टर शाहबख्श सोहराब बाटलीवाला (मृत्यु १६३०) बम्बईके

विशेष तिथियाँ—१९०५ मई ५ जन्म, १९११ अक्षरारम्भ, १९१४-२१ न्यु हाईस्कूलमें, १९२१ मेट्रिक पास, १९२१-२२ सेंट जवियर कालेजमें, १९२२-२५ एलफिन्स्टन कालेजमें, १९२५ बी० ए० पास, १९२८ एल्० एल्० बी० पास, १९२७ प्रेमिकाकी निठुराईका आघात, १९३० नमक सत्याग्रहमें जेल—पिताकी मृत्यु, १९३१ तीर्थयात्री; ट्रेनमें, १९३२-३४ ढाई सालकी सजा, १९३५ कम्यूनिस्त, १९३७ नर्गिससे ब्याह, १९३७ मद्रास जेल, १९४०-१९४३ फरवरी छै मासकी सज़ा, फिर जेलमें नजरबंद।

एक बहुतही प्रसिद्ध डॉक्टर थे। वे बड़ेही राजभक्त और कांग्रेसके सख्त विरोधी थे। वह कई मिलोंके डॉक्टर थे। मजूरोंके साथ उनका वर्ताव सहानुभूतिपूर्ण होता था, लेकिन उन्हें कब मालूम था, कि उनका पुत्र राजभक्ति और राजभक्तोंको इतनी घृणाकी निगाहसे देखनेवाला बनेगा और भद्र समाजमे बदनाम साम्यवादी पथको स्वीकार करेगा। डॉक्टर शाहबख्श बाटलीवाला और उनकी स्त्री बच्चूबाईको १६ मई १६०५में एक पुत्र पैदा हुआ, जिसका नाम उन्होने ईरानके इतिहास-प्रसिद्ध वीरके नाम पर सोहराब रखा। शायद नाम रखनेमे पिता-माताने भूल नहीं की। सोहराबका एक भाई (बड़ा) और तीन बहनें (एक बड़ी) थीं, मगर पुत्रकी प्रतिभा देखकर डॉक्टर शाहबख्शका सबसे अधिक स्नेह सोहराबपर ही था—सोहराबकी अपेक्षा सोली नाम घर और मित्रोंमें ज्यादा प्रचलित हुआ। सोहराबने दादाका नाम ही नही पाया था, बल्कि उनका गर्म मिजाज भी पाया था। और कभी कभी इसके लिये सोली बहुत आत्मग्लानिमें पड़ जाता है। सोलीमें जिद्दकी मात्रा भी बहुत ज्यादा है—शायद क्रोध और जिद्द मिलकर आदमीको सैद्धान्तिक दृढ़ता प्रदान करते हैं। चार सालकी उम्रमें सोलीको मौसीके पास छोड़ कर माँ-बाप विलायत गये थे। मौसीका बच्चेपर प्रेम तो था, मगर उसकी जिद्दके मारे कभी-कभी मरम्मते भी करनी पड़ती थी। छै सालकी उम्रमें सोलीको एक बार पेचिश हो गई। पिता चिन्तित थे। उन्होंने एक बढ़िया दवाई भेजी। सोलीको शायद स्वाद पसन्द नहीं आया। उसने खानेसे इन्कार कर दिया। सोलीके इन्कारको स्वीकारमे बदलना टेढी खीर था। उसे आठ आदमियोने पटक कर पकड़ा और जबर्दस्ती मुँह खुलवाया। बेचारे छै वर्षके बच्चेके पास उतनी ताकत कहाँ थी। मुह खोलकर दवा तो ले ली, मगर भीतर ले जाने की जगह थू करके लोगों का कपड़ा खराब कर दिया।

बच्चूबाईका अपने छोटे पुत्र पर बहुत स्नेह था। बड़ा भाई उतना तेज नहीं था, इसलिये भी माता-पिता सोली पर ज्यादा स्नेह किया

करते थे। घरवाले सोलीकी जिद्दसे परेशान थे और पिताने तीन बार उस पर हाथ भी छोड़ा, मगर माँकी ममता अपार थी।

शिक्षा—छै सालकी उम्र (१९११) मे सोलीको धनबाईकी गुजराती शालामें पढनेकेलिए बैठा दिया गया। धनबाई और रूपाबाई दोनों बहनोंने यह पाठशाला खोल रखी थी। धनबाईका स्वभाव मीठा था, मगर रूपाबाई मरखई गाय थीं।

तीन वर्ष तक धनबाईके पास पढकर १९१४में सोलीको न्यू हाई स्कूलमें दाखिल कर दिया गया। इस स्कूलमें हिन्दू-मुसलमान-पारसी सबके ही लड़के पढते थे। सोली पहले स्टैंडर्डमें दाखिल हुआ और साल-साल एक-एक स्टैंडर्ड पास करते हुये १९२१में उसने सातवें स्टैंडर्ड या मैट्रिकको पास किया। वह अपने दर्जेमें सबसे तेज लड़का था। अंग्रेजी में खासतौरसे दिलचस्पी थी। पिता चाहते, तो घरमें अध्यापक भी रख सकते थे, मगर वह इसके सख्त विरोधी थे। उनका मत था, कि बच्चोंके दिमाग पर जबरदस्ती करके ठूस-ठूस कर विद्या पढ़ाना अच्छा नहीं। इतने जिद्दी स्वभावका सोली स्कूलमें बहुत ही भलामानुस लड़का समझा जाता था और उसे अच्छे आचरणकेलिए तमगा दिया गया था। उसको अपनी योग्यतापर जरूरतसे ज्यादा इतमीनान था, इसका नतीजा यह हुआ. कि पढ़ाई तेरह-बाईस ही हुई और मैट्रिकमें दूसरे दर्जे ही पर पास हो सका। सोलीका ममेराभाई भी साथ-साथ पढ़ता था, सोली बस उसकी चालको देखकर दो कदम आगे रहना चाहता था।

सोली जब छोटा था, उसी समय सासून मिलके मजदूरोंने हड़ताल कर दी थी। मजूरोंको दबानेकेलिए हाईलेंडरोंकी गोरी पल्टन बुलवाई गई। गोरा सिपाही राईफल ले दौड़ाता और मजूर भेड़की तरह भाग चलते। सोलीको एक ओर यह भागना बहुत बुरा लगता था "एक आदमीसे क्यों इतना भाग रहे हैं," दूसरी ओर हाईलेंडर सिपाही और उसका लहँगा वीरताकी प्रतीक मालूम होते। सोलीने अपने लिये हाईलेडरकी पोशाक बनवाई और पहिनकर वह कितने ही दिनों तक मार्च करता रहा।

सोलीके पिता डॉक्टर शाहबख्श तीस साल तक बम्बई कार्पोरेशन के मेम्बर रहे, जिसमें १६२८, १६२६मे मेयर भी थे। जिस वक्त सोली छठे स्टंडर्डमें गया, तबसे कॉलेजमें पढ़नेके समय तक पिता उसे बराबर कार्पोरेशनकी बैठकोंमें ले जाते। पिताकी आज्ञा थी, वह गेलरीमें बैठकर कार्पोरेशनकी कारवाईयोंको देखता रहे। एक दिन होमी मोदीने भाषण दिया। पिताने सोलीसे कहा, यह होनहार आदमी है। पिता समझते थे कि एक दिन सोली भी कार्पोरेशनमें घुसकर उसका मेम्बर बनेगा, अपने हुनरसे पैसा कमायेगा, दुनियामें मौजसे रहेगा और सरकार भी उसे सरकी पदवी दे अमरता प्रदान करेगी।

सोलीका स्वास्थ्य और शरीर यद्यपि उस समय उतना सबल नही था, लेकिन अपने सहपाठियोंका वह सदा नेता रहता था, गुण्डे लड़के तक भी उसके नेतृत्वको स्वीकार करते थे। शायद गरम-मिजाजी और बुद्धि की तीव्रता इसमें कारण थी। सोलीने एक दिन एक लड़केको पीट दिया। प्रिन्सिपलने बुलाकर पूछा—"तुम भले लडके हो, फिर हाथ क्यों छोड़ा?" "कैसे चुप रहता— "उसने मेरी माँको गाली दी। उसने माको क्यों घसीटा?"—उसने उत्तर दिया। प्रिन्सिपलने कहा—'गाली देना था तो माँको घसीटना ही पड़ता?" सोलीको अभी इतना तक पता नही था, कि झगड़ा लड़को-लडकोंमें होता है, दुर्गत बनती है माँ-बहनोंकी।

लड़ाईके दिनोंमें अपने पिताकी तरह सोली भी सरकारकी जीत (अंग्रेजोंकी विजय)को ध्रुव समझता था। उसके लिये देशभक्ति राजभक्तिसे कोई अलग चीज नही थी। जलियाँवाला बागके हत्याकाण्ड का उसके दिलपर कोई असर नही पड़ा। वेल्स राजकुमारके स्वागतमें सोली भी गया था, और उसकी कारपर किसीने पत्थर फेंका था। तो भी सोली राजभक्तिमे विघ्न-बाधा डालनेवालोंको बहुत बुरी निगाहसे देखता था।

कॉलेजमें—१६२१में सोली सेंट जेवियर कालेजमें दाखिल हुआ,

जहाँसे एक साल बाद एलफिंसटन कालेजमें चला गया। इतिहास और अर्थशास्त्र (आनर्स) पाठ्य-विषय थे। यहीं एलफिन्सटन कॉलेजमें मेहर-अली और मसानी सोलीके सहपाठी थे। अब खिड़की-दरवाजे बन्द कोठरीसे निकलकर वह खुली बारहदरीमें आ गया था। उसके सहपाठियों में कुछ कांग्रेसभक्त लड़के थे और कितनोंके माँ-बाप कांग्रेसमें भाग लेते थे। यहीं उसे बंगालके आतंकवादियोंके कुर्बानियोंके बारेमें पहले-पहल सुननेका मौका मिला। अब सोलीने, छात्र-बिरादरी (स्टूडन्ट ब्रदरहूड) और तरुण-संघ (यूथ लीग)में भाग लेना शुरू किया। यद्यपि सोलीने असहयोग नहीं किया, मगर उसके विचार ज्यादा राष्ट्रीयतावादी हो गये थे। बी० ए०में पढ़ते समय सोलीकी दिलचस्पी पाठ्य-पुस्तकोंसे बाहर तक काफी बढ़ चुकी थी। वह बाहरी पुस्तकोंको खूब पढ़ता, विश्वविद्यालयके सैनिक-कोरमें वह शामिल था और योग्यताके कारण सार्जेन्ट बन गया था। दो ही तीन साल पहले राजभक्तिका मतवाला सोली अब अंग्रेज-प्रभुओंका सख्त मुखालिफ हो गया। एलफिन्सटन कालेज सरकारी कालेज था। उसके अंग्रेज प्रिन्सिपल उन अंग्रेजोंमें थे, जिन्हें इस बातमें आनन्द आता है कि हिन्दुस्तानी अपनी आधीनता को हर वक्त समझते रहें। उनका सख्त हुकुम था, कि हाजिरी लेते वक्त लड़के खड़े हो "यस् सर" (हाँ साहब) कहा करें। सोलीको यह बात बहुत बुरी लगी। दर्जेमें प्रिन्सिपल हाजरी लेने आया। पहले तीन लड़कियोंका नाम लिया गया। चौथा कुछ देर करके बोला, इसपर प्रिन्सिपलने फिर नाम दोहराया, लड़केको खड़ा होकर फिर-फिर "यस् सर" कहना पड़ा। आठवाँ नम्बर सोलीका था। क्या करना है, सोलीने इसे पहले ही तय कर लिया था। सोहराब बाटलीवालाका नाम मुँहसे निकलते ही सोली खड़ा हो दोनों हाथोंको उठा कर सारा जोर लगा "यस् सर" कहा। सारा हाल गूंज उठा। प्रिन्सिपलको जितना आश्चर्य नहीं हुआ, उससे ज्यादा क्रोध हुआ। दुबारा नाम लेनेपर सोलीने फिर वही अभिनय किया। पीछे प्रिन्सिपलने सोलीको बुला भेजा और कुर्सी

पर बैठे, सोलीको खड़ा रखकर बात करना चाहते थे। सोलीने प्रिन्सिपल के इस असभ्याचरणकेलिए खरीखरी सुनाई और कहा कि मै इस तरह तुमसे बात नही कर सकता। प्रिन्सिपलके दिलमें धक्का जरूर लगा होगा, लेकिन उससे उन्होंने कुछ सीखा हो, इसकी उम्मीद नही हो सकती थी, क्योंकि भारतीय तरुणोंमें ये भाव अभी दो ही तीन सालोंसे उठने लगे थे। प्रिन्सिपलने दस रुपया जुर्माना किया, न देनेपर कालेजसे खारिज हो जानेकी सजा। बापने चुपचाप जुर्माना दे दिया। सोली बापपर बहुत नाराज हुआ। कॉलेजके एक अंग्रेज प्रोफेसर भी बड़े फरऊन-मिजाज थे। कोई लड़का यदि कोई बात पूछने जाता, तो वह मुँहके पास "व्हाट" (क्या) चिल्लाकर डरा देता। लड़के सहमकर लौट आते। सोली भी एक दिन झूठ-मूठ ही बात पूछनेकेलिए पहुँच गया। प्रोफेसरने उसी तरह "ह्वाट" कहा। सोलीने बड़ी गंभीरतासे कहा "आदमी पागल मालूम होता है।" उसी दिनसे साहबकी आदत छूट गई और वह सोलीका दोस्त बन गया। सोली एक सुन्दर वक्ता है। इसके लिये कॉलेजमें उसे प्रथम इनाम मिला करता था। बहसमे भी उसने कई बार विजय प्राप्तकी थी और नाटक करनेमें भी उसने प्रथम पारितोषिक प्राप्त किये थे।

बी० ए० पास करनेके बाद सोली लॉ-कॉलेजमें दाखिल हुए। अब वह पूरे राष्ट्रीयतावादी थे। हिंसा और अहिंसाके फेरमें नहीं पड़ा था, तो भी आतंकवादियोंके कुर्बानियोंके प्रति उनकी बड़ी श्रद्धा थी। अब उनका बहुत समय राजनीतिक कामोंमें जाता था। पारसी हिन्दुस्तानमे एक लाखसे ज्यादा नहीं हैं। वे शिक्षामें बहुत बढ़े हुए हैं और आर्थिक दशा भी औरों की अपेक्षा अधिक अच्छी रखते हैं; तो भी उनमे जात-पातकी कट्टरता बहुत् ही जबरदस्त है। कोई पारसी लड़की फिल्ममें आयी थी और पारसी पुरुष इतने आगबगूला हो गये, कि जानका खतरा देखकर लड़कीको नाट्य-मंचको छोड़ना पड़ा। बम्बईमें दूसरी जातिका आदमी पारसी लड़की से ब्याह करके जीनेकी आशा नहीं रख सकता। पारसी पूरी कोशिश करते हैं, कि अपने व्यवसाय, उद्योग-धंधेसे ज्यादासे ज्यादा पारसीयोंको फायदा

पहुँचायें। शायद इसमें एक बड़ा कारण यह था, यदि वह इस तरहके बंधन को न रखते, तो एकलाखकी उनकी जाति कभीकी दूसरोंके जन-समुद्रमें लुप्त हो गई होती। सोली अब साम्प्रदायिकतासे बहुत दूर हट चुका था। राष्ट्रीयताके साथ प्रेमने भी इसमें सहायता की थी। सोलीका आना-जाना एक गुजराती मित्रके घरमें होता था। घरकी लड़की—जो स्वयं भी स्कूल और कालेजमे पढ़ती थी—और सोलीमे घनिष्टता बढ़ने लगी और दोनों प्रेमपाशमें बध गये। यह प्रेम कई साल तक चलता रहा और दोनोंने मिलकर कितने ही मधुर सपने देखे थे। सोलीका इरादा था कि एल्-एल्० बी० पास कर हाईकोर्टके रोलमें नाम लिखवा लें और फिर विलायत जा एक सालमें बैरिस्टर हो आयें। किसी तरह प्रेमकी बात पिताको मालूम हो गई। सोली उस समय आखिरी सालमें था। सोलीने जब पितासे विलायत जानेकी बात कही, तो उन्होंने साफ तौरसे इन्कार करते हुए कहा—मैं पुत्रको हाथसे खोनेकेलिए विलायत नहीं भेजूँगा। सोलीके दिलको भारी धक्का लगा। वह परीक्षा न देनेकेलिए तय्यार हो गया। भविष्यका सारा सपना उसकी आँखोके सामने ध्वस्त हो रहा था। भूलाभाई देसाई सोलीको दार्जिलिंग ले गये। कुछ समझाया और कुछ घूमने-घामनेसे दिमाग ठिकाने हुआ। सोलीने एल्-एल्० बी० पास कर लिया।

अब सोलीके सामने स्वतंत्र जीविकाका प्रबंधकर प्रेमिकाको अपनी बनानेका सवाल रह गया था। सोलीने छै-सात महीना वकालत भी की, मगर उससे उसे घृणा हो गई। पिताने कस्टम् विभागमें दरखास्त दिलवा दी। वहाँ से फिर किसी बैंकके आफिसमें काम करते रहे। मगर मेहरअलीके गिरफ़ार हो जाने पर उसे भी छोड़ दिया।

सात सालोंसे जिस प्रेमको सोलीने अपने हृदयका एक अभिन्न अंग समझा था और उन्हे कभी आशा न थी, कि उस प्रेमको प्रेमिका इतनी बेदर्दीसे कुचल देगी। सोली तय्यार थे, अपने मां-बापके विरोधको बरदाश्त करनेकेलिए। पिता तो किसी तरह राजी न होते मगर

मा पुत्रका अनिष्ट कभी न होने देती। सोलीके रखे जहरके प्याले को वह एक बार हटा चुकी थी और जानती थी कि सोली कहाँ तक पहुँच चुका है। एक बार दोनों किसी सेवा-आश्रमको अपना जीवन देना चाहते थे, मगर आश्रमने स्थान न दिया। प्रेमिका अब विश्वविद्यालय की स्नातिका थी। शायद बाजारमें उसने अपने मूल्यको बढ़ते देखा हो और समझा हो घरसे निकाला कौड़ी-कौड़ीके लिये मुहताज यह पारसी तरुण उसे संसारके सुख-वैभवको कैसे दे सकता है?

एक दिन प्रेमिकाने बुलाकर सोलीको उनकी अँगूठी लौटा दी। सोलीका हृदय स्तब्ध हो गया। दूसरे दिन फिर जब तरुणीके पास गये तो उसने रुखको बिलकुल बदल कर कहा—"फिर यहाँ मत आना। लोग देखकर क्या समझेंगे।"

सोलीको अब दुनिया नीरस नहीं कड़वी मालूम होने लगी। सात साल तक वह जिस प्रकाशमें घूमते फिरे थे। उसके एकाएक अस्त होते ही उन्हें चारों ओर अंधकार ही अंधकार दिखलाई पड़ने लगा। सोली अब महाबलेश्वरमें अपने पिताके बंगलेपर चला गया, और तपस्वीकी जिन्दगी बिताने लगे। उनका शरीर दिन पर दिन सूखने लगा और कितनी ही बार आत्म-हत्यासे वह बाल-बाल बचे। तरुणीने सोली को बुलाया। सोलीका हृदय उतना हरा नहीं हुआ, लेकिन वह तरुणीके पास पूना चला गया। तरुणीने कुछ मीठी-मीठी बातें बनाईं, फिर तुरत ब्याह कर लेनेका प्रस्ताव किया। सोलीने कहा—"तीस दिनकी मोहलत दो, फिर मैं शादी कर लूँगा यदि इसके अन्दर तुम्हारा विचार न बदल गया।"

तरुणीने विचार बदल दिया और किसी दूसरेकी बन गई, जहाँ शायद उसके प्रेमका मूल्य सिर्फ एक सच्चे हृदयके रूपमें न सही रुपये, पैसे, साड़ी, भूषण, मोटर, बंगलोंके रूपमें अधिक चुकाया जा सकता था। १६२६में २४ वर्षकी अवस्थामें सोलीको हरा बाग उजड़ा हुआ दिखाई पड़ा। एक बार जहरकी तय्यारी कर चुके थे, लेकिन अब आत्म-हत्या करना कुछ शरीरको मुफ्त लुटाना जैसा मालूम हुआ। सोलीने सोचा, यदि

इस जीवनको देना ही है. तो किसी अच्छे काममें देना चाहिये, ऐसे काममे देना चाहिये, जिसमें बहुतोंका हित हो। कॉलेज-जीवनमें उत्पन्न देश के प्रति प्रेम भी आत्म-हत्या करनेमें भारी बाधक सिद्ध हुआ।

राजनीतिमें—१९३०का नमक-सत्याग्रह छिड़नेको आया। सोलीने बैंकिंग जॉच कमेटीके कामसे इस्तीफा दिया। वह सीधे सूरत गये। धारासेनाके नमक-गोदामके लूटनेका काम था। सोलीको कुछ सैनिक शिक्षा मिली थी, वह आक्रमण और आत्म-रक्षाकी बातोंको जानते थे। उन्होंने सोचा कि बिना एक भी नमककी डली हाथ लगाये पकडकर जेल जाना अच्छा नहीं, इसलिए आगे-पीछे चलकर आक्रमण करने की जगह फैली पांतीसे आक्रमण करना होगा। नमक-गोदामके पास पहुँचनेपर वहाँ कटीले तार लगे हुये थे, उसके काटनेकेलिए सोली ने आश्रमवालोंसे एक कटर मांगा। उन्हें यह सुनकर आश्चर्य हुआ। वह तो नमक लूटनेको नहीं जेल जानेको सत्याग्रह समझते थे। सोलीको अपने प्राणोंका कोई मोह न था। उसने अपने सौ स्वयंसेवकोंसे कसम ली कि वे बिना नमक लिए पीछे नहीं लौटेंगे, चाहे रास्तेमें मर भले ही जायं। पुलिस जहा सौ, सौ दो-दो सौकी पांतीके सामने खड़े होकर लोगोंको आसानीसे काबू मे कर सकती थी, वहा सोलीकी सेना आगे पीछे चलनेवाली पांती में नहीं थी। फैली पांतीको रोकनेकेलिए एक-एक आदमीपर कई-कई सिपाहियोंकी जरूरत होती! अब सिवाय लाठी-प्रहारके कोई रास्ता न था। आठ आदमियोंको पुलिसने घायल किया, मगर वह स्वयंसेवकोंको रोक नहीं सकी। सोलीके साथियोंने कई बार गोदामसे नमक लूटा—लूटे नमकको रखकर फिर लूटने जाते। सोली पकड़े तो गये, मगर अपने कामसे उन्हें बड़ी प्रसन्नता हुई। गांधीवादी नेताओंने भी मनही मन इस पारसी तरुणकी निर्भयताकी प्रशंसा जरूर की होगी।

पिताको जब खबर लगी, तो वे धारासेना पहुँचे। पुलिस-अफसर

ने इस शर्तपर सोलीको छोड देनेका वचन दिया, कि सोली सत्याग्रह से हट जाय। सोलीने अन्न, जलके साथ बोलना भी छोड़ रखा था। पिताने बात करनी चाही। सोलीने एक स्लेटपर अपने दृढ़ संकल्पको लिख दिया। बूढ़े पिताके शरीरके बोझको पैर सम्हाल नही सके वह बैठ गये, दिल और भी ज्यादा बैठ गया। उन्होंने इतनाही कहा "तुमने जो कुछ किया अच्छा किया।" उन्हें माफी मांगने या सत्याग्रह छोड देनेकी बात सोलीके सामने रखनेका साहस ही नही हुआ। वे जानते थे कि उनका सोली बचपन हीसे जिद्दी है। उनको क्या पता था कि जिस सोलीको मेयर और सर बनकर वह एक दिन पारसियोंका सरताज देखना चाहते थे, वह बागी और कैदी बनेगा। पिताके ऊपर यह ऐसा वज्र-प्रहार था, कि उसे उनका शरीर भी बर्दाश्त नहीं कर सका और उसी साल उनका देहान्त होगया।

जेलमें—सोलीको नौ महीनेकी सजा देकर नासिक जेलमें भेज दिया गया। राजनीतिक बन्दियोंपर तरह-तरहके अत्याचार होते थे। सोली उसे बर्दाश्त नहीं कर सकते थे। वह सुपरिटेन्डेंटसे झगड़ पड़े। उन्हें अब सी क्लासका कैदी बनाकर बम्बई भेज दिया गया और वहासे फिर त्रिचनापल्ली (मद्रास)के जेलमें बदल दिया गया। पिताने बड़ी ही करुणापूर्ण चिट्ठी लिखी थी। उस वक्त सोलीको क्या पता था कि अक्तूबर १६३०के बाद शैशवसे परिचित वह मुख देखनेको फिर नहीं मिलेगा। त्रिचनापल्लीमे सोलीकी सुन्दरैय्यासे भेंट हुई, लेकिन अभी राजनीतिक अध्ययनकी ओर सोलीका ख्याल न था। वह जेलके भीतर होते हरएक अत्याचारके खिलाफ जहाद करनेकेलिए तैय्यार थे। राजनीतिक बन्दियोंके पाँचो अंगुलियोकी छाप लेनेकेलिए जब पुलिस आई, तो सोलीने छाप न देनेकेलिए साथियोंको तैय्यार किया। आखिरमें छाप लेनेकी बात छोड़नी पड़ी। राजबन्दियोंकी तकलीफोंको दूर करानेकेलिए सोलीने भूख-हड़ताल की। वह ३० दिन तक चलती रही। सोली मरणासन्न हो गये तब उन्हें छोड़ दिया गया।

जेलसे छूट कर (१९३१) सोली सीधे बम्बई आये। उस समय बम्बईमें हडताल चल रही थी. जिसके तुड़वानेमें मुंशीने खासतौरसे मदद की थी। सोलीका विश्वास अब गाधीवादी राजनीतिमें नहीं रह गया। इसी बीच गांधी-इरविन समझौता हो गया और सत्याग्रह करने या जेल जानेका काम भी नहीं रहा।

तीर्थयात्रा—(१९३१,—सोली सोच रहे थे कि क्या करना चाहिये। बम्बईमें चुप बैठनेसे फिर प्रेमका घाव अपना असर दिखलाने लगता। उसी समय उन्होंने देखा कि तीर्थयात्रा-ट्रेन बम्बईसे भारत के भिन्न-भिन्न स्थानोंमें घूमने जा रही है। उन्होंने ट्रेन पकड़ी। कई हिन्दू-तीर्थो मे गये। एक बार विवेकानन्दके ग्रन्थोंने सोलीको प्रभावित किया था। वेलूर मठको जब देखनेकेलिए गये तो ख्याल आया कि क्यों न मै भी यहाँ संन्यासी हो जाऊँ। लेकिन वहाकी दूकानदारी देखकर सोलीका मन उचट गया। ऋषिकेशमे भी एक बार संन्यासी-जीवन मनमे कुछ आकर्षण पैदा करने लगा, लेकिन वहांकी भी दूकानदारी मालूम हो गई और वह लौट आये।

हां, जब सीमाप्रान्तमें पहुँचे और वहां लालकुरतीवाले खुदाई खिदमतगारोंको देखा, तो सोली बहुत प्रभावित हुए। उनके मनने कहा बस, इस प्रकारका संगठन चाहिये।

सोलीको मालूम ही था कि गाधी-इरविन समझौता चिरस्थायी नहीं रहेगा और सघर्ष फिर होगा। वह सीधे ओलपाट (सूरत) पहुँचे और वहाँ स्वयसेवकोंकी तैय्यारीमें जुट पड़े। उन्होंने ऐसे स्वयसेवकोंको तैय्यार करना तय किया, जो कि फौलादकी तरह डटे रहें। दो महीनेमें उन्होंने १५० किसान-तरुणोंको शिक्षा दी। शिक्षामें चर्खा और स्वदेशीके साथ कवायद और लाठी चलाना भी था। उन्होंने अपने स्वयंसेवकोंसे प्रतिज्ञा ली, कि हम तब तक घर नही जायेंगे, जब तक स्वराज्य नहीं मिल जाता। गांधीवादी भक्तोंको सोली और उनके स्वयंसेवकोंसे भय लगने लगा, उन्होंने

सोलीको समुद्र-तट पर जानेकी इजाजत नहीं दी। सोली अपनी मेहनत को बेकार होते देख इस्तीफा देकर बम्बई चले आये। १९३२में कितने ही समय तक सोलीने अन्तर्धान रहकर कांग्रेस-आन्दोलनको चलाया। फिर पकड़े गये और ढाई सालकी सजा देकर बीजापुर जेलमें भेज दिये गये। गांधीवादी राजनीति अब उन्हें बिलकुल निःसार मालूम होने लगी और वह समाजवादकी ओर झुकने लगे। १९३३में मेरठके वीरोंको लम्बी-लम्बी सजायें हुई। उस समय वह पूरी तौरसे इस ओर आकृष्ट हुए। अब वह जैसे-तैसे भी प्राप्तकर समाजवादकी पुस्तकें पढ़ने लगे।

१९३४में सोली जेलसे छूटकर बाहर आये और मसानी, मेहरअली आदिके साथ मिलकर कांग्रेस सोशलिस्ट पार्टीका संगठन करने लगे। विधान बनाते वक्त सोलीने अपना मतभेद प्रगट किया। इसपर दूसरे लोगों ने उन्हे कमूनिस्त कहा। अभी तक उन्होंने कमूनिस्तोंके बारेमें सिवाय नामके और कुछ नही जाना था। सोलापुरमें हड़ताल हुई। कुछ कांग्रेस सोशलिस्ट नेता व्याख्यान देने गये, मगर खाली हाथों लौट आये। सोली को मालूम हुआ, कि उनको नेता बननेका जितना शौक है, उतना काम करनेका नही। सोली काम करना चाहते थे, और काम सीखना चाहते थे। यही उन्हें कमूनिस्तोंके नजदीक आनेका मौका मिला। सोली को सात महीनेकी सजा हुई, जो हाईकोर्टसे चार महीनेकी रह गई।

जेलसे छूटनेके बाद सोली बम्बई आये। बम्बईमें अखिल भारतीय कांग्रेस सोशलिस्ट पार्टीकी कान्फ्रेंस होनेवाली थी। सोलीको जबरदस्ती स्वागतकारिणीका सेक्रेटरी बनाया गया। वहाँ पर भी उनपर कमूनिस्त होने का इल्जाम लगाया गया।

१९३५में सोली कमूनिस्त पार्टीके उम्मेदवार मेम्बर बने। गांधी जीको उन्होंने एक पत्र लिखा, जिसपर उन्होने वर्धा आनेके-लिए कहा। राजनीतिमें सत्य और अहिंसाके बारेमें गांधीजीसे दो घण्टे तक बात-चीत होती रही। उसके बाद शामको फिर बात करनेकेलिए

गांधीजीने आनेको कहा। शामको उन्होंने सेवगाँवके आस-पासके किसानोंकी अवस्थाको देखा और उन्हें यह समझनेमें देर न लगी, कि गाधीवाद किसानोंकेलिए कुछ नहीं कर सकता। फिर वह गाँधीजीसे बात करने नहीं गये।

१९३६में सोली फैजपुर गये। कांग्रेस सोशलिस्ट पार्टीमें उनको नेताओंके विरोध करने परभी चुन लिया गया।

बम्बई लौट कर सोलीने बी० बी० सी० आई० रेलवे मजूर-सभा और गिरनी कामगार यूनियनसे काम करना शुरू किया। बाटलीवाला सुन्दर वक्ता थे ही, देशके दूसरे स्थानोंके साथी उन्हे बुलाते रहे।

१९३७में कांग्रेस मिनिस्टरीने शासनकी बागडोर अपने हाथमें ली। व्यकटगिरि (नेल्लोर) में सोलीने जो व्याख्यान दिया था, उसपर राजगोपालाचारीकी सरकारने मुकद्मा चलाया। यह व्याख्यान एम० एन० रायके उन व्याख्यानोंके विरोधमें था, जिन्हें दक्षिणपन्थी कांग्रेसियोंने कमूनिस्तोंके प्रभावको तोड़नेकेलिए मद्रास-प्रान्तमें करवाया था। सोली अपने व्याख्यानों द्वारा मद्रासमें कहीं कमूनिस्तोंके प्रभावको बढ़ा न दे, इसीलिये कांग्रेसी सरकारने मुकद्मा चलाकर सोलीको जेलमें बन्द कर दिया। देशके दूसरे स्थानों पर इसका विरोध किया जाने लगा और बदनामीके भयसे कांग्रेस कमेटीने मजबूर किया, जिससे मद्रास-सरकारने चार दिनही बाद सोलीको जेलसे निकाल दिया।

बम्बईमें मसानीके गुट्टको सबसे ज्यदा भय सोलीसे रहता। सोलीभी इन नेताओंको नंगा करते रहते थे। 'विश्वराजनीति में कांग्रेसी सोशलिस्ट दृष्टिश्रेण' लेखमें सोलीने इन नेताओंकी वेईमानियाँ दिखाईं। १९३८ मे सोनपुरमें जो समाजवादी ग्रीष्म-स्कूल खोला गया था, उसमें सोली भी व्याख्यान देने आये थे। मतभेदोंके कारण सोलीने कांग्रेस सोशलिस्ट-पार्टीसे इस्तीफा दे दिया और अब वे खुले तौरसे कमूनिस्त पार्टीकी ओरसे काम करने लगे। १९३८-१९३९ में देशकी भिन्न-भिन्न जगहोंमें सोलीने

कितनेही व्याख्यान दिये। उड़ीसा, बंगालमें इनपर मुकदमें चलाये गए। फरवरी १९४०में कलकत्तामे उन्हें ६ महीनेकी सजा हुई। सजाके समाप्त होतेही उन्हें नजरबन्द करके जेलमें ठोंक दिया गया, फिर देवली कैम्पमें भेजा गया। देवली कैम्पमें भी वह इतने खतरनाक समझे गये, कि डागे और रणदिवेके साथ अजमेर-जेलमें उन्हें कई महीने रखा गया। इस बीच देवलीमें अलग मकान तैयार किया गया, फिर तीनोंको वहाँ रख दिया गया।

रूसपर हिटलरके आक्रमणके बाद युद्धके स्वरूपमें जो परिवर्तन हुआ, जिस तरह कम्युनिस्तोंने देशको फासिस्तोंके विरुद्ध तैयार होनेके-लिये आह्वान किया, उससे सरकार कमूनिस्त पार्टीको बहुत दिनो तक गैर-कानूनी नहीं रख सकती थी—गैर-कानूनी रखनेका मतलब था इंगलैंड और अमेरिकामें सख्त आलोचना। लेकिन जुलाईमें कमूनिस्त पार्टीपरसे प्रतिबन्ध हटा देनेके बाद तथा बहुतसे कमूनिस्तोंके जेलसे छोड़ देनेपर भी सरकारने डागे और बाटलीवालाको छोड़ना नहीं चाहा। चारों ओरसे दबाव था, और उधर सोलीका स्वास्थ्य भी बिगड चला, तब फरवरी १९४३में उन्हें छोड़ा गया। सोलीका विकास कितनी ही बार एकाएक हुआ। आठसे सोलह सालकी उम्र तक माँका खूब प्रभाव रहा, जिससे वह कट्टर धार्मिक बन गये थे और यास्ना तथा दूसरे धार्मिक पाठोंको प्रति दिन किया करते थे। रोज आतिश-बहराम (अग्नि-मन्दिर)में जाते। मज्दा (भगवान्)के बड़े भक्त थे। कॉलेजमें जानेपर उन्हें पारसी धार्मिक क्षेत्रसे अधिक खुली जगहमें आनेका मौका मिला। 'गाथा' पढ़ते हुये उन्होंने गीता और हिन्दू-दर्शनकी कुछ पुस्तकें पढ़ी। अब सिर्फ 'मज्दा'की श्रद्धापर उनका गुजर नही हो सकता था। उन्होंने तर्क-वितर्क शुरू किया। बुद्धिवादकी कितनी ही पुस्तकें पढ़ीं, फिर समाजवादके कितने ही ग्रन्थ हाथ लगे। अब ईश्वर उनके लिये एक कल्पितसी चीज मालूम होने लगी।

एक बार प्रेमकर सोलीने बहुत धोका खाया था। उनके हृदय में,

जान पड़ता था, प्रेमकेलिए स्थान नहीं रह जायगा। लेकिन उसने आखिरमें जगहकी और नरगिस्को पाकर सोली घाटेमें नहीं रहे। पारसियोंमें सगी बहन छोड़कर बाकी किसी भी लड़कीसे ब्याह किया जा सकता है। मामाके मरनेपर लोग मामीकी सम्पत्तिको लूटना चाहते। माँके कहनेपर सोलीने आकर सब ठीक किया। मामाकी लड़की नरगिस् को उसके बचपनमें सोलीने देखा जरूर था, लेकिन उस वक्त उसे और कोई ख्याल नहीं था। लेकिन अब नरगिस् तरुणी हो गई तो वह सोलीके उद्देश्योंसे सहमतही नहीं सहकारिणी भी थी। सोलीने १९३७में नरगिस्से ब्याह किया। नरगिस्ने अपने कामसे कम्युनिस्ट-आन्दोलनमें विशेष स्थान प्राप्त किया है।

२६

मुहम्मद शाहिद

गरीबी क्या होती है, इसका स्वाद उसने बचपनहीसे चखा था। तेरह वर्षसे उसे अपनी रोजी कमानेकी फिक्र पडी। कभी काम मिलता और जिन्दगी कुछ निश्चिन्ततासे गुजरती, कभी बेकार हो जाता और दाने-दानेकेलिए मुहताज हो रातको फुटपाथपर सोता। उसने कारखाने की मजूरी की थी और मजूरोंकी तकलीफे समझता था। जब उसके साथी मजूर जीविकाकेलिए लड़ रहे थे, तो वह पीछे कदम कैसे रख सकता था। मजूरोंकेलिए उसने कई बार जेलोकी सजा भोगी, प्रलोभनोमे न पडनेकेलिए उसने अपनी शादी तक न की। साम्प्रदायिकताके काले बादल कई बार उसके आसपास मडराये, मगर उसपर उनकी छाया न पड सकी। अपनी हिम्मत, अपने गुणों, अपने स्वार्थ त्यागसे आज कई सालसे बम्बईके मजूरोंका वह सर्वप्रिय नेता है। यह है कामरेड मुहम्मद शाहिद।

विशेष तिथियाँ—१९०३ जन्म, १९०९-१३ टिकरा स्कूलमें, १९१३ बबई, १९१३-१९१६ उर्दू-गुजराती स्कूलमें, १९१६-२१ दरीके कामकी मजूरी, १९२१ खिलाफत आन्दोलनमें, १९२२-१९२३ खादीका काम, १९२३-२७ दरी बुनाईके मजूर, १९२७-२९ मिलमजूर, १९२९ हडताल, कमूनिस्तोंका साथ, १९२९-३० बाटके भिखारी, १९३० नमक-सत्याग्रह, १९३१ फिर दरीका काम, १९३२-३३ लाल-झंडा गिरनी कामगार यूनियनके उपसभापति, १९३४ दो सालकी सज़ा, १९३३-३८ मजूर सभामे काम, १९३९ बबई कार्पोरेशनके मेंबर, १९४० मई २२, छै मासकी सजा, १९४० जून से १९४३ जुलाई १८ जेलमे नजरबन्द।

लखनऊके पास बाराबंकी एक छोटा सा जिला है, जिसमें जगौर स्टेशनसे कितनेही मील दूर सरथरा नामका एक छोटा सा गाँव है। यह गाँव ज्यादातर शेख लोगोका है। लेकिन उनके पचहत्तर घरोंमें बहुत कमके पास जमीन बच रही है। हाँ, वह गाँवके जमींदार तथा अशरफ समझे जाते हैं। गाँवमें जुलाहोंके पाच, दर्जीका एक बकरकसाईका एक, कुंजड़ेके तीन, बनियेके दो, भैंस पालनेवाले गूजरोंके दो, कुर्मीके दस, पासीके दो, बाह्मणोंके दो, अहीरके पाच और चमारोके ३० घर हैं। गाँवके जमींदार शेख लोगोंके अलावा बाराबंकीके एक वकील साहब भी हैं। गेहूँ, चना ऊखकी खेती गाँववालोकी जीविका है। लोग ज्यादातर बहुत ही गरीब हैं, जिसके कारण कितने ही लोग घर छोड देश बिदेशमें मारे-मारे फिरने केलिए मजबूर हुये। शेख नाजिम अली (मृत्यु १४ अगस्त, १९४३)ने उर्दू मिडिल पास किया था। दादाके पास अपनी ही जमीदारीकी काफी जमीन जोतनेकेलिए थी। मगर बापके पाच भाइयोंमें बँट जानेपर वह इतनी कम हो गई, कि उससे जीविका नहीं चल सकती थी। देशमें नौकरी नहीं मिली तो नाजिम अली भागकर बम्बई चले आये। उनकी पढी विद्या वहाँ किसी काम न आई और १९०७ ई०से मजूरोंके महल्ले मदनपूरामें रहकर उन्होंने दरी बुननेका काम शुरू किया। कभी दरीकी माँग होती, तो कुछ खाते, और कुछ घर भेज देते, कभी माँग न रहती तो भूखे मरते। सूरत, पजाब या कलकत्तामें भी दरी बुननेकेलिए जाते। नाजिम अली मजूर थे। और रोजा-नमाजकी कडी पाबंदी न रखते हुए भी धर्ममे उनका विश्वास था।

नाजिम अलीकी स्त्री नमाजुन्निसा (मृत्यु १९१८) बहुत सीधी-सादी औरत थी। पतिकी गरीबीमे उन्हें ढाड़स बँधाना अपना फर्ज समझती थी। उनका ख्याल था कि भगवान्‌ने जो कुछ तकलीफ दी है, वह हमारे भले ही के लिये। वह खुद रोजा निमाज रखतीं, अल्लाकी बन्दगी करतीं और उम्मीद रखतीं थी कि मरनेके बाद अल्ला जरूर उन्हे मिया और बच्चोंके साथ बहिश्त बख्शेगा। पहले बहुत सालो तक नमाजो घर पर

रहती और मिया बम्बईमे दरियाँ बुनते। लेकिन १६१३में पतिने बम्बई बुला लिया और तबसे वह वही रहने लगीं।

नाजिम अली और नमाजुन्निसाको १६०३के किसी महीनेमें एक बच्चा पैदा हुआ, जिसका नाम रखा गया मुहम्मद शाहिद।

शाहिद्के पिता उस समय बम्बईमें रहते थे और मा-बेटे ननिहाल मंगरवलमें। शाहिदकी सबसे पुरानी स्मृति साढ़े तीन सालकी है, उस वक्त वह खुरपीसे खेल रहे थे, किसी चीजको काटते वक्त वह बाये हाथकी अनामिका पर लगी और हड्डीके पास तक पहुँच गई। खून बह चला और शाहिद बेहोश हो गये।

बचपन—शाहिदको किस्सोंके सुननेका बहुत शौक था। उन्होंने कितने ही भूतो और जिन्नोके भी किस्से सुने, जिसके कारण अँधेरेमे डर लगने लगता। गाँवके लड़कोंके साथ खेलना उन्हें बहुत पसंद था। कभी कबड्डी खेलते। कभी गोली। दरख्तों पर खूब चढ़ते। वह अवधीके गानों को बहुत पसन्द करते।

शिक्षा—छै वर्षकी उम्र (१६०६)में शाहिद मंगरवलसे दो फर्लांग दूर टिकरा (कसबा)के मदरसेमें पढ़ने जाते। मदरसेमें दो अध्यापक और सौके करीब लड़के थे, जिनमें एक मुंशी हरप्रसाद भी थे। मुशीजीका सिद्धात था, कि बिना छड़ीके विद्या दिमागमें नही घुसती। शाहिद भी पिटते। वैसे शाहिद पढ़नेमें खराब नही थे। भूगोल छोड़ सभी चीजे उन्हे पसद थीं। शाहिद कितनी ही बार किताबोंको दरख्त पर टाँगकर खेलनेमें लग जाते। लडकोंकी फौजके वे नेता थे, जिसमें कुछ तो अपना गुण सहायक था और कुछ एक खाते-पीते असर रखनेवाले मामूका भाँजा होना भी था। उस समय शाहिदका स्वास्थ्य बहुत अच्छा था।

शाहिदने तीसरे दर्जे तक पढ़ा। अब उनकी उम्र दस साल की थी। वे जानते थे कि मेरे पिता कही दूर बम्बईमें रहते हैं।

१६१३में पिताने शाहिद और उनकी माको बम्बई बुला लिया। पिता कई साल तक घर नहीं गये थे, मा-बेटेको बहुत खुशी हुई।

शाहिदने इससे पहले कोई शहर नही देखा था—बाराबंकीको भी नहीं देख पाये थे। यद्यपि रेलवेलाईन गावके पाससे जाती थी, मगर रेल पर वे चढ़े न थे। रेल उनके लिये एक अजीब सी चीज थी। फिर बम्बई जैसा शहर उनके सामने आया। उसके बड़े-बड़े मकान, साफ-सुथरी सडकें शाहिदको अच्छी मालूम हुई। उन्हे सबसे खुशी यह थी, कि पिता रोज एक-दो पैसे दे देते हैं। और शाहिदको खानेकी चीजे मिलती हैं। वह मदनपुरामें रहते थे।

मदनपुरामें ज्यादातर मजूर बसते हैं, और प्रायः सभी मुसलमान हैं। दस सालके शाहिद अभी कोई काम तो कर नही सकते थे, पिताने उन्हे वहीके सेन्ट्रल स्कूलमें दाखिल कर दिया। शाहिद वहाँ उर्दू और गुजराती पढ़ते थे। ३०० लड़कोंमें यद्यपि अधिकतर यू० पी०के थे, मगर स्कूल-केलिए पैसा देनेवाले गुजराती मुसलमान थे, इसलिए वहाँ गुजराती भी पढाई जाती थी। अभी तक शाहिदने कुरान और नमाजका नाम ही भर सुना था, मगर यहाँ उन्होंने दो-चार सिपारे पढ़े, शायद नमाज भी सीखी। खींच-खाँचकर किसी तरह शाहिद वहाँ तीन साल (१९१३-१६) तक पढ़ते रहे। खर्चके डरसे उन्होंने अंग्रेजी नही ली थी। १९१६में लड़ाईका दूसरा साल चल रहा था। पिताकी आर्थिक अवस्था बहुत खराब थी। उनके सामने सिर्फ दो आना महीना फीसका ही सवाल नहीं था, बल्कि छोटी बहन सहित चार प्राणियोंके आहारका भी सवाल था।

तेरह सालका मजूर—शाहिद शाम-सवेरे दरीकी बुनाई और ताना-बानाका काम कुछ सीख चुके थे। अब पिताने शाहिदको भी दरी के काममें जोत दिया। अनाज बहुत महँगा था। चार आदमीके खाने पर तीस रुपयेसे क्या कम खर्च आता। ऊपरसे सात रुपया मकानका भाड़ा था। सूत भी कम मिल रहा था, नही तो बाप बेटे मिलकर काफी कमा लेते। पिता कभी कुछ कर्ज लाते, और कभी एक आध शाम परिवार चने-चबेने पर गुजार देता।

शाहिदको लड़ाईके बारेमें इतनाही मालूम था, कि कहीं पर जर्मनों और अंग्रेजोंसे लड़ाई हो रही है। कभी-कभी पिता "पंच-बहादुर" (साप्ताहिक) लाते, तो शाहिद भी उसे पढ़ते। उसमें परिहास बहुत रहते थे।

इस गरीबीमें तन्दुरुस्ती कैसे अच्छी रह सकती थी? भूख, दिन-रातकी मेहनत और बच्चोंकी तकलीफ देखकर माँ दिन पर दिन घुलने लगी। उन्हें तपेदिक होगई और आखिरमें उसीमें (१६१८)मे चल बसी।

पिताने लड़कीको दादाके पास घर भेज दिया। अब बाप-बेटे भुख-मरीसे लोहा लेरहे थे।

लड़ाई बन्द हुई अनाजका दाम कुछ घटने लगा और शाहिद और उनके पिताने भले दिनोंकी उम्मीद की, मगर दरीका रोजगार बिगडता ही गया और १६२० तक पहुँचते-पहुँचते हालत ऐसी खराब हो गई, कि बापको बम्बई छोडना पड़ा। वह काम ढूँढने पंजाब चले गये। १६२१-२३ के दो साल शाहिदकेलिए बहुतही कठिन समयके थे—दरीका काम बिल्कुल बन्द हो गया था। खिलाफत और असहयोग आन्दोलनसे खादी की माँग बढ़ी थी। ग्वालिया टैंकमें नौरोजी बेलगामवालाने एक खद्दर बुननेका कारखाना खोला था। शाहिद इसीमे दाखिल हो गये। अब उनकी हालत कुछ बेहतर हुई, और अपने खाने भरकेलिए मजूरी मिल जाती थी। 'खिलाफत'-आन्दोलनका शाहिदपर इतनाही प्रभाव पड़ा, कि वे "खिलाफत"को पढ़ा करते और 'मापला-जगावत'की बातें बड़े शौकसे सुनते। उर्दूके सस्ते नाविल भी उन्हें पढ़नेको मिल जाते। शाहिदकी चढ़ती जवानी थी। पिता भी मौजूद नहीं थे। कभी-कभी नमाज पढ़ लेते, मगर ज्यादा धार्मिक पाबन्दी नहीं रखते थे, तो भी शाहिद बहुत संयमप्रिय तरुण थे। मजूरोंके महल्लेमें रहकर भी उन्होंने शराबको कभी हाथ नही लगाया।

शाहिदको कमाना और खाना बस इतनाही दुनियाका ज्ञान था। १६२३में फिर दरियोंकी माँग होने लगी। दरी बनवानेवाले मालिकोंने फिर काम चालू किया। शाहिदको भी काम मिल गया। कमाकर बचानेकी नौबत तो नहीं आती थी, मगर गुजर-बसर चला जाता था। कुछ पैसा बच जाता, तो सिनेमा भी देख आते। नाविलोंके अतिरिक्त उर्दू शायरों के दीवानों (काव्य-संग्रहों)को भी पढ़ते। बम्बई शहरमें शाहिद अमीरोंके इन्द्रभवन जैसे महलोंको भी देखते और दूसरी ओर मदनपुराकी सड़कों और फुटपाथोंपर खुले आसमानके नीचे लेटे हजारों मजूरोंको भी। शाहिद अभी इतना ही समझते थे कि गरीब और अमीर खुदाके बनाये हुए हैं।

मालिकके यहाँ दरी बुननेके अलावा शाहिद हिसाब-किताब भी लिख दिया करते थे, जिसके लिए उन्हे २० रुपया और मिलता था। एक दिन एक मजूरने मालिकसे किसी बहुत ही जरूरी कामकेलिए पैसे माँगे। मालिकको मजूरकी जरूरतकी क्या परवाह? उसने नहीं कर दिया। मजूर फिर गिड़गिड़ाने लगा। शाहिदने कह दिया—"पैसा तो आ गया है, दे न दीजिये।" मालिक शाहिदके ऊपर उबल पड़ा। शाहिदको नौकरी छोड़नी पड़ी।

शाहिदने 'मुहरे खामोशी" नामक किसी नाविलको पढ़ा, जिसमें बोल्शेविको और उनके नेता लेलिनूपर खूब कोलतार पोतनेकी कोशिश की गई थी। लेनिन जल्लाद था, जारकी लड़कियोंके साथ उसका बुरा ताल्लुक था। शाहिदने समझा बोल्शेविक बहुत बुरे आदमी होते हैं।

मिलके मजूर—दरीवाले मालिककी नौकरी छोड़नेके बाद शाहिदने मिलोका दरवाजा खटखटाया। विक्टोरियाबागके पास सासून सिल्क मिल्समें उन्हें जुलाहेका काम मिला। वहाँ वे दो साल तक काम करते रहे। शाहिद चतुर जुलाहे थे। मजूरी कामके नापके अनुसार थी। महीनेमें साठ, सत्तर, अस्सी रुपये तक कमा लेते थे। अब वह खाने-पीने

मे निश्चिन्त थे। छुट्टीके समय अखबार पढ़ते, या किताबें देखते रहते। कमालपाशाके व्यक्तित्वके प्रति उनका बहुत अनुराग था।

दो साल तक उनका जीवन-प्रवाह बहुत शान्त बहता रहा। अब जगतव्यापी मन्दी शुरू हुई। पूँजीवादपर आई आफतको मालिकोंने मजूरोंपर पटकना चाहा। किसीकी तनख्वाह कम की जाती और किसीको कामसे जवाब मिलता। मजूरोने हड़ताल कर दी। रणदिवे, देशपांडे आदि कमूनिस्त हड़तालका नेतृत्व कर रहे थे। इस समय शाहिद देशपॉडेके संपर्कमें आये। उनसे उन्हे समाजवाद, सोवियत् रूस और मजूर-आन्दोलनकी बाते मालूम हुईं। शाहिद हड़तालियोको समझाते, और उनमे उर्दूकी नोटिसें बॉटते थे। उस समय अभी साम्यवादपर पुस्तकें नही मिलती थीं। शाहिद पंजाबके मासिक 'किर्ति' और बुखारीकी 'चिनगारी'को बड़े ध्यानसे पढ़ते। बुखारी उनके उस्ताद बने और उनसे उन्हे रूस और साम्यवादकी बहुतसी बाते मालूम हुईं।

तीन महीने तक मजूर लड़े। अन्तमे हड़ताल टूट गई। शाहिद जैसे कितनेही मजूर पथके भिकारी बन गये।

डेढ़ साल तक शाहिदको भूखों मरना पड़ा। कभी-कभी चार-चार फाके तककी नौबत आती। अपना कम्बल किसी दोस्तके पास रखते और रातको फुटपाथपर सो जाते—पैसा कहॉ था कि किरायेपर कोई सस्तीसी कोठरी लेते। इस डेढ़सालकी विपदाने शाहिदको पक्का कमूनिस्त बना दिया। बुखारी कही फुटपाथपर या मजूरोंके किसी होटलमे लेक्चर देते, शाहिद उसे बहुत ध्यानसे सुनते रहते।

१६३०में नमक-सत्याग्रह शुरू हुआ। शाहिद भी अब देशकी आजादीके पक्षपाती थे। उस समय बम्बईके कमूनिस्त सत्याग्रहके विरुद्ध थे। गरीबोंकेलिए कमूनिस्त जो बातें या काम करते थे, शाहिद उन्हें पसन्द करते थे; मगर उन्हें यह समझमे नही आता था, कि देशकी आजादीकेलिये लड़े जानेवाले सत्याग्रहका वे विरोध क्यों करते हैं।

रजबअली बहादुर आदि कितने ही परिचित नमक-बनानेवाले पहले जत्थे में थे। शाहिद भी उसमें शामिल हो गये। चौपाटीपर पुलिसने पकड़ा। लेकिन थोडी देर बाद छोड़ दिया। सारे सत्याग्रहियोंको जेलमें रखनेके लिए जगह कहाँ थी ? शाहिद स्वयसेवक बनकर काम करते थे। वेडालाके नमक-गोदामपर स्वयंसेवकोंने छापा मारा, शाहिद भी गये थे। पुलिसने डण्डे बरसाने शुरू किये। शाहिद बेहोश हो गये। काग्रेस अस्पतालमे पहुँचनेपर उन्हें होश आया ? जमियतुल-उल्माकी ओरसे एक स्वयं-सेवक सेना बनी, शाहिदने उसके संगठनमें भाग लिया और शराबकी दूकानोंपर धरना दिया। कई महीने तक आन्दोलन चलता रहा। शाहिद भी उसमें तत्परतासे लगे रहे। १९३१में गाधी-इरविन समझौता हुआ। शाहिद जिस स्वराज्यकी लम्बी-लम्बी बातें सुनते थे, उसमेंसे कुछ भी सामने दिखलाई नही पडा। शाहिदका विश्वास गाधीजीके रास्तेसे उठ गया।

फिर उन्होने काम ढूंढ़ना शुरू किया। किसी दरीवालेके यहाँ काम मिला और सालभर तक बुनाई करते रहे। लेकिन, शाहिद अब सिर्फ पेटभरलेनेवाले मजूर नहीं थे। मजूरोंके हित और विरोधियोको वे समझने लगे थे। कमूनिस्तोंसे उनका सम्बन्ध और घनिष्ट होता गया। और वह इस मजूरकी दृढता पर विश्वास करते थे। १९३२में लाल-झंडा गिरनी कारगार यूनियनके शाहिद सभापति चुने गये। १९३३मे बम्बईमें बहुतसी हड़तालें हुईं—मालिक मजूरी घटाना चाहते थे। शाहिद हड़-तालोंको सफल बनानेकेलिए दिन-रात काम करने लगे, और उन्होंने अपनी नौकरी छोड़ दी।

१९२४की जनवरीमे कपड़ेवाले मजूरोंकी बम्बईमे कान्फ्रेंस हुई। सभी जगह मिल-मालिक मजूरों पर प्रहार कर रहे थे। कान्फ्रेन्सने सारे भारतमें आम हड़ताल करनेका प्रस्ताव पास किया। २० अप्रैलको आम हड़ताल शुरू हुई। बम्बई और देशकी दूसरी मिलोंमें मजूरोंने काम छोड़ दिया। मालिकों और पुलिसने सारी ताकत लगा इसे तोड़ना चाहा।

लेकिन चालीस रोज तक वह जारी रही। तेईस मईको पुलिसने शाहिदको गिरफ्तार कर लिया। दो हफ्ता हवालातमें रखा, ११७ दफाके अनुसार मुकदमा चलाया और दो मासकी सजा दी। शाहिदको मझगाँव और अर्थररोड जेलमें रखा गया। डेढ़ मासके बाद उनपर १२४ए (राजद्रोह)का मुकदमा चलाया गया। पहली सजा खत्म होनेके दिन दो सालकी नई सजाका हुक्म सुनाया गया।

शाहिदको येरवाडा जेलमें भेजा गया। वहाँ उन्हें पागलोंके जेलमें रखा गया। पासमें कोई बातचीत करनेकेलिये नही था, न पढ़नेकेलिये कोई किताब दी जाती थी। जेलके वार्डरोंको भी बात करनेकी सख्त मनाही थी। शाहिदने ये लम्बे बरस काट लिये और २ मई १९३६ को छूट कर बम्बई चले आये। अब मजूरोंका संगठन और मजबूत हो गया था और गिरनी कामगार यूनियनकी शक्ति बहुत मजबूत हो चुकी थी। मजूरोंने १९३६में शाहिदको अपनी सभाका उपसभापति बनाया और तबसे वह बराबर उपसभापति रहते चले आये।

१९३९में मदनपुराके निवासियोंने अपने मजूर-नेता और मजूर-भाईको बम्बई कार्पोरेशनकेलिए मेम्बर चुना।

महायुद्ध शुरू हुआ। जीवन-उपयोगी चीजे महंगी होने लगी। मिल-मालिक नफाके नामसे ग्राहकोंको आँख मूँद कर लूटने लगे। मजूरोंने महँगाईका भत्ता माँगा। मालिकोंने देनेसे इन्कार कर दिया। मई १९४०में मजूरोंने हडताल कर दी। उनके नेता शाहिदको कैसे बाहर रखा जा सकता था? पकड़ कर सालभरकी सजा दी गई और उन्हें नासिक भेज दिया गया। अपीलसे सजा छै मासकी रह गई। शाहिदका स्वास्थ्य १९२५ सेही खराब होता चला आ रहा था। जेलमें भी उन्हें बहुत तकलीफ रही सारे दांत निकलवा देने पड़े। दिसम्बरमें वे जेलसे छूटे लेकिन मुश्किलसे ही पाँच महीने बाहर रहने पाये, कि १२ जूनको (१९४१) उन्हे पकड़ कर नजरबन्द कर दिया गया, जहाँ तेरह चौदह महीना रहनेपर १८ जुलाई (१९४२)को उन्हें जेलसे छोड़ा गया। जेलमें उनका स्वास्थ्य

बराबर खराब रहता था। मगर शाहिदने वहाँ अपने ज्ञानको बढ़ाया। वह अंग्रेजी सीखते, मर्सवादकी कितनी ही पुस्तकोंको पढ़ते और पार्टीके क्लासमें जाते।

शाहिद बम्बईके मजूरोंके नेता हैं, ऐसे नेता जो कि खुद उनके भीतरसे पैदा हुए हैं, उनको अभिमान छू नहीं गया है। उनकी सीधीसादी सूरत देखकरके किसीको पता नहीं लग सकता, कि उसके भीतर आजादी की इतनी प्रचण्ड आग जल रही है।

१९४३में उनके बूढ़े पिता मौतकी अन्तिम घड़ियाँ गिन रहे थे और अपने लायक पुत्रको एक बार देख लेना चाहते थे। शाहिद २५ वर्ष बाद सरथरा गये। उन्हें अपने गाँवके लोगोंमें बहुतसे परिवर्तन दिखलाई पड़े, यद्यपि वह परिवर्तन नहीं जिसे शाहिद चाहते हैं। जहाँ शाहिदके बचपनके सरथरा वाले अवधी बोलते थे वहाँ आजके नवशिक्षित तरुण उर्दू बोलने पर तुले हुये हैं। औरतोंकी पुरानी पोशाककी जगह अब खाते-पीते घरोंमे साड़ी और सलवार चल पडी। पर्देमें कमी नहीं कुछ वृद्धिही हुई है। लड़कियोंको पढ़ानेका शौक है—बाबू-वर्गमें। वह समझते हैं, कि लड़की पढ़ी-लिखी न हुई, तो अच्छा खसम नहीं मिलेगा। सरथराके शेखोंमें बहुत कम नौजवान गाँवमें दिखलाई पड़ते हैं। लोगोंका खर्च बढ़ गया है, जिसे पूरा करनेकेलिए उन्हें दूर-दूर तक जाना पड़ता है। सम्मिलित परिवार और एक दूसरेके दुख-सुखमें सम्मिलित होनेकी प्रथा उठ सी गई है। हर आदमी सिर्फ अपना स्वार्थ देखता है। राजनीतिका कोई ख्याल नहीं। हाँ, मुस्लिम लीगका नाम लोग बड़ी इज्जतसे लेते हैं और समझते हैं, कि कांग्रेस हिन्दुओंकी जमात है। शाहिदकी बातें लोग ताज्जुबसे सुनते। जिनके पास जमीन-जायदाद है, वह उसे पसन्द नहीं करते थे, मगर गरीबोंको पसन्द आती थीं। शाहिदको अल्लामियाँको छोड़े १४ साल हो गये। घर जानेपर वह नमाज में शामिल नहीं होते थे, लोग सन्देह करते थे, कि शाहिद दहरिया (नास्तिक) हो गया है।

शाहिदने एक बार फिर अपने पुराने गाँवसे परिचय प्राप्त किया। पिताने अपने पुत्रको देखकर अन्तिम सास ली। शाहिद फिर बम्बई चले आये। उन्होंने ब्याह नहीं किया। क्यों ? मेरा जीवन एक और व्यक्तिको आफतमें डालने केलिए नही होगा। उनके सामने सिर्फ एकही उद्देश्य है। मजूरों और किसानोंका सुखमय जीवन, मजूरों और किसानोंका राज्य। इस समय चालिस बरसमे ही साठ वर्षके लगने वाले शाहिदकी जवानी एक बार फिर लौट आयेगी। उस समय शायद ब्याह करनेसे भी वह इन्कार न करेंगे।

२७

भालचन्द्र रणदिवे

जिसने भारतीय मजूर-आन्दोलनके साथ पिछली दशाब्दीमे दिलचस्पी रखी होगी, उसने बी० टी० रणदिवेका नाम जरूर सुना होगा। जिसे बम्बईके कपड़ेकी मिलोंके कमकरोंके आन्दोलनको जाननेका कभी मौका मिला होगा, उसे रणदिवेका नाम बार-बार सुननेमें आया होगा। जिसने पचीसों हजार मजूरोंके बीच इस स्वाभाविक वक्ताको भाषण करते देखा होगा, वह जरूर रणदिवेकी असाधारण वक्तृत्वशक्तिकी ओर आकर्षित हुआ होगा और जिसने शिक्षित वर्गके भीतर हरिद्वारकी गंगाके प्रखर धारकी तरह अविच्छिन्न बहती धारा और बीच-बीचमे हँसानेवाले वाक्योंको लेकर तर्क-संगत तीव्र वाग्धारा और उसे अप्रयास अंग्रेजीमें बोलते देखा होगा, वह जरूर बी० टी०को याद रखेगा। और मेरठ-षड़यंत्र के मुकदमेंकी कार्रवाईको सालों तक जिसने अखबारोंमें पढ़ा होगा, उसने भी अभियुक्तोंके पैरवीकार रणदिवेका नाम जब-तब सुना होगा।

भालचन्द्र त्रयम्बक रणदिवेका जन्म १८ दिसम्बर १९०४में बम्बईके दादर मुहल्लेमें हुआ था। उनके पिता त्रयंबक मोरेश्वर रणदिवे ठाणा के रहनेवाले थे, जोकि बम्बईके पास होका एक जिला है। लेकिन सरकारी नौकरीके सिलसिलेमें आकर बम्बईमे बस गये। रणदिवेका अर्थ रणद्वीप अथवा रणदीपक है। पोर्तुगीजोंके साथ लड़ाई करते वक्त उनके वंशजको

विशेष तिथियाँ—१९०४ दिसंबर १८ जन्म, १९०९-१० प्राइमरी स्कूल, १९२१ मेट्रिक पास, १९२१ पूना फर्गुसन कालेजमें, १९२२-२५ विल्सन कालेज, १९२५ बी० ए०, १९२७ एम० ए०, राजनीतिमें, १९२९ जेलमे, १९३४ दो साल सजा, १९४०-४२ नजरबन्द।

यह पदवी मिली, जो पेशवाके शासनमें रणदिवे कायस्थ-परिवार मुल्की या नागरिक अधिकारीके काम पर नियुक्त था। पिता त्र्यंबक सुधारवादी प्रार्थना-समाजके सदस्य थे और आर्य-समाजियोंकी भाँति मूर्ति, साकार ईश्वर तथा अनेक देववादके विरुद्ध एक ईश्वरके विश्वासी थे। रणदिवे की माता यशोदा—जोकि अब भी जीवित हैं—एक पतिपरायणा हिन्दू स्त्री थी। उनसे बालक रणदिवेने बहुत सी धार्मिक कहानियाँ सुनी।

१६०६-१०में रणदिवे बाँदराके म्युनिसिपल प्राइमरी स्कूलमे एक साल तक पढ़ते रहे। फिर कुछ समय और दूसरी पाठशालामें बिताकर नूतन मराठी विद्यालयमें दाखिल हुए, जहाँसे १६२१में उन्होंने मेट्रिक पास किया। शुरूसे ही उनकी अंग्रेजी और संस्कृतमें दिलचस्पी थी।

१६२१में वह पूनाके फर्गुसन कालेजमें एक साल तक पढ़ते रहे और १६२२में विल्सन कॉलेज (बम्बई) में चले आये। जहाँसे उन्होंने १६२५में इतिहास और अर्थशास्त्रमे बी० ए० पास किया। फिर बम्बई विश्वविद्यालयके अर्थशास्त्र विद्यालय (School of Economics) मे पढ़कर भारतकी "जनसख्याकी समस्या" पर एक निबन्ध लिखा, जिसपर यूनिवर्सिटीने उन्हें एम० ए० की उपाधि दी। भालचन्द्र कानून के कालेजमें प्रविष्ट हुए और एल् एल्० बी० का प्रथम वर्ष पास किया, लेकिन द्वितीय वर्षमें जाकर छोड़ दिया।

रणदिवेकी माँ यशोदाबाई और डाक्टर गंगाधर अधिकारीकी माँ लक्ष्मीबाई दोनों सगी बहने थी और साथ ही वह और जगन्नाथ अधिकारी (डाक्टर गंगाधर अधिकारीका मँझला भाई) दोनों समवयस्क थे। इसीलिये दोनोंमें बहुत प्रेम था और पीछे चलकर जिसतरह दोनों साथ-साथ पढ़ते थे, उसी तरहके आसपासके राजनीतिक सामाजिक वातावरणका भी दोनो पर एकसा प्रभाव पड़ा था।

महाराष्ट्रके स्वतंत्र मराठोंका अन्त बहुत पीछे १६वी सदीके प्रथम-पादमे हुआ, इसीलिये सौ वर्षके भीतर ही अपने स्वतन्त्रताके दिनोंको मराठे भूल नही सकते थे। उस शताब्दीके अन्तिम पादमें राणाडे

(राणडे) और बालगंगाधर तिलक जैसे महान नेताओंने उनकी उस सुप्त होती भावनाको फिरसे जाग्रत किया। इसलिये सारी शिक्षित जनता में राष्ट्रीयता का भाव—हाँ, कम-से-कम आरम्भमें महाराष्ट्र राष्ट्रीयता का भाव—बहुत जाग्रत हुआ। रणदिवेकी पीढ़ीके बच्चोंकेलिए तिलक जीते जी एक आदर्श देवता बन गये थे। रणदिवेको अत्यन्त बचपनमें ही मराठा जातिके इतिहासको पढ़नेका बहुत शौक था और इसकी पूर्तिके लिए सरदेसाईकी "मराठी रियासत"ने बहुत मदद की। भालचन्द्र रणदिवे धनुर्धारीकी इतिहास सम्बन्धी छोटी-छोटी पुस्तिकाओंको बहुत पढ़ा करते थे। इसका नतीजा यह हुआ कि दस वर्ष तक पहुँचते-पहुँचते विदेशी शासकोंकेलिए उनके दिलमें जबर्दस्त घृणा पैदा हो गई; यद्यपि उनके पिता सरकारी अफसर थे। पिछली लड़ाईके दिनोंमें वे दससे चौदह वर्ष तकके थे, लेकिन उस वक्त भी अंग्रेजोंको हर एक हारमें उन्हे खुशी हुआ करती थी। जब लोकमान्य छूटकर माण्डलेसे आये, तो देशके खुशी मनानेवाले नर-नारियोंमें तरुण भालचन्द्र रणदिवे भी था। बम्बई या आसपासमें लोकमान्यके जहाँ-जहाँ व्याख्यान होते थे भालचन्द्र बड़े चावसे उन्हे सुनने जाया करते थे। लोकमान्यका अन्तिम समय और भारतमें गाँधीजीका उदय एक साथ ही हुआ। दोनोंकी कार्य-प्रणालियोंमें उससे पहिले अन्तर जरूर था लेकिन पीछे कितना अन्तर रहता इसे नहीं कहा जा सकता। हाँ यदि तरुण भालेरावको देखें तो उसे तिलक के प्रति अपनी भक्तिको गाधीके भीतर बदलनेमें देर नहीं लगी। विदेशी शासनको खत्म करना, बस यही उसकी एक इच्छा थी और उसने देखा कि गाधीजी वही काम कर रहे हैं। इसलिये लोकमान्यके उपदेश सुनने के लालायित भालचन्द्रने गाधीके रास्तेको पसन्द किया। १९२१-२२के असहयोगमें वह कूद पड़ा होता मगर पिता—जोकि आमतौरसे लड़के पर दबाव देना पसन्द नहीं करते थे—के आग्रह और तैयारी समाप्त हो जाने पर स्कूल नहीं छोड़ सका। साथ ही भालचन्द्र सदा श्रद्धाप्रधान नहीं बल्कि बुद्धि-प्रधान रहे और समझते थे कि और विद्या पढ़कर राजनीति

में वह और साधन-सम्पन्न हो दाखिल होंगे। १६१८में रूसी क्रान्तिकी भनक भारतमें आई थी, मेरे जैसे सीधी-सादी किसान बुद्धि रखनेवालेके लिए तो रूससे धनियोंका राज्य उठ जाना और मजूरों किसानोंका राज्य कायम होना यही सारी बात समझनेके लिए काफी थी। लेकिन रणदिवे बम्बईके जिस बाबू समाजमें घूमते, उसमें उतना ही पर्याप्त नहीं था, इसलिये जब हिन्दुस्तानके अखबार अपने अंग्रेज-प्रभुओंसे हुँआँ-हुँआँ मिलाकर लेनिनको डकैत कहते तो उनके लिए रूसकी डकैतोंवाली क्रान्तिका कोई महत्व न रह जाता।

रणदिवे अर्थशास्त्रके विद्यार्थी थे। अर्थशास्त्रमें समाजवादका नाम निन्दा ही केलिए सही, कुछ लिखना जरूरी था और उतनेसे भी उन्हें बहुत-कुछ समझमें आ जाता यदि उनके अध्यापकमें ऐसी कोई योग्यता होती, लेकिन हिन्दुस्तानका दुर्भाग्य है कि वह चारों ओर मुर्दोंसे घिरा है। इतिहासके मुर्दे उसका पिण्ड नहीं छोड़ना चाहते, धर्मके मुर्दे उसकी नाक दबाकर मारना चाहते हैं। समाजके मुर्दे सहस्राब्दियोंकी जात-पातकी छूतोंकी मर्यादोंको अटल बनाये रखना चाहते हैं। कचहरियोंमे जहाँ देखिये वहाँ कुर्सियों पर, जंगलोंके बगलमें बैठे अथवा काले चोगे पहने यही मुर्दे कटपुतलीकी तरह हिलडोल रहे हैं। और स्कूलों और कलिजोंमें तो ऐसे मुर्दोंकी और भरमार है—आज भी है तो बीस साल पहिलेकी तो बात ही क्या। ये मुर्दे इतने बढ़ गये हैं, कि यदि हमारे देशका मुर्दोंसे पिण्ड छुड़ाना है, तो पैंतीस सालके ऊपर के इन सभीकेलिए पिंजरापोलमे रखना लाजिमी होगा। आज भी इन मुर्दोंका काम है, मुर्दा दुनियाको न जाने देनेकेलिए सारी शक्ति से कोशिश करना। इसीलिए एम० ए० अर्थशास्त्रको लेकर एम० ए० के अन्तिम वर्ष तक पहुँच जानेके बाद यदि बी० टी० रणदिवेको सोशलिज्मके बारेमें कोई ज्ञातव्य बात नहीं मालूम हुई तो इसके कारण थे यही मुर्दे।

लेकिन जो काम इन मुर्दोंने नही किया वह सात समुद्रपार बैठे एक

लेखककी पुस्तकने किया। १६२७मे बी० टी० (भालचन्द्र त्र्यंबकका संक्षेप, जिस नामसे कि उनके साथी उन्हें पुकारते हैं)के हाथमें कहीसे रजनी पामदत्तकी पुस्तक "आधुकिन भारत" (Modern India) हाथ लगी और अपनी पीढीके कितने ही तरुणोंकी भाति इस ग्रन्थ-रत्नने इनकी भी आँख खोल दी। रजनी पामदत्त भारतीय पिताके पुत्र हैं। लेकिन वह बाल्यमें कुछ समय छोड सदा इंगलैंड हीमें रह गये। लेकिन रजनीने भारतके ऋणको भुलाया नहीं और अपनी इस एक पुस्तक ही से पाम-दत्त ने जितने भारतीय तरुणोंको भारतीय समस्याको सुलझाकर समझाने का काम किया, वह भारतकी बहुत बडी सेवाओंमे है। इस पुस्तकके पढ़नेके बाद बी० टी०को मालूम हो गया, कि राष्ट्रीय स्वतत्रता और मार्क्सवादी समाजवाद दोनों विरोधी चीजें नहीं हैं; बल्कि मार्क्सवाद राष्ट्रीय आज़ादीके पथको और साफ करके रख देता है। कालेजके शुरूके दिनोंसे ही बी० टी० गाधीजीके विचारोंको बहुत ध्यानसे पढते थे। असहयोगके बाद वह निरन्तर यग-इण्डियाको पढ़ा करते थे। जब आन्दोलन ढीला पड़ गया और सब जगह राजनीतिक निर्जीवता दिखाई पड़ने लगी, तो अपने करोड़ों देशभाइयोंकी भाँति बी० टी० की भी राजनीतिके प्रति उदासीनता स्वाभाविक बात थी। लेकिन गाधी के प्रति उनका अब भी सम्मानका भाव था। १६२४में जब गाधीजी की बीमारी और खतरनाक आपरेशनकी बात बी० टी०ने पढ़ी, तो उनको जबर्दस्त चोट लगी और एक बार फिर सोई राजनीतिक भावना जाग उठी। लेकिन, गाधीजीका रास्ता फिर भी उनके मस्तिष्कको संतुष्ट नहीं कर सकता था। यह तो रजनी पामदत्तकी पुस्तक ही थी, जिसने २१ वर्षमें बूढ़े बन गए बी० टी०को २३वें वर्षमें फिर तरुण बनाकर खडा कर दिया।

१६२७ से बी०टी०ने राजनीतिमें भाग लिया। जगन्नाथ अधिकारी, घाटे, डागे आदिसे उन्होंने घनिष्ट सम्बन्ध स्थापित किया और उन्हींके साथ मिलकर बम्बईके कपड़ेके कारखानोंके मजदूरों, रेलवे मजदूरों,

ट्रामवेके मजदूरोंमें काम करना शुरू किया। १६२८में जब बम्बईके पहिलेसे काम करते आये मजूर-नेता मेरठ-षड्यन्त्रके समयमें पकड लिये गये, तो उनकी चार वर्षकी अनुपस्थितिमें जिन्होंने बम्बईके मजदूरोमें लाल झण्डेको नीचे नहीं गिरने दिया, उनमे बी० टी० भो थे। आज बी० टी० रणदिवे बड़े जबर्दस्त वक्ताओंमें है। बंगाल और कलकत्ताको जैसे अपने वंकिम मुखर्जी जैसे वाग्मीपर अभिमान है, वही बात पश्चिमी भारत और बम्बईको बी०टी०पर है। लेकिन यह तअज्जुबकी बात है कि १६२६में पहिले-पहिल हड़तालके वक्त उन्होने २५ हजार मजूरोंके बीच भाषण दिया। शायद उनको अपने भीतरकी इस अद्भुत शक्तिका पता न था। शायद दूसरोंने इसे जाननेकी कोशिश न की, और १६२३के बाद देशकी राजनीतिक मुर्दनीका जो प्रभाव बी० टी०पर पड़ा, उसने मानो उनकी वाक्शक्तिपर ताला लगा दिया। इस तालेको रजनी पामदत्तकी पुस्तकने कुछ ढीला जरूर किया, मगर यह मजूरोंकी जबर्दस्त लड़ाई और उनका दृढ मनोबल था जिसने बी० टी०के हृदयपर पड़े फौलादी तवेको फोड़कर वाणीकी तेज धाराको बहा दिया। बी० टी मराठी "क्रान्ति" और अंग्रेजी "स्पार्क"मे बराबर लेख लिखते थे।

१६२६में हड़तालके कारण बी० टी०को चार महीनेकी सजा हुई और राजद्रोहके मुकदमेंमें एक साल की। जेलसे निकलनेके बाद बी० टी०ने अपनेको ज्यादा सँभाला, क्योंकि मजूरोंके कार्यकर्ताकेलिए जेल मे जाना लाचारीकी चीज है, नहीं तो उसकी जिम्मेवारी उसे मजूरोंमें रहनेकेलिए मजबूर करती है। १६३४में राजद्रोहका मुकदमा चलाकर बी०टी०को फिर दो सालकेलिए जेलमें बंद कर दिया गया, लेकिन अब उनके बहुतसे साथी मेरठके मुकदमेंसे छूटकर चले आये थे।

१६३६के बाद वर्त्तमान लड़ाईके शुरू तक बी०टी० अपने कार्यक्षेत्र मे डटे रहे, लेकिन १६४०के शुरूमें जो सारे भारतमें कमूनिस्तोंकी गिरफ्तारियाँ हुईं, उन्हींमें उन्हे भी गिरफ्तार करके नजरबंद कर दिया गया।

बी० टी०को यह भी फ़ख़ हासिल है, कि नजरबन्दोंमेंसे भी पकड़कर उनको अलग नजरबन्द किया गया—देवलीमें उन्हें, डांगे और बाटलीवालाको सरकारने अलग बंगलेमें नजरबन्द किया था। डर था कि उनके रहनेसे कहीं देवलीके कमूनिस्त बगावत न कर बैठें। कई महीनोंकी नजरबन्दीके बाद उन्हें सबके साथ मिलनेका तभी मौका दिया गया, जब देवलीवालोंने सफलतापूर्वक अपनी भूख-हड़ताल खत्म की।

बी०टी० देवलीमें उन थोड़ेसे कमूनिस्तोंमें थे, जिन्होंने सोवियत्‌के ऊपर जर्मनीके प्रहार होतेही समझ लिया, कि यह रूसके भौगोलिक भागकी किसी सरकारके ऊपर हमला नहीं है, बल्कि यह हमला उस नई व्यवस्था-समाजवादपर है, जो कि सारी पृथिवीसे शोषणको हटानेकेलिए उसके छठे भागपर आया है। यहाँ रूसके एक राज्यके अस्तित्वका सवाल नहीं है, बल्कि सारी पृथिवीपर फैलनेकेलिए आये हुए समाजवादको भी उस जमीनसे मिटा देनेका सवाल है, जहाँ कि उसने पहिला कदम रखा है।

२८

श्रीनिवास ग० सरदेसाई

सरदेसाईका नाम भारतमें शायद ही कोई शिक्षित हो, जिसके कानमें न पड़ा हो। सरदेसाई मराठा-इतिहासका सबसे बड़ा पंडित है, जिसने अपने सारे जीवनको इतिहासकी गवेषणामें लगाया और जिसकी खोजों का सन्मान देश और विदेशके सभी विद्वान् करते हैं। उस गोविन्द सखाराम सरदेसाईके बारेमें हम यहाँ कहने नहो जा रहे हैं, यद्यपि उस सरदेसाईने भी नये भारतके इतिहास-क्षेत्रमें नेतृत्व किया। यहाँ हमें कहना है, इतिहासज्ञके भतीजे तथा छोटे भाई गणेश सखाराम सरदेसाई के पुत्र श्रीनिवास गणेश सरदेसाईके बारेमें। श्रीनिवासका प्रथम निर्माण इतिहासज्ञ सरदेसाईके हाथों हुआ लेकिन शायद वह यह नहीं जानते थे, कि उनका मेधावी भतीजा कुछ और ही बनकर रहेगा।

१९०७ मार्च ३ जन्म, १९२०-२३ बड़ोदा हाईस्कूल, १९२३ सॉगली कालेजमें, १९२४-२७ बंबई कमर्स कालेजमें, १९२७ बी० कम्० पास, १९२७-२९ प्रयाग-विश्वविद्यालयमें, १९२८-२९ सर सप्रूके पोलिटीकल असिस्टेंट, १९२८ मार्क्सवादी, १९२९ बंबईमें मजूरोंकी हड़तालमें, १९३० जी० आई० पी० रेलवे हड़तालमें मनमाड केन्द्रके सचालक, अगस्तमें १८ मासकी जेल; १९३१ "रेलवे वर्कर" के संपादक, १९३२ मार्च कानपुरकी जेलमें ७ मास, १९३३-३४ बंबईकी हड़तालोंका सचालन, १९३४ मईमें गिरफ्तार सवा दो सालकी सजा, १९३४ मई—१९३६ मार्च जेलमें, १९३६ शोलापुरमें, १९३७-३८ शोलापुरके "जरायम-पेशा" कहे जानेवाले कमकरोंमें काम, आम मजूरोंमें काम, १९३८ नौ मासकी जेल, १९३९ सारे भारतमें काम, १९४० अन्तर्धान, नवम्बरमें गिरफ्तार नजरबन्द, १९४२ जूलाई जेलसे बाहर, १९४२ अगस्त ७, ए० आई० सी० सी०में बोले।

श्रीनिवास सरदेसाईका जन्म ३ मार्च १९०७को शोलापुरमें नानाके घर हुआ। उनकी माँ इन्दिरा (किर्लोस्कर)को श्रीनिवासके जन्मते ही तपेदिक हो गया और चार सालके भीतर ही (१९११)में चल बसीं। इन्दिराकी दोनों सन्तानें आगे चलकर एक ही पथके पथिक बनी। सरदेसाईकी छोटी बहन मीनाक्षी करहाडकर सोलापुरके मजूरोंकी सर्वप्रिय नेता है।

श्रीनिवास सरदेसाईकी सबसे पुरानी स्मृति मांकी मरण-शय्याकी है जबकी उसकी चार सालकी आँखोंने माँको घुल-घुलकर मृत्युके निकट जाते देखा।

गोबिन्द सखाराम सरदेसाई अपने पाँचो भाइयोंमें सबसे जेठे और घरके सरदार हैं। सारे घरको समेट करके रखना वे अपना कर्तव्य समझते थे। इसीलिये जब वह बड़ौदामें राजकुमारोंके गुरू थे, उस समय पांचो भाइयोंके बच्चोंसे उनका घर भरा रहता था और बच्चोंकी शिक्षामे अध्यापकोंके अतिरिक्त स्वयं भाग लेते थे। होश सँभालते ही श्रीनिवासने अपने चचाको शिक्षकके रूपमें देखा और वह तेरह सालकी उम्र तक घरमें उनके ही पास पढ़ते रहे। इन्हें उस समय मराठी, इंग्लिश और संस्कृत पढ़ना पडता था। भाषाओंमें खासकर अंग्रेजीमें श्रीनिवासकी बड़ी रुचि थी। इतिहासज्ञ सरदेसाईने बच्चोंमें हमेशा स्वतन्त्र चिन्ताके लिए प्रेरणा दी। उनके शिक्षाका ढंग कुछ और ही था, इसीलिये तो श्रीनिवासको स्कूलमें जानेकी अपेक्षा घरमे १३ सालकी उम्र तक पढ़ना पड़ा। बालक श्रीनिवास क्या-तर्क-वितर्क करता रहा होगा। उसके चचा बच्चेके प्रश्नोंका किस तरह उत्तर देते होंगे, जिसका परिणाम यह हुआ कि स्कूलमें जाते वक्त ही तेरह सालके श्रीनिवासका ईश्वरसे विश्वास उठ गया था। बचपनमें श्रीनिवासको टिकट जमा करने तथा फोटो खीचनेका बड़ा शौक था। ब्वायस्काऊट और फर्स्ट-एडको भी मन-बहलावके तौर पर सीखा था।

स्कूली शिक्षा—१९२०में तेरह सालकी उम्रमें श्रीनिवासको बड़ौदा

हाईस्कूलमें दाखिल कर दिया गया। १९२२में मेट्रिकमें सभी पाठ्य विषयोंको वे पढ़ चुके थे, मगर पन्द्रह सालकी उम्र होनेके कारण उस समयके नियमके अनुसार परीक्षामें बैठ नही सकते थे। १९२३में श्रीनिवास ने मेट्रिक पास किया। शिक्षाशास्त्रियोंको स्मृतिकी परीक्षा पसन्द है। तरुण सरदेसाई स्मृति नही ज्ञानको पसन्द करता, इसीलिये उसने सदा अपना बहुत सा समय बाहरी पुस्तकोंके पढ़नेमें दिया।

१९२३में श्रीनिवास सागली कॉलेजमे दाखिल हो गये। पाठ्य-विषय थे—गणित, भौतिक शास्त्र, अंग्रेजी और संस्कृत। लेकिन एक साल बाद ही उन्होंने सोचा "व्यापारे बसति लक्ष्मीः" और जाकर बम्बईके व्यापारिक कॉलेजमें दाखिल हो गये। अर्थशास्त्र, हिसाब-किताब। व्यापारिक भूगोल और अंग्रेजी कॉलेजमे पढ़ना पड़ता था। श्रीनिवास निजी तौरसे पढते थे—भारतीय दर्शन, विवेकानन्द रामतीर्थकी पुस्तकें। कॉलेजके वाद-विवाद सभामें श्रीनिवास खूब भाग लेते थे। कॉलेज मेगजीनके सम्पादक थे और उसमें अकसर लेख लिखा करते थे। १९२७ में वे बी० कॉम० पास हुए। और फिर एम्० कॉम्०केलिए प्रयाग विश्वविद्यालयमें दाखिल हो गये। १९२७मे सरदेसाई आए तो थे एम्० कॉम० की डिगरी लेने, मगर बहक गये किसी दूसरी तरफ। १९२८ में युनिवर्सिटीमे पढ़ाई जारी रखते हुए भी सर तेजबहादुर सप्रूके प्राईवेट सेक्रेटरी या पोलीटिकल-असिस्टेन्ट बन गये। इतना ही नहीं १९२८में ही अपने युनिवर्सिटीके एक होनहार छात्र पूरनचन्द्र जोशीके सपर्कमें आये। पूरनचन्द्र जोशी उस समय यूथलीग-(तरुण-सघ और मार्क्सवाद का जबरदस्त प्रचार कर रहे थे। सरदेसाई भी लपेटमें आ गये। अब वह रूसी क्रान्ति तथा मार्क्सवादके सम्बन्धकी पुस्तकें पढ़ने लगे। उनकी दार्शनिक प्यासको मार्क्सके दर्शनने बुझाया। उनकी कर्मठ प्रकृतिको तरुण-आन्दोलनने सन्तोष दिया। काग्रेसके साथ सरदेसाईकी सहानुभूति थी और सर तेजके संपर्कमें आनेपर उन्हें नरमदलियोंकी निर्जीव राजनीति और भी नापसन्द लगने लगी।

सरदेसाई व्यापारिक क्लासमें भी अपनी मार्क्सवादी व्याख्याको लाने में नहीं चूकते थे। उनके प्रोफेसरोंने कह दिया कि यदि तुम्हारे ये ही विचार हैं, तो एम० काम० की डिगरी नहीं पा सकोगे।

राजनीतिमें—१६२६के मार्चमें प्रयागसे ही पूरनचन्द्र जोशी मेरठ षड्यन्त्र मुकदमेंकेलिये गिरफ्तार कर लिये गये। सरदेसाई जल्दी न करनेकेलिए छै महीने और धैर्य धरे रहे, फिर उन्होंने एम्० कॉम्०का मोह छोड़ा और कामके मैदानमें उतरनेका निश्चय कर लिया। वह प्रयागसे सीधे बम्बई चले आये। उस वक्त तक आम हड़ताल खतम हो चुकी थी। सरदेसाईने रणदिवे और देशपाडेके साथ सम्बन्ध स्थापित किया, और उसी सालके अन्तमें जी० आई० पी० रेलवे मजदूर यूनियनमें काम करने लगे। उस समय रेलवे कम्पनियोंने मजदूरोंकी हरएक उचित मांगोंको ठुकरा दिया था, जिससे मजबूर होकर मार्च १६३० जी० आई० पी० रेलवेके मजूरोंने आम हड़ताल कर दी। सरदेसाईको मनमाड केन्द्रका इन्चार्ज बनाकर भेजा गया था और वह डेढ़ मास रहकर वहीं काम करते रहे। मनमाडके २००० मजूरों—जिनमें चन्द क्लर्क भी थे—ने काम छोड़ दिया था। सरदेसाईने अभी तक मजूर राजनीतिको सिर्फ पुस्तकोंमें पढ़ा था। यहाँ वह आँखोंके सामने देख रहे थे। सभी मजूरोंमें जबरदस्त एकता थी और सभी लड़नेमें आगे रहना चाहते थे। स्त्रियाँ भी पुरुषोंसे पीछे रहना नहीं चाहतीं थीं। रेलवे कम्पनी या प्राईवेट व्यापारियोंकी थी। मजूर अपने पेटकेलिए लड़ रहे थे। यह शुद्ध आर्थिक प्रश्न था। मगर रेलवेके थैलीशाहोंकी मददमें पुलिस आ धमकी और मजूरोंपर मारपीट करने लगी। अब उन मजूरोंने समझा कि हड़ताल पेटके सवालके साथ-साथ राजनीतिक हड़ताल भी है। पुलिस जितना ही जुल्म करती थी, मजूरोंकी राजनीतिक चेतना उतनी ही बढ़ती जाती थी।

हड़तालके खतम होनेके बाद सरदेसाई बम्बई चले आये। यह नमक-सत्याग्रहका समय था। इस सत्याग्रहमें बम्बईके कमूनिस्त नहीं

शामिल होना चाहते थे। सादेभाईको यह नीति समझमें नही आई। वह सत्याग्रहमें भाग लेना चाहते थे। वह अहमदनगरके जंगल-सत्याग्रह में शामिल हुये और चाहा कि किसानोंको भी उसके भीतर खींचे। अगस्तके आस-पास उन्हे गिरफ्तार कर लिया गया और १८ मासकी सजा हुई। ६-१० मास येरवाड़ा और नासिक जेलमें बिताये। फिर गाधी-इरविन समझौतेके बाद छूट गये। अब सरदेसाई जी० आई० पी० रेलवे मजूरोके पत्र "रेलवे वर्कर" (अंग्रेजी साप्ताहिक) के सम्पादक होगये। हिन्दी 'रेलवे-मजूर" भी उनकी देखरेखमें निकलता था।

१६३२मे सरदेसाईको अन्तर्धान होना पड़ा। वह पार्टीके कामसे कानपूर गये। वही मार्च १६३२में गिरफ्तार कर लिये गये। युक्तप्रान्त की पुलिसने नाहक जेलमें बन्द रखा और जब कोई सबूत नहीं मिला, तब सात-आठ महीना जेलमें रखनेके बाद छोड दिया। जेलमे अन्य काग्रेसी राजबन्दियोंके अतिरिक्त सरदेसाईको अजयसे मिलनेका मौका मिला, और अजयने इन चन्द महीनोंमे भारतीय कमूनिस्तोंके बारेमें बातें सुनी और सीखी।

अगला साल १६३३-३४ सारा ही बम्बईकी हड़तालोमे गुजरा। सिर्फ १६३३मे बम्बईमे २० हड़ताले हुईं। मिल-मालिक हरएक मजदूरको दोकी जगह चार लूम (करघे) देना चाहते थे। दूसरी ओर कितनेही मजूरोंपर कामका बोझा बढ़ाना चाहते थे और दूसरी ओर कितनोंका काम छीन कर उन्हे भूखे मरनेकेलिए मजबूर करना चाहते थे। छोटी-छोटी हड़तालोंके बाद बम्बईकी सारी मिलोंके मजूरोने आम हड़ताल कर दी। ढाईमास तक सघर्ष चलता रहा, अन्तमें हड़ताल टूट गई; तो भी इससे मजदूरोंने हार नहीं मानी। उनका मार्क्सवादी प्रोग्रामपर और भी विश्वास बढा। १६३३के आखिरमें मेरठके साथी जब जेलोंसे छूटकर आये, तो इन हडतालोंके कारण जाग्रत मजूरोंने गुट्टबन्दीसे हटाकर एक संगठित कमूनिस्त पार्टी बनानेमे बड़ी सहायता पहुँचाई। इन हड़तालों में मजूर एक दूसरेही रूपमें दिखलाई पड़े। यह गाधीका स्वयंसेवक दल

नहीं था। वह पुलिसका सीधे मुकाबिला करते थे। पिस्तौलों और बन्दूकोंके रहते भी पुलिस उनसे परेशान रहती थी। पुलिस घेरा डालती, मजूर उसे तोड़ते थे। वे कहते थे--"आओ चले आओ" और सब आगे बढ़े चले जाते थे।

आम हड़ताल अप्रैलमें शुरू हुई थी। सरदेसाई मईमें गिरफ्तार कर लिये गये, और दफा १२४एके अनुसार उन्हें सवा दो सालकी सजा हुई। वह ठाणा जेलमें रखे गये। उन्होंने अपना समय मार्क्सवादके अध्ययन तथा मूल-ग्रन्थोंके अनुवाद करनेमें बिताया।

मार्च १९३६मे जेलसे बाहर निकले। पार्टी पहलेसे ज्यादा मजबूत और संगठित थी। वह पार्टीके तरफसे कांग्रेस सोशलिस्ट पार्टीके साथ सम्बन्ध जोड़नेवाले मेम्बर थे।

कौंसिलोंका नया चुनाव होने लगा। सोलापुर चुनाव-क्षेत्रसे पार्टीने एक आदमीको खड़ा किया। सोलापुर मार्शललॉ के दिनों (१९३०)में जबरदस्त दमन हुआ। अब भी शहरमें गार्ड थे, जो बराबर पेट्रोल करते रहते। कोई सभा नहीं हो सकती थी। छै सालसे दबाई हुई जनता मे चुनावका काम करना आसान न था। सरदेसाई वहाँ चुनावके कामके-लिए भेजे गये। पहले रातके ११ बजेके बादही लोगोंसे मिलकर चुनावके बारेमें बातचीतकी जा सकती थी। इसपर मिल-मालिकोंके गुण्डे-पार्टीके प्रचारकोंको पीटते भी थे। लेकिन सरदेसाई और उनके साथियोंने हिम्मत नहीं छोड़ी। पार्टीके उम्मेदवारको ११००० वोट मिले और उसके दोनों विरोधी उम्मेदवार बहुत बुरी तरहसे जमानत जप्त कराके हारे।

सरदेसाईका काम चुनावमें विजय पा लेनेपे खतम नहीं होता था। १९३७में अब वह वहाँ डटकर मजूरोंका संगठन करने लगे। यद्यपि वह महाराष्ट्रमें और जगह भी घूमते थे, मगर इनका मुख्य केन्द्र सोलापुर था। सोलापुरमें तेरह-चौदह सौ बीड़ीवाले मजदूर हैं, जिनमें आधी संख्या स्त्रियोंकी है। बीड़ीवाले मजदूरोंको मालिक बहुत कम मजदूरी दिया करते थे। बीड़ीवालोंमें सरदेसाईकी छोटी बहन नीनाबाईने खूब

जोरसे काम किया। मजूरोंने हड़ताल कर दी'। संगठित हड़तालके सामने मालिकोंको झुककर उनकी माँगे मंजूर करनी पड़ी।

सोलापुरमें एक और समस्या जरायमपेशा जातियोंकी आ गयी! पारधी (शिकारी), गारुडी (सपेरे), पे कैकाड़ी (खेतमजूर) तथा कितनी ही घुमन्तू जातियाँ जरायमपेशा समझी जाती हैं। सोलापुर और आसपासमें इनकी संख्या चार हजारसे ज्यादा है। यह जातियाँ पहले कोई न कोई पेशा करती थी और इमानदारीसे जीवन बसर कर सकती थी। उनके पेशे बरबाद कर दिये गये। भूखके मारे परिवार (बच्चों) को मरते देख उनमें से कुछने छोटी-छोटी चोरी शुरू की। ठीक रास्ता तो यह था, कि सरकार उनके लिये रोजगारका कोई इन्तजाम करती; मगर उसने जरायम दे उनके लिये जरायमपेशा कानून बना दिया। अब उन्हें कटीले तारोंसे घिरे कैम्पमें रहनेकेलिए मजबूर किया गया। उन्हे बराबर पुलिसमे हाजिरी देनी पड़ती। उनकी कुछ जातियोंकी स्त्रियाँ रंगरूपमें बहुत सुन्दर होती हैं। उन्हें व्यभिचारकेलिए मजबूर किया जाता है। बीस-बीस साल तकके लिए पतिको एक कैंपसे दूसरे कैम्पमें बदल दिया जाता है। स्त्री घर पर पडी रहती है। फिर दुराचार क्यो न बढ़ता? इस जातिके कुछ लोग सोलापुरकी मिलोंमें काम करते थे। वहाँ उन्होने मिलमजूरोंके संघर्षो को देखा। सरदेसाईके बहनोई रघुनाथजी कर्हाडकर तथा उनकी पत्नी मीनाक्षी मजूरोंमें काम कर रहीं थी। रघुनाथजीका ध्यान पहलेपहल इन जातियोंकी तरफ गया। उन्होंने उनके भीतर आत्म-सन्मानका भाव भरा। सरदेसाईके पहुँचनेपर काम और जोरसे शुरू हुआ। इन लोगोंने अपने बन्धनोंको तोड़ना चाहा। बम्बईमें कॉंग्रेसकी मिनिस्टरी आ गई। जरायमपेशा बना दिये गये लोगोंने अपने आन्दोलनको आगे बढ़ाया। उन्होंने सभायें कीं और जुलूस निकाले। केम्पके अधिकारियोंने कानून तोडनेका इल्जाम लगाकर मुकदमे चलाये और सजायें दिलाई। सरदेसाई जैसे आन्दोलनकारियोंके खिलाफ यह हथियार इस्तेमाल नहीं हो सकता था। अधिकारियोंने कुछको बेलगाँव आदि दूसरे जिलोंमें भेजनेका बन्दोबस्त किया।

इसपर उन लोगोंने सत्याग्रहकरनेका निश्चय कर लिया। पुराने दर्रे-पर चली आती कॉग्रेस-मिनिस्टरीकी अब नींद खुली। मन्त्री मुन्शीने इसके लिये एक जाँच-कमेटी कायम की। संघर्ष चलता ही रहा। सर-देसाईने आगे आनेवाले कार्यकर्ताओंकी राजनीतिक शिक्षाका अच्छा प्रबन्ध किया। उनमेंसे कितने ही पार्टी मेम्बर तक बने। उनमेंसे बहुतों को कँटीले तारोंसे बाहर आनेकी इजाजत मिली। कितनी ही जातियोंको जरायम पेशा जातिके सूचीसे निकाल दिया गया। चार हजारमें आधेसे ज्यादा ही अब मुक्त पुरुष हो गये। पुरुषोंमें ही नहीं, स्त्रियोंमें भी अभूतपूर्व जागृति हुई। जबरदस्त दमनके होते हुये भी उन्होंने अपनी निर्भयताका परिचय दिया। सरदेसाईका कहना है कि कई पीढ़ियोंसे भयंकर दमनका शिकार होते हुये भी इनमें शारीरिक और मानसिक फुर्तीलापन बहुत अधिक पाया जाता है। भावुकताकी मात्रा भी अधिक है। हाथकी सफाई भी खूब है। पहले जो यौन दुराचारसम्बन्धी खराबियाँ पाई जाती थीं, आन्दोलन और आत्म-सम्मानके भावके बढ़नेके साथ-साथ उनमें बहुत सुधार हुआ। जो पहले सिर्फ अपने देह भरकी परवाह करते थे और लोभकी मूर्तिसे दिखलाई पड़ते थे, उन्होंने सम्मिलित सघर्षमें भारी आत्म-त्यागका परिचय दिया। आन्दोलनमें पड़नेवाले परिवारोंके ऊपर भारी आर्थिक सकट पड़ा। उन्हें कई-कई फाके करने पड़े, भूखके मारे तीन-चार बच्चे मर गये, मगर तो भी उन्होंने पैर पीछे नहीं हटाया। उनका स्वार्थत्याग और तपस्या व्यर्थ नहीं गई। कॉग्रेस-मिनिस्टरी वाले उनको कितना परख पाये, यह इसीसे मालूम हो सकता है, कि जेलमें एक को बेत लगाये गये। लेकिन सभीने सहानुभूतिमें भूख-हड़ताल कर दी। यह १६३८की बात है।

सोलापुरमें सालभरके कामके बाद मजदूरोंमें खूब जागृति आगई थी। बंगालके राजबन्दियोंने जो दूसरी भूख-हड़ताल की थी, उसकी सहा-नुभूतिमें सोलापुरके मजदूरोंने एक दिन मिलोंमें काम करना बन्द कर दिया। यह शुद्ध राजनीतिक हड़ताल थी। सोलापुरमें रहते सरदेसाई

सभा-संगठन तथा अध्ययन-चक्रके सिवाय साप्ताहिक 'एकजूट' का सम्पादन करते। जनवरीकी हड़तालको लेकर पुलिस ने सोलहो आने झूठ दोष लगाकर सरदेसाईको गिरफ्तार कर लिया। उन्हे नौ महीनेकी सजा हुई, जिसे बीजापूर और येरवाड़ा जेलोंमें काटा। 'जरायम-पेशा' से आये एक साथीपर यही बीजापुरमें रहते समय बेंत पडी थी, जिसके लिये (१ली मईसे १० दिन) भूख-हड़ताल करनी पड़ी; मि० मुन्शीने आकर राजनीतिक बन्दियोंकी शिकायतोंको दूर करनेका वचन दिया था, मगर बेपर्वाही दिखलाई, जिसपर सितम्बरमे फिर १८ दिनकी भूख-हड़ताल करनी पड़ी। मुन्शीने तब भी कुछ नहीं किया। वस्तुतः नेता ऐसा चाहिये, जो रुपयेवाला भी हो, साथी भी हो और देशभक्त भी हो!

नवम्बर (१९३८)में सरदेसाई जेलसे छूटे। प्रान्तीय कॉंग्रेस कमेटी और ऑल इन्डिया कॉंग्रेस कमेटीके मेम्बर चुने गये।

१९३९में त्रिपुरी और कलकत्तामें कॉंग्रेसकी बैठकोंमे गये और वहाँ उनके व्याख्यानोंकी विरोधी भी दाद देते थे। युद्धके बाद पकड़े जानेका डर था, इसलिये अक्तूबरमें वे तीन-चार सप्ताहकेलिए अन्तर्धान हो गये। १९४०मे सोलापुरमें मजूरोंने मंहगाईका आन्दोलन शुरू किया। सरदेसाई वहाँ मौजूद थे। मालिकोंको दस सैकड़ा मजूरी बढ़ानी पडी और उन्होंने वादा किया कि चीजें जितनी मँहगी होती जायेगी, उसीके अनुसार हम मँहगी चढ़ाते जायेंगे।

मार्चमें कमूनिस्तोंकी धर-पकड शुरू हुई। सरदेसाई अन्तर्धान हो गये और नवम्बर (१९४०)में जाकर पुलिस उन्हे पकड़नेमें सफल हुई। नजरबन्द बनाकर उन्हें नासिक जेलमें भेज दिया गया। फिर डेढ़ वर्ष तक जेलमें रहनेके बाद जुलाई १९४२में वह जेलसे बाहर आये। अगस्तमें ऑल इन्डिया कॉंग्रेसकी बम्बईवाली बैठकमें सरदेसाई पार्टीके प्रतिनिधियोंके नेताके तौरपर बोले थे। उन्होने सत्याग्रह आदिकी धमकी का विरोध करते हुये, कॉंग्रेस-लीग एकता और दूसरी राष्ट्रको मजबूत करनेवाली बातों पर जोर दिया।

सितम्बरसे पार्टीने उन्हें प्रान्तके कामसे हटाकर केन्द्रमें ले लिया। युक्तप्रान्त, बिहार, मध्यप्रान्त और महाराष्ट्रमे केन्द्रकी ओरसे घूम-घूमकर उन्होंने साथियोंके अध्ययन और राजनीतिक शिक्षाका काम किया।

अक्तूबरके अन्तमें सरदेसाई लखीसरायके गाँवोंमें घूमते रहे। क्वार कार्तिककी धूपमें धानके खेतोंकी मेडों और नदियोंमें पैदल घूमते हुये भी सरदेसाईका मुख सदा स्मित रहता। पैंट और शर्ट में रहते हुये सरदेसाईमें एक गजबकी और अकृत्रिम सादगी है। गहरी राजनीतिक गुत्थियोंके विश्लेषणमे जिसकी इतनी पैनी बुद्धि हो, उसके चेहरेपर गंभीरता नहीं बच्चों जैसी मृदुलता होगी, यह विश्वास भी नहीं किया जा सकता।

१९४३में आज सरदेसाई उसी तरह कभी यू० पी०, कभी बिहार और कभी बम्बईमें अपने कार्यमें तत्पर है। अन्न-समस्या पर उन्होंने अपनी रिपोर्ट तैयार की थी। 'लोक-युद्ध'में उनके लेख निकलते रहते हैं।

ब्याहके बारेमे पूछने पर सरदेसाईने कहा—"ब्याह न करनेका इरादा नहीं है, लेकिन No Girl is in my mind (मेरे मनमें कोई लड़की नहीं है)।"

२६

सैयद जमालुद्दीन बुखारी

आपको ऐसे विचित्र आदमी कभी-कभी देखनेको मिलेंगे, जो चुटकी बजाते-बजाते रेल या पैदल-यात्रामें लोगोंको दोस्त बना, थोड़ी देरमें सूखी यात्राको सरस कर सकते हैं। लेकिन ऐसे आदमियोंसे ज्यादा सजग रहने की जरूरत पडती है। और उनसे आशा नही रखी जा सकती, कि वह किसी काममें, किसी आदर्शपर गंभीरता और दृढताके साथ डटे रहेंगे। बुखारीमे यह दोनों बाते हैं। और अधिक भी। उसने व्यवसायमें हाथ डाला और थोड़े ही दिनोंमे थोड़े ही परिश्रमसे खूब रुपये कमाने लगा।

१९०८ जूलाई १४ जन्म, १९०७ शिक्षारंभ, १९०७ मुल्लाके पास, १९०९-१२ मिश्नरी मेमके घरमे पढते, १९१२ अजमेरमें छै मास, १९१२-१४ धंधूका हाईस्कूलमें, १९१८ सीनियर कोम्ब्रिज पास, १९१९ एफ्० ए० पास, १९२१ बी० ए० पास, १९२१ काबुलमें २॥ मास,—मजारशरीफमें १५ दिन,—तेर्मिज, समरकद, ताशकेद,—बुखारामें नौ मास बाद पेशावरमें, १९२२ असहयोगमें, १९२२-२४ जेलमें, १९२४ जहाजी खलासी बन युरोपके बंदरोंमें, १९२५ व्यवसायी, मजूर-नेता, और "आज़ादी" के सपादक, १९२६ देशभक्तोंकेलिए जासूस और पुलीसके लिए पागल, १९२७ सिंधमें मजूर किसान पार्टीके स्थापक, १९२८ बम्बईके मजूरोंमें पहला भाषण १९२९ 'चिंगारी' के सपादक तथा जर्मन बीमाकपनीके विशेष प्रतिनिधि, केन्द्रीयकमीटीमे, १९३० कल्याणमें बूढेकी लात खाई, "वर्कर्स वीकली"के एडीटर १९३०—३१ बगालकी जेलोंमें, १९३२ हाजी नही बनसके, १९३३—३५ ढाई सालकी सजा, १९३६ घर बेंचा, १९३६-३८ किसानोंमें काम, १९४० भारतीय किसान सभाके सयुक्त मन्त्री, १९४० अप्रैल-१९४२, जेलमे नजरबद।

लेकिन रुपया बटोरना उसने सीखा नहीं, न उसे ऐशो-आरामकी जिंदगी पसंद आई। समयसे पहले अपने आदर्शका वह बड़े जोशके साथ जब प्रचार करता था, तो उसके देशभक्त दोस्त संदेह करते थे, कि वह पुलिसका जासूस है, और सालों तक पुलिस समझती थी, कि उसके दिमागमें कुछ फतूर है। मजूरोंमे मजूर बनकर एक हो जाना उसके लिये स्वाभाविकसी बात है।—उसने जहाजका खलासी बनकर मजूरोंके जीवनको देखाही नहीं बल्कि भोगा भी तो है।

जन्म—सैयद जमालुद्दीन बुखारी—जिसे लोग कॉमरेड बुखारीके नामसे जानते हैं—का जन्म १४ जुलाई १६०२को अहमदाबादके सैयद-वाड़ा (अस्तोरिया) मुहल्लेमें हुआ था। बुखारीका खानदान पीरों (गुरुओं)का खानदान है, शिया होते भी सुन्नी बहुत भारी संख्यामें उसके मुरीद हैं। गुजराती मुसलमान बादशाहोंके समय भी यह खानदान शाही पीर होता था। सैयदवाड़ाके सैयद किसी समय बुखारासे आकर मुल्तान जिलेके उच्छ स्थानपर बसे, जहाँसे वह अस्सी-नब्बे साल पहले अहमदाबादमें आकर स्थायी तौर पर बस गये।

बुखारीके पिता ज़ैनुल्-आबदीन (मृत्यु १६२३) या सातीमियाँ फारसी और अरबीके पंडित थे। उन्होंने अंग्रेजी और संस्कृत भी पढ़ी थी। सूफी मत और वेदान्तकी ओर उनका खास झुकाव था, और मज-हबी कट्टरपन उनमें नहीं था। जीविकाकेलिए छोटी जागीर थी और वह एक स्कूलमें फार्सी भी पढ़ाया करते थे।

बुखारीकी माँ शरीफुन्निसा (मृत्यु १६०४) बुखारीको दो सालका ही छोड़कर मर गईं और पाँच सालकी उम्र तक उसे फूफीने पाला-पोसा। फूफी पुराने ढंगकी एक शिक्षित-संस्कृत महिला थीं। भाँजेपर उनका बहुत स्नेह था। उसे बैठने-उठनेका ढंग सिखलातीं। अपने खानदानके बुजुर्गोंकी कितनी ही कहानियाँ बुखारीने बूआसे सुनीं। बड़े-बड़े जिन्न और भूत—जो किसीके काबूमें नहीं आते थे—किसी भी बुखारी सैयद को देखते ही दुम दबाने लग जाते थे। बुखारीने जिन्नों और भूतोंकी

बहुतसी कहानियाँ सुनी थी, मगर उसे अपने खानदानके अकबालपर पूरा भरोसा था। बुआने भूतोंसे बचनेकेलिए कुरानकी कुछ आयतें भी रटा दी थीं। जब कोई स्याह बिल्ली सामनेसे गुजरती, तो बुआ उसे जिन्न बतलाती। गुजरातमें रहते भी बुखारीके घरमें उर्दू बोली जाती थी, नौकरानियाँ भी उर्दू ही बोलती थीं, इसलिये बहुत सालों तक बुखारी को गुजराती नही मालूम थी। बुखारीको राजारानीकी कहानियाँ भी नौकरों से सुननेको मिली। साथ ही बचपनमे उनके दिमागमें यह भी भर दिया गया था, कि तुम बड़े हो, और दूसरे छोटे।

लड़कपनमे बुखारीको खेलनेका बहुत शौक था, खेलोंमें कबड्डी, पेड़पर चढना-दौड़ना आदि शामिल थे। उन्होंने चुपके-चुपके तैरना भी सीख लिया था। बाहर जाकर खेलनेकी मनाही थी, लेकिन बुखारी अपनेको रोक नही सकते थे। सच बोलते तो घरमें चार बातें सुनते, इसलिये उन्होंने पहलेपहल झूठके लाभको समझा। पिता बहुत नरम मिजाजके थे और बच्चोंपर उतनी कड़ाई नहीं रखना चाहते थे मगर बुआ और पीछे चाची इसे आवारापन समझती थीं।

शिक्षा—पाँच सालकी उम्रमें जमालुद्दीनने मुल्लाके पास बिस्मिल्ला करते हुए किताब खोली और अरबी-कायदा पढ़ना शुरू किया। उस दिन रिश्तेदारोंकी ओरसे बच्चेकेलिए बहुतसे तोहफे आये। मुल्ला मुहल्ले हीमें रहते थे, वहाँ बुखारीको अरबी, कुरानशरीफ पढ़ना पड़ता। घरमे बुआ या पितासे फारसी पढ़ते, कुछ हिसाब-किताब सीखते। दो साल तक वह घर ही पर पढ़ते रहे। उस समय भी जमालुद्दीनको मालूम था, कि वह शिया हैं, मगर सुन्नी चेलोंको भेद-भाव मालूम न हो जाये, इसकेलिए सावधान रहना पड़ता था। सन्यासियों और सूफियों के पास पिता अक्सर उन्हें ले जाया करते थे। मिरासी (भाँट) खानदान-की प्रशंसामें हजरत अलीसे अब तकके कारनामोंको सुनाते। जमालुद्दीन उन्हें बड़ी दिलचस्पीसे सुनते। बचपनमें जमालुद्दीन बड़े ज़िद्दी स्वभावके थे। खाना छोड़ बैठते, तो घर भर खुशामद करते-करते परेशान हो जाते।

२९. सैयद जमालुद्दीन बुखारी

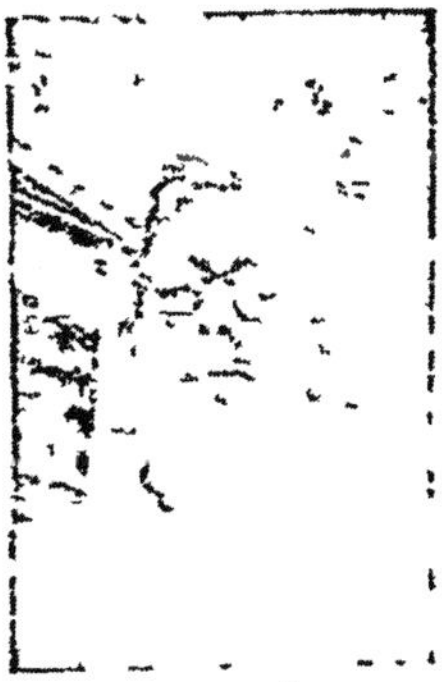

३०. अमीर हैदर खाँ

३१. बाबा सोहनसिंह भकना

३२. बाबा विशाखासिंह

३३. सरदार सोहनसिंह जोश

सात सालकी उम्रमें खानदानी दस्तूरके मुताबिक जमालुद्दीनने पहले-पहल अल्लामियाँकेलिए रोजा रखा और नमाज़ पढी। बिरादरीकी ओरसे हलवा, गुलगुले और कपड़े तोहफामें आये।

पिता धार्मिक विचारके पीर थे, तोभी वह अँगरेज़ीके लाभको समझते थे। घरके पास ही एक ईसाई मेमने छोटे लड़के-लड़कियोंकी क्लास खोल रखी थी, जिसमे सैयदोंके चार लडके और दो लड़कियाँ पढ़ती थी। पिताने जमालुद्दीनको मेमके पास पढनेकेलिए बैठा दिया। मेम बच्चोंको अँगरेज़ीमें कहानियाँ, इतिहास और भूगोल पढातीं। अपनी मजूरीमे ईसामसीहकी दो-एक बाते भी कह जाती। जमालुद्दीन सुन ही चुके थे, कि ईसामसीह भी मुहम्मद साहबकी तरह अल्लामियाँके भेजे एक पैगम्बर थे, इसलिए उन्हें चिढ होती क्यों? मेम साहब हिसाब और ड्राइंग भी सिखलातीं, सबमे अच्छा होते भी हिसाबमे जमालुद्दीन कच्चे थे। उनकी स्मरण-शक्ति अच्छी थी। उर्दू-फारसीकी पढाई घरमें होती। अरबी व्याकरणकी पढ़ाईसे तंग आकर उन्होंने उसे छोड दिया। गाना सुननेका उन्हें बडा शौक था। खानदानके बुजुर्गोंकी दर्गाह पर शहरकी रंडियाँ पुण्यार्थ नाचने आतीं, उस समय जमालुद्दीन अपने चचाके साथ गाना सुनने जाते। हिन्दू मुहल्लोंमें रामलीला, कंस-बध होता, वहाँ भी वे देखनेकेलिए पहुँचते। डफ और बाँसुरी बजानेका भी उन्हें शौक था।

जमालुद्दीन बडे कौतूहलके साथ घरमें चेला होनेकी क्रियाको देखते। जब कोई आदमी जलाली गद्दीका फकीर (साधू) चेला होना चाहता, तो उसका गुरु खानदानी-पीर (बुखारीके परिवार)के सामने चेलेके शरीर पर मुहर लगाने आता। मुहर लगानेकेलिए पहले कागज या कपडा गोल बनाया जाता, फिर उसे शरीरके एक अंग पर रखकर जला दिया जाता, और वहाँ छाला पड़कर हमेशाके लिए गोल निशान बन जाता। मुसलमान मलंग (साधू) पाप छुड़ानेकेलिए अपने शरीर पर कोडा मारते, शायद यह बुखारीको पसन्द नहीं आता था, लेकिन कलंदरी

मलंग पीरोंका गीत गाते और नगाड़ेकी ताल पर जमात बाँधकर धम्मार नाचते, तो बुखारी उसे बहुत खुशीके साथ देखते। परि कुत्बे-आलम्—जो बुखारी खानदानके थे—की अहमदाबादमें कब्र है, जिसके बारेमे कहा जाता है, कि उसकी सात परिक्रमा कर लेनेसे एक हजका पुण्य होता है; मलंग आकर इसी दरगाहमें ठहरा करते। बुखारी अक्सर उन्हे देखने जाते थे।

अब तक परिवारकी आर्थिक स्थिति बहुत अच्छी थी। पिता खुश-हाल होनेके साथ-साथ बहुत उदार भी थे। बुखारीको स्मरण है, जब वह चार-पाँच सालके थे, तो चचा अलग होने लगे। ख़ानदानमें मुसल-मानी कानूनके अनुसार लड़कीका भी हक होता था। पिताने बहनको जायदादमें कुछ अधिक हिस्सा देना चाहा। चचा इसे पसन्द नहीं करते थे। बुख़ारीको भी बापकी उदारता वरासतमें मिली थी चचा कहते—"तुम्हें बादशाह होना चाहिए था, या मलङ्ग (साधु-फकीर)"। नौ सालकी उम्र होते-होते घरके ऊपर सकट आगया। बैंकमे रखा रुपया डूब गया। अब आमदनीका जरिया गाँवकी जागीर थी। जागीरकी बहुत सी जमीनोंमें घास और बबूल होता था, लेकिन दो सौ एकड़में खेती हो सकती थी। खेत गेहूँ और चावल दोनों हीके थे और किसान उन्हें बटाईपर जोतते थे।

लड़कपनमें बुखारीने कुछ तुकबन्दियाँ भी शुरू की थी, और वह भी ज्यादातर हमजोली लड़कियोंके ऊपर। १६१२के आस-पास मेम अजमेर जा रही थी। बापसे कहकर वह अपने साथ बुखारीको भी ले गई। बुखारी छै महीने अजमेरमें रहे। आबू और दूसरे पहाड़ोंकी सैर की। पहाड़ोंके देखनेका उनके दिलमें शौक पैदा हो गया!

बचपनमे एक बार बुखारी अपने जागीरवाले गाँवमे गये। दूकानके सामनेसे जाते वक्त उन्होंने देखा, एक ढेड (चमार) दूकानसे बाहर नीचे बैठकर कपडेका दाम चुका रहा है। उसने पैसेको ऊपरसे ओटे पर रख दिया। बनियेने बुख़ारीसे कहा—"मियाँ साहब! जरा इसे छू दीजिये"।

बुखारीने छू दिया। छूत हट गई, बनियेने पैसेको उठा लिया। बच्चे बुखारीको यह समझमें नहीं आया। उसने पितासे पूछा, इसपर पिताने हिन्दुओंकी छूत-छात और जात-पाँतकी बात सुनाई, और कहा कि यह सब गलत है। सारे मनुष्य भाई-भाई हैं। सूफी भी यही कहते हैं, वेदान्त भी यही कहता है। पिता अफसरोंके लल्लो-चप्पोंमें नही रहते थे। वह स्वतंत्र प्रकृतिके थे। सर सैयद अहमद तथा राममोहन रायकी बहुत तारीफ किया करते थे।

मेमके यहाँ अब पढ़ाई आगे नही बढ सकती थी, इसलिए बुखारी अहमदाबादके एक हाईस्कूलमें दाखिल हो गये और छै महीने तक पढ़ते रहे।

बाप उस समय धंधूकाके हाईस्कूलमे फारसी पढ़ाते थे, बुखारी भी उनके साथ रहकर उसी स्कूलमें पढने लगे (१६१२-१६१४)।

यहाँ वह गुजराती और हिन्दी भी पढ़ा करते थे। धंधूकामें वह छठवे और सातवें स्टएडर्ड (मेट्रिक) तक पढे।

बुखारीको घोड़ा चढ़नेका शौक था। एक बार गिर पड़े, खूब चोट आई, और बेहोश हो गये। जाकर एक रिश्तेदारके यहाँ दवाई लगाई और पिताको खबर तक न होने दी। बुखारीका स्वास्थ्य उस समय बहुत अच्छा था। चाँदनी रातमें देशी 'हाकी' खेलना उन्हे बहुत अच्छा लगता था। ताश भी खेलते, एकाध बार पिताने देख लिया। वह कहते—"ताश खेलते-खेलते तुम जुआ खेलना भी शुरू कर दोगे।" लेकिन पिता दबाव नही डालना चाहते थे। बुखारी इससे नाजायज फायदा उठाते थे। वह घरसे गायब रहते। पिता सैलानी बेटेको निकम्मा-सा समझने लगे थे। एक दिन शामसे ही पिताको सख्त दर्द शुरू हुआ। बुखारी सैर करने गये थे। आधी रातको लौटे, तो नौकरसे पिताकी बीमारीका पता लगा। जाकर चारपाईके पास खड़े हुए। पिताने नौकरसे पानी माँगा। मगर बुखारी खुद पानी लाये। उस समय तक पिताको नींद लग गई थी। बुखारी उसी तरह हाथमे गिलास लिए

चारपाईके पास खड़े रहे। सुबह पाँच बजे पिताकी नींद खुली, देखा बुखारी गिलास लिए खड़े हैं। उन्होंने पुत्रके सिरपर हाथ फेरकर प्यार किया। उन्हे पता लग गया, कि ऊपरसे हलका-दिल दिखाई देनेवाला जमालुद्दीन भीतरसे कितना गम्भीर है।

अब पुत्रको आगे पढानेका सवाल आया। पिताने बुखारीको अलीगढ़ (१९१६)मे भेज दिया। उन्होंने वहींसे १९१८मे सीनियर-केंब्रिज परीक्षा पास की और फिर एफ० ए०के दूसरे सालमें दाखिल हो गये। अर्थशास्त्र और इतिहास उनके पाठ्य-विषय थे। १९२१में वहीसे उन्होंने बी० ए० पास किया। अलीगढ़ मुसलमानोंका एक जबर्दस्त शिक्षा-केन्द्र है, वहाँ हिन्दुस्तानके सभी भागोंके लड़के पढ़ने आया करते हैं। १९वी सदीमें मुसलमानोंमें एक राजनीतिक सम्प्रदाय पैदा हुआ था, जिसने अंग्रेजोंके खिलाफ कई बार विद्रोहका झंडा उठाया। इसी लिये ये लोग मुजाहिदीन (लड़ाके) कहलाये। इनमेसे कितने ही पीछे भागकर सीमा प्रान्तकी स्वतत्र जातियोंमे बस गये। फ्राटियरके मुजाहिदीन का एक लड़का बुखारीका सहपाठी था। उस लड़केने बुखारीके दिलमे हिन्दुस्तानकी आजादीका ख्याल पैदा किया। उसमे ब्रिटिश-विरोधी भाव जरूर थे, मगर वृहत्तर इस्लामवादके आधार पर—गोया हिन्दुस्तानमे सिर्फ मुसलमान ही बसते है और हिन्दुस्तानकी स्वतत्रता और उसके भोगनेकी जिम्मेवारी सिर्फ उन्हीके ऊपर है। बुखारी अपने कमरेमे तिलककी तसवीर रखते थे, मेजिनी, गैरीबाल्डी जैसे देश-भक्तोकी जीवनियाँ पढ़ते। १९१९में बातचीत करते समय उन्होंने पितासे बोल्शेविक शब्द सुना और कुछ रूसी क्रान्तिकी गलत-सही बातें भी। बुखारीका उधर कुछ आकर्षण हुआ। सूफीवादकी बाते भी पिता बतलाया करते थे, जिससे मनुष्यकी समानताका ख्याल उनके दिलमे कुछ-कुछ आने लगा। यद्यपि कॉलेजमें अर्थशास्त्रकी पुस्तकमें मार्क्सके आर्थिक सिद्धान्तके बारेमें भी कुछ पढ़ा था, लेकिन वह इस तरह एक कोनेमे गुपचुप रख दिया गया था, कि बुखारीका ध्यान उधर नही

गया। हाँ, उनके दिमागमें फारसीका यह पद्य जरूर गूँजता रहता था—"बनी-आदम् आज़ाइ यक् दीगर् अन्द" (मानव-सन्तान एक दूसरेके अंग हैं।) घरकी पीरी-मुरीदीको अब वह ढोंग समझते थे। अल्लामियाँको भी एक ऐसी ही वैसी चीज समझते थे। मजहब अब उनके लिये उपेक्षाकी चीज हो गया था। रोजा, नमाज फँस जाने ही पर कभी कर लेते। बुखारीका समय अलीगढ़में खूब हँसी-खुशीसे कटता था। बात बनानेमें वह एक थे और साथियोंको खुश रखनेका गुर उन्हें मालूम था।

समरकन्द-बुखाराकी यात्रा—राजनीतिक भाव उमड़ आये थे, उधर असहयोग और खिलाफत आन्दोलन भी बुखारीके ऊपर असर डाल रहा था। सैलानी तबीयत अलग जोर लगा रही थी। बुखारीने सोचा इस गुलाम देशमें नहीं रहना चाहिये। चलो, चले चलो किसी दूसरे देशमें। खिलाफत आन्दोलनने मुसलमानोंको ब्रिटिशराज्यसे हिजरत कर जानेकी बात चलाई थी। बुखारीपर इसका भी कुछ असर पड़ा था। कभी उनके मनमें आता, देश छोड़ कर सदाकेलिए चले चले, लेकिन फिर जान पड़ता कि यह तो कायरता है, तब वह सोचतेकी बाहर चलकर कुछ सीखें और देशकी आजादीके लिये जोर लगायें। आखिरमें मुजाहिदीन-पुत्र सहपाठीसे बातचीत करके उन्होंने तै किया, कि सीमान्ती कबीलोंके चमरकन्द स्थानमें चलकर मुजाहिदीनसे मिला जाय। लड़केने रास्तेका ब्योरा बतलाया और परिचय-पत्र लिख दिया।

बुखारी अलीगढ़से घरपर अहमदाबाद आये। फिर पैसा लेकर दिल्ली होते पेशावरमें परिचय-पत्र द्वारा वह मुजाहिदीनके किसी आदमीसे मिले। उसने बुखारीको पठानोंका लिबास पहनाकर चार-पाँच दिन बाद गदहेवालोंके साथ चमरकन्दकेलिए रवाना कर दिया। अभी हिन्दुस्तान से पासपोर्टकी उतनी कड़ाई न थी. सरकारने हिन्दुस्तानकी सीमाओंको अभी कैदखानेकी मजबूत दीवारमें परिणत नहीं किया था।

बुखारी दो दिनमें चमरकन्द पहुँच गये। लोगोंपर मुजाहिदीनका

बहुत असर है। चमरकन्द एक सौ घरका गाँव है, जिनमें १५-२० घर मुजाहिदीनके हैं। लोगोंको मुजाहिदीन मुल्ले अंग्रेजोंके खिलाफ भड़काते रहते हैं। इससे छोटी-मोटी लूटपाट और गोलीबाज़ी भले ही हो जाये, लेकिन हिन्दुस्तानकी आजादी इस तरह हासिलकी जा सकती है, यह बात बुखारीके समझमे नही आयी। हाँ, अंग्रेजोंके खिलाफ उकसानेसे मुल्लोंका प्रभाव बढ़ता है, लोग उन्हें भेंट-नज़र चढ़ाते हैं।

एक मास बुखारी चमरकन्दमें रहे। यह गर्मीका महीना था, लेकिन चमरकन्दकी पहाड़ियाँ उतनी नंगी सूखी नही हैं। गाँवसे दूर पानीका चश्मा था। औरते वहाँसे पानी भर लाती थी। परदा बहुत कम है। लोगोंकी जीविका है, खेती और माल लादना। लोग मिलनसार थे। महीने भर बाद बुखारीका मन ऊब गया। वह आये थे आजादीका पाठ पढ़ने, मगर यहाँ उन्हे जबर्दस्ती नमाज़ पढ़नेकेलिए मजबूर किया जाता। मुजाहिदीन रूसकी सीमासे नजदीक थे। उन्होने रूसी इन्कलाब के बारेमे भी सुना था, लेकिन वह उसे पसन्द नहीं करते थे—बोल्शेविक खुदाको नही मानते, मुल्लोंकी तौहीन करते हैं। बुखारीको उनकी निन्दा प्रशंसा-सी लगी। वह आगे बढ़नेके लिये तैय्यार हो गये।

काबुलमें—बुखारी अब भी अपनेको मुजाहिदीनवादी ही जाहिर करते थे। उन्होने अपने कामको और आगे बढ़ानेकेलिए काबुल जाने का विचार प्रगट किया। मुजाहिदीनने अपने आदमियोंके साथ उन्हें काबुल भेज दिया। चार दिन पहाड़ोंमे चक्कर काटते बुखारी एक दिन काबुल पहुँच गये। वहाँ पर एक हिन्दुस्तानी व्यापारी (पंजाबी खोजा) के यहाँ ठहरे। काबुलमें उबैदुल्ला सिंधीके चेले शेख अब्दुर्रहीम (कृपलानीके बड़े भाई)से मुलाकात हुई। वह भी हिन्दुस्तानमें विदेशी शासनका अन्त करना चाहते थे और समझते थे कि हिन्दुस्तानकी आजादी भीतरकी जनतासे नही बल्कि बाहरी ताकतोंकी मददसे हासिल की जा सकती है। बुखारी काबुलमें ढाई मास रहे, वहाँ वह हर तरहके लोगोंसे मिलते रहे। अमानुल्लाके नेतृत्वमें अफगानिस्तान अब आजाद

था। आज़ाद अफ़ग़ान भी हिन्दुस्तानकी आजादीकी बातें ध्यानसे सुनते थे। हिन्दुस्तानसे हिजरत करके काबुल पहुँचे हिन्दुस्तानियोंसे भी उनकी भेट हुई, और उनकी हालतको देखकर उन्हें हिजरत करनेकी बेवकूफी साफ-साफ दिखलाई पड़ने लगी। उन्होंने समझ लिया, कि हिन्दुस्तान की आजादी न स्वेच्छासे देश-निकाला कबूल करनेसे हो सकती है और न विदेशी दरबारोंकी कोर्निश बजानेसे। काबुलमें बुखारीको बोल्शेविकोंके बारेमें बहुतसी बातें सुननेको मिलीं; यद्यपि उसमें ज्यादातर निन्दा ही होती, मगर उससे बुखारीका आकर्षण कम नहीं हुआ। सारी गालियोंके भीतरसे भी उन्हें दो बातें साफ झलकतीं—रूसमें किसानों-मजूरोंका राज्य है, वहाँ अमीर-गरीब नहीं सभी समान हैं—"बनी-आदम् आज़ाय यक् दीगर् अन्द।"

मज़ार-शरीफमें—बुखारीने अपने दोस्तसे मज़ारशरीफ जानेकी इच्छा प्रगटकी। मज़ार-शरीफमें उनकी चीनीकी दुकान थी। उन्होंने बुखारीके मज़ारशरीफ जानेका इन्तजाम कर दिया। अफ़ग़ानिस्तान बुखारीको ज्यादा आकर्षक नहीं मालूम हुआ। बुखारी गदहों और खच्चरोंका साथ पकड़ हिन्दुकुशकी ओर रवाना हो गये। उन्होंने कोहदामनके अंगूरोंके बगीचोंको देखा और वहाँके सुनहले बड़े-बड़े अंगूरोंको चखा भी। उस समय उन्हें, नहीं मालूम था कि कपिशाके इन अंगूरोंकी प्रसिद्धि ईसासे ४०० वर्ष पहले पाणिनिके समयमें भी खूब थी। ऊपर चढ़ते जाते सर्दी मालूम हुई, मगर यह गर्मियोंका दिन था, इसलिये बरफ नहीं थी। दोनों तरफ नंगे पहाड़ोंकी दीवारें खड़ी थीं, जिनके बीचसे पगडंडी (जो अब मोटर सड़क बन गई है) पर चलते हुये उनके मनमें तरह-तरहके ख्याल पैदा हो रहे थे। दो जगह निराश होकर भी आगे की आशा और बढ़ती ही जारही थी। छै दिन पैदल और कुछ खच्चर पर चढ़कर बुखारी मजार-शरीफ पहुँचे। हरियालीसे रहित उजाड़ मैदानमें उन्होंने मज़ार-शरीफके कस्बेको देखा, जहाँ पीरकी मज़ारकी एक चमकीलीसी इमारतके सिवाय

कोई दर्शनीय चीज़ न थी। मगर वह उससे भी बड़े-बड़े मज़ार हिन्दुस्तानमें देख चुके थे। बुख़ारीको पश्तो नहीं आती थी, मगर उसका काम काबुलसे पहलेही खतमहो गया था। पारसी वे बोल लेते थे, इसलिये भाषाकी दिक्कत न थी। मजारशरीफमें घरका लाया पैसा खतम हो गया, लेकिन यहाँ उन्होंने कई दोस्त बना लिये थे। अब उनका इरादा हुआ रूसी मध्य-एशिया देखनेका। यद्यपि अभी वहाँ अनवर और अमीरोंका ज़ोर था, मगर उन्हें उम्मीद थी, कि कुछ बोलशेविक मिलेंगे जरूर।

तेर्मिज़—मजारशरीफसे एक व्यापारियोंका काफिला मध्य-एशिया जा रहा था। बुख़ारी भी काफिलेमें शामिल हो गये। काफ़िलेके पचीस-तीस आदमियोंमें चार-पाँच हिजरत करनेवाले "लफंगे" भी थे। आमू-दरिया तक पैदल जा,नावसे तेर्मिज़ पहुँचे। तेर्मिज़में यद्यपि रूसियोंके रहनेके कितने ही घर उन्हें देखनेको मिले, मगर वहाँसे उनका शासन लुप्त हो चुका था। कमालपाशा द्वारा तुर्कीसे भगाये अनवरपाशा मध्य-एशियाके सर्वेसर्वा बननेकी फ़िक्रमें थे। तेर्मिजमें उनके आदमी मौजूद थे। लेकिन काबुल देखनेके बाद ही बुख़ारीका बृहत्तर-इस्लामवाद (Pan-Islamisin) वाला नशा खतम हो चुका था। बुखारीको अनवरसे कुछ लेना-देना नहीं था। काफिलेमें कितने ही पंजाबी और सिन्धी व्यापारी भी थे, इसलिये उन्हे खाने पीनेकी तकलीफ़ नही हुई। तेर्मिजमें दो-चार दिन रहकर काफिला आगेके लिये रवाना हुआ।

समरक़न्द—बुखारी काफिलेके साथ पैदल आगे बढ़ते गये। चलते-चलते बहुत थक जाते थे। व्यापारी हर जगह बोल्शेविक लुटेरोंका डर बतलाते थे। शारद नवम्बरका महीना आगया था, काफी सर्दी थी। सिन्धी, पंजाबी व्यापारियोंकी वहाँ अपनी दुकाने थी। बुखारी उन्हींके यहाँ ठहरे। देशभाईकी कदर आदमी परदेशमें जानता है। बुखारी जैसे शिक्षित तरुणके साथ सभी प्रेम करते थे। मुल्ले बोल्शेविकोंसे बहुत घबराते थे। वह गाली देते हुये कहते—"ये बोलशेविक इस्लामको खतम

कर देना चाहते हैं। किसीको अल्ला और रसूलका नाम लेवा नहीं रहने देना चाहते। ये मजहबको खतम कर देना चाहते हैं।" बुखारी पूछते "मजहब है कहाँ?" मुल्लोंका असर अब भी लोगोंपर काफी था, मगर बुखारीको वहाँके सीधे-सादे लोग बहुत पसंद आये। उनमें कुछ ऐसे भी मिले, जो बोल्शेविकोंकी तारीफ करते थे—"बोल्शेविक समानता फैलाना चाहते हैं, इस्लामकी भी तो यही तालीम है? देखो औरतोंको हमने कितना गिरा दिया है?" अभी बोलशेविक दूर थे, लेकिन आसमानमें गड़बड़ी साफ दिखलाई पड़ती थी। दस दिन ठहर कर बुखारी काफिलेके साथ ताशकन्दकेलिए रवाना हो गये।

ताशकन्द—पाँच दिन पैदल चलकर वह ताशकन्द पहुँचे। अनवरके मनसूबेके बारेमें और भी सुननेका मौका मिला, मगर बुखारी चाहते थे, बोल्शेविकोंको। ताशकन्दमें उन्हें बहुत कम रूसी दिखाई पड़े। लेकिन वहाँ उन्हे कुछ उज्बक बोलशेविक मिले। उन्होंने बुखारीको समझाया,—"अनवर या दूसरे दो-चार नेता सब कुछ नहीं हैं। असल है, जनता और उसका नेतृत्व करनेवाली सुसंठित पार्टी। लोग उस लड़ाईसे—युद्ध से मुँह नहीं मोड़ सकते, जो उनके हितोंकेलिए लड़ी जाती है। मजूर और किसान समझते हैं, कि उनकी भलाई, अमीरों और बेगोंके नीचे पिसनेमें नहीं है। बोलशेविक चाहते हैं, उन्हें खतम करना। किसान और मजूर जरूर बोल्शेविकोंका साथ देंगे।" बुखारी डेढ़ मास तक ताशकन्द में रहे। उनका दिमाग काफी साफ हो गया। मजहब अब उनकेलिए कामकी चीज नहीं मालूम होता था। ताशकन्दमे अब भी हुकूमत अमीरके साथमें थी। बुखारी वहाँ सिन्धी चाय-व्यापारियोंके यहाँ ठहरे थे। व्यापारी घबराये हुए थे। उनके पास जारशाही नोट बहुत थे, जो अब बेकार होगये थे, इसकेलिये और भी परेशान थे। यद्यपि बोल्शेविकोंने जारशाही कर्जे और लेन-देनको माननेसे इनकार कर किया था, मगर शायद अब भी व्यापारी आशा रखते थे, कि इन नोटोंके दिन फिर कभी लौटेंगे।

बुखारा—इसी समय कुछ सिन्धी व्यापारी ताशकन्द छोड़कर भाग चले। बुखारी भी उनके साथ समरकन्द होते हुए १०-१२ दिनमें बुखारा पहुँचे। बुखारीने सुना था, कि किसी वक्त उनके बुजुर्गोंका खानदान इसी जगहसे चलकर अहमदाबाद पहुँचा। सैय्यदोंमें कुछ जहाँगश्त मखदूम जहानिया (विश्व-पर्यटक स्वामी जहानिया)की बातें करते थे। बोलशेविकोंको वे फूटी आँखो देखना नहीं चाहते थे। वह कहते—"यह नई चीज, एक भारी अज़ाब (पातक) पैदा हो रहा है. यह बहुत खतरनाक है।" बुखारी कहते—"बूढेको मरनाही होता है।" उन्होंने कहा—"तुम शिर्क और मुल्हिदो (नास्तिकों) की बात करते हो!" बुखारी जनसाधारणमे लेक्चर नही देरहे थे। वह सँभलकर बातें कर रहे थे। मध्य-एशियाकी यात्रासे अब वह समझ गये थे, कि उनका लक्ष्य क्या होना चाहिए। और वहाँ तक पहुँचनेका सीधा रास्ता कौन सा है। ताशकन्द से ही उन्होंने तै कर लिया था, कि अब उन्हें हिन्दुस्तान चलना है और इस "नई चीज"को फैलाना है।

हिन्दुस्तानमें—बुखारामे दस-पन्द्रह दिन रहनेके बाद तेर्मिज, मजारशरीफ, काबुलके रास्ते बुखारी पेशावर आये। जमरूदमें पुलिस ने पकड़ा और धमकाना शुरू किया, लेकिन सिन्धी व्यापारीने कह दिया कि यह हमारा आदमी है। नौ महीने बाद बुखारी पेशावर लौट आये। यह सन् १६२२ था।

असहयोग आन्दोलनमें—लाहौरमें ही बुखारीको पता लग गया था कि उनके (एकमात्र और बड़े) भाई जहूरहुसेन (एम्० ए०, लेक्चरार)ने नौकरी छोड़ असहयोग कर दिया। उन्हें बहुत खुशी हुई। यह भी मालूमहो गया था, कि मौलाना मुहम्मद अली अलीगढ़में डटे हुए हैं। अहमदाबाद होकर बुखारी अलीगढ़ पहुँचे। एकाध महीना वहाँ रहे। मौलानाको बुखारीकी ताशकन्द-यात्राका पता था, लेकिन औरोंको नही। बुखारी लडकोंसे कहा करते—मजूरों और किसानोंमें खूब मन लगा कर काम करना चाहिये।

राजनीतिक क्षेत्रमें—बुखारीको अलीगढ़ अपने कार्यका अच्छा क्षेत्र नहीं मालूम पड़ा। वह करॉची पहुँच गये। यहाँ वे मजदूरोंमें काम करते थे। हिन्दुस्थानी मलाहों (लश्कर)से भी उन्होंने सम्बन्ध जोड़ा, कुछ नोटिसें छापकर बाँटी। मजूर-राजपर गरमागरम व्याख्यान दिये। १६२२के अन्तमें उन्हें गिरफ़ार कर लिया गया, और १२४५ दफाके अनुसार डेढ़ सालकी सख्त सजा और ५०० रु० जुर्माना अथवा छै मासकी कैद सुनाई गई।

अभी वह पुराना जेल था। करॉचीके जेलको राजनीतिक बन्दियों को अनुभव बिल्कुल नही था। बुखारी जेलके बुरे बर्तावोंको चुपचाप सहनेकेलिए तय्यार न थे। वह विरोध करते और जेलवाले सजायें देते—बेत छोड़ उन्हे जेलकी सारी सजायें मिलीं। १६२३में करॉची जेल में रहते वक्त ही पिता की मृत्यु हो गई। बुखारीने जेलमें कमूनिज्मके बारे में कितनीही किताबे पढ़ीं। अभी जेलवाले "कापीटल"को व्यापारियोंका कोई ग्रन्थ समझते थे। कमूनिज्म उनकेलिए कमूनलिज्म (संप्रदायवाद) का बिगड़ा उच्चारण था। १६२४के शुरूमें बुखारी जेलसे बाहर निकले। फिर खूब व्याख्यान देने लगे, मजूरोंका संगठन करते और उन्हें मजूर-राज्य कायम करनेकी बातें सुनाते। इसी समय उन्होंने मलाह-सभा (Seamen's Union) कायम की। मलाहोंके जीवनको उन्होंने और नजदीकसे देखना चाहा, और यह भी चाहा कि जहाज़ी मलाह ही ऐसे साधक हैं, जो इन अभेद्य दुर्गोको पारकर विचारोंको एक देशसे दूसरे देशमे ले जाते हैं।

जहाजके खलासी—१६२४का अंत था बुखारीने बहुत कोशिश करके हंसा-लाइन कम्पनीके एक माल-जहाजमें फायरमैनकी जगह पाई। निश्चयही मलाह-सभाके साथियोंकी मददके बिना यह नहीं हो सकता था। बुखारी पहले फायरमैनकी जगहपर भर्ती हुए थे, मगर पीछे सैलून-ब्वाय (बैठकखाना-परिचारक,का काम मिल गया। अभी पासपोर्टकी उतनी दिक्कत न थी। सारंग (मलाहोंके मुखिया)के कहनेसे भरती हो

जाती थी। कुछ खलासी बुखारीकी मलाह-सभाको जानते थे। अदन, पोर्त-सईद, जिब्रालटर होते हुए बुखारी लीवरपूल (इंगलैंड) पहुँचे। लंदन भी देखा। जर्मनीके बन्दरगाह हाम्बर्गको भी देखा और वहाँ कुछ अपने जैसे विचारवाले मलाहोंसे मिले। फिर घूमते-फिरते उनका जहाज बम्बई पहुँचा। बुखारीकी तनख्वाह थी पच्चीस रुपया, खाना-पीना ऊपरसे। लेकिन बुखारी नौकरी करने थोड़े ही गये थे। उन्हें था साम्यवादसे और अधिक परिचय प्राप्त करना। जहाजमें उन्हें इसकी पूरी कोशिश करनी पड़ती थी, कि जहाजके अफसर और दूसरे यह न समझने पाये, कि वह एक साधारण हिंदुस्तानी लश्कर नहीं, एक युनिवर्सिटी-ग्रेजुएट और खतरनाक विचारोंका तरुण है। बुखारीने व्याकरणको ताखपर रखकर नाविकोंकी अंग्रेजी अपनाई—शराब पीकर जब वह बीच-बीचमें गालीवाले शब्द डालकर बेतहाशा अंग्रेजी बूकते, तो कौन पता पा सकता था। बुखारी अपनी यात्रामें सफल रहे। उन्हें बहुतसा, मार्क्सवादी साहित्य मिला, जिसे उन्होंने खुदी भी पढ़ा और दूसरों को भी दिया। इस यात्राके बाद उन्हें पता लगने लगा, कि वह कितनी बड़ी विश्वव्यापी सेनाके सैनिक हैं और महान् होते हुए भी उनका आदर्श असम्भव नहीं है। अब वे पूरे आत्म-विश्वासके साथ अपने काममें लगे।

असली कार्यक्षेत्रमें—१९२५के आरम्भके साथ बुखारी अपने वास्तविक कार्यका आरम्भ समझते हैं। अभी वह अकेले काम करनेवाले थे। सहकारियोंको मदद देने और नोटिस-पत्र छपानेकेलिए पैसेकी जरूरत थी, और उसका भी बदोबस्त करना जरूरी था। साथ ही बेकार आदमी जल्दी पुलिसकी निगाह पर चढ़ सकता है। बुखारीने बीमा कम्पनीकी एजेंसी ले ली, और देश-विदेशके आयात-निर्यातका काम भी शुरू किया। पैसेकी ओरसे अब वह निश्चिन्त थे। सिंध, पजाब, अहमदाबाद, अलीगढ़ कार्यके सबंधसे जाते। १९२१में करॉचीमें रेलवे मजदूरोंकी एक यूनियन कायम हुई थी। बुखारीने उससे अपना

संबंध जोड़ा। वह नार्थ वेस्टर्न रेलवे यूनियनके डिविजनल सेक्रेटरी थे। नौजवानोंमें भी काम करते थे और करॉचीके दूसरे मजदूरोंमे भी। करॉची जिला कांग्रेसके भी वह सेक्रेटरी थे। उसी साल (१६२५)के अंतमें 'आजादी'के नामसे उन्होंने उर्दूका एक दैनिक पत्र निकाला और खुद सम्पादन करते थे। सिंधी भाषाके दैनिक पत्र "अल्वहीद" जो कि उस समय खिलाफत-कमेटीका पत्र था और अब मुस्लिम लीगका है) में भी लेख लिखते। उनके जोशीले और क्रांतिकारी व्याख्यानोंको सुनकर पुलिसवाले समझते, यह कोई आधा पागल सा आदमी है, इसे छेड़नेकी जरूरत नहीं। अभी उतनी जमातबंदी और संगठित संघर्ष नही हुए थे, इसीलिये वह इस गलतीमें थे। ऐसे गरम व्याख्यानोंके बाद भी पुलिसको छेड़खानी न करते देख कांग्रेसवाले समझते, यह कोई सी० आई० डी०का आदमी है। साल भरके तजर्बेने बुखारीको बतला दिया, कि मजूर उनकी बातोंको ज्यादा आसानीसे समझ सकते हैं। यद्यपि कानपुर बोल्शेविक अभियोग (१६२४) वाले साथियोंसे बुखारीका सम्बंध हो गया था, लेकिन वह सम्बंध प्रत्यक्ष-रूपेण नही था। इसलिये और पुलिसकी गलत धारणाके कारण बुखारी उस मुकदमेमे घसीटे नहीं गये।

१६२६का साल इसी तरह बीत गया। १६२७में सकलतवाला भारत आये। करॉचीके मजदूरोंने बुखारीके नेतृत्वमें उनका खूब स्वागत किया। बुखारी लाहौर तक सकलतवालाके साथ रहे। सकलतवाला गांधी-वादका खुल कर विरोध करते थे। इसी साल बुखारीने सिंधमें मजूर-किसान पार्टी कायम की। यद्यपि अभी वह अधिकतर कागजी पार्टी थी।

दिसम्बर १९२८में कलकत्ता कांग्रेसके वक्त वहीं मजूर-किसान पार्टी की अखिल भारतीय कान्फ्रेंस हुई। बुखारी सिंधके प्रतिनिधि बनकर उसमें शामिल हुए। जवाहरलालने भारत-स्वतन्त्रता-संघ कायम किया। बुखारी उसके सिंधमें संगठन करनेवाले बने। यहाँ देशके और प्रांतोंके कम्यूनिस्टोंसे भी बुखारीको मिलनेका मौका मिला।

बुखारी सर्वदल सम्मेलनके एक सदस्य थे। उसके सम्मेलनमें शामिल होनेकेलिए बम्बई आए। उस वक्त मजूरोंकी हड़ताल चल रही थी। बुखारीने इस वक्त बम्बईके मजूरोके सामने पहिला व्याख्यान दिया।

१६२६ आया। मजूर-किसान-पार्टीकी अजमेरमें बैठक होनेवाली थी, मगर नेता मार्च ही में पकड़कर मेरठ पहुँचा दिये गये। बुखारी बच गये। वे "पयामें मजदूर"में कुछ लिखा करते थे। अब उन्होंने करॉचीसे अपना साप्ताहिक "चिनगारी" (उर्दू) निकाला। यह पत्र बहुत जनप्रिय हुआ। इसीने कामरेड शाहिद जैसे कितने ही बम्बईके मजूरोको नया रास्ता दिखलाया। इस वक्त बुखारी जर्मन बीमा कम्पनी—अलीन् उन्ट स्टुटगॉर्ट—के विषेश प्रतिनिधि थे और कम्पनीकी ओरसे ३५० रु० महीने पाते थे। आयात-निर्यातके व्यवसायसे भी उन्हें महीनेमे ३५० रु० और मिल जाते थे। अब बम्बई सरकारकी नजर बुखारीपर गई। बुखारी करॉचीसे एक सप्ताहकेलिए गायब हो गये थे। उनकी अनुपस्थितिमें दफ्तरकी तलाशी ली गई। मेरठके मुकदमेमे बुखारीकी भी कुछ चीजें दाखिलकी गई थीं। अमृतसरमें एक सप्ताह रह कर बुखारी कलकत्ता पहुँचे, और वहॉ कामरेड हलीमके साथ जूट-मजदूरों में काम करने लगे। इसी वक्त रूसी क्राति दिवस पहिली बार भारतमें मनाया गया। श्रद्धानंद पार्कमें जबर्दस्त सभा हुई। बुखारी ट्राममें जा रहे थे। पुलिसने उन्हें मेरठ-केसमें वाछित कामरेड हैदर समझ पकड़ लिया, फिर गलती मालूम हुई और छोड दिया। भगतसिंहका मुकदमा चल रहा था। बुखारीने चदा जमा करनेमें मदद की। वह मलाहसभा (Seamen's Union)मे भी काम करते।

नागपुरमें ट्रेड-यूनियन कांग्रेस हुई। वहॉ चार-चार दलोकी रस्सा-कसी चल रही थी। नरमदल वाले मजूर नेता ह्विटूल-कमीशनसे सहयोग करना चाहते थे, बुखारी उन तिकड्म् लगानेवालोंमें मुख्य थे, जिनकी वजहसे सहयोगका प्रस्ताव पास नहीं होने पाया।

अब बुखारी बम्बई चले आये। मदनपुरामें रहते और मजूरोंमें

काम करते। १६३०के लेनिन्-दिवसको कांग्रेस-भवनके हातेमें मनानेमें सफलता पाई।

१६३०के आरम्भसे बुखारीका वैयक्तिक जीवन खतम हुआ। और तबसे उन्होंने पार्टी-सैनिक-जीवन बिताना शुरू किया। जी० आई० पी० रेलवे हड़तालमें उन्होंने भाग लिया। बुखारीकी कार्य-शक्ति और होशियारीको देखकर विरोधी मजूरनेता बहुत घबड़ा गये। उन्होंने एक दिन बुखारीको कतल करनेकेलिए गुण्डे भेजे। गुण्डे आये मगर सहायकोंको देखकर उनकी हिम्मत नहीं हुई। कल्याणमें मजूरोंकी सभा हो रही थी। बुखारी वहाँ बोलने गये। विरोधियोंने उलटा-सीधा समझा रखा था। एक बूढ़े मुसलमानने बुखारीको लात मारी, लोगोंने सभासे बाहर निकाल दिया। फिर किसीने उन्हें बतलाया कि बुखारी किस महामान्य पीरखानदानका सैय्यद है, मजूरोंकी सेवाकेलिए उसने क्या-क्या कष्ट सहे हैं। सभीको पश्चात्ताप हुआ और बूढ़ा तो समझने लगा कि अब उसके सारे रोजे नमाज खतम हुए। पीरजादा सैय्यदको लात मारकर दोजख छोड़ उसके लिये कहीं जगह नहीं है। मजूरोंने सभामें ऐलान किया, कि जबतक कमरेड बुखारी नहीं रहेंगे, तबतक कल्याणमें कोई जलसा नहीं होगा। बुखारीसे उन्होंने बहुत बहुत माफी माँगी। इस वक्त बुखारीको कितनेही विदेशी साथियोंसे मिलनेका मौका मिला। कॉंग्रेस, तरुण संघ और मजूरोंमें वे काम करते थे। २६ जून १६३०को "वर्कर्स वीक्ली" (कमकर साप्ताहिक) का पहला अंक निकला। बुखारी बीस हजार मजदूरोंके साथ चौपाटीपर स्वतंत्रता-दिवसमें शामिल होने आरहे थे। वह अखबार लेने प्रेसमें चले गये, इसलिये साथ चौपाटी नहीं पहुँच सके। मजूर तिरंगे झंडेके साथ लाल झंडा गाड़ना चाहते थे। लेकिन कुछ साथियोंने गलती की। उनके साथ मदनपुराके मजूर-वालंटियर भी चले गये और उन्होंने तिरंगे झंडे की जगह लाल झंडा गाड़ना चाहा, जलूसके संचालकोंकी यह मनशा नहीं थी। इसी बातको लेकर बहुत दिनों तक कितने ही कांग्रेस-नेता

कमूनिस्तोंके खिलाफ प्रोपेगण्डा करते रहे। मजूरों और उनके नेता कमूनिस्तोंकी यह मनशा हरगिज नही थी, यह तो इसीसे पता लग जाता है, कि २५ जनवरीकी रातको गिरनी कामगार यूनियनके मजूर एफ्० वार्डके कांग्रेसके जलसेमें शामिल हुये और वहाँ उन्होंने तिरंगेके साथ-साथ अपने लालझंडेको फहराया।

बुखारी एक विदेशी साथीके साथ कलकत्ता गये। जूट-मजूरोंमें काम किया और उनकी मजूर-सभा कमूनिस्तोंके नेतृत्वमें आगई। कलकत्ताके गाड़ीवालोंने सरकारी निरीक्षकोंसे तंग आकर हड़ताल करदी, बुखारीसे उसके लिये नोटिसें निकाली, लोगोंको समझाया। सिपाहियोंको भी समझाया। गोली चल गई, लेकिन आदमी मरे साधारण जनताके। इस वक्त हिन्दी, बंगाली, अंग्रेजीमें बहुतसे परचे बाँटे गये। सेनगुप्तके सभापतित्वमें होनेवाली सभामें "कमूनिस्त पार्टी जिन्दाबाद"के नारे लगाये गये। "स्टेट्समैन" यह देखकर बौखला गया। आम हड़तालके प्रस्ताव की बात सुनकर सेनगुप्त सभासे भाग गये और डॉ० भूपेन्द्रदत्तके सभापतित्वमे सभा हुई।

बंगालमें अब कमूनिस्त अपने असरको फैलाने लगे। राजशाही कान्फ्रेन्सके समय तरुण-कान्फ्रेन्स हुई थी, जिसके सभापति साथी बंकिम हुये थे। अप्रैलमें बुखारीपर वारंट निकला। पहली मई (१९३०) के त्यौहारके मनानेकी जबर्दस्त तैय्यारी हुई, ८००० नोटिसें बाँटी गई। बस, ट्रामके मजदूर और छोटे दूकानदार तक अपना काम छोड़ त्यौहार मे शामिल हुये। अब बुखारीको ज्यादा स्वतंत्र घूमने नही दिया जा सकता था। ईदकी कुर्बानीके दिन (जूनमें) उन्हें गिरफ्तार कर लिया गया। बुखारीको स्पेशल ब्राँचमें ले गये। कहा-सुनीमें किसीने दो-चार थप्पड़ भी लगाये। बुखारीने पाकेटमें हाथ डाला, तलाशी हो चुकी थी तब भी अंग्रेज अफसर डरकर पीछे हट गये। फिर उन्होने बिजली लगाने और क्या-क्या शारीरिक पीड़ा देनेकी धमकी दी। बुखारीने कहा—"मै बच्चा नही हूँ, जो चाहे सो करलो।" अफसरोंने कहा—"तुम्हारा दिमाग

गरम है, बीस सालकेलिए बन्द कर देंगे।' पक्का गुइयाँ समझ उन्होंने बुखारीसे कुछ भी पता पानेकी आशा छोड़ दी। उन्हें १८१८के रेगुलेशनके अनुसार नजरबन्द कर दिया गया। बुखारी एक सप्ताह हवड़ा जेल में रहे, फिर बरहमपुर जेलमें भेज दिये गये। बुखारीका काम था, आतंकवादके नजरबन्दोंकेलिए मार्क्सवादकी क्लास लेना और जेलके दुर्व्यवहार के खिलाफ होनेवाली हर लडाईमें शामिल होना। यही वह काम हुआ, जिसने आगे चलकर बंगालके आतंकवादियोंको आतंकवादकी व्यर्थता समझा मार्क्सवादकी ओर खींचा। आतंकवादियोंने भूखहड़ताल की, बुखारी भी उसमें शामिल हुये। उन्होंने जलूस निकाला, जलूसके आगे-आगे चले और सभामें सभापति हुए। पगली घंटी बजी। सिपाही लाठी ले दौड़ आये और राजबन्दियोंके सिरपर लाठियाँ बरसने लगी। साठ सत्तर आदमी घायल हुये। बुखारी रातभर उनकी, सुश्रुषा करते रहे—बुखारी पर मुकदमा चलानेकी तैय्यारीकी जा रही थी, लेकिन जेलर को अपने लिये डर हो गया। बुखारीको सेलमें भेज दिया गया। जेलर पिटे, अन्तमे बुखारीने बीचमे पड़कर समझौता करवाया था।

अब बुखारीको बरहमपुरमें रखना हानिकारक समझा गया और उन्हें राजशाही जेलमें बदल दिया गया। वहाँ भी बुखारीके मार्क्सवादी प्रचारसे अधिकारी घबड़ाने लगे, और पन्द्रह दिन बादही भूटानकी सीमापर बकसाफोर्टमें पहुँचा दिया। यहाँ बड़े बड़े आतकवादी दादा नजरबन्द थे। कमूनिस्त सुनतेही उन्होंने बुखारीको अपना दुश्मन-सा मान लिया और बॉयकाट करना चाहा—आखिर उनके पैरोंसे जमीन खिसकती जा रही थी, जब चेले मार्क्सके रास्तेपर चले जायेंगे, तो सिर्फ दादा-दादा रहकर क्या करेंगे? बुखारीने धीरे-धीरे करके आठ आदमियोंकी एक मण्डली बनाई, सभी एक साथ खाते-उठते-बैठते। कमान्डेन्ड (फौजी जेलर बुखारीको इन्टरनेशनलिस्ट (अन्तर्राष्ट्रीय) कहता था। बुखारीको मार्क्सवादके मूल ग्रन्थ आवश्यक थे, मगर कमान्डेन्ट उन पुस्तकोंको भीतर आने नहीं देता था। उसी समय बंगालका होम-मेम्बर नक्सा

आया। बुखारीने कहा—"हमे यह किताबें मिलनी चाहिये।" होम-मेम्बरने उत्तर दिया—"लेनिन् और त्रोत्स्कीकी किताबें नही मिलेंगी" और कमाण्डेन्टको हुक्म दिया—"इन्हें मार्क्स और एन्गेल्सकी किताबें मिलनी चाहिये।" पुस्तकोंके मिलनेके बाद, पढ़ने-पढ़ानेमें खूब आसानी हुई।

१६३१के अन्तमे पहुँचते-पहुँचते बुखारीका स्वास्थ्य बहुत खराब हो गया और प्राणोंका संकट देख बंगाल सरकारने अपने यहाँसे निर्वासित कर उनको बम्बई पुलिसके हाथमे दे दिया। बम्बईकी पुलिससे बुखारीको मालूम हुआ, कि यहाँ कमूनिस्तोंके कई गुट्ट हैं। बुखारीने तै किया, कि गुट्टोको खतमकर एक सुसंगठित पार्टीका निर्माण होना जरूरी है। अब बुखारीने "पयामे-मजदूर"को फिरसे जारी करवाया। गुट्टोंमे समझौता हुआ और बुखारी सेक्रेटरियटमें आये, मगर अभी असली पार्टी-संगठनमें देर थी, उसे मेरठके साथियोंके जेलसे आनेतक प्रतीक्षा करनी पड़ी।

१६३२की सर्दियोमे बुखारी हज करनेकेलिए जहाजपर सवार हुये। लेकिन पुलिसको मालूम होगया कि यह मक्का नहीं किसी दूसरी जगह हज करने जा रहा है। उन्हे जहाजसे उतार लिया गया।

एक दिन मदनपुरामें उनके घरको घेर लिया गया। बुखारी रातको ही निकल भागे और सीधे अहमदाबाद पहुँचे। अहमदाबादमें मजूर बनकर वह मजूरोंमें तीन मास तक काम करते रहे। कितने ही मजूरोको उन्होने अपने महान् कामकेलिए तैय्यार किया। कॉमरेड गुलाममुहम्मद खा—जो आजकल अखिल भारतीय ट्रेड युनियन् काग्रेसके उपसभापति हैं—के भीतर प्रथम अकुर डालनेवाले बुखारी ही थे। अहमदाबादके मजदूरोंमें गाधीजीकी ओरसे मजूर-महाजन नामकी एक मजूर-सभा बनी हुई है, जिसका काम है, मजूरोंको भूलभुलैयाँमें डाल मिल-मालिकोंको धर्मावतार माननेकेलिए तैय्यार करना और मजूरोंके भीतर क्रान्तिकी भावना न आने देना। लेकिन, मजूर-महाजनका असर ज्यादातर सूत

बनानेवाले मजूरों पर था, कपड़ा बिननेवालों पर नहीं। उस वक्त जरा भी कपड़ा खराब हो जाने पर मालिक बुनकरोंसे जुर्माना वसूल करते। बुखारीने बुनकरोंको इस अन्यायके खिलाफ लड़नेकेलिए संगठित किया। इस समय, वह वारंटके कारण अन्तर्धान रह रहे थे। एक दिन जुआरियों के पास चंदा वसूल करने गये थे, उसी समय पुलिस आ गई। बुखारी बाल-बाल बचे। अहमदाबाद छोड़कर कराँची गये और दो-चार दिन बाद पंजाब। फिर अहमदाबाद होते बम्बई पहुँचे।

जनवरी १६३३में पुलिस बुखारीको पकड़नेमें सफल हुई, मुकद्मा चला और ढाई सालकी सजा दे उन्हें येरवाडा भेज दिया गया।

मार्च १६३५ तक बुखारीको येरवाडा जेल हीमें रहना पडा। यहाँ कांग्रेसी राजबन्दियोंसे भी उनकी बातचीत होती थी। बम्बई कांग्रेससे तीन दिन पहले वह जेलसे छूट गये। मेरठके साथियोंसे मिले। फिर मदनपुरामें रहकर मजूरोंमें काम शुरू किया। १६२६में भी बुखारी केन्द्रीय समितिमें थे, मगर अब भी संगठन पार्टीके रूपमें नहीं था। अबकी फिर वह केन्द्रीय समितिमें लिये गये।

कमूनिस्तोंकी गुटबन्दी दूर हो गई, और अब वह पार्टीके रूपमें संगठित हो आगे बढ़ रहे थे।

१६३६में लखनऊ कांग्रेस नजदीक आई। कामकेलिए पैसेकी जरूरत होती है। बुखारी अपने घर गये और जायदाद बेंच-बाच कर पाँच हजार लिये बम्बई होते लखनऊ पहुँचे। स्वामी सहजानन्द किसान-सभा का झंडा बिहारमें फहरा चुके थे और उनके कार्योंकी सुगंधि भारतमें दूर-दूर तक फैल चुकी थी। बुखारी भी स्वामीजीका नाम सुन चुके थे। अब उनसे यहाँ भेंट हुई और स्वामीजीसे किसानोंमें काम करनेके बारेमें बात हुई। बुखारी भी अखिल भारतीय किसान-सभाके इस प्रथम अधिवेशनमें शामिल हुए। लखनऊसे बम्बई चले आये। अब १६३७ था। बुखारीने सिन्धमें 'हारी' (किसान) कमीटी कायम की। वहाँके गाँवोंमें

गये, किसानोंको समझाया। मध्यप्रान्त, युक्तप्रान्त (मेरठ) और आंध्र का भी दौरा किया।

१९३८में हरिपुरा कांग्रेसके समय किसान जलूस संगठित करनेमें बुखारी प्रमुख थे। त्रिपुरी (१९३९) मे भी किसान जलूसका उन्होने संचालन किया। १९३८में कांग्रेसने जो मुस्लिम-जनता-संपर्क कमीटी बनाई थी, उसकी बम्बई शाखाके बुखारी मन्त्री थे।

१९४० में पलासा किसान-सम्मेलनने बुखारीको अखिल भारतीय किसान-सभाका संयुक्त मन्त्री चुना। अप्रैलमें उन्हे गिरफ्तार कर पहले येरवाडा और फिर नासिकमें नजरबन्द कर दिया गया। जहाँसे वह अगस्त १९४२ में छोडे गये।

३०

अमीर हैदर खाँ

अमीर हैदर साहस और निर्भयताकी साक्षात् मूर्ति ! अनजाने देशों में बिना धन और साधनके जानेमें उन्हें कभी हिचकिचाहट नहीं हुई। बचपनसे गरीबीके जीवनसे परिचित होते हुए भी जब वह खूब रुपये कमाने लगे, तो उचित काममें खर्च करनेमें उन्हें रुपयोंका कभी मोह नहीं हुआ। होश सभालते उनके दिलमें देश-प्रेम पैदा हुआ और उसके लिए उन्हें हर तरहके कष्ट सहने पड़े, किन्तु वह कभी त्रस्त नहीं हुए। हैदरका जीवन साहसपूर्ण यात्राओंसे भरा है। जो पुरुष कई बार भू-मडलकी परिक्रमाकर आया हो और पैसेके बलपर नही, बल्कि सिर्फ अपने जाँगरके बलपर, उसकी जिन्दगी कितनी दिलचस्प घटनाओंसे पूर्ण होगी यह आसानीसे समझा जा सकता है।

हैदरका जन्म रावलपिंडी जिलेके कहोटा तहसीलके सियालिया गाँवमें दो मार्च (?) सन् १९०० मे हुआ था। उनका खानदान चिब् राजपूतों

विशेष तिथियाँ—१९०० मार्च जन्म, १९०६ पहिली साहस-यात्रा, १९०८ दूसरी साहस-यात्रा, १९०९ पढाई आरभ, १९०९-१२ बेवल स्कूलमें, १९१२ कलकत्ता, १९१३ बेवल स्कूलमें, १९१४ बम्बई, १९१५-१६ मसोपोतामिया, १९१६ प्रथम पृथिवी-परिक्रमा, १९१८-१९२६ युक्तराष्ट्र अमेरिका, १९१८ अग्रैल अमेरिकन मजूर-सभाके मेम्बर, १९२१ अमेरिकाके नागरिक, १९२३ विमान-चालक, १९२४ अन्तर्राष्ट्रीय वैमानिक-सभाके सदस्य, १९२६-२८ सोवियत्-रूसमें, १९२८ सितम्बर बम्बईमें, १९३२ मई ८ मद्रासमें गिरफ्तार, १९३२-३४ जुलाई जेलमें, १९३४-३८ मार्च जेलमें, १९३८ मई जन्मग्राममें, १९३९-४२ जुलाई १८ जेलमें।

का था, जो धीरे-धीरे गिरते-गिरते सिर्फ किसान मात्र रह गये थे, मगर किसी वक्त उनके पूर्वजोंने शासन किया था, जिसके फल-स्वरूप उनमें आत्म-संमानकी मात्रा अधिक थी और लोग राजा कहकर पुकारा करते थे।

हैदरके पिता अता मुहम्मद, जब हैदर छै ही वर्षका था, तभी चल बसे। उसके दो और बड़े भाई थे, मगर कोई घर सभालने लायक न था और परिवारका बोझ उसकी माँ फतेह बेगमपर पड़ा। अता मुहम्मद को भी सघर्ष करना पड़ा था, हाँ, गाँवमें रहकर ही। पितृहीन अता मुहम्मद दोनों भाइयोंकी गृहस्थी संभालनेकेलिए उनके बहनोई आये थे। मगर उन्होंने ऐसी सभाल संभाली, कि सारी जमीन और जायदाद हड़प कर डाली। सयाने होनेपर अता मुहम्मद निराश नहीं हुए। पहाड़ और जगलमें जमीन थी। उन्होंने हाथ-पैर चलानेका निश्चय किया। गाँवसे कुछ दूर, जगलसे ढँका एक कस् (उपत्यका) था। अता मुहम्मदका कुल्हाड़ा और कुदाल वहाँ चलने लगे और कितने ही वर्षोंके बाद वह पद्रह-बीस एकड़ (घुमाँव) खेत तैयार करनेमे सफल हुए। जिस वक्त हैदरका जन्म हुआ, उस वक्त तक अता मुहम्मद एक अच्छे खाते-पीते किसान बन चुके थे। लेकिन स्वावलम्बन, मेहनत और साहस अब भी उनके जीवनका अंग था।

हैदरका पितासे बहुत प्रेम था, वह सदा पिताके साथ सोता। मरनेके बाद वह अकेले ही पिताकी बड़ी चारपाईको दखल किये रहा और किसीको उसके पास नही फटकने देता था। हैदरकी एक ही चाची थी, जो अलग रहती थी। वह हैदरको बहुत मानती थी। लेकिन, हैदरको आकर्षित करनेवाली उसमे दूसरी ही बातें थी। वह जितनी ही लम्बी-चौड़ी और बलिष्ठ राजपूतनी थी, उतना ही उसमे साहस भी अधिक था। एक बार किसीने उससे झगड़ा कर लिया, इसपर चाचीने आधी रातको कुत्तोंकी जरा भी परवाह किये बिना कोस भर जा कीमती कच्ची फसलको काटकर बर्बादकर दिया। बालक हैदर मन ही मन चाचीकी निर्भीकताकी प्रशंसा करता था। पिताके मरनेके कुछ ही

समय बाद चाचीका भी देहात हो गया और देवर-भौजाई—हैदरके चचा और मा—विधुर हो गये। उन्हें पति-पत्नी बन जाने हीमें घर-गृहस्थीका सुभीता मालूम हुआ। हैदर जितना चाचीको पसंद करता था, उतना ही चचासे नफरत करता आ रहा था। ब्याहके बाद दोनों घर एक हो गये, साथ ही खेत भी बढ़ गये, तो भी हैदर चचाको फूटी आँखों देखना नहीं चाहता था। हैदरको बचपन हीसे बकरे पालनेका शौक था और चरवाही जीवनके खेलोंका भी। चचा उसकी स्वतंत्रतामें बाधक होते, फिर वह उन्हें क्यों पसद करने लगा?

पिताको मरे साल भी नहीं हुआ होगा, अभी हैदर छै ही सालका हो पाया था, चचाने किसी कामकेलिए डाटा। हैदरके बदनपर सिर्फ एक कुर्ता था, वह वैसे ही घरसे भाग निकला और जाकर एक पहाड़ी गुफामें अट्ठाईस घंटे पड़ा रहा। जाड़ेकी तो उसने परवाह न की, लेकिन जब भूखके मारे अतड़ियाँ ऐंठने लगीं, तो खानेकेलिए कोई फल ढूंढ़ना जरूरी हो गया। चरवाहोंने देखा और हल्ला किया। भूखके मारे कमजोर हैदर कितना भागता? आखिर, पकड़ा गया। चचाने पकड़कर खंभेसे बाँधा और हाथमें चाबुक लेकर खूब धमकाया। लेकिन, इससे सिवाय अपने प्रति भतीजेकी घृणाको कई गुना बढ़ा लेनेके और कोई फायदा नहीं हुआ।

अगले दो बरस भी हैदरका जीवन इसी तरह बीता। अब वह आठ-नौ बरसका हो गया। एक दिन चचाने आख दिखाई। हैदर चादर फेंक नंगे ही चल पडा। कितने ही समय चलनेके बाद चोहा-भगताँ (भक्तों का चश्मा)का एक ब्राह्मण मिला। वह लड़केको अपने साथ ले गया। हैदर दो-तीन महीना ब्राह्मणके घर रहा, काम था बर्तन मलना और भैंस चराना। ब्राह्मण और ब्राह्मणीका बर्ताव बड़ा स्नेहपूर्ण था, इसलिए हैदरका मन लग गया। इसी बीच चचाको खबर लगी और भतीजा साहब चोहासे पकड़कर घर लाये गये। ऐसे साहसी लड़केको मार-पीटकर रोका नहीं जा सकता, यह अब चचाकी समझमें कुछ आने लगा।

सोचा, पढ़ाईमें लगा देनेसे शायद लड़का सुधर जाय। पासके गाँवके एक मुल्लाके पास हैदर भेजा गया। वह दो तीन मास वहाँ रहा भी, मगर मुल्ला साहबको यजमानोंसे फुर्सत कहाँ थी, कि विद्यार्थियोंकी पढ़ाई की खबर लेते। हैदर वहाँसे भागकर दूसरे मुल्लाके पास पहुँचा। अभी पढ़ाईमें स्थिर नही हो पाया था, कि मुल्लेके घर भरके कपड़ोंको धोनेके लिए पानीके किनारे जाना पडा। लौटते वक्त एक कुर्ता कहीं गिर गया, घर जाकर गिननेपर जब मालूम हुआ, तो हैदर साहब ढूंढने निकले। कुर्ता नहीं मिला और लौटकर उनकी जैसी पूजा होती, उसके लिए हजरत तैयार न थे। आखिर दुनिया बड़ी लम्बी चौडी है, पिटनेसे कोई सुरक्षित स्थान ढूढना ज्यादा अक्लमंदीका काम है—हैदर इस गुर को धीरे-धीरे समझने लगा था।

अब हैदर मजीठामें तीसरे मुल्लाके पास पहुँचा। यहाँ विद्यार्थियोंकी पढाईकी ओर कुछ ध्यान रखा जाता था। खानेके लिए घरोंमे रोटियाँ माग लाता था। छै मास तक हैदरने मन लगाकर पढा। वहाँ पढानेवाले मुल्ले दो थे, छोटा मुल्ला हैदरका उस्ताद था। किसी कारणसे दोनों मुल्लोंमे झगडा हो गया। छोटे मुल्लेको कुछ किताबें बडे मुल्लाके पास लौटानी थीं। कहा-सुनीके डरसे वह खुद नही जाना चाहता था। उसने हैदरको पीठपर लादकर ले जानेकेलिए कहा। हैदरको क्या पता था? अभी किताबोंको बड़े मुल्लाके सामने अच्छी तरह रखने भी नहीं पाया था, कि मुल्लाने ताबडतोड़ हाथ चलाना शुरू किया। पिटपिटाकर किसी तरह जान लेकर भगे।

अब मुल्लोंसे हैदरकी साध पूरी हो चुकी थी, वह उन्हें खूँख्वार दरिंदा समझता था। उसने अरबी-फारसीके मकतबोंको आखरी सलाम किया और भागकर झंड (गूजरखासे तीन-चार मीलपर) चला आया। यहाँ उर्दूका एक इमदादी स्कूल था। हैदरने यहीं उर्दू पढना शुरू किया और दो महीने घर-घरसे मिली रोटियों पर गुजारा किया। झंड छोटी जगह थी। हैदरको केवल कस्बेके प्राइमरी स्कूलका पता लगा और

वह वहीं चला गया। वेपैसा-कौड़ी, वेयार-मददगार छलाग मारने की अब उसे कुछ आदत पड़ने लगी थी। स्कूल खुलते ही लड़कोंमें जाकर पढ़ने लगा—अभी वह आरंभिक दर्जेमें था। खानेकी छुट्टी हुई, सभी लडके घरसे लाई रोटियोंकी पोटली खोलने लगे। उन्होंने देखा, नवागतुकके पास कुछ नहीं है। फिर "सात-पाँचकी लाकडी एक जनेका बोझ।" हैदरको एक वक्त पेटभर कर खाना मिलनेकी चिंता नही रही और दूसरे वक्त वह पेट पर काबू रखनेकेलिए भी तैयार था। और रहना ? उसकेलिए बगलमें अल्ला मियाँकी मसीद जो थी।

कितने ही समय बाद स्कूलके प्रधानाध्यापक पंडित देवदत्तामलको इस विचित्र लड़केकी बात मालूम हुई। उनके घरमें और कोई था नहीं, उन्होंने अपनी डेवढीमें रहनेकेलिए हैदरको जगह दे दी. और जिस समय घरकी मालकिन आतीं उस समय हैदरको दोनों जून रोटी भी मिल जाती। कपडे कभी देवदत्तामल दे देते, कभी कोई और। सात वर्षकी उम्रमें ही भगोडेपनके आदी हैदरने अपनेको एक लगनवाला विद्यार्थी भी साबित किया और वह खूब मन लगाकर पढता रहा। इसी बीच जार्ज बादशाहके गद्दीपर बैठनेके उपलक्ष्में भारतके सारे स्कूली विद्यार्थियोंको राजभक्त बनानेकेलिए एक-एक तमगा बाटा गया। हैदरको भी एक तमगा मिला।

१६१२के खतम होते-होते हैदर बारह सालके हो रहे थे। जिसने छै-सात सालकी उम्रमें पहली साहस-यात्रा शुरू की हो वह दूनी उम्रका होकर अपने जिले और आसपास हीमें मंडराता रहे, तो उसकी इज्जत ही क्या ? हैदरका बड़ा भाई कलकत्तामें रहता था, हैदरने उसका पता लिख लिया और दिसम्बरमें वेवलसे चम्पत हो गया। टिकटका तो सवाल ही क्या, वहाँ खानेका भी ठिकाना नहीं था ! फिर. गूजरखासे हवड़ातक कितनी ही तरहकी ट्रेनें और उनके बदलनेके कितने ही जंक्शन ! लेकिन, हैदरकी हिम्मत मजबूत थी। वह एक दिन हवडा पहुँच गया। पता भी कुछ अधकचरा ही सा था, हैदर सारा दिन

ढूँढ़ता रहा। शामको जाकर उसने भाईको पकड़ पाया। भाई बड़े शान-शौकतसे रहता था, उसके साथी तो और भी अमीराना जिंदगी बिता रहे थे। रोज कबाब-पोलाव पकता, अच्छी-अच्छी शराबकी बोतलें खोली जातीं और रंडियोंकी भाव-भंगी तथा मादक तानोंसे घर गूंजता रहता। ये लोग अफीमका रोजगार करते थे। सरकारने महंगेसे महंगे दामपर अफीम खिलानेका ठीका लिया था और इन लोगोंने सस्तेसे सस्ते दामों पर। सरकारके ठेकेके पीछे पुलिस, अदालत और जेल थे; इनके "ठेके"के पीछे चालाकी और ऐय्यारी। रोजगार खूब चला था, तभी तो रोज इनके यहाँ इंदरसभा लगती थी। हैदर कितने ही महीनों तक कलकत्तामें रहे और जल्दी ही अपने मुहल्लेके लड़कोंका सरदार बन गया। मारपीटमें उसका दल सबसे आगे रहता, और सरदार उससे भी आगे, यद्यपि, सरदारके शरीर और बलमें कोई विशेषता न थी। इसी बीच हैदरके भाई और उसके साथियोंमें झगडा और मारपीट हो गई। भाईको कलकत्ता छोडना पड़ा। हैदर भी भाईके साथ सियालियाँ पहुँच गया।

हैदरका मन सियालियाँमें क्यों लगने लगा? वह बेवल पहुँचा। फिर पढ़ाई और पुरानी जिंदगी शुरू की। उसके सहपाठी एक दर्जा आगे चले गये थे, मगर देवदत्तामल हैदरकी योग्यताको जानते थे और कूढमग्ज अध्यापक नही थे, कि योग्य विद्यार्थीको पीछे पकड़कर रखते। उन्होंने हैदरको अगले दर्जेमें तरक्की दे दी, कुछ ही महीनोमें हैदरने अपनी कमी पूरी कर ली। कलकत्ता जानेसे घाटेकी तो बात ही क्या, वह खूब फायदे में रहा। अफीमके रोजगारमें पडनेके पहले भाई जब पेशावरमें पल्टनका सवार था, उस वक्त वह एक बार मुफ्त पेशावरका चक्कर काट आया था और अब तो हैदर पेशावरसे कलकत्ता तकका एक साहसी पर्यटक था। उसने भारतके सबसे बड़े नगरमें कई महीने नागरिक जीवन बिताये थे और शहरी लड़कोंका सर्दार रहा था। उसके सहपाठी हैदरको बड़े अदबसे देखते थे। महीनो वे उससे कलकत्ताकी बाते पूछा करते और

हैदर खूब नमक-मिर्च लगाकर सुनाता रहता। कलकत्ताकी यात्राने हैदर में एक भारी परिवर्तन कर डाला था—अब उसकेलिए जमकर पढ़ना असंभव था।

अफीमवालोंकी दुनियामें अब बड़े भाईको जगह न थी, इसलिए वह फिर पेशावरमें फौजमें भर्ती हो गया। हैदर साहब भी एक दिन पेशावर पहुँच गये, किंतु भाईके पास न जाकर कलकत्तके एक परिचित पठानके घर गये। पठान अच्छा खाता-पीता इज्जतदार आदमी था, अपने दोस्तके छोटे भाईको बड़े स्नेहसे लड़कोंके साथ रक्खा। किसी दिन भाईको पता लग गया, फिर हैदरकेलिए सामने होना जरूरी था।—भाई चचाकी तरह कठोर नहीं था। यद्यपि बड़े भाईकी एक बीबी घरपर थी, लेकिन इस वक्त एक और सुन्दरीके जादूका वह शिकार हो गया। सुन्ना (सोना)को उसके गाँवसे कोई भगा लाया था, वह बड़ी ही सुन्दर तरुणी थी। बड़े भाईके रिसालदारको यह पता लगा। वह धार्मिक प्रवृत्तिके आदमी थे, उन्होंने लड़कीका उद्धार करना अपना फर्ज समझा। लड़की भगानेवालेके पंजेसे छुड़ाकर एक सुरक्षित स्थानमें रखी गई। वहीं सुन्नाऔर हैदरके भाईकी चार आँखे हुईं। दोनों ही सुन्दर थे, दोनों ही तरुण थे। चद ही दिनोंमें दोनो प्रेमपाशमें बद्ध हो गये। रिसालदारने लड़कीके घरवालोंको आनेकेलिए लिखा था, लेकिन जब तक वे आवें-आवें तब तक सोना और सियालियाँका तरुण एक हो चुके थे। सोना-को अनिच्छापूर्वक घरवालोंके साथ कर दिया गया। उसे रेलके जनाने डब्बेमें बैठाया गया। सलाह पहलेहीसे पक्की हो चुकी थी। हैदरका भाई उसी ट्रेनमें चढ़ा, उसने एक स्टेशनपर सोनाको उतार लिया और दूसरी ट्रेनसे पेशावर पहुँच गया। भाईने सोनाको शहरमें किसी मित्रके पास रखा। इस वक्त और जिस वक्त भाईको कैदमें रखा गया था, हैदर भाईका संदेश सोनाके पास और सोनाका भाईके पास पहुँचाया करता था।

अब सोना सियालियाँ पहुँच गई। भाई उसके पतिसे तिलाक

दिलवानेकेलिए पैसा जमा करनेकी तैयारी करने लगा। हैदरका मन पेशावर और सियालियाँसे ऊब गया था, वह एक दिन फिर बिना टिकट कलकत्ताकेलिए रवाना हो गया। मुरादाबादके आगे रामपुरमें टिकट-चेकरने पकडा। वैसे होता तो छोड़ देता, मगर अब हैदरके शरीरपर ज्यादा खूनही नहीं दौड रहा था, बल्कि अच्छे साफ सुथरे कपड़े भी थे। टिकटचेकरने समझा—किसी भले घरका लडका भागा जा रहा है। "एक पंथ दो काज" का खयाल कर उसे पुलिसको सौंप दिया। रातका वक्त था, पुलिस निश्चिंत थी। हैदर निकल भागा और कुछ स्टेशनों को पारकर आगे कलकत्ता जानेवाली दूसरी ट्रेन पकड़ी। कलकत्तामें भाईके पुराने दोस्तसे भेट हुई। कुछ दिन रहा, लेकिन दिन ही। इधर-उधर देखा भाला, खिदिरपुर डॅकमे जहाजोंको देखनेमें ज्यादा दिल-चस्पी हुई। फिर अपनी रेल पकड़ी और पेशावर। भाई जेलमें था—पल्टनकी नौकरी छोडना चाहता था। जब कोई और रास्ता नही देखा-तो जेल जानेकी सजाका रास्ता निकाल लिया और नाम कट गया। हीर सियालियांमें तड़प रही थी और रॉझा पेशावरके जेलमे। हैदर उस वक्त दोनोंका प्रेमदूत था। इस कामने हैदरको कुछ स्थिरता प्रदान की। रोज-रोज तो पेशावर और सियालियाँ जाने-आनेकी जरूरत नही थी और उधर वेवलका प्राइमरी स्कूल और पंडित देवदत्तामल मौजूद थे। फिर पढाई शुरू की। बुद्धि तेज थी, इसलिए घुमंतूपनकी कसरको पूरा करना मुश्किल न था।

इधर वेवलके स्कूलकी पढ़ाई खतम होनेको आई और उधर देव-दत्तामल भी चल बसे। सन् १४का युद्ध शुरू हुआ। पंजाबकी देहातोंमें फौजकी भर्तीकी धूम मची हुई थी। भर्ती करनेवाले अफसर गाँव-गाँव घूम रहे थे। हैदरकी भी इच्छा हुई, सिपाही बननेकी। एक दो जगह गये, लेकिन चौदह वर्षके लड़केको कौन भर्ती करने लगा? अफसरके खानसामाने विश्वास दिलाया, कि साथ-साथ चलो, मैं तुम्हारी सिफारिश कर दूँगा। सिफारिशकी उम्मीदपर हैदर रावलपिंडी तक साथ गये।

वहाँ एक सिपाहीने बात करनेपर कहा—"बावला हुआ है! चौदह सालके लड़के फौजमें भर्ती नहीं हुआ करते, खानसामा तुझसे रिकाबियाँ साफ करवाना चाहता है।" हैदरको बड़ा रंज और निराशा हुई। लेकिन पंख तो जम चुके थे, सारे हिंदुस्तानकी रेलें अपनी थीं—सीधे बंबई पहुँच गये।

बड़ा भाई जेलसे छूटकर सोनासे बाकायदा ब्याह करनेकेलिए बंबई-में जहाजमें नौकरी करके रुपये जमा कर रहा था। मँझला भाई और मामाभी जहाजके खलासी थे। संयोगसे उनके जहाज उस वक्त बंबईमें ठहरे थे। सबने स्वागत किया और अच्छी तरहसे रखा। मगर उनके जहाज तो कुछही दिनमें बंबई छोड़नेवाले थे। आखिरमें तै पाया कि हैदरको घर भेज दिया जाय, वहीं पढ़े-लिखेगा—बड़ा भाई लिखा-पढ़ा था। रातको एकातमें घर जानेवाले आदमीको भाई समझा रहा था "देखो, रेलमें होशियार रहना, बड़ा काइया लड़का है, कहीं रास्तेसे निकल न भागे।"

हैदर उसी रात चम्पत हो गया, ले जानेवाले आदमीको तकलीफ उठानेकी जरूरत न पड़ी। हैदरने देखा था, लडके बंदरगाहके जहाजोंके पुराने रंगको छील रहे हैं, जिसमें कि उनपर नया रंग दिया जा सके। हैदरभी उन्हीं लड़कोंमें शामिल हो गया। रंग छीलना, रगना फिर रग-बिरंगे रंगोंमें सने कपड़ेमें ही उन्हीं लड़कोंके साथ खुले आसमानके नीचे पत्थरके फर्शपर सो जाना। ठेकेदार तेरह-चौदह घटे काम लेते थे और मजूरी देते थे सात आना। एक सप्ताह बाद मामाने हैदरको पकड़ पाया, अब घर भेजनेका किसीने नाम नहीं लिया। अपने दूसरे मित्रोंसे परिचय करा दिया और खुद अपने जहाजोंके साथ लोग समुद्रकी ओर चले गये।

१९१५ महायुद्धका दूसरा साल था। कुछ समय तक तो हैदरका मन जहाजकी रगाईमें जैसे-तैसे करके लगा रहा, लेकिन अब वह चाहता था, पूरा नाविक बनना। पंद्रह बरसके लडकेको नाविक बनावे कौन?

कई जहाजोंमें इनकार होनेके बाद "फ्राज़ फर्डिनान्ड" जहाजके सारङ् (हिंदुस्तानी मल्लाहोंके सरदार) ने कोयला-वाहक (Coal-passer) के रूपमें रख लिया। कोल-वाहकका बहाना भर था, असलमें हैदरका काम था, जहाजके अंग्रेज इंजीनियरको चाय पिलाना, खाना खिलाना, केबिन (कोठरी) की सफाई रखनी—सरकारी खर्चपर मुफ्तमें खान-सामा।

यह जहाज आस्ट्रियाका था, लड़ाईके वक्त किसी ब्रिटिश बंदरमें होनेसे अंग्रेजोंके हाथ आ गया था और अब बंबई और बसराके बीच आना-जाना उसका काम था। अभी तक हैदरको निश्चल जहाजोंहीसे वास्ता पड़ा था, अब उसे रात दिन चलते जहाजमें रहना था। जहाजने लंगर उठाया और जब गनगनाहटके साथ आकाशमें धुएके काले-बादलोंकी लहर पैदा करता हुआ चला, तब हैदरने बड़ी उत्सुकतासे एक बार बंबईको आँखोंसे अंतर्धान होते देखा। अब दिनमें ऊपर आसमान, सूर्य और नीचे घननील जल, रातको काले आसमानमें सफेद फूलोंकी तरह खिले तारे दिखलाई पड़ते। कितने ही दिनों बाद जहाज पारसकी खाड़ीमें पहुँचा और ईरानके अबादान-खुर्रमशहरके बंदरोंमें होते बसरामें लगा। हैदरने पहलेपहल हिंदुस्तानसे बाहर एक दूसरे देशकी भूमिपर पैर रखा। वहाँकी बोली दूसरी थी, लोग दूसरे थे, उनका चेहरा-मुहरा दूसरा था। लेकिन, हैदरको नवीनता पसंद आई। उस वक्त बसरामें अंग्रेजोंकी जबर्दस्त तैयारी हो रही थी। डर था जर्मनीके तुर्की होकर भारतकी ओर बढ़नेका। कुछ दिनों बाद जहाज बंबई लौटा और हैदरका काम छूट गया।

हैदरको अब जहाजके हथकंडे मालूम हो गये थे। मल्लाहोंकी भर्तीमें सारङ्का ही सारा हाथ होता है, उसकी भेंट-पूजा किये बिना कोई भर्ती नहीं हो सकता। सारङ् अपनी आमदनीमेंसे जहाजके अंग्रेज-अफसरोंको भी भेंट-पूजा चढ़ाता है। हैरदने दो महीनेका वेतन सारङ्को दिया और एक जहाजपर कोयला-वाहकका काम मिल गया। तनख्वाह

थी अठारह रुपये मासिक। जहाज एक साल तक (१६१५-१६) बसरा और पारसकी खाड़ीके बीच ढुलाई करता रहा। हैदर अब सोलह साल-का हो गया था और तजरबेमें तो खूब सयाना था। उसे इराकी अरबीभी आने लगी और टूटी-फूटी अंग्रेजी भी। अभी नाविकोंके पूरे जीवनसे उसका परिचय न था। गाँजा, अफीम, हशीश (भाँग)से प्रेम नहीं हुआ था। १६१६के आरम्भमें जहाज बंबई लौटा। जहाजोंके कायदेके अनुसार भर्ती होनेवाले बंदरपर मल्लाह नौकरीसे मुक्त कर दिये जाते हैं।

जहाजी मल्लाहका मन स्थिर भूमिपर ज्यादा देर तक नही लग सकता। स्थिर भूमिकी उसे आकांक्षा होती है, मगर थोड़े दिनोंकेलिए, जिसमे कि शराब और स्त्री उसे कुछ तृप्ति प्रदान करें और साथ ही उसका खीसा भी खाली हो जाय। हैदर उस स्थितिके मल्लाह न थे, तो भी बंबईमें बेकार बैठे-बैठे खानेको वह क्यों पसंद करने लगे?

प्रथम पृथ्वी-परिक्रमा—"न्यूबिया-हाल" जहाज कोलंबोसे रवाना होनेवाला था। बंबईमें उसके सारङ्से हैदर दो-एक बार मिला और नब्बे रुपये उसे कर्ज भी दे डाला। नौकरी क्यों न मिलती! हैदरके साथी बंबईसे कोलम्बो गये और फिर वहाँसे भूमध्य-सागरके रास्ते इंग्लैण्डको। लड़ाईका वक्त था, जर्मन पनडुब्बियाँ और लड़ाकू जहाज कहीं भी आक्रमण कर सकते थे। लेकिन "न्यूबिया-हाल" पर कोई तोप न थी—आदमी सस्ते भी होते हैं, महगे भी होते हैं। १६१६का जाड़ा था, जबकि जहाज लंदन पहुँचा। हैदर और उसके साथी हिंदुस्तानी कपड़ोंमें लंदन-की बाजारोंमें गये। लोगोंकेलिए तमाशा बननेकी बात तो अलग, वहाँ सर्दीके मारे अपने गर्म-देशके कपड़ोंमें लोग ठिठुरे जा रहे थे। "न्यूबिया-हालके" मालिकोंको क्या परवाह थी कि हिंदुस्तानी मल्लाहोंको गरम कपड़े देते! मर जानेपर बम्बईमें हजारो मल्लाह बननेकेलिए तैयार जो थे।

"न्यूबिया-हालके" सारङ्ने हैदरके नब्बे रुपयोको ऐंठना चाहा। किसी दूसरे अंग्रेजी जहाजको सस्ते "लश्कर" (हिंदुस्तानी मल्लाहों) की जरूरत थी। सारङ्ने हैदर और कुछ और मल्लाहोंका नाम दे दिया

लड़ाईका वक्त, जानेसे इन्कार कैसे करते ? उन्हें आठ घंटे रेलसे देशके दूसरे छोरपर जाना पड़ा। खानेकेलिए कहीं पूछा तक नहीं गया। भूखे-प्यासे हिंदुस्तानी मल्लाह जब अपने नये जहाज "सिटी ऑफ मनीला" पर पहुँचे, तो वहाँका सारङ् औरभी जालिम निकला। पहलेके मल्लाहोंने उसके जुल्मोंकी कहानी कह सुनाई। हैदर और उनके साथी साथ मिल गये। सारङ्की मनमानीको वे बर्दाश्त करनेकेलिए तैयार नहीं थे। यह भी मालूम हुआ, कि कप्तान और दूसरे अंग्रेज अफसर, सारङ् जैसा कहता है, वैसाही करते हैं। उसी रात सभी मल्लाहोंके मुखियोंकी बैठक हुई। लोगोंने सारङ्से पिंड छुड़ानेका निश्चय किया। हैदर सोलह ही वर्षके थे, लेकिन सभी जगह आगे थे। उन्हें दूसरोंकी अपेक्षा अधिक अंग्रेजी शब्द भी मालूम थे, इसलिए वही नेता बनाये गये और तै कर लिया गया, कि साहबोंसे बात करना सिर्फ हैदरके जिम्मे होगा। सारङ् अपनेको बादशाह समझता ही था। एक आदमीने कुछ कहा, सारङ् क्यों बर्दाश्त करने लगा ? हाथापाई हुई, सारङ् पिटा, साथ ही उस आदमीको भी चोट आई। बातकी बातमें "सिटी आफ मनीला" खाली हो गया। सारे मल्लाह घाटपर उतर आये और अपने हिंदुस्तानी कपड़ोंमें ठिठुरते सीधे शिपमास्टरके आफिसपर पहुँचे। जहाजपर पूरी हड़ताल और लड़ाईके वक्तमें ! लेकिन, सब एकमत थे। शिपमास्टरने जिस किसी मल्लाहसे पूछा, उसने हैदरकी ओर उँगली उठाई। हैदरको अंग्रेजीके जितने शब्द मालूम थे, उससे सारङ्की बदमाशी बतलाई। शिपमास्टरने कहा कि जहाजपर चलो, हम सारङ्के बारेमें कार्रवाई करेंगे। हैदरने सबकी ओरसे पैर बढ़ाकर कहा—"No ! me no go ship Sarang shore me ship. Sarang ship me shore" सब मल्लाह एक मत थे। जहाजको अमेरिकाकेलिए जल्दी रवाना होना था। सारङ्को उसी वक्त दंड-कमंडल ले नीचे उतरना पड़ा। लोगोंने अपनेमेंसे एक तजरबेकार आदमीको दिया, जो सारङ् बनाया गया और "सिटी ऑफ मनीला" ने लंगर उठाया।

अब जहाजमें अपना राज था। मल्लाहोंके दिलसे थरथर कापनेकी बात जाती रही। हैदर उनके नेता थे। अतलान्तिकपार करके न्यूयार्कमें मालकी उतराई-चढ़ाई हुई, फिर पनामाकी विशाल नहरसे अमेरिकाको चीरकर जहाज प्रशात महासागरमें आया और व्लादीवोस्तोक्में जाकर लंगर डाला। अभी ज़ारशाही बरकरार थी। वैसे होता तो कप्तानके डरके मारे जहाजसे उतर कर कोई शहर नहीं जाता, मगर अब छुट्टीके वक्त उन्हें कौन रोक सकता था? हैदरने भी रूसके इस महान् बंदरको देखा। उस युद्धमें जापान अंग्रेजोंका दोस्त था। "सिटी ऑफ मनीला" योकोहामा होते शाघाई पहुँचा। एक दिन शामको बहुतसे मल्लाह शहरकी ओर चले। हैदरको साथ आते देख उसके दोस्त मौलूने कहा—"तुम मत चलो, हम किसी दूसरे कामसे जा रहे हैं।" काम बतला दिया होता तो शायद हैदर न भी जाते। वह न रुके। उन लोगोंको कोई दलाल मिला और वह उन्हें रंडियोंके मुहल्लेमें ले गया। अब अँधेरा हो चुका था। हैदरको बात मालूम हुई और जब आई हुई लड़कियोंमें से एकको चुननेकेलिए कहा गया, तो उन्होंने इन्कार करके जहाजपर लौट जानेपर जोर दिया। उस वक्त अकेले लौटना सम्भव न था। रात बितानेकेलिए कहीं ठौर-ठिकाना नहीं मिल सकता था। साथी मोलूने समझाया—"पकड़ो एकका हाथ, रातभर सोनेकेलिए बिछौना तो मिलेगा।" हैदरको उस रात नाविकोंका पूर्णाभिषेक प्राप्त हुआ।

जहाज आगे मनीला (फिलीपीन) गया। वहाँ एक नीग्रो जहाजपर मल्लाहका काम करने आया। जब उसे हिंदुस्तानी मल्लाहोंका खाना दिया गया तो उसने खानेसे इन्कार कर दिया। वह अमेरिकन नीग्रो था, न वह अठारह रुपये महीने पर नौकरी कर सकता था और न हिन्दुस्तानी मल्लाहोंके घास-भूसेको खा सकता था। इस तरहकी घटनाएँ धीरे-धीरे हैदरपर प्रभाव डालने लगीं। हिंदुस्तानी मल्लाहोंकी स्थितिके बारेमें उनकी आखें खुलती जा रही थीं। जहाज सिंगापुर पहुँचा। अंग्रेज अफसर हिंदुस्तानी मल्लाहोंको भेड़की शक्लमें ही देखनेके आदी

थे, लेकिन अबकी दूसरी तरहके मल्लाह उन्हें मिले थे। बम्बईसे पहले ही सिंगापुरमें उन्होंने सबको छुट्टी दे दी, यद्यपि इसकेलिए कम्पनी को मुफ्तकी तनखाह तथा मद्रास तक जहाज फिर बम्बई तक का रेलका किराया देना पड़ा।

हैदरकी यात्राएं सिंदबाद जहाजीकी यात्राओंसे कम दिलचस्प नहीं है, लेकिन हमें लेखनीको संकुचित करना पड़ेगा।

बंबईमें उन्हें अबकी बार "नगोआ" जहाज मिला और काम जरा ऊंचा—फायरमैन (अग्निज्वालक)का। दिसम्बर (१६१६)मे वह लदनकी तिलबरी डकपर पहुँचे। माल उतरा और लौटकर फिर बंबई। जहाज का अफसर हैदरसे खुश था, इसलिए बंबई पहुँचनेसे पहले ही सवा रुपये रोजपर हैदरको बहाल कर लिया गया था। १६१७के वसंतमें वह बसरा पहुँचे और फिर लौटकर बबई।

अमेरिकाके नागरिक—१८ अक्तूबर १६१७को हैदरका नया जहाज "खीवा" केपटाउन (दक्षिणी अफ्रिका)के रास्ते लंदनकेलिए रवाना हुआ। सत्रह सालकी ही उम्रमें हैदरको यह तीसरी बार लंदन देखना पड़ा। लदनमें उन्हें अपने भाईका एक दोस्त मिल गया। वह हिंदुस्तानी "लश्कर"के जीवनको छोड़कर वही बस गया था। उसका घर भी अच्छा था, कपड़ा-लत्ता भी आदमियों जैसा साफ-सुथरा था। क्यों न हो! वह बीस रुपल्लीमें अपनेको थोड़े ही बेच रहा था! वहाँ उसे दूसरे अग्रेज मजूरोकी तरह पैंतीस-चालीस रुपये हफ्ते मिलते थे।

जनवरी (१६१८,के पहले सप्ताहमें "खीवा' ने लदनसे प्रस्थान किया। न्यूयार्कमे माल उतार रहा था, हैदर जब तब शहरकी सैर करने जाते थे। सैम डाक्टर नामक एक अमेरिकन मिला। बातचीत करते दोनोंमे कुछ घनिष्ठता हुई। सैमको जब मालूम हुआ कि हिंदुस्तानी फायरमैनको पचीस रुपये और आइलर (तेलवाला,को पैंतीस रुपये मिलते हैं, तो उसने बहुत आश्चर्य प्रकट किया। हैदर अब और हिंदुस्तानी

"लश्कर" बननेकेलिए तैयार नहीं थे। उन्होंने एक दिन चुपकेसे "खीवा" को छोड़ दिया। बंदरगाहोंपर एक-आध ऐसे सैलानी मल्लाह भागते ही रहते हैं, इसलिए "खीवा" उनके ढूंढ़नेकेलिए वहाँ रुका थोड़े ही रहता?

हैदर थे एकतो हिंदुस्तानी रंगके—काले न होते हुए भी गोरों जैसे गोरे थोड़े ही थे?—और उसपरसे हिंदुस्तानी ढंगके कपड़े! भिखमंगेको कौन जगह देता? आखिरमें एक नीग्रो स्त्रीके घरमें जगह मिली। किराया कम था और दूसरा खर्च भी कम करने लगे। मगर, हिंदुस्तानी तनखाहका रुपया अमेरिकन खर्चमें कितने दिनों तक टिकता? हैदरने घूमते-फिरते कुछ और मित्र बनाये। नाविक गृहका पता लगा और नौकरी मिलनेमें आसानीका ख्यालकर वहाँ चले गये। किसीने सलाह दी कि अमेरिकन प्रजा हो जाओ, तो नौकरी पानेमें आसानी होगी। जाकर पहला आवेदन-पत्र दे आये। लेकिन, इतनेही से नौकरी थोड़े ही मिल जाती? दो-एक दिन सूखे पट-पटाये, फिर एक हथियारके कारखानेमें (Du-Pont Ammunition Plant, New Jersy) में काम मिल गया। फायरमैनीमें महीने भरमे जो तनखाह मिलती थी, वह यहाँ एक रोजकी तनखाह थी। हैदर कितने ही मास वहाँ रहे। अब उन्होंने बाकायदा अमेरिकन सूट-बूट लगा लिया था और भिखारीकी जगह भद्रजन मालूम होते थे। लेकिन, थोड़ेही समय बाद फिर नाविक जीवनने अपनी ओर खींचना शुरू किया। कुछ रुपया बचा पाये थे, न्यूयार्क चले आये। नाविक प्रतिष्ठान (Seamen Institute) और मजूर-सभा आफिसमें गये। लड़ाई अभी जोरोंपर थी और अमेरिका उसमें शामिल था, इसलिए नौकरी दुर्लभ नहीं थी। "फिलाडेल्फिया" जहाजमें उन्हें कोयलावाहकका काम मिला, लेकिन अमेरिकन कोयलावाहक—यानी हिंदुस्तानीसे तीस गुनी ज्यादा तनखाह।

अभी तक हैदरके पीछे हराम-हलाल लगा हुआ था, मगर अब अमेरिकन जहाजके मल्लाह थे। हराम-हलालका विचार रखनेपर दूसरे

मल्लाहोंसे अलग खानेका इन्तिजाम करना पड़ता। अब वह दूसरे अमेरिकन मल्लाहोंके साथ उन्हीका खाना खाने लगे। अप्रेल १९१८में वह फिर न्यूयार्कमें थे और अब Trade Union (मजदूर-सभा)के पूरे मेम्बर हो चुके थे। इसी वक्त "खीवा" अपनी यात्रामे न्यूयार्क आया था। किसी परिचितसे भेंट हुई और अपने देशके साथियोंको देखने जहाजपर चले गये। था यह जोखिमका काम, क्योंकि वह "खीवा" के भगोड़े थे।

इस साल अमेरिकन सैनिकोंको लेकर कई बार उन्हें फ्रास जाना पड़ा। ब्रेस्त (फ्रास)में बीमार पड़े। अस्पतालमे जब उन्हे नीग्रोवार्डमें चारपाई दी गई, तो चलनेकेलिए तैयार हो गये। डाक्टरोंने तब गोरोंके वार्डमें जगह दी। इसी यात्रामें कप्तानने खर्चकेलिए पैसे कुछ कम देने चाहे, नाविक झगड़ पड़े। हैदर भी उनके साथ थे। इसपर सब नाविकोंको कामसे हटा दिया गया और छप्पन हजार टनके विशाल यात्री जहाजपर सबको फ्राससे न्यूयार्क भेज दिया गया। जहाजके तृतीय इंजीनियर बेन्राइटसे हैदरका परिचय बढ़ा और दोनोंमे घनिष्ठ मित्रता हो गई। उसके प्रोत्साहनसे हैदरका विचार इंजीनियर बनने का हुआ।

१९१९में आयलैंण्ड और इंगलैण्डकी खूब चल रही थी। उधर भारतमें भी राष्ट्रीय आन्दोलन शुरू हो गया था। इसी वक्त हैदरका परिचय एक आइरिश-अमेरिकनसे हुआ। हैदर अब अच्छा कमाते हा खाते न थे बल्कि पढ़ते-लिखते भी थे। अब वह उन्नीस सालके थे, उनकी दिलचस्पी सास्कृतिक और राजनैतिक बातोंमें भी हो चली थी। इस साल उन्होंने कई नाटक देखे। सीलोन-इंडिया-रेस्तोराँ (भोजनालय)में अक्सर जाया करते थे। वहाँ शिक्षित और विद्यार्थी भारतीयोंसे भी भेंट हुआ करती और भारतकी राजनैतिक दुर्दशापर बातचीत होती। इसी साल उन्हें ब्राजील आदि (दक्षिणी अमेरिका)के देखनेका मौका मिला। १९२०मे दूसरे जहाजपर इताली गये। लौटकर आये तो एक साथी मल्लाह अल्लादीनने चार सौ डालरकी कमाईपर

हाथ साफ किया। कुछ दिन भुक्खड रहे, फिर जहाज मिलते गये। बाल्टीमोरमें एक दाँतोंका डाक्टर मिला। अमेरिकन मल्लाह बहुत ज्यादा कमाते हैं, यह वह जानता ही था। वह हैदरके पीछे पड़ा। हैदरके दाँत बहुत मजबूत थे, तो भी डाक्टरने सोना डालकर ही छोडा। फ्रांसकी एक यात्रामें नाविकोंके स्टीवर्ड (जहाजका एक कर्मचारी से झगडा हो गया, हैदर नेता बने। स्टीवर्डको दबना पड़ा और खानेमें सुधार हुआ।

"मरनेसे पहले नेपल्स देखो"—यह कहावत मल्लाहोंकी जबानपर होती है। हैदरने नेपल्सकी भी बहार ली। एक यात्रामें ट्रिनिडाड गये। जहाजमें आग लग गई और उसे छोड़ना पड़ा। यहाँ उन्हें कितने ही प्रवासी भारतीयोंको देखनेका अवसर मिला। अब हैदर राजनीतिमें काफी आगे बढ़ चुके थे। उस वक्त एग्नेस स्मेडले भारतके पक्षमें अमेरिकामे आन्दोलन कर रही थी। आजकल यह अमेरिकन महिला कई सालोंसे चीनी कमूनिस्तोंके साथ हैं और भारत तथा चीनकी स्वतन्त्रताके पक्षमें अब भी उसी तरह संलग्न हैं। धीरे-धीरे भारतीयोंके राजनीतिक विचार और गरम होते जा रहे थे। सीलोन-इंडिया-रेस्तोरॉके मालिक अपने भोजनालयको राजनीतिक अड्डा बनानेसे डरने लगे। कितने ही हिन्दुस्तानियोंको उनका बर्ताव बुरा लगा। किसीने "हिन्दू रेस्तोरॉ" खोलनेकी योजना पेश की। हैदरने पाँच सौ तीस डालर (दो हजार रुपयेसे ऊपर। अपनी जेबसे देकर रुपयेकी दिक्कतको दूर कर दिया। रेस्तोरॉ खुला, लेकिन सिर्फ योजना बना लेने हीसे काम थोड़े पूरा हो सकता है ?

हैदर अब गरम देशभक्त थे। उनका परिचय गदरपार्टीवालोंसे हुआ। दुनिया भरमें जगह-जगह बिखरे हुए हिन्दुस्तानियोंमें राष्ट्रीयताका प्रचार करना हैदर अपना परम कर्तव्य मानते थे। १९२१में अपने जहाजके साथ वह होनोलुलू (हवाई) योकोहामा और शाघाई पहुँचे। शाघाईमें भी उतरकर उन्होंने उर्दू, गुरुमुखीमे छपे पत्रोंको हिन्दुस्तानियों

में बाँटा। कोई खुफिया हिन्दुस्तानी उनका पीछा कर रहा था, जब जहाज हागकागमें आया तो अँगरेज़ी पुलिसने हैदरको गिरफ़ार कर लिया। अमेरिकन नाविकोंने सिर्फ पुलिसके सामने विरोध ही नहीं प्रदर्शन किया, बल्कि शहरमें अमेरिकन और अँगरेज़ नाविकोंमें खुली मारपीट शुरू हो गई। अमेरिकन कौंसल (राज्य-प्रतिनिधि)ने अमेरिकन जहाजसे एक अमेरिकनकी गिरफ्तारीको अन्तर्राष्ट्रीय कानूनके विरुद्ध बतलाकर सख्त मुखालफत की। मामला आगे बढ़ना चाहता था। ब्रिटिश अधिकारियोंने एक ही दो दिन हवालातमें रखकर हैदरको छोड़ दिया। हैदर फिलीपीन, सिंगापुर होते न्यूयार्क पहुँचे।

इसी साल (१९२१) हैदरको संयुक्त राष्ट्रके नागरिक होनेका प्रमाण-पत्र मिला।

लडाई खतम हुए तीसरा साल हो रहा था। लड़ाईके काम बन्द हो गये थे और बेकारी बढ़ रही थी। एक कामकेलिए बीसियों उम्मीदवार तैयार रहते थे। ऐसे समय काम देनेमें रंगका सवाल उठना स्वाभाविक था। एक जहाजपर मालिकोंकी ओरसे हैदरको काम मिल गया। लेकिन रंगीन (गोरे-भिन्न) आदमीके साथ काम करनेसे नाविकोंने इन्कार कर दिया। पहला तजर्बा था, हैदरके दिलको आघात तो लगा। शायद वह अभी समझ नही पाये थे कि जिन अमेरिकन नाविकोंमें उन्होंने सैकड़ों मित्र पैदा किये, वे आज उनके साथ ऐसी रुखाई क्यों दिखला रहे हैं। पूँजीवाद सबको काम और जीवन-सामग्री प्रस्तुत करनेकेलिए नहीं है, वह है मालिकोंको सिर्फ नफा पहुँचानेकेलिए। और वैसा करनेमें नफा नहीं है, इसलिए हजारों जहाज बन्दरगाहोंमे निश्चल पड़े हुए हैं। लाखो नाविकोंको काम नहीं मिल रहा है और वे मजूरीके लिए कभी रंगका सवाल और कभी पूर्वी-योरपका सवाल उठाते हैं। पल्टनोंके टूटनेसे उनमें काम करनेवाले लाखो सिपाही बेकार हो गये और कारखानोंके बन्द होनेसे लाखो मजदूर भी। धनकी खान अमेरिकामें लाखों लाख आदमी भूखे मर रहे थे। धनियोंकी गवर्नमेंट इन भुक्खडों

को अपनी किस्मतपर छोड़ देना चाहती थी। वह जानती थी, कि उसके पास जितने शक्तिशाली हथियार हैं, उतने भुक्खड़ोंके पास नहीं। भुक्खड़ोंकी आवाज एक तो उठने ही नहीं पाती थी; क्योंकि सभी बड़े-बड़े अखबार धनियोंके हाथमें थें। और, इक्के-दुक्के यदि कहीं आवाज उठती भी, तो सरकारने कानमें तेल डाल लिया था। उस वक्त भुक्खड़ों-के कुछ हिमायतियोंके दिमागमें एक बात सूझी और उसे काममें लाया जाने लगा। सभा होती, भुक्खड़ खूब जमा होते और कितने ही नाग-रिक भी। भुखमरीके कष्टका चित्र खींचा जाता, फिर एक आदमी उठकर उपस्थित भुक्खड़ोंसे पूछता—"तुममेंसे कौन भूखे मरनेकेलिए तैयार है और कौन सार्वजनिक तौरसे बिकने (नीलाम)केलिए ?" कितने ही आदमी खड़े हो जाते। फिर उन्हें (-स्वतन्त्र अमेरिकनोंको) नीलाम किया जाता। इस नाटकको पहले अधिकारी उपेक्षाकी नजरसे देखते या मजाक करके उडा देते; लेकिन, जब यह सारे देशमें फैल गया और बड़े-बड़े शहरोंमें लाखो आदमी प्रभावित होने लगे, तो अमे-रिकन सरकारको कुछ दमन और कुछ सहायताकेलिए तैयार होना पडा। हैदरने ऐसे कितने ही नीलाम देखे और देशमे बढ़ती हुई सशस्त्र डकैतियोंको भी देखा।

जहाजकी नौकरी अब अनिश्चित-सी होती जा रही थी। हैदर कोई रोजगार करना चाहते थे, मगर उसकी उन्हें जानकारी न थी। उनके एक साथी—मिस्टर गुप्त—ने पुरानी पोशाकसे नई पोशाक तैयार करने-वाली दर्जीकी दूकानकी योजना पेश की। हैदरने तुरन्त पाँच सौ डालर लगाये और दूकान खुल गई। जब तक जहाजकी नौकरी मिलती रहे, तब तक हैदर कहाँ एक जगह बैठनेवाले थे ? उनका आखिरी जहाज मेक्सिकोकी ओर जा रहा था। मालिकोंके सुभीतेकेलिए कुछ नाविक हटा दिये गये ? यह अमेरिकाकी दक्षिण रियासतोंकी ओर हुआ। हैदरके पास इतना पैसा न था कि टिकट कटाकर, खाते-पीते रेलसे न्यूयार्क पहुँच जाते। एक और अमेरिकनके साथ वह "होबो" (फक्कड़

घुमक्कड़) बन गये। चोरीसे बिना टिकट रेलोंपर सफर करना बड़ा कठिन था। बेकारी और भुखमरीके कारण चोरी और डकैती बहुत बढ़ गई थी। हर ट्रेनकी रक्षाकेलिए मशीनगनके साथ सैनिक चलते थे। एक जगह हैदर पकड़े गये। मुकदमा अदालतमें पेश हुआ। हैदरने सच्ची-सच्ची बात बतला दी। उस वक्त तक हैदरने जहाजी तृतीय इञ्जीनियरकी परीक्षा पास कर ली थी और प्रमाण-पत्र देख जजने किसी ठेकेदारके जिम्मे छोड़ दिया। आखिर सभी भुक्खड़ोंको जेलमें रखकर खाना देना भी तो सभव नही था। हैदर वहाँसे भी निकलकर "होबो"के रूपमें न्यूयार्क पहुँच गये।

१९२२में वह "लाइसेन्सड् सेकेण्ड असिस्टंट मेरीन इंजीनियर"का प्रमाण-पत्र पा चुके थे, लेकिन, वहाँ इंजीनियरके प्रमाण-पत्रको कौन पूछता था! भूतपूर्व कप्तान तक साधारण नाविकके कामकेलिए तरस रहे थे। एक जहाजमें मामूली नाविकके तौरपर उनकी नियुक्ति हुई लेकिन फिर रंगके सवालने काम नही मिलने दिया। इससे पहले ही कुछ और भारतीय नाविक अँगरेज़ी जहाजोंसे भागकर अमेरिकामें उतर गये थे, जिनमें उनके मामा भी थे। बेकारीकी महामारीमें भी जो अमेरिकामें जिन्दा था, वह हिन्दुस्तानी "लश्कर"से तो बेहतर ही हालतमें था।

कितनी ही जगह दौड़-धूप करने पर हैदरको एक रेलवे कारखानेमें ब्वायलर बनानेका काम मिला और इसकेलिए उन्हें न्यूयार्क छोड़ ओर्लियोन जाना पड़ा। वहाँ—वह मे टर्नर नामक एक भद्र-महिलाके परिवारमें रहते थे। वह बाईस बरसके इस "हिंदू" (अमेरिकामें सभी भारतीयोंको हिन्दू कहते हैं) तरुणकी भद्रतासे बहुत प्रभावित थी और हैदरको लड़केकी तरह मानती। वही अभद्रताकेलिए टोकनेपर किसी आदमीने हैदरको अपमानित किया। अब हैदर यदि मित्रोंमें अपने सम्मानकी रक्षा करना चाहते, तो उनकेलिए यह जरूरी था कि उस आदमीको द्वन्द्व-युद्धकेलिए आह्वान करें। हैदर कोई मोटे-तगड़े पंजाबी

न थे, न उनको मुष्टिक-युद्धका ही अभ्यास था, तो भी उन्होंने ललकारा। मुष्टिक-युद्ध हुआ भी। संयोग कहिए या पहल करनेमें फुर्तीलापन—हैदर विजयी हुए। मित्रोंमें उनका सम्मान कई गुना बढ़ गया और मे टर्नर अपने पुत्रपर गर्व करने लगीं।

१९२३का अप्रैल आया। हैदर इधर कितने ही समयसे विमान-चालक बननेका मनसूबा बाँध रहे थे। यान्त्रिक इंजीनियर तो थे ही. विमान-सम्बन्धी पत्रों और पुस्तकोंको खूब पढ़ा करते थे। विज्ञापनमें बेंटन (सेण्ट लुई)के एक वैमानिक स्कूलके बारेमें पढ़ा। छुट्टी ली और वहाँ पहुँच गये। सीख चुकनेपर अध्यापकसे एक पुराने हवाई जहाज-को हजार डालर (चार हजार रुपये)में खरीद लिया। अपने ही जहाज पर बेंटनसे ओर्लियोनकेलिए उड़े। पुर्जेमें गड़बड़ी देख एक जगह तो ठीक तरहसे नीचे उतारा, लेकिन जब फिर बिगड़ा तो सारी कोशिश करने पर भी विमान जमीनसे टकरा ही गया। हैदर घायल हुए, कुछ दिन अस्पतालमें रहे। लौटकर गिरनेकी जगह गये, तो विमानका शरीर प्रसादमें बँट चुका था। फिर आधे 'होबो" बन ओर्लियोन पहुँचे।

अब हैदरको ब्यायलरोंकी चलती-फिरती मरम्मतका काम मिला था। सातों दिन काम था और छै डालर (चौबीस रुपये) रोज वेतन। एक दिन उनका एक दोस्त जान विल्सन किसी लडकीके साथ यौवनका आनंद लेने गया था। दूसरेकी मोटर ली थी। बात करते हुए दौड़ा रहे होंगे, गाड़ी ठोकर खाकर उलट गई। खैर, चोट ज्यादा नहीं लगी लेकिन गाड़ी की मरम्मतका दाम देना पड़ा। हैदरकी मित्रकी विपतामें सहानुभूति थी, उन्होंने कहा—"इस तरहका विहार छोड़ो, विवाह कर डालो।" रुपयेके अभावकी बात करने पर उसी वक्त सौ डालर (चार सौ रुपये)का चेक काटकर दे दिया। उसके मित्र जानका घर आबाद हो गया।

एक साल और बीता। १९२४ आया। विमान-चालक हैदर अब "अवियेशन" (उडान)के नियमित ग्राहक और नेशनल एरोनौटिक एसोसियेशन (राष्ट्रीय वैमानिक सभा)के बाकायदा सदस्य थे। उन्होंने

किसी अखबारमें इस्तेमाल किये हुए एक विमानका विज्ञापन पढ़ा। अप्रेलमें हैदर उसकेलिए न्यूपार्क पहुँचे और "चेम्बरलेन एंड रो एयरक्रॉफ्ट कार्पोरेशन"से एक हजार डालरमें मशीन खरीदी। मिस्टर रोके साथ उड़े, अबकी सकुशल ओर्लियोन पहुँच गये। एक गेहूँके खेतको हवाई अड्डा बनाया। हैदर कामसे छूटते ही विमानकी ओर दौड़ते और कुछ उड़ान करते। ओर्लियोनमें विमान अभी बिल्कुल नई चीज थी। कितने लोगोंका हैदरसे परिचय हुआ। हैदर "टोनी"के नामसे वहाँ प्रसिद्ध थे। मोटर मरम्मत कारखानावाले फ्रैंक क्लोससे उनकी घनिष्ठता हो गई। एक उड़ानमें प्रोपेलर (उड़ानका पंखा)को उतरते वक्त चोट पहुँची। क्लोसने मुफ्तमें मरम्मत कर दी। क्लोस दूरदर्शी व्यापारी थे। चाहते थे, हवाई जहाजका काम बढ़ेगा, तो उसकी मरम्मतका भी काम उन्हें मिलैगा। टोनीके पास अब अखबारवाले बराबर पहुँचते। फोटो-सहित उनके बारेमे कितनी ही अनाप-शनाप बातें छपती। जेनी नामक एक सुँदरी कुमारी टोनीकी ओर खास तौरसे आकृष्ट हुई थी। पुराने विमान को एक दिन गिरकर टूटना ही था, वह टूटा। लेकिन, टोनी बाल-बाल बच गये। टोनी और जेनी ध्वस्त विमानको देखने गये। लोग "उड़ाका और उसकी पत्नी" कहकर उंगली दिखा रहे थे।

टोनी दो विमान खरीद कर तोड़ चुके थे, लेकिन जब तक रुपया रहे तब तक वह चुप रहनेवाले नही थे। अब क्लोस और दूसरे लोगोंकी भी दिलचस्पी हो गई थी। टोनीके कहने पर "ओर्लियोन उड़ान क्लब" स्थापित हुआ। क्लबकेलिए विमान खरीदने टोनी न्यूयार्क गये। एक इस्तेमाल किये हुए "अवूरो"को पाँच सौ डालरमें खरीदा। रोको साथ लिए उड़े। रास्तेमें छतरीकुदाक "साहसी शैतान" टामको लिया। बड़ी धूमधामसे क्लबका उद्घाटन हुआ। टामने अपनी छतरी कुदाईकी कितनी ही कलाबाजियाँ दिखलाई। उद्घाटन देखनेकेलिए एक बड़ा मेला लगा हुआ था। सब लोग खुश हुए और टोनीकी खुशीकी तो बात ही क्या पूछनी?

क्लबकी ओरसे उड़ानकेलिए जमीन ठेका ली गई। इसमें ट्रामवे कम्पनीने मदद दी और वहाँ तक ट्राम-लाइन लगा दी। पेट्रोलवालेने पेट्रोल भरनेका अड्डा बना दिया।

कितनी ही उड़ानके बाद "अव्रो" टूट गया, लेकिन क्लबने दूसरे अधपुरान विमानको खरीदनेकेलिए टोनीको भेजा। टोनी पाँच सौ डालरका विमान खरीदकर उड़े। रास्ता भूल गये। बड़ा भारी पानीका तल देखकर लौटे और एक खेतिहरके बंगलेके हातेमें रातको उतरे। प्रोपेलर टूट गया था, विमानको वहीं छोड़कर चले आये। फिर मरम्मत हुई और विमान क्लब-मैदानमें पहुँचा। ओर्लियोनमें अब टोनी बहुत प्रसिद्ध हो गये थे। हर जगहसे उनकेलिए निमंत्रण आते। जब वह शहरके ऊपर उड़ते तो छोटे-छोटे लड़के तक चिल्ला उठते—"मम्मी! पापा! आओ, देखो टोनी ऊपर है।" तरुणियाँ कहतीं—"कैसा भाग्यवान् है वह, जो चिड़ियोंकी तरह हवामें उड़ता है।" टोनीके पास कितने ही प्रेम-पत्र आने लगे। १९२४ साल टोनीकेलिए बहुत ही उड़ान-व्यस्त रहनेका समय था। वह युक्तराष्ट्र अमेरिकाके राष्ट्रीय वैमानिक संघके सदस्य थे और उनके पास 'अंतरराष्ट्रीय हवाई उड़ाका"का प्रमाण-पत्र था। इसी साल चीनमें अमेरिकन नौ सैनिकोंने चीनियोंपर कुछ जबर्दस्ती की थी। टोनी खूब गरम गरम शब्दोंमें उसके विरुद्ध बोलते थे। मित्र कहते थे—"टोनी, तुम गरम होते जा रहे हो।"

१९२५ (जून) न्यूयार्कमें अमेरिकन वैमानिकोंकी उड़ानका प्रदर्शन हो रहा था। टोनीने तै किया कि वह भी इसमें भाग लेंगे। ओर्लियोनमें संकीर्ण जगहोंमें अपने अध पुरान विमानोंको उतारनेका उन्हें बहुत अभ्यास हो गया था। वह चाहते थे काठकी तरह सीधे विमानोंके उतारने की प्रतियोगितामें भाग लें। न्यूयार्क जाकर उन्होंने एक हजार डालर में डी० एच० ६ (छै नम्बरका डीहेविलेन्ड) खरीदा। यह कहनेकी आवश्यकता नहीं कि यह भी अधपुरान ही विमान था। अभ्यास करते वक्त निचला पंख एक वृक्षसे लगकर टूट गया और विमान छिन्न-पक्ष

पक्षीकी तरह जमीनपर गिरकर चूर हो गया। टोनी अबकी बार भी बाल बाल बचे, लेकिन साथी घायल हुआ।

टोनीने अपने कमाये रुपयोंको तीन विमानोंकी खरीद और उडानमें खर्च कर दिया। उन्हें सफलता भी खूब हुई, मगर पैसेके अभावसे नया विमान नही खरीद सके। अब उनका मन नही लग रहा था, इसलिए जगह बदलनेकी जरूरत महसूस हुई।

नया जीवन—फिर थोड़े दिनोंकेलिए होबो बने और घूमते-घामते मोटर कारखानोंकी राजधानी डेटराइट नगरीमें पहुँचे। यहाँ कितने ही "हिन्दू" (हिन्दुस्तानी) मजदूर भी काम करते थे। हैदर भी पैकर्ड कारखानेकी कम्पनीमें भर्ती हो गये। उस साल अंग्रेजी पुलिसने शाघाई मे चीनियोंपर जुल्म किया था। उसके विरोधमें मजदूरोंकी एक बड़ी सभा हुई, जिसमे चीनी, हिंदुस्तानी और अमेरिकन सभी इकट्ठे हुए। स्थानीय "कमकर पार्टी" के नेता एडवर्ड ओवेनने बड़ा सुन्दर भाषण दिया और हैदर ओवेनकी तरफ आकृष्ट हुए। ओवेनसे उन्हें मार्क्सवाद-की शिक्षा मिली और वह भारतीय स्वतंत्रता आदोलन तथा मजदूर राजनीतिकेलिए अपना बहुत-सा समय देने लगे।

हैदरने अपने ओर्लियोनके दोस्तोंको चिट्ठी लिखी। मालूम हुआ, क्लबका बिगड़ा एरोप्लेन जहाँ रखा गया था, वहाँसे चोरी हो गया। हैदरको फिर एक बार ओर्लियोन जाना पड़ा। मोटरनगरीके बारेमें भी बातचीत हुई। लौट आनेके कुछ दिनों बाद देखा, उनके मित्रकी लडकी ग्लेडी एलेन भी पहुँच गई है। ग्लेडो नृत्यकलामे बहुत ही दक्ष थी, मगर यहाँ अभी कहाँ वैसा काम मिलनेवाला था? जब तक वह टेलीफोन कंपनीमें नौकर न हो गई, तब तक हैदरने खर्चका बोझ अपने ऊपर लिया। लड़कीको यद्यपि स्त्रियोंके आवासगृहमें रख दिया था, मगर इससे वह संतुष्ट न थे; इसलिए कामका बंदोबस्त करके हैदरने उसके भाई लारेन्सको भी बुला लिया। डेटराइटमें किसी आफंदी साहेबने एक इस्लामिक सभा कायम की थी। उन्होंने हैदरको खीचनेकी बहुत कोशिश

की, लेकिन हैदर साम्प्रदायिक मनोवृत्तिको बहुत पहले ही छोड़ चुके थे और अब तो वह मजदूर-क्रांतिकी सेनामें शामिल हो चुके थे।

१९२५ सन् खतम होनेको आया, इसी समय डीटराइटमें इंग्लैंडकी मजदूर सरकारके एक पार्लमेन्टरी सेक्रेटरी मॉर्गेन जॉनने व्याख्यान दिया, जिसमें उन्होंने कहा कि हिन्दुस्तानी बहुत पिछड़े हुए हैं, वे यह भी नहीं जानते कि उन्हें क्या चाहिए। हैदरने उनसे पूछा—"हिन्दुस्तानमें रहकर अंग्रेज क्या चाहते हैं? दूसरेकी धरतीपर उनका क्या काम?" हैदरके सवालोंपर मिस्टर जॉन उत्तेजित हो गये और गोरे आदमियोंकी भारी संख्या देखकर उन्होंने व्यंग्य छोड़ते हुए कहा—"मुझे रंगीन (काले) आदमीको जवाब देना होगा।" हैदरने खूब आड़े हाथों लिया, मजदूरोंने खूब तालियाँ बजाई और मॉर्गेन जॉनकी बुरी गत हुई।

उसी वक्त अमेरिकन कमकर पार्टी मास्कोमें राजनीतिक शिक्षाकेलिए दो हिन्दुस्तानी मजदूरोंको भी भेजना चाहती थी। ओवेनने हैदरसे कहा। हैदर तैयार हो गये। जनवरी (१९२६)में वह शिकागो चले गये। अमेरिकन पार्टीके सेक्रेटरी रोथेनबर्गसे भेंट की। यात्राका सारा इन्तिजाम हुआ। शिकागोसे न्यूयार्क जाते वक्त ट्रेन ओर्लियोनससे गुजरी। पता दे दिया था। कितने ही मित्र स्टेशनपर मिलने आये। हैदर जान रहे थे, कि अब फिर इन परिचित चेहरोंको देखनेका सौभाग्य नहीं मिल सकेगा। उन्होंने बड़े प्रेमपूर्वक उनसे बिदाई ली।

फरवरीमें उनके जहाजने न्यूयार्क छोड़ा। कुस्तुन्तुनिया और अदेस्सा होते बीस मार्चको मास्को पहुँचे और दो साल तक राजनीतिक शिक्षा प्राप्त करते रहे।

फिर हिन्दुस्तानमें—बारह बरस कहनेमें कम है, लेकिन सोलह सालकी उम्रमें हिन्दुस्तान छोडनेके बादके ये बारह बरस हैदरकेलिए अत्यंत महत्त्वके थे। इन बारह सालोंमें हैदरने दुनियाकी कई परिक्रमाएँ कीं। प्रायः सभी बड़े-बड़े देशोंको देखा और अशिक्षितप्राय बालकसे

वह शिक्षित, समझदार अनुभवी पुरुष बन गये। हिन्दुस्तान आनेका जब निश्चय हो, गया तो हैदर समझने लगे कि उन्होंने सारी साधनाएं इसी दिनकेलिए की थीं। पिछले महायुद्धसे पहले हिन्दुस्तानसे बाहर जाने-आनेकेलिए पासपोर्टकी जरूरत नहीं पड़ती थी। मगर, अब पासपोर्ट-केलिए बड़ी कड़ाई थी। हैदर को किसीन किसी तरह हिन्दुस्तान पहुँचना था और इसकी कठिनाइयाँ उन्हें मालूम थी। जर्मनीके हामबुर्ग बंदरगाह में आकर उन्होंने बंबई आनेवाले एक जहाजपर कोयलावाहकका काम ले लिया। जिस वक्त सितम्बर (१६२८)मे बम्बईमें उतरे, उस वक्त मिलोंमें हड़ताल चल रही थी।

हैदरका पिछले पंद्रह सालका जीवन भी कितनी ही घटनाओंसे पूर्ण है। लेकिन, हम उसे देकर इस लेखको और बढ़ाना नहीं चाहते। हैदर पहले बंबईके जेनरल मोटर कारखानेमें काम करते और मदनपुरामें रहते। मजदूर हलचलसे उनका घनिष्ठ सम्बन्ध था। १६२६में जब भारत-सरकारने मेरठके लिए छापा मारकर गिरफ्तारियाँ की, तो हैदरका भी नाम वहाँ मौजूद थां। वैमानिकके वेशमें हैदरके फोटोकोलिये पुलिस ढूँढ़ती ही रह गई, मगर बीस मार्चकी सुबहको जो हैदर गुप्त हुए तो फिर हाथ नही आये। उन्हें अपने कामकेलिए भारतके कितने ही शहरोंमें जाते-आते रहना पड़ता था, तब भी तीन साल तक उन्होंने अपनेको बचाये रखा। इस बीचमें वह दो बार मास्को गये।

८ मई, १६३२को मद्रासमें हैदर गिरिफ्तार कर लिये गये। मेरठ केसका नाटक खतम हो चुका था। अब इनके ऊपर मद्रासमे चार मुकदमे चलाये गये। छै महीने तक जेलमें अदालत बैठती रही। छै छै महीनेकी सजा हुई। जेलमें उन्हें खतरनाक कैदी समझ हमेशा सेलमें रखा जाता और जेलवालोंके बुरे वर्तावकेलिए उन्हें भूख-हड़तालें भी करनी पड़ी।

जुलाई १६३४में जेलसे छूटे। मद्रास और बंबईमें साथियोंसे मिले, मगर पुलिस उन्हें मुक्त देखना नहीं चाहती थी। एक महीना

भी नहीं बीतने पाया कि, अगस्तमें हैदरको एक सौ पंद्रह बरस पहले (१८१६का रेगुलेशन २)के कानूनके अनुसार अनिश्चित काल तक केलिए कोइम्बतूरके जेलमें बंदकर दिया गया। यह बिल्कुल सासतका जीवन था। न भोजन ठीक मिलता था, न पढ़ने-लिखनेका सामान ही दिया जाता था। हैदरको भूख-हड़ताल करनी पड़ी। १६३५में राजमहेन्द्री जेलमें बदल दिया गया। वहाँ भी स्वास्थ्य खराब होता गया। मद्रास-सरकार कहती थी, कि तुम मद्रास प्रान्तमें न आनेका वचन दो। लेकिन हैदर इसकेलिए तैयार न थे। जेलवालोंकी बेपरवाहीसे स्वास्थ्य गिरता ही गया। आखिरकार १६३६के अन्तमें मद्रास-सरकारने हैदरको भारत-सरकारके हाथमें सौंप दिया और उन्हें मुजफ्फरगढ़ (पंजाब) जेलमें रखा गया। हैदरको पंजाबमें काम करनेका मौका नहीं मिला था, लेकिन धीरे-धीरे कुछ लोग इस वीर देशभक्त और उसके कष्टोंके बारेमें जानने लगे। "ट्रिब्यून" पत्रमें किसीने लिखा। सुभाष बोस कुछ समय तक उनके साथ एक जेलमें रहे थे, उन्होंने भी चिट्ठी लिखी। कौंसिलमें मंत्रि-मंडलसे सवाल पूछे गये। इसपर १६३७में उन्हें अम्बाला जेलमें बदल दिया गया। स्वास्थ्य और भी गिरा, बाहर खलबली मची। पंजाब-सरकारके मंत्री हैदरके पास गये। उन्होंने खूब जली-कटी सुनाई। होते-हवाते मार्च १६३८में उन्हें छोड़ दिया गया। हरिपुरा-कांग्रेससे लौटकर वह पंजाब आये।

मई १६३८में, चौबीस साल बाद, हैदर अपने जन्म-गाँव सियालियाँ आधी रातको पहुँचे और सिर्फ बारह घंटे रहे। उनका बड़ा भाई कबका मर चुका था। मझला भाई घर ही पर रहता है और किसानोंकेलिए उसने भी जेलकी हवा खाई है।

पंजाब-पुलिस हैदरके पीछे हाथ धोकर पड़ी हुई थी और आखिरमें उसने सीधे धमकी दी। हैदर जेलमें जाकर खुशीसे बैठ रहनेकेलिए तैयार न थे। बम्बईमें मजदूरोंके खिलाफ बने काले कानूनके विरोधमें जो आन्दोलन खड़ा हुआ था और कितने ही लोग मारे-पीटे गये थे,

उनमें हैदर भी थे। लड़ाईके वक्त एक व्याख्यानकेलिए उन्नीस मास-की सजा हुई और सजाके खतम होते ही नासिक-जेलमें नजरबन्द कर दिये गये जहाँसे १८ जुलाई, १९४२को छूटे।

जेल यातनाओंके कारण बिगड़ा हैदरका स्वास्थ्य फिर ठीक नही हो सका, मगर आज भी उनकी वही फौलादी हिम्मत और लगन है। वह आज भी उसी तरह देशकी आजादीकेलिए विह्वल हैं।

३१

बाबा सोहनसिंह भकना

जिनका वृद्धा शरीर, जिनकी सूखी हड्डियाँ, जिनके सन् जैसे सफेद केश, देशकेलिए घोर यातनाओंके सहनेकी प्रतीक हैं। फाँसीका हुकुम सुन कर जेलकी कालकोठरियोंमें बन्द रहते भी जिनके ललाट पर भयकी हलकी रेखा भी उठने न पाई। शरीरके जीर्ण-शीर्ण हो जानेपर भी जिनमें अब भी नौजवानों जैसा उत्साह है और देश के

१८७० (माघ) जन्म, १८७५ प्राचीनतम स्मृति, १८७५-७७ गुरुमुखी पढ़ना, १८७७-८२ उर्दू फारसी पढ़े। १८८० ब्याह, १८८२-८७ खेल-कूद, १८८७-९७ यारबाशी, १८९७-१९०१ उग्र धार्मिकता, १९०२ कर्जके कागज फाड दिये। १९०७ होलामें सर्वस्व खर्च, १९०८ हाथसे खेती, १९०९ फर्वरी ३ घर छोडा, १९०९ अप्रेल ३ अमेरिकामें, १९१० कनाडाके भारतीय विरोधी कानूनका प्रभाव, १९१२ पोर्टलैंडमें मजूर, १९१२ (अंत) राजनीतिक जीवनारंभ, १९१३ मार्च गदर पार्टीके स्थापक सभापति, १९१४ जनवरी राजनीतिक कार्यकर्त्ता। १९१४ अक्तूबर १४ कलकत्ता पहुँचे, १९१५ फर्वरी गिरफ्तार लाहौर-जेलमें मुकदमा, १९१५ अप्रेल—२७ अक्तूबर १३ षड्यन्त्र मुकदमा, १९१५ अक्तूबर फाँसीकी सजा, फिर आजन्म कैद; १९१५ दिसम्बर—१९२१ जुलाई अंडमनमें, १९१८ सौतेली माँ मरी, १९१९ माँ मरीं। १९२१ जुलाई—१९३० जुलाई भारतके जेलोंमे, १९३० जुलाई जेलसे मुक्त, १९३० खालसा कालेजमें दूधकी दूकान, १९३५ (?) छै मासकी सजा, १९३८ छै मासकी सजा, १९३९ नौ मासकी सजा, १९४० भारती किसान-सभाके कार्यकारी सभापति, १९४० जुलाई—१९४३ मार्च १ जेलमें नजरबंद।

भविष्यके प्रति जिनका विश्वास दृढ़तर होता गया। बाबा सोहनसिंह भकना उन्ही देशभक्त महापुरुषोमें हैं।

अमृतसरसे दस मील पश्चिम भकना एक अच्छा बड़ा गाँव है, जिसमें कितने ही व्यापारी और नानाप्रकारके शिल्पी बसते हैं। वहाँके ब्राह्मणोंमें कितनेही संस्कृतके विद्वान् होते आये हैं। लेकिन भकना-के अधिकाश लोगोंकी जीविका खेती है। १९वीं सदीके आरम्भमे (मिसलोंके ज़मानेमे) सरदार चदासिंह (शेरगिल जाट) किसी और गाँवसे तर्केपर आकर भकनामें बस गये। उनके पुत्र श्यामसिंह रणजीत-सिंहके शासनकालमे एक प्रभावशाली व्यक्ति थे। श्यामसिंहके पुत्र कर्णसिंह भी गाँवके अच्छे धनी-मानी पुरुष थे। कर्मसिंहकी दो स्त्रियाँ थीं हरकौर और रामकौर। चन्दासिंहके समयसे ही घरमें वंश चलाने वाला सिर्फ एक पुत्र होता आया था। हरकौरको कोई पुत्र न था और रामकौरके एक पुत्र सोहनसिंह १८७० ई० (माघ) मे पैदा हुआ। बच्चेके सालभर होते-होत करमसिंहका देहान्त हो गया। घरमे दो माताओं और बूढी दादीके साथ तीन औरते बच रही, जिनकी सारी आशा एक वर्षके बच्चे सोहन पर केन्द्रित थी। चार पुश्तसे एक पुत्रके आधार पर चला आता चन्दासिंहका वंश अब सोहनसिंहके साथ खतम हो रहा है, लेकिन चन्दासिंहके अन्तिम वंशधरने जो सेवायेकी हैं, उससे वह मृत नही अमर वश कहा जायगा। वैसे, जब लोग दादासे पहलेके पूर्वजोका नाम तक नहीं बतला सकते, तो पुत्रसे वंशका नाम होना बिलकुल गलत बात मालूम होती है।

बचपनमें सोहनसिंहका स्वास्थ्य अच्छा था। यद्यपि माताएँ घर के एकलौते पुत्रको पान-फूल बनाकर रखना चाहती थीं; मगर बच्चे को खेलनेका मौका मिल ही जाता था। सरदार करमसिंह बड़े उदार पुरुष थे। वे अकालमें गरीबोंको अपना अन्न बाँट देते और अपने कमीनों (कमकरों)-के बाल-बच्चोको खाना-कपड़ा देनेमे बड़ा उत्साह रखते थे। सोहनसिंहने पिताकी उदारताको नही देख पाया था,

लेकिन उनकी दोनों माताएँ इस बातमें पतिका अनुकरण करनेवाली थीं। बालक सोहनका भी दिल बचपन हीसे बड़ा उदार था। वह घर से खानेकी चीज़ें झोली भर कर ले जाता और बच्चोंमें बाँट कर खाता, खिलौने तकको हमजोलियोंमें बाँट देता। १८७५के आस-पास का समय था। सोहनकी उम्र पाँच सालकी थी। वह लड़कोंके साथ खेल रहा था। उसी समय एक जबरदस्त आँधी आयी। गर्दके मारे चारो ओर अंधेरा छा गया। डरके मारे सोहन और दूसरे बच्चे एक दूसरेसे लिपट गये।

घरमें काफी जायदाद थी। लेकिन जब कोई सम्हालने वाला पुरुष न हो, तो स्त्रियाँ कैसे सुखी जीवन बिता सकती थीं? सोहनसिंहका प्रेम अपनी माँसे अधिक सौतेली माँ (धर्म-माता)से था। उन्होंने जीवनके दुःखोंको अनुभव किया था। और जिन कथाओंको वह अपने पुत्रके आग्रहपर सुनातीं, उनमें दुखकी मात्रा अधिक होती; जब माताका कंठ रुद्ध हो जाता, आँखोंमें आँसू छलक आते, तो उसका प्रभाव सोहनपर भी पड़े बिना नहीं रहता।

पढ़ाई—पाँच सालकी उम्र (१८७५)में सोहन सिंहने गाँवमें रहनेवाले एक साधु सन्त लेहणासिंहसे गुरुमुखी पढ़नी शुरू की। वह दो साल तक उन्हींके पास "पञ्च-ग्रन्थी" और दूसरी सिक्ख धार्मिक किताबों को पढ़ते रहे। सात साल (१८७७)का हो जानेपर वह गाँवके स्कूलमें दाखिल हो गये। स्कूलमें उर्दू और फ़ारसी पढ़ाई जाती थी। सोहनसिंह पाँच साल तक वहीं पढ़ते रहे। गणितसे उन्हें बहुत शौक था। भूगोल पढ़ते समय उन्हें नकशेका बहुत ख़्याल रहता था।

बारह सालकी उम्र (१८८२)में गाँवके स्कूलकी पढ़ाई ख़तम हो गई। सोहनसिंहको पढ़नेका शौक था, लेकिन जब माताओंने आँखोंमें आँसू भर कर कहा—"बेटा! तुम्हीं हमारे एक मात्र अवलंब हो। तुम्हें आँखसे ओझल करके हम जी नहीं सकतीं।" तो सोहनसिंह को आगे पढ़नेका ख्याल छोड़ देना पड़ा। दादी ११ सालकी उम्र

(१८८१)में मरी, लेकिन एक साल पहले उन्होंने पोतेका व्याह देख लिया था। अब अगले पाँच साल सोहनसिंहके खेल-कूदमे बीते। बीच-बीचमें कभी किसी अध्यापकसे फारसी भी पढ़ आते। एक बार सोहनसिंहके खेतमें कोई आदमी बकरी चरा रहा था। सोहनसिंह जब उससे कड़ाकड़ी कर रहे थे, तो उसने धक्का दे दिया और वे गिर गये। फिर तीन साल तक बराबर अखाड़ेमे जाते और डड-कुश्ती करके उन्होंने अपने शरीरको मज़बूत बनाया।

तरुणाई—सोहनसिंह अब १७ सालके हो गये थे। घरके अकेले पुरुष मालिक थे। यौवन था, धन सम्पत्ति थी और इन सबके साथ अविवेक भी। यार लोग उनके इर्द-गिर्द मंडराने लगे। उन्होंने जीवन के आनन्दके लूटनेके कितने ही तरीके बताये—आप जैसे धनाढ्य तरुण यदि शिकारका शौक नहीं करेंगे, शराबका दौर नही चलायेंगे, तो दूसरा कौन चलायेगा? सरदार सोहनसिंहने चार शिकारी कुत्ते रखे और शिकारी घोड़े भी। अब उनका काम था शिकार खेलना और दोस्तोंके साथ बोतलोंपर बोतलें साफ करना। धर्ममाताका अब भी उनपर प्रभाव था और पहले कितने ही समय तक सोहनसिंहकी पानगोष्ठी माताकी आँख बचाकर होती थी। लेकिन उम्र बढनेके साथ वह अधिक निडर होते गये, पास पैसा न रहता, तो कर्ज लेनेसे बाज़ न आते। कर्ज चुकानेकेलिए माँसे रुपया माँगते। माँ कहती—“बेटा! सोचो तुम कैसे बापके बेटे हो” और रुपया दे देती।

नई धार्मिक जिन्दगी—दस साल तक सोहनसिंहने जीवनके उस आनन्दको भी ले लिया, जिसे उनके यार-दोस्त जीवनका सार कहते थे; लेकिन, उन्हें सन्तोष नही था। यह वह समय था, जब कि गुरु रामसिंहके अनुयायी कूके सिक्ख अपनी कुर्बानियोंसे पञ्जाबको चकित कर रहे थे। गुरु गोविन्दसिंहके बाद पञ्जाबने पहली बार इस अद्भुत त्यागको देखा। कूके विदेशी शासनको माननेके लिए तैय्यार न थे। वे सिक्खोंके गुज़रे राज्यको फिरसे लौटाना चाहते थे और

उसके लिये संघर्ष करने मे सर्वस्वकी बाजी लगा रहे थे। अकेले लुध्याणा में ७० नामधारी (कूके) सिक्ख एक बार तोपसे उड़ाये गये। तोपके सामने खड़ा करनेकेलिये जब उनके हाथोंको पीछे बाँधा जाने लगा, तो उन्होंने कहा—हाथ मत बाँधो, मौत हमारेलिये भयकी नही साधकी चीज़ है। नामधारियोके गुरु बाबा रामसिंहको पकडकर बर्मामे रखा गया। हर तरहके भय और प्रलोभनसे उन्हें झुकानेकी कोशिश की गई, मगर वह अडिग रहे। बाबा रामसिंहने अपने अनुयायियोंमे एक नई रूह फूंक दी थी। उन्होंने विदेशी शासन-के पूर्ण बायकाटका मन्त्र दिया। कोई नामधारी न सरकारी नौकरी करता, न सरकारी अदालतमें जाता। नामधारी न विदेशी कपड़ा पहनते और न विदेशी चीनीको ही इस्तेमाल करते थे।

गुरु रामसिंहके अनुयायी बाबा केसर—वे सरपर केश नही रखते थे—एक बार भकना आये। उस समय सोहनसिंहकी उम्र २८ साल-की थी। जब शराब और शिकारमे नाक तक डूबे हुए थे, तब भी सोहनसिंहके दिल मे साधु-सन्तोंकी ओर कभी आकर्षण हो जाता था। बाबा केसर एक असाधारण साधु थे। एक ओर वह एक बड़े धार्मिक सन्त थे, दूसरी ओर छुआछूत उनसे छू तक नहा गई थी। अब तक किसी साधुने सोहनसिंहपर असर नही डाला था, यद्यपि वह बहुतोंका दर्शन और दडवत् करने गये थे। बाबा केसरने सोहनसिंहको अपनी ओर आकृष्ट किया। उन्होंने बाबाकी जमातका घरमें महाभोज किया। बाबाको सोहनसिंहके शराब और शिकारके बारेमे पता लग गया था। विदा होते समय बाबाने कहा—"मैं सिर्फ एक बात चाहता हूँ, कभी-कभी मुझसे मिल लिया करो। किसीके जबरदस्ती कहने सुननेसे शराब या शिकारको न छोड़ना: जब तुम्हारा अपना दिल कहे तब छोड़ना।" सोहनसिंह बाबासे दो-तीन बार मिले। धीरे-धीरे उनका दिल कहने लगा, कि बाबाका ही रास्ता ठीक है। बाबाजीने प्रतिज्ञा ली, जिसके कारण सोहनसिंहने बारह साल तक नमक नहीं खाया। पहले सोहनसिंह

शराब और शिकारमें दुनियाको भूल गये थे, और अब वह ईश्वर-भक्तिमें। उनको हरवक्त धर्मका नशा चढ़ा रहता था। बाबा केसर प्रेम-मार्गके पथिक थे। उनका सभी धर्मोंसे प्रेम था, सोहनसिंहने भी उसी पथको अपनाया। १९०५से सोहनसिंहने सालाना "होला" (भंडारा) करना शुरू किया, जिसमें भिन्न-भिन्न धर्मवाले भकनामें एकट्ठा हो प्रेम-सगत करते। खर्चका सारा बोझ सोहनसिंह उठाते। प्रेम-सगतके आरम्भके पहलेसे ही १९०२में सोहनसिंहके दिलने कहा, कि तुम्हारे कर्जसे दबे लोगोंका दिल बहुत चिन्तामें रहता है। एक दिन उन्होने सारे कर्जखोरोंको बुला कर दस्तावेजोंको उनके सामने ही फाड़ दिया। यद्यपि घरकी सम्पत्ति "होला" मे बरबाद होती जा रही थी, लेकिन सोहनसिंहकी धर्म-माता इसे बरबाद होना नहीं समझती थी।

१९०८मे सोहनसिंहने आखिरी "होला" किया। सारी सम्पत्ति होलाकी भेंट हो गई थी। ज़मीन पर भारी कर्ज चढ गया था और सारा रुपया खर्चहो चुका था। इससे एक साल पहलेही बाबा केसरने कहा था—"बुजुर्गोंकी कमाई गई, यह अच्छा हुआ; अब अपने हाथकी मजूरी का 'दूध-भोजन' खाओ।" सोहनसिंहके सामने यह छोड़ दूसरा रास्ता भी नहीं था। इसी साल पञ्जाबमें अजीतसिंह और लाला लाजपतराय आदिने जो राजनैतिक लहर फैलाई थी, उसका कुछ असर सोहनसिह पर पड़ा था। उन्होंने उसकी किताबे देखी थीं और अपने गाँवके आस-पासमें इसके बारेमे कुछ प्रचार भी किया।

१८ सालकी उम्र (१९०८)में सोहनसिहने सन्त लहनासिंहके उपदेशके अनुसार अपनी मजूरी खानेका प्रयत्न किया। उनके पास जो दो-तीन एकड़ खेत बच रहा था, उसमें खेती शुरू की। लेकिन बचपनसे कभी शारीरिक परिश्रम किया न था, अतएव उनके लिये वह उतना आसान काम न था। घरमें दो-चार गाये और भैंसे भी रखते थे, जिनसे जीविकामें कुछ मदद मिलती, लेकिन घरमे बीबी, दो माताए, एक अनाथ धर्मपुत्री, और अपने लेकर पाँच व्यक्ति थे। जिनका गुजारा

बहुत मुश्किलसे चलता था। एक दिन सोहनसिंह सरपर चारा उठाये आ रहे थे। रास्तेमें उनके दोस्त पादरी बधावामल मिल गये। पादरीने चारेके बोझको नीचे उतारा। साहब-सलामी हुई। सोहनसिंहके चेहरे पर पीड़ाके चिह्न थे। अब खाते-पीते चर्चासे भरे सोहनसिंहकी समाधि और भगवान्‌में तन्मयता लुप्त हो चुकी थी। पादरीने कितनीही बार सोहनसिंहके होलामें भाग लिया था। वह उनकी विशाल-हृदयता और त्यागको अच्छी तरह समझते थे। अपने मित्रकी इस अवस्थाने बधावा-मलके चित्तको उद्विग्न कर दिया। उन्होंने बड़े संकोचके साथ कहा, कि मैं मिशनसे आपकेलिये ५० रुपये मासिक सहायता दिलवाना चाहता हूँ, आप स्वीकार करें। सोहनसिंहने बडी नम्रताके साथ शुक्रिया अदा करते हुए सहायताको अस्वीकार कर दिया।

सालभरके तजर्बेने सोहनसिंहको बतला दिया, कि मिट्टीसे अनाज बनाना उनके बसकी बात नहीं है। उन्होंने अपने एक दोस्त भाई सरैन-सिंहसे कहा—"किर्त (शारीरिक श्रम) तो मुझसे नहीं हो सकता। मेरी आर्थिक अवस्था बिगड़ती जा रही है। सुनते हैं अमेरिकामें मजूरी ज्यादा मिलती है। यदि वहाँ चला जाऊं, तो शायद आर्थिक अवस्था सुधर जाये।" अमेरिकाके दोस्तोंसे लिखा-पढ़ी होती रही। इधर सत्संगी बोरत सहायता करनेकी कोशिश करते थे, मगर सोहनसिंहका जीवन-सूत्र था—हाथसे कमा कर खाना, किर्त करना, वंड-छकना (बाँट कर खाना) और भजन करना। बाबा केसरसे अन्तमें कहा—"मुझसे खेती नहीं हो सकती, ३८ सालका कामचोर शरीर अब उसकेलिये तैय्यार नहीं हो रहा है। अमेरिका जाना चाहता हूँ।" बाबाने कहा—"समयपर भाग रहा है?" बाबाका भगत एक साहूकार पासमें बैठा हुआ था। बाबाने उसकी ओर मुंह करके कहा—"अब सोहनसिंह मायाके पीछे भाग रहा है।" साहूकारने सोहनसिंहसे कहा—"मैं तुम्हारे सारे कर्जको अदा कर देता हूँ, लेकिन तुम अपने धर्म (पुण्य)को मुझे दान दे दो।" बाबाने सोहनसिंहसे कहा—"ले, सौदा कर ले पुत्तर।"

सोहनसिंहने यह कह कर रुपया लेनेसे इनकार कर दिया—"धर्म नहीं वेचूगा बाबा।"

अमेरिकाको—अमेरिका जानेकेलिये भी रुपयोंकी जरूरत थी। सोहनसिंहने एक हजार रुपये कर्ज लिये, जिनमेंसे सातसौ नगद पासमें रखे और तीनसौकी बेलबूटे निकाली चादरें खरीद ली। दोस्तोंसे मालूम हुआ था, कि अमेरिकामें ऐसी चादरोंकी बहुत मॉग है। जिस समय माताओंसे सोहनसिंहने अपने प्रस्थानकी बात कही, उस समय का नज़ारा बहुतही दर्दनाक था। उन्होंने बदले हुए सोहनसिंहके जीवनको देखकर सन्तोषकी सास ली थी। धर्ममें सम्पत्तिको लुटाते देख भी क्षोभ प्रगट नही किया था। यह भी देखा था, कि किस तरह सोहनने बाहुबलसे कमाकर परिवार चलानेकी कोशिश की और उसमें अपने सुकुमार शरीरको धूपमें सुखाया, किन्तु उससे कुछ नहीं बना। लेकिन, जब उन्होंने चार पुश्तसे अकेलोंकी अकेली सन्तानको विना भी उत्तराधिकारी छोड़े इस तरह दुनियाके दूसरे छोर तक जानेका ख्याल किया, तो वे मूर्छित हो गई। लेकिन सोहनसिंहकेलिये दूसरा कोई रास्ता न था। तीन फरवरी १९०९ ईसवीको सोहनसिंहने अमेरिकाकेलिये भकना छोड़ा। वह कलकत्ता, सिंगापुर होते हॉगकॉग पहुँचे। हागकागसे सीधे अमेरिकाका जहाज पकड़ना था। जहाजमे चढानेके लिये बहुत सख्त डाक्टरी होती थी। सोहनसिंहके सातो साथियोंकी ऑखोंमें कुकड़े थे। डॉक्टरोंने उन्हे अयोग्य ठहरा दिया। लेकिन, सोहनसिंह डाक्टरी परीक्षामें पास होगये। परिचित लोग कहने लगे, कि अमेरिका जैसे अपरिचित देशमें अकेले मत जाओ। सोहनसिंहने कहा—"मै अकेला नहीं हूँ (भगवान् भी तो साथ हैं।)"

जिस जहाजमें सोहनसिंह सवार हुए, वह एक जापानी जहाज था। सोहनसिंहने अब तक अपने हाथसे खाना नही पकाया था। खैर, खानेकी समस्या जहाजके चावल-मछलीसे हल हो गई। वह तीसरे दर्जेके मुसाफिर थे। योकोहामामें कितनेही रूसी भी उसी जहाजमे चढ़े।

यद्यपि सोहनसिंह न अंग्रेजी जानते थे, न रूसी भाषा ही, मगर इनके साथ उनका स्नेह बढ़ चला। "बंड खाना" (बाँट खाना) सबका मूलमन्त्र था। सोहनसिंह पीछे, समझ सके कि वह जरूर ज़ारके मारे रूसी देशभक्त थे।

सारे प्रशान्त महासागरको चीरकर तीन अप्रेल १९०९को सोहन-सिंह अमेरिकाके सियेटल बन्दरगाहपर उतरे। सरकारी-जाँच अफसरने जाँच-पडताल शुरू की—

(१) "तुम्हारे दोस्तने तुम्हारे पास कोई ख़त-पत्र भेजा था?" "नही"।

(२) "तुम बहुपत्नी-विवाहको मानते हो?" "नही" कहते हुये सोहनसिंहने बहुत जोर प्रकट किया। यह जोर देना बनावटी नहीं था। बाबा केसरके सत्संगसे सोहनसिंह बहुपत्नी-विवाहके सख्त विरोधी हो गये थे। चार पीढ़ियोंसे एक-एक पुत्रसे वंश चला आया था। अब वश निर्वंश हो रहा था। सगे-सम्बन्धी पहली पत्नीसे सन्तान न होते देख दूसरा व्याह करनेपर जोर देते रहे। मगर निर्वंश होनेकी जरा भी पर्वाह किये बिना उन्होने वैसा करनेसे इन्कार कर दिया, यद्यपि उनके पिताने खुद दो व्याह किये थे। लेकिन, जाँच अफसरोंको सन्तोष नही हुआ। आखिर वह जानते थे, कि हिन्दू बहु-पत्नी-विवाहको मानते हैं। अमेरिका में बहु-पत्नी-विवाह माननेवाला सभ्य जीवनका अधिकारी नही माना जाता। उन्होंने सोहनसिंहको रोक लिया। दुभाषियेकी वजहसे समझनेमें शायद गड़बड़ी हुई हो, इस ख्यालसे दूसरे दिन एक भारतीय विद्यार्थी—सत्यदेवको बुलाया गया और उनको दुभाषिया बनाकर सन्तोषजनक उत्तर पा उन्हे अमेरिकाकी भूमिपर स्वच्छन्द उतरनेकी आज्ञा मिल गई। कितनेहीं भारतीय मित्र वहाँ पहुँचे हुए थे, वे सोहनसिंहको होटलमें ले गये। (डाक्टर) हरनामसिंह बी०.ए०मे पढ़ रहे थे। उन्होंने देशकी खबरे पूछीं।

चादरोंकी बिक्रीसें सोहनसिंहका सफर-खर्च निकल आया। काम

की खोजमें ओरिगिना-स्टेटमें गये। पोर्टलैंडसे तीन मील दूर कोलम्बिया नदीके किनारे मुनार्क मिल नामक एक लकड़ीका कारखाना था, सोहनसिंह उसीमें भरती हो गये। मजूरी थी दो डॉलर (छै रुपये २ आना) रोज। पहले-पहल काम बहुत सख्त मालूम हुआ। सारे दिन मशीनके सामने खड़ा होकर लकड़ीको हटाना, चीरना पड़ता। भकनाकी हलजुताईसे यह आसान काम न था। हाँ, मगर यहाँ मजूरी खूब थी और फिर कामसे भागनेका कोई रास्ता न था। उन्होने अपने मन और शरीरपर खूब संयम किया और कुछ महीने बाद काम उन्हें इतना आसान लगने लगा, कि कामके घन्टेके बादका भी काम ले लेते थे।

भारतीय मजूरोंमें राजनीतिक चेतना—१६०७-८में अमेरिकामें जबर्दस्त मन्दी (आर्थिक संकट) आया था। बहुतसे कारखाने बन्द पड़े, जिसके कारण लाखों मजूर बेकार हो गये। जब कारखानेकी बनाई चीजोको सस्ते दामपर भी बेचना मुश्किल हो, तो कारखानेके मालिक गोदामोमे सड़ानेकेलिए माल पैदा करना क्यों चाहेंगे? कितनेही मजूरोंको जवाब देकर बाटका भिखारी बना दिया गया। और कितनों हीकी मजूरीकी दरमें कटौती शुरू की। अमेरिकन मजदूर तनखाह कम करानेकेलिए राजी न थे। इधर पूर्वी योरप और एसियाके मजूर—जो अपने देशोंमें छै रुपया नही छै आना रोज मजूरी पानेके आदी थे—वहाँ कम मजूरीपर काम करनेकेलिए तैयार हो जाते थे। अमेरिकाके मिल-मालिक ऐसे मजूरोंको पसन्द करते थे, लेकिन अमेरिकन मजूर उन्हे अपने गलेकी फाँसी समझते। अमेरिकाके मजदूरोंने विदेशी मजदूरोंके विरुद्ध जबर्दस्त आन्दोलन शुरू किया, जिसका प्रथम परिणाम हुआ—कनाडामें कई हजार हिन्दुस्तानी—ज्यादातर पंजाबी—मजदूर काम करते थे। सीधे तौरसे हिन्दुस्तानियोंका नाम लेकर उन्हें कनाडामे आनेसे रोकते, तो ज्यादा हल्ला-गुल्ला मचता, इसलिये कानूनी चालसे रोकनेका प्रयत्न किया गया और घोषित किया गया, कि वही आदमी

कनाडामें उतर सकता है, जो अपने देशसे बीचमें कहीं भी बिना उतरे सीधे कनाडा पहुँचे। हिन्दुस्तानसे सीधे जहाज कनाडा नहीं जाते। और न हिन्दुस्तानी गरीब मजूर अपने पैसेसे सीधे कनाडा जहाज ला सकते थे, यह बात कानून बनानेवालोंको मालूम थी। इसी कानूनका मुकाबिला करनेकेलिए सरदार गुरुदत्तसिंहने १९१७के शुरूमें कोमागा-तामारू नामक जापानी जहाजको ठीकेपर लिया। अमेरिकामें बहुतसी जमीन खाली पड़ी थी। वहाँ नये बसनेवालोंकी जरूरत थी। दूसरी स्वतंत्र सरकारोंने जोर देकर अमेरिकाको इस बातकेलिए राजी किया था, कि वह प्रतिवर्ष एक निश्चित संख्यामें उन देशोंसे आकर बसने वालोंको स्वीकार करें। स्वतंत्र देशही ऐसा समझौता करा सकते थे। गुलाम हिन्दुस्तानकी वहाँ कौन पूछता? कनाडामें कुछ हज़ार भारतीय जा पहुँचे थे। उन्होंने अपनी मजदूरीसे पैसा बचाकर वहाँ जमीनें भी खरीदनी शुरू की थीं। उधर कनाडाकी सरकार भारतीयोंपर हर तरह के हथियारोंको इस्तेमाल करनेकेलिए तय्यार थी। ग्रन्थी बलवन्तसिंह (सिंगापुरमें फाँसी १९१७) आदि डेपुटेशन बना इंगलैंड पहुँचे। उन्होंने भारत-मन्त्रीके सामने भारतीयोके दुःख और अपमानकी गाथा रखनी चाही, मगर भारत-मन्त्री इसकेलिये थोड़ेही बनाया जाता है। उसने डेपुटेशनसे मिलनेसे इन्कार कर दिया। जैसे-जैसे कनाडाके भार-तीयों पर अधिकाधिक प्रहार हो रहे थे, वैसेही वैसे वे अपने बचावके लिए संगठित भी होते जा रहे थे। कनाडाके प्रायः सारेही भारतीय मजूर पंजाबी सिक्ख थे। उन्होने जहाँ बहुतसी जमीनें खरीद खेती शुरु कर दी थी, वहाँ कितनेही गुरुद्वारेभी स्थापित किये थे और गुरुद्वारा प्रबन्धक कमेटियाँ भारतीयोंके हितकेलिए काफी काम कर रही थी। कनाडा-सरकार किसी तरहसे भी भारतीयोंसे पिण्ड छुड़ाना चाहती थी। उसने उनसे कहा कि हम तुम्हारे लिये इससे अच्छी भूमि देनेका इन्तिजाम कर देते हैं, तुम वहाँ जाकर बस जाओ। ग्रन्थी बलवन्तसिंह सरदार भागसिंह आदि तीन भारतीय प्रतिनिधियोंको देखनेके लिए

हण्डूरास् भेज दिया गया। हण्डूरास्में उन्हें कुली बनकर गये कितनेही भारतीय मिले। उन्होंने अपनी नरक-यातनाकी सारी बाते बतला दीं। सरकारने प्रतिनिधियोंको रिश्वत देकर अपने मनकी बात कहलानी चाही मगर उन्होंने इन्कार कर दिया। प्रतिनिधियोंने सच बाते बतला दीं। लोगोंको मालूम हो गया कि किस तरह कनाडा-सरकारके साथ ब्रिटिश सरकार भी भारतीयोके खिलाफ षड्यंत्रमें शामिल है। भारतीयोने "बेह-तरीन भूमि"में जाकर बसनेसे इन्कार कर दिया। अब सरकार उन्हे तरह-तरहसे तग करने लगी। खुफियावाले लोगोंका पीछा करते। कनाडामें बस गये भारतीयोंकी स्त्रियाँ और माताऐ जब भारतसे कनाडा पहुँची, तो उन्हे तीन-चार मास तक कोरेन्टीनमे रख कर भारत लौटा दिया गया। जहाजसे जो आदमी पहुँचते थे, उनमेंसे सिर्फ १० सैकड़ेको कोई मनमाने तौरसे चुन कर उतरने दिया जाता था, बाकी ९० फीसदीको जहाजी कम्पनियोंके मालिकोंकी मुट्ठी गरम करके बैरंग लौट जाना पड़ता था। घर और मकानपर भारी कर्ज लेकर चले ये भारतीय अब लौट कर हागकाग और शाघ्काईमें मारे-मारे फिरते थे।

सरकारोंके अतिरिक्त अमेरिकन मजूर अलग हिन्दुस्तानी मजूरोंके पीछे पड़े हुए थे। १९०७की बात है, एबर्ट और विलियम् के कारखानोंमें हज़ारो हिन्दुस्तानी काम कर रहे थे। एक दिन गोरे मज़दूरोने उनपर धावा बोल दिया। उन्हें मारा-पीटा, उनकी चीज़े लूट ली और ट्राममें बैठा कर उन्हें शहरसे दूर जङ्गलोमें छोड दिया। यह पगड़ी-दाढ़ीकी नफरत नहीं थी, इन कारखानोंके हिन्दुस्तानी (सिक्ख भी) पगड़ीवाले नही हैटवाले थे।

हर जगह हिन्दुस्तानियोंके खिलाफ नफरतका जबरदस्त प्रचार देखा जाता था। होटलोंमें कुत्ते और हिन्दुस्तानी जानेका अधिकार नहीं रखते थे। कितने ही सिक्खोंको देखकर लोग "दाढीवाली औरतें" कह कर उनका उपहास करते। हिन्दुस्तानी अपने जान शिकायतका मौका नहीं देना चाहते थे। वे दूसरोंकी अपेक्षा अपने कपड़े-लत्तेको ज्यादा साफ

रखते, मगर फिर भी सबसे ज्यादा ठोकरें उन्हींको खानी पड़ रही थीं। धीरे-धीरे हिन्दुस्तानी इसे साफ़ समझने लगे, कि जो अत्याचार और अपमान उन्हें सहने पड़ रहे हैं, उनका कारण है हिन्दुस्तानका परतन्त्र होना, अतएव अनाथ होना।

१९१२में सोहनसिंहको पोर्टलैंडके लकड़ीके कारख़ानेमें काम करते तीन साल हो गये थे। उन्होंने रास्तेमें काममें आ पड़ी टूटी-फूटी अंग्रेज़ी पर ही सन्तोष नहीं किया, बल्कि वे दो साल तक रात्रिकी पाठशालामें पढ़ने जाते थे। उनका भाषाका ज्ञान बढ़ा, साथ ही परिचय भी बढ़ा। अमेरिकन भारतीयोंसे पूछते—"तुम्हारे यहाँ ३० करोड़ भेड़ें हैं या आदमी?" यह एक आम सवाल था। एक बार सोहनसिंह कामकी खोजमें एक दफ़्तरके मैनेजरके पास जाकर बोले—"कोई काम है?" "काम है, मगर तुम्हें नहीं दे सकता।" "क्यों?" "तुम्हें हम गोली मार देना चाहते हैं। तुमको देखकर हमारे लड़के गुलाम बन जायेंगे। मैं तुम्हें दो बन्दूकें देता हूँ, जाओ पहले अपने मुल्कको आज़ाद कराके आओ। फिर तुम्हारे स्वागत और काम देनेकेलिए मैं पहला आदमी होऊंगा।" एक दिन सोहनसिंहने एक सहृदय डॉक्टर मित्रसे पूछा—"तुम अमेरिकन लोग हमसे क्यों नफ़रत करते हो?" डॉक्टरने कहा "तुमसे नहीं, तुम्हारी गुलामीसे जरूर नफ़रत करता हूँ।"

इस तरहकी रोज़-रोज़की घटनायें भारतीयोंको सोचनेकेलिए मजबूर कर रही थीं। फिर वह भारतकी भीतरी अवस्थाका अमेरिकासे तुलना करके देखते थे, कि जहाँ अमेरिकन पुलिस वस्तुतः लोगोंको अपना स्वामी मानती है, वहाँ भारतीय पुलिस शाहंशाह बनना चाहती है। एक बार तत्कालीन प्रेसीडेन्ट (पहला रुजवेल्ट) पोर्टलैंड आनेवाला था। सोहनसिंह भी तमाशा देखनेकेलिए स्टेशनपर पहुँचे। वहाँ कोई सजावट नहीं थी? सिर्फ म्युनिसपल्टीके कुछ मेम्बर एकट्ठा हुए थे। प्रेसीडेन्टने सबसे हाथ मिलाया। रातको प्रेसीडेन्टका व्याख्यान सुनने सोहनसिंहभी गये। भीड़में एक स्त्रीके सिरसे सट कर वह खड़े थे, पुलिसने टोंका।

स्त्री बिगड़ खड़ी हुई—"तुम्हें क्या अधिकार है, इस भद्रजनको अपमानित करने का ?" पुलिसको माफ़ी माँगनी पड़ी।

नया जीवन—धीरे-धीरे सोहनसिंह समझने लगे, कि परतंत्र देश में पैदा होना महा अभिशाप है। उनकी आँखोंको खोलनेकेलिए कितनी ही घटनाये सामने घटित होने लगीं। सेन्ट जॉनमें पं० काशीराम (१९१४में फाँसी)ने किसी कारखानेका ठेका ले रखा था। अमेरिकन मजूरोंने समझा कि ये हिन्दुस्तानी हमारी रोजी मार रहे हैं। उन्होंने कारखानेपर हमला कर दिया। पुलिसको पता था, मगर वह बचानेकेलिए नहीं आयी। हिन्दुस्तानी मजूर खूब पिटे और ट्राममें बैठाकर जंगल में छोड़ दिये गये। यह इस तरहकी पहलेवाली घटनासे चार वर्ष बाद घटित हुई थी। हिन्दुस्तानी इसे खतरेकी घन्टी समझने लगे। हिन्दुस्तानी आपसमें अब बातचीत करने लगे थे। सभीको सेन्ट जानके दोहराये जानेका हर समय खतरा रहता था। दिसम्बरका बड़ा दिन आया। स्टोरियाके कारखानेमे उस समय बाबा केसरसिंह (आज भी जेलमे पड़ा हमारा वीर सिंह) काम कर रहे थे। वही आसपासके रहनेवाले हिन्दुस्तानी मजदूर खासतौरसे इस कामकेलिए इकट्ठा हुए। यही पर उन्होंने हिन्दी-सभा नामसे एक अपना संगठन तैय्यार किया।

जिस तरहसे ओरिगिनमे सोहनसिंह और उनके साथी सगठनकी आवश्यकता अनुभव कर रहे थे, उसी तरह कलीफोर्नियाँमे भी बाबा ज्वालासिंह, बाबा बिसाखासिंह, बाबा रुद्रसिंह, करतारसिंह, (शहीद १९१४), प० जगतराम, और पृथ्वीसिंह भी कुछ करनेकी सोच रहे थे।

जनवरी १९१३मे जब सोहनसिंह स्टोरियासे पोर्टलैंड लौटे, तो उन्होंने पं० काशीरामसे भी बातचीत की। अब जरूरी था कि सिर्फ एक-एक जगहके हिन्दुस्तानियोंके सगठनसे ही सन्तोष न किया जाय, बल्कि युक्तराष्ट्र (अमेरिका)के सारे हिन्दुस्तानियोको एक सूत्रमे सम्बद्ध किया जाय।

गदर पार्टीकी स्थापना—मार्च १९१३मे स्टोरियामे हिन्दुस्तानियों की एक बड़ी मीटिंग बुलाई गई, जिसमे हिन्दुस्तानी मजूरोंके अतिरिक्त लाला हरदयाल और भाई परमानन्द भी शामिल हुये। इसी समय अमेरिकाके हिन्दियोंकी सभा (हिन्दी एसोसिएशन ऑफ अमेरिका) कायमकी गई। सभाने हिन्दी, उर्दू, गुरुमुखी, मराठीमे "गदर" नामसे अपना अखबार निकालना निश्चित किया—यह नाम १८५७के स्मारकके तौरपर था। सभा यद्यपि अमेरिका-प्रवासी भारतीयोंसे सम्बद्ध थी, मगर वे समझते थे कि उनके रोगकी जड़ भारतकी परतंत्रतामे छिपी हुई है। अखबारके नामसे सभाका दूसरा नाम—जो कि सबसे अधिक प्रसिद्ध भी है—गदरपार्टी पड़ा। पहले सभापति चुने गये, बाबा सोहनसिंह। दो उपसभापति थे—बाबा केसरसिंह और बाबा ज्वालासिंह, प्रधान-मन्त्री थे लाला हरदयाल।

भारतकी स्वतंत्रताका वाहक बनानेकेलिए भाई परमानन्दकी सलाह थी कि भारतसे विद्यार्थियोंको बुलाया जाये और उन्हें अमेरिकामें शिक्षा दिलाकर देशमें क्रान्ति करनेकेलिए भेज दिया जाय। हरदयालने मार्क्सके विचारोंको पढा था। इसलिये वह बाबा सोहनसिंहके इस बातसे सहमत थे, कि हमे अपने कामको हिन्दी मजूरोंमें खासतौरसे करना चाहिए। पार्टीने बाबाजी और हरदयालके प्रस्तावको स्वीकृत किया।

सान्‌फ्रान्सिस्को अमेरिकाके पश्चिमी तटका सबसे बड़ा शहरही नहीं है, बल्कि वह हर तरहकी राजनीतिक हलचलोंका मुख्य केन्द्र भी है। सारी दुनियाके मजूरोंका पुण्य-दिन प्रथम मई-दिवस यहीं शहीदोंकी होलीके साथ शुरू हुआ था। गदरपार्टीका हेडक्वार्टर सान्‌फ्रान्सिको रखा गया। लाला हरदयालने ऑफिसका काम सम्हाल लिया। १ली नवम्बर (१९१३)को 'गदर'का पहला अंक निकला। लाला हरदयालमें प्रतिमा थी, जबरदस्त कल्पना-शक्ति थी, वे लेखनीके धनी थे; मगर उनमें एक बातकी सबसे ज्यादा कमी थी, वह बड़े ही चंचल-चित्त थे, और किसी काममें मन लगाकर पड़ जाना उनकेलिए सबसे मुश्किल बात

थी। सोहनसिंहने एक दिन उन्हें फटकारा—तुम हमेशा कहा करते हो, कि हिन्दुस्तानी काम नहीं करते, और तुम क्या कर रहे हो? पैसेके बारेमें कहनेपर तरुण करतारसिंहने कहा—"रुपया नही है! लो यह" कह उसने अपनी जेब उलट दी। रुपयेकी कमी नही रही। सोहनसिंह, करतारसिंह, बिसाखासिंह जैसे कितनों हीने अपना तन, मन, धन पार्टीको दे दिया था और जरा ही देरमें १५००० डॉलर (४५००० रु०) एकट्ठा हो गये थे।

सर्दार सोहनसिंहने शुरूके वर्षों में कुछ रुपया घर भेजा था, जिससे माताओंने ५-६ एकड़ खेत छुड़ा लिये थे। उसके बाद तो उनका सब कुछ पार्टीकेलिए था।

पार्टीका काम अब बहुत बढ़ गया था। पार्टीके समर्थक हिन्दुस्तानी मजदूरोंपर सबसे ज्यादा प्रभाव सर्दार सोहनसिंहका था। जनवरी १९१४के आते-आते सोहनसिंहको काम छोड़ सारा समय पार्टीको देनेकेलिए मजबूर होना पड़ा। इससे पहले कुछ हिन्दुस्तानी शिक्षितोंने अखबार निकालनेकी कोशिश की थी, मगर वह दो-चार बार छपकर बन्द हो जाते, जिसका लोगोंपर बुरा असर पड़ता। पार्टीके प्रधान-मन्त्री लाला हरदयाल थे। छात्रवृत्ति देनेमें मद्रासी मुसलमानका ख्याल नहीं किया गया, जिससे कितनेही मुसलमान लाला हरदयालको हिन्दू-पक्षपाती समझने लगे। तो भी धीरे-धीरे पार्टीके प्रति लोगोंका विश्वास बढ़ चला। पत्र निकलनेके तीन मास बाद ही लोग दिल खोलकर रुपया देने लगे। इसके मेम्बर और समर्थक शौकीन बाबू नही कर्मठ आदर्शवादी मजदूर थे। पार्टीके बुनियादी सिद्धान्त थे, पार्टीकेलिए मुफ़्त काम करना, हर वक्त हर किस्मकी कुर्बानीकेलिए तैय्यार रहना। किसी मुल्ककी स्वतंत्रताके युद्धमें शामिल होना पार्टीके सिपाहीका कर्तव्य था, यह नियम बतलाता है कि हिन्दुस्तानी मजूरोंकी दृष्टि वहाँ व्यापक हो चुकी थी। क्यों न हो, उन्हें आयरलैंड, चीन और दूसरे मुल्कोंके देशभक्त क्रान्तिकारियोंसे मिलने और उनके विचारोंके समझनेका मौका मिला था।

पार्टीका हरएक सदस्य १ डॉलर (३ रु० १ आना) मासिक चन्दा देता। हिन्दुस्तानी मजदूर भारी संख्यामें मेम्बर बन गये। पार्टीका उद्देश्य था समानता और स्वतंत्रताके आधारपर हिन्दुस्तानमें राष्ट्रीय प्रजातंत्र कायम करना। वहाँ धर्मको वैयक्तिक चीज माना गया था।

जहाँ पहले हिन्दुस्तानी मजदूर हड़ताल-तोड़कके नामसे बदनाम थे, वह इतने खुदगरज थे, कि मजदूर-हितकेलिए लड़ी जानेवाली हड़तालोंको तोड़नेमें मालिकोंके हाथमें हथियार बनते, जिससे सारे अमेरिकन मजदूरोंकी दृष्टिमें वह गिर जाते थे। अमेरिकन ही नहीं देश-भाई मजदूरोंके गलेपर भी छूरी फेरनेसे बाज न आते थे, और कितनी ही बार उसकी जगह पानेकेलिए रिश्वत देकर भाईको नौकरीसे निकलवा देते। कितनी ही बार पियक्कड़ोंकी उद्दंडता उनमें देखी जाती। लेकिन गदर-पार्टीने कायम होकर उनका जीवन बदल दिया और अब हिन्दुस्तानी मजूर हड़ताल-तोड़कोंमें कहीं देखे न जाते थे, सभी अमेरिकन मजूर-सभाके मेम्बर बन गये थे। छै महिना बीतते-बीतते ही अमेरिकन मजदूरोंका भाव बदल चला। वे हिन्दुस्तानी मजदूरोंके साथ हमदर्दी दिखलाने लगे।—और कुछ हमदर्द तो उनकी लड़ाईमें शामिल होनेकेलिए भारत तक आये थे। नौ महीनेके भीतर ही पार्टीकी शाखायें अमेरिका और कनाडा हीमें चारों ओर नहीं फैल गईं, बल्कि फीजी, शांघाई, मलाया आदिमें भी उनकी स्थापना हो गई। लाला हरदयाल तीन माससे ज्यादा काम नहीं कर सके, लेकिन पढ़नेकेलिए गये तरुण संतोखसिंहने कामको खूब सम्हाला। लाला हरदयालने १९१४ के शुरूमें रूसी जारके अत्याचारोंकी निन्दा करते हुए कुछ बोल दिया। जारशाहीने इसकी शिकायत ब्रिटिश सरकारसे की। ब्रिटिश सरकारने अमेरिकन सरकारसे मुकदमा चलवाया। पार्टीने १००० डॉलरकी जमानत दे उन्हें छुड़ा लिया, और फिर चुपकेसे स्विट्ज़रलैंड भेज दिया।

गदर-पार्टीकी दो कार्यकारिणियाँ थीं, बड़ी कार्यकारिणीमें तीस मेम्बर थे। छोटी कार्यकारिणी या कमीशन तीन आदमियोंका था—

बाबा सोहनसिंह, सतोखसिंह और काशीराम। गुप्त प्रबन्ध—दूसरी सरकारोंसे बातचीत करना, हथियार जमा करना, दूसरे मुल्कोंमें हिदायत भेजना ये सब काम कमीशनके सुपुर्द था। पार्टी और मज़बूत हुई, हिन्दुस्तानियोंका संगठन मज़बूत हुआ। साथ ही दूसरे देशोंकी क्रान्तिकारी पार्टियोंसे घनिष्ठता स्थापित हुई। अमेरिकाके हिन्दुस्तानी अपनेमें एक शक्ति अनुभव करने लगे। वह अब जाग्रत मानव थे।

अप्रेल १९१४मे जिस समय सर्दार गुरुदत्तसिंह कोमागातामारूको लेकर कनाडा पहुँचे, उस समय यह गदरपार्टीका मज़बूत संगठन ही था, जिसने कनाडाकी सरकारको झुकनेकेलिए मजबूर किया।

भारतको—२३ जुलाईको कोमागातामारूको कनाडासे वापस करने का निश्चय हुआ। उस समय बाबा सोहनसिंहको कोमागातामारूको सम्हालनेका काम मिला। सान्फ्रान्सिस्कोमें पार्टी-केन्द्रके सम्हालनेका काम बर्कतुल्ला, भगवानसिंह, संतोखसिंह और काशीरामको देकर बाबा सोहनसिंह भकना २१ जुलाईको एक जापानी जहाज़से भारतकी ओर रवाना हुए। सान्फ्रान्सिस्कोंके दफ़्तरमे रामचन्द्र नामक एक आदमी काम करता था, जो पहले सिर्फ कातिब भर था। लेकिन संतोखसिंह और काशीरामके भी चले आनेपर उसे खुल खेलनेका ज्यादा मौका मिला और उसने अपनेको सी० आई० डी०के हाथमे बेच दिया।

जब सोहनसिंहका जहाज़ अमेरिका व जापानके बीचमें आ रहा था, उसी समय महायुद्धके छिड़नेकी ख़बर मिली। जापानमें कोमागातामारूसे उनकी भेंट हुई। सलाह हुई कि सभी भारतीय सीधे हिन्दुस्तान चले। उस समय भारतीय समुद्रमें जर्मन लड़ाकू जहाज़ 'एमडन'का बहुत ख़तरा था। बाबा सोहनसिंह वहाँ जर्मन कौंसलसे मिले। यह बड़े साहसकी बात थी, यदि पकड़े जाते तो शूट कर दिये जाते। कौंसलने उनके हिम्मतकी दाद दी और एमडनको बेतार द्वारा सूचित कर दिया, कि कोमागातामारूको हानि न पहुँचने पाये। बाबा सोहनसिंह शंघाई आये। वहाँ पार्टीके आदमियोमे सूचासिंह और दूसरे देश-भक्तोंसे मिले।

फिर हागकाग पहुँचे, यहाँ कितनेही आदमी क्रान्तिके सैनिक बने और जब 'नामसिंग' जहाज़ हिन्दुस्तानको चला, तो उसमें सौ क्रान्तिकारी थे। हागकागमें ही सी० आई० डी०को सारी बातका पता लग गया था। जहाज जब पेनाङ् पहुँचा, तो उसे कुछ दिनोंकेलिए रोक लिया गया, क्योंकि उसी दिन कोमागातामारू वाले क्रान्तिकारियों पर बज-बज (कलकत्ता)में गोली चली थी। सप्ताह भर रुके रहनेके बाद "नामसिंग' फिर रवाना हुआ।

१४ अक्तूबर १९१४को बाबा सोहनसिंह और उनके साथी कल-कत्ता लौट आये। आते ही जहाज़पर कड़ा पहरा बैठा दिया गया, फिर लोगोंको गिरफ़्तार कर लिया गया।

फाँसीके तख्तेकेलिए तैय्यार—कलकत्तासे पकड़कर बाबा सोहन-सिंहको मुलतान-जेल पहुँचाया गया। वहाँ कितने ही और साथी लाये गये। पञ्जाबमें १९१४के अन्तमें जो जबरदस्त क्रान्ति करनेका प्रयत्न हुआ था, वह समयसे पहले भेद खुल जानेसे असफल रहा। लेकिन उसके ताने-बानेका पूरा पता जब सरकारको लगा, तो उसका दिल धक हो गया। क्रान्तिकारी पकड़े गये। फरवरी (१९१४)को बाबा सोहनसिंह भी मुलतानसे लाहौर-जेलमें पहुँचाये गये। वहाँ ६४ आदमियोंपर, प्रथम लाहौर-षड्यन्त्र-मुकदमा चलाया गया। मुकदमा क्या तमाशा था। एक गवाहने जब कुछ उल्टी-पुल्टी-सी बातें कहीं और उसपर जिरहकी गई, तो उसने कहा—"मेरेलिए तो जो भी थानेदार साहबने कहा वही ठीक है।" अपराधियोंको अदालतके न्यायपर बिल-कुल विश्वास नहीं था, इसलिए उन्होंने सफाईकेलिए कोई प्रयत्न नहीं किया। सरकारने मुफ़्तके वकील दिये थे और वकील पीछे पड़े हुए थे, मगर अभियुक्त उनसे बात भी न करते थे। लाहौर सेन्ट्रल जेलके भीतर २७ अप्रैलसे १३ अक्टूबर तक तीन जजोंकी अदालत बैठती रही, जिनमें एक प० शिवनारायण शर्मा भी थे। ६४मे पाँच अभियुक्तोंको छोड दिया गया। लम्बी-लम्बी सजा पानेवालोंके अतिरिक्त २४को फाँसी

की सजा हुई, जिनमे एक बाबा सोहनसिंह भी थे। जब अधिकारी उन्हे अपील करनेकेलिए कहते, तो वह उत्तर देते—"बस, जल्दी फाँसी दे दो।" सबमें भारी उत्साह था, वह हँस-हँसकर फाँसीपर चढ़नेकेलिए तैय्यार थे। फाँसीका दिन नियत हो चुका था, उस सारी रात लोगोंमे गजबकी खुशी थी। बाबा सोहनसिंह कहते—"लो हम अपना काम कर चले।" तरुण करतारसिंहकी उमर देखकर जज भी प्रभावित हुए थे और वह चाहते थे कि किसी तरह उसे फाँसीकी सजा न मिले। उन्होंने करतारसिंहसे पूछा—"तुमने सरकारके खिलाफ काम किया?" "हाँ, किया।" जजोंने उस दिन करतारसिंहको दूसरे दिन जवाब देनेकेलिए छोड़ दिया। दूसरे दिन भी करतारसिंहने 'हा' किया। आखिर फाँसीकी सजा लिखनी ही पड़ी। लेकिन अधिकारियोंने सारी ताकत लगाकर करतारसिंहसे रहमकी दरखास्त लिखवानेकी कोशिश की, मगर करतारसिंहने साफ इन्कार कर दिया।

ओडायरशाहीका वह जमाना था। कुछ प्रभावशाली लोगोंने लार्ड हार्डिंगके कानों तक बात पहुँचाई। वाइसरायने षड्यन्त्रके कागजों की फिरसे जाँच करवाई और १७को फाँसीके तख्तेसे उतार लिया गया, जिनमें बाबा सोहनसिंह, बाबा बिसाखासिंह भी थे, लेकिन करतारसिंह की बलि नही रुक सकी।

कालापानी—१० दिसम्बर १६१५को बाबा सोहनसिंह अपने दूसरे साथियोंके साथ कालापानी पहुँचे। उस वक्तका कालापानी क्या कुंभीपाक नरक था। अकारण भी मार-पीट और अपमान मामूली बात थी। लेकिन पंजाबके ये जिन्दा-शहीद किसी दूसरे ही मिट्टीके बने थे। उनका पाँच साल तकका वहाँका जीवन बराबर जानकी बाजी लगाकर संघर्ष करनेका जीवन था, जिसमे आठ शहीदोंने अपने प्राणोंकी बलि दी—शहीद रामरखा चार मासकी भूख-हड़तालके बाद मरे। एक बार बाबा सोहनसिंह अपने साथियोंके साथ भूख-हड़ताल कर रहे थे। लेकिन सबको अलग-अलग रखा गया था और उन्हें एक दूसरेसे मिलने-जुलनेका

बिलकुल मौका नहीं दिया जाता था। आजकलके लम्बी-चौड़ी बातें करनेवाले एक बड़े नेताने तीन महीना भूख-हड़ताल करनेके बाद झूठ बोलकर बाबासे हड़ताल तुड़वा दी। पीछे उन्हें जब मालूम हुआ कि उनके साथी सरदार पृथ्वीसिंह और दूसरे हड़ताल जारी रखे हुये हैं, तो बाबाको इतनी आत्म-ग्लानि हुई, कि वह फाँसी लगाकर मर जानेको तैय्यार थे। वीरोंकी जद्दोजहदका परिणाम यह हुआ कि नरककी ज्वाला कुछ मद्धिम पड़ी। उन्हें अपमानित करनेकी जेलवालोंकी हिम्मत न होती थी। अब उन्हें अखबार भी मिल जाते थे। पुस्तकोंको जमा करके उन्होंने एक छोटीसी लाइब्रेरी बना ली थी, लेकिन ज्यादातर पुस्तकें राजनीतिक नहीं थीं। अंडमनके भीषण अत्याचारोंकी बातें हिन्दुस्तानके अखबारोंमें आईं, फिर यहाँ भी बावेला मचने लगा। अन्तमें राजबन्दियोंको कालापानीसे भारत लानेकेलिये सरकारको मजबूर होना पड़ा। जिस समय बाबा सोहनसिंह कालापानीमें थे. उसी समय (१६१८, १६१६में) उनकी दोनों माताओंका देहान्त हो गया। जिस समय बाबा सोहनसिंह मुलतानमें (१६१४) थे और पुलिस लाहोर षड्यन्त्रकी तैयारी कर रही थी, उस समय वह इसकेलिए बहुत परेशान थी, कि गदर-पार्टीके कमीशनके मेम्बरोंमेंसे किसीको फोड़ा जाय। उस समय पुलिस बाबाके पीछे भी पड़ी। उसने तरह-तरहके फन्दे फेंके, दोस्तोंको भेजा। माताको भी मुलतान ले आये। फाँसीपर लटकाये जानेवाले पुत्रको बचानेकी भावनासे माँने रोते हुए कहा—"हम चाहती हैं, तुम्हारी जान बचे"। बाबाने दृढ़ताके साथ कहा—"क्या मै अपनी जान बचानेकेलिए भाइयोंको फाँसी दिलवाऊँ।" माँके पास जवाब न था। हाँ, पुलिसने सब तरहसे निराश होकर जरूर एकबार साफ-साफ कहा—"देखो, एक ओर धन और इज्जत-सबकुछ तुम्हारे लिए मौजूद है, और दूसरी ओर है वही अत्याचार जो नामधारियोंपर हुए थे, एकको चुन लो।" बाबाने कहा—"मैंने एकको चुन लिया है, तुम नाहक परेशान हो रहे हो।"

जुलाई १९२१में बाबा सोहनसिंह और उनके साथी मद्रास लाये गये, फिर उन्हे अलग-अलग जेलोंमें बॉट दिया गया। इसी समय सरदार पृथ्वीसिंह और सरदार गुरुमुखसिंहने रेलसे कूदकर भागनेकी असफल कोशिश की, मगर दूसरी बार ऊधमसिंह और वे दोनों भागनेमें सफल हुए। बाबाको पहले मद्रासमें रखा गया, फिर येरवाडा-जेलमे पॉच साल और अन्तमें तीन साल लाहोरके सेन्ट्रल जेलमें। यही वह भगतसिंह की तीन मासवाली भूख-हड़तालमें शामिल हुए थे। सरकार इस शर्तपर उन्हे छोड़नेकेलिए तैय्यार थी कि वह पुलिसमे हाजिरी दिया करें। मगर बाबाने शर्तको ठुकरा दिया। अन्तमे जुलाई १९३०मे उन्हे साठ वर्षका बूढा बनाकर छोड़ा गया।

फिर वही लगन—जेलसे निकलते समय अब भी बाबाके विचार राष्ट्रीय क्रान्तिकारियों ऐसे थे। हाँ, रूसके बारेमें जो थोड़ा-बहुत मालूम हो सका था, उसकी ओर उनका आकर्षण बढ़ चुका था। अमृतसरने अपने महान् देशभक्तका जबरदस्त स्वागत किया। भकना गये, तो अपने घरका रास्ता भूल गये। २२ सालोंके भीतर गॉवका नक़शा बदल गया था। बाप-दादोंके घरकी एक कोठरी किसी तरह बच रही थी, जिसमें पत्नी विष्णुकौर जब-तब ऑसू गिरानेकेलिए आ जाया करती थी।

बाबा साठ सालके बूढ़े थे और आज तो ७३ सालकी उम्रमें उनकी कमर टेढी भी हो गई है। मगर वह बुढ़ापेको शातिसे बितानेकेलिए जेलसे नहीं निकले। इन पिछले १३ सालोंमे भी उनके ९ साल जेलों हीमें कटे। उनका सारा समय देशभक्तोको जेलसे छुड़ाने और किसानो की तकलीफोंको दूर करनेमें लगता है। पॉच बारकी छोटी-मोटी सजाओं के काटते आखिरी बार मार्च १९४०में वह जेलसे बाहर थे, जबकि इन पंक्तियोंके लेखककी गिरफ़ारीके बाद पलासामें बाबा सोहनसिंह भकना अखिल भारतीय किसान-सभाके स्थानापन्न सभापति हुए।

जुलाई १९४०में किसान सभाके कामसे वह गयामें आये थे, जब

कि उन्हें गिरफ़्तार करके गया, राजनपूर (डेरा गाजीखाँ), देवली और गुजरातके जेलोंमे नजरबन्द रखा गया। १९३०में जब वह जेलसे छूटे तबसे बाबाने जनतामें राजनीतिक जागृतिका काम करते हुए भी अपने अध्ययनको जारी रखा और उनका दृष्टिकोण मार्क्सवादी बन गया; और देवलीमें तो जिस लगनसे यह ७२ सालका बूढ़ा क्लासों और किताबोंमें लगा रहता, उसे देखकर तरुणोंको भी लज्जा आती।

१९१३मे बाबाने अपने जीवनको देशकेलिए अर्पण किया उसी समयसे उनके शरीरका एक-एक अणु और उनके जीवनका एक-एक क्षण देशका बन गया। देश चिरतरुण है, इसीलिए बाबाभी अपने भीतर उसी चिरतारुण्यको पाते हैं। १९४२की जुलाई हीमें बहुतसे कमूनिस्त छोड़ दिये गये, लेकिन बाबा गुरुमुखसिंह, बाबा सूचासिंह, बाबा केसरसिंह, बाबा रूढ़सिंह जैसे ७० सालोंको अब (नवम्बर १९४३में) भी जेलमें बन्द रखनेवाली पंजाब-सरकार बाबा सोहनसिंहको जेलसे छोड़नेकेलिए तैयार न थी; मगर मार्च १९४३में बाबाके ही जन्म-गाँवमें अखिल-भारतीय किसान-सम्मेलन हो रहा था। पंजाब-सरकार मजबूर हुई और पहली मार्च (१९४३)को बाबा सोहनसिंह जेलसे छूटकर बाहर आये।

आज भी बाबा सोहनसिंहकी वही धुन है।

३२

बाबा विसाखासिंह

भौतिकवाद और धर्मवाद दोनों एक दूसरेसे बिलकुल उल्टी धारायें हैं। एक कट्टर भौतिकवादी कभी धार्मिक भूल-भुलैय्योंमें नहीं पड़ सकता, वह सभी धार्मिक पूजा-पाठों, सभी धार्मिक आचार-विचारोंको सन्देहकी दृष्टिसे देखता और धार्मिक महन्थोंका नाम सुननेकी भी इच्छा नहीं रखता। लेकिन, दुनियामें बहुतसे विरोधि-समागम् मिलते हैं। आप ख्याल कीजिये, एक भयङ्कर विचार रखनेवाला कट्टर भौतिकवादी है। बुद्धि और तजर्बेको छोड़कर किसी चीजपर उसकी अणुमात्र भी श्रद्धा नही है। धार्मिक जगत्को दशाब्दियोंतक बहुत नजदीकसे देखने पर उसके प्रति जिसके दिलमें सिर्फ जुगुप्सा ही जुगुप्सा भरी हुई है और वह ऐसे व्यक्तिके पास जाता है, जिसकी धर्ममें अगाध श्रद्धा है।

१८७७ (वैशाख, अप्रैल) जन्म, १८८३-८६ पढ़ाई, १८८६-९५ भैंस-चरवाही, १८९५-१९०६ पल्टन; सुवार, १९०७ हाकाऊमें कास्टेबल, १९०७-९ अमेरिकामें खेती, १९१० (पौष सुदी सप्तमी) देशकेलिए जीवन-अर्पण, १९१४ कोमागातामारूके बाद कोलम्बोमें, गाँवमे नज़रबन्द; १९१४ अक्तूबर लाहौर सेंट्रल जेलमें, १९१५ सितम्बर १,३ सजा, १९१६-१९२० कालापानीमें, १९२०-२१ गाँवमें नज़रबन्द, शिरोमणि कमिटीके मेम्बर; १९२२-२९ देशभक्त परिवार सहायता, १९२९ तरनतारनमे पच प्यारे, १९३२ अक्तूबर १४ पंजासाहिबकी नींव देनेवाले, अकालतख़्तके अधिकारी; १९३३ एक साल नज़रबन्द, १९३४-३५ दो साल ददेरमें नज़रबन्द, १९३५ शिरोमणि कमिटीके निर्णायक पंच, १९३८ गुरुद्वारा छेहाल्टाकी नींव रखी, १९४० जून २६—१९४१ नवम्बर २१जेलोंमें नज़रबन्द, १९४२ फरवरी फिर जेलमें, १९४२ जुलाई १५ जेलसे बाहर।

वहाँ उसे विराग छोड़कर और कुछ नहीं होना चाहिये। लेकिन बात उल्टी होती है। वह धार्मिक श्रद्धाके प्रति वैसे ही विराग रखते हुए भी ऐसे व्यक्तिके सामने सर झुका देता है—शरीरसे चाहे नहीं मगर दिलसे जरूर। तो इसे जबरदस्त करामात छोड़ और क्या कहना चाहिये? बाबा बिसाखासिंह इसी तरहके एक धार्मिक व्यक्ति हैं। तरुणाईसे ही भक्तिभावका जो नशा उनके ऊपर चढ़ा, वह उमरके बीतनेके साथ और गहरा ही होता गया। क्या बात है, जो इस पुरुषके प्रति आदमीके भावको बदल देती है? ७० सालकी उम्रमें जबकि बाबा बिसाखासिंह-की दाढ़ी और केश बिलकुल सन्की तरह सफेद हो गये हैं वर्षोंकी जेल-यातनाओं और कितने ही सालोंके तपेदिकने उनके शरीरको जर्जर कर डाला है; तब भी उनके चेहरेपर एक खास तरहका सौन्दर्य दिखलाई पड़ता है। निश्चय ही वह कभी एक अत्यन्त सुन्दर तरुण रहे होंगे। उनका तत गौरवर्ण, उनकी ऊँची लम्बी नाक, उनकी चौड़ी पेशानी, उनका सुघड़ चेहरा अब भी अपने यौवनके बहुतसे अंशोंको कायम रखे हुए है। लेकिन इन सबके ऊपर भी उस चेहरेमें एक खास तरहका सौम्यभाव है, जिसे आध्यात्मिक भाषामें कह सकते हैं, मानो नूर बरसता है। वह बिना बोले, बिना जाने भी दर्शकके दिलमें बाबा बिसाखासिंहके प्रति श्रद्धा पैदा कर देता है। और बोली कितनी मधुरी! और भी कितने ही मधुर-भाषी देखे जाते हैं, लेकिन जिसकी मधुर-भाषितामें बनावटका इतना अभाव हो, ऐसा पुरुष दुनियामें मिलना अत्यन्त दुर्लभ है। और फिर बाबा बिसाखासिंहका जीवन सदा आत्मोत्सर्ग और पराये दुःखसे पिघल जानेवाला जीवन रहा, जिसे यह भी मालूम हो, वह क्यों न इस पुरुषको अपने हृदयमें सबसे ऊँचा स्थान देगा?

देवलीमें जेलके कष्टोंसे ऊब कर उन्हें दूर करनेकेलिए प्राणोंकी बाजी लगा सैकड़ों राजबन्दी भूख-हड़ताल कर रहे थे। बाबा बिसाखासिंह पर तपेदिकका ऐसा आक्रमण था, कि उन्हें भूख-हड़तालमें शामिल

करनेका मतलब था, हफ्तेके भीतर ही इस महान् पुरुषसे हाथ धो लेना। साथियोंने खूब बिनती की, बहुत जोर लगाकर राजी किया, कि वह भूख-हड़तालमें शामिल न होंगे। मगर जब अपने बच्चों—देवलीके सभी नजरबन्द उनके लिए दिलसे अपने औरस पुत्र समान थे—को उन्होंने अपने आँखोंके सामने सूखते देखा, तो वह सारी बातें भूल गये। लेकिन साथ ही उन्होंने चाहा कि उनके नये निश्चयसे साथियोंको कष्ट न हो, इसकेलिए चुपके ही चुपके एक भीषण कदम उठाया। देवलीके सेवक कैदी तो और भी इस सन्तसे प्रभावित थे। उन्होंने रसोइयेको बुलाकर कहा—"मैं एक बात कहूँ, बच्चा! क्या तू मानेगा?"

"जरूर, बाबा जी! आपकी बात मैं भला कैसे टाल सकता हूँ?"

"जरूर मानेगा?"

"जरूर बाबा जी।"

"जरूर?"

"जरूर।"

तीन बार कहला कर बाबाने उससे कहा—"मेरे खानेकी चीजें रोज ले लिया करना और उन्हें चुपकेसे सन्दूकमें बन्द कर देना। खबरदार! किसीसे कहना मत।"

बेचारे उस साधारण कैदीकेलिए बाबाका वाक्य ब्रह्म-वाक्य था, वह उसके खिलाफ कैसे जा सकता था? बाबाकी चुपचाप भूख-हड़ताल चार-पाँच दिन तक चलती रही। बाबाके शरीरने एक दिन धोका दिया और वह गिर गये। संयोगसे भूख-हड़ताल भी सफलतापूर्वक खतम हो गई, मगर बाबाके भीषण संकल्पकी बात सुनकर साथियोंका दिल धक्-से हो गया। उन्होंने बाबासे खिन्न मन हो उलाहना देते हुए कहा—"बाबा! आपने बड़ा निष्ठुर निश्चय कर डाला था।" बाबाने कहा—"क्या करता, मैं अपने हृदयकी व्यथाको बरदाश्त नहीं कर सका।"

यह घटना इन पंक्तियोंके लेखकके सामनेकी है।

जन्म—अमृतसर जिलेके दक्षिणमें तरनतारनकी तहसील है।

तरनतारनसे १४-१५ मीलपर ददेर नामका एक अच्छा खासा गाँव है। सारे इलाकेकी जमीन बहुत उपजाऊ है। और गाँवके ३००के करीब सन्धू जाट परिवार काफी खुशहाल हैं। गेहूँ तो होता ही है, मक्की, कपास, धान, गन्ना भी अच्छा होता है। अगर पजाब सिपाहियोंका सूबा है, तो यह इलाका खासकरके बहादुर सिपाहियोंका इलाका है, और ददेर तो इसकेलिये और भी मशहूर है। बल्कि बहादुरीने कभी-कभी उलटा रास्ता लेकर ददेरमे कितने ही मशहूर डाकू पैदा किये—हाँ! कायर नही वीर डाकू। महाराजा रणजीत सिंहके समयमें ही ददेर सैनिक पैदा करनेमें प्रसिद्धि प्राप्त कर चुका था। बाबा दयालसिंहके पूर्वज नादिरशाहके आक्रमणके समय मालवा (पूर्वी पंजाब)से उजड़कर ददेरमें आ आबाद हो गये थे। उनके खानदानमें पहले भी कितने ही सन्त स्वभाववाले व्यक्ति हो चुके थे। बाबा दयालसिंह खुद भी बड़े मधुर स्वभावके थे। गाँवके सारे लडके उनकेलिये अपने लडकों जैसे थे। किसीके तिनकेको भी उठाना उनकेलिए असम्भव बात थी। यद्यपि गाँवके कितने ही लोग नौकरी-चाकरी करनेकेलिये बाहर जाया करते थे, मगर बाबा दयालसिंह अपने हल-बैल और गाय-भैंसों हीमें लगे रहे। बाबा दयालसिंह (मृत्यु १९१५) और उनकी पत्नी इन्द्रकौर (मृत्यु १९०५)के तीन लड़के हुए। सबसे बड़े बाबा बिसाखासिंहका और उनके दो छोटे भाई मगरसिंह और भगतसिंह। बाबा बिसाखासिंहका जन्म १८७७ के आसपास वैशाख (अप्रैल)के महीनेमें हुआ था। उनका शरीर स्वस्थ था। तो भी उसी समयसे वह बड़ी शांति प्रकृतिके थे। खेलनेमें उनका मन नहीं लगता था। हाँ, जब कभी कूदना होता, तो उनकी छलाग सबसे लम्बी होती। उनकी स्मृति बहुत तेज थी और गाँवके वृद्धोंके मुँहसे भगत बुजुर्गोंकी कथाओंको वह बड़े चावसे सुना करते थे। बाबा तेगासिंह जवान थे। वह खेत सींचनेकेलिए कुँआ चला रहे थे। उनके ब्याहके लिए सगाईका छोहारा आया। बाबा तेगाने सोचा, यह जीवन बन्धनमें पड़नेकेलिए नहीं है। वह भागकर रणजीत-

सिहकी राजधानी लाहौरमें चले गये और सेनामें भर्ती हो सेनापति हरीसिंह नलवाके साथ कितनी ही लड़ाईयोंमें लड़े। अन्तमें पेशावर के पास जमरूदमें घोड़ेकी काठीपर बैठे शहीद हुए। बालक बिसाखासिंह सोचता वह कितनी सुन्दर मृत्यु रही।

पढ़ाई—छै-सात सालकी उम्र थी, जब कि बिसाखासिंहको गाँवके एक साधु सन्त ईश्वरदासके पास पढ़नेकेलिए भेज दिया गया। वहाँ वह तीन-चार साल तक गुरुमुखी और धार्मिक ग्रन्थोंको पढ़ते रहे। सन्त ईश्वरदासने उन्हें "बाल-उपदेश" "पंचग्रन्थी" और "दशग्रन्थी" पढ़ा अन्तमे गुरुग्रन्थसाहबको भी पढा दिया, कुछ मामूली हिसाब-किताब भी बतला दिया। उस समयके ऐसे दूर-दराजके गावोंकेलिए यह विद्या काफी थी।

इसके बाद (१८८६ से) बिसाखासिंहके सात साल भैसों और गायोंके चरानेमें बीते। पाचो चचोंकी दो-दो भैसे थीं, वह सभीको ले जाकर चराते। बैशाखीका मेला आता तो अमृतसर चले जाते और दूसरे पर्व, त्योहारोंमे पासके तीर्थपर पहुँच जाया करते। अब बिसाखा-सिंहकी उम्र १८ सालकी हो गई थी। रह-रह कर उन्हें बाबा तेगासिहकी जीवनी याद आती।

रिसालेकी नौकरी—एक दिन बिसाखासिंहने ददेर छोड़ दिया। बाबा तेगासिंहकी तरह उन्हें भी सवार योद्धा बनना था। जेहलममें ११ नम्बरके रिसालेमें वह भर्ती हो गये। फिर लाहौर-छावनीमें चले आये। उस समय रिसालेमें घोड़ेके दामके तौरपर २५० रुपया देना पड़ता, फिर ३४ रुपये महीने तनखाह मिलती। इसी ३४मे सवारको अपने घोड़ेकी खुराक भी चलानी पड़ती। बाबा बिसाखासिहने लाहोरमें अपने जौहरको दिखलाया और सारे रिसालेमें चाँदमारीके निशानेमें अव्वल रहे। फिर जिस समय पंजाबके सारे अंग्रेजी हिन्दुस्तानी रिसालोंकी घुड़दौड़ हुई, तो उसमें भी वह ही अव्वल रहे। रिसालेमें उनकी बड़ी ख्याति हो

चुकी थी, मगर विशाखासिंहको उस ख्यातिसे फायदा नहीं उठाना था। अफसरोंकी खुशामद करना वह जानते ही न थे। हाँ, अब सन्तोंका जीवन उन्हें प्रभावित करने लगा। वह गुरु नानक, सन्त कबीर और दूसरे महात्माओंकी जीवनियों और वचनोंसे इतने प्रभावित थे, कि उन पर भी भक्तिका रंग जमने लगा। १९०६में एक दूसरा भी स्थायी रंग उनपर पड़ने लगा। उस समय पंजाबमें एक नई राजनीतिक लहर उठी थी। एक दिन रावलपिंडीमें उन्हें एक राजनीतिक सभामें जानेका मौका पड़ा। वहाँ उन्होंने सुना कि हम विदेशी शासकोंके किस तरह गुलाम हैं और हमें अपनी गुलामीकी बेड़ी तोड़नेकेलिए क्यों कोशिश करनी चाहिये। तरुण बिसाखाने लौटकर सिपाहियोंमें वही बातें कहनी शुरू कीं। पल्टनके कमान्डरने भनक पाई। उनपर निगरानी बैठा दी गई। अफसर ऐसे प्रसिद्ध सवारको छोड़ना नहीं चाहते थे। उन्होंने प्रलोभन देना शुरू किया—तुम्हें हम रिसालेदार बना देंगे, छोड़ो इन बातोंको। लेकिन बिसाखासिंहकेलिए इस बातका छोड़ना उतनाही मुश्किल था, जितना कि यदि कोई गुरुओंकी बानी छोड़नेको कहता। उन्होंने (१९०६में) इस्तीफा दे दिया और रिसालेसे नाम कटाकर घर चले आये।

चीनमें—घर आकर महीने भर ही रह पाये थे, फिर मन उचटने लगा। बाबा बिसाखासिंहकी पहिली शादी १८ सालकी उम्रमें हुई थी, लेकिन पत्नी ब्याहके ६ साल बाद मर गई। फिर उनकी दूसरी शादी हुई। लेकिन भजन-भाव और साहस-यात्राके शौकने उन्हें बतला दिया, कि वह विवाहित जीवनकेलिए नहीं हैं। घर छोड़नेके पहले उन्होंने अपनी पत्नीको छोटे भाईके सुपुर्द कर दिया—पतिके बाद देवर ही तो अधिकारी होता है। उस समय चीनमें गाँवके कितने ही लोग नौकरी करते थे। १९०७में बाबा बिसाखासिंह भी हाङ्काऊ नगरमें पहुँचे। और अँग्रेज-अधिकृत भागमें पुलिस-कान्स्टेबल बन गये। जो आदमी गरीबोंकी पीड़ाको देखकर भी बरदाश्त नहीं कर सकता, वह खुद उन्हें

कैसे पीड़ा देगा ? निर्बल चीनको दबाकर युरोपीय राज्योंने चीनके कितने ही शहरोंके भागोंमें अपना राज्य कायम कर लिया था—यह मुर्दा लाशका नहीं जिन्दा लाशका बँटवारा था। ऐसे भागोंको कन्सेशन (रियायत) कहते थे। चीनके अंग्रेजी कन्सेशनोंकी पुलिसमें अक्सर पंजाबी पुलिस-कान्स्टेबल होते थे। अफसर चाहते थे, कि वह भी अफसरों हीकी तरह चीनियोंके साथ हैकड़ी दिखलायें, जरा-जरा बातपर उनकी लम्बी चोटियोको पकड़कर खींचे, अपमानित करे और रिश्वतसे अपनी जेबोंको भरे—कान्स्टेबुलकी जेबोंपर अफसरोंका भी कुछ अधिकार माना ही जाता है। बाबा बिसाखासिंहने कभी किसी चीनीको नही पकड़ा। अफसरने कहा—"तुम कभी नही किसीको पकड़कर लाते ?" "मेरी तरफ कोई गड़बड़ही नही करता" "नही लाओगे तो तुम्हारी वर्दी छीन लेंगे।" "लेलो"। अन्तमें बाबा बिसाखासिंहको नौकरी छोड़ देनी पड़ी।

अमेरिकामें—बाबा बिसाखासिंह अब ३० सालके जवान थे और भक्तिभावके रहते भी उनके शरीरमें जवानीका गर्म खून दौड़ रहा था। उस समय गरीब पंजाबी किसान ज्यादा और ज्यादा तनखाहका ख्याल कर जिस तरहसे कलकत्तासे सिंगापुर और सिंगापुरसे चीन चले जाते थे, उसी तरह अमेरिकाकी बड़ी मजदूरीको सुनकर वहाँ भी पहुँच जाते थे। बाबा बिसाखासिंहने भी अमेरिका जानेका निश्चय किया। चंघई (शाघाई)से अपने गाँवके भाई हजारासिंह आदि बारह तथा कितनेही पंजाबी मुसलमानों और सिक्खोंके साथ अमेरिकाकेलिये जहाजपर सवार हुये और १९०७के किसी महीनेमें सानूफ्रान्सिस्को जा उतरे। उस समय बाहरके आनेवाले मजदूरोंके अमेरिकामें उतरनेमें कोई रुकावट न थी, डॉक्टर लोग सिर्फ आँखकी अच्छी तरह परीक्षा कर लेते थे। बाबा बिसाखासिंह पहले १॥ साल तक कैलीफोर्नियाके आलू-गेहूँके खेतोंमें मजूरी करते रहे, मजूरी थी डॉलर दो (छ रु० २ आना रोज)। इसी बीच उन्होंने कुछ रुपया जमा कर लिया। फिर स्टाक्टन शहरके

पास होल्ट स्टेशनपर २० नम्बरकी खेती खरीद ली। यहाँ पाँच-छै सौ एकड़ आलू-गेहूँके खेत थे। खेतीके नौ हिस्सोंमें तीन हिस्सा था बाबा विसाखासिंह और हजारासिंहका, चार हिस्सा बाबा ज्वालासिंहका और दो हिस्सा सन्त तारासिंहका। यह जमीन एक तरहसे समुद्रके पेटसे बाँध बाँधकर निकाली गई थी। सिंचाईकेलिए नहर और नदी थी। बाबा बिसाखासिंह और उनके साथी अपने खेतोंमें आलू-प्याज और गेहूँ की खेती करते। उनके पास हल जोतनेकेलिए बारह-चौदह घोड़े थे और जरूरत पड़नेपर वह दूसरे भी मजदूर रख लेते।

बाबा ज्वालासिंह मलायासे पहले ही अमेरिका पहुँचे थे। और उन्हें ही सबसे पहले पता लगा, कि एक परतन्त्र देशमें पैदा होना कितनी बड़ी लाछना है। उन्होंने अपने साथियोंमें भी देश-प्रेमका भाव पैदा किया। बाबा बिसाखासिंहके कोमल स्वभावको देखकर अमेरिकन बालकोंका भी उनके साथ हेलमेल होना स्वाभाविक था। उनमें कितने ही अभी भूगोलको पढ़े नहीं होते थे, लेकिन उनके पास स्वतन्त्र देशोंके राष्ट्रीय झण्डोंके चित्र हुआ करते थे। कभी-कभी वह उन्हें लाकर बाबा विसाखासिंहसे पूछते—"तुम्हारा झंडा कौनसा है?" बाबा बिसाखा-सिंह क्या उत्तर देते? जब वह अंग्रेजी यूनियन-जैकपर हाथ रखते तो वह बोल उठते—"यह तो अंग्रेजोंका झंडा है। हिन्दुओं (हिन्दु-स्तानियों)का झंडा कौनसा है?" बाबा बिसाखासिंहके कलेजेमें सूई सी चुभने लगती।

खेती अच्छी तरह चल रही थी। साथ ही साथ अमेरिकाकी हवा और बाबा ज्वालासिंहका कानमें जपना भी असर डालता जा रहा था। बाबा बिसाखासिंहके शरीर और हृदयका एक-एक कण धर्मके रंगमें रंगा है। जब उन्हें यह विश्वास हो गया, कि अपने गुलाम देशके उद्धारकेलिए जीवन देना भी धर्मका एक अभिन्न अंग है, तो उन्होंने अपने इस संकल्पको भी एक धार्मिक विधि द्वारा प्रगट करना पसन्द

किया। यह शायद १६१०के आसपासका समय था। उस दिन पौष सुदी सप्तमी, दसवें पादशाह गुरू गोविन्दसिंहका जन्म-दिवस था। बाबा और उनके साथियोंने एक बड़ा यज्ञ ठाना। वैसे तो यहाँ बराबरही अखड लंगर चलता था, लेकिन आज पूजाकेलिए खासतौरसे कड़ा-प्रसाद और दूसरे हिन्दुस्तानी पक्वान्न तैयार किये गये थे। कैलीफोर्नियाके ज्यादासे ज्यादा 'हिन्दुओं' (हिन्दू-सिक्ख-मुसलमानों)को निमत्रित किया गया था। बाबाने "खंड पाया"। ग्रन्थसाहबके सामने अरदासा की गई। और बाबा बिसाखासिंह, ज्वालासिंह, संतोखसिंह और कुछ दूसरोंने अपने जीवनको देशकेलिए अर्पण किया। तबसे बाबा बिसाखासिंहने धार्मिक भावके साथ अपने जीवनको देशकी थाती समझा। इस भंडारेमें भाई परमानन्द और लाला हरदयाल भी आये थे। अरदासाकी खबर "खालसा-समाचार"में छपी, जिससे एक ओर सी० आई० डी०के कान खड़े हो गये, दूसरी ओर पंजाबके कितने ही सिक्खोंमें उत्साह बढ़ा। बाबाका छोटा भाई मगरसिंह उस समय तोपखानेमें सिपाही था। वह नौकरी छोड़कर चला आया। इसी भंडारेमें देशभक्तोंकी एक कमेटी बनाई गई। खेतीमें एक गुरुद्वारा और ग्रन्थी (पुजारी) कायम किया गया। भंडारेका पहला दिन सिर्फ धार्मिक कृत्योंकेलिए था। दो दिन देशकी अवस्थापर सोचने और व्याख्यानकेलिए खर्च किये गये। इसी समयसे बाबाका धार्मिक जीवन देशकी स्वतंत्रताके युद्धसे सम्बद्ध हो गया और सम्बद्ध किसी कच्चे धागेसे नहीं, बल्कि अन्तस्तमकी भावनाके जबरदस्त सीमेंटसे हुआ। इस जलसेमें बाबा सोहनसिंह भकनाने भी व्याख्यान दिया था।

जब मार्च १६१३में गदर-पार्टीकी स्थापना हुई, तो बाबा बिसाखा-सिंह उसके लिये पहलेसे ही तैयार थे और वेही पार्टीके एक खजाची चुने गये। अब होल्टकी खेती देशकी खेती थी। बाबा ज्यादातर हेड-कॉर्टर या होल्टमें रहते, लेकिन जरूरत पड़नेपर बाहर भी जाया करते थे।

भारतकेलिए प्रस्थान—१९१४में बाबा विसाखासिंहके जन्म-ग्रामकी बगलके गाँव सरियालीके अपने बन्धु बाबा गुरुदत्तसिंह कोमागाता-मारू जहाजको लेकर कनाडा पहुँचे। उसपर जो कुछ कनाडामें बीती, उसे भतीजे विशनसिंहने बाबा विसाखासिंहके पास लिख भेजा। देशके इस महान् अपमानसे बाबा और उनके साथियोंके दिलपर भारी धक्का लगा। पार्टीकी मीटिंग बुलाई गई। फैसला हुआ, अब बैठनेका समय नहीं है, अब समय है देशमें चलकर असली काम करनेका। पार्टीके सदस्यों को अलग-अलग टुकड़ियोंमें भारत जानेका हुकुम मिला। पहली टुकड़ीमें तरुण करतारसिंह (शहीद), और दो और मेम्बर शामिल थे। दूसरीमें बाबा सोहनसिंह तथा उनके साथी, तीसरीमें बाबा ज्वालासिंह, बाबा केसरसिंह और उनके सौ साथी। बाबा विसाखासिंह और संतोखसिंह सबसे पीछे १९१४ के अन्तमें भारत आये। यह तीसरा जहाज था, जिससे अपने ५० साथियोंके साथ बाबा मनीला (फिलीपाइन) होते कोलम्बो पहुँचे।

पुलिस हांगकांगसे ही साथ हो गई थी। जब वह लुध्याणा पहुँचे, तो मिलिटरी पुलिसने उन्हें घेर लिया और थानेमें पहुँचाया। नाम-गाँव लिखकर अमृतसरके डिप्टी-कमिश्नरके सामने ले गये। गाँवमें वह नजरबन्दसे कर दिये गये, लेकिन वहाँ २०-२५ दिनसे ज्यादा नहीं रहने पाये और अक्तूबर (१९१४)में उन्हें लाहौर सेन्ट्रल जेलमें पहुँचा दिया गया। ६४ आदमियोंपर इतिहास-प्रसिद्ध पहला लाहौर षडयन्त्र मुकदमा चला। अदालतने आँख पोंछनेकेलिए पाँचको छोड़ दिया और २४ को फाँसीकी सजा तथा दूसरोंको २ से १० साल तककी सजायें सुनाईं। ओडायरशाही अपना काम कर चुकी थी, लेकिन तत्कालीन वाइसराय लार्ड हार्डिंगने १७को फाँसीके तख्तेसे उतार दिया, बाबा विसाखासिंह उनमेंसे एक थे। फाँसीकी कोठरीमें बाबा विसाखासिंह यह सोचकर बड़ी प्रसन्नतासे अन्तिम घड़ीकी प्रतीक्षा कर रहे थे, कि मैं भी बाबा तेगासिंहकी तरह "घोड़ेकी काठी" पर शहीद होनेका

सौभाग्य प्राप्त होगा। लेकिन वह सौभाग्य सिर्फ सात को ही प्राप्त हो सका*।

१३ सितम्बर १९१५को तीन जजोंकी अदालतने अपना भीषण फैसला सुनाया था। जब अधिकारी अपील करनेकेलिए कहते, तो बाबा और उनके साथी बोलते—"उन्हीसे लड़ना, उन्हींसे न्याय माँगना!" तरुण करतारसिहकी स्मृति अब भी बाबाके दिलपर ताजी है। वह साहसका पुतला और वैसा ही होशियार था। रिसालोंमें अफसर बनकर जाता और सलामी तक ले लेता। उस समय वस्तुतः ही भारतकी सैनिक

---

*सातों शहीदः—(१) करतारसिंह सराभा (आयु २० साल); (२) वी०जी० पिंगले, (३) जगतसिंह (सुरसिंग-निवासी), (४) हरनामसिंह (स्यालकोट), (५) बखसीसिंह, (६) सरैणसिंह (अमृतसर); (७) पं० काशीराम।

अदालतने २४ देशभक्तोंको उमर कैद देनेके साथ जायदाद भी जप्त कर ली। उनके नाम हैं:—(१) बाबा ज्वालासिंह (ठट्ठिया); (२) बाबा सोहनसिंह भकना; (३) बाबा विसाखासिंह; (४) हजारासिंह; (५) विशनसिंह (भतीजा), (६) विशनसिंह पहलवान (ददेर); (७) बाबा रूडसिंह (फीरोजपुर), (८) बाबा केसरसिंह (ठठगढ, अमृतसर); (९) बाबासिंह लील (लुध्याणा); (१०) माणसिंह (लुध्याणा), (११) रोडासिंह रंडे (फिरोजपुर); (१२) मास्टर ऊधमसिंह कसैल (अमृतर, काबुलमें शहीद); (१३) मगलसिंह (लालपुर, अमृतसर); (१४) बाबा शेरसिंह (वईं पुईं); (१५) भाई परमानन्द; (१६) मदनसिंह गामा, (१७) इंदरसिंह (सुरसिंगा); (१८) कालासिंह; (१९) गुरुदत्तसिंह; (२०) जवन्दसिंह (सुरसिंग), (२१) भाई प्यारासिंह (होशियारपुर); (२२) बाबा गुरुमुखसिंह (ललतों, लुध्याणा); (२३) पूरनसिंह (लुध्याणा), (२४ कृपालसिंह।

लम्बी सजा पानेवालोंमें बाबा खड्गसिंह (लुध्याणा); इन्दरसिंह ग्रथी (फीरोजपुर); इन्दरसिंह मसीण (लाहौर); बाबा केहरसिंह मराणा (अमृतसर); लालसिंह भूरा (अमृतसर) भी थे।

२ से १० साल तककी सजा पानेवाले २८ व्यक्ति थे।

हालत ऐसी थी, कि अंग्रेज शासक इस विस्तृत षड्यंत्रकी खबर पाते ही घबरा उठे थे। अधिकाश गोरी फौज भारतसे फ्रासके मैदानमें भेज दी गई थी। जो तेरह हजार गोरे भारतमें रह गये थे, उनमें भी काफी संख्या बूढ़ों और बच्चोंकी थी। इन्हींको सारे हिन्दुस्तानमें लगातार घुमाया जाता था, जिसमें कि लोग समझें कि हिन्दुस्तानमें गोरी पल्टन बहुत भारी संख्यामें है।

बाबाजीको पहले मुल्तान जेलमें भेजा गया। शरीर उस समय खूब स्वस्थ था। जेलमें सबसे कडा काम—कागजपर घोटा लगाना उन्हें दिया गया। बाबा बागी थे, वह जेलमें काम करनेकेलिए नहीं गये थे। काम नहीं करते, इसके लिये सजा होती। २२ सेर गेहूँ पीसनेकेलिए दिया जाता। वह शाम तक उसी तरह टोकरीमें पड़ा रहता। फिर कैदियोंको टोपी पहनना जरूरी था। बाबाजी टोपी नहीं पहनते थे, उस पर भी सजा। डंडा-बेडी, हथकडी दे लगातार खड़े रखना, आदि-आदि जेलकी सारी सजायें मुल्तान जेलके चार मासमें भोगनी पड़ीं।

कालापानीमें—इन भयंकर क्रान्तिकारियोंको भारतकी जेलोंमें रखना सरकार खतरेकी चीज समझने लगी थी। दिसम्बर १९१५में उन्हें अंडमन भेजा गया। अब कालेपानीका वह नरक-जीवन शुरू हुआ; जिसकेलिए उन्हें और उनके साथियोंको जबरदस्त संघर्ष करना पड़ा और अपनेमें से आठकी बलि देनी पडी। बाबा विसाखासिंह ग्रन्थ-साहबके लड़कपन ही से जबरदस्त पाठक थे। सिक्ख गुरुओं और हिंदू सन्तोंके बहुतसे वचन उनको कंठस्थ थे। तो भी उन्होंने कभी कोई तुकबन्दी न की थी, लेकिन अंडमनकी नरक-यातनाने उनसे कविता भी करवाई। बाबाने गाया था—

> "अंडमन् विच् सी डाकू तिन्न वड्डे।
> सी० सी०[1] मरी[2] ते बारी[3] पछाण तिन्नों।

(१) चीफ कमिश्नर, (२) सुपरिन्टेन्डेन्ट जेल, (३) जेलर

रहे खून निचोड़ सी कैदियाँ दा,
एक् दूसरेतों वेइमान तिन्नों ॥
जो चॉवदे जुलुम सी करी जाँदे,
वेरहम्, वेतुखम, शौतान तिन्नों।
अँखी वेख्या सच् "बसाख" लिखदा,
जान कैदियाँ दी उत्थे खाण तिन्नों ॥"

बाबा विसाखासिंह और उनके साथियोंको पिछले चार महीनेके जेल-जीवनसे ही पता लग गया था, कि किस तरह उन्हें सुखा-सुखाकर मारनेका इरादा किया गया है; इसीलिए जहाजपर ही उन्होंने तय कर लिया था, कि हम ऐसे जीवनको बरदाश्त नही करेंगे। जेलके अधिकारी कड़ासे कड़ा काम लेना चाहते। लेकिन यहाँ काम करनेकेलिए तय्यार कौन था? फिर सजायें शुरू होतीं। छै महीने वेड़ी दी गई, छै महीने आधी खुराककी सजा मिली। बाबाजीके आठ साथियोंको[1] अपनी आनपर शहीद होते देख जेलवालोंको पता लग गया, कि उन्हे कैसे आदमियोंसे पाला पड़ा है। कालेपानीमें भी बाबाका भजन-भाव वैसे ही चलता रहा। गुरुओं और सतोंकी वाणियोंके साथ उन्होंने हिंदी, उर्दू और थोड़ी बगला भी पढ़ी।

किसी भी साथीपर कोई अत्याचार होता, तो सभी एक होकर उसका मुकाबला करते। फाँसीवाले परमानन्दको ज्यादा काम दिया गया। वह उसे पूरा कैसे कर सकते थे। कमजोर समझ कर जेलरने थप्पड़ मारा। परमानन्दने भी ऐसी लात जमाई कि जेलर कुर्सीसे नीचे जा गिरा। उसने सीटी बजाई। सिपाही घुस आये। लोगोंको अलग-अलग सेलोमें बद कर दिया गया। परमानन्दको वीस वेंतकी सजा हुई।

---

(१) आठ शहीदः—(१) केहरसिंह मराणा, (२) नन्दसिंह (बुर्ज), (३) नत्थासिंह (लोरियाँ), (४) बुड्ढासिंह (गुजरात), (५) मायासिंह सनैतें, (६) रुलिया सिंह सरभ, (७) रामरक्खा (जेहलम्), (८) रोडासिंह (लडे

बेंत मारे जानेके विरोधमें राजबन्दियोंने भूख-हड़ताल कर दी। बाबा सोहनसिंहने तीन महीने तक भूख-हड़ताल रखी और एक पढुवा नेताने भूठ बोलकर हड़ताल तुड़वा दी; लेकिन बाबा पृथिवीसिंह और जवन्द-सिंहने छै महीने तक हड़ताल जारी रखी। इसका एक फल यह हुआ, कि अबसे राजबन्दियोंको बेंत लगाना रोक दिया गया।

अब बाबाके स्वास्थ्य पर जेलके दुर्व्यवहार और दुर्भोजनका असर पड़ने लगा और वह अक्सर बीमार रहने लगे। उन्होंने पाँच साल काला-पानीमें बिताये।

जेलसे बाहर और नजरबन्दियाँ—नये सुधारोंके उपलक्षमें अपनी उदारता दिखलानेकेलिए कुछ राजबन्दियोंका छोड़ना सरकारके लिए जरूरी था। १९२०के अन्त या १९२१के शुरूमें बाबाजी कोलम्बो लाकर छोड़ दिये गये। लेकिन इतने ही से जान थोड़े ही बचनेवाली थी। पुलिस उन्हें ददेर लाई और वहाँ वह नजरबन्द कर दिये गये। बाबाकी सारी जायदाद जप्त हो चुकी थी—और, आश्चर्य यह है कि आज (नवम्बर १९४३)मे भी इतने दिनोंकी सुदेशी सरकारोंके आनेपर भी वह जप्त ही है, बारडोलीकी जायदादें कब न लौट गईं; इससे पता लगता है, १९२०के बाद भी पजाबको कैसी सरकारें प्राप्त करनेका सौभाग्य हुआ।

देशभक्तोंके परिवारोंकी सहायता—बाबाका हृदय अत्यन्त कोमल है और अपने साथी शहीदों और देशभक्तोंकी स्मृतियाँ तो उनके लिए अनमोल धरोहर हैं। जेलसे बाहर निकलनेपर उन्हें मालूम हुआ, कि उन देशभक्तोंके बाल-बच्चों महाकष्ट पा रहे हैं, जिन्होंने कि अपने जीवनको देशपर न्योछावर किया, जिनकी सारी जायदाद सर-कारने जप्त कर ली। बाबाका दिल भारी वेदना अनुभव करने लगा। लेकिन, वह अपने गाँवमें नजरबन्द थे, तो भी वह हाथ पर हाथ धरकर बैठनेकेलिए तैयार न थे। वह साधु-सन्त हैं, यह गाँव और आसपासके लोग जानते थे, साथ ही यह भी कि वह देशकेलिए

सर्वस्व त्यागी हैं, फिर उनके प्रति लोगोंकी श्रद्धा क्यों न हो ? लोग उनके सत्सगकेलिए आते और उनके मधुर उपदेशको सुनकर अपनेको कृतकृत्य समझते। बाबाने देशभक्तोंके परिवारको सहायता पहुँचानेके लिए लोगोंको कहना शुरू किया और इस प्रकार 'देश-भगत परिवार सहायक कमिटी'के कामका आरम्भ हुआ। बाबा जब अमेरिकामें थे, तभी सिक्खोंकी सबसे बड़ी धार्मिक संस्था शिरोमणि कमिटीके मेम्बर चुने गये थे। वह कमेटीके लोगोंको सहायता देनेकेलिए कहते। कितने लोग डरते भी थे, मगर सहायता पहुँचने लगी। दो साल नजरबन्द रहनेके बाद नजरबन्दी उठा ली गई।

बाबाने एक 'कैदी-परिवार-सहायक-फण्ड' कायम किया। १६२३में सिक्ख-लीगने भी दिलचस्पी लेनी शुरू की, जिसपर बाबाने फंडका इन्तिजाम उसके हाथमें दे दिया। लीगकी दृष्टि बहुत सकुचित थी। वह काम ठीकसे नही चला सकी। बाबा हिन्दू-सिक्ख मुसलमान सभी देशभक्तोंके परिवारोको सहायता देनेके पक्षपाती थे।

१६२५में बाबाजीने इसकेलिए आठ सज्जनोकी कमीटी बनाई और देशभगत-परिवार-सहायक कमीटीके चन्देके लिए तीन-चार बार देशका दौरा किया। अमेरिका और फीजीके भारतीयोंके पास अपीलें भेजी। लोगोने पैसा भेजना शुरू किया। इस फंडसे देशभक्तोंके बच्चोकी शिक्षा और ब्याहमें मदद दी जाती, रोजी चलानेका इन्तिजाम किया जाता। अब तक हजारसे अधिक परिवारोको सहायता पहुँचाई जा चुकी है। जेलमे बन्द साथियोंसे मिलने और उनकी आवश्यक चीजोके पहुँचाने पर भी पैसा खर्च किया गया। राजबन्दियोंके साथ जेलोंमे जो दुर्व्यवहार होते, उसके खिलाफ प्रचार करनेमे भी कमेटीने काफी हिस्सा लिया। राजसी डिफेंस कमेटीकी मार्फत कितने ही राजनीतिक मुकदमोंमे अभियुक्तोंकी लड़ाई लड़ी। इस काममें कमेटीने आठ हजारसे अधिक रुपये खर्च किये। अब तक कमेटीने तीन लाख रुपये खर्च किये हैं और अब भी उसका काम जारी है। बाबा इस कमेटीके प्राण हैं। उनके

भक्त हृदयने इस कार्यके रूपमें भजनका एक सच्चा तरीका प्राप्त किया। चन्दा जमा करनेकेलिए बाबा दो-दो साल तक गाँवसे गायब रहते और बर्मा और बंगाल तकका चक्कर लगाते।

सिक्ख-पंथमें स्थान—राजनीतिक जीवनके साथ-साथ बाबाका धार्मिक जीवन भी बहुत व्यापक है—खासकर साधारण सिक्ख-जनता उन्हें एक बड़ा गुरु मानती है। आज अपने इसी भावको प्रकट करते हुए लोगोंने उनके जन्म-ग्राम ददेरको ददेरसाहब (पवित्र ददेर कहना शुरू किया है। ददेरसे कुछ दूरपर तरनतारन एक प्रसिद्ध सिक्ख तीर्थ हैं। १९२९में वहाँके पवित्र सरोवरसे मिट्टी निकालने—कार सेवा—का काम शुरू होनेवाला था। यह एक भारी पुण्यका काम था, जो सारे पंथकी ओरसे हो रहा था। सिक्खोंके ऐसे बड़े धार्मिक कामको पाँच मुखियोंके हाथसे शुरू कराया जाता है, जिन्हें पंचप्यारा कहते हैं। गुरु गोविन्दसिंहने अपने शिष्योंकी परीक्षा लेनेकेलिए एक बार पाँच प्राणोंकी बलि माँगी थी। जो पाँच सिक्ख उस समय सबसे पहले आगे आये, उन्हें पंचप्यारा कहा गया। किसी बड़े धार्मिक कृत्यमें पंथकी ओरसे पचप्यारा चुना जाना भारी सन्मान समझा जाता है। १९१४-१५में ओडायरशाही बाबा बिसाखासिंह और उनके साथियोंको फाँसी पर झुलाना चाहती थी, उस समय खुशामदी सिक्ख नेताओंने इनके बारेमे कहा था कि ये सिक्ख धर्मसे पतित हैं। लेकिन १९२९में तरन-तारन गुरुद्वारेकी कारसेवामें बाबा बिसाखासिंहको पंच प्यारोंमें चुना गया। यही नहीं १९३२में पहुँचते-पहुँचते पंथने उन्हें सबसे बड़ा सम्मान अमृतसरके अकाल तख्तका अधिकारी (जत्थेदार)का पद प्रदान किया। अमृतसरके अकालतख्तको सिक्ख समझते हैं, वह खुद भगवान् का तख्त है। अकाली आन्दोलन जब अपने क्रान्तिकारी यौवन पर था, तो यहीं लोग शहीदीकी प्रतिज्ञा लेते थे। कितने ही समय बाद बाबाजी ने चारों तरफ सरकारी खुशामदियोंको ही देखकर इस पदसे इस्तीफा दे दिया।

सिक्खोंमें बाबा विसाखसिंहकी सर्वप्रियता जिस तरह बढ़ रही थी और जिस तरह वह देशभक्तोंकेलिए काम कर रहे थे, इसे देखकर पंजाबकी नौकरशाहीका सिंहासन गरम हुआ और उसने १९३३में अमृतसरमें उन्हें साल भर तक नजरबन्द कर रखा। जब देखा कि नजरबन्द होने पर भी अमृतसर जैसे सिक्ख धार्मिक केन्द्रमें बाबाके दर्शन मात्रसे काम बढ़ता जा रहा है, तो उन्हें ददेर साहबमें भेजकर वहीं नजरबंद कर दिया गया। बाबा अबकी दो साल तक जन्म-ग्राममें नजरबंद रहे। उन्होने गाँव वालोंको बुलाकर प्रतिज्ञा ली, कि तब तक मुकदमा लड़ने नही जाओगे। दो साल तक गाँवका एक भी मुकदमा अदालतमें नहीं गया। लड़ाकू जाटोंके इतने बड़े गाँवसे मुकदमेबाजीका बिलकुल खतम होना इन्द्रासनको हिला देनेकेलिए काफी था। नौकरशाहीकी अकल ठिकाने आयी। उसने सोचा २४ घण्टेकेलिए बूढ़ेको ददेरमे बंद करना भारी खतरेकी चीज है। नजरबंदीका हुकुम वापिस ले लिया गया। इसी नजरबंदीके समय बाबाजीने तरन-तारनामे ददेरवालोकी मददसे एक पाँच तल्लेकी पक्की पाथशाला बनायी, जिसमें ५०० आदमी ठहर सकते हैं। पहले पर्व त्यौहारमें ददेर वाले तरन-तारन जाते, तो तकलीफ उठाते थे, अब उनके और दूसरोंकेलिए भी आराम हो गया।

वर्त्तमान शताब्दीमें पंजाबके सिक्खोंमें पहलेपहल बाबाजी और उनके साथियोंकी कुर्बानियोंने नई जागृति पैदा की थी। आगे चलकर इसीने अकाली लहर पैदा की; जिसमें बड़ी-बड़ी कुर्बानियाँ करके सिक्ख अपने धार्मिक स्थानोंको महन्थोंके हाथसे छीननेमे सफल हुए। लेकिन जब धार्मिक स्थानोंकी करोड़ोंकी सम्पत्ति उनके हाथमें आ गई, तो लीडरोंमें झपट्टा-झपट्टी शुरु हुई। सारी धार्मिक सम्पत्तिका प्रबध शिरोमणि (गुरू द्वारा प्रबंधक) कमीटी करती है, इसलिये हर एक नेता उसपर कब्जा करना चाहता था—यह धन और प्रभुताका सवाल था। १९३५में सिक्खोंकी दो नेताशाही पार्टियोंके बीच झगड़ा

बहुत दूर तक बढ़ गया। दोनोंने सब करके देख लिया, कोई निपटारेका रास्ता नहीं सूझा। उस समय चुनावमें मुकाबला करनेका मतलब था खून-खराबी। साथ ही दोनों पार्टियाँ इसके फैसलेकेलिए ऐसे पंचको नहीं पसंद करती थीं, जिसपर धन और प्रभुताका प्रभाव पड़ सके। उन्हें बाबा विसाखासिंह ही सारे पंजाबमें ऐसे सिक्ख दिखलाई पड़े, जिनकी सच्चाई और निर्भयताको दुनियाकी कोई शक्ति विचलित नहीं कर सकती। दोनों पार्टियोंने बाबाजीके हाथमें दे दिया कि वह ही केन्द्रीय कमेटी और स्थानीय कमेटियोंकेलिए जिनको योग्य समझें, उन्हें उम्मेदवार बना दें। उस साल बाबाजीने ही उम्मेदवारोंके नाम दिये और सभी चुन लिए गये। १६३८में गुरुद्वारा छेहाल्टा (अमृतसरके पास)की नई इमारतकी नींव रखने वाले पंच प्यारोंमें बाबाजी प्रमुख थे।

१६३८-३६में अमृतसर और लाहौरमें किसानोंने अपने ऊपर होते अत्याचारोंके खिलाफ संघर्ष शुरू किया। बाबाजीके धर्ममें मेहेनतकशोंके कष्टको हटानेका सबसे पहला स्थान है। वह कैसे चुप बैठ सकते थे? अमृतसरके मोर्चे (१९३८)में बाबाजी सत्याग्रहमें जाना चाहते थे, लेकिन साथियोंने उनके स्वास्थ्य और दूसरे कामोंका ख्याल करके रुक जानेके लिए प्रार्थना की। बाबाजी मान गये। लाहौरके किसान मोर्चे (१६३६) के सम्बन्धमें बाबाजीके ही सभापतित्वमें मराणामें एक बड़ी सभा हुई थी। बाबाजी सौ आदमियोंको लेकर सत्याग्रह करनेकेलिए लाहौर जानेको तैय्यार थे, लेकिन कालेपानीसे साथ आये तपेदिकके मारे फेफड़े इतने कमजोर थे, कि साथी उन्हें ऐसे जोखिममें डालना नहीं पसंद करते थे। बाबाजीका कलेजा तिलमिलाकर रह गया, फिर भी उन्होंने बात मान ली।

लड़ाई आई। सरकार कितने ही दिनों तक उनके स्वास्थ्य और दूसरी बातोंको सोचती रही, अंतमें २६ जून १६४०को उन्हें गिरफ्तार कर लिया। अमृतसरसे राजनपुर (डेरागाजीखाँ)के जेलमें भेज दिया गया।

फिर देवलीमें पहुँचा दिये गये। उनका फेफड़ा तो पहले ही से खराब था, देवलीके जलवायुने और बुरा प्रभाव डाला। लेकिन तब भी बाबा के प्रसन्न मुखको कभी म्लान नहीं होते देखा गया। हम लोगोंकी भूख-हडतालके समय जिस तरहका भीषण कदम बाबा उठा चुके, थे इसके बारेमें पहले कहा जा चुका है।

बाबाका स्वास्थ्य और बिगडते देख डॉक्टरोंने "कानी मानी टोब" कहा। पंजाब सरकारने मजबूर होकर २१ नवम्बर १६४१को उन्हें देवलीसे ददेर पहुँचाया। बाबाजीका जब तक साँस चल रहा है तब तक वह चुप कैसे रह सकते हैं? कैलिफोर्नियामें अरदासा करके जीवनको देशार्पण किया था, उसे वह कैसे झुठला सकते है? लेकिन उनका काम कोई ऐसा नही था, जिससे लड़ाईके किसी कामको क्षति पहुँचे। बाबा तो मानते हैं, कि रूसके मजूरों किसानोंके राज्यपर हमला करते हो फासिस्त सारी मानवताके घोर शत्रु हैं; लेकिन, हिन्दुस्तानकी सी० आई० डी०को इससे क्या मतलब? उसकी कितनी ही हरकतोंसे तो मालूम होता है, कि वह फासिस्तोंकी अपेक्षा उनके घोर शत्रुओंको खतम करना उसका अपना फर्ज समझती है। बाबाजी गुजरात जेलमें बन्द अपने साथियोंसे मिलने गये थे। लौट कर अमृतसर आते ही फिर जेलमें भेज दिये गये। फरवरी १६४२की बात है। मुल्तान जेलमें फिर उनका स्वास्थ्य बिगड़ने लगा। बाबाजीने डॉक्टरसे कहा—"दवा मत दो।" लेकिन सहृदय डॉक्टरके हाथसे दवाको इकार भी नहीं कर सकते थे। हालत खराब हो गई। गाँवमें खबर पहुँची। भाई मगरसिंह, भतीजे विशनसिंह और कुन्दनसिंह आखिरी मुलाकातकेलिए मुलतान गये। देखते ही उनकी आशा टूट गई। उन्होंने बाबाके शवकी प्रतीक्षामें वही धूनी लगा दी। दो आदमी जेलके फाटकपर बैठे रहते और एक रोटी-पानीका इन्तिजाम करता। लोगोंको खबर मिली। बाबाके छोड़नेकेलिए सभाये होने लगीं, तार खटकने लगे, अखबारोमें हलचल शुरु हुई। सरकारने उन्हें धर्मशाला जेलमें भेज दिया। बाबाकेलिये जिस तरह मुलतानकी गर्मी बादाश्त

होने लायक नही थी, वैसी ही धर्मशाला वाली हिमालयकी सर्दी भी। अभी भी पंजाबकी विचित्र सरकार कुछ करनेकेलिए तैय्यार नही थी। इसी समय बलवतसिंह दुखिया जेलमें नजरबद रहते शहीद हो गये। चारों ओर हल्ला मचा। सरकार घबराई और नहीं चाहा कि बाबा विसाखासिंहकी शहादतका दोष उसकी गर्दन पर पड़े। १५ जुलाईको जेलके अधिकारियोंने किसी हित-मित्र, बधु-बांधवको कोई भी सूचना दिये बिना उन्हें धर्मशाला-जेलके फाटकके बाहर छोड़ दिया। यह १९४२की घटना है, लेकिन कौन विश्वास करेगा कि हम बीसवी सदीके मध्यमें एक सभ्य कहलाने वाली सरकारकी छत्र-छायामे हैं। संयोगसे एक सहृदय दम्पतीको पता लगा। बीबी सरलादेवी और उनके पति बाबाजीको अपने मकान पर ले गये। रातभर वहाँ रखा। दूसरे दिन रेलसे अमृतसर पहुँचाया गया। ७० सालका शरीर भी बाबा विसाखासिंहका होने से बहुत मूल्य रखता है, राजनीतिक कार्यकर्ता और धार्मिक भक्त दोनों ही इसे मानते हैं। बाबाजीकी चिकित्सा कुछ समय तक लाहौरमें हुई, फिर तरनतारनमें। अक्तूबर (१९४३)मे उन्हे ददेर जानेकी डाक्टरोंने इजाजत दी। अब पुराने छकड़ेको बहुत बाध-बूंध कर ही घसीटा जा सकता है, मगर बाबा अपने एक-एक साँसकी पूरी कीमत वसूल करनेकेलिए तैय्यार हैं। ददेर उनकी उपस्थितिसे एक महान् गुरुद्वारा बन गया है। धार्मिक नेताओंमें यदि कोई सबसे अधिक सच्चे, सबसे अधिक सहृदय, सबसे अधिक त्यागी और विरागी रहे होंगे, तो वह बाबा विसाखसिंह जैसे ही होंगे; लेकिन इसमें सन्देह है, कि उनमे भी ऐसी शिशुओंकी सी सरलता और मधुरता रही होगी।

३३

सरदार सोहनसिंह "जोश"

अमृतसर शहरकी सड़कोंपर एक सात-आठ सालका लड़का रोता फिर रहा है। उसके पैर नंगे हैं, बदन पर एक मोटा मैला-सा कुरता और जांघिया (कच्छा) है, और सर पर वैसी ही छोटी सी पगड़ी। लड़केको क्या पता, कि जरा-सा कहीं ठहर कर इधर-उधर आखे फेरते ही उसकी मा कही चली जायगी और वह कहीं। उसकी आँखोंसे आँसू गिर रहा था। और इस उम्मीदपर कि उसकी मां कहीं मिल जायगी, वह आगे चलता ही जा रहा था। शायद बहुत जोर से रोनेमें उसकी दीनता दिखलाई पड़ती, इसीलिए किसीका ध्यान खासतौरसे उसकी ओर आकर्षित नही हुआ। लेकिन धैर्यका बाध टूटने ही वाला था, कि उसे मा तो नहीं अपने ही गॉवके दो-तीन आदमी दिखाई पड़े। लड़का दौडकर उनके पास पहुँच गया और रो रोकर मासे छूट जानेकी कथा सुनाई। आदमियोंको यह अच्छा मौका मिला। जब लड़केने गिड़गिड़ा कर साथ गॉव ले चलनेकी बात कही तो उन्होने कहा—नही, बाबा।

विशेष तिथियॉ—१८९८ नवम्बर १८ जन्म, १९०६ पढना आरंभ, १९११-१५ मजीठा मिशन स्कूलमें, १९१६ मेट्रिक पास, १९१६ खालसा कालेज (अमृतसर)में, १९१७ डुबलोमे बिजली-मिस्त्री, १९१८ बबईमें मिस्त्री, १९१८ सेंसर आफिसमें; १९२० मजीठामें मास्टर, १९२१-२६ अकाली-नेता, १९२२ जेलमे, १९२३-२६ अकाली षड्यन्त्र मुकदमेमें, १९२८ कमूनिस्त, १९२९ मार्च—१९३३ नवम्बर मेरठ षडयंत्रके कारण जेलमें, १९३५-३६ "परभात" सपादक, १९३७, एम्० एल्० ए०, १९३९ लाहौर किसान सत्याग्रह, १९४० जून—१९४२ मई १ जेलोंमें नजरबन्द।

तुम यहीं अमृतसरकी गलियोंकी खाक छानो, तुम्हें कौन ले जायगा अपने खेतोंको चरवानेके लिए। लड़केने कुछ और आँसू गिराये, कुछ और गिड़गिड़ाया और कसम खाखाकर कहा कि अब कभी भैस तुम्हारे खेतमें नहीं जाने दूँगा। उन्होंने खुशी खुशी लड़केको अपने साथ कर लिया।

यह १६०६ के आस-पासकी बात है।

अमृतसर बड़ा हरा-भरा गुलजार जिला है। उसीके अन्दर अजनाला तहसीलमें एक छोटा सा गाँव है चेतनपुर। चेतनपुरमें सरदारलालसिंह नामके एक जाट किसान थे। वह और उनके भाई एक ही साथ रहते थे और उनके पास खेत इतने थे कि फसल अच्छी होने पर साल भर लोग पेट भर खा और तनको ढाँक सकते थे, लेकिन फसल न होने पर हालत बुरी हो जाती थी। सरदार लालसिंह और उनकी स्त्री दयाल कौरको १८ नवम्बर १८६८में पहला लड़का पैदा हुआ, जिसका नाम उन्होंने सोहनसिंह रखा। पहिला पुत्र होनेसे सोहनसिंहके ऊपर मा का बहुत प्यार था। सरदार लालसिंह यों तो करीब करीब अनपढ़से थे—टोटाके साफ उर्दू अक्षरोंको पढ़ लेते थे, लेकिन हिसाब लगानेमें बड़े तेज थे। पंजाबकी भूमिसे पंचायतोंको लुप्त हुए बहुत दिन हो गये थे और उनकी जगह रिश्वतखोर नम्बरदारों और दूसरे सरकारी अफसरोंने ली थी। लेकिन अभी भी लोगोंकी आदत छूटी नहीं थी, और कभी कभी वे अपने झगड़ोंको अपने विश्वस्त पंचोंके पास ले जाते थे। सरदार लालसिंह अपने ही गाँवके नहीं बल्कि आस-पासके गांवोंके ऐसे ही विश्वासपात्र पंच थे। खास करके भाईयोंमें खेतका बँटवारा या पड़ोसियोंके खेतके झगड़ोंमें उनकी बड़ी मांग थी। लालसिंहको अगर पढ़नेका मौका मिला होता, तो शायद अच्छे विद्यार्थी साबित होते। उनकी इच्छा थी कि सोहन कुछ पढ़ जाय, इसी ख्यालसे उन्होंने गाँव के मकतबमें सोहनको बैठा दिया। लेकिन, सोहनसिंहको जितना खेलना और घूमना पसंद आता था, उतना पढ़ना नहीं। वह बीमारीका बहाना करके कई बार भाग आया। सरदार लालसिंहने सोचा, जाटके पुत्तर

को हल कुदार चलाना ही काफी है और सोहनसिंहका शरीर उसके लायक मालूम होता था।

सोहनसिंह कई वर्षो तक भैस चरा चुके थे। खेलने और लट्टू नचानेमें बालक सोहनसिंहको बहुत आनन्द आता था, लेकिन नंगों पैरों घूमते अक्सर उसके पैरोंमे काटे गड़ जाते और बैठकर रोना पड़ता। धूप और लूहमे ढोरोंके पीछे दौड़ना पड़ता, और जाड़ोंकेलिए गरीब घरमें कपड़ा भी तो काफी नही होता था। इधर कभी कभी उसको ख्याल आने लगा था, कि मदर्सेमे पढ़ने चला जाऊँ, तो जान बच जाय। लेकिन बापने किसी दिन उसका जिक्र भी नही किया। सोहनसिंह जान-बूझकर दूसरेके खेतोंको नही चराता था, लेकिन कभी कोई न कोई जानवर पासके खेतोंमें एकाध मुँहमार ही लेता था, फिर जाठ चार सुनाये बिना कैसे रहता। यह सबसे ज्यादा मुश्किल बात थी, जिसने उसे कबड्डी और लट्टू का मोह छोड़नेकेलिए तैयार किया। उस दिन अमृतसर मे जो उसने अपने गॉववालोंके सामने कसम खाई थी, वह दरअसल बिल्लीके भागों छीका टूटा था। इधर सिखोंमें गुरुसिंहसभा-आन्दोलन चल पडा था, जिसने धार्मिक जागृतिके साथ साथ पढ़ने लिखनेका भी लोगोमें उत्साह पैदा किया था और उसीसे प्रेरित हो चेतनपुरके जाटोंने अपने गॉवमें उर्दू और पंजाबी (गुरमुखी) का एक प्राइमरी स्कूल खोल दिया। यदि गॉवमें स्कूल न होता, तो शायद सोहनसिंह कितने ही वर्षोको भैंसोंके चराने, कबड्डी लट्टू खेलने और खेतकी चराई-चुराई केलिए गालियाँ सुननेमें ही बिता देता। एक और चरवाहे साथीसे सलाह की और सोहनसिंह एक दिन स्कूलमें जा पहुँचा। सोहनसिंह मेधावी लड़का था। चेतनपुरके प्राइमरी स्कुल हीमें नहीं, जिस किसी स्कूलमें वह पढ़ने गया, वहाँ अपने दर्जेमें औव्वल रहना और हिसाबमें सौ में सौ नम्बर लाना उसकेलिए आम बात थी, उसकी स्मरणशक्ति भी बहुत तीव्र थी। १९११मे गाँवके स्कूलकी पढ़ाई खत्म हो गई और अब उसे आगे पढनेकेलिए दूसरे गाँवमें जानेकी जरूरत हुई।

हाँ, सोहनसिंहमें लड़कपनसे ही एक और खास बात थी। चेतनपुर में कुछ मुसलमान घर भी थे और सोहनसिंहकी एक मुसलमान लड़केसे दोस्ती थी। जब ईद आती, मीठी मीठी सेवईयाँ पकतीं और दोस्त दावत देता, तो घरवालोंकी पिछली झिड़कको भूल कर वह वहाँ पहुँच जाता और साथीके साथ बैठ कर सेवईया खाता। उसे अभी यह अच्छी तरह समझ में नहीं आता था, कि अपने मुसलमान साथीके घर की सेंवईयोंको खाकर वह कोई कसूर कर रहा है, जिसपर उसे डाटडपट सुननी पड़ती है। सिंहसभाने आर्यसमाज और दूसरोंकी देखादेखी सिखोंमें मजहबी जोश भरने और सिखराजकी स्मृतियोंको जगानेका काम अपने व्याख्यानों द्वारा बहुत किया। सोहनसिंह जब चार साल तक पढ़ चुका था, तभीसे उसको पंजाबी अखबारोंके पढ़नेका शौक हो गया था। चेतनपुरमें पढ़ाईके जमानेमें सोहनसिंह स्कूली किताबों और पंजाबी अखबारोंके अलावा पंजाबीकी उन किताबोंको बड़े शौकसे पढ़ता, जिनमें सिखोंकी बहादुरीके कारनामें लिखे रहते। खासकर, गुरुगोविन्द-सिंहके दोनों लड़कोंके जीवित दीवारमे चुन देनेकी बातको पढ़कर वह अक्सर रो देता और तब भी एकसे अधिक बार माको सुनाये बिना नहीं रहता। धार्मिक जाग्रतिके कारण गुरुओंके शब्दों (वाणी) के पढ़नेका उस वक्त लोगोंको बहुत शौक था और सोहनसिंहको शब्द पढ़ने के लिये दूसरे दूसरे गाँवोंमें भी जाना पडता था।

चेतनपुरसे मजीठाका कस्बा दो मीलसे ज्यादा दूर नहीं है। वहाँ एक चर्च मिशन मिडिल स्कूल ईसाइयोंकी तरफसे चल रहा था। चूँकि सोहनसिंह रोज खा पीकर स्कूल जा सकता था, इसलिये खर्चकी ज्यादा फिक्र न थी। सोहनसिंह वहाँ दाखिल हो अंग्रेजी पढ़ने लगा। फिर भी मिडिलमे जाकर गरीबी देखकर उसकी फीस आधी कर दी गई थी। मजीठा कस्बा था, लेकिन जहाँ तक रहन-सहन, सभ्यता-संस्कृतिका सम्बन्ध था, वह चेतनपुरसे बहुत फर्क नहीं रखता था और सोहनसिंहके साथियोंमें ज्यादातर गाँवोंके किसान लड़के थे। इसलिए भी वहाँ उसे

कोई खास फर्क नही मालूम हुआ। स्कूलके अध्यापकोका अपने सबसे तेज लड़केसे खुश रहना स्वाभाविक ही था। सोहनसिंह अपने क्लासके मानीटर और थोड़े ही दिनों बाद खेलके टीमोंके कैप्टेन हो गया; तो भी उसे जितना शौक पढ़ने-लिखनेका था उतना खेलोंका नहीं। नई-नई पुस्तकोंके पढ़नेके शौकने उसके दिलमें प्रेरणा पैदा की और उसने गाँवमें एक पुस्तकालय खोलनेकी बात लोगोंसे कही। पजाबीमें, खास-कर धार्मिक विषयों पर अब काफी पुस्तके मिल सकती थी, और कितने ही अनपढ़ लोगोंमे भी सोहनसिहको पढ़ते सुन दिलचस्पी हो गई थी; इसलिए चौदह-पन्द्रह वर्षके लड़केकी बात समझ कर किसीने टाल नहीं दिया और १६१३में चेतनपुरमें एक छोटा-सा पुस्तकालय कायम हो गया।

स्कूल ईसाइयोंका होनेसे बाइबिलका पढ़ना जरूरी था। सोहनसिह भी पढ़ता, लेकिन उसपर सिहसभाके व्याख्यानों और सिक्खीका इतना ज्यादा रंग चढ़ा था, कि बाइबिल उसके सामने बिल्कुल फीकी मालूम पड़ती थी।

मिडलकी वार्षिक परीक्षामें सोहनसिंहने सात सौ मेंसे छै सौ उन्नीस नम्बर पाये, लेकिन इससे उसका आगेका रास्ता साफ नही हुआ। लड़केका शौक देखकर पिताने अमृतसरके खालसा हाईस्कूलमें पढ़नेकी इजाजत दे दी और सोहनसिंह १६१५में खालसा स्कूलमें दाखिल हो गया। सोहनसिंहका ब्याह जब वह नौ-दस सालका था, तभी हो गया था। लेकिन बच्चेकी बच्ची स्त्री मुकलावे (गौना)से पहिले ही मर गई। मिडलमें पढ़ते वक्त उसकी दूसरी शादी हुई; और खालसा हाईस्कूलमें दाखिल होते वक्त अब वह अपनी जबाबदेहीको कुछ-कुछ महशूस करने लगा था। गरीबी बहुत जल्दी जिम्मेवारीको महसूस कराने लगती है। मजीठामे बापके घर पैदाकी हुई भारी आलूकी फसल, दूध, मट्ठा, रोटीसे काम चल जाता, लेकिन अमृतसरमें अब हरएक चीज़का खर्च रुपये आनोंमें गिनना पड़ता जिसके लिए सोहनसिंहको चिन्ता

होनी जरूरी बात थी। सोहनसिंह वहाँ नवें दर्जेमें दाखिल हुए थे, दो-तीन महीने पढ़कर देख लिया, कि अगर उन्हें इसी साल इम्तिहानमें बैठनेका मौका मिले, तो पास कर जायँगे। लेकिन, अध्यापक दसवीं क्लासमें नाम लिखनेकेलिए तैयार न था। सोहनसिंह गरीब माँ-बापके पसीनेकी कमाईको अपने घर भरको भूखा रख अमृतसरमें दो साल बैठकर खानेकेलिए तैयार न थे और इसलिए तीन ही महीनेकी पढ़ाईके बाद वह किताबोंको लेकर घर चले आये। गाँवके बाहर अपने खेतोंमें उनका अपना एक कुआँ और रहट था। सबेरे ही कम्बल और किताबोंको लेकर वह वहाँ पहुँच जाते और किताबोंको खूब मन लगाकर पढ़ते, याद करते थे। सोहनसिंहने तय कर लिया था, कि बिना मास्टरके सिर्फ पुस्तकोंको पढ़कर मै मैट्रिक पास कर लूँगा। नौ महीने पढ़कर उन्होंने १९१६मे इम्तिहान दिया और दूसरे डिवीजनमें पास हो गये।

सोहनसिंहको अपने पर पूरा विश्वास होना स्वाभाविक था और उनको आगे पढनेका बहुत शौक भी था। लेकिन घरकी गरीबी पग-पग पर उन्हें याद दिलाती कि वह आगे नहीं बढ़ सकते। तब भी एक बार वह अमृतसरके खालसा कालेजमे जाकर एफ० ए०मे भर्ती हो ही गये। जो कुछ पेट काटकर घरसे लाये थे, उसे हाथ रोकने पर भी तीन-चार महीनेसे ज्यादा नहीं चला सके, अन्तमें उन्हें अमीरों ही के लिए बने कालेजोंकी चौखटको सलाम करना पड़ा।

सोहनसिंहकी उम्र अब उन्नीस सालकी हो गई थी। हर पीढ़ीमें खानेवालोंके मुखोकी सख्या बढ़नेसे जो समस्या हिन्दुस्तानके सभी सयुक्त-परिवारोंके सामने होती है, वही इनके सामने भी थी। दो चचा और बाप, बहिन और भाइयोंसे भरा एक बड़ा कुनबा तैयार हो गया और उधर खेत उतनेके उतने ही। लड़ाई उस समय (१९१७) जोरसे चल रही थी। आम हिन्दुस्तानियोंको जो सहज बुद्धिसे अपने बिजेताओंसे घृणा होती है उससे ज्यादा सोहनसिंहमें कोई भी राजनीतिक

ख्याल नही था। अखबारोंमें अंग्रेजोंकी जीतकी खबरे पढ़ते थे, लेकिन उनका विश्वास उल्टा ही होता था। तो भी अगर वह चाहते तो फौजमें चले जा सकते थे, लेकिन उस समय सिपाही छोड़ और होते क्या— ऊपरके सारे दरवाजे तो हिन्दुस्तानियोंकेलिए बन्द थे। उन्होंने कई कम्पनियोंमें नौकरीकेलिए दरख्वास्ते भेजी और बिजलीका कारबार करनेवाली एक अंग्रेज कम्पनीमे उनके गॉवका एक फोरमैन था, उसके परिचयसे वह बम्बई चले गये। हुबली (कर्णाटक)की एक कपड़ेकी मिलमें बिजली लगाई जा रही थी। कम्पनीने सरदार सोहनसिहको वहाँ काम करनेकेलिए भेज दिया। वेतन नहीं मजूरी डेढ रुपये रोज थी और हुबलीमे भत्ता भी छै आना रोज मिल जाता था। सोहनसिहने तार लगानेका काम भी सीख लिया, वह दिन भर तार लगाते और शामको क्लर्कका काम करते थे। यह छै-सात महीने चला।

वैसे सोहनसिह खुद एक गरीब किसान घरमें पैदा हुए थे, और शामके भौरमें भुने आलुओंको सवेरे खानेमे उनको जो मजा आता था वही उनके लिए अमृत और मन्नासे कम न था। लेकिन यहाँके मजूरोंकी गरीबी पंजाबके गरीब किसानोंसे भी असह्य थी। यद्यपि अभी भी वह इस गरीबीका जिम्मेवार आदमीको बनानेकेलिए तैयार न थे। लेकिन तब भी संवेदना जरूर उनके दिलमें पैदा हो गई। अभी भी उनके दिमागमें धार्मिक जोश ही बहुत ज्यादा काम कर रहा था। शरीर लम्बा चौडा जरूर था, लेकिन अभी दाढी मूँछ जरा ही जरा आने लगी थी। हुबलीमें लोगोंने कभी किसी सिक्खको नही देखा था, इसलिये जात पूछने पर जब वह अपनेको सिक्ख बतलाते, तो लोग समझते शेख। सिहसभाके व्याख्यानोको सुनते-सुनते तरुण सोहनसिह भी समझने लगे थे, कि सिक्ख हिन्दुओंसे उतनी ही दूर हैं, जितने कि मुसलमान। लेकिन वह इसकेलिए तैयार नही थे, कि लोग सिक्खको शेख कहने लगे। इसी बातको लेकर उन्होंने हुबलीसे अपना पहिला लेख "पंथ सेवक" (पजाबी)में भेजा था, जिसमें उन्होंने पंथसे यह भी अपील की थी, कि इधर सिक्खों

के उपदेशक भेजे जायें और लोगोंको पंचककोंका व्रत धारण करवाया जाय।

हुबलीमें काम खत्म होने पर वह बम्बई चले आये।

बम्बईमें भी सिंह सभा थी और लोगोंने तरुण सोहनसिंहको उसका सहायक-मंत्री चुन लिया। अब उन्हें डेढ़ रुपया रोज मजूरी मिलती थी। कुछ दिनों बाद औथलर कम्पनीमे उन्होंने नौकरी कर ली, जहाँ एक रुपया दस आना रोज मिलता और नियत समयसे ज्यादा काम मिलनेपर कुछ और मिल जाता था।

अब १९१८ आ गया था। सोहनसिंहके सामने कोई बड़ी-बड़ी आकाक्षायें नहीं थीं। वह इसी एक रुपये दस आनेकी मजूरीके ढर्रेपर ही चलते रहना चाहते थे। उसी वक्त उनके बड़े चचाके मरनेकी खबर आई और वह नौकरी छोड़कर घर चले गये। चचाकी मृत्युके उन्नीस दिन बाद पिताकी भी मृत्यु हो गई और इस तरह घरकी और भी जिम्मेदारी बढ़ गई। लेकिन सोहनसिंह खेतीसे घरको उतनी मदद नही पहुँचा सकते थे, जितना कि बाहरकी नौकरीसे। इसलिए फिर इधर अर्जियाँ दी और अन्तमें सेंसर विभागसे तार गया और सौ रुपये महीने पर वह बम्बई चले गये। वह लडाईका जमाना था। हिन्दुस्तानसे बाहर जानेवाली या बाहरसे हिन्दुस्तान आनेवाली हरएक चिट्ठी-पत्री पत्र-पत्रिका और पुस्तककी सख्त देखभाल—सेंसर—होती। सरदार सोहनसिंहको पजाबी-विभागमें काम मिला। यद्यपि इससे पहिले बम्बईमे रहते सोहनसिंहने एनीबेसेण्ट द्वारा सचालित होमरूल आन्दोलनकी कुछ झलक पाई थी और कुछ कुछ सपनेकी तरह एक और भी दुनिया दिखाई पड़ रही थी, जो कि सिक्खीके अलावा भी अपनी हस्ती रखती है। लेकिन अभी सोहनसिंहको यह पता न था, कि उस दुनियासे उनका भी कोई सम्बन्ध है। सेंसरमें आकर वह दुनिया साफ-साफ दिखाई पडने लगी। वहाँ उनको अपने पजाबके सपूतों लाजपतराय और हरदयालकी लेखनीसे निकली कितनी ही

चीजोंको पढ़ना और बाकायादा रजिस्टर पर उतारना पड़ता था। हरएक राजनीतिक बात—चाहे वह गदर पार्टी (अमेरीका)के अखबार या पुस्तिकाओंमें छपी हो या दूसरी पुस्तकमें उन्हें पढ़ना, नोट करना और सभालकर रखना पड़ता था। सोहनसिंह अपनेमें दिनपर दिन नवीनता अनुभव करने लगे और खेयाल करने लगे कि आदमीका काम अपने और अपने घरका पेट भरना ही भर नहीं है। लड़कपनसे वह सदियों पहिलेके सिक्खशहीदोंकी कथाओंको गद-गद होकर पढते आये थे। अब उन्हें यहाँ जिन्दा शहीदों और कुछ तो पंजाबमें हालहीमें फाँसीके तख्तोंपर झूल गये शहीदोंको सामने देख रहे थे। जिस मतलबसे गवर्नमेंटने उन्हें सेंसरका काम दिया था, उससे उल्टा ही असर उनके ऊपर पड़ा। सौ रुपयेकी नौकरी छोड़नेका सवाल था। और घरकी हालतका खयाल करना जरूरी था। इसलिये वह सहसा तो कोई निर्णय नहीं कर सकते थे, साथ ही सेंसरके साहित्यको पढ़नेका एक लोभ पैदा हो गया। इसलिए अभी वह काम करने और छोड़नेके बारेमें विचार ही कर रहे थे, कि लड़ाईके बन्द होनेसे सेंसरका महकमा उठा दिया गया और सोहनसिंह घर (१९१९) चले आये।

पिछली लड़ाईकी लूटमें अंग्रेजोंको मसोपोतमिया भी हाथ आया और उन्हींकी शासन-योजना अभी चल रही थी, जिसमें हाथ बँटानेके लिए हिन्दुस्तानी कुलियों और क्लर्कोंकी भी जरूरत थी। सोहनसिंहने भी क्लर्कीकेलिये दरख्वास्त दी और मंजूरी आनेपर कराची चले गये। लेकिन हृदयमे जो बीज सेंसरके वक्त पड़ चुका था, वह धीरे धीरे बढ़ रहा था, जिसके कारण उनकी दिलचस्पी ऐसी नौकरियोंसे जाती रही। उसी वक्त मजीठाके उनके अपने स्कूलमें एक मास्टरकी जगह खाली हुई और अड़तालीस रुपये महीने पर उनकी बहाली (१९२०) हो गई। उनकेलिए यह सबसे अनुकूल नौकरी थी, पासमें गाँव जहाँ रोज पढ़ाकर चले जाते और डेढ़ रुपया रोजसे ज्यादाकी मजूरी। लेकिन अब उन्हें दूसरी हवा लग चुकी थी। सभी

चीजें महंगी थीं। सोहनसिंहने स्कूलके अध्यापकोंको मिलाकर आन्दोलन खड़ा किया कि तनख्वाह बढ़ाई जाय। अध्यापकोको पहिले यह बात न जाने कैसी सी मालूम हुई. लेकिन आवेदनपत्र पर सबने हस्ताक्षर कर दिया। अधिकारियोंको तलब बढानी पड़ी। अध्यापकोंमें सोहनसिंहकी इज्जत बहुत बढ गई।

सिंह सभाका धार्मिक और सामाजिक आन्दोलन अपना काम कर चुका था। अब पंजाबके सिक्खोंमें एक नई लहर-अकाली-आन्दोलन शुरू हुआ। सोहनसिंहकी सहानुभूति इस नई लहरके साथ थी। धार्मिक सुधारसे उठकर वह राजनीतिक तल पर पहुँच गये। सोहनसिने चौदह पंद्रह सालकी उम्रमें उर्दू, पंजाबीमे कुछ कवितायें लिखी थीं, हुबलीके बाद जब तब लेख लिखा करते थे और यह क्षमता उनकी बढ़ती ही गई। अध्यापकोंकी लड़ाईमें अभी अभी उन्हें विजय प्राप्त हुई ही थी। "अकाली" (पंजाबी दैनिक)के सम्पादक सरदार मंगलसिंह गिरफ्तार हो गये। सरदार सोहनसिंहने एक दिनका नोटिस देकर नौकरीसे इस्तीफा दे दिया और अकालीको अपनी सेवायें अर्पित कर दीं। अकाली आफिस मे जाने पर उन्हें लिखनेका नहीं बल्कि बहीखाता रखनेका काम दिया गया, जिसमें उनका मन नहीं लगा और कुछ ही दिन बाद उसे छोड़कर वह सीधे आदोलनमें कूद पड़े।

यह आदोलन था चाभियोंका। अमृतसरके दरबार साहबकी चाभियाँ उस वक्त एक सरकारी आदमी—सरबराह—के हाथमें रहा करती थी। सिक्ख—जिनके मुखिया अपनेको अकाली कहते थे—चाहते थे, कि चाभियाँ सरकारी आदमीके हाथमें नहीं बल्कि पंथके प्रतिनिधियोंके हाथमे होनी चाहियें। सरदार सोहनसिह कलमका जौहर दिखलानेसे तो महरूम रह गये, लेकिन अब उन्होंने वाणीका जौहर दिखलाना शुरू किया। सारे जिलेमें शायद ही कोई गाँव बचा हो, जहाँ उनके जोशीले व्याख्यान न हुए हों। लोग उनके व्याख्यानोंको बहुत जोशीला कहते थे और तबसे उन्होंने भी अपना नाम "जोश" रख

लिया। अमृतसरके हरएक थानेमें उनकेलिए वारण्ट पहुँचा हुआ था। लेकिन सरदार सोहनसिंह जोश ही नही बतास-पंखी भी थे। शामको यहाँ व्याख्यान दिया और सवेरे दस मील दूर व्याख्यान हो रहा है। कही वह पैदल चलते थे, कहीं लोग घोड़े देते थे। तीन चार अकाली जवान अपने जोशकी रक्षाकेलिए नंगी तलवार लिए बराबर साथ रहते थे। चाभियोंकेलिए सत्याग्रह करो और साथ ही अंग्रेजी शासनकी सारी करतूतोंका कच्चा-चिट्ठा—यह था जोशके व्याख्यानों का विषय। अजनालामे बहुतसे अकाली नेता पकड़ लिए थे। जोशको पुलिस ढूंढती रही, मगर पा न सकी। आखिरमें गवर्नमेंटको दबना पड़ा, चाभियाँ शिरोमणि गुरुद्वारा प्रबधक ककोटीके हाथमे दी गई, सारे अकाली नेता छोड़ दिए गये और जोशके ऊपरसे भी वारण्ट हटा लिया (१९२१) गया।

जोशकी जोशीली तकरीरे अब भी जारी रही और १९२२में उनपर राजद्रोहके दो मुकदमे चलाये गये, जिनकेलिए छै छै महीनेकी जेल और चार सौ रुपये जुर्मानेकी सजा मिली। जेलमे कैदियोंके साथ जैसा पशुवत् वर्त्ताव होता था, उसे देखते जोश अपनी लड़ाईको जेलकी चहारदीवारीके बाहर ही खत्म समझनेकेलिए तैयार न थे। उन्होंने अपने साथ कैदियोंको सगठित करके जेलके भीतर भी सघर्ष शुरू किया और उसकेलिए जेलके अधिकारियोंने अपने तर्कशके भीतरके सभी तीरोंको इस्तेमाल किया, हर तरहकी सजाये दी—उनके टिकटपर रिंगलीडर (अगुआ) जगह जगह लिखा हुआ था। जेलमें रहते ही वक्त गुरुके बागका काण्ड चला, सरकारने दमन करते करते हारकर सिक्खोंकी मागको मान लिया।

जेलसे बाहर आनेपर जोश "शिरोमणि अकालीदल" नामकी सिक्ख स्वयं-सेवक सेनामें शामिल हो गये और उसके जेनरल सेक्रेटरी चुने गये। जोश ऐसा कर्मठ नेता पाकर दलको लाभ होना ही था, लेकिन सरकार हाथ धोकर उनके पीछे पड़ी हुई थी। महाराजा नाभा इसी वक्त

गद्दीसे उतारे गये थे और सिक्खोंमें इसकेलिए जबर्दस्त आन्दोलन हो रहा था। सिक्ख नेताओंकी एक सभामें एक सरकार-परस्त प्रोफेसरने जोशकी ओर लक्ष्य करके कहा था—कुछ लोग हैं जिन्हें पंथ और महाराजा नाभाको गद्दीपर बैठानेसे उतना मतलब नहीं है, जितना कि हर एक बहानेसे अंग्रेजी राजके ऊपर चोट पहुँचानेसे। नाभाके मामले में पंजाबके साठ बड़े-बड़े अकाली नेताओंको गिरफ्तार करके सरकारने षड्यंत्रका मुकदमा चलाया, इन साठ नेताओंमें एक सरदार सोहनसिंह जोश भी थे। मुकदमा १९२३से १९२६ तक चलता रहा। इस मुकदमेंकी कार्रवाइयाँ उस वक्त अखबारोंमें खूब छपती थीं, राष्ट्रीय पत्र इसमें खास तौरसे दिलचस्पी लेते थे। दूसरे अकाली नेताओंमें ज्यादाने तो उस वक्त सरकारके साथ समझौता कर लिया, जब कि सरकारने गुरुद्वारा कानून बनाकर सिक्खमंदिरों और धर्मशालाओं पर महंथोंके वैयक्तिक अधिकारकी जगह सिक्ख जनताका अधिकार स्वीकार कर लिया; लेकिन जोश-केलिए अपने राजनीतिक जीवन और प्रोग्रामका यह अभी आरम्भ ही था। वहीं जेलमें उन्हें एक अमेरिकन लेखककी पुस्तक "स्वतन्त्रता और उसके झंडाबरदार" (Liberty and Great Libertarians) पढ़नेका मौका मिला। इस पुस्तकने जोशके जीवनमें बहुत भारी असर किया। अभी तक जो उनकी दुनिया कुछ सिक्खोंके भीतर ही सीमित थी, अब वह मजहबके क्षेत्रसे बाहर हुई। अब वह पूरी तौरसे कांग्रेसके समर्थक हो गये और साथ ही गरीबीके जीवनके अनुभवने उन्हें यह भी बतलाया, कि असली स्वतंत्रता वही है, जिसमें लोगोंकी गरीबी न रहने पाये।

१९२६में सरकारने षड्यंत्रका मुकदमा उठा लिया, और तीन बरस जेलमें रहनेकेबाद जोश बाहर निकले। अमृतसरमें उन्होंने कांग्रेसका काम शुरू किया। उस वक्त अमृतसरसे पंजाबी भाषामें किसान-मजदूरोंका समर्थक "किरती" पत्र निकलता था। सरदार संतोखसिंहके कहने पर इसके सम्पादनका भार जोशने अपने ऊपर लिया। उनके

सम्पादकत्वमे "किर्ती"की अच्छी उन्नति हुई, उसका एक उर्दू संस्करण भी निकलने लगा, जिसके लिये जोशने पेशावरवाले षड्यंत्र मुकदमेके अभियुक्त कामरेड फ़ीरोज मंसूरको बुला लिया।

मजूरों और किसानोंकी समस्याओं तथा समाजवाद पर कभी-कभी कोई पुस्तक बाहरसे आ जाती थी, लेकिन उससे भी ज्यादा जोश अपने तजर्बेसे इस नतीजेपर पहुँचे थे, कि बिना समाजवादके, बिना रूस जैसे किसान-मजदूर राजके भारतको गरीबी दूर नही हो सकती। पजाबकी नौ-जवान भारत सभाके वह प्रधान स्तम्भ थे, और सरदार भगतसिहने छै महीने तक जोशके पत्रमें काम किया था। पंजाबकी दूसरे नौजवान भारत सम्मेलनके सभापति जोश ही हुए थे।

१९२८ तक भारतके कितने ही प्रान्तोंमें मजूर-किसान राज्यके पक्षपाती तैयार हो गये थे, वह बम्बई और कलकत्तामें मजदूरोंमें काम भी करने लगे थे। इस कामकेलिये ब्राडले आदि तीन अंग्रेज मार्क्सवादी भी भारतमे आकर कामकर रहे थे। बम्बईमे मजूर-किसान पार्टी कायम हुई है, इसकी खबर पाकर जोशने भी पजाबमे मजदूर-किसान पार्टी कायम कर ली। इन लोगोंने १९२८के शरत्‌में मेरठमें आकर मजूर-किसान पार्टी कानफ्रेंस की, जिसमे बम्बई, बंगाल, पजाब और सयुक्त-प्रान्तके मार्क्सवादी एकत्रित हुए थे, जोश भी इसमें शामिल हुए। यहीपर अखिल भारतीय मजदूर-किसान पार्टीकी स्थापना हुई और दिसम्बर (१९२८। में कलकत्ता कांग्रेसके समय पार्टीका वार्षिक अधिवेशन करना निश्चित हुआ, जिसके लिए जोश सभापति चुने गये। मेरठमें जो लोग शामिल हुए थे, वह सभी कमूनिस्त पार्टीसे सम्बन्ध रखते थे। यही जोश भी कमूनिस्त पार्टीके सदस्य बने।

कलकत्तामें इकट्ठा होकर जोश, मुजफ़्फर अहमद, मिरजकर आदि ने मिलकर भारतमें मजूर-किसान पार्टीके कामकी योजना बनाई, लेकिन सरकार अब और कमूनिज्मको बर्दाश्त करनेकेलिए तैयार नही

थी। वह समय अब बीत चुका था, जब बड़े-बड़े सरकारी अफसर — जेल सुपरिनटेंडेण्ट और जिला-मजिस्ट्रेट — आतंकवादसे हटानेकेलिए तरुणोंको कम्यूनिज्मकी पुस्तकें देते थे। बम्बई, कलकत्ता, लखुआ आदिकी बड़ी-बड़ी हड़तालोंने अंग्रेज थैलीशाहोंकी जेबोंमें जानेवाले करोड़ों रुपयोंको बर्बाद करके उनके मर्मस्थानपर चोट पहुँचाई थी। जहाँ थैलीशाहोंका आसन गरम हुआ, फिर उनके गुमाश्ते कैसे चुप रह सकते थे ! भारतीय सरकारने कम्यूनिज्म पर जहाद बोल दिया और भारतके कोने-कोनेसे २९ मार्क्सवादी कम्यूनिस्त होनेके इलजाममें पकड़ लिए गये। इसीमें २० मार्च (१९२९)को जोश भी गिरफ्तारकरके मेरठ पहुँचाये गये। फिर तीन वर्षों तक बीसियों लाख रुपयोंपर पानी फेरकर चलनेवाला मेरठ कम्यूनिस्त षड्यंत्र-केस चलता रहा। जोश अभी तक बहुत कम कम्यूनिज्मको जान पाये थे, मेरठमें सरकारकी कृपासे अंग्रेजीमें छपी भारत या भारतके बाहरकी कम्यूनिस्त पुस्तकोंकी एक बड़ी लाईब्रेरी मिल गई और साथ ही मार्क्सवादके धुरंधर विद्वान् भी। जोशने इससे पूरा फायदा उठाया। मेरठमें जोशको सात सालकी सजा हुई लेकिन हाईकोर्टने जेलमें रहे समयके अलावा एक साल और रहने दिया।

१९३३ के नवम्बरमें जेलसे छूटकर जोश पंजाब पहुँचे और दूने उत्साहके साथ काममें लग गये। नौजवानों और किसानोंमें उनके बढ़ते हुए कामको देखकर गोरे अखबारोंने जोशको दबानेकेलिए जोर देना शुरू किया। सरकारने उनकी कितनी ही संस्थाओंको गैर-कानूनी घोषित कर दिया। जोशने भी उन्हें तोड़ दिया और किसानोंके कर्जेको छुड़ानेकेलिए कर्जा-कमीटियाँ कायम करनी शुरू कीं। १९३४में जब कांग्रेस-सोशलिस्ट-पार्टी कायम हुई, तो जोश उसमें शामिल हो गये। १९३५-३६में उन्होंने पंजाबीमें "परभात" एक साहित्यक पत्र निकाला, जो साल भर चला और साहित्यमें उसने एक ऊँचा आदर्श स्थापित किया। जोश स्वयं उर्दू और पंजाबीके लेखक हैं, और मेरठमें रहकर

उन्होंने बंगला और मराठीका भी अध्ययन किया था। इससे उन्होंने पंजाबी पाठकोंको फायदा पहुँचाया।

अब (१९३७)में असेम्बलीका चुनाव आ गया। जोशकी पार्टीने हुक्म दिया, कि उन्हें सीधे कमूनिस्तके नामसे ही खड़ा होना चाहिये। जोशने वैसा ही किया। उनके मुकाबलेमें खड़े हुए थे—राजासांसीके एक बड़े भारी जागीरदार और पूँजीपति। "कमूनिस्त और नास्तक" कहकर लोगोंको खूब उभाड़ा गया। लेकिन जोश सत्रह वर्षसे जनताकी सेवा करते आ रहे थे, अमृतसरके गाँव-गाँवके लोग उनके त्याग और तपको जानते थे। जोशने साफ कहा कि मैं कमूनिस्त हूँ, मैं मजूर-किसान-राज कायम करना चाहता हूँ, और यह भी कि मेरे कौंसिलमें जानेसे तुरन्त आपकी तकलीफें दूर नहीं हो जायगी, हाँ हमारी पार्टी चाहती है, कि असेम्बलीके मंचको भी अपनी लड़ाईका एक मोर्चा बनाया जाय और वहाँ किसानोंके हितोंको सामने रखकर दूसरे स्वार्थियोंका भण्डाफोड़ किया जाय। धर्मध्वजी सरपटककर रह गये, लेकिन बोल्शेविक जोशके सामने उनकी एक न चली, और यदि दो सौ वोट और कम मिले होते, तो जनाब की जमानत जब्त हो गई होती।—उत्तरी अमृतसरसे जोश असेम्बलीके मेम्बर चुने गये।

जोशका जीवन बराबर ही एक सैनिकका जीवन रहा है। अमृतसरके किसानोंका सत्याग्रह १९३८में हुआ, उसमें वहाँ वह मौजूद थे। १९३९में लाहौरमें किसानोंके आन्दोलनमें वह अगुवा थे, और इसी साल वह पंजाब प्रान्तीय कांग्रेस कमिटीके सेक्रेटरी चुने गये। एसेम्बलीमें पंजाब के धनियो और टोड़ियोंकी सरकार जोशके नामसे खार खाती है। जोशने अपने व्याख्यानोंमें समय-समय पर खूब बतलाया है, कि किसानों ('जमीदारों')के वोटसे चुने गए ये यूनियनिस्ट किस तरहसे उनका गला रेत रहे हैं। १९४० के जूनमें जोश अपने बहुतसे साथियोंके साथ पकड़कर पंजाब सरकार द्वारा नजरबन्द कर दिये गये। फतेहगढ़, देवली, गुजरातके जेलोंमें प्रायः दो साल तक काट कर पहिली मई (१९४२)

को उन्हें रिहा किया गया। आज भी जोशके सैकड़ों साथी पंजाबकी जेलों में बन्द हैं। जबर्दस्त फासिस्त-विरोधी कर्मियों और नेताओंको पंजाब सरकार जेलमें रखना चाहती है, वह अपने मालिकोंकी तरह फासिस्तों पर विजय प्राप्त करनेको उतना महत्त्व नहीं देती, जितना कि अपने स्वार्थों के विरोधियोंको कुचलने को।

लेकिन पंजाब बहुत तेजीसे आगे बढ़ रहा है। जोश और उनके सत्तर-सत्तर वर्षके बूढ़े क्रान्तिकारियों—जिन्होंने जवानीसे अपनी सारी उम्र देशकेलिए तकलीफ झेलनेकेलिए बिता दीं और अब भी जो लोग जेलोंमें सड़ रहे हैं—की कुर्बानियाँ बेकार नहीं जा रही हैं। जोश आज प्रान्तीय कमूनिस्त पार्टीके कर्मठ सेक्रेटरी हैं और उनका जोश २३ वर्ष पहिलेके जोशसे जरा भी ठंडा नहीं पड़ा है।

३४

फज़्ल-इलाही कुर्बान

आदर्शवाद मनुष्यको बड़ी-बड़ी कुर्बानियाँ करनेकी प्रेरणा देता है, लेकिन एक मर्तबे बड़ीसे बड़ी कुर्बानी करनेवाले पर भी जब लगातार मुसीबतों पर मुसीबतें पड़ती हैं, तो वह विचलित हो उठते हैं; उनका भावुक हृदय हार मान लेता है, और बुद्धि अपनी भूलभुलैय्योंमें डालनेकी कोशिश करती है इसलिये सिर्फ भावुक हृदय काफी नही है, बुद्धिको भी वह आदर्श पसन्द आना चाहिये; फिर तो आदमी एक नहीं पचासों जिन्दगियों तक विपत्तिके पहाड़ोंसे टकरानेकेलिए तैय्यार हो सकता है। यहाँ हम ऐसा ही एक जीवन दे रहे हैं, जिसने कष्टोंकी भारी मारमें भी ओठोंकी हँसीको कभी दूर नही हटने दिया।

लाहौर सबसे पहले पठानोंके हाथमें गया, गोया महमूद गजनवीके समयसे ही लाहौरने छोटे काबुलका रूप धारण किया। लाहौरके कितने ही पठान मुहल्ले इसकी आज भी साक्षी दे रहे हैं। देहली दरवाजेके भीतर कक्केजइयाँ इसी तरहके पठान मुहल्लोंमेंसे हैं। यहाँ २००० घर

१९०२ अगस्त (जन्म), १९०८-११ उर्दूकी पढाई, १९११-१७ सेंट्रल माडल स्कूलमें, १९१८-१९ इस्लामिया स्कूलमें, १९१९ मेट्रिक पास, १९१९ टेलीफोन ऑप्रेटर १९२०-२६ हिज्रत, काबुल, सोवियत मध्य-एशिया; १९२० नवंबर २ बाकूमें, १९२१ अगस्त ११ मास्को, १९२१-२५ मास्कोमें पढाई, १९२५ जर्मनी, फ्रांस, स्विट्जर्लैंड; १९२६ नवम्बर भारत, १९२७ अप्रेल बम्बईमें गिरिफ्तार, १९२७-२९ जेलमें, १९२९ नवम्बर १४ जेलसे बाहर १९३० अगस्त २७—१९३४ मार्च १९ राजबंदी, १९३४-३६ लाहौरमें नजरबन्द, १९४० मार्च—अक्तूबर ४ अन्तर्धान, १९४० अक्तूबर २४—१९४२ जेलमें नजरबन्द, १९४३ जनवरी ५ जेलमें २० दिन।

कक्केजई पठान बसते हैं, मगर ये कक्केजई मुगलोंके जमानेमें अफगानिस्तानसे आये थे। आजकल इनमेंसे चन्द लकड़ी और चारेके व्यापारी हैं, बाकी अधिकतर रेलवे, प्रेस, लोहे आदिके कारखानोंमें मजदूरी करते हैं। मलिक करम इलाहीके नामके साथ लगा मलिक शब्द यद्यपि उनके खानदानकी प्रभुताकी सूचना देता है, मगर वह कभी रहा होगा। करम इलाहीने छै दर्जे तक अंग्रेजी पढी, फिर नून, तेल, लकड़ी की फिक्र पड़ी और १५ रु० पर कम्पोजीटर हो गये। समय बचा कर किसी दुकानदारका बहीखाता भी लिख देते, जिससे कुछ और रुपये मिल जाते थे। उन्होने प्रेसका काम कुछ और सीखा और लाहौरके गवर्नमेंट प्रेसमें मोनो-आप्रेटर बन गये। आज ६४ सालकी उम्रमें प्रेसका काम छोड़कर वह अल्लाके नामकी तसबी पढ़ते हैं। हॉ, उनके द्वितीय साहबजादे मलिक नूर इलाही "इहसान" दैनिक और प्रेसके मालिक बनकर पिताकी वरासतको एक तरह से कायम किये हुऐ हैं। तीसरे पुत्र मलिक इहसान इलाही भी पत्रकार हैं। और सबसे छोटे चौथे पुत्र बिजलीके मिस्त्री रहकर अपने पिताके वर्गसे सम्बन्ध रखे हुए हैं। लेकिन मलिक करम इलाहीका सबसे बड़ा पुत्र अल्लाके नाम पर देश त्याग गया और फिर आया तो अल्लाहको बाहर ही छोड़ कर। यह सबसे बड़ा बेटा था फज्ल-इलाही कुर्बान, उसने मलिक (मालिक) अपने नामके साथ नहीं लगाया।

कुर्बानका जन्म १६०३के अगस्त महीनेमें कक्केजैयाँ मुहल्ले में हुआ था। पिताके ज्येष्ट पुत्र होनेसे उसपर उनका प्रेम अधिक जरूर था, मगर मलिक करम इलाही उन पिताओंमें थे, जो समझते हैं, कि बच्चेको बनानेमें डण्डेसे बढकर कोई अच्छा साधन नहीं है। कुर्बानको डण्डेसे कितनी बार वास्ता पडा, इसे वह गिन भी नही सकता। कुर्बानकी मॉ उमरखैर (मृत्यु १६२४) दूसरी धातुकी बनी थीं। पिताका स्वभाव जितना ही गरम था, माताका उतना ही शीतल और अपने पहिलौठे पुत्रपर तो उनका अपार स्नेह था। कुर्बान जब

देश छोड़ गया, तो माताके दिलको इतना धक्का लगा, कि वह अपने को सम्हाल न सकी और उसी अफसोसमें घुलते-घुलते (१६२४ में) मर गईं। आज भी कुर्बानको बन्धु-बान्धव ताना मारते हैं—"तूने ही माँ को मार डाला।"

बाल्य—कुर्बानकी सबसे पुरानी स्मृति ढाई सालके उम्रकी है। बापके हाथमें टकसालसे आये नये-नये लाल-लाल पैसे थे, उसने उन्हें बापसे छीन लिया। तीन सालकी उम्रमें बुआके घर गया था, उस समय बूढ़े-बूढ़ियोंके चेहरोंकी रेखायें उसे विचित्रसी मालूम हुई थी। बचपन से ही कुर्बानका स्वास्थ्य बहुत अच्छा रहा। वह खूब खेलता और मार-पीट भी करता। फिर ऐसे लड़केको छोड़कर मुहल्लेकी बालसेनाका सेनापति दूसरा कौन बन सकता था? गुल्ली-डण्डा और दूसरे खेलों में तो मन लगता ही, साथ ही ऐसे खेलोंमें और मन लगता, जिनमें कुछ खतरा हो और बाल-सैनिकोंके हाथ ही नही दात भी चले संतरोंके बागमे अक्सर कुर्बानकी पल्टन पहुँच जाती थी। एक बार मालिकने कुर्बानको पकड़ लिया, मगर पल्टन कान झाड़कर निकल गई। खैर पिटनेसे बच गये। शिकार और शतरंजके किस्से कुर्बानको पसन्द आते थे, कोई बड़ी-बूढ़ी किस्सा कहती होती—"हाँ तो शादी हुई, शादीके साथ सौ गुलाम मिले।" कुर्बानको समझमे नही आता था, कि गुलाम कैसे मिलते थे। आज तो दहेजमें चीजें मिलती हैं, रुपया-पैसा मिलता है, घोड़े भी मिल जाते हैं, मगर आदमी तो नही मिलते। खैर, यहाँ तो इतनी ही दिमागी परेशानी होकर जान बच जाती थी, लेकिन, किस्सोंमें जिन्नों-भूतोकी कहानियाँ काफी हुआ करती थी। सुननेमें तो बड़ी रोचक होती थी, लेकिन फिर रातमे एक हाथ भी अकेले जाना कुर्बानकेलिए असम्भव था। बचपन ही नही जब कुर्बान मेट्रिकके दसवें दर्जेमें पढ़ रहा था, तब भी क्या मजाल है, कि रातको अकेले कोठेपर चला जाये। जिन्नों-भूतोंकी कहानियोंको सुनकर कुर्बानको उनकी कुछ शकलें मन पर खिची मालूम होती थी। इसी तरह भक्तिपरायणा माता

और दूसरी बड़ी-बूढ़ियोंके मुँहसे बार-बार अल्लाकी बातें सुनकर कुर्बान ख्याल करता था—कि अल्ला कोई लम्बा-चौड़ा आदमी है, उसकी लम्बी सफेद दाढ़ी होगी, उसके शरीरपर हरे रेशमी कपड़े होंगे, वह जिन्नोंकी तरह लड़कोंको खा जानेवाला नही बल्कि उनसे प्यार करनेवाला बुजुर्ग होगा।

पढ़ाई—मुहल्लेमें छोटे बच्चे-बच्चियोंकेलिए एक मद्रसा था, जिसकी पढानेवाली बीबी बच्चोंको बड़ा प्यार करती। घरमें ऊधम मचानेकी जगह कुर्बानको बीबीके विद्यार्थियोंमें रखना ज्यादा अच्छा था—वहाँ बच्चे सभी छै वर्षसे कम ही उम्रके होते थे। तीन बरसका कुर्बान भी बच्चोंमे जाकर बैठने लगा। कुछ दिनों तक खेल-कूद, बच्चोंमें बैठना भर रहा, पीछे 'कायदा बगदादी' भी हाथमें दे दी गई। कुर्बानका मन इतना लग गया था, कि उसे कभी भागनेकी जरूरत नहीं पड़ी।

छै बरसका (१६०८में) होनेपर कुर्बानको बाकायदा बाजार-हकीमों के तहसीली स्कूलमें दाखिल कर दिया गया, जहाँ उसने तीन सालमें तीन दर्जे खतम किये। वैसे तो कुर्बान एक नम्बरका खिलाड़ी था, मगर स्कूल जानेमें वह सबसे पहले रहता था। बीमार होनेपर भी उसका स्कूल जाना नहीं छूटता था। पढ़नेमें अच्छा था, मार नही पड़ती थी। उसका हस्ताक्षर बहुत सुन्दर था। लड़कोंकेलिए लिखी गई बाबर, हुमायूं, अकबर आदिकी छोटी छोटी कहानियाँ उसे बहुत पसन्द आती थीं। पिता अपने तो बहुत नहीं पढ़ पाये थे, लेकिन अपने वित्तके अनुसार लडकेको अच्छी शिक्षा दिलाना चाहते थे। सेन्ट्रल मॉडल स्कूल यद्यपि घरसे काफी दूर पड़ता था, लेकिन अपनी पढ़ाईकेलिए उसकी लाहौरमें कुछ ख्याति थी। उसके साथ ट्रेनिंग कॉलेज भी था, और पढ़ाईमें शिक्षा-साइंसका ख्याल रखा जाता था। नौ वर्षकी उम्र (१६११)म कुर्बानको मॉडल स्कूलकी चौथी जमातमें दाखिल कर दिया गया। अंग्रेजी उस कुछ रूखी सी मालूम होती थी, किन्तु, हिसाबसे जी नहीं चुराता था, और भूगोल, इतिहास उसके प्रिय विषय थे। खेलोंमे

क्रिकेटमें उसे खास दिलचस्पी थी। यहाँ निबंध लिखनेमें उसकी रुचि बढ़ी और पाँचवी छठी क्लासोंमें पढ़ते वक्त तुकबन्दी करनेका भी कुछ शौक हुआ। सातवें-आठवें दर्जेमें पढ़ते वक्त (१६१६-१५में) कुर्बानका शौक पढनेसे ज्यादा खेलनेकी ओर था। हाँ, इमाम-गजालीकी फारसी रचनायें और "तज़कीरतुल्-औलिया" उसे अच्छी लगती थी। इस समय उसे दाता गंजबख्श तथा दूसरे सूफी फकीरोके बारेमें जाननेका मौका मिला, फिर उसका ख्याल तसव्वुफ़की ओर झुका, सूफियोंके जप और ध्यानकी ओर आकर्षण बढ़ा। वह समझने लगा, कि अल्लाका नाम लेनेसे दिलपर खास तरहका असर होता है, जैसे मोम-बत्तीकी चर्बी पिघलती है और उससे नूर (प्रकाश) पैदा होता है उसी तरह आदमी जप और सूफी योगसे पाप कटाकर खुदा तक पहुँच जाता है। मामू की फकीरोंमें बड़ी श्रद्धा थी। उनकी देखादेखी कुर्बान भी मामूके पीर सय्यद सैद अहमदशाहके पास जाने लगा। शाहजी हर परीक्षाके समय कुर्बानको तावीज देते। कुर्बान उनसे खुदासे मिलाने-वाले वजीफे (जप) पूछता। वह दरवेशोंकी खानकाहों (मठों) खासकर दाता साहब और शाह मियाँमीरकी खानकाहोंपर अक्सर जाता। रातको खूब वज़ीफे पढ़ता, प्राणायामके साथ "अल्लाहू"का जप भी करता, पीरोंकी कव्वालियोंमें शामिल होता। उसे सूफी-मार्ग बहुत पसन्द आया था और पढ़नेका भी बहुत सा समय वह सूफी अभ्यासमें गुजारता था। जब वह बारह सालका था तब उसे एक बार गुजरात जानेका मौका मिला। वहाँ उसने दौलाशाहकी खानकाह देखा और दौलाशाहके 'चूहों'को देखकर उसे बडा आश्चर्य हुआ। बड़ा हो जाने-पर भी इन 'चूहों'के सिर बच्चो जैसे छोटे क्यो रह जाते हैं? किसी भगतने समझाया—बाँझ औरत दौलाशाहसे बच्चा माँगती है। दौला-शाह बच्चा देते हैं, मगर पहले लड़केको दरगाहमे चढा देना पड़ता है। चढ़ावेके बच्चोंके सिर सदा छोटे ही होते हैं। उस समय कुर्बानको यह नहीं मालूम था कि दूध पीनेवाले बच्चोंके सिरपर लोहेकी

३४. फज़्ल इलाही कुर्बान

३५. तेजासिंह "स्वतंतर"

३६. बी. पी. एल. बेदी

३७. मुबारक 'सागर'

३८. "शेर कश्मीर" शेख अब्दुल्ला

टोपी लगाके सिर छोटा किया जाता है। ज़िन्दगी भरकेलिए बेवकूफ बना दिये गये इन 'चूहों'को उसने अक्सर भीख माँगते देखा था। तीन साल (१९१६) तक कुर्बान तसंव्वुफके जबर्दस्त चक्करमें पड़ा रहा। [इ] खूब अभ्यास और बन्दगी करता रहा, कि स्वप्नमें हजरत मुहम्मद [द]र्शन दें, लेकिन उसे निराश होना पड़ा। अगले साल (१९१७)से अब वह जिन्नों-भूतोंकी किताबें पढ़ने लगा। लोगोंसे जिन्न सिद्ध करनेके मन्त्र सीखे। कभी-कभी मन करता, कि सिद्ध करनेकेलिए बैठ जाये, मगर उसने सुन रखा था कि गुरुके बिना वैसा करनेपर पागल होनेका डर है। कब्रमें बैठकर रातको अकेले मन्त्र पढ़ना पड़ता और वह अँधेरेमें खुद डरता था। फिर इतनी हिम्मत कहाँसे आती?

कुर्बानके मामा लालामूसा आदि कई जगहोंमे बदलते रहे। कुर्बान भी कितनी ही बार उनके पास जाता था, मगर यह सात वर्षसे पहलेकी बात थी। दस वर्षकी उम्रमें उसे पिताके साथ करॉची जानेका मौका मिला। चौदह-पन्द्रहकी उम्रमें उसने सरहिन्द, देहली और शिमला भी देखे, जिससे उसकी दृष्टि व्यापक हो गई। दस-ग्यारह सालकी उम्र तक कुर्बानको हिन्दू-मुसलमानका भेद नहीं मालूम था। मॉडल स्कूलके उसके सहपाठी बच्चे जब बाप-चाचा-तायाके नाम पूछते, तो कुर्बानके चाचा ताया अधिकतर सिक्ख और हिन्दू होते। लड़के आश्चर्यके साथ सवाल करते—करमइलाहीके भाई सिंह और राम कैसे हो सकते हैं? इस समय कुर्बानको पता लगा, कि हिन्दू और मुसलमान अलग-अलग जातियाँ हैं। कुर्बानको अपना कोई चचा नहीं था। लेकिन बापके जिन हिन्दू सिक्ख दोस्तोंकी गोदमें वह खेला करता, साथ खाता, उन्हें वह चचा कहता। फिर पूछे जाने पर उसे क्यों न दुहराता? हिन्दू-मुस्लिम भेदका सबसे कड़वा सबक एक सहपाठी हिन्दू लड़केके घरपर मिला। एक दिन वह अपने दोस्तका कोठीपर चला गया था। प्यास लगी थी। पानी आया। नौकरने कुर्बानको चुल्लूमें पानी पिलाया और अपने मालिकके लड़केके हाथमें गिलास दे दी।

कुर्बानने इसे सख्त अपमान समझा, और फिर कभी उस कोठीमें नहीं गया। आगमें घी डालनेवाले उसके अपने स्कूलके एक हिन्दू शिक्षक हुए। चौदह सालकी उम्र (१९१६)की बात है। कुर्बान पढ़नेमें कहीं भूल गया, अध्यापक उसे पीटते जा रहे थे और साथमें कह रहे थे "ओ मुस्ल्या। आ! मै तेरा कोडमा खामाँ!" (ओ मुसल्ले! आ मैं तुझे कबाब बनाकर खा जाऊँ।)

महायुद्ध छिड़ा हुआ था। पहले साल (१९१५में) कुर्बानको इतना ही मालूम हुआ, कि लाहौरके कालेजोके ११-१२ लड़के भाग गये। लाहौरमें खूब सनसनी थी, लोग कह रहे थे—"वे तुर्कोंके पास चले गये। तुर्कीमें मुसलमानोंका राज्य है।" तेरह सालके कुर्बानको उनका यह काम बहुत पसन्द आया। अपने कितने ही बन्धु-बान्धवोंकी तरह वह जर्मनी और तुर्कीकी जीत मनाता था। तुर्की और इस्लाम उसके लिए नये खुदा थे। वह "जमींदार" अख़बार पढ़ता था। नवें दर्जेमें पढ़ते वक्त उसे मालूम होने लगा, कि निरंजनदास जैसे हिन्दू अध्यापक उसे मेट्रिकमें फेल करा देगे, इसलिए उसने पिताके रोकनेपर भी मॉडल स्कूल छोड़ देनेका निश्चय कर लिया, और १९१८की अप्रैलमें इस्लामियाँ स्कूल (शेरांवाला दरवाजा)में दाखिल हो गया। यहाँ सारे ही लड़के मुसलमान थे। बृहत्तर-इस्लामवादकी बड़ी चर्चा थी। कुर्बान सोचता, मुझे भी १९१५मे भगे विद्यार्थियोंकी तरह इस्लामकी सेवा करनी चाहिए। लड़ाईके आखिरी सालोंमें घरकी हालत बहुत खराब हो गई थी। इसलिए कुर्बानको खर्च-वर्चकी बड़ी कठिनाई होने लगी। कुर्बानने सालके अधिक भागमें पढनेकी ओर ध्यान नही दिया, लेकिन आखिरी चन्द महीनोंमे इतनी तैयारी कर ली, कि अध्यापक कहते—"यदि पहलेसे मालूम होता, तो हम तुमपर खूब मेहनत करते।" कुर्बानने १९१९में मेट्रिकको दूसरे डिवीजनमें पास किया। अलजेब्रा और ज्यामिति अच्छे थे मगर अंकगणित कमजोर था।

प्रथम राजनीतिक चेतना—सरकारी अखबारने रूसी बोल-

शेविकोंके बारेमें लिखा था, कि वे चोर और डाकू हैं। कुर्बान कहता—चोर डाकू ही सही, चीजोंको गरीबोंमें बाँट तो देते हैं। कुर्बानका ज्ञान बोलशेविकोंके बारेमें इससे ज्यादा नहीं था। हाँ, स्कूलके आखिरी दिनों में रोलट कानूनके खिलाफ आन्दोलन शुरू हो गया था, उसके लिए सभायें होती थी। कुर्बान उनमें जाता। छै अप्रैल (१९१९)के रविवारको रोलट कानूनके विरुद्ध सारे भारतमें जबर्दस्त प्रदर्शन हुआ था। उस दिन लाहौरकी सड़कोंपर लाखों नंगे सिर चल रहे थे। कुर्बान लोहारी दरवाजेसे ही जलूसमें शामिल हो गया। जलूस अनारकलीमें घूमता मार्केटके पास गया। सामने मशीनगन लगाई हुई थी। जलूसपर घोड़े छोड़े गये। उस समयके गरम राष्ट्रीय नेता डॉ० नारगने जलूसको उलटा-सीधा समझाया और वह तितर-बितर हो गया। लोग गोलबागकी ओरसे ब्रेडला हॉलकी ओर पहुँचे। कुर्बानने उस नज़ारेको देखा, जबकि लाहौरके प्याऊओंमें हिन्दू-मुसलमान एक गिलास में पानी पी रहे थे। मार्शल लॉसे दो दिन पहले शाही मसजिदकी उस विराट् सभाको भी कुर्बानने देखा, जिसमें लाखों हिन्दू-मुसलमान देशभक्तिके व्याख्यान सुन रहे थे और ऊपर आसमानमें हवाई-जहाज मंडरा रहे थे। तरह-तरहके नारे लगाये जा रहे थे, और "भारतमाताकी जै"के साथ "इस्लाम जिन्दाबाद" भी हो रहा था। कुर्बानके जोशका पारा बहुत ऊँचा चढ़ा हुआ था। सभासे बाहर निकलकर हिन्दुस्तानी सैनिकोंको देखते ही उसने कहना शुरू किया—"तुम हिन्दुस्तानी हो, तुम्हें शरम नहीं आती। तुम हमारे ऊपर बन्दूक तानते हो। तुम मुसलमान नहीं हो। पेटकेलिए इतना नीच कर्म ?" किसी सिपाहीने जवाब दिया—"कौन है, जिसके पीछे हम चलें। कौन हमें विदेशियोंसे लड़ानेकेलिए तैयार है ?" कुर्बानने महसूस किया, कि इस "कौन"का उसके पास जवाब नहीं है। शाही मसजिदसे थोडा आगे चलकर जब लोग नौगजेकी कब्रके पास पहुँचे, तो गोली चली—यह जलियाँवाला-काण्डसे कुछ पहलेकी बात है। यहीं तरुण मुंशीने नौ गोलियाँ खाईं;

लेकिन उसने पीठ नही दिखाई। मुंशी एक अनाथालयमें पला तरुण था। चन्द ही दिन पहले उसने शास्त्रीकी परीक्षा दी थी। उसके शहीद होनेके बाद परीक्षा-फल निकला, वह पास था ! लोग लाहौरके एक चापलूस नवाबको गालियाँ दे रहे थे। "उस"······गंजेने लोगोंको मरवा दिया।"

इधर घरमें बेचैनी थी। पिता इधर-उधर ढूँढ़ रहे थे। पिताने डब्बी बाजारमे देखा और उसे पकड़कर घरमें बन्द कर दिया। कही भी आने-जानेका रास्ता नही रखा गया था। घरमें बन्द मजबूर कुर्बान उस समयके एक प्रसिद्ध गीतको गाया करता "या इलाही खानये-अग्रेज गिरजा गिर जा"।

कुछ मास बाद परीक्षाका फल निकला। कुर्बानको पास होनेकी खुशी हुई। अब उसकी इच्छा हुई कॉलेजमे दाखिल होनेकेलिए। पितासे कहा। पिताने उत्तर दिया—"देख लो बेटा ! घरकी हालत"। १७ सालका कुर्बान घरकी हालतको अच्छी तरह समझता था और साथ ही उसके मनमें राजनीति, कालेजकी पढ़ाई और मुसलमान-देशोंमें जानेकी बड़ी इच्छा थी। घरसे पैसा लेकर पढनेकेलिए वह नही कह सकता था। वैसे भी पिताकी तनख्वाहसे घरकी रोजी चलाना मुश्किल पड़ रहा था।

नौकरी और पढ़ाई—कुर्बानने रोजी कमाते हुए पढ़ाई जारी रखनेका निश्चय किया। अगस्तमे रेलवेमे टेलीफोन-ऑप्रेटरका काम मिला। लेकिन उससे पढ़ाईमे अड़चन होती, इसलिये महीने भरके बाद ही उसने इसे छोड दिया। लड़ाई खतम हो चुकी थी। कितने ही दफ्तर और महकमे तोड़े जा रहे थे। सैनिक हिसाब-किताब-विभागके तोड़नेके दफ्तरमें कोई जगह थी। कुर्बानको रिश्वत देनी पड़ी और साठ रुपयेकी नौकरी मिल गई। घरवाले खुश थे। कुर्बान शामके समय वाई० एम्० सी० ए०में शार्टहैंड और टाइप-राइटिङ्का काम

सीखने जाता। लेकिन मार्शल-लॉके दिनोंके राजनीतिक प्रभावको वह मनसे हटानेमें न समर्थ था और न जलियाँवाला कांड ही उसे भूल सकता था। उसके दफ़्तरमें अंग्रेज अफसरोंके पास पिस्तौल होते थे। कुर्बान इस ताकमें था, कि किस तरह पिस्तौल उड़ाई जाय। एक दिन एक अफसर अपने कमरेसे बाहर निकला, तो उसकी कमरमें पिस्तौल नहीं थी। कुर्बानने समझा, भीतर छोड़ आया होगा। वह भीतर घुसकर इधर-उधर ढूँढ़ने लगा। पिस्तौल तो नहीं मिली, लेकिन इसी बीचमें अफसरने आकर कुर्बानको पकड़ लिया। उसपर चोरीका इलजाम लगाकर पुलिसमें भेज दिया गया। घरवालों और खानदानकेलिए बड़ी शरमकी बात थी। कुर्बान असली मतलब को बतला भी नहीं सकता था। उसने कहा "मैं पेन्सिल ढूँढने आया था"। अदालतको गवाही संतोषजनक नहीं जान पड़ी, उसने कुर्बानको छोड़ दिया। दो महीनेकी नौकरी यहीं खतम हो गई।

हिजरत (देश-त्याग)—अब १६२० सन् था। कुर्बान अब भी "शार्टहैंड और टाईप-राईटिंग सीख रहा था और नौकरीकी तलाश भी करता रहता था। इसी समय खिलाफतके नेताओंने सच्चे मुसलमानों को हिजरत (देश-त्याग) करके इस्लामिक देशोंमें चले जानेका फतवा दिया। कुर्बान खिलाफतकी सभाओंमें जाता और वहाँके जोशीले व्याख्यानोंको सुनता। मजहबी होनेसे पिता भी इन सभाओंमें जाया करते, इसलिये कुर्बानके जानेमें कोई सन्देह नहीं करते थे। कुर्बान के दिमागमें फिर पाँच साल पहले लाहौरसे भगे विद्यार्थियोंका ख्याल आने लगा। कुर्बानने अपने स्कूलके सहपाठियोंसे बातचीत की, और अन्तमें हिजरत करनेका निश्चय कर लिया। हिजरत करनेवालोंके जत्थेमें शामिल होनेकेलिए कुर्बान घरसे निकला। देखा छोटा भाई नूरइलाही भी पीछे-पीछे आ रहा है। घुड़ककर उसे चाँटे लगाये। नूर ने जाकर पिताको खबर दी। कुर्बान लाहौर-स्टेशनपर जा हिजरतवालों की जमातमें शामिल हो गया। किसी रिश्तेदारने देख लिया। न मानने

पर पुलिसके द्वारा पकड़वाकर वहाँसे निकाला और घर लिवा लाये। पिता भी देरसे खोजमें निकले थे और निराश होकर लौटे थे। पुत्र को देखते ही वह आपेसे बाहर हो गये और फिर डण्डेसे पीटना शुरू किया। आज भी कुर्बानके दाहिने पैरमें उस समयकी पिटाईका एक निशान मौजूद है। सारा शरीर लोहूलुहान हो गया। जो बचाने आया वह भी पिटा। अब घर कुर्बानकेलिए पक्का कैदखाना था। जेलरकी घरसे निकलनेकी इजाजत न थी। लेकिन, कुर्बानने कहा "हम नमाज पढ़ने तो जरूर जायेंगे।" पिता अल्लामियाँके खिलाफ जहाद बोल नहीं सकते थे, उन्होंने उत्तर दिया—"मै साथ होऊँगा, तो जा सकोगे।" एक दिन मसजिदमें नमाज पढ़नेवालोंमेसे किसीने कुर्बानसे हिज्रतके बारेमें पूछ दिया, कुर्बानने कहा—"मै सैद्धान्तिक तौरसे तो इसे जरूर मानता हूँ।" पिताने वही कई थप्पड़ लगाये, फिर घरमें लाकर बन्द कर दिया। पिता गरीब थे। सिर्फ घरपर बैठकर रखवाली तो नही कर सकते थे। उन्हें किसी कामकेलिए कलकत्ता जाना था। आत्म-सम्मान और क्रोधकी साक्षात् मूर्ति मलिक करमइलाहीका दिल काँपने लगा, जब उन्होंने सोचा कि कुर्बान मेरी अनुपस्थितिमे कही भाग जायेगा। उन्हे छोटा बनना पड़ा और गिड़गिड़ाते हुये पुत्रके पैरोंमें अपनी पगड़ी रख करके कहा—"बेटा! तुम भागना नही।"

कुर्बान इन्तिजार कर रहा था कलकत्तासे पिताके पत्र आने का। पत्र आया। जेवर छिपा दिये गये थे। लेकिन कुर्बानने कीलोंसे ट्रंकों को खोलकर २०० रुपये और कुछ कपड़े निकाले। सौभाग्यसे वह रमजानका महीना था। मा रोजा रख रही थी और कोठेके ऊपर ही सोती थीं। किसी बहानेसे नीचे उतरनेका कुर्बानको अच्छा मौका मिला। कुर्बानने अपने एक दोस्तको इस्लामकी कसम दिलवाकर उसके पास यतीमखाने (अनाथालय) में सामान भिजवा दिया। फिर मांसे कहा—"अम्मा! यहां बाजारमें घी अच्छा नही मिलता। ईद-केलिए अच्छा घी चाहिये। मेरे दोस्तके गाँवमें खूब अच्छा घी मिल

रहा है।" पंजाबन मा घीके नामपर बातमें आ गई और पुत्रको कनस्तर देकर कहा—"जा बेटा! घी ले आ। अच्छा घी लाना, दाम चाहे दो पैसा ज्यादा ही लगे।"

कुर्बान समझ रहा था, मैं अब सदाकेलिए अपने देशको छोड़ रहा हूँ, फिर माँ और भाइयोंको देखनेका सौभाग्य नहीं मिलेगा। छोटा भाई सो रहा था। एक बार कुर्बानका दिल ज़ोर मारने लगा, कि उसे चूम ले, मगर भेद खुल जानेकी डरसे उसने वैसा नही किया। अप्रैल (१९२०)का आरम्भ था, जबकि कुर्बानने घर छोड़ा। स्टेशन पर उसका एक मुहल्लेवाला साथी मिला। उससे भी कहा कि घी लेने जाता हूँ। एक दूसरे दोस्त मिल गये। हिजरत करनेकी बात करनेपर कुर्बानने कहा—"कम्बख्त! चलना है तो चल।" हिजरत करनेवालोंमें मुहल्लेके भी दो नौजवान थे। कुर्बानका दिल तब तक धक्-धक् करता रहा, जब तक कि पेशावरकी गाड़ी हिली नहीं। उसने अल्लामियाँ से दुआ माँगी। कुछ ही समय बाद एक परिचित टिकट-चेकर आ धमके, उन्होंने पूछा "कहाँ जा रहे हो?" कुर्बानने कहा—"शादीपर जा रहा हूँ।" "हिजरतवाली शादी तो नहीं?" कुर्बान सकपकाये, लेकिन दोस्तने कहा—"मैं तेरे घर नहीं कहूँगा। चल रावलपिन्डी तक मैं भी चल रहा हूँ।" उसने दूसरोंसे टिकटके पैसे लिये, मगर कुर्बानको छोड़ दिया। कुर्बानने सोचा था, रावलपिन्डीमें उससे पेशावरका टिकट मंगवा लूँगा। मगर वहा वह भीड़मे ऐसा गुम हुआ कि मिला ही नही। लाचार कुर्बानको बेटिकट ही पेशावरमें उतरना पड़ा। उसने टिकट लेने वालेके हाथमें चुपकेसे अठन्नी रखी और कटघरेसे बाहर हो गया।

स्टेशनपर खिलाफतके वालंटियर मुहाजिरों (हिजरत करनेवालों) की सेवाकेलिये मौजूद थे, उन्होंने टाँगेपर बैठाकर कुर्बानको अपने दफ़्तरमें पहुँचाया। कुर्बानका दिल अब भी पीपलके पत्तेकी तरह हिल रहा था। उसने वालंटियरोंसे कहा—"मुझे अभी सरहद्द पार करा दो, कहीं घरसे कोई चला न आये।" उन्होंने कहा—"पहला काफिला जा

चुका है। अलग जानेमें खतरा है। पांच-सात दिन ठहरिये। फिर दूसरे काफिलेके साथ भेज देंगे।" कुर्बानने झल्लाकर कहा—"तो तुम मुझे लाहौर ही भिजवाओगे।" बेबस था, बेचारा कुर्बान क्या करता! रातको मारे चिन्ताके देर तक नींद नहीं आयी। सबेरे चारपाईसे अभी उठ भी नहीं पाया था, कि मामाजी सामने मौजूद। उन्होंने डाँटते हुए कहा—"चलो मांको देखो, वह रोती-पीटती मरी जा रही रही है।" मामाजी सूफी थे। कुर्बानने दूसरा हथियार इस्तेमाल किया—"मामूजी! मा बहुत बुजुर्गहस्ती है; मगर यह धार्मिक काम है?" इसका जवाब तो था नहीं, वह यही दोहरा रहे थे—"मा-बापकी इज्जत करना फर्ज है।" हां, सूफियानी बातसे वह कुछ नरम ज़रूर पड़े। वहाँ मुहाजिरोंकी काफी भीड़ थी। धर्म-चर्चा चल रही थी। देर तक बैठना था। कुर्बानने अपने पूर्वपरिचित वालंटियरसे कहा—"आखिर मारे गये न हम? बचा सकते हो तो बचाओ।" वालंटियरने कहा "कोई चिन्ता मत करो।" मकानमें दो रास्ते थे। मामूजीने सिर्फ एक रास्तेपर नजर रखी थी। वालंटियरने कुर्बानकी टोपी बदल दी, सामान वहीं छुड़वाकर दूसरे रास्ते से एक अँधेरे तहखानेमें पहुँचा दिया। मामूजीने जाकर पुलिसमें सूचना दी। पुलिसने दर्रा-खैबरके अफ्सरोंको कुर्बानको रोकनेकेलिए आदेश किया। वह वालटियरोंको भी दिक कर रही थी। लेकिन जिस वालटियर को मालूम था, उसने पता नहीं दिया। कुर्बानका अँधेरेमें भूतोंसे डरना इस अँधेरे तहखाने ने छुड़वा दिया। तीन रात तक उसे एक तहखानेसे दूसरे तहखानेमें बदलते रहे। पिताकी मारका घाव अब भी पैरमें था, इसलिये दवा लगवानेकेलिए बाहर आनेकी मजबूरी थी। एक रात कुर्बानने स्वप्नमें देखा कि पिता आ गये, पुलिसने आकर पकड़ लिया। ख्वाब टूट जानेपर भी कुर्बान बहुत परेशान था। उस तहखानेमें रात-दिन दोनों बराबर थे, इसलिये कब सबेरा है और कब दिन, यह पता नहीं लग सकता था। वालंटियर तीन मिनट तक आवाज देता रहा, मगर भयत्रस्त कुर्बानने कोई जवाब नहीं दिया। उसने समझा कि सचमुच ही

कोई पुलिस लिवा लाया है। इसके लिये वालंटियरको शरमिंदा भी करना चाहा। वालंटियरने ढारस बँधाया।

पुलिस जिस तरह पीछे पड़ी हुई थी, उससे खैबरके रास्ते कुर्बान को खुलेआम नहीं भेजा जा सकता था। आखिरमें मौलाना अब्दुर्रहीम पोपलजईने स्वतंत्र कबीलोंके इलाकेसे अफगानिस्तान भेजनेका इंतजाम किया। कुर्बानके साथ तीन और पेशावरी लड़के थे।

स्वतंत्र कबीलोंमें—चारों नौजवानोंको एक राहबल्द (पथ-प्रदर्शक) मिला। वह लोग टाँगेसे दस-बारह मील चलकर अंग्रेजी सीमान्तपर किला-शबकदर पहुँचे। एक मसजिदमें छिपे रहे। सरहदपर गश्त लगानेवाली फौजी टुकड़ी जैसे ही निकल गई, वैसे ही राह-बलदने चारों जवानोंको सीमाके पार कराया। फिर "ज़ेर्-त-राशा" (जल्दी चला आ) कह रास्तेके खतरेको बतलाता जाता था। कुर्बानके साथियोंकी मातृभाषा ही पश्तो थी, कुर्बानने बस इतना ही सीखा था "जोड़े," "तड़ा मूशे", "ख़ार मूशे" (अच्छे तो हैं न ?)। अँधेरा होते ही उन्होंने सरहद पार की। जल्दी-जल्दी पैर बढ़ाते वह चले जा रहे थे। रातके बारह बजे गदहे-खच्चरवाले सौदागरोंके एक काफिलेसे भेंट हुई। दस-पंद्रह मिनिट और चलनेके बाद एक पहाड़ी चश्मेपर पहुँचे। यहाँ कुछ देर ठहरे। रोजों के दिन थे, फिर इतना तेज चलना—थक गये। दो घन्टे बाद चाँदनी निकली। राह-बलदने फिर चलनेकेलिए कहा। यह अफरीदियोंका इलाका था। यद्यपि फटे सलवार और कुर्तेके साथ दाढ़ी ढँकी पगड़ीमें कुर्बान अफरीदी बना लिया गया था, मगर कोई पूछ बैठता, तो क्या करता ? हर समय किसी डाकूके आ धमकनेका डर था, इसलिए राह-बलद बराबर जल्दी-जल्दी कर रहा था। पथरीली पहाड़ियाँ थीं, जिनसे कभी-कभी पत्थर भी गिरते थे। सड़क नहीं, पगडन्डीका रास्ता था। कुर्बान और उसके साथी थके हुए थे। ऊपरसे नींद बराबर पलकोंको नौ-नौ मनकी बना रही थी। काफिलेके संगसे बढ़कर ऐसे स्थानोंमें सुरक्षित यात्रा नहीं हो सकती, इसीलिये राह-बलदने इन लोगोंको सोनेकी इजा-

जत नही दी। कुर्बान नींदके नशेमें गर्क कभी अपनेको काफिलेके अगले छोर पर पाता और कभी पिछले छोर पर। उसके अर्धसुप्त मस्तिष्कमें बीच-बीचमें गदहों और खच्चरोंकी घन्टियाँ टन-टन कर रही थीं। इसी तरह सबेरे तक चलते रहे। अब यहाँ दो रास्ते होते दिखाई पड़े। काफिलेने दाहिनेका रास्ता पकड़ा और देश-त्यागियोंने बाये का।

राह-बलदने कहा—हम बहुत खतरेंकी जगहमें हैं। जरासी गफलतमें हमारे जानकी खैर नही। कुर्बानसे कहा—"तुम चुप रहना और बराबर तसबीह पढते रहना। कोई पूछेगा, तो मैं कह दूँगा, ये हाजी हैं। ख़बरदार! 'तड़ामूशे खारमूशे' छोड़ और कुछ न बोलना।" उसने यह भी कहा—"इधर अंग्रेजोंका ज्यादा प्रभाव है, इसलिए अमानुल्लाकी बात ज्यादा नही करना।" बाकी तीनों पठान तरुणों को राह-बलद ने शाह-अमानुल्लाके छोटे-बड़े राजदूत बना दिये। आगे एक गाँव मिला, जिसके चारोओर किलाबन्द कच्ची दीवारें थी। गाँवके बाहर एक मसजिद थी। राह-बलदने मुल्लासे कहा, हम मुसाफिर हैं। हरएक पठानकेलिए घर आये मुसाफिरको शरण देना और उसके सामने रूखा-सूखा हाजिर करना जरूरी कर्त्तव्य है। मुल्लाने लड़कोंको गाँव में भेजा। वह घरोंसे रोटियोंके टुकड़े—साबित रोटी नही—नमककी डली और दो-एक ताजे प्याज माँग लाये, साथ ही एक आफताबा (लोटा) छाछका भी। पाँचों जनोंने खाया; मगर पेट कहाँ भरनेवाला था? राह-बलदने कहा कि बस्ती बहुत गरीब है।

दूसरे दिन दिनभर चलते रहे, कहीं-कहीं दाये-बायें कुछ हटकर बस्तियाँ भी दिखाई पड़ती। जमीन चटियल पहाडी थी। घास-बास का पता नही था। यह था असल अफ्रीदी इलाका। सबसे कठिनाई पानी की थी, जहाँ मिलता दो-चार बूंद पी लेते—रोजा था, मगर मजबूर। पासकी रोटियोंमेंसे दो गाल मार लेते और फिर चल देते। भूख बहुत सता रही थी, हरएक के पास १५-२० सेरका बोझ भी था, लेकिन थे ज्यादातर कपड़े-लत्ते! कुर्बान पछता रहा था, कि कपड़ेकी जगह कुछ रोटियाँ

क्यों नहीं बाँध ली। दिन एक घन्टा रह गया था, जब फिर सुबह जैसा एक और गाँव मिला। मुहाजिर (देशत्यागी) बाहर मस्जिदमें ठहरे और कलान्तर (कमांडर)के पास सन्देश भेज दिया। थोड़ी देरमें कलान्तर आ पहुँचा। वह बड़े तपाकसे मिला और बोला—"पैर धोओ, रातको यही रहना है।" नमाज खतम होते ही दस-बारह सेर दूधका घड़ा, घी, मीठा और रोटियाँ आगईं। दस्तरखान बिछा दिया गया। कलान्तर (मुखिया) खुद रोटियों को तोड़-तोड़ कर दूध में डाल रहा था। राह-बलद ने कलान्तरको बतलाया—"ये लाहौरी नौजवान मुहाजिर हैं, अंग्रेजी राज्यके विरुद्ध इन्होंने हिजरत की है।" सब मीठे और दूधमें भीगी रोटियोंका गफ्फा मार रहे थे और साथ ही बात भी जारी थी। कलान्तरने बतलाया कि अमुक-अमुक गावों में बहुत सावधान रहना। उसने अंग्रेजोंकी अफ्रीदियोंके ऊपरकी दो-तीन चढ़ाइयोंकी बातें बताईं। बमकी चोटने उसे भी लँगड़ा बना दिया था। अमानुल्ला और अंग्रेजों की लड़ाईमें उसने अपने यहाँसे वालंटियर भी भेजे थे। वह कह रहा था—"क्यों नहीं तुर्क, अमानुल्ला और हम (अफ्रीदी) अंग्रेजोंपर हमला कर दें!"

राह-बलद बोल उठा—"इन्शा-अल्ला होगा।" रातको पाँचो जने मसजिदके हुजरेमें सोऐ। कलान्तरने उनकेलिये सशस्त्र पहरेका इन्तिजाम कर दिया। रोजा तो ऐसा ही वैसा चल रहा था, मगर कलान्तरने सलाह दी थी—"रास्ता बहुत सख्त है, कल रोजा मत रखना।"

सुबह उठे। कलान्तरके दिये दो बन्दूकवाले रहकों (बदरकों)के साथ चल पड़े। कलान्तर अपने खेतों तक पैदल पहुँचाने आया। बगलगीर हो चूमकर दुआ दे बिदाई लेते वक्त उसने कहा—"खुदा वह दिन जल्द लाये, जिस दिन हम सब मिलकर अंग्रेजोंके खिलाफ जहाद करेंगे।"

चलते-चलते एक गावमें पहुँचे। पठानियाँ पानी भर रही थीं। कुर्बानके साथीने पानी माग दिया। पठानियोंकी ज़बान तेज चलने लगी—

"रोजेके दिन पानी मांगते हो ? तुम बेदीन हो। तुम्हारी रक्षाका कोई जिम्मेवार नही होगा।" बड़ी मुसीबतमें फँसे। पिछले कलान्तरके दिये दोनों बत्रके यहाँसे लौटनेवाले थे और उनकी जगह नये बत्रके लेने थे। खैर, राह-बलदने किसी तरह हाथ-पैर जोड़कर औरतोंको समझाया। वे चली गईं। पाँच रुपयेमें आगेकेलिए दो नये बत्रके ले, अब वे बड़ी पहाड़ियोंमें दाखिल हुये। स्थान बिलकुल सुनसान बयाबान था। किसी-किसी उचाँसपर कारतूसकी पेटियोंको शरीरमें लपेटे हाथमें बन्दूकलिए लाल आँखोंवाले पठान दिखाई पड़ते। राह-बलद कहता—"खामोश, ये डाकू हैं; पास-पास चलो।" कुर्बानको सचमुचही विकट दाढ़ियोंमें उनकी लाल-लाल आँखे बहुत भयंकर मालूम होती थीं। उसे ताज्जुब होता था कि आँखें इतनी लाल क्यों हैं। उसे पता नहीं था, कि कानकी मैल डालकर आँखें लाल बनाई जाती हैं। पाँच रुपयेपर लिए दोनों बत्रके इन्हीं जैसोंके हमलेसे बचानेकेलिए थे; यद्यपि वह इन दो बन्दूकोंसे उतना नही डरते थे, जितना कि इसके कारण सदाकेलिए जारीहो जाने वाली कबीलेके भीतरकी आपसी लड़ाईसे। चन्द घन्टे और चलनेके बाद फिर पहाड़ोंपर दरख्त दिखलाई पड़ने लगे, जिनमें शीशम ज्यादा थे। कहीं-कहीं कुछ चीड भी खड़े थे।

अफगानिस्तानमें—तीन-चार कमरेकी एक टूटीसी इमारत थी, जिसमें जहाँ तहाँ पठानोंके सूखे तम्बाकूकी राख पड़ी हुई थी। जगह बड़ी सुनसान-सी थी। साँय-साँयकी भयानक आवाज़ चारों ओरसे आती मालूम होती थी। ये लोग चार बजे शामको पहुँचे थे। बहुत खुश थे—"अल्लाने राजी-खुशीसे यहाँ पहुँचा दिया।" फिर आगे बढ़े। कबीलोंकी भूमि—जहाँ हर क्षण मौत सरपर मँडरा रही थी—से निकल-कर, सामन्तशाही अफगानिस्तानमे अपनेको पाकर लोग बेपरवाहसे होने लगे और बिलकुल एक साथ मिलकर चलनेकी जगह बिखरकर चलना शुरू किया। साथी कुछ पीछे रह गये थे। बत्रकाके साथ रह गया था कुर्बान। कुर्बानके हाथमें एक हैंडबेग था। बत्रकोंने इशारेसे कहा

फिर बन्दूक दिखलाकर संकेत किया—"यह हैंडबेग दे दो।" दे देनेपर उसे खोलनेकी कोशिश करने लगे। नहीं खुला। कुर्बानको धमकाया। कुर्बानने खोल दिया। उसमें थे पहने हुए पुराने बूट। बतूरके गुस्सेसे आग-बगूले हो गये। उन्होंने बन्दूक तानकर कुर्बानकी छातीपर रखदी। कुर्बानको मौत सामने दिखलाई दे रही थी। दोस्त काफी दूर छूट गये थे और उनके पास आवाज पहुँचनेके पहलेही काम तमाम हो जानेका डर था। कुर्बानने बगलमें छिपाये दस रुपयों और पाच आने पैसेको उनके हाथमें रख दिया। बतूरकोंने पांच आने पैसे लौटा दिये, शायद यह रोजा खुलवानेकी पुण्य लूटनेकेलिए। थोड़ी देरमें साथी आ गये। राह-बलदने सारा किस्सा सुना। उसने गाली देते हुये बतूरकोंपर पत्थर मारना शुरू किया। वह बन्दूक ताने हुये पीछेकी ओर हटते गये, और मुँहसे कहते जाते थे—"जब तक अगले गाँवमें नहीं पहुँच जाते, तब तक तुम्हारी रक्षा करना हमारा कर्तव्य है।" रुपया लूटना या रुपयेकेलिए मार देना पाप नहीं, मगर कबीलाशाही धर्म इसे बरदाश्त नहीं कर सकता, कि उसकी रक्षामें आये आदमीको कोई दूसरा मारे और लूटे। उन्हें कोई पत्थर नहीं लगा और गोलियाँ तो शायद एक दूसरे कबीलाशाही पठानपर वह चला नहीं सकते थे। अब वह अफ़गानिस्तानकी सुरक्षित भूमिमेंही नहीं आगये थे, बल्कि अगले गाँवके पास उनके सामने हरियालीसे लहलहाते खेत थे। गाँवमें भी अब किलेबन्दी नहीं थी, क्योंकि कबीलेशाहीकी तरह हरएक गांवको अपनी रक्षाका सारा भार अपने ऊपर नहीं लेना था। सामन्तशाही अफ़गानिस्तानके बादशाहने काबुलमें बैठ उनके ऐसे हजारों गाँवोंकी रक्षाका भार अपने ऊपर ले रखा था। कुर्बानने यहां कबीलेशाही और सामन्तशाहीका साफ़ फर्क देखा। कबीलेशाहीमें मनुष्य या उनके भाई केसे नेता स्वय बादशाह जैसे हैं, मगर तब भी आदमीके सिरपर हर वक्त मौतकी साया बनी रहती। सामन्तशाहीमें मनुष्यको ऐसी सायाका डर नहीं रहता, मगर वह अपने सामन्तका गुलाम जैसा है। लोग काबुलके पहले

गाँवमें दाखिल हुये। खूब बड़ी मसजिद थी। मुल्लाने शामको नमाज पढ़ी। आवाज दे दी गई। खूब दूध तंदूरी-रोटी और मीठा दो दिनके खाने भरका आगया। लोगोंको मालूम हुआ, उनके शरीरका अंगुल-अंगुल रस्सीसे जकड़कर बाध रखा गया था और वह अभी खोल दिया गया है। तीन-चार दिन बाद ऐसी जगह मिली, जहाँ वह खुलकर साँस ले सकते थे, छूटकर हँस-बोल सकते थे।

दूसरे दिन फिर चले। थोड़ी दूरपर बाईं तरफ काबुल नदी बह रही थी और खेतोंके फूल, वृक्षोंके पत्ती वसन्तकी बहार दिखला रहे थे। पथ-प्रदर्शकने बतलाया कि आगे चलनेके दो रास्ते हैं—यदि पहाड़ीको चढ़कर पार करो तो दो घन्टेमें हम अगली जगह पहुँच जायेंगे, नहीं तो दिनों लगेंगे। मुहाजिरोंने पहाड़की चढ़ाईके रास्तेकोही पसन्द किया। जिस समय रास्तेके सबसे ऊँची जगहपर पहुँचे तो कुर्बानको "तुज़ुक जहाँगीरी"के वर्णित सुन्दर दृश्य याद आये। दो-तीन बजे वह कामह गाँवमें पहुँचे। यह जलालाबादके एक विभागका हेडक्वाटर था और नायबुल्-हकूमत यही रहता था। राह-बलद चारोंको मसजिदमें ले गया। थोड़ी देरमें उनकी मौलाना हबीबुर्रहमानसे भेट करा दी। अब कुर्बानि और मौलानाकी पंजाबी चलने लगी। पेशावरसे आये राह-बलदका काम खतम हुआ। वह यहाँसे लौट गया।

नायब साहबको पता लगा। उनके आदमीने शामको रोजा खोलनेकी दावत दी। स्वीकार करना ही था। मौलानाने कहा—"यह दावत ऐसी वैसी नही है, यह है बातचीत करके राजनीतिक भेद लेनेकी"। तुम लोग कम बोलना, मुझे ज्यादा बोलने देना। खानेके समय नायब साहबने सचमुचही राजनीतिक बात छेड़ दी। बात सारी फारसीमें हो रही थी। यद्यपि बोली जाने वाली फारसीसे कुर्बानके कान परिचित नहीं थे, इसलिये वह सारी बातको पूरी तरहसे समझ नहीं पाता था। लेकिन उसे तो "बले साहब" (हा साहब) भर कहना था। कुर्बानकी जान नहीं छूटी, यद्यपि वह उम्रमें सबसे छोटा सिर्फ १८ सालहीका था। तो भी

राजनीतिक जानकारी उसेही सबसे ज्यादा थी, इसलिये नायब साहब कुर्बानके जवाबसे ज्यादा सन्तुष्ट हुये।

कामदमें इसी तरह रोज रातको नायब साहबके यहाँ दावत रहती और दिनभर लोग सोते रहते। नायबने जलालाबाद खबर दी और आठ दिन बाद वहाँ भेजनेकेलिए हुकुम आया। चारों आदमी घोड़ोंपर सवार करके रवाना किये गये। उन्हें रास्तेमें तीन बार नदीको चमड़ेकी मशकोंवाली नावसे पार करना पड़ा। १६१५के भागे विद्यार्थियोंमें मौलाना जफ़रुलहसन उस समय जनरल नादिरखाँके प्राइवेट-सेक्रेटरी थे। उन्हींके आलीशान मकानमें चारोंको ठहराया गया। जनरल साहब ने रोजा खोलनेके समय आनेकेलिए निमन्त्रित किया। चारों जने वहाँ पहुँचे। जनरल बड़े प्रेमसे मिले—"बहुत खुशी हुई, कहाँसे आये? मुल्केमा मुल्केशुमास्त। (मेरा देश तुम्हारा देश है)।" "तुर्किस्तान में हमारी बहुतसी जमीन पड़ी हुई है। हमारे बादशाह-गाज़ी हर आदमीको पाँच-पाँच जरीब (एकड़) ज़मीन देनेकेलिए तैयार हैं।" "आप दारुल्-हरबसे दारुल्-अमनमें (युद्ध-गृहसे शान्तिगृहमें) चले आये।" "अपने घरमें चले आये"।

कुर्बान फूला नहीं समाता था। कबीलाशाही भूमिके सारे कष्ट और भय भूल गये और उसने सोचा—"इस्लामकी भूमि कितनी सुन्दर है।" चारों जने अब शाही मेहमान थे। जेनरलके कहनेपर कुर्बान (चौधरी कुर्बान) ने काबुलके पत्र "इस्लाह" केलिए एक छोटासा लेख लिखा, जिसमें अफ़गानिस्तान की मेहमान-नेवाज़ीकी तारीफ़ थी।

रातको निमन्त्रण था, सूबेके फ़ौजी हाकिम दूसरे जनरलके यहाँ। यहाँ खानेकी किस्मोंका ठिकाना नहीं था। नई नई तश्तरियोंमें नये-नये खाने आते। जेनरल साहब और उनके मुसाहिबोंकी बड़ी टोली खाना खाती और बीच-बीचमें बातें और हँसी-मज़ाक करती। दो घन्टेमें खाना खतमसा हुआ जान पड़ा। फिर बातचीत शुरू हुई, फिर "थोड़ा खाओ" की आज्ञा होती, फिर सारंगी और डफ़ लेकर गानेवाले छोकरे

पहुँचे। कुर्बान को हर गानेमें "मादरे-अब्दुल्लाजान" ही रटा जाता मालूम पड़ा। रोज़ेके दिनोंमें ऐसे इश्किया गानोंको सुनकर कुर्बानको हैरानी हो रही थी। लेकिन अभी क्या था ? कुर्बानने देखा, जब जेनरल साहबपर इश्कका बहुत असर होता, तो वह पास बैठे किसी छोकरेको चूम लेते। कुर्बानके दिलपर एक जबरदस्त धक्का लगा। इस्लाम, रोजा, और रमज़ान, इस्लामी मुल्क और यह क्या ? दो बजे रातको किसी तरह कुर्बानको वहाँसे छुट्टी मिली। वह रातभर सोचता रहा।

अब शाही मेहमानोंके रहनेका इन्तिज़ाम एक सरायमें किया गया था। बेचारे शाही मेहमान थे, इसलिए अपने पाससे खरीदकर खाना गुनाह होता। कुर्बान साथियोंसे पूछता था—"भाई ! शाही मेहमानी है, या भूखकी मेहमानी ?"

बापका दिया पैरका ज़ख्म अब भी अच्छा नहीं हुआ था। जलालाबाद काबुलके बाद एक अच्छा खासा शहर समझा जाता है। कुर्बान ज़ख्म धुलवानेकेलिए अस्पताल गया, लेकिन अस्पतालकी हालतको देखकर उसे बड़ी निराशा हुई। ऊपरसे हिन्दुस्तानी कम्पौडरने जब देश-त्यागकी बात सुनकर "दूरके ढोल सुहावने"की बात कही, तो कुर्बानके उत्साहपर सौ घड़े पानी पड़ गये। कुर्बान एक इस्लामिक मुल्कमें इस्लामी धर्मके पालनमें ज्यादा पाबन्दीकी उम्मीद रखता, लेकिन वहाँ देख रहा था, लोग बूट पहने मसजिदमें चले जाते हैं। और फिर तो उसने हालहीमें गुजरे अमीरोंकी वाजिदअलीशाही की जो-जो बातें सुनी, उससे कुर्बानके दिलमें कुफ़त होने लगी।

काबुलमें—कुछ दिनकी शाही मेहमानीके बाद जब उन्हें ८० रुपये पर काबुलकेलिए तांगे मिले, तो बहुत खुशी हुई। जलालाबादसे हर मंजिलकेलिए हुकुम दे दिया गया था, कि जैसे ही शाही मेहमान वहाँ पहुँचे, उसकी सूचना काबुलमें जंगी-विभाग (अदारये हर्बिया) को दे दी जाय। तांगेवालेको चार दिनमें काबुल पहुँचाना था, लेकिन कुछ ही दूरपर पहिया टूट गया और शाही मेहमान उसके मेहमान बने।

लेकिन खातिर खूब की। पहली मंज़िलपर जब कुर्बानने टेलीफोन बाबूसे टेलीफोन करनेकी बात कही, तो उसने इन्कार कर दिया। लेकिन जेनरल नादिरखाँका नाम सुनतेही भीगी बिल्ली बन गया। फिर उसने सतयुग वाले टेलीफोनको उठाया। उसमें चाभी भरी। आवाज़ दी। "कौन हो?" पूछनेकेबाद उसने अपने दोस्त काबुलके टेलीफोन बाबूसे खैर-सलाह पूछनी शुरू की। मुहल्ले भरके एक-एक घरके बारेमें डटकर बात होने लगी। कुर्बान चुपचाप पासमें खड़ा रहा। फिर एक-एक आदमीके पास सलाम भेजा गया। आखिरमें कह दिया—"वे चारों आदमी आ गये हैं"। कुर्बानने झल्लाकर कहा—"यह टेलीफोन बाबू नही उल्लूके पट्ठे हैं।" दिलके किसी दूसरे कोनेसे आवाज आई—"कोई हर्ज नही, इस्लामी मुल्क है।" चारों पड़ावोंपर यही होता रहा। रास्तेमें पनीर, रोटी और किसमिस खानेको मिल जाया करती थी, कभी-कभी गोश्त भी मिल जाता। चौथे दिन लोग काबुल पहुँचे। शहरमें एक पत्थरके खम्भेपर अंग्रेजोंके विरुद्ध एक कविता पढ़कर कुर्बानको बहुत खुशी हुई। उन्हें एक बड़े जनरलके यहाँ ठहराया गया। कुर्बान कभी जेनरलके सीधे-सादे मकानको देखता, कभी पलंग-चारपाईको। वहाँ कुर्सी-मेज़का पता नहीं था, साथ ही टट्टी, गुसल्खानेका भी कहीं ठिकाना नहीं था और इन सबके साथ काफी गन्दगी थी। हाँ, कालीन बहुत सुन्दर-सुन्दर बिछे हुए थे, और कितनी ही कीमती पोस्तीनें (चर्मकंचुक) रखी हुई थीं। काबुलमें कुर्बानको कितने ही हिन्दुस्तानी मिले, जिनमे मौलाना उबैदुल्ला सिंधी और चमरकन्दके राजदूत मौलाना बशीरसे मिलकर उसे बहुत खुशी हुई। मौलाना बशीर कुर्बानके अपने मुहल्लेके रहने-वाले थे, इसलिए आत्मीयता होनी ही थी। लेकिन, जब कुर्बानने मुजाहिदीनके संकेत-शब्दको कहा, तो उन्होंने झप्पी मारकर गलेसे लगा लिया और बोले—"तू तो चमरकन्दियोंका भेजा हुआ है।" मौलाना बशीरसे भविष्यके प्रोग्रामपर बातचीत होने लगी। उन्होंने कहा—"हम भी हिन्दुस्तानकी आजादीकेलिए ही दूसरे देशोंमें धक्के खा रहे

हैं। चमरकन्दको तुम अपना केन्द्र समझो। हमे राजनीतिक और सैनिक शिक्षाकी जरूरत है। हमारे पास दोही मशीनगनें हैं, हमें और हथियारोंकी जरूरत है। काबुलसे हमें वह मदद नही मिल सकती। बोलशेविक ही ऐसे हैं, जो अंग्रेजोंसे लड़ सकते हैं, और हमें हथियार दे सकते हैं। चमरकन्दमे राजनीतिक शिक्षा और छापाखानेका प्रबन्ध करना है, और दूसरा काम है फौजी-शिक्षा और हथियार प्राप्त करना। दोनों कार्मोमे तुझे जो पसन्द हो उसे दे।" कुर्बानने कहा—"मुझे तो फौजी काम ही पसन्द है, लेकिन बोलशेविक तो लुटेरे हैं?"

बशीर—"नहीं वे बड़े अच्छे आदमी हैं।"

कुर्बान—"वह मजहबके खिलाफ हैं?"

बशीर—"मजहब कोई जबरदस्ती थोड़े ही छीनता है? उसके बारेमे हिन्दुस्तानकी आज़ादीके बाद सोचना, पहले हिन्दुस्तानकी बेचैनी से फायदा उठाओ।"

कुर्बान—"जिस कामको कहो वही करूँ; लेकिन अच्छा हो, मुझे बोलशेविकोंके पास ही भेज दो।"

तुर्किस्तानकी ओर—कुछ दिनों बाद कुर्बान और उसके साथियोंको टागेसे सिरान भेज दिया गया। वहाँ उसे अपने मुहल्लेके फीरोजदीन मंसूर, एम्० ए० मजीद, अहमद अली आदि कई परिचित मिले। बिलकुल घर सा मालूम होने लगा। सभी अफगानिस्तानके अपने-अपने तजर्बोंके बारेमें बातें करते। अफगान सरकारने उन्हें इस ख्यालसे वहाँ रखा था, कि जब काफी देशत्यागी हिन्दुस्तानी आ जाये, तो उन्हें तुर्किस्तान मे बसनेकेलिये भेज दिया जाय। रोज नये नये हिन्दुस्तानी आते गये। उनकी तादाद १०० हो गई। लेकिन साथ ही महीने भर इन्तिजार करते करते लोगोंमे कुछ बेचैनी सी फैलने लगी। जब वह आगे भेजनेके लिए कहते, तो अफगान-अफसर कहता—"क्यों उकताते हो? तुम्हें खाने पीनेकी तकलीफ तो है नही।" कुर्बान और उसके साथी खानेके बारेमें शिकायत नही कर सकते थे। यद्यपि उन्हे आटा ही मिलता

था, लेकिन वह इतना होता था, कि उसमें वह तरकारी और मांस भी खरीद सकते थे। सरकारी बगीचेसे फल तोड़कर खानेकी छूट थी। टूटे-फूटे महल रहनेकेलिए मिल गये थे। मुहाजिर जब पहले पहुँचे, तो उनके लिए गाँववालोंकी रजाइयाँ छीन ली गईं, लेकिन उन्होंने नहीं लिया। सिराजका पानी बहुत अच्छा था। खूब खाते खूब सोते। उनके लिए यह अच्छा खासा सेनीटोरियम् था। लोग अफसरसे बार-बार कहने लगे—"हम काम पर लगाओ या फौजी शिक्षा दो।" अफसरने कहा—"अनपढ़ोंकेलिए तुर्किस्तानमें पांच पांच जरीब खेत देनेका इंतिजाम है। पढ़े लिखे लोग हमारे स्कूलोंमें पढ़ावें। मिस्त्री और कारीगर अपनी विद्या सिखावें।" कुर्बान और उसके साथियोंका कहना था—"हम खेती करने और पढ़ानेकेलिए नहीं आये हैं, हम आये हैं अंग्रजोंसे लडनेकेलिए।"

पढ़े लिखे नौजवान अफगानिस्तानसे अब निराश हो चुके थे। उन्हें सोवियत्-रूसकी कुछ बातें मालूम हो गई थीं, साथ ही वह सैनिक बनना भी चाहते थे, इसलिये उन्होंने किसी तरह सोवियत्के आदमियोंसे बात-चीत शुरू की और उन्हें आश्वासन मिला, कि सोवियत्का रास्ता तुम्हारे लिए खुला हुआ है। सरहदके आये लोग इसे पसन्द नहीं करते थे। उनकेलिए सोवियत् रूस काफिरोंका देश था। देश-त्यागियोंको इससे भी बहुत धक्का लगता, जब काबुल वाले उनको देखकर कहते 'दालखोर हिन्दी! दर-हिन्दोस्तान नान् न-दारी, गुर्सना ईं जा आमदी?" (दाल खाने वाले हिन्दुस्तानी! हिन्दुस्तानमे रोटी नहीं, भूखे यहाँ आये हो?) आखिरमें उन्होंने अफसरको अलटीमेटम् दे दिया—"इतने दिनोंके भीतर सैनिक-शिक्षाका प्रबन्ध करो, नहीं तो हम तुर्कोंका रास्ता लेंगे।" अफसरने अजीज़ हिन्दीके काफिलेके आने तक का इंतिजार करनेके लिये कहा।

फ्रांटियर वाले विरोध करते ही रहे, मगर ६० आदमी तैयार हो गये। उन्होंने रास्तेकेलिए खाने-पीनेकी चीज़े जमा करनी शुरू कीं।

एक दिन उन्होंने कूच बोल दिया। सामने फौज लाकर खड़ी की गई थी। गोली चलानेकी धमकी देने पर भी लोग आगे बढ़े। सैनिक हटने लगे। झख मारके अफगान सरकारको उन्हें राहदारी (मार्गपत्र) देना पड़ा। राहदारीके कुछ शब्द थे "मखतूब शुदन्द अज दौलते-अफगान .खुदादाद, खारिज-करदः एम्" (".....खुदाके दिये अफगान राज्यसे इन्हें मैंने खारिज कर दिया)।

दो चार सिपाही पजशीर नदी तक समझाने-बुझानेकेलिए साथ गये, लेकिन लोग काफी समझ-बूझ चुके थे। उन्होने हरीपुरके अकबर खाँको अपना कफिला-सालार (नेता) चुना, वास्तविक नेता तो कुर्बान, मसूर, मजीद आदि सोलह-सत्रह शिक्षित नौजवान थे। कुछ सामान भी बह गया, लेकिन लोग पार उतरके रहे। उन्होने हिन्दुकूशके डाँडे को पार किया। डाँडे पर बरफके बीच एक रात बिताई। सर्दीसे बचनेके लिए झाडियोंमें आग लगा दी। मीलों तक जगली गुलाब, फिर टेढ़ी-मेढ़ी उतराईके रास्तेको पार करके कितने ही दिनोंमें मजार-शरीफ पहुँचे। वहाँ छै-सात दिन विश्राम किया।

सोवियत्-रूसको—यद्यपि ६० आदमियोंमें सभी कुर्बान और उसके साथियोंकी तरह सोवियत्की ओर झुकाव नही रखते थे, लेकिन तुर्कीका भी आसान रास्ता उधर हीसे था। पेशावरी कह रहे थे—"तुम बोलशेविकोंके साथ रहकर काफिर बन जाओगे।" आखिर तेरमिज (सोवियत-तुर्किस्तान)की ओर प्रस्थान करनेका निश्चय हुआ। मजार-शरीफमे एक तुर्की फौजी अफसर कैदकी जिन्दगी बिता रहा था, उसने भी साथले चलनेकेलिए बड़ी मिन्नत की। वह तुर्कीके अतिरिक्त फारसी भी बोल सकता था इसलिए लोगोंने ले चलनेमे फायदा समझा, फिर ६०की जमातमें एक आदमीको छिपा लेना मुश्किल न था। आमू दरियाके पार उतरते ही उनके स्वागतकेलिये सोवियत फौजी-अफसर तैयार थे। तेरमिजमें उनके स्वागतकेलिए खूब आयोजन किया गया था। एक सेनाकी सेनाने सलामी दी। चार-चारकी कतारमे सैनिक

काफिलेके आगे-पीछे चल रहे थे। आगे-आगे बैंड बजता जा रहा था। जिस समय सोवियत् सैनिकोंने "प्रेजेंट आर्म्स" (बन्दूक झुकाकर सलामी) किया, तो कुर्बान और उसके नौजवान साथियोंको यह बिलकुल नई सी बात मालूम हुई। इतना स्वागत तो इस्लामकी भूमिमें भी नहीं हुआ था। यद्यपि सैनिकोंमें कितनोंके शरीरपर पुरानी वर्दी थी और कुछके पैरोंमें जूते भी नहीं थे, लेकिन हाथमें लाल झंडा लिए प्रसन्न-मुख हो जिस तरहकी अगवानी वह दे रहे थे, उसका प्रभाव पड़ना जरूरी था। छावनीके मैदानमें हिन्दुस्तानी काफिला पहुँचाया गया। एक सैनिक अफसरने दुभाषियेकी मददसे स्वागतमें एक छोटासा व्याख्यान दिया। "आप हिन्दुस्तानी भाई अब भी गुलाम हैं, हम अपनी गुलामी दूर कर चुके हैं। लेकिन, आप जैसे हिन्दुस्तानके मजदूर भी हमारे भाई हैं। आपको मज़लूम देखना हमारे लिये दुखकी बात है। साम्राज्यवादके जुल्मसे परेशान होकर आपने अपने घरबारको छोड़ा। हम आपका मजदूरों और किसानोंकी इस भूमिमें स्वागत करते हैं। यह सरकार हमारी है, मजदूरोंकी है। आप यहाँ जब तक रहना चाहें रहें, आप हमारे मेहमान हैं।" काफिलेकी तरफसे उसके सालार अकबर खाँ ने धन्यवाद देते कहा—"हम तुर्की जा रहे हैं। हम अपने देशकी आज़ादी केलिए लड़ना चाहते हैं। आप हमारे वहाँ जानेका जल्दी इन्तिज़ाम कर दें।" अफसरने कहा—"स्टीमर आने तक रहिये, फिर सुरक्षित तौरसे हम आपको भेज देंगे।"

काफिलेके रहने खानेपीनेका इन्तिज़ाम कर दिया गया था। जब लोग मस्जिदमें नमाज पढ़ने जाते, तो बोलशेविक-विरोधी तुर्क उन्हें भड़कानेकी कोशिश करते—'बलशेविक मज़हबके विरोधी हैं। हमारी जमीनें इन्होंने छीन लीं।' कुर्बान इस्लामाबादकी मार खा चुका था। वह उससे बोलशेविकोंके गरीबी-अमीरी मिटानेको अच्छा मानता था। उसने कितनी ही तुर्क लड़कियोंको पर्देसे बाहर निकल स्वतंत्र फिरते हुए देखा। मज़हबी साथियोंने अंगुली उठाई, लेकिन

कुर्बानपर उसका कोई प्रभाव नही पड़ा। यही बात २५से कम उम्रवाले उसके सभी शिक्षित साथियोंकी थी। एक दिन मजारशरीफसे आया तुर्क अपनी दाढी साफ करवा आया। काफिलेके मजहबियोंने शोर मचाया—"देखो बोलशेविकोंने एकको खा लिया न!" चार पाँच दिन बाद उसने कहना शुरू किया—"कहाँ है तुम्हारा खुदा?" बूढ़ोंपर और वज्र गिरा। उन्होंने अपने साथी नौजवानोंके ईमानको भी डोलते देखा। कहना शुरू किया—"जल्दी निकलो, नही तो बोलशेविको की मायामें कितने ही फँस जायेंगे।" अधिकारियोंसे जल्दी भेजनेकी बात कहनेपर वह समझानेकी कोशिश करते—"अभी तुर्किस्तानमे हमारे विरोधी लड़ाई जारी रखे हुए हैं। रास्ता खतरेसे खाली नही है। यदि नावमे हम भेजेंगे तो वह आप लोगोको पकड़ लेंगे। स्टीमर पर भेजने पर हम अपनी तोपों और मशीनगनोंसे आपकी रक्षा कर सकेंगे।" लेकिन शरीर और दिमागके बूढ़े बराबर जल्दी कर रहे थे। आपसमें भी मत-भेद था। खूब बहस हुई। आखिरमें बहुमतकी राय हुई, कि नावसे ही चल देना चाहिये। लोग बत्तीस दिन तक ही वहाँ रह सके। मजबूर होकर सोवियत्-अधिकारियोंने उन्हें दो बड़ी-बड़ी नावें दी और चार दिन की भोजन-सामग्री साथ कर दी। अफसर आमू-दरिया तक आये। विदाई केलिए बोलते समय वक्ता अफसरकी आँखोंमें आँसू थे, जब कि वह कह रहा था—"आपको हम जबरदस्ती रोकना नही चाहते, लेकिन रास्तेके खतरेको हम समझ रहे हैं। हमें बराबर चिन्ता बनी रहेगी। अगर आपको दुःख होगा, तो हमे बहुत अफसोस होगा।" बूढे इसे भी बोलशेविकोंकी माया समझ रहे थे।

मौतके जबड़ेमें—नावें चलीं। उन्हें पथ-प्रदर्शक दिया गया था। आमू (वक्षु-गंगा) काफी बड़ा दरिया है। पथ-प्रदर्शकोंने उन्हे रातको बीच धारमें ठहराया, जिसमें अमीरके पिट्ठू बागी काफिलेको नुकसान न पहुँचा सकें। दूसरे दिन अकबर खा पथ-प्रदर्शकसे लड़ पड़े। बेचारेको मजबूरन साथ छोड़कर लौट जाना पड़ा। अब काफिलेमें सरफराज

—मजारशरीफसे आया तुर्क अफसर —अकेला तुर्की भाषा जानने वाला था। शामको दरियाके तटसे कुछ तुर्कमानोंने आवाज दी। वे नाव उधर ले गये और रातको किनारेपर सो गये। सुबह देखा कि तुर्कमानों की सख्या बढ़ गई—कोई घोड़ेपर सवार था और कोई पैदल। सभीकी शकल खूंखार डरावनीसी थी। सवेरे नमाज़ खतम होते ही काफिले के लोगोंको उन्होंने घेर लिया। फिर नावोंकी तलाशी ली। पैदलही कूच करनेका हुक्म दिया। लोग हक्के-बक्केसे हो गये। उन्हें सिर्फ 'हैदा' 'हैदा' (जल्दी चलो, जल्दी चलो) इतनाही समझमें आता था। वह संगीनोंसे बडी-बडी पावरोटियोंको भोंककर मुहाजिरोंके सरपर मारते थे। जल्दी चलनेकेलिए पीछेवालोंपर कुन्दे पड़ते, तो वे जमातमें आगे घुसनेकी कोशिश करते, इस तरह बराबर पीछेवाले बीचमें, बीचवाले आगे, और फिर आगेवाले पीछे होते रहते थे। सभीपर कुन्दे और गालिया पड़ रही थी। कुर्बान पहले तो घबड़ाया, लेकिन फिर उसे लोगोंकी पीठोंपर बब-बब कुन्दा पड़ते देख हँसी आती थी, तेरमिजमें ये लोग बोलशेविकोंकी परछाईं एक दिनकेलिए भी बरदाश्त न कर इस्लामाबाद जानेकेलिए उतावले हो रहे थे! उससेभी बढकर हैरत कुर्बानको तब हुई, जब वह उन इस्लामके शैदाइयोंको नौजवानोंका गाल खींचते देखा। इन हुड़दंगोंसे घिरा काफिला दो नहरोंके बीचसे जा रहा था। इस कच्ची सड़कमें कहीं-कहीं खूब कीचड़ थी। लोग लढफढ हो रहे थे। जहा कीचड़ न होती, वहा धूल उड़ती, और बढ़ते हुये मजमेके हजारों पैरोंसे उड़-उड़कर धूलने लोगोंको बन्दर बना दिया था। हरएक तुर्कमान लोगोंकी टोपिया, कपड़े, कोई न कोई चीज छीनने में लगा हुआ था। एक बूढ़ा आदमी काफिलेके आगे-आगे गदहेपर चढ़ा चिल्लाता जा रहा था—"हमने जदीदी (आधुनिक, काफिर) पकड़ लिये हैं, जिनको इनसे लड़कर पुण्य कमाना हो, वह चले आये। सर्फराजने उलथा करके जब समझाया, तो काफिलेमें और भी घबराहट मची—इस्लामकेलिए देश, घर, द्वार तक त्यागके चले आनेवालोंके

साथ यह बर्ताव ! कुर्बान देख रहा था कि सचमुच ही दाएं-बाएकी बस्तियोंसे पुण्य लूटनेकी इच्छावाले आ आकर मजमेमें शामिल हो रहे हैं। मुहाजिर प्यासके मारे तड़फ रहे थे, लेकिन कोई जदीदीकेलिए पानी देनेको तैय्यार न था। एक जगह काफिलेके एक आदमीने मना करनेकी पर्वाह न कर पानी पीना चाहा; एक तुर्कमान तलवार चलाना ही चाहता था, कि वह पीछे हट आया। कुर्बान अपने दोस्तोंसे मजाक करते हुये कह रहा था—"भाई ! जदीदी काफिला तो नहीं है, लेकिन मौतका काफिला जरूर है।" उसे नब्वेके साथ अपनी किस्मत बँधी होनेके कारण मौतकी बिलकुल पर्वाह न थी और वह इस समय भी धर्म-भक्तोंको टीसना चाहता था। शाम तक काफिला चलता रहा। एक सरायमें उन्हे रख दिया गया। सराय लीद और गन्दगीसे भरी हुई थी। हुक्म हुआ—"लीद साफ कर ठहर जाओ।" भूखे-प्यासे लोगोंने लीद साफ की, नमाज पढी और कुछ लोग कुरानका पाठ करने लगे। तमाशा देखनेवालोंकी भीड़ लगी हुई थी और कोई कोई छोकरोको दिखलाकर कहता—"इसे लेगा !" सरायकी छतपर खड़ा बन्दूकची कह रहा था—' यदि कोई सरायसे बाहर गया, तो गोली मार दी जायगी।" पीछे तो आँगनमे आनेकेलिए भी गोलीकी सजाका हुक्म सुनाया गया।

काफिलेवाले सर्फराजके द्वारा बराबर समझानेकी कोशिश करते—"हम जदीदी नही, हिन्दुस्तानी मुसलमान हैं। इस्लामकेलिए हमने वतन छोड़ा है।" पहले तो वह इस बातपर ध्यान देनेकेलिए तैय्यार नही हुए, आखिरमे अकबरको मुसलमानीकी परीक्षा करनेकेलिए ले गये। उन्हें नंगा किया गया। खतना था। किसीने कहा— 'बोलशेविक बड़े चालाक होते है।" फिर उनसे पाँचों कलमें पूछे गये। अकबरने सुना दिये। फिर कुरानशरीफ पढनेकेलिए कहा गया। अकबरने पढकर सुना दिया। तब एक बुजुर्ग तुर्कमानने कहा—"अब हमें पक्का निश्चय हो गया, कि ये जदीदी हैं। देखो, इन्होंने मुसलमानोंकी पूरी नकल की है। ये बड़े खतरनाक हैं। ये तो बातकी बातमे मुसलमानों

को गुमराह कर देंगे।" काफिलेमें सबका मुँह सूखा हुआ था और बूढ़े तो काफिरकी मौत मरनेकी बातका ख्याल करके काँप रहे थे।

चार दिन तक काफिला उसी सरायमें रहा। जाड़ा-बुखारमें मरते भी जिन्हें घसीट कर यहाँ पहुँचाया गया था, उन्हें कुछ आराम तो मिला; लेकिन, जब मौत आँखके सामने नाच रही हो, तो बुखारका कौन ख्याल करता? हाँ, अकबरखाँकी परीक्षाका एक फल हुआ, कि "इस्लामी फौज"ने वहीं हिन्दुस्तानियोंके भाग्यका फैसला नहीं कर दिया। खानेकी बड़ी तकलीफ थी और उससे भी ज्यादा पाखाना-पेशाबकी। आखिरमें एक बूढ़े मुल्लाने हुकुम सुनाया, कि सबको बुखारा अमीरके पास चलना है। लोगोंके सामान ऊँटोंपर रखवा दिये गये। मुल्लाने पीठ साफ करनेकेलिए दो चाबुक रख लिए थे। दो-तीन दिन चलनेके बाद एक और मुल्ला मिला, उसने लोगोंकी सभी चीजें छीन लीं और "काफिरों"की खूब तलाशी ली। काफिला बुखारेकी ओर चलाया जा रहा था। बीमार कोड़ा खानेपर भी चल नहीं सकते थे, उन्हें गदहोंपर बैठाया गया। प्यास लगी तो लोगोंको दो-दो तीन-तीन सर्दे मिले। लेकिन जब पेट कई दिनोंसे खाली हो, तो सिर्फ सर्देके पानीसे क्या होता है? कई दिनसे मौतका नाच देखते-देखते लोगोंके दिलसे उसका रोब उठ गया था, अब वह भूखको उससे भी भयंकर समझते थे। एक जगह गाँवमें तन्दूरकी दूकान दिखाई पड़ी। लोग टूट पड़े। रोटी खरबूजा जो भी खानेकी चीज सामने आई, सबको लूटकर खाने लगे। १ बजे दिनका समय था, जब कि हिन्दियोंने तोपोंकी गड़गड़ाहट सुनी। मुल्लाने उन्हें बस्तीके एक मकानमें डाल दिया। कुछ देर बाद फिर उन्हें ले चले। कुछ छोटे-मोटे दरख्त थे और नीचे घास। वहाँ पहुँचने पर सौ घुड़सवार आकर एक ओर खड़े हो गये। हिन्दियोंको दरख्तोंके नीचे बैठा दिया गया। पाँच आदमियोंकी एक अदालत बैठी, जिसमें एक सदर था। एक पंचने प्रस्ताव किया कि ये सभी पक्के बोलशेविक बर्दादी काफिर हैं, इन्हें गोली मार देनी चाहिए। थोड़ी देरकी बात-

चीतके बाद पाँचो पच सहमत हुए। सर्फराजने अनुवाद करके सुनाया। नब्वे आदमी जो जरा फरक-फरकसे बैठे थे, घोडसवारोंकी पातीको सामने देखकर बिल्कुल सट कर बैठ गये। लोग जोर-जोरसे दरूद और तकबीर पढ़ रहे थे। सिपाहियोंने भी एक-एक शिकारको चुन लिया था। "तैय्यार"का हुक्म हुआ। सिपाही बन्दूकें लेकर तैयार हो गये। "गोली डालो", गोली भी बन्दूकोंमे डाल दी गई। अब निशाना भर लगाना बाकी था ? लोगोको अब कोई आशा नही रह गई थी।

इसी समय एक बूढ़ा आदमी घोड़ेपर दौड़ा आया, उसने आकर पाँचों मुल्लोंको डॉटते हुए कहा—"मैं इस इलाकेका मुल्ला हूँ। तुम्हे फैसला करनेका कोई अखतियार नहीं है। मै तुम्हारा हुकुम रद्द करता हूँ। ये अपनेको मुसलमान कहते हैं। लड़ाई खतम होने तक इन्हे गुलाम (=दास) रखा जाय। लड़ाईके बाद यदि साबित हुआ, कि ये मुसलमान है, तो इन्हे मुक्त कर दिया जायेगा, नहीं तो सदाकेलिए गुलाम बना लिया जायेगा।"

लोगोकी जानमे जान आई। भक्तोंने हाथ उठा-उठाकर अल्ला-मियाको धन्यवाद दिया। अब गुलामोंके बँटवारेका समय आया। कुर्बान, उस्मानी, खुदाबख्श (लाहौर), अहमदअली (लाहौर) आदि तेरह जने एक कलान्तरको मिले। वह उन्हें पास ही एक गाँवमें ले गया। कुर्बानने देखा कि सारा गॉव निर्जन पड़ा है। पहले यह सोचकर सन्तोष किया था, कि गुलाम ही सही, तेरहो जने साथ तो रहेंगे, लेकिन कुर्बानकी सारी चुहुलबाजी और मसखरापन गायब हो गया, जब इन तेरहोंको भी बाँट दिया गया। कुर्बानको अभी भी बुखार आ रहा था। उसे तीन भाइयोंके साथ तीन तुर्कमान और उज-बेक सिपाहियोके हाथमें दे दिया गया। खानेकेलिए नमक डाला पानी जैसा गोश्तका शोरबा मिलता, जिसमें कुछ टुकड़े रोटीके भी पड़े रहते। कुर्बान सिपाहियोंके सामने रोने लगा—"मुझे साथियोंके पास भेज दो।" सिपाहियोंका दिल पसीज गया। उन्होंने मिलनेकेलिए भेज दिया।

कलान्तर (कमाण्डर)को मालूम हुआ, तो उसने खूब गालियाँ दी। रातको चारों हिन्दियोंको कोठरीमें बन्द कर दिया गया। उनके दो-दोके पैर और मुश्कें कसकर एक दूसरेके साथ बँधी हुई थीं। न वे लेट ही सकते थे और न बैठ ही। एक सिपाही राइफल लेकर पहरा दे रहा था। रातको नीद कहाँ आती। लेकिन जब कुर्बानने देखा, कि सिपाही कैदियोंके न भगे होनेकी परीक्षाकेलिए दीवारोंको हिला रहा है, तो उसे हँसी आये बिना न रही।

सवेरे उन्हें खोल दिया गया। पाँच दिन तक यही हालत रही। चारों आदमियोंकेलिए एक प्याले भर भात मिलता था, जिससे एक का भी पेट नही भर सकता था। गुलामोंकेलिए कोई काम न था। उन्होंने देखा, सवार कुछ जूठे टुकडोंको घोड़ोंके तोबड़ोंमें रख देते हैं। आखिर भूखका हुकुम सबके ऊपर होता है। वह तोबड़ोसे टुकड़े निकाल लेते, बासी रोटियोंपर जो सफेद काई जमी रहती, उसे कपड़ेपर मलकर हटा देते और फिर खाने लगते। कुर्बान कहता—"देखो, इस्लाम हमें अभी क्या-क्या बनाता है।" सिपाही अपनेलिए गरम चायका पानी और प्याले रखा करते थे। कुर्बान बिना पूछे उन्हे भी उठा लाता और सब मिलकर पी डालते। कुर्बानकी समझमे आ गया था, कि अब हम गुलाम हैं, इसलिए किसीकी सम्पत्ति हैं, और हमारे बेचनेसे मालिकको सौ-दो सौ मिल सकते हैं, इसलिए हमें प्राणोंके लिए डरनेकी कोई जरूरत नही है। चायको इस तरह साफ होते देख, सिपाही उसे अब अपने सामने बनाकर पीने लगे। दो चार बारके बाद तोबड़ोंको भी हटा लिया गया। कुर्बानने जिद्द करना शुरू किया, कि हमें अजान देनेकी इजाजत मिलनी चाहिए। आखिर खुदाकी इबादतमें रुकावट डालनेकी किसको हिम्मत थी? इजाजत मिल गई और अजान देते समय वह कहते—"ओ-ो-ो हम हैं यहाँ-ाँ-ाँ"। चौथे दिन जब अजान दी गई और उसी तरहकी अजान दूसरी जगहसे भी दोहराई जाने लगी, तो पता लगा कि तेरहों जवान उसी गाँवके भिन्न-भिन्न

हिस्सोंमें बँटे हुए हैं। छठें दिन एक मुल्लाने पूछा—"तुम हो कौन?" इसपर कुर्बानने हिजरतकी सारी दास्तान सुनाई। इस्लामकेलिए इतनी कुर्बानी सुनकर मुल्ला पर असर पड़ा। उसने कहा—"तुम भी मुसलमान हो, हम भी मुसलमान। हमारे इस्लामके दुश्मन ये जदीदी बोलशेविक हमारे मजहबको बरबाद करना चाहते हैं। हम जदीदियोंसे लड़ रहे हैं, तुम भी लड़ो"। कुर्बानने कहा—"हमें पहले बन्दूक चलाना तो सिखलाओ।" कुर्बानको अपनी गलती पीछे मालूम हुई, जब सोचा—'मैंने भूल की। कह देता, बन्दूकें दो। फिर इन्हें मारकर भूख और गुलामीकी बेड़ी तोड़ चल देते।"

तो भी मुल्लाने कुछ कहा-सुना होगा अब उनके हाथ-पैर को कुछ ढीला बाँधा जाता था। मुल्ला कभी आड़ू दे जाता तो लोग हाथ बँधा होनेसे पशुकी तरह मुँहसे उठाकर खाते।

सातवाँ या आठवाँ दिन था। उस दिन कुर्बानके साथियोंको पेट भर खाना दिया गया। एकाएक उन्होंने देखा कि सिपाही डेरा छोडकर चम्पत हो गये। उनके हाथ-पैर खुले थे। दोपहरके समय कुर्बान कह रहा था—"लो भाई! इस्लामके सिपाही तो गये।" थोडी देरमें चारकी जगह तेरहों जने एकट्ठे हो गये। इतने दिनोंकी भूखकी ज्वाला एक समयके भोजनसे शात होनेवाली थोड़े ही थी? लोग खेतोंमें गये। वहाँ तरबूज लगे हुए थे। हथियार था नही। तरबूजेको तोड़ें कैसे? उन्होंने एक तरबूजेको दूसरे पर पटका? पहले वह बालूमें धँस गया फिर फूट गया। उसी पानीसे हाथ धोया, पेट भरकर पिया। तरबूजे मीठे जरूर थे, लेकिन उतने ही से काम नहीं चल सकता था। गाँवमें ढूँढ़ने लगे। देखा एक जगह बहुत-सा दूध रखा हुआ है। यद्यपि भय था, कि कहीं बोलशेविकोकेलिए उसमे जहर डालकर न रखा गया हो, लेकिन आखिर पजाबी थे। दूध क्या यदि चूनेका सफेद पानी भी मिले, तो पंजाबी एक बार उसपर मुँह मारे बिना नही रहेगा। तेरहोंमें से किसीने अल्लाहके नामपर पहिल की और फिर तो सभीने छक-छक कर

पिया और अभी भी दूध काफी बच रहा था। उन्होंने निश्चय कर लिया कि अब हमें एक तरफ हो जाना है। वह जदीदियोंके पास पहुँचनेका रास्ता ढूँढ़ते हुए एक रेतके टीले पर पहुँचे। सितम्बरका महीना था। मौसिम अच्छा था। उन्हें दाईं तरफसे कुछ आवाज आती सुनाई दी। फिर उन्होंने दूरसे अपने काबुलसे लाये झंडेको लहराते देखा। कुछ देरमें सब लोग झंडेके पास पहुँच गये। अब वे पचपन, फिर ६० थे। सबने गाँवके घरोंकी तलाशी ली। वहाँ बहुतसे फल और दूसरी खानेकी चीजें मिली। आगेका प्रोग्राम सोचनेकेलिए सभा बैठ गई। अब फिर किसीने बोलशेविकोंका नाम लेकर नहीं भडकाया। तय हुआ कि सुबह चलकर लालोंसे मिल जायें। रातको काफिलेके इर्द-गिर्द बाकायदा पहरा बैठा दिया गया। सुबह उठे तो नौजवानोंने कहा—'भाई! लालोंसे तो मिलना ही है, लेकिन ये जो अल्लामियाँने चावल, मक्खन, और मुर्गियाँ भेज दी हैं, इनका भी कुछ कर चलना चाहिए। अभी तो पुलाव बने फिर खाकर चलेंगे।" कुर्बान दनादन मुर्गियाँ हलाल करता जा रहा था। बूढ़ोंको सन्देह हुआ, उन्होंने कहा—"तू हलाल नहीं कर रहा, ऐसे ही गर्दन छाँटे जा रहा है।" घर-घरसे चावल चर्बी बटोरनेमें कुर्बानको आगे देख बूढ़े कहते—"तेरा बेडा गर्क, दूसरोंकी चीजें लूट रहा है।"

"हाँ, हम जरूर लूटेंगे। क्या अभी कुछ नेकी करनी बाकी रह गई है।" एक घरमें चायके बस्ते रखे हुए थे। कुर्बान और उसके साथी फाडकर चाय निकालने गये। चायके मालिकने कहा—"मत नुक्सान करो, मैं तुम्हारे सामानको दिला देता हूँ।" नौजवान सामान लेने गये। लोगोंके हिन्दुस्तानसे लाये अच्छे-अच्छे कपड़े खूब अच्छी तरह तह करके रखे हुए थे। नौजवानोंने कपड़ोंको निकाल बेकपड़ेवाले साथियोंमें खूब बाटना शुरू किया। बुजुर्ग लोग झगड़ा करनेपर उतारू हो गये। कुर्बानने कहा—"छोड़ो मेरा तेरा। मौत जब बराबर बँट रही थी, तो कपड़ोंमें क्या रखा है?" अब कितनेही दिनोंके भुक्कडोंके बदनपर

फर्स्ट क्लास कोट, कुरते, सलवार और साफे थे। लोगोंने बधे जानवरोंको भी खोल दिया। बुजुर्ग घबराने लगे—'तुर्कमान आ जायेंगे।' नौजवानों ने भी सोचा कि समय सचमुचही बहुत बीत गया है। उन्होंने खानेका सामान और चूल्हेको भी वैसेही चलते छोड दिया। सब लोग अपना कपडा लत्ता और ट्रङ्क सम्हाल रहे थे। कुर्बानने सर्दोंका बड़ा गट्ठर बाँधा। पैदल चलते-चलते लोगोंको प्यास मालूम होने लगी। कहते—"फजले इलाही! प्यास लगी है।"

कुर्बान—"अपनी-अपनी गठरियोंको खोलो न?"

"इसमें तो कपड़े-लत्ते हैं। तू सर्दे दे।"

"उहूँ, अपनी-अपनी गठरीपर भरोसा करो।"

"तू काबुलके रास्तेमें पानी पिलाता था, यहाँ इस रेगिस्तानमे मारेगा क्या?"

"यह कर्बला है कर्बला; पानी बिना मरनाही तो अब बाकी है।"

कुर्बानने सर्दे काटकर लोगोंको दिये। सर्दा काटनेकेलिए गाँवमें उन्हे एक टूटी तलवारके साथ कुछ छूरियाँ मिल गई थी। लाल मोर्चे की खोजमें चले जा रहे थे और उन्हें मालूम नहीं हो रहा था कि वह कितना दूर है। लेकिन एकाएक वे मोर्चेपर पहुँच गये। लाल सैनिक "इन्दुस्की", "इन्दुस्की" (हिन्दुस्तानी) बोल उठे। उन्हें भीतर ले लिया गया। अब वह किर्खी (करखी) कसबेके पास वाले किलेमे थे। कसबेकी एक ओर किला था और दूसरी ओर आमू-दरिया।

बोलशेविकोंके साथ बन्दूकची—जान पड़ता है बोलशेविकोंको हिन्दियोंकी मुसीबतोका सारा पता लग गया था, इसीलिए उन्होंने कुर्बानके साथियोंका खूब स्वागत किया—हाँ वह तेरमिज जैसा स्वागत नहीं हो सकता था, क्योंकि वह लड़ाईमें एक किलेके भीतर घिरे हुएसे थे। किलेके भीतर लड़नेवालोंकी संख्या ५०० से ज्यादा नही थी और मुल्लों तथा अमीर-बुखाराके अनुयायियोंकी संख्या कई हजार थी। लेकिन उनकेलिए बोलशेविक अजेय थे। बोलशेविकोंके पास कुछ मशीनगनें

थीं—यह जरूर उन्हें सुभीता था। मगर बोलशेविक सदा यह कोशिश करते थे, कि कोई निरपराध आदमी न मारा जाय। आखिर आम जनता केलिए ही तो वे लड़ रहे थे। अमीरके अनुयायी दरख्तोंपर चढ़कर किलेके भीतर अन्धाधुन्द गोलिया छोड़ते थे। भोजनसामग्री थोड़ी रह गई थी। सबकेलिए राशन कर दिया गया था। यद्यपि आध पेटही मिलता, लेकिन सारे प्रसन्न थे। हिन्दियोंको भी राशन मिलने लगा। जिन कोठरियोंमें उन्हें ठहराया गया था, उनपर भी दुश्मन गोलियाँ चला रहे थे। नौजवानोंने काफिलेके सामने कहा—"हम बोलशेविकोंकी ओरसे लड़ना चाहते हैं।" किसीने विरोध नहीं किया। बोलशेविकोंने उन्हें तुरन्त अपनी जमातमें मिला लिया, और २५के करीब बन्दूकें और कारतूस बाँट दिये। जब कारतूसोंकी माला पहने हाथमें बन्दूक लिये कुर्बान और उसके साथी सामने आये, तो फिर बूढ़ोंने कहना शुरू किया—"क्या तुम अपने धर्मभाइयोंपर गोली चलाओगे।" कुर्बानने कहा—"क्या भाईचारेकी कीमत अदा करनी कुछ और बाकी रह गई है?" कुर्बानकी टोलीको नदीके एक ऐसे मोर्चेपर लगा दिया गया, जहाँ गोलियाँ बहुत कम चलानी पड़तीं।

फिर तुर्कीके रास्तेपर—कुछ दिनों बाद स्टीमर आया। सब लोगोंको सवार कराकर चाराजुईकी ओर भेज दिया गया। कहीं-कहीं नदीका पाट छोटा था, जहाँपर दुश्मन गोलियाँ चलाते, लेकिन मशीन-गनके सामने उनकी राइफलें बेकार थीं। स्टीमरपर अभी भी काफिलेमें दो पार्टियाँ थीं। बुजुर्ग लोगोंको अफगानिस्तान और तुर्किस्तानका तजरबा बहुत कडवा था और बोलशेविकोंका बर्ताव बहुत अच्छा रहा, इसलिये बोलशेविकोंके खिलाफ जानेको तो वे नहीं कहते थे। मगर बोलशेविकोंके साथ मिलकर लड़नेके पक्षमें नहीं थे। चौथे दिन स्टीमर चारजुई (चारा-जुई) पहुँचा। बोलशेविकोंने कहा कि ताशकन्दमें हिन्दुस्तानियोंका ध्यान रखनेवाले कुछ लोग हैं, पहले उनसे मिल लीजिये, फिर तुर्की जाइये। ३० नौजवान ताशकन्द जानेके लिये तैय्यार हो गये और उन्होंने उधरका

रास्ता लिया, इसमे मन्सूर, मजीद भी शामिल थे। कुर्बानने अभी तय नहीं कर पाया था, इसमें एक कारण यह भी था कि वह तुर्कीको भी देख लेना चाहता था। बुजुर्गोने कहा कि हम मँगते नही हैं, कि ताशकन्दमे किसीके पास भीख माँगने जॉय।

नवम्बर (१६२०) में कुर्बान और एक दो और तरुण अपने ५० बुजुर्गोके साथ अशकबाद होते क्रास्नोदार पहुँचे। वहाँसे बाकूकेलिए जहाजमें रवाना हुए। रास्तेमें जहाज एक तूफानमें पड गया। खतरा इतना बढ़ गया, कि लोगोमें जीवन-रक्षक-पेटियाँ बाँट दी गई, लेकिन अभी उन्हे मरना नहीं था। जहाज बच गया। लोग बाकू पहुँचे। उस समय मुस्तफा कमाल तुर्कीकी स्वतंत्रताको बचानेकेलिए यूनानियोंसे लड़ रहे थे। सोवियत् हर तरहसे कमालकी मदद कर रही थी। बाकूमें तुर्की रेजीमेंटे भर्ती होती—सोवियत् इसकेलिए रूसमें कैद तुर्की सैनिकोंको हथियारबन्द कर रही थी। जब एक पूरी रेजीमेंट तैय्यार हो जाती, तो स्मरना भेज दी जाती! कुर्बानने यही पहलेपहल बरफको पड़ते देखा। नगे पॉव नगे सर उसने सर्दी बरदाश्त की और वह इस इन्तिजारमे दो महीना बैठा रहा कि उसे स्मरना भेज दिया जायगा। लेकिन तुर्की अफसरकी ओरसे बराबर टालमटोल होती रही। बुजुर्ग अब आजिज आगये थे और उनमेंसे ३२ हिन्दुस्तान लौटनेकेलिए तैयार थे! "हम हिज्रत करके आये हैं" कहनेपर वे कुरानसे प्रमाण देकर कहते, कि हमें हिन्दुस्तान लौटनेको अल्लामियाँका हुकुम है। कुर्बानने तुर्कीका राजदूत बनकर जानेवाले एक पेशावरी देशभाईको यह कहते सुना—"तुम्हारा ख्याल गलत है! जब तक हमारा देश गुलाम है, तब तक हम गुलाम हैं। फिर तुर्की हो या कही भी हमारे साथ वैसा ही बर्ताव किया जायेगा।"

बहुत दौड़ धूपके बाद कुर्बानको तुर्की फौजमे भर्ती कर लिया गया। कितने ही समय तक वह बन्दूक लिये बरफमें कवायद-परेड भी करता रहा। दस दिन बाद एक पल्टन रवाना हुई, लेकिन कुर्बानको नही भेजा गया। कई पल्टने चली गईं, लेकिन कुर्बानकी किसी दिन पूछ

न थी। एक दिन उसने तुर्की अफसरसे कहा—"हम तुम्हारे दोस्त हैं। हम तुर्कीकी ओरसे लड़ना चाहते हैं। तुम हमें क्यों नहीं भेजते।" अफसरने कहा—"इन्शाअल्लाह ओलर्जक।" ओलर्जकका शब्दार्थ है "होगा", मगर उसके कहनेका मतलब है—"कभी न होगा," यह कुर्बान को मालूम हो चुका था। दस दिन बाद फिर पल्टन गई, लेकिन हिन्दियों-केलिए फ़िर वहीं टालमटोल।

सोवियत्‌में निवास—अन्तमें निराश हो कुर्बानने ताशकंद जाने का निश्चय कर लिया। बुजुर्गोंके साथ जब वहाँ पहुँचा, तो उसके कुछ साथी पहलेही पहुँचे हुये थे, इसलिये बहुत सुभीता रहा। ताशकन्दमें उसने लाल झंडेवाले कितनेही जुलूस देखे, क्रान्तिकारी नारे सुने। जागीरों और सम्पत्तिसे वंचित भुक्कड़ रईस अपने कपड़े बेंच रहे थे। साधारण उजबक कहते—"कल तक हमारी मौत थी, आज अब इनकी बारी है।" अमीरोंकी सचमुच ही बहुत बुरी हालत थी। राशनमें बड़ी कड़ाई थी, सबको एक नापसे खाना मिलता था। वहाँ दस्तरखान कैसे चुना जाता? नौकर-नौकरानियाँ और महलसरा मालिकोंको छोड़कर भाग गये थे; बेचारी बेगमोंको अपने हाथसे रूखा-सूखा पकाना पड़ता था। कुर्बानको ताशकन्दमें रहते हफ्ताभर भी नहीं बीतने पाया था कि उसके दिलने कहा—"तेरी दुनिया न अफ़गानिस्तान है न तुर्की। तेरी दुनिया यह यहाँ है।" कुर्बानने अपने काफिलेमें से भी छै-सात आदमियों को फोड़ा। पहिले वह उस समयके ताशकन्दके अनाजके अकाल और भूखको देख कर घबड़ा रहे थे। कुर्बानने समझाया—"यह भूख सदा नहीं रहेगी। दो-तीन साल तक हम भी अधपेटा ही रहेंगे, आखिर सबकी तो यही हालत है। चलो फौजी काम सीखें।"

ताशकन्दसे हिन्दुस्तान जानेवालोंका सारा इन्तिजाम हो गया। २५-३० हिन्दुस्तानी तरुण ताशकन्दमें शिक्षा पा रहे थे। कुर्बानने कहा हमारा भी नाम लिखवा दो। थोड़े दिनों बाद हिन्दुस्तानियोंका खास

स्कूल बन्दकर दिया गया। कुर्बानको सैनिक-शिक्षामें खास दिलचस्पी थी। उसने विमान-विद्या पढ़नी शुरू की। गर्मियों (१६२३)के शुरूमें राजनीतिक पढ़ाईका इन्तिजाम किया गया। कुर्बान उसमें शामिल हुआ। यद्यपि कुर्बानसे मजहबी कट्टरपन अब निकल गया था और उसपर कमूनिस्तोंका प्रभाव काफी पड़ चुका था, लेकिन अब भी उसमें धार्मिकता मौजूद थी। कोई पार्टीकी मीटिंग थी। कुर्बान उसमे शामिल हुआ, लेकिन जब नमाजका वक्त आया, तो उसने उठकर वही नमाज पढ़ना शुरू किया। कई महीने तक कुर्बानका मानसिक संघर्ष जारी रहा। लोग उसे राजनीतिक शिक्षा लेने पर जोर देते, लेकिन वह समझता था, यह फजूलका समय बरबाद करना है, मुझेतो सैनिक-शिक्षाकी जरूरत है।

मास्कोमें चार साल—कुर्बानकी शिक्षाका प्रबन्ध मास्कोमें हुआ था। इसलिये (१६२१) ११ अगस्तको वह रेलसे मास्कोकेलिए रवाना हुआ। सात रात-दिन एक ही ट्रेनसे चलना पड़ा। बीचमें जब ईंधन खतम हो जाता, तो लकड़ी काटकर इंजनमें रखनेकेलिए ट्रेन खड़ी हो जाती। खानेकी बहुत दिक्कत थी। नमक और भी मँहगा था और मुट्ठीभर नमक देनेसे अण्डा, गोश्त-रोटी काफी मिल जाती थी। मास्कोके नजदीक पहुँचनेपर ११ बजेकी बात सुनकर कुर्बानको विश्वास नही हुआ। अभी तक १८-१६के घन्टेके दिनसे उसे वास्ता नही पड़ा था। मास्कोमें पहले ५॥ मास तक राजनीतिक शिक्षामें वह खूब रगड़ा गया, यद्यपि पहले उसका आग्रह रहा, कि हिन्दुस्तानकी सेवाकेलिए सैनिक शिक्षाकी ही ज्यादा आवश्यकता है।

जब राजनीतिक शिक्षा कुर्बानके मजहबी ख्यालको हटा चुकी थी, तब भी भौतिकवादपर वह सबसे ज्यादा इतराज करता था, और वे इतराज होते थे इस्लामिक दर्शनकी ओरसे। कुर्बान बोलनेवाले विद्यार्थियोंमेंसे था। हिन्दुस्तानियोंको किसी सभा या मीटिंगमें बोलना होता, तो कुर्बानका नाम पहले आता। अप्रैल (१६२२)में राजनीतिक

शिक्षा समाप्त होते-होते कुर्बानकी सारी मानसिक गुत्थियाँ सुलझ गईं। अब वह पूरा मार्क्सवादी बन गया। फिर उसने एकही साथ तरुण-कम्यूनिस्त-लीग और कम्यूनिस्त-पार्टीकी मेम्बरीकेलिए दरख्वास्त दे दी। लेकिन वह इतनी जल्दी स्वीकृत होनेवाली बात थोड़े ही थी। अब वह दो सालकी उच्च-शिक्षा लेनेमें लग गया। गर्मियोंमें खूब सैनिक-शिक्षा ली और चारों तरहके हथियारों और टैंकके चलानेका काम सीखा। लड़कपनमें कोहकाफ़की परियों और जिन्नोंकी जो कहानियाँ पढ़ी थीं, उससे कोहकाफ़ उसके दिलमें खास आकर्षण रखता था। १६२३-२४में वह कोहकाफ़ देखने जाता रहा। हाँ, परियाँ वहाँ जरूर थीं—वहाँकी तरुण सुन्दरियाँ कुर्बानको वैसीही मालूम हुईं, लेकिन भयानक जिन्नों की जगह वहाँ हँसमुख मिलनसार मानव मिले। पढ़ाई समाप्त करनेके एक साल बाद, वह शिक्षक बननेवालोंकी जमातमें पढ़ता रहा। १६२५ मे तीन महीने फैक्टरी-शिक्षा लेता रहा, दिनमे फैक्टरीमें काम करता और रातमें मजदूर-संगठनकी बातें सीखता।

युरोपमें एक साल—कुर्बानको जो सीखना था, वह सीख लिया। अब वह स्वदेश लौटकर कार्यक्षेत्रमें कूदना चाहता था। नवम्बर (१६२५)में उसने सोवियत भूमि छोड़ी। जर्मनीमें पहलेपहल मुक्का तानकर कम्यूनिस्तोंको सलाम करते देखा—पूँजीपतियोंके पिट्ठू नाज़ियोंके जवाबमें मजूरोंने यह सलाम निकाला था। फ्रांस, स्विट्जरलैंड होते वह इतली पहुँचा और मिलानो तथा तूरीनोमें महीनों रहा। इतालियन भाषा उसने सीख ली। कुर्बानने मुसोलिनीके फासिस्तोंके अत्याचारोंको नजदीकसे देखा—राजनीतिक चेतनावाले मजूरोंको फासिस्त किस तरह पीटते—किस तरह कम्यूनिस्तों और सोशलिस्तोंको रेंडीका तेल पिला-पिलाकर दस्त-कैके मारे मार डालते थे। यहींसे कुर्बानने किसी हिन्दुस्तानी अखबारमें गरीबीपर पहला लेख लिखा।

भारतमें—मार्सेईसे जहाज पकड़कर नवम्बरमे कुर्बान बम्बई पहुँच गया। इन छै सालोंमें वह १८ वर्षके गभरु जवानसे २४ सालका तरुण हो

नहीं हो गया था, बल्कि शिक्षा और तजर्बेने उसके मस्तिष्कको बहुत प्रौढ़ बना दिया था। अब वह अपने वास्तविक काममें लग गया। लेकिन अप्रैल (१९२७)में पुलिसने बम्बईमें गिरफ़ार कर लिया। फ्रांटियर ले जाकर पेशावरमें उसपर-राजद्रोह (दफ़ा १२१ए)का मुकदमा चलाया गया। अभी तक कमूनिस्तोंपर जितने मुकदमे चले थे, यह पहला अवसर था, जिसमें कुर्बानने मास्कोमें जाकर शिक्षा प्राप्त करना स्वीकार किया था, पुलिस इसे भी अपराध बतलाती थी। अदालतने पाँच सालकी सज़ा दी। अपीलका फैसला करते समय हाईकोर्टने कहा, कि मास्कोमें जाना और पढ़ना गुनाह नहीं है और पाँच सालकी सजाको तीन साल कर दिया। जेलमें ज़्यादातर स्यालकोटमें रहना पड़ा। यद्यपि पुलिस मेरठ षड्यंत्रमें कुर्बानको फँसाना चाहती थी, लेकिन वह दो साल पहले हीसे जेलमें था, इसलिये फँसाया नहीं जा सका, यद्यपि उसके नाम वारंट निकाला गया था।

१४ नवम्बर (१९२९)को कुर्बान जेलसे छूटा। उस समय मेरठ-षड्यंत्रमें फँसे साथियोंके डिफेन्सके प्रबन्धमें लगा रहता या लाहौरमें नौजवान-भारत-सभाका अध्ययन-चक्र चलाता।

२७ अगस्त १९३०को कुर्बान फिर गिरिफ़ार कर लिया गया। सरकार मुकदमा चलानेसे डरती थी, इसलिए १८१८ ईसवीके तीसरे रेगुलेशनके अनुसार राजबन्दी बनाकर जेलमें ठूँस दिया गया। राजबन्दी जीवनके उसके चार साल धर्मशाला, लाहौर, मुल्तान और मुजफ्फरगढ़में बीते।

१९ मार्च १९३४में कुर्बान जेलसे बाहर आया और फिर अपनी धुनमें लग गया। मजूरों, किसानों और विद्यार्थियोंमें राजनीतिक जागृति पैदा करना उसका काम था। भाषणके अलावा लेख भी लिखता रहता। असेम्बलीका नया चुनाव आया, तो सिकन्दर हयातके पिट्ठू उम्मेदवारके खिलाफ पश्चिमी मजूर-निर्वाचन क्षेत्रसे कुर्बान खड़ा हुआ।

मुकाबला सख्त था और हर उचित-अनुचित तरीकोंको इस्तेमाल किया गया, तो भी वह सिर्फ ३०० वोटोंसे हारा। १९३६में कितने ही समय तक लाहौरमें उसे नजरबन्द रखा गया।

१९३७में कुर्बानिने अपने एक नजदीकी रिश्तेदारकी लड़की अजब-सुल्तानासे शादी की। बीबी अजब उर्दू पढ़ी-लिखी हैं, लेकिन पतिसे बिलकुल उटला ख्याल रखती हैं। अल्लामियाँकी पक्की भगतिन हैं। कुर्बान ग़रीबोंकेलिए काम करता है, यह बात उन्हें बुरी नहीं लगती, मगर घरमें फाकाकशीको पसन्द नहीं करतीं। शुरूमें तो जवान पठानी लड़ जाती, लेकिन मियाँके १९ महीने जेलमें बन्द हो जानेपर दिल नरम हुआ और अब पतिको खुश रखनेका ज्यादा ख्याल रखती हैं। अजब बीबी कसीदा काढ़नेमें बहुत दक्ष हैं, और मुहल्लेकी आधी लड़कियाँ उन्हींकी चेली हैं। पर्दा खूब करती हैं। कुर्बान पूछता है — "आखिर कब तक?" अजब बीबीका जवाब है—"बाहर ले चलो, फिर बुर्का उठाकर फेंक दूँगी।" जवाब वाजिब है।

जेलमें नज़रबन्द—कुर्बान रामगढ़ काँग्रेसमें आया। कमूनिस्ट पकड़े जा रहे थे, इसलिए वहींसे वह अन्तर्धान हो गया और साल महीने तक छिपकर ही काम करता रहा। २४ अक्तूबरको उसे गिरफ्तार कर लिया गया। पाँच-पाँच महीने तक पुलिसकी हवालातमें रख करके पञ्जाब-सरकारने अपने न्यायका एक अच्छा उदाहरण उपस्थित किया। जब इसपर हल्ला होने लगा, तो उसे लाहौर-किलेमें बन्दकर दिया गया, जहाँ वह दो महीने रहा, फिर मई १९४१में माटगोमरी जेलमें नज़रबन्द कर दिया गया। पुलिस अँगूठेका निशान लेना चाहती थी, कुर्बानिने इन्कार किया, इसपर मुक़दमा चलाकर चार मासकी सजा दी गई, जिसे झंग जेलमें बिताया। २२ अप्रेल (१९४२)को उसे गुजरात जेलके नजरबन्दोंमें दाखिलकर दिया गया। पहली मईको जेलसे छूटनेके बाद कुर्बान फिर अपने काममें लग गया। आज वह पञ्जाबके मजदूरोंकेलिए अपना सारा समय दे रहा है। लायलपुरके मिल-मालिक मज़दूरोंकी

शिकायतोंकी ओर ध्यान नही देना चाहते थे, तंग आकर मजूरोंने हड़ताल कर दी। इसकेलिए ५ जनवरी १९४३को कुर्बान फिर पकड़ कर जेलमें डाल दिया गया और मज़दूरोंकी लड़ाईके सफल होनेपर ही २० दिन बाद उसे जेलसे छोड़ा गया।

आदर्शवादी हृदयने कुर्बानको हिजरत करनेकेलिए मजबूर किया था; लेकिन आज जो आदर्श कुर्बानके सामने है, उसमें उसका हृदय और मस्तिष्क कुर्बानी करनेमें होड़ लगाये हुए है; इसीलिए कुर्बान मजूर-किसान क्रान्तिका चिरतरुण सिपाही और नेता है।

३५

तेजासिंह "स्वतंतर"

२१ सालकी उम्रमें जिसने अपने सैनिक कौशलका परिचय दिया और मुट्ठीभर आदमियोंकी मददसे ५०० जवानोंद्वारा सुरक्षित एक

१९०१ जुलाई १६ जन्म, १९०७ गुरुमुखी-शिक्षा, १९०८-१३ हरदोसन्नी प्रा० स्कूलमें, १९१३-१६ धारीवाल मिशनस्कूल, १९१६-२० अमृतसर खालसा कालिजियट स्कूलमें, १९२० स्कूलसे असहयोग, राजनीतिमें, १९२१ अकाली आन्दोलनमें, १९२२ शिरोमणि कमीटीके तरुणतम मेम्बर,—गुरुद्वारा तेजापर विजय, और स्वतन्तर नाम,—'गुरुकाबागमें'—काबुलमें; १९२३ काबुलसे भारत (जनवरी)—दुबारा काबुलमें (अप्रैल)—पंजाब लौट आये (मई),—१९२३ घरसे महाप्रयाण (५ जुलाई),—तीसरी बार काबुलमें (जुलाई), फिर २० अगस्तको चल मजारशरीफ, हेरात, कुश्क-बाकू-बातूम्, कस्तुन्तुनिया (२० नवम्बर); १९२३ दिसम्बर-१९२९ अगस्त अंकारा (तुर्की)के सैनिक-कालेजमें, १९२९ तुर्कीसे (अगस्त), बुलारिया, सर्बिया, इताली, स्विट्जलेंड, फ्रांस, न्युयार्क (२ दिसम्बर), सान्फ्रांसिस्को; १९३० युक्तराष्ट्र अमेरिकामें, १९३१ जनवरी २६ युक्तराष्ट्रसे निकल जानेका हुकुम—दक्षिणी अमेरिकामें चिली, अरखन्तीनो; १९३२ ब्राजील; (मईका आरम्भ), पोर्तुगाल (जुलाई), स्पेन, फ्रांस, जर्मनी, तुर्की, जर्मनी, लेनिनग्राद; १९३२ सितम्बर २२—१९३४ जुलाई २६, सोवियत्‌में, १९३४ बर्लिन (अगस्त),—मोंबासासे (१० नवम्बर) बम्बई, पंजाब; १९३६ जनवरी, बम्बईमें गिरफ्तार १९३६-१९४२ मई राजबन्दी (केम्बलपुर), १९३६ मेट्रिक पास, १९३७ पंजाब एसेम्बलीके मेम्बरी, १९३९ बी० ए० पास किया, १९४२ मई ५ जेलसे बाहर।

किलेपर बिना कुछ नुकसान उठाये कब्जा कर लिया। २१ साल ही की उम्रमे जो एक उच्च संस्थान तरुणतम मेम्बर चुना गया। २१-२२ वर्षकी उम्रमे जिसने सीमा-रक्षियोंको चकमा देकर तीन-तीन बार विदेशकी यात्रा की, जिसने सैनिक साइन्सकी आवश्यकता समझ अपनी तरुणाईके बहुमूल्य ६ साल सैनिक कॉलेजकी उच्च शिक्षामें बिताए, फिर समुद्रो और चार-चार महाद्वीपोंको कितनीही बार आर-पार करता रहा। जिसका जीवन अपना जीवन नही, बल्कि भारतमाताकी थाती है। यह है वह सरदार तेजासिंह, जिसे साथी कामरेड "स्वतंतर" कह कर पुकारते है।

तेजासिंह स्वतंतर—जिसे पहले माता-पिताने समुन्दरसिंह नाम दिया था—का जन्म १६ जुलाई १६०१मे गुरदासपुर (पंजाब)के अकालगढके एक छोटेसे टोले अलूनामें हुआ था। अलूनामें कुल चालीस घर बसते हैं, जिनमें दस घर किसानोंके पास ही अपनी जमीन है। वह गरीब गॉव है।

तेजासिंहके पिता सरदार कृपालसिह (अभी जीवित)का असली मकान भुच्चर (जिला अमृतसर)मे था। जवानीमें रोजीकी खोजमें वह चीन, बर्मा और मलायामें घूमते रहे। उन्होने दुनिया देखी थी और गरीबीकी थपेड़े खाये थे। पीछे वह अलूनामे आकर बस गये, जहॉ उनके पास बारह एकड़ (चौदह बुमॉव) जमीन हो गई। सरदार कृपालसिंहने गुरुमुखी पढ़ी थी और पीछे हिन्दी भी। वह पंजाबीके कवि हैं। वह ज्यादा स्वतन्त्र विचारके हैं और अपने ज्येष्ठ पुत्रको स्वतंत्रताका पाठ पहलेपहल उन्होंने ही पढाया। स्वतंतरकी मॉ सरदारिनी रामकौर (जीवित) और भी गरीब घरकी लड़की थी। उनके पिताके पास दो एकड़ जमीन थी, जो भी कर्जेमें बिक गई। लेकिन गरीबीने रामकौरके दिलको कड़ा नही, बहुत नरम कर दिया था। सरदार कृपालसिंहने घरमे जिन विचारोंका बीज बोया, उसका असर उनके सबसे बड़े लड़के स्वतंतर ही पर नहीं, दोनों छोटे लड़कोंपर भी पड़ा।

बूढ़े सरदार भी आज जिला-किसान-सभाके सभापति हैं—पुत्रको आगे बढाकर वह स्वयं पीछे रहना क्यों पसन्द करते ?

स्वतंतरकी सबसे पुरानी स्मृति उन्हें चार वर्षकी उम्र तक ले जाती है। उस समय वह पोथीको बोसी कहकर किसी चीजको माग रहे थे। उन्हें तरह-तरहकी चीजे दी जाती थीं, जब उन्हें एक गुटका दी गई, तो रोना छोड़ उसे लिये हुए सो गये। बड़े चचा रिसालामें नौकर थे, छुट्टी लेकर घर आये थे, उसी समय उनका घोड़ा घर ही पर मर गया। स्वतंतरको वह दृश्य अब भी याद है।

बाल्य—सरदार कृपालसिंह (गिल) जानते थे, कि सिर्फ दिमाग ही काफी नहीं है, दिमागके साथ मज़बूत शरीर भी ज़रूरी है। वह अनुशासन पसन्द करते थे, खासकर काम करने और पढ़ने में। बच्चे के खेलने में वह कोई रुकावट पेश नहीं करते थे, और जब समुन्दरसिंह (स्वतंतर) अखाड़ेमे लोट-पोट करने लायक हुआ, तो कुश्ती करनेके लिए उत्साहित करते। बचपनमे दो-ढाई साल तक स्वतंतर बीमार रहे, लेकिन मालूम होता है, वह बीमारी जिन्दगी भरकेलिए थी, और फिर वह बहुत ही कम बीमार पड़े। बचपन ही से स्वतंतरको सोचनेकी आदत थी। घरसे पाच सौ गजपर हरदोसन्नीका स्कूल था। घरसे निकले स्कूलकेलिए: खेतमे पौधेको देखा, जाकर उसके पास बैठ गये। तीन घन्टा चार घन्टा बीत गया और वहां से हट नहीं रहे हैं। वह सोच रहे थे—"पौधा क्यों हुआ ? क्यों होता है ? कैसे होता है" ? बालक स्वतंतर अपनी उलझनमे फँसा उसे सुलझाने की कोशिश कर रहा था, घरवालोंने समझा कि कोई भूत लग गया है; वह ओझा-सयानोंको दिखलाते फिरते थे। बचपनसे ही स्वतंतर की स्मरण-शक्ति बहुत तीव्र थी। लम्बे सालोंमें उन्होंने जो अनेक लम्बी यात्राये कीं, उनके सन् नाम ही नहीं कितनोंकी तारीख़ तक उन्हें याद है। बचपनमें कहानियाँ सुनते, जिनमें कितनी ही लम्बी-लम्बी भी होतीं और स्वतंतरको सुनने भरसे याद हो जातीं। यद्यपि स्वतंतर

की विचित्र एकात-प्रिय रुचिसे घरवालोंको भूत लगनेका डर होता, मगर स्वतंतरको भूतका भय न था, वह कब्रिस्तानमें बैठकर दूसरे बच्चोंको डराते।

शिक्षा—स्वतंतरके दादा अत्यन्त वृद्ध १०४ सालके होकर मरे, उन्होने ही पोतेको गुरुमुखी पढ़ाई। छै सालका हो जानेपर घरसे पाँच सौ गज दूर हरदोसन्नीके प्राइमरी स्कूलमें स्वतंतरका नाम लिखा दिया गया। वह पाँच साल यहीं उर्दू पढ़ते रहे। गणितमें उनका मन खूब लगता था, और ज़बानी-हिसाबमे तो और भी तेज थे। दर्जेमें अव्वल-दोयम् रहा करते थे। घर आकर स्वतंतर बापसे हिन्दी पढ़ते। बापके विचार कितने उदार थे, यह इसीसे मालूम होगा, कि उन्होंने एक सैय्यदसे बेटेको कुरान भी पढ़वाया था। नौ सालकी उम्रमें स्वतंतर ग्रंथ-साहबका अच्छी तरह पाठ कर लेते, जिसे लोग आश्चर्य की बात समझते थे।

पाँच सालकी पढ़ाईके बाद हरदोसन्नीमें पढ़नेको और कुछ नहीं रह गया। अब स्वतंतरको अंग्रेजी पढ़नी थी। उन्हें धारीवालके मिशन हाईस्कूलमें (१९१३) दाखिल करा दिया गया, जहाँ साल भर बाद छठे दर्जेमें पहुँच गये। स्वतंतर जैसे मेधावी बालककेलिए स्कूलकी पाठ्य-पुस्तकें बहुत कम होती। स्वतंतरका बहुत समय बच रहता, उसे वह कभी खालसा-तारीख (इतिहास) पढ़नेमें लगाते, कभी योगवाशिष्ठ (हिन्दी) पढ़नेमें। उन्हें व्याख्यान देनेका भी शौक था, और हर हफ्ते स्कूलमें या बाहर लेक्चर दिया करते। योगवाशिष्ठके साथ-साथ साधुओंसे मिलने-जुलनेका भी स्वतंतरको शौक था, जिसके कारण जन्मजात दार्शनिक स्वततरपर कितनी ही बार वैराग्य भी चढ़ाई कर देता था। यद्यपि इस समय धर्मपर विश्वास था, तो भी उनका मन तर्क-प्रधान था। कितनी ही बार वह स्कूलमें भी नहीं जाते। १९१५में उन्होंने सिर्फ ३५ दिन हाजिरी दी थी। अध्यापक पास करना नहीं चाहते थे, मगर उन्हें अगले दर्जेमें चढ़ाना पड़ा, क्योंकि स्वत... साल भरकी पाठ्य-पुस्तकोंको समझते थे।

स्वतंतरकी प्रकृति ऐसी थी, कि साथके विद्यार्थी भी उन्हें महात्मा समझते थे। मिशन स्कूलमें पढ़ते, इसलिये इनजील पढ़ना जरूरी था। एक दिन ईसाई मास्टरने इन्जीलको मेजपर पटकते हुए कहा, "देखो हम पोथीकी पूजा नहीं करते, लेकिन सिक्खोंने ग्रंथको ही देवता बना लिया है।" तेजासिंहके साथी हरचन्दने कहा—"श्रद्धाका विशेष फल होता है।" मास्टरने डाँट दिया। स्वतंतरने उसका पक्ष लेकर कहा—"ठीक तो कहता है।" मास्टर मारने उठा। तेजासिंहने उसे खूब पीटा और स्कूल छोड़ दिया। मामला मिशनरियोंकी कौंसिल तक गया, इंजील-मास्टरको माफ़ी माँगनी पड़ी। मगर, स्वतंतर तो स्कूल छोड़ चुके थे।

लड़ाई चल रही थी। स्वतंतर अखबारोंको पढ़ते थे, किन्तु शायद यह माननेकेलिए तैयार नहीं थे, कि उनके पढ़नेमें योग-वाशिष्ठसे ज्यादा लाभ है। सिक्ख-तारीख पढ़कर वह विदेशी शासनके विरोधी हो गये थे, इसलिये पिछले महायुद्धकी प्रत्येक जर्मन-सफलता उनके लिये खुशीकी चीज़ थी।

अप्रैल १६१६में वह अमृतसरके खालसा कालेजिएट हाईस्कूलमें पढ़ रहे थे। अगले साल १६१६में युद्धका जो प्रभाव अल्पवित्त किसानोंपर पड़ा, उससे सरदार कृपालसिंहके घरकी हालत खराब हो गई। चीजे महँगी हो गई थीं, खानेवाले ज्यादा हो गये थे और आमदनी वही पुरानी। पुत्रकेलिए स्कूलमें खर्च भेजना भी उनके लिए मुश्किल था। इस समय माँने अपने जेवरोंको देकर पुत्रकी पढ़ाई को चालू रखा, कभी-कभी कोई साथी भी मदद कर देता। १६१६में उन्होंने नवीं क्लास पास की। इसी साल एक ही साथ उन्होंने पंजाब की तीनों पंजाबी साहित्य-परीक्षायें—बुद्धिमान्, विद्वान्, ज्ञानी—पास कर लीं। परीक्षा देकर लाहौरसे जब लौट रहे थे, उस वक़्त पंजाबमें क्रूर मार्शल-ला चल रहा था, रेलें बन्द हो गई थीं। स्वतंतरको पैदल चलकर गुरदासपुर स्टेशनसे नौ मील दूर अलूना पहुँचना पड़ा।

पजाबी-साहित्यमें स्वतंतरकी बहुत रुचि बचपन हीसे थी। पिता कवि थे, इसलिये स्वतंतरने बचपन हीमें तुकबन्दियोका खिलवाड़ शुरू किया था। अमृतसरमे आने पर कोई मेला या गुरुपर्व बाकी नहीं जाता, जिसमें स्वतंतर अपनी कविता न सुनाते हो। कालेजके मैगजीनमें उनकी कविताये छपा करती थीं। इन कविताओंके कारण स्वतंतरको लोग दूर-दूर तक जानने लगे थे। वेदान्त-वैराग्य बराबर स्वतंतरका पीछा करता आ रहा था। १६१८की गर्मियोंमें वह ऋषिकेश पहुँच गये, और साधुओंके साथ झोपड़ियोंमे रह सिद्धान्त-कौमुदी पढ़ने लगे। शायद सिक्ख-इतिहास और पिताका कर्मठ जीवन इसमें कारण हुआ, जो कि स्वतंतरने वैराग्य-योगका रस्ता उसी वक्त पकड़ नहीं लिया।

१६३०में स्वतंतर मैट्रिक, (दसवे दर्जे)में पढ रहे थे, इसी समय अमृतसरमें गाधीजी आये। स्वतंतर जैसे वक्ताको बोलनेका मौका न मिले, यह हो नहीं सकता था। १६ सालके तरुण स्वतंतरने गाधीजी की उस बड़ी सभामें भाषण दिया, कविता भी पढ़ी, जिसमें न-मिल-वर्तन (=असहयोग)पर जोर दिया गया था। बाप भी कहा करते थे—गुरुसाहब मनुष्य थे, इसलिये उनके जैसा हम भी बन सकते हैं, हाँ बननेकेलिये त्याग और तपस्याकी जरूरत है। स्वतंतरके दिलमें यह बात बैठ गई थी। उन्होंने स्कूलोंमें हड़ताल करानेमें खूब भाग लिया, और अपने जोशीले व्याख्यानोंसे कितने ही विद्यार्थियोंको शैतानी स्कूलोंसे निकल आनेमें सहायता की। छुट्टियाँ हो गई। स्वतंतर जानते थे, कि छुट्टियोके बाद मुझे स्कूलमें जगह नहीं मिल सकती, उन्होंने पहले ही बिदाई ले ली।

राजनीतिक क्षेत्रमें—स्वतंतरकी बुद्धि जितनी तेज थी, उससे वह पढनेमें बहुत आगे बढ गये होते, मगर उनके मार्गमें बाधाएँ थीं—कभी घरकी गरीबी चिन्तामें डाल देती, कभी वेदान्त-वैराग्यका भूत सरपर चढ़ जाता और बाहरी पुस्तकोंके पढ़नेका शौक तो था ही। अब

(१९२०) वह १९ सालके जागरूक जवान थे। वह अखबारकी खबरोंको पढ़ते और बचपनमें चार-चार घन्टे तक पौधेके पीछे पड़ा रहनेवाला दिमाग इन खबरोंके पीछेकी वास्तविकताके जाननेकी कोशिश करता। तुर्कोंमें क्या हो रहा है? बेलशेविक क्या हैं? देशमे मार्शल-ला है। तुर्क और बेलशेविक क्यों "लड़ते" हैं? यह विचार करते-करते स्वतंतर भी लड़ाके बनते जा रहे थे—सोचते थे मुझे भी कुछ करना चाहिये। उस समय पंजाबके अत्याचारोंकेलिए जाच-कमेटी काम कर रही थी। इसी समय ननकाना साहबके गुरुद्वारेमें महन्तके आदमियोंने कितनेही सिक्खोंको बुरी तरहसे मारकर जला दिया। स्वतंतरका सहपाठी हरदत्त-सिंह उनके घरपर पहुँचा। उसने ननकाना साहबकी बात सुनाई और कहा—स्कूल तो तुमने छुड़वाया, लेकिन अब कुछ करना चाहिये।

स्वततरने पंजाबका एक चक्कर लगाया। सन् १९२१ आया। ननकानाके सिक्ख शहीदोंका खून रंग लाने लगा। सारे पंजाबमें अकाली-आन्दोलन शुरू हो गया और धर्म और देशकेलिए सिक्खोंमें हर तरहकी कुर्बानी करनेके वास्ते चारों ओर जोश फैलने लगा। गुरुदास-पुरमें एक सभा हो रही थी। स्वतंतर आठ आदमियोंका जत्था बनाकर सभामे पहुँचे। स्वयंसेवकोंकेलिए अपील की गई। स्वतंतरकी तबियत खराब थी, तो भी उन्होंने व्याख्यान दिया। बापने पंथकेलिए अपना, स्वतंतर और लड़कीका नाम पेश किया। दीवान (सभा)ने कहा—तो आओ अभीसे कामके मैदानमे चले आओ। एक तरहसे उसी दिन (मार्च १९२१को) स्वतंतरने घरकी माया-मोह छोड़ी और तबसे बराबर कूच में रहे।

स्वतंतर पहले अपने जिलेमे घूमे और वहा ३६०० अकाली वालंटियर भरती किये। वह जत्था बाधकर जलंधर और होशियारपुरके जिलेमें प्रचार करते फिरे। बीस व्याख्याता तैय्यार किये और उनकी जमातसे कोई गाँव छूटने नहीं पाया। सभी वालंटियर सत्याग्रहकेलिए तैयार थे। सबके पास कृपाण (तलवार) था। वह स्वयंसेवकोंको

गदका-फरी और दूसरी बातें सिखलाते थे। उन्होंने जगह-जगह कांग्रेस और खालसा (सिक्ख) कमीटियां कायम की। अकाली जत्थे संगठित किये। उनके व्याख्यानोंमें नौ-नौ दस-दस हजार आदमी जमा होते और खूब शौकसे सुनते। स्वततर बीच-बीचमे योगवाशिष्ठ और कुरानकी बात बोलते जाते, उनके खिलाफ तीन बार वारंट निकले, मगर वह हाथ न आये।

शिरोमणि गुरुद्वारा प्रबन्धक कमीटी—सिक्खोंकी सबसे बड़ी संस्था जिसके पास करोड़ोंकी सम्पत्तिवाले गुरुद्वारे हैं—के मेम्बरोंका १९२२ में चुनाव हुआ, गुरुदासपुरने स्वतंतरको चुना। उसके सबसे कम उम्रके मेम्बर २१ सालके स्वतंतर थे। वह अकालियोंके सभी बड़े-बड़े संगठनों (शुद्धिदल, मिलिटरी, धर्म-प्रचार)में प्रमुख व्यक्ति थे।

गुरुद्वारा तेजाकी विजय—बात और लेक्चर करनेका समय खतम हो रहा था, अब काम करनेका समय आया था। गुरुद्वारा तेजाके पास बहुत भारी सम्पत्ति थी, जिसे एक महन्त मनमानी तौरसे खर्च करता था। सिक्ख-पन्थने चाहा कि गुरुद्वारेका सुधार किया जाय। महन्त यहाँ भी ननकाना साहबकी आवृत्ति करना चाहता था। अब गुरुद्वारेपर कब्जा करना था। कौन बहादुर है, जो अकाली वीरोंका नेतृत्व करके गुरुद्वारा तेजापर अधिकार जमावे—यह सोचते हुए पन्थ (सिक्ख-जनता)की दृष्टि सरदार समुन्दरसिंहपर पड़ी। पन्थने उन्हें जत्थेदार (सेना-नायक) बनाया और उसी समय समुन्दरसिंहको तेजासिंह नाम प्रदान किया। जिस गुरुद्वारेका नाम मुझे पहलेही मिल गया, उसे फतेह करना होगा—स्वततरने संकल्प कर लिया। स्वततरने यद्यपि सैनिक कौशल पर पुस्तकें अभी नहीं पढ़ पाई थी, मगर वीरता भर देनेवाली बहुत सी बातें पढ़ी थी। राजपूतोंकी बहादुरीकी कहानियां उन्होंने खूब पढ़ी थीं; नागरी-प्रचारिणी और दूसरी जगहोंसे छपी वीरगाथा-पूर्ण ऐतिहासिक पुस्तकोंका उन्होंने एक अच्छा खासा संग्रह कर लिया था।

स्वतंतर गुरुद्वारा तेजा और उसके महन्तके बारेमें काफी ज्ञान रखते थे। उनके मनने कहा—"सतनामसे काम नहीं चलेगा। तभी तो गुरु नानककी परम्परामें गोविंदसिंहको अवतार लेना पड़ा। महन्त के पास पाँच सौ लड़ाके हैं। ऐसी तदबीर करनी चाहिये, कि बिना मारकाटके ही हम गुरुद्वारेपर अधिकार करलें।" कुछ सोचा फिर बापसे कहा—"आप साधु बनकर महन्तके पास चले जाइये। और हमें गुरुद्वारेके भीतर की एक-एक बातकी खबर देते रहिये। हम दो जाट भगत दे रहे हैं। ये गुरुद्वारेमें आया-जाया करेंगे, इनके ज़रिये सूचना भेजियेगा कि गुरुद्वारेमें कितने लड़ाके हैं और उनके पास हथियार क्या-क्या हैं।" स्वतंतरने तीन घड़ियोंमें एक समय बनाकर एक बाप को, एक भगतको दे दिया और तीसरी अपने पास रख ली। प्राणोंकी बाजी लगानेवाले अस्सी स्वयंसेवकोंको हरएक बात बतलाकर खूब तैयार किया। आठ आश्विन (सौर, २४ सितंबर) १९२२के पाँच बजे सुबह गुरुद्वारापर आक्रमण करनेका समय निश्चित किया गया। गुरुद्वारा तेजा किलेकी तरह बना हुआ है। महन्तको मालूम था कि अकाली हमला करनेवाले हैं, इसलिये उसने पुलिस बुला ली थी। पुलिस भी फाटकके सामने बैठी थी। काम कितना मुश्किल है, इसे स्वतंतर अच्छी तरह जानते थे। उन्होंने अपने समेत २५ स्वयंसेवक चुने और उन्हें दो जत्थोंमें बाँट दिया। दीवार फाँदना, गदका चलाना आदि की पूरी तालीम हो चुकी थी। उस रात उन्होंने १४ मील दूर जा जत्था जमा किया। गुरुद्वारेके भीतरकी सारी बातें स्वतंतरके पास पहुँचती रहीं। जत्थेने गुरुद्वारेकी ओर कूच किया। सबने मरकर भी पीछे न हटनेकी कसम खाई थी। इसी समय चरने आकर कहा कि प्रतीक्षा करके महन्तके बहुतसे आदमी चले गये हैं। स्वतंतरने ५६ आदमियोंको रखकर बाकीको छै सौ गज पीछे रहनेका हुकुम दिया और यह भी कहा—"सफल हो जानेपर हम 'सत् श्री अकाल'का नारा लगायेंगे, उस समय तुम लोग चले आना. यदि हम सफल न

होंगे, तो वहीं मर जायेंगे और तुम्हारा काम होगा सारे देशमें जाकर आन्दोलन करना।"

आखिर वह घड़ी आ ही गई। घड़ीकी सुईने सुबहके पाँच बजने का संकेत किया। तेजासिंह और उनके साथियोंने कुछ दूर जाकर अपने जूतोंको छोड़ दिया और वह दबे पाँव आगे बढ़ने लगे। फाटकके पास पुलीसके ३ सिपाही सो रहे थे और चौथा ऊँघ रहा था। साढ़े पाँच बजे बापने दर्वाजा खोल दिया। दर्वाजा बहुत भारी था, यदि यह इन्तिजाम न किया गया होता, तो दर्वाजे ही पर अकालियोंको ढेर हो जाना पड़ता। दर्वाजा ढकेलनेपर आवाज हुई। स्वतंतरके साथियों ने झूठे गदकेकी आवाज शुरू की, फिर लाठी चलनी शुरू हुई। सोये आदमी घबड़ा गये। सर्दार कृपालसिंहको भीतरकी सारी बातें मालूम थी। उन्होंने पता दिया। लड़ाई शुरू हो गई। संगीनकी तरह लाठियोंकी मारकी जाने लगी। घायल चीखने-पुकारने लगे। स्वततर ने ललकार कर कहा, जिन्हें जान बचानी हो, वह दोनों हाथोंके पंजों को बाधे यहाँ आकर बैठ जाये। छत्तीस आदमी आकर बैठ गये। महन्त भी पिटा। सबको बाहर निकाल गुरुद्वारेपर कबजा कर लिया और बाकायदा पहरा बैठा दिया गया।

"सत् श्री अकाल"की आवाज सुनते ही बाकी अकाली भी गुरुद्वारेमें पहुँच गये। घासके भीतर छिपे नौ और आदमियोंको पकड़ा गया, इस तरह ४५ युद्धबन्दी हाथ लगे।

महन्तने एक बार फिर हिम्मत की। दूसरे दिन ११ बजे दल-बलके साथ उसने हमला किया। स्वतंतरने अपने साथियोंको कह रखा था कि गाँववाले गाली भी दे, तो भी जवाब मत देना, जो ऊपर चढनेकी कोशिश करे, उसे नीचे गिरा देना। महन्तके आदमियोंने दीवार फाँदने की कोशिश की, मगर असफल रहे। दरवाजेमे आग लगानी चाही, उसमें भी उन्हें सफलता नहीं हुई। अब उनकी अकल काम नही कर रही थी। स्वतंतरने २५ जाँबाज अकालियोंको २५ नंगी तलवारे दे

दर्वाजा खोल दिया और फिर उन्होंने बाहरसे सारे गुरुद्वारेकी परिक्रमा की। महन्त और उसके पिट्ठुओंकी हिम्मत नहीं हुई।

उसी दिन २०० हथियारबन्द पुलीस आ पहुँची। उन्होंने गोली चलानेकी धमकी दी। मगर, स्वतंतर और उनके साथी प्राणोंकी बाजी लगाये हुए थे। अधिकारियोंने सोचा, अब तो कब्जा इनका हो ही गया है, किसका हक है, इसका फैसला दीवानी अदालतका काम है। पुलीस उसी शाम चली गई।

गुरुद्वारा तेजापर अधिकार होगया, अकाली वीरोंने पूरी निर्भयताका परिचय दिया। लेकिन, अब तो जायदादको सम्हालकर बैठना था. कितने दिनों?—इसका पता नहीं। उनके बाल-बच्चे भी थे और खेती-बारी भी। अनिश्चित काल तककेलिए वहाँ बैठे रहना सम्भव नहीं था। वालटियर खिसकना चाहते थे। स्वतंतरको अब इस सेनाकी कमजोरी मालूम होगई। उन्होंने सोचा कि जबतक ऐसी सेना न तैय्यार की जावे, जिसको घर-बारका बन्धन नहीं, तबतक काम नहीं चल सकता। उस समय उन्होंने "स्वतंतर" जत्थेकी नींव डाली—"इस जत्थेमें वे ही स्वय-सेवक रह सकते हैं, जो कुल-परिवारसे 'स्वतंतर' (मुक्त) हैं। स्वतंतर जत्थेका नियम है सभी कड़े अनुशासनको मानेंगे, किसीको अपने पास जायदाद नहीं रखनी होगी। जिसके पास जायदाद हो, वह बेचकर उसे जत्थेमें दाखिल कर देगा।" लोगोंने अपनेको अर्पण करना शुरू किया और उसी दिन २२-२३ जवान स्वतंतर-जत्थेमें शामिल होगये। ऊपरवाले नेता विजयसे खुश थे, मगर स्वतंतरकी कुछ स्वतंत्र बातें उन्हें पसन्द नहीं आईं, खासकर स्वतंतर-जत्थेकी बातें उन्हें खतरनाक मालूम हुईं।

गुरुद्वारा कोठियाँ—तेजामें आये ८-१० ही दिन हुए थे, कि पता लगा, गुरुद्वारा कोठियोंका महन्त गुरुद्वारेकी चीजोंको बेच रहा है। जवानी और विजयका जोश था। उसी समय ८ घोड़ोंपर काठी बाँध ८ सवार कोठियोंकी ओर चल पड़े। धाक जम चुकी थी। महन्त की हिम्मत मुकाबला करनेकी नहीं हुई; वह भाग गया। गुरुद्वारा

कोठियाँ भी पंथके कब्जेमें आगया। इसके बाद चारमास तक सर्कारके साथ संघर्ष रहा, जिसमें दूर-दूरके अकाली जत्थे आये। स्वतंतरको और ज्यादा जानकारी प्राप्त करनेका मौका मिला। इस तरुण जरनैलकी दूर-दूर ख्याति होगई। शिरोमणि सभाने एक तम्बू देकर स्वतंतरका सम्मान किया।

जिस समय "गुरुका बाग़"केलिए सत्याग्रह चल रहा था, स्वतंतर भी वहाँ सौ जवानोंके साथ पहुँचे। एक महीने तक वह कँटीले तारोंके घेरेमे बन्द रहे। खाना रोक दिया गया था, मगर रातके समय वह किसी न किसी तरह पहुँच ही जाता था। जब अमृतसरके प्रसिद्ध सरोवरकी सफाईका काम शुरू हुआ तो, उसमें स्वतंतरने ३००० के जत्थेके साथ भाग लिया।

दिसम्बर १६२२ आया। सिक्खोंमे जैसी अकाली लहर चली थी और लोग जिस तरह कुर्बानीकेलिए तैय्यार थे, उसे देखकर विदेशके क्रान्तिकारी सिक्खोंको उत्सुकता होने लगी, वह सोच रहे थे—किस तरह सप्रदायके एक संकीर्ण दायरेके भीतर खर्च होती शक्ति सारे देशके उद्धारमे लगाई जाये। बाबा गुरुमुखसिंह पिछले युद्धके समय फाँसीके तख्ते से बच गये थे, मगर वह सारी जिन्दगी जेलमे बन्द होनेकेलिए तैय्यार नही थे। वह और उनके कितने ही साथी जेलोंसे भाग निकले। उन्होंने इस जोशको देखा। बाबा गुरुमुखसिह अकालियोंके बड़े-बड़े नेताओंसे मिले। अमेरिकामे रहनेवाले सिक्ख भी इस कोशिशमें पड़े और उन्होंने कई साथियोंको क्रान्तिकी विद्या सीखनेकेलिये रूस भेजा। ऊधमसिंह काबुलके सिक्खोंमे जागृति लानेकेलिए वहाँ पहुँचे। उनमें जागृति आई और उन्होंने शिरोमणि कमीटीसे प्रचारक-जत्था भेजनेकी प्रार्थना की। कमीटी स्वतंतरसे बढ़कर बहादुर वक्ता और 'ज्ञानी' तरुणको नही पा सकती थी।

काबुलमें पहली बार—अब तीन रागियों (भजन गानेवालों)के साथ स्वतंतर खुले तौरसे अफगानिस्तान पहुँचे। स्वतंतर दिनभर सिक्खों में व्याख्यान देते, वार्तालापसे धर्ममें सुधार करनेकी जरूरत बतलाते।

सोते वक्त ऊधमसिंह पासमें आकर बैठ जाते। तीन-चार दिन बाद ऊधमसिंहने धीरे-धीरे बात करनी शुरू की—"सिर्फ गुरुद्वाराका ही सुधार करना है, या बड़े गुरुद्वारेका भी ?" "बड़ा गुरुद्वारा क्या ?" "भारत, यही हमारा हिन्दुस्तान है।" स्वतंतरपर धीरे-धीरे असर होने लगा।

स्वतंतरने काबुलमें गुरुद्वारा कमीटियाँ बनाईं, हिन्दी-गुरुमुखी पढ़नेकेलिए पाठशालायें खुलवाईं। शाह अमानुल्लासे मिले और उनके प्रधान-सेनापति नादिरखाँ (पीछे नादिरशाह)से तीन बार भेंटकर घन्टों बातें कीं। सिक्खोंके सुधारमें सबकी सहानुभूति थी और अमानुल्लाकी सरकारने हर तरहके सुभीते प्रदान किये।

ऊधमसिंहकी बात सुनते-सुनते स्वतंतर इस परिणामपर पहुँचे, कि बड़े 'गुरुद्वारे'का सुधार सबसे जरूरी है और यह काम असहयोग करने, कपड़ा फुंकवाने, और शराबबन्दीसे नहीं हो सकता, साथ ही इतने बड़े कामको सिर्फ सिक्ख ही नहीं कर सकते, इसमें मुसलमान और सभी देशवासियोंको साथ लेना होगा।

१९२३की फरवरीमें स्वतंतर फिर हिन्दुस्तान लौट आये। वह आनन्दपुर गये हुए थे। वहाँ किसीने एक साधुसे मिलनेको कहा। यह साधु और कोई नहीं बाबा गुरमुखसिंह थे। साधुसे बातचीत हुई। यह तै हुआ कि उन्हें काबुल पहुँचाना होगा।

दूसरी बार काबुलमें—स्वतंतर बाबा गुरमुखसिंहकोलिए पेशावर पहुँचे। पेशावरसे जब वह मोटरमें बैठे, तो पुलीस थानेदार भी आकर बैठ गया। लन्डीकोतलमें पहुँचनेपर थानेदारने सवाल जवाब करना शुरू किया। वह सरदार करमसिंह और तेजासिंहके बारेमें पूछता था। फिर साधुको छोड़कर तेजासिंहको वह थानेमें लेगया। देर हो रही थी और उधर भूख भी लगी थी। स्वतंतरने कहा—"रोटी तो खिलवाइये"। थानेदार बोला "हमें तुम्हारे ऐसे बच्चोंसे क्या लेना है ?" "तो मैं खाकर चला आता हूँ"—कहकर स्वतंतर हातेसे बाहर आगये।

ढू ढ ढाढकर वह गुरुद्वारामे पहुँच गये। जैसे तैसे अफगानिस्तानकी सीमाके पासवाली बस्ती (डक्का)मे पहुँचे। सरहद पार होना सबसे बड़ी समस्या थी। वहाके गुरुद्वाराका भाई (ग्रंथी) स्वतंतरकी बहादुरीसे प्रभावित तो था, मगर वह कोई मदद नही कर सकता था। रात रहते ही सरायका दरवाजा खुलवाया। सरहद पार हो अफगानिस्तानके भीतर बीसही गज जा पाये थे, कि अफगानी सिपाहीने गोली मारनेकी धमकी दी। लाचार वही सीमापर बैठ गये। इसी समय अग्रेजी गारद आ गया। उसने स्वततरको पकड़ लिया। हवलदारने उर्दू में सवाल शुरू किया। स्वतंतर यह सोचकर फार्सी बोलने लगे, कि वह उन्हे अफगानी सिक्ख समझे। हवालदारने हाथ छोड़ दिया। और फिर यह कहकर भगा दिया—जा भाग जा, नहीं तो हम भी मारे जायेंगे।

अफगान सिपाही फिर हुज्जत करने लगा। स्वततरने सोचा, यदि यहा मारपीट करें, तो अफगानिस्तानमे पहुँचनेमे आसानी होगी। यह सोच वह सिपाहीसे झगड़ने लगे। सिपाही उन्हे थानेदारके पास ले गया। थानेदार कुछ लेकर छोड़ देना चाहता था। वह बीस रुपया माग रहा था, मगर स्वततरके पास ढेरीसे अलग सिर्फ पाच रुपये थे। वह नहीं चाहते थे, कि थानेदारको ढेरीका पता लगे। वह पाच रुपया देनेकेलिए तैय्यार थे। अभी वह थानेदारके यहा बैठाये हुए थे, कि काबुलसे पेशावर जानेवाला एक आदमी आ पहुँचा। उसमें स्वतत्रके परिचित ईश्वरसिंह (काबुली) भी थे। ईश्वरसिंहने जनरल नादिरखाके हस्ताक्षरके सहित एक चिट्ठी दी, जिसमे डक्काके कमाण्डरको लिखा गया था, कि तेजासिह और उसके पॉच साथियोको हमारे देशमे आने दे और उन्हे हर तरहकी सहूलियत प्रदान करे।

तेजासिहने थानेदारसे कहा कि तुम कर्नेलसे फोनपर बात कर लो, हमारे लिये चिट्ठी आई हुई है। कर्नेलने थानेदारकी उस वेवकूफीपर दस गालिया सुनाई, और स्वततरको तुरन्त भेजनेका हुकुम दिया। स्वतंतरको दो सिपाही मिले। वह सरकारी मोटरपर आगेकेलिए रवाना

होगये। उस समय अभी रास्ता उतना अच्छा नहीं था। स्वतंतर तीन दिनमें काबुल पहुँचे।

अप्रैल (१९२३)का महीना था। स्वतंतरको अभी यहाँ रहना था। उन्होंने गुरुद्वारोंसे महन्तोंको हटाया और सिक्खोंमें सुधारका आन्दोलन चलाया। मगर अब वह बड़े गुरुद्वारेके सुधारकेलिए कमर कस चुके थे। ऊधमसिंहने उन्हें और बातें भी बतलाई। स्वतंतरको मालूम देने लगा कि देशकी आजादीकेलिए सैनिक-साइन्सका जानना अत्यन्त जरूरी है। उस समय अफगानिस्तानमें तुर्कोंका राजदूत जनरल उमर फखरुद्दीन पाशा थे। इस जेनरलने सिरिया और अरबके मैदानमें अपना वह रणकौशल दिखाया था, कि अंग्रेज उन्हें "तुर्कोंका बाघ" कहते थे। स्वतंतरने पाशासे बातचीत की। वह इस बाइस वर्षके तरुणसे बहुत प्रभावित हुये और बोले—हम तुर्कीमें तुम्हारी सैनिक शिक्षाकेलिए इन्तिजाम कर देंगे। मगर अभी स्वतंतरको वहाँ जाना नहीं था।

महीने भरसे कुछ कमही काबुलमें रहे और फिर ऊधमसिंहके साथ स्वतंतर भारतको लौट आये। डक्काके रास्तेसे नहीं आ सकते थे, इसलिए उन्होंने चोर रास्तोंके बारेमें पूछ-ताँछकी। लालपुरमें आकर उन्होंने चमड़ेकी मशककी नाव ठीक की और अन्धेरा होते एक रास्ता दिखलाने वाले पठान और एक दूसरे सिक्खको ले काबुल नदीमें मशकको छोड़ दिया। मशक नीचेकी ओर बह चली। एक प्रपातमें मशक उलट गई। खैर तैरना जानते थे, मशक पकड़कर फिर चढ़े। रास्तेमें सिपाहीने रोका। सर्दी थी, सिपाही भी ठिठुरा हुआ था। स्वतंतरने कहा—"हम पेशावर जाते हैं, तलाशी लेना हो लेलो"। सिपाहीने छोड़ दिया। पेशावरसे आठ मील दूर लोग मशकसे उतर पड़े और पंजाब चले आये।

मईका आधा बीत चुका था। स्वतंतर और उनके साथीने कितने ही लोगोंसे बातचीत की, अन्तमें तै यह हुआ कि सैनिक शिक्षाकेलिए कुछ विद्यार्थी बाहर भेजे जाँय। इन विद्यार्थियोंमें स्वतंतरका नाम सबसे पहले आया।

विदेशकी लम्बी यात्रा—स्वततर जानते थे, अब न जाने कितने सालोकेलिए घरका मुख नही देखेंगे। वह मा बापसे मिलने घर गये। ५ जुलाई (१९२३) को अलूनासे प्रस्थान किया। ऊधमसिंह भी उनके साथ थे। पेशावरसे किसी सवारीपर वह शक्कदर गये। वहाँ गन्नेके खेतोमे छिपे रहे। गन्दाव नामका एक छोटा नाला ही सीमा है—अफगानिस्तान और अंग्रेजी राज्यकी सीमा नहीं, बल्कि स्वतंतर कबीलों और अग्रेजी राज्य की सीमा है। रातको नाला पारकर एक घाटीपर पहुँचे। उस दिन ८ जुलाई थी। कबीलेवालोंने तेजासिंहको गिरफ़ार कर लिया। स्वतंतरके साथ एक पठान रक्षक भी था। पठानने कबीलेवालोको बहुत समझाया। मगर वह छोड़नेकेलिए राजी नहीं हुये। इसपर कबीले-कबीलेमें लड़ाई होनेकी धमकी देकर वह वहाँ से चल पड़ा। चन्द मिनट बाद कबीलेवालोको अकल आई, और उन्होंने स्वतंतरको छोड़ दिया। स्वतंतर आगे चले। रात ही रात चल सकते थे। एक जगह गिरकर मौतके मुँहमे जानेसे बाल-बाल बचे। अफगान सरहद पार हो लालपुर पहुँचे। उस दिन पेशावर छोड़े तीन रोज हो चुके थे।

एक दो दिन आरामकर काबुल चले गये। वहाँ अमेरिकासे आये दो सिक्ख उन्हे मिले, जो रूससे होकर आये थे। २० अगस्त (१९२३) को सबने सारी परिस्थतींपर विचार किया। हिन्दुस्तानमे मजूर-किसान आन्दोलन शुरू किया जाय और उसकेलिए 'कीरती-किसान' पत्र निकाला जाय। स्वतंतरकेलिए तै हुआ कि वह सैनिक शिक्षाकेलिए तुर्की जायँ। इसी वक्त स्वतंतरको मार्क्स और लेनिन्की कितनी ही बाते सुननेको मिली, कई पुस्तकोंका नाम भी सुने।

तुर्की राजदूतने स्वतंतरको तुर्की जाकर सैनिक शिक्षा प्राप्त करनेकेलिए कई चिट्ठिया दीं।

स्वतंतरने क़िरायेका टट्टू किया, और चारे कार, बामियान हो हिन्दूकुश पार कर, खुर्रम्, ऐवक, काशकुर्गन होते २० दिनमें मजार-शरीफ पहुँचे। उनकी पोशाक अफगानी थी, और अपनेको इंजीनियर

बतलाते थे। साथमे टट्टूवालेको छोड़ और कोई नहीं था। मजार-शरीफसे रूसी इलाकेकी ओर जाना अच्छा नहीं था, क्योंकि अमीर और बोल्शेविकोंका युद्ध वहाँ अभी बन्द नहीं हुआ था। स्वतंतर आमूके तट तक गये और गोलियोंकी आवाज सुनी, फिर मजार-शरीफ लौट आये। अब उन्हें लम्बा रास्ता पकड़नेके सिवाय कोई चारा न था। मजार-शरीफसे उन्होंने हिरातका रास्ता लिया और बलख, अन्दकूई, आखचा, मेमना, मुर्गाब और क़िला-नौ होते २५ दिन में वहाँ पहुँचे। रास्ता खतरेका था। एक जगह डाकुओंने पकड़ा। बाईस सालके स्वततरके मुँहपर थोड़ी-थोड़ी दाढ़ी निकल आई थी, वर फारसीमे बोल रहे थे। डाकुओंने समझा—कोई नौजवान मुल्ला है। "सन्दूकचीमें क्या है"—पूछनेपर, स्वतंतरने कहा "कुरान-पाक"। डाकुओंने मुल्ला से माफी माँगी और छोड़ दिया। एक डाकू स्वतंतरके साथ साथ चला और तावीज देनेकेलिए बड़ी मिन्नत कर रहा था। स्वततरने कहा—"अभी पाक नहीं हूँ, वजू करके दूँगा। साथ चले आओ"। हिरात जब थोड़ी दूर रह गया, तो डाकूसे लौटते समय तावीज देनेकी बात कहकर छुट्टी लेनी चाही। डाकूने कहा—"अच्छा हमारे लिये मुल्ला साहब दुआ करो"। मुल्ला साहब तो सारी दुनियाके-लिए दुआ करते ही हैं।

हिन्दू और सिक्ख सौदागरोंके कारबारी गुमाश्ते रास्तेकी कई बड़ी बस्तियोंमे मौजूद थे, स्वततरके पास उनके लिये चिट्ठिया थीं। एक चिट्ठी हिरातके एक हिन्दू हकीमके नाम थी। हकीमने बड़े आरामसे रक्खा। हकीम योगवाशिष्ठ पढ़ रहा था, लेकिन बेचारेको उतना समझमे नहीं आता था। स्वतंतरने जब योगवशिष्ठकी गूढ़बातों को समझा दिया, तो हकीमको यह तरुण एक खट्शास्त्री पंडितसे कम नहीं मालूम होने लगा। उसने हिरातके गवर्नरके अर्थ-मन्त्री दीवान हुकुमचन्दसे स्वतंतरकी प्रशंसा की। स्वतंतरने दीवान साहबके लिए गीता और योगवशिष्ठकी कथा की। दीवानने उन्हें अपना दफ़्र

दिखलाया। उधर-उधर घूमकर हिरातको देखा। समय ज्यादा लग गया था और सोवियत्में घुसनेकी तारीख बीत चुकी थी, इसलिये सोवियत् कौंसलसे पासपोर्ट पर लिखवाना पड़ा और पिस्तौल आदिके लिये इजाजत भी ले ली। दीवानने घोड़ा किराये पर कर दिया। स्वतंतर कुश्ककेलिए रवाना हुए। उनके पास दवाइयाँ काफी थीं। और यात्रामे दवाइयोंके महत्त्वको वह खूब समझते थे। सितम्बर खतम हो रहा था। यहीं पहली बार उन्होने आसमानसे बरफ पड़ती देखी। एक छोटा-सा गाँव था। स्वतंतर एक-एक घरमें गये, मगर किसीने बैठनेकेलिए जगह न दी। गाँवमे एक छोटी दस वर्ग-फुटकी मसजिद थी, जिसके भीतर सोलह बेगारी मजूर भरे हुए थे। घोड़ेकी लगाम पकड़कर स्वतंतर एक छोर पर बैठ गये। बर्फके पिघले पानीसे किताबो के भीगनेका डर था। खुर्जी खोलकर किताबे देखी। किताबे ज्यादातर हिन्दीकी थीं। मजूरों पर प्रभाव पड़ा। एक रोगीने हाथ दिखलाया। स्वततरने नब्ज़ देखी और दवा दे दी। दो-चार और मरीजोने हकीम से दवा पाई। अब वहा स्वततरकेलिए काफी जगह खाली कर दी गई। उनमेसे कुछने दौडकर गावसे ईंधन ला आग जलाई। हकीम साहबके कपड़े सुखाये जाने लगे। खानेके लिए रोटियाँ उनके सामने रखी गई।

आगे चलने पर चेहल-दुख्तरान् नामक आखिरी गाँव आया, जहा स्वततरने मेर्व नदी-पार की और फिर वह सोवियत्की भूमिमे दाखिल हो गये। गारदने पासपोर्ट देखा, फिर एक सवार साथ कर दिया, और उसी दिन वहासे आठ मील चलकर वह कुश्क पहुँच गये।

सोवियत्-भूमिमें प्रथम बार—कुश्कमे रेलवे स्टेशन है। उन्हे अब कास्पियन तट पर जाना था। मालूम हुआ, रेल हफ्तेमे सिर्फ दो दिन जाती है। पासपोर्ट देखने वाली रूसी स्त्रीने स्वतंतरके रहनेका इन्तिजाम कर दिया। वे दो-तीन दिन वही रहे। यहाके पहाड़ उतने ऊँचे न थे। देहात भी हरी भरी थी। स्वतंतर इस दो दिनके निवासका

ज्यादा आनन्द नहीं उठा सके; उन्हें सख्त अतीसार (पेचिश) हो गया था। कुश्कसे रेल पकड़कर वह मेर्व पहुँचे। रेलसे तुर्कमानोंकी कोई बरात जा रही थी। नाना रंगके तरह-तरहके कपड़े पहने हुए बराती और उनके सिर पर बड़ा टोपा विचित्र-सा मालूम हुआ। मेर्वसे वह कास्पियनके तट पर क्रास्नावोद्स्क बन्दर पर पहुँचे। अभी बन्दर वीरान-सा था। रास्ते मे अश्काबादसे उन्हें एक बहाई प्रचारक मिला। उसने अपने धर्मके तत्त्व समझाने शुरू किये। मगर स्वतंतर बहुत-सा तत्त्व जानते थे, और अब इन तत्त्वोंसे कुछ उबकाहट आ रही थी। स्टेशन के पास खूब सब्जिया बिक रही थी। स्वतंतर ने खूब अच्छी तरह सब्जी पकाई और गरमागरम रोटी भी, वह भूल गये कि अतिसार के रोगी हैं। जहाज पर सवार हुए। सत्रह अठारह घन्टे बाद उस पार बाकूमें उतरे। सब्जियोंने अपना गुण दिखलाया। कई जोरके दस्त आए और जब वह होटल मे पहुँचे, तो बहुत ही कमजोर थे।

अब उन्हें तिफ्लिस और बातूम्केलिए रवाना होना था। रेलवे स्टेशनपर अपना सामान लादे पहुँचे। सामान छोड़कर टिकट कटाने कैसे जाय—यह सोच ही रहे थे कि एक आदमी उनके पास आ मीठी-मीठी बाते करने लगा। उसी समय एक रेलवे कर्मचारी आ गया। उसने उस आदमीको आवारा बतलाकर आगे सावधान रहने के लिए कहा और खुद ही टिकट ला दिया। अभी क्रान्तिके पहले दिन थे, पुराने उठाईगीरोंका सफाया नहीं हो पाया था।

अक्तूबरका महीना था, जबकि स्वतंतर सोवियत्के हिमालय—काकेशश्—को रेलसे पार कर रहे थे। उनके डब्बेमे एक लाल-सेनाका अफसर था, जो हिन्दीका विद्यार्थी था। स्वतंतरसे वह कितने ही शब्दोंके बारे मे पूछता रहा। यात्राकेलिए एक अच्छा साथी मिल गया था, यद्यपि भाषाकी दिक्कत थी। स्वतंतरको कोहकाफके पहाड़ी दृश्य वैसे ही मालूम हुये, जैसा चम्पामें हिमालय। तिफ्लिस होते बातूम पहुँचे। जिन्दगी भरमें बहुत सुन्दर नजारा देखनेको मिला था। जार्जियन स्त्री-

पुरुष और भी सुन्दर मालूम हुए। उनके खूबसूरत गोरे चेहरेपर काली आखे और काले बाल बहुत सुन्दर मालूम होते थे। स्वतंत्र बहुत कमजोर थे, मगर हिमालयके इस सौदर्यसे वह अपनेको वञ्चित नही रखना चाहते थे। घन्टों खड़े-खड़े प्रकृतिकी सुषमाको निहार रहे थे। उस समय उन्हें ख्याल आया कि मै बीमार और कमजोर हूँ। उन्हे इसके कारण सख्त जुकाम हो गया। बातूममें वह इस्लाम-होटलमें ठहरे। कमजोर थे, इसलिये उन्होंने एक भार-वाहक ले लिया था। भार-वाहक दस रूबल मजूरी माँगने लगा। स्वतंत्रके पास रूबल सभी सोनेके थे, और वह सोनेका रूबल समझ रहे थे। होटलवालेने बतलाया कि सोनेका नहीं कागजका रूबल। मजूरी ज्यादा नही थी।

बातूमसे उन्हें अब कस्तुन्तुनिया (स्ताबोल) जाना था। जहाज कभी-कभी जाते थे, इसलिये स्वततरको बातूममें बीस दिन रुकना पड़ा। अब उनका स्वास्थ्य भी ठीक हो गया था।

तुर्कीमें—पाँच जुलाईको स्वतंतरने अलूना छोड़ा था, बीस अगस्तको काबुल, अब २० नवम्बरको कस्तुन्तुनिया जानेवाला जहाज उन्हें मिला। कस्टम-अफसरोसे कुछ दिक्कते उठानी पड़ी थीं। मगर उसी समय बातूम-स्थित तुर्की कौसल मिल गया, जिसने बड़ी सहायता की। चार-पाच दिन कालासागरके दक्षिण तटके पास-पाससे जहाज चलता रहा। उस समय वर्षा हो रही थी, और आसमान तथा क्षितिज बहुत कम दिखलाई पड़ रहे थे। कस्तुन्तुनियामें वह स्टेशनके पास एक होटलमें ठहरे। खर्चा बहुत काफी था। वह इस चिन्तामें थे, कि कितने दिनो तक यह रुपये चलेंगे। एक दिन उन्हे मौलाना उबेदुल्ला सिंधीका भतीजा मिल गया, जिससे उनकी कठिनाइया दूर हो गईं। मौलानाने कुछ और हिन्दुस्तानियोंके नामसे परिचयपत्र दे दिया। दिसम्बरके आरम्भमे स्वतंतर तुर्कीकी राजधानी अंकारामे पहुँचे, और वहा एक राजपूतानी मुसलमानके घर ठहरे। जिन जिनके नाम चिट्ठिया थीं, उन्हे दे दी।

सैनिक कालेजमें—दिसम्बरमे स्वतंतर सैनिक कालेजमे भर्ती हो गये। यद्यपि वहाँकी शिक्षा तुर्की-भाषामे होती थी, लेकिन स्वतंतरने सात महीनेके परिश्रमके बाद काम चलाऊ तुर्की सीख ली। ५॥ साल का कोर्स था। उन्होंने बड़ी लगनसे अपने, अध्ययनको जारी रखा। तुर्कीसे ज्यादा फ्रेंचमें पुस्तके है, यह मालूम होनेपर उन्होंने फ्रेंच भी सीखी। केश कितने ही समय तक रहे, लेकिन देखा कि उनसे सैनिक पोषाक पहननेमें दिक्कत होती है, इसलिए सिर मुंडवा दिया। आज़ाद बेग अब तुर्क-प्रजा भी थे। सभी साथियोंका इस भारतीयके साथ सुन्दर वर्ताव था। सेनाके जनरल भी उन्हें बहुत मानते थे। जेनरल फखरी पाशा (तुर्क-व्याघ्र)ने तो उन्हें अपना लडका बना लिया था। वह जनरलके घरमें खाना खाते। जेनरलके लड़केके साथ स्वतंतरका बहुत प्रेम था। एक दिन कमान्डर-इन-चीफ चकमक पाशाने स्वतंतरसे कुछ प्रश्न किये और हिन्दुस्तानकी भूमिका सैनिक दृष्टिसे वर्णन करनेके लिए कहा। स्वतंतरके जवाबसे वह बहुत सन्तुष्ट हुए। स्वतंतरने ५॥ साल पढ़कर सैनिक कालेजकी सर्वोच्च परीक्षा पास की और प्रेसीडेन्ट-कमीशनके अधिकारी हुए।

अमेरिकाको—अगस्त १६२६मे स्वतंतर आगेका काम देखनेकेलिये अब स्वतंत्र थे। पहले उन्हें अमेरिका जाना था। बुलगारिया, सर्बिया, इताली, स्विट्जरलेंड, फ्रांस और बेलजियम होते वह जर्मनी पहुँचे। जर्मनीमे उन्हें बाबा गुरुमुखसिंह मिले। उनसे कामके बारेमें बहुत-सी हिदायतें लीं, फिर फ्रान्स जा २६ नवम्बर (१६२६)में "इल्-दू-फ्रॉस" जहाज द्वारा रवाना हुए और तीन दिसम्बरको न्यूयार्क पहुँचे। न्यूयार्कमें तीन-चार दिन रह नियाग्रा जल-प्रपात हो, कनाडाके भीतरसे गुजरते डिट्राईट गये। यहा उन्हें अछरसिंह छीना मिले। फिर सानफ्रान्सिस्को जा भारतीय देशभक्तोंसे भेंट की। उस समय देश-भक्तोंमे फूट पड़ गई थी। स्वतंतरने जाकर उनकी हालत सुधारी, जासूसोंको उनके भीतरसे भगाया। अब वहाके कर्मियोंमे अब एक नया जोश था। उन्होंने

अपने संगठनको खूब मजबूत किया। भक्तोंने दिल खोलकर पैसा दिया। पार्टीके पास अपनी कार और अपने 'हवाईजहाज़ थे। युक्त-राष्ट्र अमेरिकामें जहा जहा हिन्दुस्तानी थे, वहा गये और एक जबर्दस्त संगठन तैयार किया। वहाकी रियासतों और करीब करीब सभी शहरों को देखा। अब स्वतंतर गुरुद्वारा तेजावाले सैनिक-शास्त्रसे अनभिज्ञ २१ सालके अल्हड़ जवान नहीं थे। वह हरएक चीजको सैनिक दृष्टिसे देखते थे, और सैनिक साइन्समें अमेरिकाने जो उन्नति की थी, उसकी ओर खासतौरसे नजर रखते थे। सारा १९३० उनका युक्त-राष्ट्र में बीता, अब बाहरसे जोर पड़ा और २६ जनवरी १९३१को युक्त-राष्ट्र ने देशसे निकल जानेकी नोटिस दे दी।

मेक्सिको होते वह पनामा पहुँचे। पनामाका पासपोर्ट नहीं था, मगर अपने साथियोंने वहा उतारनेका इन्तिजाम कर लिया था। फरवरी मे उतरकर वह पाचं महीने पनामा रियासतमें रहे। पनामामें तीन हजारके करीब भारतीय (सिन्धी, पंजाबी व्यापारी-ड्राइवर और डाक कमकर) रहते हैं। पार्टीको वहा उन्होने बड़े पैमानेपर संगठित किया। दो-तिहाई पजाबी ड्राईवरोने मोटर-बसकी हड़ताल की और उन्हें सफलता हुई। ड्राईवरोंकेलिए एक सहयोग-समिति कायम की। हिन्दुस्तानके आन्दोलनके लिये लोगोंने रुपया दिया। अब तक स्वतंतरने मार्क्सवादका काफी अध्ययन कर लिया था, ज्यादातर पुस्तकें फ्रेंचमे पढ़ी थीं।

दक्षिणी अमेरिका—अब वह स्पेनिश भी पढ़ लेते थे। जहाज़से वह पेरूके लीमा शहरमें गये। चिलीके वलपरेज़ो नगरमे पहुँचे, उस दिन दूकाने जल्दी-जल्दी बन्द हो रही थीं, वहा बलवा हो गया था। किसी स्वार्थी शासनके सोनेने अखबारोंमें छपवाया था कि कोई तुर्की जेनरल-स्टाफका अफसर—जो कि दरअसल हिन्दुस्तानी है—कोमिन्तर्न (कम्यूनिस्ट इंटर्नेशनल) द्वारा दक्षिणी-अमेरिकामें भेजा गया है। उसके

पास बहुत-सा मास्कोका सोना है। वह लातिनी अमेरिकामें बगावत फैला रहा है। स्वतंतरने जल्दी जल्दी टिकट ले जहाज़ पकड़ा, और चिली के सन्तियागू नगरमें पहुँच गये। लार्स देस पहाड़को रेलसे पार करते वक्त हिमालय याद आने लगा। अन्तमें अर्खन्तीनों (अर्जेन्तीन)के मन्दोसा शहरमें पहुँचे। अर्खन्तीनोंमें बहुतसे भारती, विशेषकर पंजाबी रहते हैं, यह उन्हें मालूम था, इसीकेलिए वह वहां पहुँचे थे। रोसारिओ स्टेशनपर जब अगस्त (१९३१)में पहुँचे, तो भगतसिंह बिलगा वहां स्वागतकेलिए मौजूद थे। अर्खन्तीनोकी जमीन बहुत ही उपजाऊ है। वहां फलोंके बगीचे चीनीके कारखाने बहुत हैं। पंजाबी कमकर चीनी की मिलों और मोटरोंमें काम करते हैं। वहां रंग-भेद नहीं है। सभी को अर्खन्तीनों की प्रजा बनने और वोट देनेका अधिकार है। मजदूरी भी बहुत ज्यादा है। स्वततरने अर्खन्तीनोमें एक साल रहकर भारतीयों में राजनैतिक जागृति पैदा की, और दक्षिणमें बहिया ब्लंकासे उत्तरमें खुई तकका दौरा किया। मदोसा (पश्चिम)से बोनेस्-आयरस (पूर्व) तक जाकर सारे देशको देखा। स्वतंतरके आनेसे वहांके भारतीयोंमें राजनीतिक भावना खूब बढ़ गई।

१९३२की मईमें स्वततर ब्राजील गये। वहां रियो-दो-जेनेरोमें सरदार अजीतसिंहके पास रहे। पता लगा, सॉ-पावलोसे आगे हिन्दुस्तानी रहते हैं, खेती और दूकानका काम करते हैं। स्वतंतर रेलके आखिरी छोर तक गये। ब्राजीलसे उराग्वाइके भीतरसे होते अर्खन्तीनो पहुँचे।

अब यहाँ पर भी काम दृढ हो चुका था, चार आदमी विशेष शिक्षाके लिये वहाँसे भेजे गये, जो भारतमें जाकर सारा समय देश सेवाके लिये देना चाहते थे।

सोवियत् रूसमें—जुलाई (१९३२)में स्वतंतर बोनोस—आयरस्से जहाज़ द्वारा योरोपकेलिए रवाना हो गये। पोर्तुगाल और

स्पेन होते बोर्दोसे पेरिस पहुँचे। वहाँ कुछ घन्टे रह बर्लिन चले गये। अब साथियोंसे मिलकर उन्हें सोवियत् जाना था। स्वतंतरका बहुत-सा सामान अब भी तुर्कीमें पड़ा था, जिसकेलिए वह वहां गये, और दोस्तोंसे मिले। पूर्वी योरपके बहुतसे देशोंको देखा, फिर बर्लिन पहुँचे, वहाँसे एक जर्मन बन्दरगाह पर सोवियत्-जहाज़में चढ़ २१ सितम्बरको लेनिनग्राद। वहाँ वह एक ही दो दिन ठहरे और २२ सितम्बरको मास्को पहुँच गये। आगेके दो साल (जुलाई १९३४ तक) उन्हें सोवियत्में बिताने पड़े। इस समय इन्होंने अपने ज्ञानको और विस्तृत किया। रूसी भाषा पढ़ी। कितनी ही पुस्तकोंका पंजाबी और उर्दूमें अनुवाद भी किया। लाल सेनाको उन्हें नजदीकसे देखनेका मौका मिला और वह उससे बहुत प्रभावित हुए। जहाँ दूसरे देशोंके सैनिक-साइन्समें एक तरहकी स्थिरता, जड़ता, गतिशून्यता मालूम होती है, वहाँ सोवियत्का सैनिक-साइन्स हर समय आगे बढ़ने, हर समय नई चीज़को अपनानेमें तैयार मालूम हुआ। दो सालका यह सोवियत्-निवास पंच-वार्षिक योजनाके युगमें हुआ था। उन्होंने अपने आँखो महान् निर्माणको होते देखा। खार्कोफ, स्तालिनो, क्रिमिया और दूसरे बहुतसे उद्योग-केन्द्रोंको स्वतंतरने देखा। सामूहिक और सरकारी खेती वाले नर-नारियोंके साथ रहकर उनकी भावनाओंको अनुभव किया।

बारह साल बाद भारतमें—शिक्षा समाप्त हो गई थी। अब स्वतंतरको भारत लौटना था। अगस्त १९३४में ८ घन्टेकी विमान-यात्राके बाद वह बर्लिनमें उतरे। तुरन्त एक्सप्रेस ट्रेन पकड़ी और उसी दिन शामको एन्टवर्प (बेल्जियम्) पहुँच गये। कुछ दिन रहकर पेरिस गये। वहाँसे मार्सेई जा दो-तीन महीने मजूरका काम किया, फिर पंजाबी कपड़े पहने और पंजाबी मजूर बन पूर्वी अफ्रिकाके मोम्बासा नगरमें अक्तूबरमें पहुँच गये। १७ नवम्बरको वह बम्बई जाने वाले जहाज़ पर चढ़े। मुंह पर बड़ी-बड़ी मूछें थी और कमरमें गुजराती धोती। बम्बई में उतरकर साथियोंसे मिले। अब वह साधु बन

गये। शेखूपुरा, अमृतसर, लाहौर, जलंधरमें संगठनका काम करते रहे।

जेलमें—डेढ़ साल इस तरह अन्तर्धान रह काम करते-करते बीत गये थे, जबकि जनवरी १९३६मे पुलीसने मातुंगा (बम्बई)में उन्हें गिरफ़्तार कर लिया। अकबालसिंह और सोमनाथ लाहिडी भी उसी समय गिरफ़्तार हुए। पुलीस उन्हे लाहौर किलेमें ले गई। फिर कई-कई रातो जगाये रखना, गालिया देना, चिढ़ाना आदि आदि सभी हथियार इस्तेमाल किये। मुकदमा चलानेकेलिए सबूत नहीं था, इसलिये दो मास किलेमें रख १८१८के रेगुलेशनके अनुसार राजबन्दी बना केम्बलपुर जेलमे भेज दिया, जहाँ उन्हें छै साल (१९३६ जनवरी—१९४२ मई) रहना पड़ा।

स्वतंतर चुप बैठनेवाले न थे। उसी साल उन्होने खुद पढ़कर मेट्रिक पास किया, फिर एफ० ए० और १९३९में बी० ए० पास किया। विश्वविद्यालयने इजाज़त नहीं दी, नहीं तो एम० ए० भी कर लिये होते। १९३७में एसेम्बलीका चुनाव हो रहा था। उस समय साथी स्वततरको भी एक चुनाव-क्षेत्रसे खड़ा किया गया। गुरुद्वारा तेजा-सिंहके बहादुरको सिक्ख भूल नहीं सकते थे और उसके साहस तथा कुर्बानियोंकी गाथाएं अब भी लोगोंकी जबानों पर थी। विरोधियोंने नाम लौटा लिये और साथी स्वतंतर निर्विरोध एम० एल० ए० बन गये। लेकिन तब भी सरकार उन्हें छोड़नेकेलिए तैयार नहीं थी। पाच साल और उन्हें जेलमें सड़ना पड़ा। मई १९४२मे वह जेलसे छूटे, बाहर आते ही प्रान्तीय किसान कान्फ्रेंसके सभापति हुए और देशके काममें ऐसे लगे कि सिर्फ दो बार गॉव गये।

स्वततरकी शादी श्री हरभजन कौरसे १९१७मे हुई थी। हरभजन कौरने भी अकाली-आन्दोलनमें भाग लिया था और अब भी वह काममें तत्पर हैं। उनके दो भाइयोंमे एक सरदार वासुदेवसिंह दस

सालतक राजबन्दी बनाकर जेलमें बन्द रखे गये थे। दूसरे भाई सरदार साधूसिंह ढाई साल लाहौरके किलेमें रखे गये और अब गावमें नज़र-बन्द हैं। साथी स्वतंतरके सात माहकी एक बच्ची है। आज उनकी उम्र ४२ सालकी है, लेकिन अब भी उनका जोश पहलेसे घटा नही और बढ़ा है। यदि वह तुर्की फौजमे शामिल हुए होते, तो आज अपने प्रतिभाशाली सहपाठियोंकी तरह जेनरल आजाद वेग होते, लेकिन कौन कह सकता है, कि हमारे देशको जैसे जेनरलकी जरूरत है, वैसे जेनरल वह नही हैं।

३६

बी० पी० एल्० वेदी

चार सदियों पहले गुरु नानकने प्रेम और भक्तिकी ऐसी गंगा बहाई, जिसमें जाति और रंगका कोई भेदभाव नही था। उन्होंने आध्यात्मिक औषधका प्रयोग करके चाहा कि हिन्दुस्तानके रहनेवाले सारे भेदभावोंको भूलकर भाई-भाई बन जायें। गुरु नानकका नुसखा कितना सफल रहा, यह सिक्खोंके रूपमें हमारे सामने है। लेकिन, गुरु नानकका खून आज एक ऐसे तरुणके शरीरमें बह रहा है, जिसने भी अपने पूर्वजकी भाँति हिन्दुस्तान ही नहीं सारी दुनियामें भेदभाव

१९०९ अप्रेल ५ जन्म, १९१३-१७ घरमें पढाई, १९१७-२२ डेन हाई-स्कूल, और दूसरे स्कूलोंमें; १९१८ जलियाना हत्याकाण्डका प्रभाव, १९२२-२४ डी० ए० वी० हाईस्कूल (लाहौर)में, १९२६ एफ्० ए० पास, १९२८ बी० ए० पास, लाजपतपर मारका भीषण प्रभाव; १९३० एम्० ए० पास, १९३१ युरोप देखते, आक्सफोर्डमें, मार्क्सवादियोंसे संबंध, १९३१-३२ गंभीर अध्ययन के बाद मार्क्सवादी, १९३२ अप्रेल फ्रेडासे सगाई, १९३३ बी० ए० (आनर्स) पास, १९३३ व्याह, १९३३ जून—सितंबर युरोपकी सैर, १९३३ सितंबर-१९३४ अगस्त बर्लिन विश्वविद्यालयमें, १९३४ मई १३ रंगाका जन्म, १९३४ सितंबर भारतमें, १९३५ जनवरी "कन्टेम्प्रेरी इंडिया" निकाला, किसानों में काम, १९३६ दिसंबर भारतीय किसान-सभाके संयुक्त मंत्री, १९३७ प्रान्तीय किसान-सभाके संयुक्त मंत्री, १९३८ भारतीय कांग्रेस-सोशलिस्ट पार्टी की कार्यकारिणीमें, पंजाब ट्रेड युनियन कांग्रेसके सभापति, गुंडोंके हाथों घायल, उलटा मुकदमा; १९३८-३९ "मन्डे मोर्निंग"के एडीटर, १९४० दिसंबर ४-१९४२ अप्रेल १ जेलमें नजरबंद, १९४२ अप्रेल १ जेलसे छूटे।

मिटानेकेलिए अपना जीवन अर्पण किया। यदि चाहता, तो वह भी अपने बड़े भाई की तरह आई० सी० एस्० बनकर आरामकी जिन्दगी बिताता, लेकिन उसने फूलके रास्ते छोड़े और काँटोंके रास्तेको स्वीकार किया। इस तपस्वी-जीवनमें उसके साथ चलनेकेलिए एक उच्च शिक्षा-प्राप्त प्रतिभाशालिनी अंग्रेज तरुणी भी तैयार हो गई। और, सिर्फ बातोंसे नहीं, अपने कामसे उसने दिखला दिया, कि सारे ही अंग्रेज हिन्दुस्तानको गुलामीकी जंजीर पहनानेकेलिए तत्पर नही हैं। गुरु नानक जीवनके अन्तमें रावीके दाहिने तटपर करतारपुरमें आकर रहने लगे और कुछ समय रावीके दूसरे किनारेपर जिस जगह रहे, उसका नाम ही डेरा-बाबानानक पड़ गया। बाबा नानककी मृत्युके बाद डेरा और आबाद हो गया। बाबा नानककी संतान पीढ़ियोंके साथ बढ़ती गई और आज उनकी सख्या डेरा-बाबानानककी चार -हजार आबादीमे आधी है। गुरुकी सन्तान होनेसे ये सभी आंगिरस गोत्री खत्री बच्चे बाबा कहे जाते हैं। शताब्दियोंसे सिक्खोंकेलिए यह सैय्यद और ब्राह्मण-गुरु रहते आये हैं। सिक्ख धर्मसे प्रेम रखनेवाले सामन्तोंने वेदियोंके प्रति सन्मान प्रदर्शन करनेमें खूब उदारतासे काम लिया, क्योंकि इसके द्वारा अप्रत्यक्ष रूपसे सिक्ख जनताकी सहानुभूतिको वह अपनी ओर खीच सकते हैं। इस तरह वेदियोंमें शताब्दियोंसे सामन्ती जीवन चलता रहा। उनके पास बड़ी-बड़ी जागीरें रही, फिर तहसील बटाला (जिला गुरुदासपुर)के इस छोटेसे गामडेका एक अच्छे खासे कसबेके रूपमें परिणत हो जाना स्वाभाविक था। डेरामें मुख्य गुरुद्वाराके अतिरिक्त चोला-साहब भी एक बहुत ही पवित्र तीर्थ है। चोला साहबमें वह चोला (चोगा) रखा हुआ है, जिसे गुरु नानकने मक्कामें जानेपर पाया था। दोनो ही गुरुद्वारोंमें काफी जागीरें और खूब चढावा चढ़ता है। बड़ा गुरुद्वारा तो अब महन्थोंके हाथसे छिन कर अकालियोंके हाथमें चला गया है, मगर चोला-साहब अब भी वेदियोंकी वैयक्तिक सम्पत्ति है। वेदियोने उदासी महन्थोंकी तरह अकाली लहरका मुकाबिला नही किया,

इसलिये उनसे गुरुद्वारा नहीं छीना गया। डेरामें हलवे (कड़ा-प्रसाद) की कई दूकानें हैं। शेख और काश्मीरी सौदागर किसी समय अच्छी तिजारत करते थे और वहाँ दोशालेका काम अच्छा होता था, लेकिन अब सिर्फ कम्बल, मामूली कसीदे और कंघियोंका काम रह गया है।

वेदियोंमें दो-तिहाई केशधारी सिक्ख हैं। हमारे तरुणके परदादा आदि भी केशधारी थे। यद्यपि बाबानानकने जात-पाँतके खिलाफ बहुत कहा किया, और ब्राह्मणोंको इसकेलिए ताना भी दिया, मगर पीछे उनकी अपनी ही सन्तान सबसे बड़ी जात बन गई। इतनी ऊँची जात, कि वेदी (बाबानानककी औरस सन्तान) न अपनी लड़कीको दूसरे कुलमें देना चाहते थे और न दूसरे कुलवाले लेना ही चाहते थे। लोग समझते थे कि गुरुके वंशकी लड़कीको लेकर दुनियामें ही निर्वंश हो जाना पड़ेगा, मरनेके बाद यमराज डंडा लेकर तो बैठे ही हैं। कहावत है—"किसी घरमें वेदी लड़की बहू बनकर गई, नाराजीमें सासकेलिए मुँहसे निकल गया 'फिटे मुँह'। फिर क्या था, सास पागल हो "फिटे मुँह" "फिटे मुँह" ही बकने लगी। इस सबका यह परिणाम हुआ कि वेदियोंमें बेटियोंके पैदा होनेहीको बुरा नहीं समझा जाने लगा, बल्कि उन्हें जन्मते ही मार डालनेका रवाज चल पड़ा। अभी पिछली शताब्दीके अन्त तक वेदियोंमें लड़कियाँ जीने नहीं दी जाती थीं। लार्ड डलहौजीने लड़कियोंकी हत्या बन्द करनेकी जो योजना निकाली थी, उसमें लड़की जीवित रखनेवाले पिताको जागीर दी जाती थी। हमारे तरुण वेदीके घरमें १८७०का सार्टीफिकेट है, जिसमें किसी लड़कीके जीवित रखनेकेलिए जागीर देनेका उल्लेख है।

डेरा बाबानानकके वेदी सिर्फ गुरु ही नहीं हैं, बल्कि वह सदासे वीर-लड़ाके होते आये हैं। महाराजा रणजीतसिंहके एक सेनापति जनरल अतरसिंह वेदी थे। जब वेदियोंको बाहर लड़ाई लड़नेका मौका नहीं मिलता, तो वह एक-दूसरेके गर्दनपर ही अपनी तलवारोंकी शान धरा करते थे। महाराजा रणजीतसिंहको "यदुवंशियों"के इस कलहसे

बहुत दुःख हुआ। एक बार वह डेरा-बाबानानक आये। दरबार-साहब-का दर्शन किया, गुरुकी सन्तानके प्रति सम्मान प्रकट किया। वेदी मुखियोंको साथ लेकर मीलभर टहलने गये और उन्हें समझाया—यदि आप हमारे गुरु लोग ही इस तरह आपसमें झगड़ा-फसाद करते रहेंगे, तो दुनियाके दूसरे लोगोंसे क्या आशा की जा सकती है? रणजीतसिंहको मालूम हो रहा था, कि उनकी बातका असर हो रहा है। इसी बीच किसी मामूली बातपर कहा-सुनी हो गई और फिर तलवारे निकल आईं। हाथियोके हौदे एक दूसरेपर फेंके गये। रणजीतसिंह हक्का-बक्का देखते रहे। उन्होंने ग्रन्थ-साहबके सामने मत्था टेककर कहा—"बाबा, तुम्हारे बीचमें पड़ना मेरी गुस्ताखी थी। अपनोंके झगड़ोंका फैसला तुम ही करो।" लाहौर जाकर रणजीतसिंहने फर्मान निकाला, कि डेराके बारह मील चारो ओरका प्रबन्ध वेदी लोग करेंगे; हमारे अफसरोंको उसमे कोई दखल नहीं देना चाहिए, अफसरके दखल देने पर यदि कुछ हुआ, तो सारी जिम्मेवारी अफसर पर होगी।

पिछली शताब्दीके मध्य तक एक ही जातिके हिन्दू और सिक्खोंमे शादी बन्द-सी हो गई थी। कपूरथला रियासतके दीवान रामयशने पजाबके हिन्दुओंकी कान्फ्रेंस बुलाई, जिसमें उन्होंने इस सुधारपर जोर दिया, कि हिन्दू और सिक्खोंमें ब्याह-शादी होनी चाहिए। किसीने दीवान साहबको चैलेज दिया—"हिम्मत है, तो अपने घरसे ही क्यो नही शुरू करते।" दीवान साहबके मनमें बात लग गई। नाईने योग्य घर ढूँढ़ते-ढूँढते दस बरसके ईश्वरदास (मृत्यु १९२२)को स्कूलमें पढ़ते देखा। दीवानने ईश्वरदाससे अपनी लड़की फूलचम्बी (ब्याहका नाम फूल कौर)का ब्याह कर दिया। ईश्वरदासके दादा केश-दाढ़ी दोनों रखते थे। पिताने सरका बोझ हलका कर दिया था, और सिर्फ दाढीपर सन्तोष किया था। ईश्वरदासने विश्वविद्यालयकी परीक्षा (१९०५में) पास कर कपूरथला कॉलेजमें साइंसकी प्रोफेसरी कर ली। रसायन-शालामें किसी प्रयोगमें शीशेकी नली फट गई, जिससे उनका स्वास्थ्य

खराब हो चला और बीमारीके कारण कॉलेज छोड़ देना पड़ा। फिर उन्होंने सरकारी नौकरी कर ली और तहसीलदार बन गये।

ईश्वरदास और उनकी धर्मपत्नी फूल कौरको ५ अप्रैल १६०६को दूसरा पुत्र जन्मा, जिसका नाम प्यारेलाल रखा गया—गुरु नानकके वंशज होनेसे दो शब्द और मिले और लोग 'लड़केको बाबा प्यारेलाल वेदी कहने लगे, जो अंग्रेजीकी पढ़ाईमें पहुँचकर बी० पी० एल्० वेदी बन गया। पिता अनुशासनके बहुत कड़े थे। ताश खेलना तो देख भी नहीं सकते थे। हाँ, परीक्षा जब खतम हो जाती, तो दिन-रात ताश खेलनेकी छुट्टी थी, और खुद उसमें शामिल होते थे। धर्मके बारेमें वह बहुत उदार थे और वेदीको कभी धार्मिक शिक्षा घरमें नहीं दी गई। स्कूलमें किसी मास्टरने दूसरे लडकेका पक्ष ले बहस करते देख पूछ दिया—"तुम आर्यसमाजी हो?" वेदीको कोई जवाब नहीं आया। पूछनेपर पिताने बतलाया—"न तुम आर्यसमाजी हो, न सिक्ख, न सनातनी, तुम मनुष्य हो।" पिताका अपने मुसलमान दोस्तोंसे बहुत स्वाभाविक और खुला संबंध था, वह उनके त्योहारोंमें उसी तरह शामिल होते, जैसे अपने त्योहारोंमें। माता फूल कौर (आयु ५८ साल) का पुत्रोंपर बहुत स्नेह था। लेकिन साथ ही उनमें गंभीरता भी काफी थी। फूल कौरकी पुत्र-वधू फ्रेडाने अपनी सासका एक बहुत सुन्दर शब्द चित्र* 'मातृशाहका चित्रपट" के नामसे लिखा है। शरारत करने पर वह कभी कभी पीटती भी थीं, मगर अपनी कमजोरीको छिपानेके-लिए नहीं। उन्होंने उर्दू, गुरुमुखी, कुछ हिन्दी पढ़ी थी; मगर नई दुनियाके नये विचारोंसे कुढ़ मरना कभी नहीं सीखा। यद्यपि उनकी श्रद्धा धर्मपर बहुत पक्की रही, लेकिन फूल कौर मुसलमानों और ईसाइयों के सम्बन्धमें कट्टरता नहीं दिखलाती थीं। शायद इसमें पिता और पति का असर था। विलायतसे जब वेदीने अंग्रेज लड़कीसे शादी करनेके बारेमें माँकी आज्ञा माँगी, तो माँने लिखा था—"पिताने तुम दोनों

* Behind the Mud-Walls. pp 10—20

भाइयोंको बचा छोड़ा था। भारत और विलायतमें जो अच्छीसे अच्छी शिक्षा हो सकती है, उसे दिलाना मैंने अपना फर्ज समझा, और वह पूरा हो गया। मैं समझती हूँ, तुम अपनी जिम्मेवारी समझते हो। तुम्हारे निश्चयसे मैं खुश हूँ और मुबारकबाद देती हूँ।" फूल कौरने उस समय अंधेरेमें ही छलाँग मारी थी। उनको क्या मालूम था कि बहू फ्रेडा ही उनकी सबसे प्रिय बहू होगी। वेदीने विलायत जानेसे पहले कपूरथलामें जाकर माँके जब पैर छूये, तो माँने सिर्फ इतना ही कहकर विदाई दी—"पुत्तर। मेरे दुद्धदी लाज रखणी" (मेरे दूधकी लाज रखना) माँने कभी उपदेश द्वारा शिक्षा देनेका प्रयत्न नहीं किया, उनकी शिक्षा आचरण द्वारा होती थी।

बाल्य—वेदीकी सबसे पुरानी स्मृति ३-३।। सालके उम्रकी है। माली नमाज पढ़ रहा था। जब सिजदाकेलिए वह सिरको धरतीपर रखता, तो प्यारेलाल उसकी पीठपर चढ़ जाता और उठ बैठनेके वक्त उतर आता। सारी नमाज़ भर वह ऐसे ही करता रहा। पिताके पूछनेपर बोला—"वह घोडा बनता, मैं चढ़ लेता।" वेदीका स्वास्थ्य बचपन ही से बहुत अच्छा रहा। चार सालकी उम्र तक तो उसके शरीरपर मांसके रद्दे पर रद्दे चढ़े चले आते थे और वह अपने बोझसे गिर पडता था। फिर पतला होने लगा, तो इसकेलिए घरवाले लज्जा महसूस करने लगे। नौ सालकी उम्र (१९१८)में टाईफाइड हो गया। जान पड़ता है, भीतर बैठी सारी गर्मी निकल गई और तबसे वेदी सदाकेलिए स्वस्थ हो गया। एक स्वस्थ लड़केकी तरह वेदीको खेलनेका बहुत शौक था—गुल्ली-डंडा, खुंड-विंडी (देशी हॉकी) खूब खेलता। तैरनेको तो जान पड़ता है, होश सम्हालनेसे पहले ही सीख लिया था। घुड़सवारी भी उसी समय सीख ली थी और इस प्रकार वह रणजीतसिंह के वेदियोंकी पाँतीमें हिम्मतके साथ बैठ सकता था।

वेदी कहानियाँ भी बहुत सुना करता था। जब आँखें झपने लगतीं तो ठंडा पानी लगा लेता। बूढ़ा ब्राह्मण दिनमें भी कहानी सुनानेकेलिए

हठ करनेपर कह देता—"नहीं, दिनमें नहीं, नहीं तो राही राह भूल जायेंगे।" वेदी बड़ी उत्सुकतापूर्वक रातके आनेकी प्रतीक्षा करता। दोनों भाइयोंमें साढ़े तीन सालका अन्तर था। वेदीहीकी तरह त्रिलोचन भी मज़बूत था; लेकिन दोनों वेदी ठहरे, फिर बचपनमें तो कमसे कम वेदियोंका धर्म-पालन कर लेना चाहिये। मामूली बातपर ही लड़ पड़ते। कुश्ती होती सो होती ही, कभी-कभी तो छुरी भी चल जाती। खून बहने लगता, तो नमक लगाकर दवा कर लेते, मगर माँ-बापको कानो-कान खबर नहीं होने देते! उस समयके कुछ दाग अब भी वेदीके हाथोंपर मौजूद हैं। भूत-प्रेतकी कहानियाँ वेदीको पसन्द आतीं थीं, दिलचस्पीके कारण; भूत-प्रेतका डर नहीं लगता था। डेरामें चौराहे के पास एक दरख्तपर चुड़ैलके होने की बात कही जाती थी। वेदीने रातको वहाँ जा-जाकर चुड़ैल देखनेकी बहुत बार कोशिश की थी।

जब (१९१३में) वेदी ४ वर्षका हुआ, तो दादा उसे साथ लेकर स्कूलमें बैठा आये। लेकिन, एक द्वारसे दादा स्कूलसे निकले और दूसरे से वेदीने निकलकर दादाकी अंगुली पकड़ी। कई दिन ऐसा ही होता रहा। वेदीने कह दिया—जितनी देर बाबा बैठेंगे, उतनी ही देर मैं भी बैठूँगा। बाबा दिनभर तो स्कूलमें बैठ नहीं सकते थे। घरके पुरोहित स्कूलमें भी मास्टर थे, वे ही घरमें पढ़ानेकेलिए आने लगे। मगर वेदी उस समय चारपाईपर कूदता रहता, किताब पढ़े वेदीकी बला। कुछ समय बाद पिता छुट्टीमें घर आये। वेदीकी समस्या उनके सामने रखी गई। दो-चार दिन बाद पिताने माँ, पुरोहित और वेदीको बुलाया, फिर दूसरोंको डाँटकर कहना शुरू किया—"तुम लोग क्यों इसे पढ़ाते हो। यह ठीक करता है। इसे नहीं पढ़ाना होगा। हमारे घरमें इतनी गायें, भैंस, घोड़े हैं, इनको कौन चरायेगा? कौन इनके लिये पट्ठे काटेगा? तुम लोग हमारा घर चौपट कर देना चाहते हो। खबरदार, जो इसको पढ़ाया तो! इसके लिये जो काम है, वह करेगा। अच्छा बेटा! तुमको कोई नहीं पढ़ायेगा। अब तुम अपना काम करना।"

वेदी बड़ी चिन्तामें पड़ गया। उसका बड़ा भाई स्कूलमें बाकायदा पढ़ने जाता था। उसने माल चरानेवालों और पट्ठा काटनेवालोंको देखा था। वह काम कितना कठिन है, यह उसे मालूम था। उसने दूसरे दिन गिड़गिड़ाकर माँसे कहा—"अम्मा! मैं तो पढ़ूँगा।" फिर उसने कभी पढनेसे इन्कार करनेका नाम न लिया, पंडतजीके आते ही किताब लेकर बैठ जाता। दस सालकी उम्र तक वह घरपर ही पढ़ता रहा।

१६१७में डेराके डेन-हाईस्कूल (जिसकी स्थापनामें दादाने सबसे अधिक रुपया दिया था)में पाँचवे दर्जेमें नाम लिखाया गया। इतिहास, भूगोल, अंग्रेजीमें दिल लगता था, अलजब्रा ज्यामेट्रीमें अच्छा रहता, किन्तु अंकगणितमें कितनी ही बार शून्य तक पानेकी नौबत आई। छठें दर्जेसे फारसी भी शुरू हो गई। कविता और गाना सुनना उसे बहुत पसन्द था। टाँगके नीचेसे डंडा फेंककर पेड़पर चढ़नेका खेल उसे बहुत पसन्द था। ऐसा ऊधमी और बलिष्ठ लड़का तो बालसेनाका जरनैल होनेकेलिए ही बनाया गया था। वेदीकी सेना महन्थोंके बागसे फल चुरानेमें बहुत तेज़ थी, लेकिन माली कभी किसी को नहीं पकड़ सकता था। वेदीकी उम्र उस समय १२-१३ सालकी थी। कसबेमें चोरियाँ बहुत हो रही थी। वेदीने तरकीब सोची। अँधेरी रात थी। रास्तेमें थोड़ी-थोड़ी दूर पर कई चारपाइयाँ बिछा दी। चोरोंके आने पर हल्ला हुआ। लोग पीछा करने लगे। चोर चारपाईसे टकराकर गिरने लगे। चोर पकड़नेमें वेदी पहले थे, शहरवाले भी आ पहुँचे। तीन चोर पकड़ लिए गये। कभी-कभी जब चाचा बन्दूक ले पानीकी चिड़ियोंका शिकार करने जाते, तो वेदी भी उनके साथ जाता।

साल भर डेरामें पढ़नेके बाद वेदी पिताके पास-लाहौर चला आया, फिर पिताके साथ-साथ उसका स्कूल भी बदलता रहा। गुजराँवाला, डसका, चूनियाँ, कपूरथलामेंसे कही भी वह एक सालसे अधिक नही पढ़ा। लाहौरमें तीन बार रहा, जिसमें दो बार सेन्ट्रल मॉडल स्कूलका विद्यार्थी था।

१६१८में वेदीकी उम्र नौ ही सालकी थी, जब कि ननकानासाहबके महन्थने सिक्खोंका कतल-आम करवाया था। वेदीको वह घटना सुनकर बहुत क्रोध हुआ था, वह सोचता था कि महन्थ बुरे होते हैं, हम उनके बगीचेके फल तोड़कर खाते थे, तो अच्छा ही करते थे।

१६२२में पिताका जब देहान्त हुआ, तो वेदीकी उम्र १३ सालकी थी। माँने बच्चेको अब एक जगह लाहौरके डी० ए० वी० स्कूलमें दाखिल करा दिया; जहाँसे उसने १५ सालकी उम्रमें मेट्रिक फर्स्ट-डिवीजनमें पास किया। रस्सा खींचने, कुश्ती लड़ने और हाकीमें वेदी खूब हिस्सा लेता। दंड पेलना, मुगदर उठाना उसके व्यायामका एक हिस्सा था। इस सारे समयमें उसकी राजनीतिक चेतना इतनी ही बढ़ी थी, कि कभी-कभी गाँधी-टोपी पहन लेता।

कॉलेजमें—१६२४में वेदी गवर्नमेंट कॉलेजमें दाखिल हुआ। तर्क, इतिहास, फारसी उसके पाठ्य-विषय थे। १६२६में एफ़० ए० पास कर वह बी० ए०में पढ़ने लगा। इतिहास, अर्थशास्त्र और राजनीति उसके विषय थे। अभी तक राजनीतिसे वेदी कोरा था। १६२८मे साइमन-कमीशन आया। भारतके और शहरोंकी तरह लाहौरमें भी उसके बाय-कॉटका जबर्दस्त प्रदर्शन हुआ। पुलिसने लाजपतराय जैसे देशमान्य नेताको पीटा। जिसका बदला लेनेकेलिए भगतसिंहने एक बड़े पुलिस अफसरको खतम किया। इन घटनाओंका वेदीके ऊपर बहुत जबर्दस्त असर हुआ। उसका दिल तिलमिलाया। उसमें रोष भर गया। लेकिन, अब भी उसने राजनीतिसे कोई सीधा सम्बन्ध नहीं जोड़ा। वह तो गामाके अखाडेमें कुश्ती लडने जाता। युनिवर्सिटी-सेना (यू०टी०सी०)का वह एक सरगर्म मेम्बर था। यद्यपि वेदीकी पाठ्य-पुस्तकोंमें समाजवादका भी जिक्र आता था, मगर उसके प्रोफेसर १६१४की अपनी कैम्ब्रिजकी कापियोंसे पढ़ाते थे, और कैम्ब्रिजके प्रोफेसर शायद और दस साल पीछे कीसे; इसलिए उसे समाजवादके महत्त्वका जरा पता भी नही लगा। युनि वर्सिटीके खेलोंमें वेदी खूब भाग लेता था। हैमर-थ्रोइंग (गोला फेकने)में

पहलेके सारे पञ्जाबके रेकार्डको उसने तोड़ दिया और फिर वह सारे हिन्दुस्तानका चैम्पियन बना। इसी समय एक और घटना घटी, जिसने वेदीके जीवनमें दिशा बदलनेका काम किया। पञ्जाब-केसरी मर गया, सारा पंजाब और भारत अपने वीरकी मृत्युका शोक मना रहा था। इसी समय मॉडल-टाऊन (लाहौर)के रायसाहबके यहाँ शादी हो रही थी, और बहुत धूम-धामसे, खूब बाजा बज रहा था। वेदीके दिलको बहुत धक्का लगा। उसने कहा—"आज शोकका दिन है, और इन......के घर बाजा बज रहा है!" उसी समय उसे समझमें आया, कि व्यक्तिका जीवन राष्ट्रीय जीवनके सामने कुछ नहीं है।

अगले दो साल (१९२८-३०) एम० ए० में पढ़ता रहा। उसने राजनीति और स्वतन्त्रताकी लड़ाइयोंपर खूब पुस्तकें पढ़ीं। १९२९में लाहौरमें राष्ट्रीय कांग्रेस हुई, जिसने वेदीके राजनीतिक चेतनाको और तीव्र किया। एम० ए० पास कर साल भरकेलिए वेदीको घर पर रहना पड़ा। भाई आई० सी० एस०में आकर विशेष शिक्षाकेलिए विलायत जा चुका था। यह एक साल वेदीकेलिए वास्तविक शिक्षाका था। इस समय उसने भारतीय स्वतंत्रता-आन्दोलन, अर्थशास्त्र और साम्यवादपर बहुतसे ग्रन्थ पढ़े और सभी बातोंपर खूब मनन भी किया। वेदीपर गाँधीजीका जबर्दस्त प्रभाव पड़ा। उसने खद्दर पहन चरखा कातना शुरू किया। उसका अहिंसापर दृढ़ विश्वास हो गया। वेदी बचपनसे ही गोश्त पर पला था, दिनमें दो बार मांस तो जरूर बनता था और कभी-कभी तीसरी बार नाश्तेमें भी आ जाता था। वेदी तुरन्त तो गोश्त छोड़नेके लिए तैय्यार नहीं हुआ, मगर उसपर सोच रहा था।

इङ्गलैण्डमें—अप्रैल १९३१में वेदीने कोलम्बो (सीलोन) जाकर विलायतकेलिए जहाज पकड़ा। कोलम्बो जाते हुए उसने मद्रास, श्रीरंगम् और रामेश्वरम्को देखा। लन्दन पहुँचनेसे पहले नेपल्स, वेनिस्, मिलन आदि इतालियन शहरोंको देखा। विसूवियस् देखने गया, तो वहाँसे एक लावा उठा लाया, जिसे वह बराबर अपनी मेज़पर रखता था। जनेवा

(स्विटजरलैंड) होते वह पेरिस पहुँचा। पेरिसमें एक भोजनालयमें दो दिनके चूज़ोंके सूपका नोटिस देखा। उसी समय उसके दिलमें आया—ये लोग कितने क्रूर हैं; दो दिनके बच्चेको अपना परमप्रिय भोजन समझते हैं! इसी वक्त उसने मांसाहारको त्याग दिया और तब तक उधर हाथ नहीं बढ़ाया, जब तक गाँधीवादका लेशमात्र भी प्रभाव उसके दिलपर रहा। लन्दन पहुँचा। आक्सफोर्डने वेदीको लेना मंजूर कर लिया था। यह कोई आसान बात नहीं थी. लेकिन वेदी कहता—पुराना इतिहास पढ़कर क्या करूँगा। उसका दिल हुआ कि लन्दन-विश्व विद्यालयकी अर्थशास्त्र-शालामें दाखिल हो जाऊँ, मगर उसकेलिए समय बीत चुका था। हाई-कमिश्नरने समझाया कि आक्सफोर्डके प्रवेश को हाथसे जाने नहीं देना चाहिये। वेदी सोच रहा था कि जिनेवामें चलकर अंतर्राष्ट्रीय राजनीतिका अध्ययन करे। उसने तयकर लिया था कि आक्सफोर्डमें मैं भर्ती नहीं होऊँगा। स्वीकृति हो चुकी थी, इसलिए नहीं करनेकेलिए भी तो एक बार जाना ज़रूरी था। कॉलेजके ट्यूटरने इन्कारकी बात सुनकर पूछा—"आखिर बात क्या है?"

वेदीने कहा—"मैं पुरानी कथाओंको नहीं पढ़ना चाहता। क्लासिकल ग्रेडको पढ़नेकी मेरी बिलकुल रुचि नहीं है।"

ट्यूटरने कहा—"आक्सफोर्डमें एक माडर्न ग्रेड (आधुनिक अध्ययन) भी (१६२६ ई०के आसपाससे) है, जिसमें १७वीं सदीके बादसे परीक्षामें बैठनेके दिन तकके दर्शन, इतिहास, अर्थशास्त्र, राजनीतिशास्त्र, अन्तर्राष्ट्रीय परिस्थिति आदिके साथ-साथ दो आधुनिक भाषायें पढ़नी पड़ती हैं। यह पत्रकारों और राजनीतिज्ञोंकेलिए बहुत उपयोगी अध्ययन है।"

वेदीकी आँखें चमक उठीं, इन्हीं विषयोंको तो वह ढूँढ़ रहा था। वेदी आक्सफोर्डके हार्टफोर्ड कॉलेजका विद्यार्थी बन गया। आक्सफोर्डके पढ़ाईका ढंग उसे बहुत पसन्द आया। अलग-अलग विषयोंपर प्रकाण्ड विद्वानोंका लेक्चर सुननेको मिलता, फिर ट्यूटरके साथ उनपर बहस होती और निबंध लिखना पड़ता। लेक्चर जहाँ क्लासके सारे लड़कोंकेलिए

होता, वहाँ ट्यूटर विद्यार्थीकी वैयक्तिक प्रगतिका जिम्मेवार होता। वेदीके ट्यूटर मर्फी दर्शन पढ़ाते थे। प्रोफेसर जिम्मर्न अन्तर्राष्ट्रीय राजनीति पर लेक्चर देते, लिंडसे राजनीतिक साइंसपर, कोल और लिप्सन अर्थशास्त्रपर, कूपलैण्ड औपनिवेशिक इतिहासपर, डॉक्टर मेरिट मानव-तत्त्वपर लेक्चर देते। विशेष ज्ञान बढ़ानेकेलिए ग्रेहम वैलेस् जैसे महान् आचार्योंके व्याख्यान सुननेको मिलते। वेदीने फ्रेंच और जर्मन भाषायें अपनेलिए चुनी। जिस दिन वेदी अपने पहले लेक्चरमें एक दरवाजेसे गया, दूसरे दरवाजेसे एक अँगरेज लड़की भी दाखिल हुई—यही फ्रेडा और वेदीने एक दूसरेको देखा, मगर उस समय भविष्यका स्वप्नमें भी ख्याल नहीं हो सकता था।

फ्रेडा होल्स्टनका जन्म (१९११) डरबीशायर (इंगलैंड)के एक मध्यवित्त परिवारमें हुआ था। फ्रेडाका पिता पिछली लड़ाईमें मारा गया। माँ पुत्रीको पढ़ानेका बहुत ख्याल रखती थीं। जिस समय वह स्कूलमें पढ़ रही थी, उस समय उसकी एक सहपाठिनीने कहा—मैं तो आक्सफोर्डमें पढ़ने जाऊँगी। फ्रेडाको अभी मालूम नहीं था कि आक्सफोर्डमें बड़े-बड़े धनियोंके ही पुत्र-पुत्रियाँ पढ़ सकती हैं। दोनों लड़कियोंने १९२८मे परीक्षा दी। फ्रेडाका फ्रेंच भाषा विशेष विषय था। वही परीक्षामें सफल हुई। स्कूलके प्रिंसिपलके पूछनेपर आक्स-फोर्ड जानेकी बात कही। पहले प्रिन्सिपलने समझाया कि यह शौकीनी की चीज है; न माननेपर सलाह दी, कि फ्रासमे जाकर अपनी भाषाको तेज कर आओ। फ्रेडा नौ महीने उत्तरी फ्रांसमें रही। दूसरे साल वह आक्सफोर्डकी प्रवेशिका परीक्षामें बैठी। आक्सफोर्डमें बिना १९-२० पौंड (२५०-२७५ रुपये) महीनेका इन्तिजाम किये पढ़ाई नहीं हो सकती थी, लेकिन फ्रेडा बहुत तेज लड़की थी। उसने एक नही दो-दो स्कालरशिप प्राप्त की—डरबीशायर कौंटी की और सारे इंगलैंडकी राज्य छात्रवृत्ति भी। लेकिन एक ही विद्यार्थीको दोनों छात्रवृत्ति मिलनेपर रुपया जरूरतसे ज्यादा हो जाता, इसलिए बाकी रुपया किसी दूसरे

छात्रको दे, दोनों छात्रवृत्तियोंको मिला कर उसे २३५ पौंड वार्षिक तीन सालकेलिए मिला। आक्सफोर्डमें फ्रेडापर बहुत जोर दिया गया कि वह फ्रेंचको अपना पाठ्य-विषय बनाये, लेकिन नहीं माना, उसने पत्रकार बननेका निश्चय किया था, इसलिए माडर्न-ग्रेडको ही स्वीकार किया। वेदी और फ्रेडाके पाठ्य-विषय एक थे, सिर्फ फरक इतना ही था कि फ्रेडाने लाग्रिथम् और त्रिकोणमिति जहाँ ली थी, वहाँ वेदीने मनोविज्ञान लिया था।

वेदी अपने अध्ययनमें तल्लीन हो गया। जितना ही वह आगे बढ़ता जा रहा था, उतना ही उसे मालूम होने लगा, कि उसके पाठ्य-विषयके सभी सूत्र जिस केन्द्र-विन्दुपर पहुँचाते हैं, वह है मार्क्सवाद। अब उसकी रुचि मार्क्सवादकी तरफ बढ़ी। घरसे वह आई० सी० एस्०के लिए भेजा गया था, मगर उसके खिलाफ निर्णय करनेमें उसे देर न लगी। पहले सालके अन्तमें वह आक्सफोर्डके मजूर-क्लबमें जाने लगा, जिससे उसे विचारोंके बदलनेमें और सहायता मिली। वेदीका कायदा था, लेक्चरमें पहुँचनेपर यदि समय रहता, तो अखबार पढ़ लेता। वेदी अखबार पढ़ रहा था। फ्रेडा आई। शिष्टाचारके तौर पर, "गुड-मार्निङ्ग कहा।" वेदी "यस्" और "नो" कहकर अखबार पढ़नेमें लगा रहा। एक दिन वेदी 'मजलिस्' (भारतीयोंकी छात्र-संस्था)में गया था, वहाँ किसी दोस्तने फ्रेडाका परिचय कराया। वेदी अखबार पढ़नेवाले दिनके अपने व्यवहारसे असन्तुष्ट हो उठा। फ्रेडाको देखा, कि उसने कोई उपेक्षा नहीं दिखलाई। वेदीको अपने उस बर्तावकेलिए इतना दुःख हुआ कि वह फ्रेडासे क्षमा माँगनेका अवसर ढूँढ़ने लगा। वेदीने फ्रेडाको चायकेलिए निमंत्रण दिया। वह अपनी एक सखीके साथ आई। फ्रेडाके बर्तावमें कोई ऐसी बात नहीं मालूम हुई, जिससे कि उसको पाश्चात्ताप प्रगट करनेकी जरूरत पड़ती। वेदीने जिस बातकेलिए चायका निमंत्रण दिया था उसका कोई जिक्र नहीं किया। वर्षों बाद फ्रेडाको मालूम हुआ, कि हजरत शिष्टाचारके उल्लंघनकेलिए

कितने परेशान हो गये थे और नाक रगड़कर फ्रेडासे क्षमा-शिक्षा माँगना चाहते थे। लेक्चर-हालके अलावा मजूर-क्लब और बोडलियन पुस्तकालयमें दोनों जाया करते थे, जहाँ उनकी भेंट होती और साधारण साहब-सलामी भी हो जाती। फ्रेडा भी राजनीतिक विचारोंमें बहुत आगे बढ़ी हुई थी और भारतकी राजनीतिमें उसकी खास दिलचस्पी थी। जिसकेलिए उसकी सखी ओलिविया स्टेल्लीने सज्जाद ज़हीरसे परिचय करानेमें ज्यादा सहायता पहुँचाई। इस तरह राजनीतिक तौरसे कितने ही भारतीय तरुणोंकी तरह वेदीसे भी फ्रेडा नजदीक होती गई।

साल भर होस्टलमें रहनेके बाद वेदी यूनिवर्सिटी द्वारा अनुमोदित घरोंमेंसे एकमें रहने लगा। वेदीका निवासस्थान बोड्लियन पुस्तकालयसे नजदीक पड़ता था। मांस तो उसने छोड़ ही दिया था। हाँ, सेब और पनीर मौजूद रहते और वेदी खाकर फिर पढ़नेमें लग जाता। फ्रेडाको खानेकेलिए डेढ़ मील जाना पड़ता। मालूम होने पर किसी दिन वेदीने कहा, अगर सेब और पनीरसे काम चल सकता हो, तो डेढ़ मील जानेकी जरूरत नहीं। फ्रेडाने धन्यवादपूर्वक स्वीकार किया। फिर दोपहरके समय उतना दूर जानेकी जगह वह मित्रके यहाँ मध्याह्न भोजन कर लेती। दोनोंका सम्बन्ध एक सहृदय सहपाठी जैसा था। उस घरमें एक अंग्रेज पोर्टर (कुली) था, उसने फ्रेडाको इस तरह आते-जाते देखा। पोर्टर हिन्दुस्तान हो आया था और अपने कितने ही देशभाइयोंकी तरह समझता था, कि काले हिन्दुस्तानी बहुत निम्न-कोटिके प्राणी हैं। वह इसे बरदाश्त करनेकेलिए तैयार न था, कि एक अंग्रेज सम्भ्रान्त परिवारकी लड़की इस तरह काले आदमीके पास जाये। उसने हर्टफोर्ड-कॉलेजके ट्यूटरसे शिकायत की। आक्सफोर्डमें 'सतयुगमें' कोई नियम बना था—और जो अब भूला भी जा चुका था—जिसके अनुसार लड़की अकेले किसी लड़केके पास नहीं जा सकती है। ट्यूटरने वेदीसे पूछा, फिर कहा—"तुम्हारे लिए कोई हर्ज नहीं, मगर, लड़कीके प्रिन्सिपलके पास सूचना देना मेरा फर्ज है।" फ्रेडाकी प्रिन्सिपल थी सर मॉरिस

गायर (भारतके अवसर-प्राप्त चीफ जस्टिस) की वहन मिस गायर। उन्होंने फ्रेडासे पूछा। कोई छिपानेकी बात थी नहीं, उसने कह दिया। मिस् गायरने कहा—"नियम नियम है, नियम तोड़नेपर दण्ड देना ही पड़ेगा, मैं तुम्हें छुट्टीसे एक सप्ताह पहले घर भेज दूँगी और तुम्हारी माँ को चिट्ठी लिख दूँगी।" फ्रेडाको अब समाजका भीषण रूप दिखलाई भयंकर देने लगा। एक मामूलीसी बात रूप लेने जा रही थी। वह एक सखीके सामने अपने भावोंको रोक न सकी और बोली—"मैं घर नहीं जाऊँगी।" सखीने प्रिन्सिपलसे कहा, कि कोई भीषण काण्ड न हो जाय। प्रिन्सिपलने कहा—"मैं अपने पत्रमें साथ ही लिख दूँगी, कि फ्रेडाके खिलाफ कोई सबूत नहीं है।" लेकिन तब भी फ्रेडाको इस घटना ने बहुत सोचने और चिन्ता करनेका मौका दिया। वेदी भी बहुत दुखी हुआ। फिर चार्ल्स मार्गनके शब्दोंमें "नथिंग युनाइट्स दि हार्ट्स वेटर, देन् दि प्लीज़र ऑफ शेडिंग टिअर्स टोगेदर्" (साथ मिलकर आँसू बहानेके आनन्दसे बढ़कर दो दिलोंको मिलानेवाली दुनियामें कोई चीज नही है)।

फ्रेडा और वेदी दोनोंने निश्चय कर लिया, कि हमें वही करना होगा, जिसकेलिए कि यह सब तूफान उठाया गया है। व्याहका निश्चय करके (एप्रैल १९३२ में) भी उन्होंने साल भर तक किसीको पता नहीं दिया।

१९३२के अक्तूबरमें आक्सफोर्डके कमूनिस्ट लड़कोंने अक्तूबर-क्लब के नामसे एक गोष्ठी खोली, जिसमें एकसे विचारवाले तरुण एकत्रित हो विचार-विनिमय करते, तथा कमूनिज्मपर व्याख्यान सुनते। अभी आक्सफोर्ड और कैम्ब्रिज रूढ़िवादियोंके ही गढ़ थे, लेकिन मार्क्सवादी तरुण अपने विचारोंके प्रचारकेलिए नये-नये रास्ते निकालते रहते थे। गोलमेज कान्फ्रेन्समें गांधीजी इंग्लैंड आये हुए थे। फ्रेडा, वेदी और कुछ दूसरे छात्रोंने गांधीजीके विचारोंको जाननेकेलिए ऑक्सफोर्ड युनि-वर्सिटी गांधी-ग्रूप बना लिया। वैसे होता, तो यूनिवर्सिटीवाले आज्ञा न देते,

लेकिन इस समय गांधीजीके नामकी कुछ कीमत थी। नाम तो था गांधी-वादके समझनेमें सहायता पहुँचनेवाली संस्था, मगर उसमें व्याख्यान होते सकलतवाला और कितनेही दूसरे गांधीवाद-विरोधी व्यक्तियोंके। गांधीजीको यह सुनकर नाराज होना ही चाहिये था। दूसरी गोलमेजमें जिन्ना नहीं बुलाए गये थे। गांधी-ग्रुपने उन्हें व्याख्यान देनेकेलिए आक्सफोर्ड बुलाया। जिन्नाने गोलमेज और फ़ेड्रेशनका खूब खंडन किया। वेदी भारतीय विद्यार्थियोंके पत्र "न्यू-भारत" और "इंडियन कोरस्"केलिए भी लिखा करता था।

जून १९३३में फ्रेडा और वेदी दोनोंने आनर्सके साथ बी० ए० पास किया। परीक्षासे कुछ पहलेही वेदीको पता लगा, कि फान हम्बोल्ट फाउन्डेशन वर्लिन-विश्वविद्यालयमें कुछ अन्तर्राष्ट्रीय छात्रवृत्तियाँ दे रहा है। सर अल्फ्रेड जिम्मर्नके परामर्शानुसार वेदीने-भी एक आवेदन-पत्र भेज दिया। जिस दिन वेदी अन्तिम परीक्षापत्र करके घर आया, उसी निन उसे छात्रवृत्ति मंजूर होनेकी चिट्ठी मिली और यह भी पता लगा कि पढ़ाई अक्तूबरसे शुरू होगी।

परीक्षाके दो दिन बाद फ्रेडा और वेदीने ब्याह कर लिया। फ्रेडा अपनी माकी एकलौती पुत्री थी। माँ इस ब्याहसे बहुत खुश थी, तो भी सम्बन्धियोंमेंसे कुछ ऐसे जरूर थे, जो इसे पसन्द नही करते थे। पीछे तो माँ हिन्दुस्तानमें आकर अपने समधिन (फूल कौर) से भेंट-अँकवार कर गईं, जिसका वर्णन फ्रेडाके सरल किन्तु मधुर शब्दोंमें इस प्रकार है—

"Two years after my arrival in India my mother came to see us. It was the day when she was leaving again for England. While saying good-bye to my mother-in-law, she cried and said "Tell her to look after you." The reply was "Tell her, she is my own daughter, as dear to me as my son;" and they both cried together."

(हमारे भारत आनेके दो साल बाद मेरी माँ मुझे देखने भारत आयी। यह उस दिनकी बात है, जिस दिन माँ इंगलैंडकेलिए प्रस्थान कर रही थी। मेरी साससे विदा लेते समय रोते हुए उसने कहा—'उसको कहो कि तुम्हारी सेवा करे'। सासने उत्तर दिया—'उसे (फ्रेडा को) कहो, कि वह मेरी अपनी बेटी है, उतनी ही प्यारी जितना कि मेरा पुत्र,' और दोनों साथ रोने लगीं।)

जगली तीर्थाटन—अभी बर्लिन युनिवर्सिटीमें जानेकेलिए चार मास थे। फ्रेडा और वेदीने अपने मधुमास मनानेका एक नया ढंग सोचा। एक दक्षिणी अफ्रीकाका दोस्त भी इसमें साथी बना और तीनों ने निश्चय किया कि एक मोटर और तम्बू लेकर युरोपकी सैर की जाये। तीनों फ्रान्सके तटपर उतरे और वहाँसे उनकी यात्रा जो शुरू हुई, वह स्विट्जरलैंड, इताली, आष्ट्रिया, हुँगरी, चेकोस्लावाकिया होते सितम्बर (१९३३)में बर्लिनमे खतम हुई। उन्होंने चार हजार मीलका सफर किया और शहरोंमें कम गाँवोंमें किसानोंको ज्यादा नजदीकसे देखा। अंग्रेजीके सिवा फ्रेंच और जर्मन उन्हें मालूम थी, लेकिन इतालीमें भाषाके कारण दिक्कत मालूम हुई। उन्होंने इतालियन भाषा के चार वाक्य सीख रखे थे—"क्या रातको हम यहाँ टिक सकते हैं?" "क्या आप हमें थोडा-पीनेका पानी देंगे?" "टिकनेकेलिए कितना पैसा आप चाहेंगे।" "आपके पास मोटरकी गराज़ है?" और इनके साथ 'हाँ' और "नहीं"। इतालीमें एक जगह पर मोटर बिगड़ गई। मोटर मरम्मत होने लगी। वेदीने दूध माँगनेकेलिए मुँहपर चुल्लू रखके इशारा किया और फ्रेडाने दीवारका सफेद चूना दिखलाया। किसान बोल उठा "ओ लेत्ते।" किसानोंने कार रखनेकी जगहका कभी किराया नहीं लिया। इतालीमें एक किसानके घर पर पहुँचे। वहाँ कार रखनेकी जगह न होनेसे लोग जाने लगे, तो उसने कहा—"आप लोगोंको हमारे घरसे जाना नहीं होगा।" और मना करनेपर भी उसने अपने अंगूरी बगीचेके फाटक और बाडको उखाड कर मोटरका रास्ता बना दिया।

युरोपके किसानोंके सौजन्यसे वेदी और फ्रेडा बहुत प्रभावित हुए। उन्होंने यात्रामें अपने-अपने काम बाँट लिए थे। फ्रेडाके जिम्मे खाना पकाना था, मित्र गाड़ी देखता, मरम्मत करता, साथ ही जूतेकी पालिश करता, और वेदी पूरा भीमसेन बन ईंधन पानी जमा करता, तम्बू और बिस्तर लगाता। सवेरेके समय तीनोंके कामका क्रम उलटा हो जाता।

हिट्लरकी जर्मनीमें—सितम्बरमें फ्रेडा और वेदी बर्लिन पहुँच गये। हिट्लर शासनारुढ़ हो चुका था और नाजी ज़ुल्मके मारे चारों तरफ आतंक छाया हुआ था। वेदी और फ्रेडा वहाँके वातावरणको पसन्द नहीं कर रहे थे, मगर तो भी शिष्टाचारके खयालसे रहना ही था। भारतीय अर्थ-शास्त्रके सम्बन्धमें "जातिप्रथाको तोड़नेकेलिए वर्ग" के विषय पर अनु-संधान करना शुरू किया। डॉक्टर जोम्बर्ट उनके अध्यापक थे। अपने उदार विचारोंके कारण डॉक्टर ज़ोम्बर्टको भी युनिवर्सिटीसे निकलना पड़ा। वेदीने यह भी देखा कि लाइब्रेरीसे जिन किताबोंको लेकर वह पढ़ रहा है, उन्हें खुफियावाले नोट कर रहे हैं। वहाँ उसका दमसा घुटने लगा, ऊपरसे मज़दूरों और समाजवादियोंपर की जाती खूनी घटनायें वह रोज सुन और देख रहा था। अवधि बीतने पर छात्रवृत्तिको अगले सालकेलिए और देना चाहते थे, मगर वेदी और फ्रेडा जर्मनीमें और रहनेकेलिए तैयार न थे। बर्लिन हीमें १३ मई १९३४को रंगा पैदा हुआ। फ्रेडाने पुत्रका नाम राझा रखना चाहा, उसे हीररांझाकी कथा बहुत पसन्द आई थी। लेकिन वेदीने बतलाया कि ऐसा नाम पंजाबमें पसन्द नही किया जायगा।

हिन्दुस्तानमें—अगस्तमें बर्लिन छोड़ स्विट्जरलैंडमें एक मास रह वेदी फ्रेडाके साथ सितम्बर (१९३४)में बम्बई पहुँचा। वेदीके विचार पहलेसे ही मालूम थे, इसलिए उसकी चीज़ोंकी खूब तलाशी ली गई। फ्रेडाको हिन्दुस्तानी बननेका पहला अभिषेक मिला, जब कि एक एंग्लोइंडियन औरतने उसके शरीरको टटोलते हुए उसकी तलाशी ली।

वेदी बहूको लेकर माँके पास गया। फूल कौरने पुत्र और बहूको देखा। वेदीने माँके पैर छुए, फ्रेडाने भी नक़ल करनी चाही, उसका

कलेजा धड़कता रहा था। लेकिन सासने आँखोंमें हँसकर जब फ्रेडाको अपने अंकमें भर लिया, तो फ्रेडाका सारा संकोच जाता रहा। फ्रेडाने वर्षों बाद अपने नये घर और बन्धुओंके मधुर बर्तावोंको बड़े सुन्दर शब्दोंमें लिखा है।*

चार महीने तक वेदी देशकी परिस्थितिका अध्ययन करते रहे, फिर १६३५ (जनवरी)में "कंटम्प्रेरी इंडिया" नामसे एक त्रैमासिक पत्र निकाला, पंजाब सोशलिस्टपार्टी और किसान-सभामें हिस्सा लेना शुरू किया। १६३६के दिसम्बरमें भारतीय किसान-सभाका संगठन हुआ। वेदी उसके संयुक्त-मन्त्री हुए। १६३७में जब बाबा ज्वालासिंहने पंजाबमें,

*Never once was I made to feel a stranger or an 'untouchable' We all ate together, and I was taken spontaneously as a new and very interesting daughter. My mother-in-law, whom I had begun to look upon as my Indian mother, began teaching me. The other aunts gave me the Panjabi dress—salwar, kamees, and gold-bordered dopattas to frame my face. All the special family dishes were cooked for me

For the first year, we lived in a joint family circle: my mother-in-law, my husband's brother and his wife and ourselves. I learnt a good deal during that year of Indian ideas and ways of living; it was a valuable and interesting lesson to me, and I enjoyed it. We all learned to know and understand one another as we should never have done. We had lived in separate houses, and from hearing the language spoken continually around me, I picked it up very quickly

It is over ten years since our marriage now. We are living like thousands of similar little families all over the country. I have lived those classic words of Ruth 'Your people shall be my people "...The beautiful relationship between my husband's mother and myself has deepened and strengthed itself with time: we can talk together now, and make jokes with each other, and we have weathered storms together too There was a dreadful and almost fatal illness I nursed her through, and she helped me with the tragic second baby that died a few months old.

५५ हज़ार कांग्रेस मेम्बर और १ लाख किसान-सभा मेम्बर बना डालनेका निश्चय प्रगट किया, तो और साथियोंकी तरह वेदीको भी यह बात असम्भव-सी लगी। दूसरे लोग पचास या पाँचसौकी मेम्बरी रसीदें माँग रहे थे। बाबाजीने २५ हजार मेम्बर बनानेकेलिए रसीदें माँगी। फिर तो एक लाखकी रसीद बँटनेमें देर न हुई। आठ महीनेके भीतर ही ७५ हजार मेम्बर हो गये। वृद्ध क्रान्तिकारी वीरको मौतने आ घर दबाया और उसके अन्तिम शब्द थे—"मै मर रहा हूँ। अफ़सोस मैंने पंजाबमें किसान-मजदूर राज्य नही देख पाया। काम करते जाओ, हम तुम्हारे साथ हैं!"

बाबा ज्वालासिंह वह वीर थे, जिनका सारा जीवन देशकेलिए था और उनको देश कभी नहीं भूलेगा। वेदी इन बूढ़े बाबोंके जीवनसे बहुत प्रभावित हुआ और उनका आत्म-विश्वास खूब बढ़ा। वेदी गावोंमें जाते, फ्रेडा भी गावोंमें पहुँचती। उसने असली पंजाबको देखा और जैसे-जैसे भाषाकी दिक्कत दूर होती गई, वैसे ही वैसे किसानोंके प्रति उसका स्नेह बढ़ता गया। जून १९३७में अमृतसरमें पजाब सोशलिस्ट काग्रेस हुई, वेदी उसके सभापति थे जिसमें अशरफ आदि नेता भी आए थे। अमृतसरने पहिली बार लाल झंडेके साथ किनानोंके विराट जुलूसको देखा। १९३८में जो भारतीय सोशलिस्टपार्टी कान्फ्रेन्स लाहौरमे हुई थी, उस समय कार्यकारिणीके एक मेम्बर वेदी भी चुने गये। उसी साल (३०, ३१ दिसम्बर) ट्रेड-यूनियन काग्रेसकी पहिली कान्फ्रेन्स हुई। वेदी इसके प्रेसीडेन्ट थे।

लड़ाई अभी नही आई थी, लेकिन पजाब सरकारने पहले ही कानून पास कर दिया, कि सेना-भर्तीके खिलाफ बोलनेवालोंको सजा दी जायगी। इस कानूनके विरुद्ध मोरीदर्वाजेमें सार्वजनिक सभाहो रही थी। विरोधियोंने गुण्डे भेजे। उन्होंने मारपीट शुरू की। २३ आदमी घायल हुए। वेदीको पीछेकी ओरसे आकर किसीने लाठी मारी। वेदीने कुर्सी उठाई, तो गुण्डे भाग खड़े हुए; सभा तबभी हुई और कानूनके विरोधमें प्रस्ताव पास किया गया। वेदी घायल थे, उन्हें अस्पताल भेजा

गया। उल्टे बेदी और उनके २२ साथियों पर झगड़ा करनेका मुकदमा चलाया गया। मुकदमेके लिए कोई सबूत नहीं था, लेकिन तो भी १६ महीने तक उन्हें हैरान किया गया।

बेदी और फ्रेडाने देखा, कि उनका जीवन ऐसी धारामें जा रहा है, जहाँ उन्हें अधिकसे अधिक स्वच्छन्द बननेकी जरूरत है। बेदी हिन्दुस्तानी गरीबोंके जीवनका यद्यपि अनुभव नहीं रखते थे; तो भी उसे बहुत सहृदय दृष्टिसे नजदीकसे देखा था। एक अंग्रेज मध्य-वर्गकी तरुणी के लिए हिन्दुस्तानी जीवन-तल पर रहना बहुत मुश्किल बात थी। मॉडल टौनमें भाईकी जमीन पड़ी हुई थी, वेदीने उसमें पक्षियोंकी तरहसे अपने लिए तिनकेका नीड (घोंसला) बनाया, जिसमें मामूली फूसकी छत और फूस हीकी दीवारें—कमसे कम पैसेमें झोंपड़ी। हाँ, वहाँ सफाई रोशनी और हवाका जरूर ख्याल रखा। झोंपड़ीमें किवाड़ और तालाकुन्जीका कोई इन्तिजाम नहीं; और इन्तिजाम हो भी, तो दीवारमें कहींसे भी हाथ डाल करके रास्ता बनाया जा सकता है। फ्रेडाने अंग्रेजी ५६ परकालोंका मोह छोड़ा। उसकी जगह हाथकी बनी चपाती और दाल-तरकारीको स्वीकार किया। पहले कितने ही दिनों तक जरूर जीभने बगावतकी होगी, लेकिन अब फ्रेडा इस सस्ते और सादे खानेको उतनाही पसन्द करती है, जितनाकी सलवार और ओढ़नीको। रेलमें वह सदा तीसरे दर्जेमें सफर करती है। इस तरह उसने अपने खर्चको बिलकुल कम कर डाला है और उसके लिए यदि उसकी कलम हफ्तेमें एक-दो बार चल जाए, तो कोई चिन्ता नहीं। रंगा पूरा पंजाबी है। वेदी पंजाबी भाषामें बहुत सरल सुन्दर व्याख्यान देते हैं। रंगामें भी उसके बीज दिखलाई पड़ते हैं। यह जंगली यात्रीका जंगली-जीवन देशमें गरीबोंकी सेवाके लिए जरूरी है। जब पहला झोंपडा तय्यार हुआ और वेदीने बीमार फ्रेडाके पास डलहौसी लिखा, तो वह वहाँसे दौड़ी आई, और देखकर उसे बड़ी प्रसन्नता हुई।

१६३८-३६में डेढ़ साल तक फ्रेडा और वेदीने "सण्डे-मॉर्निंग" (अंग्रेजी साप्ताहिक) चलाया।

महायुद्ध छिड़ा। वेदीने मौका नही दिया, तोभी चौदह-पन्द्रह महीना बीतते-बीतते सरकारने ४ दिसम्बर १६४०को वेदीको गिरफ़ार करके जेलमें नजरबन्द कर दिया, कुछ दिन मांटगोमरीमें रखकर देवली भेज दिया। वेदी अब हिन्दुस्तान भरके साथियोंके बीचमें थे। देवलीमें साथियोंको जेलकी तकलीफोंके लिए भूख-हड़ताल करनी पड़ी। दस दिन के बाद जब जबर्दस्ती रबड़की नली द्वारा नाकसे दूध डाला जाने लगा, तो दर्जनों आदमियोंको लेकर जेलवालोंने वेदीको भी वैसा करना चाहा। लेकिन वह फुटबालकी तरह दो-दो चार आदमियोंको एकके ऊपर एक फेंकने लगे, तो मजाल क्या था कि कोई पास फटके। वेदीने कह दिया था—महीने भर मेरे लिये फिक्र न करो, मेरे शरीरमें काफी खूराक मौजूद है। १४-१५ दिन बाद भूख-हड़ताल सफलतापूर्वक टूट गई।

२१ फरवरी १६४१को फ्रेडाको भी गिरिफ़ार करलिया गया और उसे छै महीनेकी कड़ी सजा दी गई। १३ कांग्रेसी औरतोंमें फ्रेडा ही थी, जिसे कड़ी सजा मिली थी। जेलमें उसे बागका काम दिया गया। फ्रेडाने अपने जेल-जीवनका सुन्दर वर्णन अपनी "बिहाइन्ड दि मड्-वाल्स" में किया है। तीन महीने चार दिन जेलमें रहने के बाद हाईकोर्टके फैसलेके अनुसार फ्रेडा छोड़ दी गई। १ अप्रैल १६४२को वेदीको गुजरात जेल से छोड़ा गया। वेदी पंजाबीके श्रेष्ठ वक्ता ही नहीं हैं, बल्कि वह सुन्दर लेखक भी हैं। हाँ, उनकी लेखनी अभी अभी इस दिशामें चलने लगी है, लेकिन उम्मीद है, कि वह अपनी लेखनीसे पंजाबीके नये साहित्यको खूब समृद्ध करेंगे।

वेदीका जीवन एक उदाहरण है, कि किस तरह आराममें पले व्यक्ति अपने आदर्शके लिए सारे सुखोंको त्याग सकते हैं; किस तरह अपनी आवश्यकताओंको कम करके अपनेको अपने आदर्शकेलिए स्वतंत्र कर सकते हैं। और फ्रेडा भी इस बातमें वेदीसे पीछे नही रही। गुरुनानकने २०वीं सदीमें भी अपना एक प्रतिनिधि हमारे बीचमें छोड़ा है।

३७

मुबारक "साग़र"

सागरका जीवन बचपन हीसे संघर्षका जीवन रहा। नौ मासकी उम्रमें ही मर जानसे माँकी शीतल गोदको उसने कभी नहीं पाया। पिता बहुत गरीब किन्तु आत्माभिमानी व्यक्ति थे। जिनसे सागरने बहुत-सी बातें सीखीं, साथ ही परिस्थितियोंसे लड़नेमें हाथ बँटाया।

१९०६ अप्रैल १९ जन्म, १९०७ माँकी मृत्यु, १९१३ प्राइमरी स्कूल माडी पन्नवामें, १९१४ बटाला मिशन स्कूलमें, १९१५-१८ श्रीगोविन्दपुर हाई स्कूलमें, १९१९ बटाला स्कूलमें, उर्दू कविता, १९२० श्रीगोविन्दपुर स्कूलमें, पंजाबी कवि १९२१ अप्रैल सभामें अपनी कविता; १९२१-२३ जलन्धर गवर्नमेंट हाई स्कूलमें, १९२३ मैट्रिक पास, १९२३-२५ लाहौर इस्लामिया कालेजमें, १९२५ तुर्की जानेकी धुन, १९२६ अक्तूबर विदेश जानेकेलिये पेशावर तक, १९२६-३३ कराचीमें अध्यापक, १९२६-२७ शिक्षक-सभाके सेक्रेटरी, १९२९ पराचिनारमें गिरिफ्तार और मुक्त, १९३० अप्रैल नमक-सत्याग्रहमें, १९३१ मार्च ८ जेलसे बाहर, १९३१ नौजवान भारत सभाके जेनरल सेक्रेटरी, १९३१ अगस्त राजद्रोहमें गिरिफ्तार, १ सालकी सजा; १९३१-३२ यरवडा जेलमें, १९३२ अगस्त जेलसे बाहर, म्युनिसिपल क्लर्क, इस्तीफा, "मजूर"के लेखक, निर्वासन; १९३३ पंजाब नौजवान भारत-सभामें, १९३३ अगस्त १३ शादी, १९३४ सोशलिस्ट पार्टीकी स्थापनामें भाग, तीन मासकी सजा; १९३६ जोशीसे भेंट, १९३७-४० काँग्रेस सोशलिस्ट नेता, १९४० रामगढ़ काग्रेसमें, १९४० सितम्बर ११—१९४२ जूलाई २६ जेलमें नजरबन्द, १९४२ नवम्बर १८ डेढ़ सालकी सजा, १९४३ अक्तूबर १९ जमानत पर बाहर।

जिला गुरदासपुरकी तहसील बटालामें माड़ीपन्नवाँ सिक्ख जाटोंका एक बड़ा गांव है। जमीदारी जाटोंकी है, जो खुद काश्त करते हैं। सौ घर राई मौरूसी काश्तकार होनेसे चार सौ घर जाटोंकी तरह खेती से अपना गुजारा कर लेते हैं। गावके कुछ लोग नौकरी या फौजमें चले जाते हैं, मगर जीविका का प्रधान साधन खेतीही है! सागरके दादा सैय्यद होनेसे गुरु-चेलाके व्यवसायमें पले थे; मगर धर्म और सूफी दर्शनका उनपर इतना असर हुआ, कि वह पीरीमुरीदीके व्यवसाय को हरामखोरी समझने लगे, और उन्होंने निश्चय किया कि अपने हाथकी मेहनतकी कमाई ही खाएँगे। इस प्रकार उन्होने बढईका काम करना शुरू किया। उनके पुत्र नबीबख्श (मृत्यु २३ दिसम्बर १९२०)ने भी पिताका ही रास्ता पकड़ा। उनकी स्त्री ही पुत्रको नौ मासका छोड़कर नहीं मरी, बल्कि सागरके सात सालके होते-होते सारा घर साफ हो गया। नबीबख्शके दिल पर इसका भारी आघात हुआ। मगर उन्होंने सूफियों और फकीरोंके जीवनियोंके बारेमें सुना ही नहीं था, बल्कि अपने बढ़ई पिताको उसी रंगमें रंगा देखा था। नबीबख्श अब पूरे मलंग (साधु) थे। जवानी आरामसे गुजरी थी, क्योंकि भाई कमाते खिलाते थे। अब उन्हें खुद अपने हाथसे काम करना पड़ता। दो स्त्रिया मर चुकी थी, उन्होंने फिर और शादी न करनेका निश्चय कर लिया। किसानोके लिये हल और हथियार बना देते, उससे अनाज खाने भरको आ जाता और बाप-बेटेको भूखा नही रहना पडता था, लेकिन उनकी फकीरी दिन पर दिन आगे ही बढती जा रही थी। कामकी मजूरी खुद नही मॉगते थे. यदि कोई दे गया, तो दे गया। साधू फकीरोंके खाने-खिलानेमे घरका सब कुछ खर्च करने लगे। कितने ही बार घरमें सूखी रोटी भर रह जाती, जिसे नमकके साथ सागरको खिलाते हुए पिता पैग़म्बरकी कठिन जीवनीकी घटनायें सुनाते।

सागरका जन्म १९ अप्रैल १९०६ ब्रहस्पतिवारको हुआ था। उनकी मा मुहमदुन्निसा जवानी हीमें चल बसी। दादीने सात साल

तक पाला-पोसा। दादी बड़ी जरनैल मिजाजकी थीं और साग़रने जरा भी उनकी इच्छाके विरुद्ध काम किया कि तमाचा लगा देतीं। सौ वर्षकी उम्रमें भी वह उन्नीस मील बटाला पैदल चली जाती थीं। किसी दिन साग़रने हमजोलियोंकेलिए घरसे रात्र चुराई, जिसपर मार खानी पड़ी।

साग़रकी सबसे पुरानी स्मृति चार सालकी है। लुध्याणेके कपड़े का नया कुरता पहननेको मिला था। सागरने अपने साथी बच्चेसे कहा—"ऐसा वैसा कपड़ा नहीं है। इसमें चोट भी नहीं लगती।" साथी लड़केने सागरकी पीठ पर एकसे अधिक डन्डे जमाये। चोट तो लगी, मगर दर्दको छिपा गये। साग़र बचपन हीसे बहुत शांत मिजाजके थे, किसीसे लड़ना झगड़ना उन्हें अच्छा नहीं लगता था। यद्यपि पिता और दादी सभी अनपढ थे। मगर सूफी और दूसरी धार्मिक कथायें बहुत-सी सागरको सुननेको मिलतीं, सोनेके पहले इस्लामी इतिहास, कुरान, लैला-मजनू, शीरीं-फरहाद आदिकी कथाओंमेंसे कोई न कोई सुन लिया करते थे।

दादीके जीते जी लड़केके पढ़ानेका कोई ख्याल नहीं आया, घरसे लिखने पढ़नेकी परम्परा उठ चुकी थी; लेकिन दादीके मरनेके बाद (१६१३) पिताने दो मील दूर श्रीगोविन्दपुरमें पढ़नेके लिए भेज दिया। यहाँ सागरकी एक फूफी व्याही थी। सागर इतने लज्जालु थे, कि रोटीकेलिए भी बिना कहे नही जाते थे। श्रीगोविन्दपुरवाले लड़के कुछ शहरीसे थे। दीहाती सागरको उनकी कितनी ही बातें पसन्द नहीं आती थीं। साल भरमें पहले दर्जेको पास कर छुट्टियोंमें वह अपनी बटालावाली बुआके घर गये। बुआके घरमें विद्याकी कद्र थी, लोगोंने सागरको फुसलाना शुरू किया—"पिण्ड (गाँव)में रहता-रहता तू भी पिंडू बन जायगा। तेरे दादाका घर है यहाँ, यहीं स्कूलमें पढ़।" एक निःसन्तान दादाका घर वहा जरूर था। सागर शहरी जिन्दगीके लिए राजी हो गये। स्वास्थ्य बचपन हीसे कमजोर

था, बकरीके दूध पर पाले गये थे; जिससे उनका शरीर काँटा जैसा सूखा था। अभी पाँच-छै साल पहले तक इसे असम्भव समझा जाता था, कि सागरके शरीर पर मांस कभी आयेगा। शायद इसी शारीरिक निर्बलताके कारण सागरको चुप रहनेकी आदत ज्यादा हो गई थी और वह बैठे रहकर खेले जाने वाले खेलोंको ही पसन्द करते थे। दुनियामें कहीं पता न मिलनेसे खुदाको भी वह अपनी ही तरह खामोश समझते थे—"खुदा कोई अच्छा भलामानुस बूढ़ा है, जिसकी सफेद दाढ़ी है और वह तख्त पर बैठा रहता है।" ऐसे शान्त-स्वभाव वाले लड़केकेलिए गाँवका वातावरण ही ज्यादा अनुकुल हो सकता है, मगर सागरको कुछ पढ़नेका शौक पैदा हो गया था, और बटालामें उनके बन्धु-बान्धवोंमें विद्या ज्यादा देखी जाती थी। उन्होंने बटालामें रहकर पढ़नेका निश्चय कर लिया और मिशन-स्कूलमें दूसरे दर्जेमें नाम लिखवा लिया। पिता पुत्रको अकेले छोड़कर नहीं रह सकते थे। वह भी बटाला चले आए, लेकिन तीन-चार मास रहनेके बाद बटालाकी शहरी जिन्दगीसे ऊब गये। उन्होंने कहा—"चलो बेटा! शहर अच्छा नहीं है!" सागर भी पितासे सहमत थे। दोनों कादियानके रास्ते घर लोटे। उसी समय सागरने मिर्जाई सम्प्रदायके बारेमें कुछ सुना और समझ लिया कि वह बुरी चीज़ है। घर जाने पर स्कूलसे सर्टिफिकेट लानेका ख्याल आया। फूफीने फिर रहनेके लिए आग्रह किया। सागरने दूसरा दर्जा खतम करने पर बटालामें रहना स्वीकार किया।

१९१५में सागर फिर श्रीगोविन्दपुरके स्कूलमें दाखिल हो गये। पिताके घरमें तो रवाज नहीं था, तो भी फूफीके घरकी देखादेखी सागरने नमाज पढ़नी शुरू कर दी। गाँवके दस-पन्द्रह लड़के स्कूल पढ़ने जाया करते थे। पढ़नेके बादके समयका काफी हिस्सा उनका धार्मिक बातोंके पढ़नेमें लगता। गांवके छोटे-छोटे लड़कोंको नमाज पढ़ानेकेलिए वह खुद इमाम बन गये थे। गांव भरके लोग सागरके

पास चिट्ठियाँ लिखवाने आते। पिता मलंग थे, इसलिये सागरको भी कौव्वाली सुनने और सूफी-सत्संग का शौक था। महायुद्ध चल रहा था। सागर अपने हमजोलियोंके साथ नकली लड़ाई लड़ते थे। उन्होंने सुन लिया था, कि लड़ाई में पनडुब्बी नावोंका व्यवहार किया जा रहा है। दोनों दल लड़ता और एक दूसरे पर मार पड़ती, फिर सागर बैठ जाते—उन्होंने कह रखा था कि बैठ जानेका मतलब है नाव पानीके भीतर चली गई, फिर उस पर चोट नहीं लग सकती। सागरने अभी अखबारका दर्शन नहीं किया था।

१९१८में इन्फ्लुएंजाकी बीमारी आई। स्कूल बन्द हो गया। मरनेवालोंका ठिकाना न था। लोग कहते—"आज फलाना मर गया, देखें कल किसकी बारी है।" पिता तो दार्शनिक थे ही। पिताकी दार्शनिकता कभी-कभी उन्हें मुश्किलमें डाल देती थी। एक बार गाँवके जाट जंगलमें सूअरका शिकार करने गये। एक नौजवानके ऊपर दतैल सूअर चढ़ दौड़ा। भयभीत हो वह चिल्ला उठा—"दोहाई, दोहाई, चाचा नबीबख्श! जान गया।" नबीबख्शने दौड़कर सूअर की पिछली दोनों टांगें उठा लीं और डंडेसे मारकर उसका मुंह कुचल दिया—वह एक छोटे-मोटे पहलवान थे। उनका सारा कपड़ा खूनमें सन गया। मौलवियोंने फतवा दिया, कि इसका हुक्का-पानी बन्द कर दो। नबीबख्शने जान बचानेके लिए सूअरको मारा था, इसमें उन्हें कोई दोष नहीं मालूम हुआ। वह वैसे भी दूसरोंकेलिए अलग हुक्का रखते थे, कहा—"जाओ एक हुक्का और रखनेसे जान बची।" दो-चार महीनेबाद अपने आप हुक्केका बायकाट उठ गया।

स्कूलमें सागर तेज लड़के थे। गणितमें अकसर सौमें सौ नम्बर लाते। उर्दू भी अच्छी थी। छठें दर्जेसे फारसी भी पढ़ने लगे थे, उसमें भी अच्छे रहे। हाँ, अंग्रेजीमें कुछ कमजोर थे।

जब सागर पांचवें दर्जेमें थे, तभी श्रीगोविन्दपुरमें उनका स्कूल हाई स्कूल हो गया था। वार्षिक छुट्टियोंमें वह हर साल बटाला जाया

करते, इस समय उनके फूफा शहरी अदब-आदाब सिखलाते। बटाला में एक दूरके रिश्तेदार थे, जिनके कोई सन्तान न थी। उन्होंने सागर को गोद लेनेके लिए पितासे कहा। पिताने फिलास्फरकी तरह कहा—"लड़केकी मर्जी।" सागरसे कहने पर उन्होंने "आऊँगा" कह दिया। छठवें दर्जेको पास कर अब अगले दर्जेमें जाना था। श्रीगोविन्दपुरके हेडमास्टर अपने तेज विद्यार्थीको हाथसे जाने नहीं देना चाहते थे। उन्होंने सागरको समझाया। जब वह नहीं माने तो कहा—"तुम लौटकर यहीं आओगे। निःसन्तान आदमी बड़े कंजूस होते हैं और लड़केको अच्छी तरह रखना नहीं जानते।" स्कूलके एक संस्थापक सेठ विसनदासने भी कहा, कि मैं खर्च दूँगा तुम यहीं रहो।

सागर बटाला चले गये। म्युनिसिपल हाई स्कूलके हेडमास्टरने कहा, कि हम फिर परीक्षा लेकर दाखिल करेंगे। सागरने परीक्षा दी। अध्यापक बहुत खुश हुए और सातवे दर्जेमें नाम लिख लिया। सचमुच ही सागरके धर्मपिता बड़े कंजूस थे। मल-मलके एक-एक पैसा खर्च करते थे। सागरको जो दो-चार आने मिले, उन्हे उन्होंने चिट्ठिया लिखनेमें खर्च कर दिया। एक सहपाठी सागरकी चिट्ठीको पढ़ना चाहता था। सागरने फटकार दिया। उसने जाकर धर्मपितासे शिकायत कर दी—"मुबारक तो आपके खिलाफ चिट्ठियों पर चिट्ठिया लिख रहा है।" और भी कानाफूसी की। धर्मपिताने कहा—"सचमुच। महीनेमें चार-चार पत्र! हमारा देवाला निकाल देगा। वह रहना नहीं चाहता।" सागरने सब बात सुन ली थी। उन्होंने—"आप खुश नहीं हैं, मैं जाता हूँ" कहकर माडी पन्नवाका रास्ता लिया, फूफी से भी नहीं कहा और किताब बाधकर पैदल ही चल पड़ा। लेकिन नाम तो लिखा जा चुका था। सागर साल भर नहीं बरबाद करना चाहते थे। पिताने भी सलाह दी कि फूफीके यहा रहकर सातवाँ दर्जा खतम कर लो। फूफा भी इस रायसे सहमत थे, कि निस्सन्तानी कंजूस होता है, वह बच्चेको नहीं रख सकता।

सागरने सातवे दर्जेकी परीक्षा (१६१६) दी। जलयाँवाला बाग काण्ड हो चुका था। कितने ही लड़के देशभक्ती पर तुकबन्दिया कर रहे थे। सागर भी दूसरेके शेरोंकी अन्ताक्षरी किया करते थे। अब उन्होने खुद एक तुकबन्दी की, जिसका एक खण्ड था—

"किया अह्ले मग्रिबने मिलकर तहैया।
कि योरोपसे तुर्कोंको निकाल देंगे।"

लड़कोंने भी वाह-वाह किया और मास्टरने भी दाद दी। सागर का शायरीका शौक बढ़ा।

देर तक प्रतीक्षा करने पर भी परीक्षाफलकी खबर नहीं आई। बटाला गये। फूफाने कहा—"मैंने पूछ लिया है, तुम फेल हो।" सागर विश्वास करनेकेलिए तैयार न थे। वह सीधे हेडमास्टरके पास गये। हेडमास्टरने उसी बातको दोहराया। और तरहसे शर्मीले सागर अपनेको रोक नहीं सके। उन्होंने कहा कि मुझे रजिस्टर दिखला दीजिये। हेडमास्टर कुछ झल्लाये, लेकिन रजिस्टर खोलकर दिखा दिया। सागरने गौरसे देखा, तो मालूम हुआ, कि लम्बे रजिस्टरमें सागरके सामनेका 'पास' शब्द दूसरे लड़केको दिया जा रहा है। हेडमास्टरको भी अफसोस हुआ। सागरका एक साल बरबाद नहीं गया।

अप्रैल १६२० मे सागर फिर श्रीगोविन्दपुरमे आठवें दर्जेमे दाखिल हुये। अब उनपर खानदानी खब्त शुरू हुआ। धार्मिक पुस्तकोंके पढनेके साथ-साथ कौव्वाली और धर्मोपदेश सुननेके लिये पाँच-पाँच सात-सात मील तक जाते और "बुला लो या रसूलल्लाह" सुनकर, उन्होंने खुद एक कविता लिखी, जिसका एक खण्ड था—

"क़दूमे पाकमें अपने बुलालो या रसूलल्लाह।
मुझे नारे-जहन्नुमसे बचा लो या रसूलल्लाह॥"

उनकी यह कविता उर्दू-अध्यापक ने भी पसन्द की।

प्रसन्नताके साथ-साथ सागरका आत्मविश्वास भी बढ़ा। सागरका

पढ़नेमें मन खूब लगता था। वह कभी स्कूलसे गैरहाजिर नहीं रहते थे। गावके जाट लड़कोमेंसे कुछ पढ़नेसे जी चुराते थे—पिटते थे, और फिर स्कूलसे भगे रहना चाहते थे। छठवें दर्जेकी बात है, सागर बहुत दुबले-पतले थे, जिसकी वजहसे हमजोलियोंने उनका नाम कोकली (भरवेरी) रख दिया था। भगेड़ू जमातने एक दिन स्कूल न जानेकी कसम खाई और कोकलीको भी न जाने देनेकी बात तय हो गई। कोकली कमजोर थे ही, डरे और उस दिन नहीं गये। दूसरे दिन मास्टरने पूछा, तो कह दिया कि इच्छा न रहते भी मैं नही आ पाया। नाम पूछने पर उन्होंने नाम नहीं बतलाया। सागर भी पिटे।

आठवें दर्जेमें सागरने गावके भगेड़ू लड़कोंके सामने एक प्रस्ताव रखा—"आओ, हम अपनी जत्थाबन्दी करें। विद्यार्थियोंको काम होने पर भी छुट्टी नही मिलती। पाठ याद न होने पर पिटते हैं। गैरहाजिर होने पर पिटाईके सिवाय जुर्माना भी देना पड़ता है।" लड़कोंको बात पसन्द आयी। फिर "अंजुमन-अक्सरी-तुलबा", (छात्र-संघ) कायम हुआ। सागरने खुद संघका नियम-उपनियम बनाया। एक प्रधान सभापति, एक सभापति, एक सेक्रेटरी और एक खजांची चुने गये। सागर प्रधान सभापति बनाये गये और नियमके अनुसार कामका सबसे अधिक बोझ उनके ऊपर आया। संघके खजानेमें लड़के चन्दा लेते थे। जुर्माना होने पर उसमेंसे दे दिया जाता था। सागरने बटालामें सभा-सोसायटी देखी थी और छात्रसंघके रूपमें उसीकी नकल की। संघके कागज-पत्रमें जालसाजी न हो, इसके लिए पितासे छिपकर सागरने अपनेही एक लकड़ीकी मुहर तैयार कर ली। पिता सागरको यह कहकर बसूला-रूखानीको हाथ नहीं लगाने देते थे, कि तुमको तो बाबू बनना है। सागरने संघकी बात मास्टरसे कही। मास्टरको भी बात पसन्द आई। सचमुच ही भगोड़ोंकी सख्या कम हो गई, जुर्माना भी कम देना पड़ता।

सागर अभी चौदह साल हीके थे कि वारिसशाह और बुल्लाशाहके

प्रेम-काव्योंने उनपर असर डाला। पंजाबी बैतबाजीसे शृङ्गारिक कविताओंकी भरमार होती ही थी। कविताने अपनी समवयस्क लड़की से सागरका प्रेम कराया. या प्रेमने कविता करनेकेलिए मजबूर किया, इसके बारेमे कुछ कहना मुश्किल है। सागरने उस लड़की पर पंजाबीमें "सेह-हरफी" कविता की। उनके एक अनपढ़ तरुण दोस्तने सुना, उसे बहुत पसन्द आयी और कहा कि इसे छपवा दो। सागरने कहा—"तुम बेवकूफ हो। ये मेरे गीत हैं, कैसे छपेंगे।" उन्हें छापाखाना कोई जादूमन्तर-सा मालूम होता था। लड़केने कहा—"मेरा एक रिश्तेदार कादियानके एक प्रेसमें काम करता है। चलो पूछें, शायद पुस्तक छप जाय।" सागरने पितासे कादियान देखनेकेलिए छुट्टी ली। जाकर प्रेस देखा। फिर मैनेजरको कविता दिखलाई। उसने पूछा—"किसने लिखी?"

"रहस्यकी बात है, लिखी तो मैंनेही है। छपकर निकल आयेगी?"

"तुम्हारी उम्र तो बहुत छोटी है! हाँ, छप क्यों नहीं जायेगी।"

"जैसे हो. एक किताब बना दो "एक कापी छाप दो, दोस्तों हीको तो पढ़ना है।" मैनेजरने कहा—"एक हो या ५००. दाम उतना ही पड़ेगा।" पाचसे बढ़कर आखिर सौ कापी छापनेकेलिए कहा गया। फिर" सेह-हर्फी (त्रिशाक्षरी) मिस्त्री मुबारकअली 'आजिज़' (बटाला)"के नामसे छपनेकेलिए दी गई। खर्चके तीन-साढ़े तीन रुपये दोस्त ने दिये। तीन दिन वहाँ ठहरे और छपी किताबको लेकर पन्नवा पहुँचे। सागर डरते थे, कि असली बात किसीको मालूम न हो जाये, इसलिये कवितामे कुछ और बातें भी जोड़ दी थीं। सेह-हर्फीके कुछ पद्य थे—

'जीम जिगर गल्त्रा पा लीता तेरी जुल्फादे तेज कटारडे ने।
नशा चाइड्ह दित्ता राह-जाद्या नूं, दूरों हुसनदे भरे पियालडे ने॥
साकी वण्डना यार नगाशियादा, खास दस्या रब्बदे प्यारडे ने।
'आजिज़' वस्लवाली अर्ज कर दित्ती. दुखा जालडेने दुखां जालडेने॥"

"ज़ाल ज़िक्र तुसादडा करां हरदम, विच् जंगला कोहा ते वेलेयादे ।
तेरे नाम वाली तस्बी विर्द मेरा कोल दुश्मना विच् सहेलया दे ॥
तेरे हिज्रने बहुत दिल्गीर कीता इन्तज़ार करता खातिर मेलया दे ।
'आजिज़' हुस्नदी बहुत बुनियाद छोटी जेवे विचबागा बूटे केलयादे ॥"
"स्वाद सिफ्त है यारदे ढूढनेदी बाहर आवरण न वाज सहेलिया दे ।
अजे पैर शबाब विच पावरण लग्गी दिल खिचलीते अग्गों वेलिया दे ॥
जिस्म वाग-बिल्लौरदे चमकदा ऐ भावे होरण कपडे मिस्ल तेलिया दे ।
'आजिज़' शर्म अक्खी हौली सखुन करते नाहीं ते सल् होवरण् विच्
गेलिया दे ॥"

'सेह-हर्फ़ी' की पाच ही कापियां दोस्तोंमें बाटी गईं, मगर वह एक हाथसे दूसरेके पास जाते कई हाथोंमें पहुँच गई। लोगोंने बहुत पसन्द किया। हिसाबमें गलती करने पर मास्टरने एक दिन ताना मारा— "ध्यान तो सेह-हर्फ़िया लिखनेमें रहता है, हिसाब कौन याद करे?" फारसीके अध्यापकने भी कविताकी तारीफ की। सागरकी झेंप गई और कुछ हौसला भी बढ़ा। पिता सूफी-कविताओको सुन-सुनकर मस्त हो जाया करते थे। किसी महफिलमे "आजिज़" (अभी 'सागर' उपनाम नही पड़ा था) की सेह-हर्फ़िया गाई जा रही थी। पिता वज्दमें आकर (आत्मविभोर हो) झूमने और रोने लगे। उन्होने पढ़ने वालेसे कहा—"यह किताब हमें भी दो, हम पढ़ा कर सुनेगे।" किसीने कहा, यह तो मुबारककी लिखी हुई है। पिताने सागरको बुला कर बहुत प्यार किया और कहा—"बेटा! हमे नहीं बताया, तुमने मार्फत (भगवत्-प्रेम)की इतनी सुन्दर कविता की है।" उनको क्या मालूम था कि सागरने किसी दूसरे हीके ऊपर कविता की है। गावकी अध्यापिकाने भी पढ़कर सागरको चूमकर दाद दी—सागरने तो इसके लिये कविता नही की थी। यद्यपि प्रेमिका पढ़ना नहीं जानती थी, लेकिन उसके घरमें भी एक कापी भेजी। भाईयोंने पढ़ा सुना,

मगर प्रेमिकाको शायद आज तक मालूम नहीं है कि सागरने उसपर एक ऐसी सुन्दर कविता की है।

इस वक्त सागरके घरकी हालत बहुत खराब थी। गरीबीके कारण जूता नहीं पहिन सकते थे। जब धूपमें पैर जलता, तो एक घाससे दौड़कर तिलमिलाते हुए दूसरी घास पर खड़े हो जाते। खेत काफ़ी थे, मगर पिता उनमें काम न करते थे। किसान होनेकी वजहसे यद्यपि फीस आधी माफ थी, लेकिन उतनेसे काम नही चल सकता था। (दिसम्बर १९२०में) सागरने पिताको सलाह दी, कि कहीं जाकर कुछ पैसा कमाएँ। पिताने लड़केके ख्यालसे कबूल कर लिया। वह काम करनेके लिए बाहर निकले। लेकिन वहा पुत्रकी चिन्ताके मारे उन्हें बुरे-बुरे स्वप्न आने लगे। घर लौटे, उन्हें कुछ बुखार भी था। १९ मील तक इक्के पर चले; फिर तीन मील पैदल आये। घर पहुँचने पर बहुत थक गये थे। निमोनिया हो गया। पासके गाँवमे एक हकीम रहता था। सागर वहाँसे शर्बत ले आना चाहते थे। उस समय दोनों गावोंमें लड़ाईके लिये भाला-बर्छी निकल गयी थी। सागरने खतरेकी कोई पर्वाह न की। वहाँ गये, लेकिन हकीमके पास शर्बत नहीं था। खाली लोटा लिये लौट आये। पाँच ही मिनट बाद पिताकी जबान बन्द हो गई और कुछ ही देरमे उन्होंने शरीर छोड़ दिया। चौदह वर्षके सागर अब दुनियामे बिलकुल अकेले थे। औरते रोने लगी। सागरको पसन्द नहीं लगा और उन्होंने खिन्न होकर कहा—"तुम्हें मुझे ढारस दिलाना चाहिये और तुम और रो रही हो। रोना हो तो चली जाओ।" सागरने घरमे बहुत-सी मौते देखी थीं, उनका दिल काफी मजबूत था, लेकिन तब भी भीतर जो उथल-पुथल मची थी उससे दिलको बँचाना चाहते थे। कफनके लिए घरमें कुल साढ़े नौ आने पैसे थे। पड़ोसी सौदागरकी बुढ़िया माँने और पैसे दिये। गाव वालोंने भी सोलह रुपये चन्दा करके सागरके हाथमे दिया। लेकिन कफन आदिका काम तो चल गया था, उन्होंने उन रुपयोंको एक

समवयस्क लड़केके हाथमें दे दिया, और फिर नही मॉगा—वह ऐसे पैसेको लेना भी नहीं चाहते थे। अब वह सौदागर पड़ोसीके घरमें रहते। घरवाले बहुत मानते थे।

सागरके नये संरक्षक काफी धनी थे। पन्नवामें सिक्ख जाटोंका जोर था। वह अज़ान देनेकी भी इज़ाजत नहीं देते थे। कहते थे—"बागकी आवाजसे हमारा आटा बागा (=जादूछुआ) हो जाता है। सरक्षक लड़कीकी शादीकेलिए श्रीगोविन्दपुर चले गये। सागर भी उनके साथ गये। श्रीगोविन्दपुरकी फूफीकी सारी औलाद खत्म हो चुकी थी। बटालेवाली फूफीको पिताके मरनेकी खबर दे दी, और साथ ही लिख दिया—"तुम्हारे पास नही आऊँगा। मैंने कही इन्तिजाम कर लिया है।" सागरमें आत्मसम्मान की मात्रा अधिक थी। वह किसीका एहसान नहीं लेना चाहते थे। फुफेरे भाई लिवाने आये, मगर कह सुनकर लौटा दिया।

जलन्धरमें—श्रीगोविन्दपुरमें मार्च (१९२१)मे परीक्षा पास कर सागर अपने संरक्षकोंके साथ जलन्धर चले आए और वहा गवर्नमेंट हाई स्कूलमे दाखिल हो गये। यहा अब उन्हे उर्दूके शायरोंके नजदीक बैठनेका मौका मिला। मुशायरोमे भी जाते, लेकिन अपने शेरोको सुनानेसे झिझकते थ। उस समय उन्होंने उर्दू और पजाबीमें कितनी ही कविताएँ की थी। मगर पीछे सबको जला दिया। मैट्रिककी परीक्षाको जब तीन-चार मास रह गया, तो सागरकी ऑखोंमे कुकड़े निकल आये। परीक्षाकी तैयारी कहाँ कर सकते थे? सिर पर हाथ रख कर बैठा रहना पड़ता था। लोग सलाह दे रहे थे, कि इम्तिहान मे बैठो, लिखनेके लिए सातवे-आठवे दर्जेका कोई लड़का मिल जायेगा। सागर कभी कहते "इलाही! पास करा दे।" अलबख्त साहबकी दरगाहमें मिन्नत मानी "यदि पास हो गया, तो मेलेके समय बकरा जरूर चढाऊँगा।" परीक्षा दिनके कुछ पहले दर्द कम हुआ,

फिर आँखें खुलने लगीं। परीक्षामें खुद अपने हाथसे लिखना शुरू किया। अच्छे दूसरे डिविजनमें (१६२६) पास हुए।

परीक्षा देकर फिर बटाले आये। गोद लेने वाले पहले सज्जनने जोर दिया—"चलो हम हज करने जा रहे हैं, तुम घर सम्हालना।" सौदागर-संरक्षकके घरमें लड़के पढ़नेका शौक नहीं रखते थे। घर वाले सागरको विलायत भेजना चाहते थे। सागर बटाला वाले धर्मपिताके पास आ गये। इनकी दो बीबियाँ थीं, जिनमें एक सागरकी भावी पत्नी जमीला बहुत कम उम्र की थीं। मियाँ छोटी बीबीको लेकर हज करने गये। हज करके वह लौट भी आये। सागरने लाहौरके इस्लामिया कालेजमें दाखिला ले लिया था।

कालेजमें—बहुत कहने-सुनने पर हाजी साहबने कालेज जानेकी इजाज़त दी। १५ रुपया मासिक देते और उस पर भी कहते—"यह आवारह लड़का है, यह तो हमारा दीवाला निकाल देगा।"

सागरको पिताकी सीख याद थी—"लावल्दकी जायदादका मालिक नहीं बनना।" सागर हाजी साहबकी जायदादके बारेमें तो आशा नहीं रखते थे, लेकिन उनके दादाके भाई लावल्द मर गये थे, जिनकी जायदाद सागरकी ही थी। हाजी साहब जो १५ रु० महीना देते थे, उसे भी वसूल कर लेना चाहते थे। उन्होंने सागरसे कहा—"तुम्हारा अफ्रीका वाला चचा आकर मकान ले लेगा। इसलिये बैनामा कर दो।" सागर हाजी साहबका अभिप्राय समझते थे, साथ ही वह उस जायदादको रखना पसन्द नहीं करते थे, इसलिये उस मकानको हाजी साहबकी छोटी बीबीके नाम बिना पैसा कौड़ीके ही लिख दिया।

हाजीसाहब महीनेमें रुपया भेजते वक्त चिट्ठीमें यह लिखना नहीं भूलते थे—"छोड़ दो। जो खर्च हो गया सो हो गया। पढ़कर क्या लेना है?"

कॉलेजमें चमरकन्दके अमीरका कोई सम्बन्धी लड़का सागरका दोस्त हुआ। सागरकी सहानुभूति कांग्रेस और खिलाफतकी ओर जलियाँ

वाला बाग काण्डके दिनोंसे ही थी। लड़केने बतलाया, कि किस तरह मौलाना इस्माईल सैय्यद बरेलवीने मुजाहिदीनोका स्वतन्त्रता-सग्राम आरम्भ किया। धीरे-धीरे सागरमें इस्लामकी सेवा और देशकी आजादी का ख्याल जोर पकड़ने लगा। सागर कभी-कभी विह्वल होकर कहते—“मेरा कोई नही, सब मर गये, मै क्यों बचा? शायद खुदा मुझसे कोई काम लेना चाहता है।” १६२५ के आरम्भमे तुर्कीसे कोई प्रतिनिधि-मंडल भारत आया। लाहौरमे भी वे लोग आये। सागर उनका व्याख्यान सुनने गये। सागरका ख्याल हुआ, कि अहिंसाकी लड़ाई निष्फल रही। भारत सैनिक-विद्यासे ही स्वतंत्र हो सकता है, इसलिये तुर्कीमे चलकर सैनिक शिक्षा लेनी चाहिये। उन्होने नौजवानोंकी एक मण्डली बनाई, फिर तुर्कीके एक प्रतिनिधिसे बात की। प्रतिनिधिने कहा—“हम हर हिन्दुस्तानीको मुस्तफा सगीर समझते हैं, हम कैसे तुम पर विश्वास करें?” मुस्तफासगीर कमालपाशाको कत्ल करनेके लिये तुर्की गया था। सागरका कुछ राष्ट्रीय नेताओसे परिचय था। उनकी राष्ट्रीय कवितायें कितनों हीने सुनी थीं। कवि हफीज जलधरी उनके उस्ताद थे। “जमींदार” वालोसे भी दोस्ताना ताल्लुक़ था। इस तरह राष्ट्रीय नेताओंसे अपने बारेमें प्रामाणिक होनेकी सिफारिश मिलने मे दिक्कत नही हुई। उक्त तुर्क सज्जनने सागरसे कहा—“तुम तुर्की पहुँच जाओ, फिर हम सारा इन्तिजाम कर देंगे।” उन्होने काबुलमें अपने आदमीको देनेकेलिये एक पत्र भी लिख दिया। सागरने डॉक्टर अंसारी, मौलाना शौकतअलीसे भी सलाह ली, मगर वह चरखा चलाने और कांग्रेसमें काम करनेकी सलाह देते थे। सागरका सारा समय तो इस दौड़-धूपमें लगा रहता था, किताब पढ़नेकी चिन्ता किसको थी। फीसकेलिये जो हाजीसाहबने १५० रु० भेजे थे, वह ऐसे ही खर्च हो गये! पैसे फिर मॅगाये—आखिर मुफ़्के मकानका कुछ दाम भी तो वसूल होना चाहिये। सागर बहुत सादी जिन्दगी बिताते थे। कालेजमें क्लास छोड़ बाजार हो चाहे घर वह एक फकीरी अल्फी पहना करते थे।

परीक्षा आयी। एक परचा कर चुके थे। उसी समय उनके परिचित तुर्क सज्जनका पत्र आया—"हम जानेवाले हैं, मिल लो।" परीक्षा कौन देता है? सागर बम्बई पहुँचे, बातचीत की। अब वह तुर्की जानेके फेरमे थे।

नई धुन—विदेश जानेकेलिये रुपयोंकी जरूरत थी। सागर हाजी-साहबके पास पहुँचे। उनसे कहा—"एक अँग्रेज साहब मेहरबान हो गया है। वह मुझे पढ़नेके लिये विलायत ले जाना चाहता है। वहाँसे इंजीनियर बनके आना है, लेकिन कुछ रुपये तो पासमें रहने चाहिये?" हाजीसाहबने समझा, कि इंजीनियर हो कर तो बड़ा साहब हो जायेगा, फिर हमें ठेकेदारी लेनेमें खूब सुविधा रहेगी! उन्होंने ६०० रुपये दिये—"सूमके घर धूम" करके सागर बटालासे रवाना हुये। १९२५-२६के एक साल सागर इस फिकरमें घूमते रहे, कि कैसे हिन्दुस्तानसे बाहर निकला जाय, लेकिन अंग्रेज कच्चे गुइयाँ थोड़े ही हैं! उन्होंने भारतकी सीमाओंको ऐसे नहीं रखा है, कि कोई उनकी इच्छाके बिना बाहर चला जाये। पेशावर भी गये, लेकिन चमरकन्द या दूसरी जगह जानेका कोई इन्तिजाम नहीं हो सका था।

करांचीमें—१९२६के अक्तूबर तक रुपये खर्च हो चुके थे। बाहर जानेका कोई इन्तिजाम भी नहीं हो सका। सागरने सोचा, कि शायद कराचीमें कोई इन्तिजाम हो जाय और वह वहाँ चले गये। यहाँ बुखारीसे उनकी मुलाकात हुई। दोनों साथ रहने लगे। बाहर जानेका प्रबन्ध इतना आसान थोड़े ही था। म्युनिसपल्टीके एक उर्दू स्कूलमें हेडमास्टरी मिल गई। धीरे-धीरे अध्यापकोंमें प्रभाव बढ़ता गया और फिर वह उर्दू अध्यापक सभाके जेनरल-सेक्रेटरी हो गये। कभी वह मकरानके रास्ते ऊँटपर चढ़के बाहर निकल जाना चाहते थे, कभी नावमें बैठकर बन्दर-अब्बास (ईरान) जानेकी बात करते। सारी योजनाएँ फेल होती गई। एक ओर निराशा बढ़ती जा रही थी, दूसरी ओर बुखारीने सोशलिज़्म और कमूनिज़्मकी बातें धीरे-धीरे कानमें

ढालनी शुरू की। १६२८में साइमन कमीशनके खिलाफ प्रदर्शन करने में बुखारीने सागरको भी साथ कर लिया। बुखारी खुद उन रास्तोंसे गुजर चुका था, इसलिये वह सागरके पैरके नीचेकी ईंटोंको धीरे-धीरे खिसकाना चाहता था। बृहत्तर-इस्लामवादका नशा तो खत्म हुआ, मगर सैनिक विद्या सीखनेका ख्याल अब भी सागरके दिलमें वैसा ही था। बुखारीसे पूछा—"रूसमें तो सैनिक शिक्षा मिल सकती है?" "हाँ जरूर।" सागर कोई रास्ता ढूँढ़नेकेलिए १६२६की गर्मियो में पाराचनार (फ्रांटियर) गये। कोहाट-पेशावरके बीचके रास्ते पर कुम्हारोंको रायफल गलेमे डाले गदहोंके साथ जाते देखा, तो उनके ऊपर बड़ा प्रभाव पड़ा। कोहाटसे ६० मील गये। पाराचनारके पास कबीलेवालोंसे लड़ाई हो रही थी। पुलिसने सागरको गिरफ्तार कर लिया। सागर घबराये। उनके पास काबुलकेलिये चिट्ठियाँ थी। कुछ बीमारसे थे ही। पुलिससे कहा—"जल्दी पाखानेका इन्तिजाम करो"। सफाई देनेकेलिये झोला और दूसरा सामान वहीं रख दिया और पानी लेकर थोड़ी आड़मे चले गये। फिर चिट्ठियोंको वहीं चबाचबाकर जमीनमे ही नही गाड़ दिया, बल्कि उनके साथ वर्षोंकी अपनी आशा को भी दबा दिया। पुलिसने तलाशी ली। सागरने एक एक चीजको दिखला दिया। कागजोंमे छुट्टीकी मंजूरीकी भी एक चिट्ठी थी। पुलिसने छोड़ दिया, लेकिन सी० आई० डी० को पीछे कर दिया। पाराचनारके एक होटलमे दो-तीन सप्ताह रहे। फिर पेशावर होते करांची चले आये।

अभी भी मालूम देता है, पुराने ख्यालात दिमागसे निकले नहीं। सागरने देखा, कि शिया लोगोंको तीर्थयात्राकेलिये आसानीसे पासपोर्ट मिल जाता है। बुखारीने सोशलिस्ट बना ही दिया था, इसलिये सागरकेलिये शिया-सुन्नी बराबर थे। अब वह कराचीके शियोंमें जाने आने लगे। उनके भोलेभाले सुन्दर गौर भव्य चेहरे, उनकी शायरी और मीठी-मीठी बातोंसे कदर क्यों न बढ़ती? सागरने ज़ियारत

(तीर्थयात्रा) केलिये पासपोर्टकी दरख्वास्त दी। उन्ही दिनों ईरानमें किसी जगह ब्रिटिश कौंसलके ऊपर बम फेंका गया था, इसलिये पासपोर्ट देनेमें काफी कडाई थी। मजिस्ट्रेटने कहा, कि किसी सभ्रात शियाका सिफारिशी पत्र लाओ। पत्र भी ले आये। पासपोर्ट भी हाथमे आ गया। मगर इसी समय सी० आई० डी०-ने पहुँचकर कहा, हम तुम्हें जानते हैं, जाओ नही तो गिरफ्तार कर लिये जाओगे।

अब सागर चारों ओरसे निराश थे। और कुछ कुछ बुखारीकी बातें भी समझमे आने लगी थी, उन्होंने नौजवान भारत सभा कायम की। अध्यापकोंके संगठनको मजबूत करना शुरू किया। करॉची मे अध्यापकोंकी तनखाह बहुत कम थी। तनखाह बढवानेकेलिये उन्होंने एक नई तरहकी हड़ताल शुरू की। ५०० स्कूलोंके सारे अध्यापक तीन महीने तक तनखाह लेनेसे इन्कार करते रहे, साथ ही वह रोज़ पढ़ाने जाया करते थे। कार्पोरेशनने पाच रुपया तनखाह बढ़ाना मंजूर किया। बुखारीने कलकत्ता काग्रेससे लौटकर स्वतंत्रता लीग (इन्डिपेन्डेन्स लीग)की शाखा कराचीमें खोली। सागर भी उसके साथ थे।

१९३०में नमक-सत्याग्रह आया। दो-तीन मासकी छुट्टी बाकी थी। सागर अब सत्याग्रही स्वयंसेवक बन गये, और उनका नाम नारायणदास बेचरके पहले जत्थेमें था। अप्रैलमे ४२ हजार लोगोंकी भीड़ जमा थी। समुद्रसे पानी लाकर वहाँ नमक बनाया गया और खूब व्याख्यान हुए। समझ रहे थे, कि सरकार मेहरबानी करके उन्हें जेल पहुँचा देगी, लेकिन सरकार चुप रही। क्या करते? सत्याग्रही लोग जेल ढूंढनेकेलिए सिन्धमें बिखर गये। सागरको सक्खरमें जाकर सत्याग्रह सगठनका काम दिया गया। तीन मास तक रहे, लेकिन गिरफ़ारी नहीं हुई। फिर वह करॉची आ गये। अब वह सारे सिन्धके सत्याग्रह-केम्पके सुपरिन्टेन्डेन्ट थे। मुसलमान होकर भी मॉस नहीं खाते थे, सच बोलते थे, फिर बनिये क्यों न खुश होते? आखिरमें सागरकी आशा सफल हुई—पकड़े गये. मुकदमा चला। छै महीनेकी

सजा और जुर्मानेमें चार महीनेकी और, सी० क्लासके कैदी बनाकर जेलमें भेज दिये गये। जेलमें राशनमें मिलनेवाले भोजनके सिवाय और कुछ नहीं खाते थे।

८ मार्च १९३० को सागर जेलसे छूटे। नौजवान भारत सभाके सभापति थे और करॉची कांग्रेसके प्रतिनिधि भी। उस समय कांग्रेसके समय अखिल भारतीय नौजवान भारत कान्फ्रेन्स होने जा रही थी। सागर जेनरल-सेक्रेटरी थे। गाँधी-इरविन समझौतेके बाद भी भगतसिंहको फाँसी हुई; नौजवान बहुत उत्तेजित थे। उन्होंने करॉची में गाँधीजीके स्वागतसे अपना विरोध प्रगट करते हुए, उन्हे काले फूल दिये। गाँधीजीने नौजवान भारतके प्रतिनिधियोंको बुलाया, जिनमें एक सागर भी थे। सफाई देते हुए गाँधीजीने कहा—"मैंने भगतसिंह और उनके साथियोंको बचानेकी आखिरी कोशिश की।" प्रतिनिधि सन्तुष्ट नहीं हुए। गाँधीजीने कहा—"अच्छा जिन्दगी भर मैं इन फूलों को अपने पास रखूंगा।" लौटानेकेलिए कितना ही कहा गया, मगर नौजवानोंने काले फूल नही वापिस लिये।

अब सागर नौ० भा० सभाके काममें गर्क थे। जब वह अपने स्कूल के चार्ज लेने गये, तो उनके सामने कांग्रेसी मालिकोंकी ओरसे शर्त पेश की गई—तुम नौजवान सभामें काम न करो तो नौकरी मिलेगी। गिडवानीने भी जोर देकर कहा—"तुम नौजवान भारत सभामे भाग लेते हों, इस्तीफा दे दो।" सागरने कहा—"मैं इस्तीफा नहीं देता, तुम डिसमिस कर दो।" गिडवानीने डिसमिस कर दिया। पुलिस डर रही थी गाँधी-इरविन समझौतेसे, लेकिन कांग्रेसके महन्थोंने उसका रास्ता साफ कर दिया। मकान पर आतेही सागरको गिरिफ्तार (२३ अगस्त) कर लिया गया। महात्मा जी गोल मेज़के लिये जा रहे थे। तारसे उनके पास इसकी खबर दी गई। उन्होंने जवाब दिया, कि सरदार पटेल इसे देखेंगे। सरदार पटेलने भी पीछे अपनी मुहर लगा दी। सागर पर राजद्रोह (दफा १२४ ए०) का मुकदमा चला और एक सालकी

सजा हुई। अबकी उन्हें बी० क्लासमें रखा गया और मास भर बाद यरवाड़ा भेज दिया गया। पीछे बिलायतसे लौट कर महात्मा जी भी उसी वार्डमें पहुँचा दिये गये।

येरवाडा जेलमें—सरदार पटेल, महात्मा गाँधी, महादेव भाई देसाई आदि बड़े-बड़े कांग्रेसी नेताओंके सत्संगका सागरको मौका मिला। पटेल साहब कहते—"हम तो एक सप्ताहमें चले जायेंगे। आन्दोलन बहुत विकट रूप धारण कर रहा है।" सागरको सर्दार पर आश्चर्य होता था। सागरकी आँखोंसे परदा हटता जा रहा था, गाँधीवाद उन्हें बिलकुल खोखला मालूम होने लगा। महादेव भाईने कई बार कहा, कि बापूजीके पास लिखकर विचार-विनिमय कर डालो, लेकिन सागर तैय्यार नहीं हुये। एक गोवानी ईसाई कैदी गाधीजीके नामसे बहुत प्रभावित था। वह दूरसे ही गाँधीजीको हाथ जोड लिया करता था। एक बार नज़दीक पाकर उसने गाँधीजीके पैर छू लिये। रिपोर्ट कर दी गई। बेचारा मुश्किलसे सजासे बँचा। जेलके लड़के-कैदियोंको सुपरिन्टेन्डेन्टने गन्दी गाली दी थी। उन्होंने समझा, कि गांधीजीके पास खबर भेजनेसे वह समझा देंगे और उन्होंने एक चिट्ठी महात्माजीके पास भेज दी। सत्यभक्त महात्माने उसे सुपरिन्टेन्डेन्टके पास भेज दिया, यह कुछ भी ख्याल नहीं किया कि लड़कों पर क्या बीतेगी। सागरके ऊपर इसका बुरा प्रभाव पड़ा। सागर सोचते थे, यदि महात्मा सी० क्लासमें रहते और उसकी सारी तकलीफें और अपमान सरपर पड़ते, तो मालूम होता; यहाँ तो जेलमें भी महात्माका दरबार लगता है, जिसमें आई० सी० एस्० से ऊपरका ही आदमी सामने कुर्सीपर बैठ सकता है।

नये भारतके नये नेता—अगस्त १९३२में जेलसे छूट कर सागर कराची पहुँचे। बुखारी अब करोंचीमें नहीं था। सागर बटाला गये, मालूम हुआ हाजी साहब उनके जेलमें रहते समय ही मर गये। पुलिसको भनक लग गई। पंजाबकी पुलिस क्यों बाज आने लगी। १०९ (आवारागर्दी)में दो महीनेकेलिए हवालातमें डाल रखा, आखिरमें

छुट्टी मिली। फिर करॉची आये, १५ दिन म्युनिस्पल-आफिसमें क्लर्कका काम करके इस्तीफा दे दिया। उसी समय "मजदूर" (उर्दू) नामसे एक साप्ताहिक पत्र निकाला—अखबारकी भलाईके ख्यालसे नाम दूसरे का रहता था। पहले पर्चेमें तो सागरकी कलम खूब चली ही थी, दूसरे पर्चेके बारेमें लिख दिया गया, कि वह "मेरठ-नम्बर" होगा। पुलिसने सागरको गिरफ़्तार किया और २४ घण्टेके अन्दर सिन्ध छोड़ देनेका हुक्म दिया।

ईदके एक दिन पहले सागर करॉचीसे चले।

पंजाबमें—जनवरी १९३३से सागर पंजाबमें काम करने लगे। अभी काम ज्यादातर नौजवान भारतका था। हाजीसाहब मर गये थे और मरनेसे चन्द दिन पहिले अपनी बड़ी बीबीको तलाक भी दे गये थे, लेकिन छोटी बीबी जमीला और बची-खुची जायदादका देखनेवाला सागरके सिवाय कोई न था। सागरने (२३ अगस्त १९३३)को जमीला से शादी कर ली। अब पंजाब उनका कार्यक्षेत्र था। सागरके पिताने कहा था कि लावल्दकी सम्पत्ति नहीं लेनी चाहिये। लेकिन सागरको सम्पत्तिका ख्याल थोड़े ही था, वह सम्पत्ति तो जमीलाकी है। जमीला सागरके कामको समझ नहीं पाती। लेकिन वर्षों जेलोंमें रहते सागरकेलिए उसने जो गर्म आँसू बहाये हैं, उन्होने सागरके कामको समझाया जरूर है। १९३४से ४० तक सागर पंजाबके सोशलिस्ट आन्दोलनके जबर्दस्त स्तम्भ रहे हैं। दो-तीन बार उन्हें गिरफ़्तार होना पड़ा। १९३४के मई-दिवसकेलिए तीन मासकी सजा हुई, जो अपील पर डेढ़ महीनेकी रह गई। १९३५में फिर दो मासकेलिए जेल गये। रामगढ़ कांग्रेस (मार्च १९४०)में वह आल इण्डिया कांग्रेसके मेम्बर के तौर पर गये थे। ११ सितम्बर १९४०में गिरिफ़्तार कर उन्हें नज़रबन्द कर दिया गया और कितने ही जेलोंमें घूमते १८ अक्टूबर १९४० से २१ जनवरी १९४३ तक वह देवली केम्पमें रहे। देवलीमें मार्क्सवाद को पढ़ने ही नहीं बल्कि मार्क्सवादके संगठनको मज़बूत करनेमें सागरने

खूब काम किया। भूख हड़तालमे जिस वक्त लोगोंके मुँह सूखते जा रहे थे, उस समय भी सागरकी मुस्कुराहट वैसी ही बनी रहती थी। हमारे कवि-सम्मेलनों और मुशायरोंमे उनकी कवितायें बहुत पसन्द की जाती थीं और हमारी नाट्यशालाके तो वह प्राण थे।—जब किसी संन्यासीका वेष धरके वह रंगमञ्च पर आते, तो सचमुच ही उनका चेहरा और खिल जाता। २६ जुलाई १९४२को सरकारने सागरको नजर-बन्दीसे मुक्त किया, लेकिन चार महीना भी बाहर नही रहने पाये कि १८ नम्बरको फिर गिरिफ्तार कर डेढ सालकी सजा दे दी गई।

३८

"शेर-काश्मीर" शेख अब्दुल्ला

हिन्दुस्तानके ⅖ भाग पर राजाओं और नवाबोंका शासन है। कहने को तो वह स्वदेशी शासन कहा जाता है, लेकिन रियासती प्रजाके हाथ-पैर जितने बँधे हुए हैं, उतने ब्रिटिश भारतकी जनताके भी नहीं हैं। ब्रिटिश भारतमें बहुत पहलेसे भाषण-मंच और अखबारमें कुछ बोलने-लिखनेकी आजादी है; यद्यपि नौकरशाहीने इसे कभी नहीं पसन्द किया और जब कभी उसे मौका मिलता है, तो भाषण और प्रेस

१९०५ दिसम्बर ५ जन्म, १९०९ शिक्षारम्भ, १९११-१३ प्राइमरी स्कूलमें, १९१३-१७ गवर्नमेंट प्राइमरी स्कूलमें, १९१६ अध्यापकसे लड़े, १९१७ अन्यायका विरोध, १९१७-२२ गवर्नमेंट हाईस्कूल (श्रीनगर)में, १९२२ मेट्रिक पास, १९२२-२४ श्री प्रताप कॉलेजमें, १९२४-२८ इस्लामिया कॉलेजमें, १९२४ राजनीतिकी भनक, १९२८ बी० एस्सी० पास, १९२८-३० अलीगढ युनिवर्सिटी, १९३० एम्० एस्सी० पास, १९३० राजनीतिक क्षेत्रमें पग, 'कश्मीरी मुसलमान' निकाला, "मजलूम-काश्मीर" निकाला, पहिला राजनीतिक व्याख्यान; १९३१ साइंस मास्टरी, राजनीतिक संघर्षमें, १९३१ जुलाई १३ नौकरी छोडी, गोली चली; जुलाई १४ गिरफ्तार, २१ दिन बाद छूटे; सितम्बर २५ गिरिफ्तार आठ दिन, १९३२ जनवरी २४ जेलमें छै मास, १९३२ अक्तूबर १५-१६ प्रथम मुस्लिम कान्फ्रेंसके सभापति "शेर काश्मीर", १९३३ मई जेलमें डेढ मास; १९३३ दिसम्बर १५-१७ द्वितीय मुस्लिम कान्फ्रेन्सके सभापति, १९३३-३४ जम्मूके हिन्दू गरीबोंमें, १९३४ शादी, १९३८ अगस्त २९ जेलमें छै मास, १९३९ अगस्त ८ मुस्लिम कान्फ्रेंससे नेशनल कान्फ्रेंस, १९४३ अप्रेल नेशनल-कान्फ्रेंसके सभापति।

पर पूरे ज़ोरसे प्रहार करनेसे बाज नहीं आती। लेकिन, विलायतसे लोग हल्ला करने लगेंगे, इस ख्यालसे उसे दबना पड़ता है। आज १९४३में, जब कि जनतंत्रताकी रक्षाकेलिए इतना घोर संग्राम चल रहा है, और अपने प्रभुओंकी हुआँ-हुआँ में कितनेही राजा लोग भी जनतंत्रताकी दोहाई देनेमें पीछे नहीं रहना चाहते। लेकिन आज भी हिन्दुस्तानके इन ५७५ मुकुट धारियोंमें अधिकांशके शासनमें प्रजाको अपने राजनीतिक विचार प्रगट करनेकी कुछ भी आज़ादी नही है। वहाँ जरा भी स्वतंत्र विचार प्रगट करने पर आदमीको जेल और जायदाद जप्तीकी सजा मामूलीसी बात है। कितनेही राजा तो प्रजाके धन और इज्जतसे खिलवाड़ करनेके लिए अपनेको बिलकुल स्वतन्त्र समझते हैं; और दिन-दोपहर रेज़ीडेन्ट टुकटुक देखता और शायद मुस्कुराता भी रहता है। रियासतोंमें न-सत्ता स्थापित करनेमें राजा तो बाधक हैं ही, लेकिन अँग्रेजी सरकारका प्रतिनिधि तो मालूम होता है, खास इसी बाधाकेलिए नियुक्त किया गया हो। यदि किसी राजाने जराभी उदारता दिखलाई, कि उसे गद्दी छोड़ने या विदेशोंकी सैरके बहाने राज्यसे निर्वासित होनेकेलिए बाध्य किया जाता है। ऐसे स्थानोंमें किसी तरहका जन-आन्दोलन करना कितना मुश्किल है, यह आसानीसे समझा जा सकता है। और जहाँ हिन्दू-मुस्लिम प्रश्नको बीचमें डाल कर समस्याको विकट बनानेका मौका है, वहाँ तो और मुश्किल है। कश्मीर और हैदराबाद इसी तरहकी रियासतें हैं; जहाँके शासक और अधिकांश रियासती अफ़सर एक धर्मके मानने वाले हैं, और प्रजाका अधिकाश दूसरे धर्मका। प्रजाकी ओरसे कोई भी राजनीतिक प्रश्न उठाने पर झट हिन्दू-मुस्लिम सवाल ही नहीं उठा दिया जाता, बल्कि हिन्दू-मुस्लिम झगड़ा खूनी शकलमें पैदा कर दिया जाता है। यहाँ हम एक ऐसे पुरुषसिंहका जीवन दे रहे हैं, जिसने इन सारी कठिनाइयोंके रहते भी अपने देशवासियोंको अपनी राजनीतिक लड़ाईकेलिए तैयार किया। गोलियाँ वर्षाकी बूँदोंकी तरह बरसीं और निहत्थी-दबी प्रजाके खूनसे धरती लाल हो गई, मगर उसने हिम्मत नहीं

हारी। उसके योग्य नेताने अपने तजरबेसे सीखा, और अपने संघर्षको साम्प्रदायिक झगड़ोंसे ऊपर उठाया। जनतामें उसने ऐसी रूह फूँकी और ऐसा रास्ता बतलाया कि रियासती सरकार तथा उसके 'प्रभुओंके सारे हथकंडे बेकार साबित हुए और उसे बहुत-सी बातोंमें दबाना पड़ा। अंतिम मंजिल बहुत दूर है, मगर जनता और उसके नेता सारी यात्राको तै करनेकेलिए अपने पैरोंको मज़बूत कर चुके हैं।

कश्मीर राज्य—कश्मीर-राज्य क्षेत्रफलके विचारसे भारतकी सबसे बड़ी रिसायत है। हैदराबादके ८२६६८ वर्गमील, मैसूरके २९४५६ वर्गमीलके मुकाबिले कश्मीरका क्षेत्रफल है ८४४७१ वर्गमील। यही एक रियासत है, जिसकी सीमाएँ बाहरी देशों—तिब्बत, चीनी-तुर्किस्तान, अफ़गानिस्तान और रूसी-तुर्किस्तानसे मिलती हैं। इसकी जनसंख्या ४० लाख (१९४१) से ऊपर हैं, जो धर्मके लिहाजसे इस प्रकार बँटी हुई है—

मुसलमान	...	...	३१०१२४७
हिन्दू	..	...	८०९१६५
सिक्ख	...	...	६५९०३
बौद्ध	...	...	४०६९६
दूसरे	...	...	४६०५
			४०२१६१६

कश्मीरका इतिहास एक भव्य इतिहास है। उसने अभिनवगुप्त (९वीं सदी), शंकरानन्द (नवीं सदी), जयन्तभट्ट (नवीं सदी), नाडपाद (११वीं सदी) जैसे प्रकाण्ड दार्शनिक और तार्किक पैदा किये। हरिषेण, मम्मट, सोमदेव और क्षेमेन्द्र जैसे कवि इसीके रत्न थे। कल्हण जैसे ऐतहासिकको पैदा करनेका गर्व इसीको है। इसके वीरोंने कान्यकुब्ज (९वीं सदी)को अपने चरणोंमें झुकनेकेलिए मजबूर किया। इतिहासके आरम्भसे १३१५ ईस्वी तक वह एक शक्तिशाली स्वतंत्रदेश रहा। फिर पठान आये, लेकिन उन्होंने इसे अपना देश बना लिया। मुग़लोंने इसे अपनी गुलामीकी बेड़ियोंसे बाँधा।

फिर १८१६में रणजीतसिंहने कश्मीरमें अपनी शासन-ध्वजा गाड़ी। १८४६में अँग्रेजी कम्पनीने ७५ लाख रुपयेमें कश्मीरको गुलाबसिंहके हाथमें बेच दिया और उसके साथही कश्मीरकी प्रजा भी बेंच दी गई। तबसे कश्मीरियोंकी हालत दिन पर दिन बिगड़ती गई। उसका आर्थिक दोहन इतने भीषण रूपमें होता रहा, कि कश्मीरकी स्वर्गोपम भूमि भारतके सबसे गरीब लोगोंकी बस्ती बन गई। धन-दोहन किस तरह होता रहा, यह इसीसे मालूम होगा, कि १६४३-४४के आय-व्ययके लेखेमें जहाँ आमदनी ३३७०६००० थी और खर्च ३३६१८०००; उसमें १६ सैकड़ा राजाके वैयक्तिक खर्चमें और १६ सैकड़ा राजसेनामें लगा। शिक्षा पर ३॥ सैकड़ा और चिकित्सा पर तो सौके खर्च पर १० आना मुश्किलसे। १६४२-४३के खर्चमें राजाके अपने खर्चकेलिए ४१८६००० लगा था।* राजकी आमदनीका ज्यादा खर्च सरकारी अफसरों पर होता है, जिनमें सभी बड़े-बड़े अफसर रियासतके बाहरके होते हैं और कुछ साल पहिले तो छोटोंकी संख्यामें भी बाहरी लोगोंकी ही भरमार थी, अब भी नौकरियाँ प्रजाके बहुसंख्यक सम्प्रदायमें बहुत कमको मिलती हैं।

सदियोंसे मुर्दा पड़ी प्रजाको उठानेवाला कश्मीरका सपूत शेख मुहम्मद अब्दुल्ला है, जिसे संघर्षके पहले ही वर्षोंमें किसी गुमनाम कण्ठ ने "शेर-कश्मीर" की पदवी दे डाली, और आज उसे कश्मीरी जनता शेख अब्दुल्लाकी जगह "शेर-कश्मीर"के नामसे ज्यादा जानती है।

जन्म—आज श्रीनगर कश्मीरकी राजधानी है। किसी मुसलमानी शासकने नौशहराको अपनी राजधानी बनाया था। सौरा नौशहराके पास हजार घरोंका एक बड़ा-सा गाँव है। श्रीनगरसे ६ मील होनेपर भी अब वह श्रीनगर म्युनिसपल्टीके अन्दर है। पश्चिमकी ओर आँचार

* हाथ-खर्च १५८४०००, राजपरिवार ३९००००, राजाकी जागीर ८५०००० और राजाका निजी विभाग १३२२०००।

और पूर्वमें डल, इन दोनों झीलोंके बीच सौराकी बस्ती है। किसी समय सौराके दुशाले सारी दुनियाँमें जाते थे, लेकिन विदेशी और नकली सस्ते शालोंने इस रोजगारको बहुत नुकसान पहुँचाया। सौराके पास इतने खेत नहीं हैं, कि लोग खेती पर गुजारा करते। सौरा-निवासी अब ज्यादातर मजदूरीपर गुजारा करते हैं। १५वीं सदीमें जब जैनुल् आबदीनने जब नौशहराको अपनी राजधानी बनाया था, उस समय सौराकी हालत बहुत अच्छी रही होगी, इसमें सन्देह नहीं। सौरामें डर (दर), बट (भट्ट) और शेख लोग बसते हैं, जो प्रायः सभी १४वीं सदीके बाद मुसलमान हुए। यहीं शेख मुहम्मद इब्राहीम (मृत्यु १९०५) रहते थे, जिनके मरनेके चन्द ही महीनों बाद ५ दिसम्बर १९०५को एक पुत्र पैदा हुआ, जिसका नाम मुहम्मद अब्दुल्ला रखा गया। अब्दुल्ला ६ भाई थे, जिनमें तीन सौतेली माँके लड़के थे। घरकी रोजी शालके कामसे चलती थी।

बाल्य—अब्दुल्लाकी सबसे पुरानी स्मृति तीन-चार सालकी उम्रको है, जब कि उसपर चेचकका प्रहार हुआ था। बचपन ही से अब्दुल्लाका स्वास्थ्य अच्छा रहा। उसे खेल-कूदका बहुत शौक था। लटकीजलुट (गुल्लीडंडा), गोरमाज्-गोर (आँखमिचौनी) उसे बहुत पसन्द थे। आज शेख अब्दुल्ला ६ फीट ३ इंचके हट्टे-कट्टे जवान हैं, बालक अब्दुल्ला भी अपनी उम्रके लड़कोंमें छोटा-मोटा देव-सा मालूम होता होगा। आजकी ४० लाखकी कश्मीरी जनताका नेता उस समय अपने गाँवके बच्चोंका नेता था। शायद उन्हींमें उसने नेतृत्वके क-खको सीखा। बचपनमें ही अब्दुल्ला बहुत निडर था। उसे किस्से-कहानियोंके सुननेका बहुत शौक था, जिनमें जिन्नों और भूतोंकी बातें बहुत होती थीं, मगर वह भूतोंसे डरता नहीं था।

शिक्षा—अब्दुल्ला चार-पाँच सालका था, तभी (१९०९-१०में) उसे मुल्लाके पास कायदा और कुरान पढ़नेकेलिए बैठा दिया गया। दो साल पढ़नेके बाद इस्लामियाँ हाईस्कूलकी नोशहरावाली शाखामें

दाखिल हो गया। यद्यपि बड़े भाई स्वयं निरक्षर थे, माँ भी रोजा-नमाज की पाबन्दी रखते हुए बिलकुल अनपढ़ थीं, तो भी घरवालोंने अब्दुल्ला-को पढ़ाना अच्छा समझा। बचपनमें इसी समय अब्दुल्लाके सामने एक घटना घटी, जिसकी छाप उसके दिल पर हमेशाकेलिए पड़ गई। एक घरमें बूढ़े माँ-बाप और दो बहनें थीं, उनका सहारा था एक १६-१७ सालका लड़का, आगकी तरह खूब गोरा कश्मीरी सुन्दर नवयुवक। लड़का आठ आनेकी मजूरी करता था। परिवारके अलावा कर्जका भी बोझ था और साहूकार रोज आकर गालियाँ देता। नवयुवक मजूरीसे कुछ बचानेकी कोशिश करता, जिसमें कि उन गालियोंसे बँच सके। बहुत घटिया तरहका चावल और उसमें भी ज्यादा भीतरी लाल भूसीको मिलाकर पतला करके पकाया जाता। उसीके सहारे सारा परिवार जीता था। तरुण एक दिन बीमार हो गया और कुछ ही दिनोंमें चल बसा। घरवाले छाती पीट रहे थे, कमाऊ पुत्रकी ओर देखकर ही नहीं, बल्कि सामने खड़ी विकराल भूख और मृत्युसे भय-भीत होकर। बालक अब्दुल्लाने सोचा—हम खा-पी रहे हैं, लेकिन हमारा पड़ोसी !!

अब्दुल्लाने प्राइमरी स्कूलमें दो दर्जे पास किये। बड़े भाईने समझा, इतना बहुत है, फिर सुई थमाकर उसे दुशालेके काममें लगा दिया। मझला भाई कुछ अरबी-फारसी पढ़ा था, उसने आठ नौ वर्षके बच्चेको काममें जोत देना पसन्द नहीं किया। अब्दुल्लाको फिर नौ-शहरा प्राइमरी स्कूलमें भेज दिया गया और दो सालोंमें उसने तीन दर्जे—तीसरे, चौथे, पाँचवें - पास किये। पढ़नेमें उसका मन लगता था। उर्दू, अंग्रेजी, हिसाब सबमें उसकी दिलचस्पी थी। प्राइवेट स्कूल था, पढ़ाई लिखाई ठीकसे नहीं चलती थी। दूसरे स्कूलमें जाना चाहा, तो अध्यापक सार्टीफिकेट नहीं देता था। इस पर अब्दुल्लाने लड-झगड इन्स्पेक्टर तक पहुँचकर सार्टीफिकेट लेकर ही छोडा और विचारनागके सरकारी प्राइमरी स्कूलसे पाँचवें दर्जेको पास किया।

हाईस्कूलमें—सौरासे गवर्नमेंट हाईस्कूल (फतेकदल, बाग-दिलावरखाँ) पाँच मील पड़ता है, और कोई स्कूल नजदीक था नहीं, इसलिए अब्दुल्लाने वहीं ६वें दर्जेमें अपना नाम लिखवाया। रोज सवेरे पाँच मील जाना और शामको पाँच मील आना पड़ता था, इसलिए घर पर कुछ पढ़ना सम्भव ही नही था, साथ ही स्कूलका स्वस्थ लड़का होनेसे रस्सा और क्रिकेटकेलिए भी कुछ समय देना पड़ता था। १६२२में १७ सालकी उम्रमें अब्दुल्लाने मेट्रिक दूसरे दर्जेमें पास किया।

कालेजमें—अब्दुल्लाको डॉक्टर बननेका ख्याल हुआ। वह साइंस लेकर श्रीप्रताप कालेजमें दाखिल हो गया। अब उसे नित्य १२ मील जाना-आना पड़ता। पढ़ने और रसायनशालाके कामके बाद रोज-रोजकी इतनी मंजिल मारना, अब्दुल्लाके फौलादी शरीर पर असर करने लगा। उसका कलेजा कमज़ोर हो गया और अन्तमें अस्पतालकी खाट पर लेटनेकी नौबत आई। १६२४में यूनिवर्सिटीकी परीक्षामें बैठा, लेकिन रसायनमें फेल हो गया। यदि वह बी० एससी०में दाखिल हो जाता, तो अनुत्तीर्ण एक विषयकी परीक्षा देकर आगेकी पढ़ाई जारी रखनेका मौका था, और यदि मेडिकल कालेजमें तुरन्त दाखिल होना चाहता, तो एफ० एससी०की परीक्षा पूरी करने ही में वह साल चला जाता—अब्दुल्लाने एक साल और लगाकर बी० एस-सी० भी हो लेनेका निश्चय किया और वह इस्लामियाँ कालेज (लाहौर) मे चला गया। रसायन और भौतिक-शास्त्र पाठ्य-विषय थे। शेख अब्दुल्लाको कुछ बाहरी बातोंका भी शौक हो चला, यद्यपि राजनीतिकी ओर अभी उसका ध्यान नहीं गया था। लेकिन, अब वह काश्मीरकी रियासतसे बाहर था, और रियासती प्रजाकी अवस्थासे यहाँकी तुलना करता रहता था। १६२४में कुछ कश्मीरी मुसलमानोंने अपनी सरकारके पास अपने दुःखोंका रोना रोते हुए एक बिलकुल नरम-सा मेमोरियल भेजा। शासकोंने इसे भारी गुस्ताखी समझी और उन्हें रियासतसे निकाल दिया। इन लोगोंने बातचीत करते समय शेख अब्दुल्लासे

शिकायत की—"देखो हमने लोगोंकी भलाईकेलिए यह काम किया। आज हम वतनसे बाहर मारे-मारे फिरते हैं, लेकिन लोग इतने तोता-चश्म निकले, कि हमें याद तक नहीं करते।" शेखको उस समय भी इतनी व्यवहार-बुद्धि थी कि उन्होंने उत्तरमे कहा—"आपने गलती की। आप लोगोंकेलिए क्या करना चाहते हैं, इसे पहले लोगोंके कानोंमें पहुँचाना चाहिये था। फिर लोग भी आपके साथ होते। तब यह हालत न होती।" उन्होंने शेखसे कहा—'बात बनाना आसान है।" शेखने कहा—"अच्छा ठहरिये, कामसे देखियेगा।" कामसे देखियेगा कहनेवाले शेख अब्दुल्लाने हलके दिलसे सोचकर यह बात मुँहसे नहीं निकाली थी, वह इसकेलिए तैयारी भी कर रहे थे। बी० एस्सी०में फिर फेल हुए और १६२८मे जाकर उसे पास किया।

पढ़नेके अलावा कुछ दूसरे भी आकर्षण थे, जो शेख अब्दुल्लाको अलीगढ़ ले गये। वहाँ वह एम्० एस्सी०में रसायन पढ़ने लगे। हिन्दू-मुस्लिम झगड़ों पर मत्था-पच्ची करते हुए अब्दुल्ला नमक-सत्याग्रह के युगमें पहुँचे। वह देशकी उथल-पुथलको अपनी आँखोंसे देख रहे थे, और देख रहे थे, किस तरह ब्रिटिश नौकरशाही सारी ताकतको लगा करके भी जन-आन्दोलनको दबानेमें सफल नहीं हुई। १६३०में एम्० एस्सी० पास करते समय उनके दिमागमें ये ख्याल थे, जिन्हें लेकर वह अपने वतनको लौटे।

राजनीतिक क्षेत्रमें—मेट्रिकके बाद ही उनका कदम बहक गया था। यद्यपि दो ही साल बाद डॉक्टर बननेकी आशा जाती रही, लेकिन वह उसी रास्ते पर चलते रहे। तो भी उनका लक्ष्य तो बन चुका था, राजनीतिक कार्य—या इतने बड़े शब्दको न इस्तेमाल कीजिये तो, अपने भाइयोंकी सेवा। अब्दुल्लाको भूखका कड़वा अनुभव स्वयं करनेका नहीं मिला था, लेकिन अपने आसपासकी भीषण गरीबीका बचपन हीसे उन पर गहरा असर पड़ा था। वह अपनी माँ (मृत्यु १६२३)से

कभी-कभी सवाल करते—"इतनी गरीबी क्यों ?" सीधी-सादी माँ जवाब देती—"अल्लामियाँने ऐसा ही बनाया है।" बालक अब्दुल्लाकी समझमें नहीं आता था कि एक ही अल्ला अपने बच्चोंमेंसे एकको गरीब और एकको अमीर क्यों बनाता है। और सवाल करने पर माँ हँसकर कहती—"तू बड़ा शैतान है।" बचपनसे ही अब्दुल्ला किसीके ऊपर होते अन्यायको बरदाश्त नही कर सकते थे और निडर तो एक नम्बरके थे। पाँचवे दर्जेमें जब उन्हे मास्टर सार्टीफिकेट नही देते थे, तो वह सीधे स्कूलोंके इन्स्पेक्टरके पास पहुँच गये थे। जब वह ६वं दर्जेमें पढते थे, तबकी एक घटना है—कुछ लकड़हारे जगलसे लकड़ी काटकर शहरमें बेचनेकेलिए अपने घोड़ों पर ला रहे थे। चुँगी अफसर दो तीन बड़ी बड़ी लकड़ियाँ माँग रहा था। गरीब लकड़हारा कह रहा था—'इन्हींकी बदौलत तो मुझे दाम मिलेगा। इन्हे मत लो।" अफसर गुस्सा हो उसे पीटने लगा। अब्दुल्लाको यह अन्याय बहुत बुरा लगा। उसने पडितको पकड़ लिया और खूब जली-कटी सुनानी शुरू की। वहाँ खासी भीड़ लग गई। बालक अब्दुल्ला समझने लगा—वह सरकार बहुत बुरी होगी, जिसके राज्यमे गरीब पर ऐसा जुल्म हो सकता है। लाहौरमें भी शेख अब्दुल्ला गरीब कश्मीरियोंको चार पैसेकेलिए लकड़ी फाड़ते और दूसरे ज़लील काम करते देखते थे। लाहौरी जब "हतो" "हतो" कह कश्मीरी मजदूरोका मज़ाक उड़ाते, तो अब्दुल्लाके कलेजेमें सुई-सी चुभने लगती; वह इसे जातीय अपमान समझते। अब्दुल्लाको शिक्षित समाज और पुस्तकोंसे राजनीतिक शिक्षा प्राप्त करनेका मौका नहीं मिला। उन्होंने व्यावहारिक जीवनसे राजनीतिक शिक्षा पाई, और व्यवहारसे ही कदम-कदम पर राजनीतिक प्रगतिमे उन्हे सहायता मिली। धर्मभाई होनेके नाते पजाबके मुसलमान कश्मीरकी राजनीतिमें कुछ दिलचस्पी लेते थे। सर शफी और दूसरे पजाबी नेता जब महाराजा प्रतापसिंहसे सरकारी नौकरियोंमे मुसलमानोंकी उपेक्षा होनेकी शिकायत करते, तो जवाब मिलता—"मुसल्मान तो पढ़ते ही

नहीं।" अब पढ़े-लिखे मुसल्मान नौजवान जब विश्वविद्यालयोंसे निकलने लगे, तो सिविल-सर्विस रंगरूटी बोर्डका ढोंग रचा गया, और बोर्डकी परीक्षामें पहले, दूसरे, तीसरे होनेकी शर्त पेश की गई। साथ ही यह भी, कि उम्मीदवारकी उम्र २२ सालसे अधिक भी नहीं होनी चाहिए। पढ़े विषयमें अरबी फारसीको नहीं स्वीकार किया गया। यह सारी चाल सिर्फ इसलिए चली जाती थी, कि कश्मीरी मुसलमान नौकरियोंमें ज्यादा न आने पायें। शेख अब्दुल्लाने देखा कि यह ऐसा अन्याय है, जिसके विरुद्ध काश्मीरके सभी मुसलमानोंको एकताबद्ध किया जा सकता है। वह नवशिक्षितों और दूसरे लोगोंसे मिले, उनसे बातचीत की। उन्होंने सुझाव पेश किया, कि सरकारके पास एक मेमोरियल पेश किया जाय। छै साल पहले मेमोरियल पेश करनेवालोंकी क्या गति हुई वह तजर्बा लोगोंके सामने था। लोग बहुत डर रहे थे और हस्ताक्षर देनेकेलिए कोई राजी नहीं था, लेकिन अब कश्मीरकी प्रजाकी बेबसी बाहरकी दुनियाँ तक पहुँच चुकी थी। कश्मीरमें मन्त्री रह चुके सर अलबयन बनर्जीने (मार्च १९२९में) अपने वक्तव्यमें कहा था—"कश्मीर रियासतकी अवस्था बड़ी शोचनीय है। उसकी सबसे अधिक संख्यावाली मुसल्मान प्रजा बिलकुल निरक्षर है, वह गरीबीसे पिसी जा रही है और गाँवोंमें भीषण आर्थिक परिस्थितियोंमें जी रही है। गूँगे-अन्धे पशुओंकी तरह उन पर शासन किया जाता है। सरकार और जनताके बीचमें कोई सम्पर्क नहीं है। लोगोंके कष्टोंको पेश करनेका कोई उपयुक्त अवसर नहीं मिलता। आधुनिक परिस्थितिके उपयुक्त बनानेमें शासन-यन्त्रको नीचेसे ऊपर तक बदलनेकी जरूरत है; क्योंकि जनताकी आवश्यकताओं और तकलीफोंके ऊपर आज उसकी बिलकुलही नाममात्रकी सहानुभूति है। राज्यमें जनताकी सम्मति जाननेका कोई साधन नहीं है। अखबार करीब-करीब नहींसे हैं, इसलिए उपयोगी आलोचनासे फायदा उठानेका सरकारको कोई सुभीता नहीं है।" १९२९ में लाहौर-कांग्रेसके समय कितनेही तरुण कश्मीरी वहाँ पहुँचे थे, उनपर

कुछ असर भी हुआ था। तो भी शेख अबदुल्लाको मेमोरियल पर दस्त-खत करानेमें बहुत दिक्कत उठानी पड़ी। उन्होंने मेमोरियल सरकारके पास भेज दिया। महाराजा हवाखोरीकेलिए फ्रांस गये हुए थे। मिस्टर वेकफील्डकी प्रधानतामे एक मन्त्री-कौंसिल काम कर रही थी, जिसमे सिर्फ एक मुसल्मान मिनिस्टर थे। कौंसिलने शेखको भेंट करनेकेलिये बुलाया। शेखकी बचपनकी निर्भयता उनके साथ थी। उन्होंने बिना हिचकिचाहटके निर्भय होकर कश्मीरी मुसल्मानोंकी सारी तकलीफें कौंसिलके सामने रखी। वेकफील्ड ज्यादा प्रभावित हुए। जम्मूके मुसल्-मान पंजाबसे ज्यादा नजदीक होनेसे कुछ अधिक चेतना रखते थे। उन्हें जब मालूम हुआ, तो वे बहुत खुश हुए। इस तरह काश्मीर और जम्मू दोनों प्रान्तोंकी मुसल्मान प्रजाका एक आन्दोलनमें सहयोग पानेका मौका मिला। कश्मीरी मुसल्मानोंकी तकलीफोंके बारेमें पंजाबके अखबारोंमें खबरें भेजी जाने लगी। शेखसाहब खबरोंको जमा करके जम्मूके मित्रोंके द्वारा पंजाब भिजवाते। इस समय लाहौरका उर्दू दैनिक "इन्कलाब" ही कश्मीर राज्यमें आने पाता था। दो-तीन अङ्कोंमें कश्मीरकी बातोंके आनेपर सरकारने उसका भी आना बन्द कर दिया। लेकिन अब नई परिस्थितिमें एक नया नेतृत्व काम कर रहा था। लाहौरसे "काश्मीरी मुसलमान" नामसे दो पन्नेका एक अखबार निकाला जाने लगा। राज्य का डाक-विभाग रियासत नहीं ब्रिटिश सरकारके हाथमें है, इसलिये वह उसे आनेसे रोक नही सकती थी। रियासतके भिन्न-भिन्न स्थानोंमें उसे बँटवा दिया जाता। एक पैसा दाम था। लोग हाथोंहाथ लेते। इसके पाँचही सात अङ्क आ पाए, और सातवें अङ्क तक तो ५००० तक खपने लगा। इस परचेने जनतामें आग लगानेका काम शुरू किया। अब सरकार डाक-खाने हीसे कापियोंको ले लेने लगी। फिर "मजलूम-कश्मीर" के नामसे दूसरा पत्र निकाला गया।

महाराजा फ्रांससे लौटे। जागीरदारोंने महाराजाके स्वागतमें चायपार्टी देनेकेलिए पं० बल्काक दरके घर पर एक मीटिंग की।

चाय-कमीटीके प्रेसीडेन्ट दर बनाये गये। वहाँकी बातोंको देखकर मुसल्मान जागीरदारोंने सोचा, इस तरह वह महाराजाके प्रति अपनी राजभक्तिको प्रगट नहीं कर सकेंगे। उन्होंने अपनी अलग मीटिंग बुलाई। शेख अब्दुल्लाका नाम काफी प्रसिद्ध हो चुका था। मुसल्मान जागीरदार अपने पक्षको मजबूत नहीं पा रहे थे, इसलिये तरुणोंके नेता शेख अब्दुल्लाकी मदद लेनी चाही। अब सभाओंकी जरूरत थी, जिसमें लोगों को अपना पृष्ठपोषक बनाया जाय। इसी समय चायपार्टीको लेकर कुछ सार्वजनिक सभायें हुईं, जहाँ शेख अब्दुल्लाको पहले-पहल वक्ताके रूपमें जनताके सामने आनेका मौका मिला। चन्दाभी जमा हो गया, लेकिन महाराजाके सलाहकारोंने यही सलाह दी, कि महाराज दोनोंमेंसे किसीके निमन्त्रणको स्वीकार न करें।

शेख अब्दुल्ला चायपार्टीके बहाने सार्वजनिक वक्ता भी बन चुके थे, मगर वह जानते थे, कि अभी सार्वजनिक सभाओंकेलिये उतावला होने की जरूरत नहीं है। इस समय उनका काम था—घटनाओंको जमा करना, उनपर लेख लिखना, लेखको छपनेकेलिये रियासतसे बाहर भेजना और छपेको लोगोंमें बाँटनेका प्रबन्ध करना। लोगोंमें जागृति हो चुकी थी। काफी तरुण साथ काम कर रहे थे। शेखको खाने और सोने तक की फुरसत न थी। रातके बारह बजे घर लौटना मामूली बात थी। लेकिन, घरवालों पर बोझ होकर वह अपना काम ज्यादा दिन तक नहीं कर सकते थे। उनका घरभी शहरसे छै मील दूर था। शहरमें रहनेके लिये पैसोंकी जरूरत थी। मित्रोंने सलाह दी, कोई नौकरी कर लें। नौकरशाहीने इसे सुनहला अवसर समझा और अस्सी रुपया मासिककी साइन्स मास्टरी देकर शेखको खरीदना चाहा। घरसे भी शेखको बीस-पचीस रुपये मिल जाते थे। इस सौ रुपयेमें अब वह अपना काम चलाने लगे। स्कूलके समय पढ़ाने जाते और बाकी समय सेवाके काममें लगे रहते।

ईद आई। जम्मूमें नमाजके बाद खुतबा पढ़ा जा रहा था। पुलिस

इन्सपेक्टरने उसे बीचही में बन्द कर दिया। एक कान्सटेविलने कुरान की तौहीन की। जम्मूवालोंने इसके विरुद्ध पोस्टर छापे। कुछ पोस्टर श्रीनगरभी आये। शेखने स्कूलसे छुट्टी लेली और नौजवानोंको शहरमें पोस्टर चिपकानेकेलिये भेज दिया। शेखके घरके पासही पुलिसने उनमेंसे कुछ लड़कोंको गिरफ्तार कर लिया। शेखने इसका विरोध किया। बातकी बातमें ५,००० आदमी जमा हो गये और उन्होंने लड़कोंको छीन लिया। झगडा न बढ़ने पाए, इसकेलिये शेखने सबको जामामस्जिदमें इकट्ठा किया। पचीसों हजारकी जनताके सामने यहीं पर शेख अब्दुल्लाको अपना पहला राजनीतिक व्याख्यान देना पड़ा। जब वह घर लौटे, तो २०००० लोग उनके पीछे-पीछे थे। घरपर जनताने फिर माँग की और उन्हें दूसरा व्याख्यान देना पड़ा।

शेख अब्दुल्ला सन् २४ वाले नेताओं जैसे आसमानी नेता नहीं थे। उनकी जड़ जनताके बीचमें बहुत भीतर तक गड़ी हुई थी, इसलिए सरकार सामना करनेकेलिये तैयार न थी। उन्हें मुजफ्फराबाद, श्रीनगरसे सौ मील दूर, बदल दिया गया। शेखने जानेसे इन्कार किया। डाइरेक्टर ने बुला भेजा। शेखने कहा—"इस तरह आप मेरे मुँह पर ताला लगाना चाहते हैं ! मै वहाँ भी चुप नही रहूँगा। हरएक जुल्मकेलिये आवाज उठाना मैं अपना कर्त्तव्य समझता हूँ।" निरीह कश्मीरी मुसल्मानों पर होते जुल्मोंकी कहानी जिस समय शेख अब्दुल्ला कह रहे थे, उस समय वह अपने आँखोंके आँसुओंको रोक नही सके। उन्होंने कहा—"मैंने अपना जीवन अपने भाइयोंकेलिये दे दिया है। मैने आपकी नौकरी भी इसी मतलबसे की थी। मैंने आपके हाथमें अपने आठ घन्टे बेंचे हैं, बाकी १६ घन्टोंका मालिक मैं हूँ।" डायरेक्टरने कहा—"तुम चौबीसो घन्टोके नौकर हो।" शेखने कहा—"मुझे ऐसी नौकरी नहीं चाहिये।" शिक्षा-मन्त्री नवाब खुशरूजगने भी बहुत समझाया और चाहा कि शेख अब्दुल्ला कुछ सफेद ठीकरों पर अपने जीवनको सरकारके हाथमें बेंच दे। शेखने इस्तीफा दे दिया। क्रोधमें पागल शिक्षाधिकारीने इस्तीफा न

मंजूर कर, उन्हें बरखास्त करनेका हुकुम निकाल दिया। शेखने लिख दिया—"धन्यवादके साथ बरखास्त होनेका हुकुम पाया"।

गोली-काण्ड—शेख अब्दुल्ला वैसेही बहुत जनप्रिय नेता हो चुके थे, नौकरीसे निकलनेके बाद तो काश्मीरके कोने-कोनेमें और भी उनका यशोगान होने लगा। लोगोंमें जोशकी बाढ़ आगई थी। जगह-जगह सभायें होने लगीं। सरकारने उन्हें बन्द करनेकी कोशिश की, मगर वह बातसे बन्द थोड़ेही हो सकती थीं और लाखों आदमियोंको जेलमें बन्द करनेकेलिये सरकार तय्यार न थी। सभाओंमें यदि सरकार के पिट्ठू बोलना चाहते, तो लोग चिल्लाकर उन्हें बैठा देते। सरकारको अब कुछ होश आया। उसने एक कमेटी बनाकर प्रजाकी तकलीफोंके जाँच करनेकी घोषणा की। कमेटीने चार जम्मू और सात कश्मीरके प्रतिनिधि मांगे। कश्मीरके सात प्रतिनिधियोंके नाम शेखने लोगोंके सामने रखे और एक ६०-७० हजारकी सभामे यह नाम स्वीकृत हुए। सभा बरखास्त हो रही थी, उसी समय एक गैर-रियासती आदमीको जोश आ गया। वह खड़ा होकर व्याख्यान देने लगे—"यदि सरकार नहीं मानती तो सभा करो, यदि सभाकी बात नहीं मानती, ईंट पत्थर उठाओ।" दो दिन बाद वह वक्ता गिरफ्तार कर लिया गया और उसपर राजद्रोह (१२४ए, १५३ए) का मुकदमा चलने लगा। यद्यपि वक्ताकी इस चेष्टा को शेखने पसन्द नहीं किया था, लेकिन इस वक्त वह उसे पुलिसकी दया पर छोड़ नहीं सकते थे। जब मुकदमा देखनेकेलिये जनताकी भारी भीड़ इकट्ठा होने लगी, तो मुकदमा जेलमें सुना जाने लगा। शेखने जनताको समझाया—"लोगोंको जेलपर नहीं जाना चाहिये। हमारे वकील और एक-दो आदमी वहाँ मुकदमेंकी पैरवीकेलिये जायेंगे।" शेखकी बात सारे शहरमें पहुँच नहीं पाई थी और दूसरे दिन (१३ जुलाई १९३१) कितनेही लोग जेल पर गये। ११ बजे शेखसाहबको खबर मिली, कि मार्शल-ला जारी कर दिया गया है। लेकिन, वह यह ख्याल करके निश्चिन्त रहे, कि लोग शान्तिपूर्वक अपने घरोंमें बैठे होंगे। फिर

धड़ाधड़ दूकानोंके बन्द होनेकी खबर मिली और अन्तमें गोली चलनेकी सूचना भी।

शेखने यद्यपि मुसल्मान प्रजाकी ही लड़ाई लड़नी शुरू की थी, लेकिन यह इसी ख्यालसे कि अभी शायद दूसरे हमारे साथ नही होंगे। वह गैर-मुस्लिम जनतासे नही सिर्फ सरकारसे मोर्चा लेना चाहते थे। मरी हुई लाशोंके शहरमें आनेसे साम्प्रदायिक झगड़ेका डर था, इसलिये उन्होंने जेलपर मारे गये शहीदोंकी लाशोंको जामामसजिद—जो कि शहरके बाहर है—में भेजा। कुछ जख्मी शहरमें भी आ गये थे। एक साँस तोड़ते घायलको लोग शहरमें ले जा रहे थे। शोकमें लोग दूकानें बन्द कर रहे थे। एक हिन्दूने दूकान नहीं बन्द की। कहनेपर उसने मुंहसे गाली निकाली। लोगों ने उसका सामान सड़कपर फेंक दिया। फिर लूट शुरू हो गई और शुद्ध राजनीतिक सघर्षने साम्प्रदायिक झगड़ेका रूप लेलिया। शेखने जामामसजिद पहुँचकर बहुतसे लोगोंको वहीं बैठाये रखा। लोगों ने जेलके गोली-काण्डके बारेमें शेखसाहबको बतलाया—दो-तीन हजार जनता जेलके फाटकपर मौजूद थी; जिस समय कि जज वहाँ पहुँचे। जजके भीतर जानेकेलिए जैसे ही जेलका फाटक खुला, वैसे ही भीड़ भी भीतर घुसने लगी। जेलवाले नही रोक सके। मजिस्ट्रेटको टेलीफोन किया। उधर जज लोगोंको समझा रहे थे कि आप लोग शान्तिपूर्वक जेलसे बाहर चले जाइये, नही तो अशान्ति होगी। लोग बाहर आगये। कोई नमाज़ पढ़ने लगा, कोई ऐसे ही बैठा था। उसी समय मजिस्ट्रेट जेलके फाटकपर पहुँचा। वह गुस्सेमें पागल हो विवेक-बुद्धि खो बैठा था। गिरिफ्तार न करनेकेलिए उसने पुलिस-इन्सपेक्टरको वहीं बरखास्त किया और फिर लोगोंके हाथोंमें अंधाधुन्ध हथकड़ी दिलवाने लगा। जनता उत्तेजित हो उठी। किसी ने कुछ ईंट-पत्थर फेंके। फिर तो डायरने गोली चलानेका हुक्म दिया। कश्मीरको एक जलियाँवाला बाग मिला, जिसे बारामूला, सोपोर, हण्डवारा, उड़ी, अनन्तनाग, मीरपुर, कोटरी, जम्मू, पुणछ आदि

कितनी ही जगहोंपर छोटे रूपमें पीछे दोहराया गया। कई सौ आदमियों ने अपनी जानें दीं; और फिर जो अन्धेरगर्दी शुरू हुई, उसके लिखने-केलिए पोथेकी जरूरत होगी।

गिरिफ्तारी—दूसरें दिन चार बजे शामको शेख अब्दुल्लाको गिरिफ्तार किया गया। उनके साथ कुछ और नेता भी गिरिफ्तार हुये। शेखसाहबको हरीपर्वतके किलेमें बन्द किया गया। जुलाईका महीना, गर्मीके सैलानियोंका महीना है। इसी समय नगरके लोग सालभर की अपनी रोजी कमाते हैं। मगर लोगोंने अपनी दूकानें बन्द कर दीं। इक्कीस दिनतक हड़ताल रही। कश्मीर और बाहर हिन्दुस्तानके कोने-कोने तक इस सारे काण्डकी खबर पहुँचने लगी। मार्शल-लॉ, गोली-काँड सबका प्रयोग करके भी सरकार लोगोंको दबा नहीं सकी। अन्तमें वह शेखसाहब और उनके साथियोंको छोड़नेकेलिए मजबूर हुई। एक अस्थायी समझौता हुआ। गोलीकाण्ड और दूसरे अत्याचारोंकी जाँच-केलिए सर अर्दशीर दलालकी अध्यक्षतामें एक जाँच या चूनाकली कमीटी बैठाई गई, जिसपर जनताका विश्वास नहीं था और लोगोंने बायकाट किया।

लोगोंकी माँगोंपर चुप्पी नहीं साधी जा सकती थी, इसलिए नवंबर १९३१में दरबारने शासन सुधारमें सलाह देनेकेलिए मि० ग्लेन्सीकी प्रधानतामें एक कमीशन नियुक्त किया। कमीशन कितने ही समय तक जाँच करता रहा। उसने सिफारिश की—"नौकरियोंमें हरेक सम्प्रदायके आदमी उचित और पर्याप्त संख्यामें लिए जाँय, भाषण और प्रेसको स्वतन्त्रता दी जाय, छीने हुए धार्मिक स्थानोंको लौटा दिया जाय, और एक प्रतिनिधिमूलक धारासभा स्थापित की जाय।" उसने धारासभामें दो-तिहाई निर्वाचित और एक-तिहाई नामजद मेम्बरोंकी सिफारिश की थी, जिसे सरकारने पैरों तले रौंद दिया। ग्लेन्सी-कमीशनने "संयुक्त-निर्वाचनको खतरनाक तजरबा" कहकर पृथक्-निर्वाचनकी सिफारिश की। कमीशनकी सिफारिशोंमें जो कुछ जान थी, उसे भी मताधिकार-कमीटीने लीप-पोतकर साफ कर दिया।

मुस्लिम कान्फ्रेन्स—आन्दोलनको स्थायीरूप और दृढ़ता प्रदान करनेकेलिए शेखसाहबने एक व्यापक संगठनकी जरूरत समझी, और जम्मू कश्मीर मुसलिम्-कान्फ्रेन्सकी नींव डाली। पहली कान्फ्रेन्स पत्थर-मसजिद (श्रीनगर)में १४, १५, १६ अक्तूबर १९३२को शेख अब्दुल्ला के सभापतित्वमें हुई। अपने भाषणमें शेखने कहा—"भाइयो! कश्मीरी जातिको दुनिया एक डरपोक जाति, सच्चाई और ईमानदारीसे रहित जाति, झूठ और फरेबवाली जाति, निर्धन और निरीह जाति, मूर्ख और असस्कृत जाति······के रूपमें पहिचानती है। लेकिन यह जाति हमेशासे इस तरह बदनाम और अवगुणी जाति नही रही है······। ईद के खुतबाकी मनाही और पवित्र कुरानकी तौहीनकी दुर्घटनाओंने आग लगा दी है। जुलाई, अगस्त, सितम्बर १९३१में जो कुछ हुआ। ······हमारा आन्दोलन साम्प्रदायिक आन्दोलन नहीं है, यह सभी लोगोंकी तकलीफोंको दूर करनेकेलिए है। चाहे हिन्दू हो या सिक्ख, मै अपने सारे देश-भाइयोंको विश्वास दिलाता हूँ, कि हम उसी तरह उनके दुःखोंकेलिए लड़नेको तैयार हैं, जिस तरह मुसल्मानोंके······।" दूसरी कान्फ्रेन्सके सभापति भी शेख अब्दुल्ला थे।

मुस्लिम कान्फ्रेन्ससे नेशनल (राष्ट्रीय) कान्फ्रेन्स—१९३३-३४में अपने सघर्षके सिलसिलेमें शेख अब्दुल्लाको जम्मूके इलाकेमें जाना पड़ा। कश्मीरमें जहाँ ५०, ६० हजारको छोड़ सारीकी सारी मुसलमानी आबादी है, वहाँ जम्मूमें बहुतसे ऐसे इलाके हैं. जहाँ सिर्फ हिन्दू ही हिन्दू बसते हैं। शेख अब्दुल्लाकी कुर्बानियों और उनके संघर्षसे गरीबोंके बोझेको हलका करनेकेलिए मजबूर होकर सरकारको जो कुछ करना पड़ा, उसका फायदा जम्मूके इन गरीब किसानोंको भी हुआ था। उनके लिए शेख अब्दुल्ला एक मुस्लिम नेता ही नही कुछ और भी थे। उन्होंने शेर-कश्मीरका स्वागत किया और अपनी-अपनी तकलीफें बतलाई। शेखने देखा, कि जिन बातोंकेलिए वह लड़ रहे हैं, वह सिर्फ मुसल्मानोंके ही फायदेकी नही हैं, दरअसल हिन्दू-मुसलमान

सारी जनता एकसे शोषणसे, एकसे बोझसे दबी जा रही है। अबसे उन्होंने अपने आन्दोलनको किसी एक सम्प्रदायका न रखकर कश्मीर की सारी जनताके फायदेका बनानेकी कोशिश शुरू की। १९३५के शुरूमें एक वक्तव्यमें उन्होंने कहा था—"हमारे राज्यकी साम्प्रदायिकता पंजाबके साम्प्रदायिक नेताओंके झूठे प्रोपेगंडेके कारण है। मै चाहता हूँ, कि ये स्वनिर्वाचित संरक्षक हमारे भीतरी मामलोंमें दखल न दें। अबसे मेरी सारी कोशिश इस बातकेलिये रहेगी, कि रियासतका राजनीतिक आन्दोलन भारतीय राष्ट्रीय कांग्रेसके सिद्धान्तोंपर चले-। इसमें कुछ समय लगेगा, लेकिन मैंने तय कर लिया है, कि अपने देशको साम्प्रदायिकताके कलकसे मुक्त करूँ, चाहे इसमें कितनी ही बाधा क्यों न हो।"

कश्मीर लौटनेपर हिन्दू-मुसल्मानोंके एक सयुक्त अभिनंदनका उत्तर देते हुए शेर-कश्मीर ने कहा था—"हमारी लड़ाई अपने देशकी आजादीकी लडाई है। आइये, हम लोग छोटी-छोटी साम्प्रदायिक नोच-खसूटसे ऊपर उठें, और सारी जनताकी भलाईकेलिए मिलकर काम करें। मैं अपने हिन्दू-भाइयोंसे प्रार्थना करता हूँ, कि वह अपने काल्पनिक भय और सन्देहको हटा दें।" पाँचवीं कान्फ्रेन्स १४ मई १९३७को पुणछमें हुई थी। शेर-कश्मीरने अपने सभापतिके भाषणमें कहा था—"सदियोंके पीड़ित मनुष्य—जो अब पालतू जानवरोंसे बुरा जीवन बसर कर रहे थे—एकबारगी उठे 'और जीयेंगे या मरेंगे' का नारा बुलन्द करते हुए आगे बढ़े ···· कैद और बन्दकी तकलीफें, गोलियों और भालोंकी बौछार, बेत और टिकटिकियाँ, लाठी-चार्ज, जुर्माने और दण्ड देनेकेलिए बड़े-बड़े टैक्स कोई भी उन्हें रोक नही सके।"

शेख अब्दुल्लाकी सूझ और दृष्टिकोण उनके अनुभवोंके अनुसार बराबर अधिक गहरे और विस्तृत होते गये। उन्होंने मुसलमान साधारण जनताकी हालत बेहतर बनानेकेलिए संघर्ष शुरू किया, लेकिन देखा कि कश्मीर-राज्यकी हिन्दू-मुसलमान साधारण जनता एक ही चक्कीके नीचे

पिस रही है। तब उन्होंने देखा कि दोनोंको ही संगठित करके हम अपनी लड़ाईको सफलताके साथ लड़ सकते हैं। और गहराईमें जानेपर उन्हें मालूम हुआ, कि सारी बुराइयोंकी जड़ है सामन्तवादी और विराट पूंजीवादी शोषण। इस बातको उन्होंने ६वीं कान्फ्रेन्स (जम्मू २५-२७ मार्च १६३८)में अपने सभापतिके भाषणमें साफ करते हुए कहा—"पूंजीपति 'हिन्दू-राज्यको खतरा है' कह कर और कही 'हिन्दू धर्म और हिन्दू-संस्कृतिको खतरा है' कहकर लोगोंको भूलभुलैयोंमें फँसा लेता है और उनका ध्यान अपनी तकलीफोंसे हटा लेता है।...जो इका-दुक्का पूंजी-पति मुसल्मान कही भी रियासतके किसी हिस्सेमें मौजूद है, वह न सिर्फ आपके आन्दोलनसे अलग रहता है, बल्कि कठिनाइयोंके समय सरकारी दमनका साथ देकर स्वतन्त्रता-आन्दोलनको कुचलनेसे भी बाज़ नही आता रहा। कश्मीरकी आजादीकी लड़ाईका साथ देनेमें मुसल्मान पूजीपति, हिन्दू पूंजीपति और सिक्ख पूंजीपति एक ही पाँतीमें खड़े हो रहे हैं। इसलिये मुसल्मान गरीब, हिन्दू और सिक्ख गरीबका भी एक ही पाँतीमें खड़ा होना बहुत जरूरी हो गया है।" आगेके कामके बारेमें बतलाते हुए शेखने कहा—"पहला काम है, सारे राजनीतिक आर्थिक कामोंमें हिन्दू-सिक्ख और मुसलमान-गैर-मुसलमानके भेदको मिटा कर सम्मिलित साझा राष्ट्रीय मोर्चा कायम करना, दूसरा काम है देशके हरेक बालिग स्त्री-पुरुषको वोट देनेके अधिकारको दिलाकर संयुक्त-निर्वाचनको जारी करना।"

अब शेखका सारा ध्यान इस ओर गया कि मुस्लिम कान्फ्रेन्सको सिर्फ एक सम्प्रदायका न रख कर कश्मीरकी सारी प्रजाकी राष्ट्रीय कान्फ्रेन्स बनाना होगा। इसके लिये २७ एप्रेल १६३६को मुस्लिम कान्फ्रेंसकी कार्यकारिणीमें एक प्रस्ताव रखा गया, जो ८ अगस्त १६३६ की खास कान्फ्रेंसमें पास हो गया, और तबसे कान्फ्रेन्सका नाम जम्मू-कश्मीर नेशनल (राष्ट्रीय) कान्फ्रेन्स हो गया। आज कश्मीरका जनतान्त्रिक आन्दोलन असली अर्थमें राष्ट्रीय आन्दोलन है। और इसका

सबसे बड़ा श्रेय इसी पुरुष-सिंहको है। कश्मीरकी जनता यदि अपने इस वीर नेताको ऊँचेसे ऊँचा सन्मान देनेकेलिए तैय्यार है, तो यह बिल्कुल उचित है। लेकिन शेख अपनेको साधारण जनताकी पंक्तिमें रखना चाहते हैं, इसीलिये जब उत्साहमें आकर लोग "बेताज बादशाह जिन्दाबाद" कहने लगे, तो उन्होंने ऐसी अनिच्छा प्रगट की, कि लोगोंको यह नारा बन्द करना पड़ा। कश्मीरके लोग अपनी भाषामें इस वीरके सम्बन्धमें कितने ही गीत बना चुके हैं। औरतें ब्याहोंमें गाया करती हैं—

"शेर कश्मीरस् कलस्पेट् ताजो।
अमे गसे आसोन् यहै राजो ॥"

(शेर-कश्मीरके सिरपर ताज, हमारा होये यही राजा।)

३९

कामरेड स० सिं० यूसुफ़

उत्तरी भारतका मानचेस्टर कानपुर है और कानपुरका कौन आदमी है, जो कामरेड यूसुफके नामसे परिचित नहीं है? वह मजूरोंका एक बिलकुल ही नये ढंगका नेता है; मजूरोंके दुखों-सुखों, उनके हर्ष-विषाद, उनकी मनोवृत्ति, उनके गुण-दोषका ज्ञान यूसुफसे बढ़कर शायद ही किसीको हो। उसके बारेमें दिल्ली, बम्बई, अहमदाबाद, और कानपुरके मजूरोंमें, कितने ही पँवाड़े बन चुके हैं, जिनका पता शायद यूसुफको भी नहीं है। यूसुफका जीवन सदा साहस और संघर्षका जीवन रहा है। उसमे प्रतिभा है, मगर उसे उसने सदा एक सीमित क्षेत्रमें लगाया, जो महत्त्वाकांक्षी होनेपर नहीं हो सकता था।

यूसुफका जन्म किस सन्‌में हुआ, यह उसे ठीक मालूम नहीं, बहुत-सम्भव है, वह सन् १६०६ रहा। उसके पिता सर्दार तारासिंह लाहौरमें रेलवे-क्लर्क थे, जबकि वहीं उनकी स्त्री लक्ष्मीदेवी (सबरवाल खत्री)से एक बच्चा पैदा हुआ, जिसका नाम पिता-माताने सन्तसिंह रखा।

१९०९ (?) जन्म, १९१३ शिक्षारम्भ, १९१६-२१ स्कूलमें, १९२१ लाहौरमें काम, १९२३ लाहौरमे मजूर, १९२५ रेलवेमें, १९२६ रेलवे हड-ताली, बिजलीघरके मिस्त्री; १९२७ दिल्लीमें मिस्त्री, १९२८ मजूर-सभामें, १९२९ दिल्ली आम-हडतालमें, यूनियनके सेक्रेटरी, १९३० सत्याग्रह चार मास जेलमें, १९३१ दिल्ली नौजवान भारत-सभाके मन्त्री, १९३३ एक सालकी सजा—दिल्लीसे निर्वासन—बम्बईमें काम, १९३३ मुहम्मद यूसुफ अहमदा-बादमें मजूर—डेढ सालकी सजा, १९३५ जेलमें फिर, १९३६ जुलाई दिल्लीमें काम—सितम्बर कानपुरमे मजूर-नेता, १९४० अगस्त—१९४२ अगस्त, जेलमें नजरबन्द।

३९. कामरेड स० सि० यूसुफ

४०. रुद्रदत्त भारद्वाज

४१. सुमित्रानन्दन पन्त

४२. मुहम्मद महमूद

सन्तसिंह पाँच ही महीनेका था, कि उसकी माँ मर गई। मरते समय माँने अपनी माँ सरस्वतीदेवी (मृत्यु १६४१)की गोदमें बच्चेको डालकर अश्रु-पूर्ण नेत्रोंसे कहा—"माँ! अब तू ही इसकी माँ है।" नानीने सन्तसिंह-को बकरीके दूधसे पाला।

सर्दार तारासिंहका घर जलालपुरमें था, मगर सन्तसिंहका उससे कोई वास्ता नहीं रहा। झेलम जिलेके चकदानियालको ही उसके बाल-नेत्रोंने देखा और उसे ही जन्म-ग्राम समझा। उस समय नाना सर्दार वजीरसिंह (मृत्यु १६२५) भी जीवित थे, मगर सन्तसिंह नानीके गोदका बच्चा था। नाना वैसे उदार स्वभावके थे, मगर गुस्सैल थे और बच्चों पर कड़ा अनुशासन रखते थे। नानी सरस्वतीदेवी बहुत ही नरम स्वभावकी थीं। उनकी एकमात्र पुत्रीका बच्चा होनेसे सन्तसिंहपर उनका अपार स्नेह था। सन्तसिंहको यदि सबसे ज्यादा प्रेम किसीका अब भी स्मरण आता है, तो नानी ही का।

बाल्य—सन्तसिंह चड्ढा यद्यपि बकरीके दूधपर पला था, मगर उसका स्वास्थ्य बचपन ही से अच्छा था। खेल-कूदमें उसका मन खूब लगता था। चकदानियाल पुराना गाँव है, जिसमें ३०० घर जाट-मुसलमानोंके हैं, और १०० घर खत्रियोंके। खत्री ज्यादातर लेन-देन और नौकरीका काम करते हैं। नानाकी बुढ़ापेमें आमदनी सिर्फ सूद-व्याजकी थी। चकदानियालसे चार मीलपर झेलम नदी बहती है। पिण्डदादनखाँ (तहसील)की सेंधानमककी पहाड़ियाँ गाँवसे दो मीलपर हैं। उस समय चकदानियालमें कोई स्कूल न था। आजका हजारों हजार मजूरोंका नेता उस समय भी चकदानियालके लड़कोंका सर्दार था।

शिक्षा—जब सन्तसिंह चार-पाँच सालका था, उसी समय दो-तीन महीने उसे उर्दू पढ़नेका मौका मिला। आगे पढ़ाईका इन्तिजाम न होनेसे पिन्न पावाला गाँवकी धर्मशालामें उदासी सन्त निहालदासके पास गुरुमुखी पढ़ने जाता।

दो सालके करीब वह सिक्खोंकी धार्मिक पुस्तकें—जपजी, रहरास, कीर्तन, सोहिला आदिको याद करता रहा। सन्तसे थोड़ा-थोड़ा हिसाब भी सीखा।

अब इस तरहकी पढ़ाईसे काम नहीं चल सकता था, इसलिए नानीने सात सालकी उम्रके नातीको पिन्नणवाल स्कूलमें दाखिल कर दिया। उसने वहाँ पाँच साल (१९१६-२१)मे पाँच दर्जे पास किये। पढ़नेमें वह अपने दर्जेका सबसे तेज विद्यार्थी था और बराबर दर्जेका मानीटर रहता। उसे छात्रवृत्ति भी मिली होती और तब शायद आगे पढ़नेका रास्ता साफ हो जाता, मगर छात्र-वृत्ति मिलनेवाले दर्जोंका ऐसा हेर-फेर हुआ, कि वह उसमें शामिल न हो सका। नानी जब सूत कातती, तो नाती पंजाबीमें जन्मसाखी, कृष्णलीला और रामायण सुनाता। एक बार सन्तसिंह बरातमें गया था, वहाँ उसने पूरन-भगतका किस्सा खरीद लिया। मामाने देखा, तो छीनकर फाड़ दिया—इश्किया किस्सोंका पढ़ना वह पसन्द नहीं करते थे। स्कूलमें सन्तसिंहको सभी लड़कोंके साथ एक-एक सालमें एक दर्जा आगे बढ़ना था। पढ़नेकी पुस्तकें दर्जेमें ही याद हो जातीं, इसलिए बाकी समय खेल-कूदमें बितानेके सिवाय और कोई चारा न था। बाप कभी-कभी आते और बच्चेको देख जाते।

जीविकाकी खोज—सन्तसिंह अभी बारह साल ही का था, अभी भी उसकी पढ़नेकी आयु थी। वैसे होता तो नानी किसी न किसी तरह मिडल तक पढ़ा देती, पहले मिडिल पास हो पटवारी या अध्यापकका काम मिल जाता था, मगर मिडलच्चियोंकी अब उतनी कदर न थी, इसलिये यही जरूरी समझा गया, कि सन्तसिंह कोई काम सीख ले। उसके मामा लाहौरमे रहते थे, वह उसे अपने साथ लाहौर ले गये। सन्तसिंहको हार्मोनियम्की दूकान (अनारकली)में काम सीखनेकेलिये बैठा दिया। वह पाँच छै महीने तक वहाँ रहा, लेकिन मालिक काम सिखलानेकी जगह उसे मुफ्तका कुली समझने लगा। पड़ोसमें एक दूकानदार काँच, रूमाल आदि बेचता था। सन्तसिंहने उसके यहाँ काम

करना शुरू किया। एक आदमी रेलवे ट्रेनमें दंतमंजन, पाऊडर आदि बेचा करता था। उसने यह काम करनेकेलिये प्रेरणा दी। सन्तसिंहने एक छोटा-मोटा लेक्चर रट लिया और लाहौरसे अटारी तकका पास लेकर उसकी चीजोंको बेचने लगा। महीनेमें १५-२० रुपये कमा लेता। रहता था मामाके यहाँ। दो तीन मास ही यह काम करने पाया था, कि अटारीमें जूएवालोंके फेरमें पड़ गया। ५ दिनकी कमाई चली गई। महाजनको पांच रुपये देने थे। क्या करे? अन्तमें मामाकी चाभी उड़ाई और बक्स खोलकर पाँच रुपये निकाल लिये। मामाको मालूम हुआ। उसने खूब डाँटा और नानीको शिकायतकी एक लम्बी चिट्ठी लिखी। चिट्ठी डालनेकेलिये भांजेको ही भेजा। भांजेने चिट्ठी पढ़ ली। सबको फाड फेंकनेकी जगह उसने लिफाफेमें एक सादा कागज डाल कर रवाना कर दिया। सन्तसिंह अब नानीके क्रोधसे भी घबड़ा रहा था। वह सीधे स्टेशनपर गया। वहाँ उसे एक सोडा बेचनेवाला मिला। उसीके साथ वह दिल्ली चला। सोडेवालेने बारह-तेरह वर्षके खूबसूरत-गोरे बच्चेको देखकर दुश्चेष्टा करनी चाही। सन्तसिंह वहाँसे भाग गया। दिल्लीमें उसके बड़े भाई और ताऊ (बड़े चचा) रहते थे। वह ताऊके पास चला गया। भाईकी बर्फ सोडाकी दूकान थी। भाईने बहुत प्यारसे रखा, और मामाको चिट्ठी लिख दी। सन्तसिंह दिल्लीमें दो महीने तक बिस्कुट आदिकी फेरी करता रहा।

पिता आ गये। वह उस समय लालामूसामें क्लर्क थे। अपने साथ बेटेको भी वहाँ ले गये। उनकी स्टेशनके किसी अफसरसे दोस्ती थी। नौकरी दिलवानेकी बात कहनेपर अफसरने कहा, पहले हथौड़ेसे गाड़ी ठकठक करनेवाले कुलीका काम दे देते हैं, फिर उसे नम्बर-टेकर बना देंगे। सन्तसिंह अब १६ रु० महीनेका कुली बन गया। पिताको आशा थी, कि वह ३०-४० रुपये पानेवाला नम्बरटेकर बन जायगा। अभी २० ही दिन काम किया होगा, कि नानी आ गईं। नानीने अपने प्यार से पाले नातीके शरीरपर नीले कपड़ोंको देखा। उनका दिल फटने लगा।

उन्होंने दामादसे झगड़कर कहा - मैं अपने बच्चेको कुली नही बनने दूँगी। दामादने बहुत समझाना चाहा मगर सब वेकार। नानी सन्तसिंह को अपने साथ चकदानियाल ले गईं। सन्तसिंहने जब सारी बात समझाई, तब नानीने महीने भर बाद जानेकी इजाजत दी। लेकिन इस बीचमें पिताने लड़केकी ओरसे इस्तीफा दे दिया था, इसलिये नौकरी मिलनेकी आशा न रह गई। पिताने मुँड़िया "हिन्दी" पढ़नेकेलिये इस ख्यालसे रावलपिंडी भेज दिया, कि पढ़कर कही मुनीम हो जायेगा। वहाँ भी पढ़ना लिखना तेरह-बाईस देखकर वह एक दूकान पर चार मास तक नौकरी करता रहा। नानीके पास लौट कर जाने पर उसने फिर स्कूलमें पढ़नेकी इच्छा प्रगट की। तीन चार महीनेके बाद नानीने बात मान ली।

सन्तसिंह फिर उसी पिन्नणवाल स्कूलमें पढ़ने गये। उनके साथी अब अगले दर्जेमें चले गये थे; जिनके वह मानीटर थे, उनसे पीछे रहना वह शरमकी बात समझते थे। उन्होंने मास्टरसे कहा, कि अगले दर्जेमें दाखिल कर दीजिये, मैं अपनी कमीको पूरा कर दूँगा। मास्टर इसको मानते थे, मगर उन्होंने पिछले डेढ़ सालकी फीस मागी। गरीब नानी इतना पैसा दे नहीं सकती थी। सन्तसिंहको खाली हाथ लौटना पड़ा।

खेवड़ा (नमककी खान) से दस मील आगे दढ़ियाला-कहूनमें नानीके मायकेवालोंकी बजाजी थी। सन्तसिंह उनके पास चला गया। उन्होंने मुनीमी सीखनेकेलिये अपने महाजनके पास गूजरखाँ भेज दिया। वहाँ भी पढ़ानेकी जगह सन्तसिंहसे ज्यादासे ज्यादा काम लिया जाने लगा। वह दूसरी दूकानमें नौकर हो गये। दूकानमें बेचनेकेलिये बहुतसे चीनीके खिलौने रखे हुए थे। लड़केने एकाध खिलौने खा लिये। मालिकके पूछने पर पहले तो इन्कार किया, मगर फिर स्वीकार कर लिया। उन्होंने बुरा बर्ताव करना शुरू किया। इन दोनों दूकानोंमें चार मास काम करनेके बाद सन्तसिंह तीसरी दूकान पर गये। यहाँ उन्हें घर भरका जूठा

बर्तन माँजना पड़ता था। नानीको पता लगा। सबरवाल खत्रियोंका नाती जूठा बर्तन मलेगा, गरीब होने पर भी नानी यह बर्दाश्त करनेकेलिये तैय्यार नहीं थीं। नानीके मैकेवालोंने सन्तसिंहको बुला लिया। फिर पिताने मलकवालमें अपने दोस्तके पास रख दिया।

मजूर हड़तालमें—अब फिर सन्तसिंहको १६ रुपये महीने पर कुलीका काम मिला। दो साल तक वह अपना काम करते रहे। अब १८ सालके हो गये थे। उसी समय रेलवे मजूरोंने अपनी तकलीफोंके-लिये हड़ताल कर दी। सन्तसिंह पिताके दोस्तके घरमें रहते और उनका पंखा भी खीचते थे। हड़तालियोंकी सभामें वह भी गये और हड़तालमें शामिल हो गये।

पिताके दोस्तको उमीद थी कि सन्तसिंह हमारा आदमी है, वह हड़तालमें शामिल नहीं होगा। लेकिन सन्तसिंहका आत्माभिमान इसके लिये तैय्यार न था, कि उनके सारे साथी हड़ताल करें और वह काम पर जाते रहें। हड़ताल दो तीन दिनसे ज्यादा नहीं टिकी। लोग भूखे मरने लगे और फिर काम पर जाने लगे। सन्तसिंह मलकवालमें ऐसा करनेकेलिये तैय्यार न थे।

वह लाहौर चले आये। यहाँ भी हड़ताल-तोडक मजूर भर्ती किये जा रहे थे। सन्तसिंहने शामिल होना चाहा, मगर जगह नहीं मिली। चकदानियालके एक मैकेनिकल इंजीनियर लाहौरके बिजली-घरमें काम करते थे, वह सन्तके नानाको बहुत मानते थे। उनकी मेहरबानीसे बिजलीघरमे कुलीका काम मिल गया; जहाँ १४ आना रोज मजूरी मिलती थी। सन्तसिंहने बडी तत्परतासे काम सीखा और कुछ ही महीने बाद वह सहायक-मिस्त्री (असिस्टेंट फिटर) बन गये। अब उन्हें १८ आना रोज मिलता था। सन्तसिंहकी होशियारीके कारण ड्यूटीसे ऊपर का काम भी उन्हें ही मिलता था और महीनेमें वह ४० रुपया कमा लेते थे। सन्तसिंहने देखा कि यदि वह आगे बढ़ना चाहते हैं, तो अंग्रेजी भी पढनी चाहिये। अब वह म्युनिसिपल्टीकी रात्रि-पाठशालामें जाने

लगे। साल भर ही काम कर पाये थे कि बिजलीघर उठकर शाहदरा चला गया। नई मशीनें आईं थी, उनके साथ नये आदमी भी आये और मामा इंजीनियर निकाल दिये गये। उनकेलिये घाटेका सौदा नहीं था। १२५ रुपयेकी जगह २५० मासिक पर वह दिल्ली क्लाथ मिल्समें चले गये। कुछ ही दिनों बाद सन्तसिंहको भी जवाब मिल गया। सन्तसिह नानीके पास गये। नाना मलकवालमें रहते ही वक्त (१६२५) मर चुके थे। डेढ़ महीना रहनेके बाद वह दिल्ली चले आये।

दिल्लीके मजूर—पिताके गाँव जलालपुरके रायसाहब (सर) हरीराम दिल्ली-क्लाथ-मिल्सके डाक्टर थे। ताऊने उनसे कहा। डाक्टर हरीरामने सिफारिश की। सन्तसिंहको दिल्ली-क्लाथ-मिल्समे ४० रुपये मासिक पर फिटरका काम मिल गया। वह दो-ढाई साल तक काम करते रहे—बीचमें पाँच महीने बिडला-मिल्समें भी चले गये थे।

झाबवालाने दिल्लीमे एक मजूर-सभा कायम की थी। शंकरलाल, डाक्टर अनसारी और आसफअली मजूर-सभाके संचालक थे। ये लोग मजूरोंके हितकेलिये उसमें शामिल नही हुऐ थे। उनका मतलब था मजूरोंके वोटसे अपनी लीडरी कायम रखना। १६२८में सन्तसिह भी मजूर सभामें आने जाने लगे। १६२६से वह मजूर सभामें काम करने लगे। उस समय भगतसिंह पर मुकदमा चल रहा था। सन्तसिंह अखबारोंमें खूब ध्यानसे मुकदमेंकी कार्रवाइयोंको पढ़ते थे। अब उनके दिलमें भी देश-भक्तिका अकुर जमने लगा। अभी रूसी क्राति और सोशलिज़्मका उन्हें पता न था। हाँ, गरीबोंका राज्य चाहिये, यह वह मानते थे। साथ ही सिक्ख होनेसे शान्तिपर उनका उतना विश्वास न था। देशके बड़े-बड़े नेता असेम्बलीकी मीटिंगकेलिये दिल्ली आते, उस समय पं० मोतीलाल नेहरू और दूसरे नेताओंके व्याख्यान सुनने सन्तसिंह बराबर जाया करते।

दूसरी मजूर हड़तालमें—विश्वव्यापी मंदी आई। मिलमालिकोंने मजूरोंके मत्थे बला टालनी चाही।र कम मजूरम जूी लेने और चुपचा

निकल जानेके लिये तैय्यार न थे। १६२६ के अन्तमें दिल्लीमें मजूरोंने आम हड़ताल कर दी। मालिकोंको झुकना पड़ा, उन्होंने मजूरोंकी बहुत सी माँगे पूरी कर दीं। मगर सन्तसिंह सात-आठ बदनाम मजूर-नेताओं मेंसे थे। मालिकोंने पीछे एक एक करके निकाल दिया। अब सन्तसिंह बेकार थे।

दो-तीन मास बाद लाहौर कांग्रेस हुई। सन्तसिंह वहाँ गये। दिल्ली में वह गुरुद्वारेमें रोज जाया करते थे और खालसा-भुजंगी-जत्था (सिक्ख-तरुण-संघ)के मन्त्री थे। मजूरोंकी सभा (लेबर यूनियन)के भी वे ही सेक्रेटरी थे। शंकरलालने जूआ बन्द करनेकेलिए कार्नवालकी पिकेटिंगपर स्वयंसेवकोंको लगा दिया, सन्तसिंह भी उसमें भिड़े, लेकिन पिकेटिंग सफल नहीं हुई। शंकरलालके घरपर मीटिंग हुआ करती थी। सन्तसिंहने एक दिन मीटिंगमें कहा—इससे काम नहीं चलनेवाला है, हमे दूसरा जोरदार हथियार उठाना चाहिए। शंकरलालके पास कोई जवाब तो था नहीं। अब उन्होंने पीठ पीछे सन्तसिंहको पुलीसका आदमी कहना शुरू किया। दो-तीन दिन बाद उन्होंने हाथ जोड़कर कह दिया—"भैय्या, अब हमारे घर न आना।" दिल्लीकी नौजवान भारत सभामें अब भी सन्तसिंह जाया करते थे।

१६३०का नमक-सत्याग्रह आया। वह भी सत्याग्रहमें भाग लेना चाहते थे, मगर उनके पूर्वपरिचित कांग्रेसी उनपर सी० आई० डी० होनेका सन्देह करते थे। सभामें कहाँ वह मेजके पास बैठा करते थे, लेकिन अब शरमके मारे पीछे खड़ा होकर व्याख्यान सुनना पड़ता। हाँ, मजूरोंके वह अब भी नेता थे, रोज मिलके फाटकपर व्याख्यान देते थे। शंकरलाल और दूसरे कांग्रेसी जेल चले गये थे—एक दिन सन्तसिंह कांग्रेसकी सभामें बोले। पुलिस ने गिरिफ्तारकर लिया। यह १६३०का अन्त था। अदालतने छै महीनेकी सजा दी। वह दिल्ली और माटगोमरीकी जेलोंमें रहे। तीन-चार महीने बाद गाँधी-इरविन समझौता हुआ। सन्तसिंह दिल्ली चले आये। शंकरलालने तीन-चार

तरुणोंको भी खुफियाका आदमी कहकर बदनाम किया था, जिनमें दिल्ली षड्यंत्रके विश्वेश्वर भी थे; जिन्होंने जेलमें ही अपना जीवन समाप्त कर दिया। माटगोमरी जेलमें सन्तसिंह ने साम्यवादकी कुछ पुस्तकें पढ़ीं। दिल्ली क्लाथमिल्समें रहते समय उन्होंने अध्यापक रखकर अंग्रेजी पढ़ी थी। वह तीसरे दर्जेके इंजीनियरका सर्टीफिकेट ले चुके थे। दूसरे दर्जेके इंजीनियरकेलिए और अंग्रेजी जाननेकी जरूरत थी, इसलिए डेढ़ साल तक वह अंग्रेजी पढ़ते रहे। अब अंग्रेजीके ज्ञानने साम्यवादी साहित्यके पढ़नेमें मदद की।

१९३१में दिल्लीमें जब आये, तो मजूर-नेताओं ने शंकरलालसे उनकी गलती बतलाई और कहा कि सन्तसिंह पक्का आदमी है। शंकरलालने अपनी गलती मानी। जिस समय सन्तसिंह पर खुफिया होनेका सन्देह फैलाया गया था, उस समय उन्हें जीवन भारसा मालूम होता था। किसी कांग्रेसीके सामने मुँह दिखाना उन्हें मुश्किल था; लेकिन उन्होंने दिल्ली नही छोड़ी यह ख्याल करके, कि छोड़नेपर सन्देह और पक्का हो जायेगा। अब सन्तसिंहने दिल्लीमें नौजवान भारत सभा बनाई और स्वयं उसके सेक्रेटरी बने। तीन ही महीने तक काम कर पाये थे, कि दफा १०८में पकड़ लिये गये। लेकिन तीन-चार महीने ही जेलमें रहना पड़ा। अपीलसे छूट गये। काकोरीके बारेमें कुछ इश्तिहार लगाये गये थे। प्रेस कानूनके अनुसार सन्तसिंहको १५ दिनकी सजा मिली। अभी भी समाजवादका ज्ञान उनका बिलकुल ही कम था। वह सिर्फ इतना ही जानते थे, कि मजूर-किसान राज कायम होना चाहिये और वह शान्तिसे नहीं हो सकता।

१९३३में किसी भाषणकेलिए सन्तसिंह पर दफा १२४ए चलाई गई। अभी तक सन्तसिंह जेलोंमें सी-क्लासके कैदी रहे। वहाँ पुराने नेताओंके विरुद्ध तरुणोंके वह मुखिया होते थे। जेलोंमें उन्होंने देखा, कि जिन तरुणोंकेलिए वह संघर्ष करते, वह भी बी० क्लासके राजबन्दियोंकी बहुत खुशामद करते थे, सिर्फ इसलिये कि वह ऊँचे दर्जेके

कैदी हैं। सन्तसिंहने अपनेको इज्जतदार घरका लड़का साबित करनेके-लिए रायसाहब हरीरामको गवाहीमें पेश किया। अदालतने एक साल की सजा दी और उन्हें बी० क्लास दिया गया। कुछ समय दिल्ली जेलमें रहनेके बाद वह मुल्तान जेलमें भेज दिये गये। यहाँ उन्होंने एक अच्छे विद्यार्थीका जीवन विताया। अब अंग्रेजी पढ़ लेते थे। बाहर रहते उन्होंने कीरती किसान (मजूर किसान पार्टी) बनाई थी, और प्रान्तीय कार्यकारिणीके सदस्य थे। मुल्तान जेलमें आनेपर उन्हें चौधरी शेरजंगसे मिलनेका मौका मिला। दोनोंमें खूब घनिष्टता हुई, और साम्यवादके पढ़नेमें शेरजंगसे बहुत मदद मिली। मेरठ केस वाले कमूनिस्तोंके बारेमें भी उन्हें बहुत सी बातें मालूम हुईं। अब वह इस नतीजेपर पहुँच गये थे, कि हिन्दुस्तानमें रूस जैसी सरकार कायम होनी चाहिये। बाबा करमसिंह धूत कई साल रूसमें रहनेके बाद भारत आकर उस समय मुल्तानजेलमें शाही कैदी थे। उनसे रूसके बारेमें बहुत सी बातें मालूम हुईं। मुल्तान जेलमें कितने ही कांग्रेसी नेता भी थे। सन्तसिंह यहाँ साधारण कार्यकर्ताओंके नेता थे। जेलवालोंसे लड़नेके-लिए उन्होंने उनकी एक "धौंस क्लास" बना ली थी। धौंस क्लासका काफी रोब था। सन्तसिंहकी कमूनिस्तोंपर अब विशेष श्रद्धा थी। दूसरे लोग उन्हें कामरेड कहते। धर्मसे उनका विश्वास उठ चुका था। दिल्लीमें ही उन्होंने अपने केश कटवा लिये थे, दाढ़ी मुलतान तक साथ आई थी, मगर उसे भी यहाँ विदा होना पड़ा। आसफअलीसे कमूनिज्म, सोवियत रूस और आतंकवादपर उनकी बहस होती रहती। सन्तसिंह आतंकवादको अब बेकार समझते थे, और मेरठवालोंके रास्तेको ही पसन्द करते थे। मुल्तानमें साथी टहलसिंहसे सन्तसिंहको कुछ दोस्तोंका पता लग गया था। सितम्बर १९३३में लाहौर लाकर उन्हें छोड़ दिया गया। लेकिन पुलिसने बिना वारंटके गिरफ़ार कर लिया और १५ दिन तक थानेकी हवालातमें रखा।

दिल्लीसे निर्वासन—सन्तसिंह लाहौरसे दिल्ली आये, लेकिन

आते ही उन्हें दिल्लीसे निकल जानेका हुकुम मिला। वह लाहौर चले गये और दो-तीन महीने तक कीरतीवालोंके साथ काम करते रहे, लेकिन रुपयेके बलपर काम और नेताशाहीका ढंग उन्हें पसन्द नहीं आया। उस समय फुलरवनमें एक चीनीकी मिल बन रही थी। वह तार पा फिटर (मिस्त्री) बनकर वहाँ चले गये। सी० आई० डी०ने परेशान करना शुरू किया, और मालिकोंसे भी नये मिस्त्रीको निकाल देनेकेलिए कहा। छोटे भाई डर गये, मगर बड़े लालाने नहीं निकाला। सन्तसिंहकी इच्छा थी, कि छै महीना काम करके कुछ रुपया जमा कर लें, फिर राजनीतिक काममें लग जायेंगे। दो मास काम किया, मालिकोंने ढाई रुपये रोजपर बुलाया था, लेकिन अब डेढ ही रुपया देना चाहते थे। सन्तसिंहने नौकरी छोड़ दी। वह एक दिनकेलिए नानीसे मिलने गये। नानी को केशदाढ़ी मुँड़ाये नातीको देखकर बहुत धक्का लगा। उसने उन्हे पतित समझा, और खाये वर्तनोंकी खास तौरसे सफाई की। चौबीस सालके संतसिंह को यह कुछ बुरासा लगा। अभी वह कमूनिज्मकी पहली सीढ़ीपर थे।

चकदानियालसे लाहौर आये। आते ही लाहौर छोड़ जानेका हुकुम मिला। दिल्ली पहुँचे। वहाँसे निर्वासनका हुकुम तो मिलही चुका था, पकड़ लिये गये और लाल-किलेके तहखानेमे एक मास तक बन्द रखा गया। फिर बाहर निकालकर तुरन्त दिल्ली छोड़ देनेका हुक्म मिला।

यद्यपि आतंकवादके खिलाफ वह बोलते थे, मगर अभी उनका विश्वास उसपर पूरी तौरसे हटा नहीं था। इसीलिये तो एक बार वह राजनीतिक डकैतीकेलिए भी गये, यद्यपि उसमें सफलता नहीं मिली।

अब वह मजूरोंमें काम करना चाहते थे। सरदेसाई और रणदिवे का नाम वह सुन चुके थे। बम्बईकी गाड़ीमें बैठनेपर पुलिसको पीछा करते देखा। एक जगह उन्होंने ट्रेन बदल दी। ग्वालियरमें साथी मजदूरोंने कुछ पैसा दिया और वह बम्बई पहुँच गये। उस समय

(१९३३)में बम्बईमें कमूनिस्तोंके तीन गुट्ट थे। ढूँढ़ते-ढूँढ़ते एक दिन वह गिरनी कामगार यूनियनमें पहुँचे। उषा बाई डॉगेसे बात करनेमें भाषाकी दिक्कत हुई। तीन-चार दिन घूमते रहे। उनका पैसा खतम हो रहा था। वह लौटनेकेलिए तैयार थे, कि एक दफ्तरका साईनबोर्ड देखा। पूछताछ की। दूसरे दिन रणदिवेसे मिले, फिर एक दो-दिन बाद सरदेसाईसे बातचीत हुई। उन्हें परीक्षार्थ अंग्रेजीसे उर्दूमें अनुवाद करनेकेलिए कुछ दिया गया। सन्तसिंहने अनुवाद कर दिया। तै हुआ कि वह मदनपुराके मजूरोंमें काम करें।

मौलाना—पता लग जाने पर १८१८के रेगूलेशनका राजबन्दी बन जेलमें सडनेका डर था। सन्तसिंहने अब अपना नाम शफी रखा और वह मदनपुरामें काम करने लगे। बिस्तरा कहीं रख छोडा था। खाने का कोई इन्तजाम न था। दिनको कितनेही मजूर लड़कोंको अंग्रेजी पढ़ाते, यद्यपि फीस तैकरके नहीं, लेकिन कोई न कोई खाना खिला देता था। इब्राहिमने कह रखा था, कि खानेके वक्त आकर रसोईमेंसे खाना निकाल लेना। मगर वह बचपनहीसे बहुत लज्जालु थे, और कितनीही बार फाका कर लेते, मगर वहाँ न जाते। बीस वर्ष तक तो निरामिहारी रहे, अब उन्हें मांसाहार से न इंकार करनेके लिये बाध्य होना पड़ा। मदनपुरामें मजूरोंकी सभामें शफीको बराबर बोलना पड़ता था। यद्यपि शफीकी दाढ़ी-मूँछ नदारद थी, मगर तरुण मजूरोंने—"अब हमारे मौलाना साहब बोलेंगे" कहकर सभामें शफीका परिचय देना शुरू किया। अब वह सबके लिये मौलाना थे। भारद्वाजको शफीके बारेमें पता लगा। उसने रणदिवेको चिट्ठी लिखी। बुखारी अहमदाबादमें एक मजूर-ग्रूप बना आये थे। मौलानाको तीनमाससे खर्चके लिये १५ रुपये देकर अहमदाबाद भेज दिया गया। अहमदाबादमें मौलानाका वेष था—एक तहमद, खाकी कमीज,—वह बिलकुल मजदूर थे और अब उनका नाम था मुहम्मद यूसुफ।

मौलाना यूसुफ अहमदाबादमें—१५ दिन पहले अहमदाबादमें

मिलमजदूर यूनियन बन चुकी थी, जिसके सभापति थे मिस्टर नूरी (लीग) और उपसभापति स्वामीनारायण (हिन्दूसभा)। नवम्बर या दिसम्बर (१६३३ में अहमदाबादमें पहुँचकर युसुफने इस यूनियनके साथ काम करना शुरू किया। वह ज्यादातर मुसलमान मजदूरोंमें काम करते। वहाँ काम करना बहुत मुश्किल था, लेकिन यूसुफने रास्ता निकाल लिया। वह बदलीमें काम करने वाले मजदूर बन गये—कोई मजूर उस-दिन कामपर न जानेसे दूसरेको अपनी बदलीमें भेजता था। यूसुफके पास बदलू मजूरका टिकट था। वह टिकट दिखलाकर मिलमें चले जाते और वहाँ मजूरोंसे उनकी जगहोंपर बात करते। सी० आई० डी० भी चौकन्नी थी, मगर यूसुफके साथ बदलू मजूरका टिकट जो था। धीरे-धीरे यूसुफने सौ मजूर चुन लिये, फिर बीस-पचीसको कार्यकर्ता बननेकी शिक्षा दी। और अधिक प्रभाव जमने पर उन्होंने गरमागरम नोटिसें बाँटनी शुरू की। यूनियनमें हिन्दू-मुस्लिम घड़े अलग अलग रखे थे। यूसुफने लोगों से बहस करके समझाया कि यह ठीक नहीं है। मजूरोंको थोड़ेही दिनों बाद पता लग गया, कि यूसुफ—जो उनकी तरह रहता है और भाईसा बर्ताव करता—कोई अच्छा पढ़ा-लिखा नेता है। उनकी श्रद्धा यूसुफ के प्रति और बढ़ी। मजूरोंका संगठन बढ़ता जा रहा था। मजूर-महाजन वाले गाधीवादी एक ओर घबड़ा रहे थे और बम्बईसे सी० आई० डी० को बार बार ताकीद की जाती थी, कि अहमदाबादमें कोई कम्यूनिस्त घुस पड़ा है। नूरी और स्वामीनारायण घबड़ाने लगे, उन्होंने इस्तीफा दे दिया। अब मजूर-यूनियनका सभापति एक मजूर बना और मन्त्री यूसुफ। डेढ़ साल तक यूसुफ अहमदाबादमें काम करते रहे। इस बीचमें मजूरोंने ४६ हड़तालें कीं, पुलिस यूसुफको एक होशियार मजूर भर जानती थी। उसने कितनीही बार उन्हें गिरिफ्तार किया—लेकिन सुबहको पकड़ती और शामको छोड़ देती। अखबारोंमे यूसुफके बारेमें खबरें खूब छपतीं। अहमदाबादके मजूर-नेता यूसुफका नाम उस समय सारे प्रान्तके लोगोंकी ज़बानपर था। उसी समय दिनकर मेहता भी काम करनेके लिये आने

लगे। यूसुफ बाबू लोगोंपर विश्वास करनेके लिये तैय्यार न थे, इसलिये पहले झिझके, लेकिन पीछे उन्हें मालूम हुआ कि दिनकर मेहता उन बाबुओंमें नहीं हैं।

पार्टीमें एकता—१६३५में मेरठवाले साथी जेलसे बाहर आये। पार्टीमें एकता और दृढ़ अनुशासन कायम करना उन्होंने पहला कर्तव्य समझा। कुछ गुट्ट-बाज इसे अपनी लीडरीके लिये खतरेकी बात समझते थे। जान पड़ा कि नेताओंके द्वारा ऊपर ऊपरसे एकता होनी सम्भव नहीं है। यूसुफको मजूरोंका जबर्दस्त तजर्बा था। वह बम्बई आये। लीडरशाहीसे काम नहीं चलेगा, गुट्टोंको तोड़कर एकपार्टी बनाना बहुत जरूरी है, जो कोई इसमें बाधा डाले, वह कमूनिज्मका मित्र नहीं हो सकता—यह बातें साधारण कार्यकर्ताओं और मजूरोंमे फैलने लगी। आखिर गुट्टबाजी खतम हुई और १६३५के आरम्भसे भारतमें कमूनिस्त-पार्टीका वास्तविक पार्टी-जीवन आरम्भ हुआ।

यूसुफ अहमदाबाद आगये। अब वह पार्टीकी जिला-कमेटीके सक्रेटरी थे। उसी साल कपड़े कारखाने वाले मजदूरोंकी आमहड़ताल हुई। यूसुफ पकड लिये गए। भारद्वाजको पकड़कर १२४ए० के अनुसार सजा दी गई। हिन्दुस्तानमें कमूनिस्त पार्टी गैरकानूनी घोषित कर दी गई। अहमदाबादकी मिलमजूर-यूनियनको भी कमूनिस्त समझकर गैरकानूनी बनादिया गया। लेकिन पकड़े जानेसे पहले यूसुफने कमकर (वर्कर) पार्टी के नामसे दूसरी कमेटी कायम कर दी थी।

युसुफके ऊपर चारमास तक मुकदमा चलता रहा। रोज चार घन्टे तक अदालतको यही काम था। पुलिस वाले समझते थे, कि यह मास्को से आया कोई आदमी है। घर, द्वार, माँ-बापका नाम रटा हुआ था। यूसुफ हमेशा उसीको दोहराते रहे। पुलिसने चारों ओर दुहाई दी। उधर जेलके डॉक्टरको भी मजबूर किया। उसने एक दिन बीमारी देखनेके बहाने यूसुफकी परीक्षा करके पुलिसको सूचित किया कि इसका खतना नहीं हुआ है, अर्थात् यह पहलेका मुसलमान नहीं है।

पुलिसने और दौड़धूप की। पंजाब और दिल्लीकी पुलिस भी परेशान की गई। अन्तमें दिल्लीकी पुलिसने यूसुफको सन्तसिंहके साथ जोड़कर उनका पुराना इतिहास पेश कर दिया। यूसुफको नौ मासकी सजा हुई और वह साबरमती जेलमें रखे गये।

छूटनेपर उन्हें रख्याल रोड़के एक बाड़ेमें नजरबन्द कर दिया गया। रोज दो बार पुलिसके सामने हाजिरी देनी पड़ती। इतनेपर भी सन्तोष नही हुआ और डेढ़ महीने बाद गिरिफ्तार करके उनके ऊपर मुकदमा चलाया गया। अपीलमें दो सालकी सजा एक साल रह गई। यूसुफने साबरमती जेलके इस दो सालके जीवनको अंग्रेजी भाषा और साम्यवादी साहित्यके गंभीर अध्ययनमें लगाया, मार्क्सवादके सैद्धान्तिक हाथियारसे अब वह खूब सुसज्जित हो गये। जेलसे निकलतेही (१६३६) उन्हें बम्बई प्रान्तसे निकल जानेका हुकुम मिला। वह रेलसे दिल्लीकी ओर रवाना हुए। गोयन्दा पीछे-पीछे था। यूसुफके पास लाहौरका टिकट था, जिसे उन्होंने किसी दूसरे मुसाफिरसे बदल लिया। एक जगह मेल ट्रेन आगे जाने वाली थी। युसुफने उसे पकड़ा और दिल्ली पहुँच गये। गोयन्दाने पुरानी ट्रेनसे लाहौर जाकर उस मासूम मुसाफिरको पकड़ा होगा। यूसुफ को दिल्लीके मजूर जानते ही थे, उनके सुझावपर मजूर कान्फ्रेन्सके सभापति बाटलीवाला चुने गये। किसी विरोधीने एक चिट्ठी लिखी थी, जिससे पुलिसको पता लग गया और यूसुफको दिल्ली छोड़ देनेका हुकुम मिला।

कानपुरके मजूर नेता—अब वह यमुनापार हो मेरठ जिलेमें आ गये और गाजियाबादमें एक मजूर-भवनकी तैय्यारी करने लगे। लेकिन कोई तैय्यारी बिना पार्टीसे पूछे हो नहीं सकती थी। वह पूछनेके-लिए कानपूर आये। ईथर्टन मिलमें कितने ही मजूर कामसे निकाल दिये गये थे, उनमें बहुतसे यूसुफके अहमदाबादके साथी थे। सभामें गये। यूसुफ बोले। एक मिलकी आग सारे कानपुरमें फैल गई और १५,००० मजदूरोंने आम हड़ताल कर दी। इससे पहले कानपुरके मजूरोंमें

कमूनिस्तोंका प्रभाव नहीं था। यूसुफ दफा १०८ में गिरिफ्तार किये गये। १ सालकी सजा हुई और अपीलमें ५ महीनेके बाद छूटे। हड़ताल तो इतनी सफल नहीं हुई थी, मगर यूसुफका प्रभाव बढ़ चला। अब सर जे० पी० श्रीवास्तवकी विक्टोरिया मिलमें हड़ताल हुई। यूसुफने जबर्दस्त संगठन किया। इसी समय मजूर-सभाका चुनाव हुआ। यद्यपि अब मजूरों पर कमूनिस्तोंका प्रभाव बहुत अधिक था, तो भी उन्होंने कार्यकारिणीके चालीस मेम्बरोंमें सिर्फ १६ अपने रखे, इस ख्यालसे कि नरम नेता मजूर-सभाको कहीं छोड़ न जायं, मजूरोंका बल कमजोर न हो जाये। सेक्रेटरी यूसुफ चुने गये। अब तक मिलके फाटक पर कानपुरमें कभी मीटिंग नहीं हुई थी। १६३७में पहले-पहल लक्ष्मी काटन मिलके फाटकपर यूसुफने मीटिंग शुरू की। गुण्डोंने आकर मारपीट शुरू की। गुण्डे रोज मारपीट करते और मीटिंग तोड़ते, दूसरी ओर यूसुफ अपने कामपर डॅटे हुये थे। २० दिन तक यह कांड चलता रहा। एक दिन गुण्डोंने यूसुफको अपनी जान मार कर छोड़ दिया, मगर वह बच गये। मजूर सभाके चुनावके दिन वह सिरमें पट्टी बाँध कर गये थे। सर, जे० पी० श्रीवास्तव जैसे सर्वत्र प्रभावशाली, रामरतन गुप्त जैसे कांग्रेस-भक्त और बड़े-बड़े महारथियोंने जोर लगाया, मगर कानपुरमें यूसुफका गाढ़ा लाल झंडा नहीं उखड़ सका। १६३७के शुरूमें उन्हें एक सालकी सजा हुई थी, लेकिन कांग्रेस-मिनिस्टरीने आकर छोड़ दिया।

कांग्रेस-मिनिस्टरीके समय भी कानपुरके मिलमालिकोंका दिमाग वैसे ही सातवें आसमान पर था। हड़तालों पर हड़तालें होने लगीं। मिल-मालिक चाहते थे, कि कांग्रेसी सरकार गोली चलवाकर बदनाम हो जाय। डा० काटजू झगड़ा तै करनेकेलिए कानपुर आये। यूसुफने मजूरोंकी तरफसे उनकी बात मान ली; लेकिन मिलमालिकोंने माननेसे इन्कार कर दिया। कानपुरमें मजूरोंने आम-हड़ताल कर दी। १६३७ के अन्तमें प्रधान-मन्त्री पन्त कानपुर आये, समझौता हुआ - मिल-मालिकोंने मजूर सभाको मजूरोंका प्रतिनिधि स्वीकार किया, मजूरोंकी

मांगे मानीं। यूसुफ जो गिरफ़ार करके जेलमें रखे गये थे, वह छोड़ दिये गये। यूसुफकी गिरिफ़ारियों और जेलमें आने-जानेकी संख्याका ठिकाना नहीं।

१९३८में फिर मजबूर होकर मजूरोंको ५२ दिनकी आम-हड़ताल करनी पड़ी, इसमें भी मजूरोंको सफलता मिली।

यूसुफको ५-६ बार गिरफ़ार होना पड़ा।

१९३९ में यूसुफ कानपुर मजूर-सभाके सभापति चुने गये।

१९४०के अगस्तमें यूसुफको पकड़कर जेलमें नज़रबन्द कर दिया गया। जहाँसे जुलाई १९४२में छूटे। १५ दिनकेलिए फिर गिरफ्तार कर लिए गये। वह १४ बार जेलकी सजा काट चुके हैं।

यह है यूसुफ, यह है सरस्वती देवीका नाती संतसिंह। मजदूरोंकेलिए मरना और मजदूरोंकेलिए जीना यही उसका धर्म है, यही उसका कर्म है।

४०

रु० द० भारद्वाज

मेरठ षड्यन्त्रमे जब भारतके मजदूर नेता चुन चुन कर जेलमें बन्द कर दिये गये, तो जिन तीन-चार तरुणोंने भारत में मजदूर-पार्टी के कामको जारी रखा और उसे आगे बढ़ानेकेलिए बहुत काम किया, उनमें रुद्रदत्त भारद्वाजका नाम सबसे पहले आता है।

भारद्वाजका जन्म मेरठ जिलेकी बागपत तहसीलके बूढ़पुर गाँवमे दिसम्बर १६०८ को हुआ था।

बूढ़पुर ५०० परिवारोंका एक छोटा सा गाँव है, जिनमे ३०० जाटों और ६० ब्राह्मणोंके घरोंके अतिरिक्त चमार ४०, भंगी १५, धीमर १५, जैन-बनिया ३, धोबी ७, मुसलमान (लोहार) १२, फकीर १५,

---

१९०८ दिसबर जन्म, १९१३-१५ गावके स्कूलमें, १९१५-१७ किशुनपुरके स्कूलमें, १९१७-१८ घर पर पढाई, १९१९-२१ बडौत जैन हाई स्कूलमें, १९२१ असहयोग, भाग कर दिल्लीमें, १९२२ अगस्त—१९२३ वैश्य नैशनल स्कूल (रोहतक) में, १९२३ पजाब नेशनल मेट्रिक पास अगस्तसे छै मास कौमी विद्यालय लाहौरमे, १९२४ जनवरी—१९२५ बनारस हिन्दू स्कूलमें, १९२५ मार्च मेट्रिक पास, १९२५-२७ बनारस युनिवर्सिटीमें, १९२७ एफ० ए० पास, १९२७ जूलाई—१९३१ इलाहाबाद युनिवर्सिटी में, १९२९ बी० ए० पास, १९३१ एम० ए० पास और एल-एल० बी० प्रथम परीक्षा पास, १९३१-३४ बंबईमें मजूरोंमें काम, १९३४-३६ जेलमें दो साल १९३६-४० कानपुरमें, १९३९ आल इंडिया कांग्रेस कमीटी मेम्बर, १९४० वारंट, अन्तर्धान रामगढ कांग्रेसमें; १९४१ जनवरी—१९४३ जनवरी २४ जेलमें नजरबंद, १९४१ मार्च ६—भवाली टी० बी० सेनीटोरियम् में।

डोम १३ घर हैं। गावकी जमीनके मालिक ज्यादातर जाट-किसान हैं। कुछ भूमि गौड ब्राह्मणोंके पास भी है। गाँवमें खेती छोड़कर कोई रोजगार नही है, हाँ कुछ जाट तरुण पल्टनमें भी नौकरी करते हैं। ब्राह्मणोंमेंसे कितनों हीके पास यजमानी है और समय-समय पर यहाँ संस्कृतके पंडित भी होते आये हैं। भारद्वाजके पिता रामानन्द शर्मा (मृत्यु १६३१) संस्कृतके अच्छे पडित थे, लेकिन उन्होंने यजमानी और पडिताईको अपने जीवनका साधन नही बनाना चाहा। इसकी जगह उन्होंने महाजनी और अनाजकी खरीद-फरोख्तका काम अपने हाथमे लिया। प० रामानन्दके पिताने बनारस जाकर सस्कृतका अध्य-यन किया था और घरही पर विद्यार्थियोंको व्याकरण, काव्य और वैद्यक पढ़ाते थे। जब पश्चिमी यू० पी० में आर्यसमाजका प्रचार बढ़ने लगा, तो बूडपुरमे रामानन्द शर्मा पहले आदमी थे, जो आर्यसमाजी बने। पीछे तो उनके प्रभावसे गाँवके बहुतसे जाट-परिवार आर्य-समाजी बन गये। अनुशासनके वह बड़े पाबन्द थे। लड़कोंको खेलने कूदनेकी आजादी थी, मगर पढ़नेके वक्त तीन-पाँच करने पर वह जरूर ठोंकते।

भारद्वाजकी माता ठाकुरदेवी (६५ वर्ष) बड़े नरम स्वभावकी महिला हैं। आर्यसमाजी पतिने उन्हे कभी पढानेकी कोशिश नही की, इसलिये वह आजन्म निरक्षर रहीं। बराबर घरके काममें लगे रहना और समय मिलने पर पतिकी आँख बचाकर ३३ कोटि देवताओंमेंसे अधिकसे अधिककी पूजा कर लेना, बस यही उनका काम था।

बाल्य—भारद्वाजकी सबसे पुरानी स्मृति चार सालकी है, जब कि उनके बड़े भाई गोदमे लेकर खेलाया करते थे और पूछते थे—"तुम्हारे पेटमे क्या है?" भारद्वाज कहते—"गोही (मगर)।" भार-द्वाज कम खेलने वाले लड़कोंमेंसे थे। गेंद और आँख-मिचौनी खेलना, नहरमे तैरना और कूदना उन्हें जरूर पसन्द था। गाँवके आमोंके दर-ख्तों पर कभी कभी चढ़ा भी करते थे। हाँ माँ और भाभीसे कहानियाँ

सुननेका उनको बहुत शौक था। उन्हें राजारानीकी कहानियोंसे, मन्त्रों और देवताओंके चमत्कारकी कहानी ज्यादा आकर्षक मालूम होती थीं। भूतोंकी कहानियाँ सुनी तो होंगी, मगर उनका डर शायदही कभी लगा हो। शायद इसमें आर्यसमाजी पिता कारण हों।

शिक्षा—बूडपुर मे एक प्राइमरी स्कूल था। भारद्वाज जब पाँच ही साल (१९१३ में) के थे, तो उन्हें पढ़नेमें लगा दिया गया। मगर पहले वहाँ वह सिर्फ खेलनेके लिये जाया करते, फिर छै साल तक हिन्दी पढ़ते रहे। गाँवमें फिरका-बन्दी हो गई, जिससे पिताने बच्चेको उस स्कूलसे निकाल लिया, और दो मील दूर किशनपुर-बुरारके स्कूलमे वह सातकी उम्रसे जाने लगे। अगले साल (१९१६ में) उन्होंने दर्जा २ पास किया। गणितमें उनका बहुत मन लगता था। लेकिन रटना पसन्द नहीं करते थे। सगे चचाका लड़का फौजमे था, उसकी चिट्ठियाँ कटी-कुटी आती, उस समय मालूम हुआ, कि एक बड़ी जबरदस्त लडाई हो रही है। बड़े भाई देवदत्त भारद्वाज जब स्कूलकी छुट्टियोंमें घर आते, तो लड़ाईकी बाते सुनाते। पासमे कोई अंग्रेजी स्कूल नहीं था, इसलिये घर पर रहने पर देवदत्त उन्हें अंग्रजी पढ़ा देते, नही तो एक साल तक अपने दूसरे भाईके साथ गाँवसे सात मील पर किसीके पास हफ़्ते मे एक दिन अंग्रेजी पढ़ आया करते थे।

इस तरह प्राइवेट पढनेसे काम नहीं चल सकता, यह सोच कर १९१९की जुलाईमें भारद्वाजको बडौतके जैन हाई स्कूलमें पाचवे दर्जेमें दाखिल कर दिया गया। यहा उन्होने सातवे दर्जे तक पढ़ा। इतिहासकी कहानियाँ पढ़नेमे अच्छी लगती थी, ज्यामिति और अंकगणित भी पसन्द थे, मगर बीजगणितमे मन नहीं लगता था। अब वह पितासे भी ज्यादा कट्टर आर्यसमाजी हो गये। व्याख्यान और बहससे उन्हें प्रेम था। हितोपदेश, बैतालपचीसो, सत्यार्थप्रकाश तथा बहुतसी आर्यसमाजकी पुस्तके पढ़नेमे उनका काफी समय जाता था, लेकिन

उपन्यासका चसका नहीं लग पाया। छुआछूतका भूत अभी दूर नही हुआ और दूसरोंके साथ खानेमें परहेज करते थे। धीरे-धीरे उनके दिलमें राष्ट्रीय भावना जाग्रत होने लगी। गॉधीजी जब पलवलमें गिरिफ़ार किये गए, तो स्कूलमे हड़ताल करानेमें भारद्वाज आगे थे और उन्होंने प्रतिज्ञा की, कि जब तक गाधीजी मुक्त नहीं होंगे; तब तक सिर्फ एक वक्त खाना खाऊँगा। सौभाग्यसे गॉधीजी जल्दी ही छोड़ दिये गये। १९२०में तिलककी मृत्युके समय भी स्कूलकी हड़तालमें भारद्वाज शामिल हुये। लड़ाईकी विजयमें स्कूलके लड़कोंको तमगे बॉटे गये थे, भारद्वाजने उसे लेनेसे इन्कार कर दिया।

असहयोग—भारतके राजनीतिक क्षेत्रमें अब गाँधीजी आ चुके थे। राजनीनिक चेतना अब निचले तल तक पहुँच रही थी। भारद्वाज १३ सालकी उम्रमें सातवे क्लासमे पढ़ रहे थे, जब कि १९२१मे गाधीजीने असहयोगका शखनाद किया। आर्यसमाजी पुस्तकों और विचारोंके शैदाई भारद्वाजके दिलमे राष्ट्रीय भावना अब बहुत आगे तक बढ़ चुकी थी। उन्होंने अग्रेजी सरकारकी चलाई पढ़ाईसे असहयोग करना चाहा। पिताकी सम्मति नहीं थी, लेकिन भारद्वाजने स्कूल छोड़ दिया। घरवाले पैसा देनेकेलिए तैय्यार नहीं थे, कि वह किसी राष्ट्रीय स्कूलमें पढ़ते। पासमे कुछ पैसे थे, जिनको लेकर कुछ और सहपाठियों के साथ पैदल ही चालीस मील दूर दिल्ली भाग गये। गाधीजीने चरखा कातनेकेलिए कहा था। भारद्वाज दो महीने तक दिल्लीमें चरखा चलाते रहे। दिल्लीमें दफा १४४ थी, इसलिए जमुनापार गाजियाबादमें काग्रेसकी सभाएँ होती थी, भारद्वाज इन सभाओंमें जरूर जाते। आखिरमें देवदत्तने कहा, चलो राष्ट्रीयस्कूलोंमें ही पढनेका इन्तिजाम किया जायगा। लेकिन घर आने पर फिर सरकारी स्कूलमे जानेकेलिए ज़ोर दिया जाने लगा।

भारद्वाजको पता लगा, कि रोहतकमें कोई राष्ट्रीय स्कूल है। घर वालोंसे न अनुमतिकी आशा थी न पैसेकी। तो भी वह (अगस्त

१९२१में) भागकर रोहतकके वैश्य राष्ट्रीय स्कूलमें दाखिल हो गये। एक मास तक किसी तरह पासके पैसेसे खर्च चलाया। फिर घर वालों का भी दिमाग ठिकाने लगा और वह खर्च भेजने लगे। भारद्वाज स्कूल के सबसे तेज लड़के थे। उस समय वहाँ २५०-३०० लड़के पढ़ा करते थे। तीन सालकी पढ़ाईको दो सालमें खतम करते हुए १९२३में उन्होंने पंजाब राष्ट्रीय विश्वविद्यालयका मेट्रिक पास किया।

अब आगेकी पढ़ाईकेलिए भारद्वाज लाहौरके कौमी विद्यालयमें दाखिल हो गये। यशपाल, मोहनलाल गौतम, हरनामदास (महन्त आनन्द कौसल्यायन) उस समय वहीं पढ़ रहे थे। साल भर बीतते विद्यालयकी नैया डगमगाने लगी। भारद्वाजको अभी भी नहीं समझमें आया, कि विद्यामें छूत नहीं लगती। लेकिन हिन्दू-विश्वविद्यालयके बारेमें जब कहा गया, तो वह उसे कुछ-कुछ राष्ट्रीय माननेकेलिए तय्यार थे।

बनारसमें—१९२४की जनवरी (आयु १६ वर्ष)में भारद्वाज बनारसके सेन्ट्रल हिन्दू हाईस्कूलमें चले आये। स्कूलके प्रधानाध्यापक पं० रामनरायण मिश्र धीरे-धीरे अपने मेधावी छात्र पर विशेष कृपा रखने लगे। उसकेलिए खास इन्तजाम कर दिया और उसी साल अप्रेलमें भारद्वाज नवें दर्जेको पासकर दसवें दर्जेमें चले गये। भारद्वाज कांग्रेसके अनन्य भक्त थे और कांग्रेस-सम्बन्धी खबरोंको अखबारोंमें ध्यानसे पढ़ा करते थे। उस साल कांग्रेस कार्यकारिणीने लेनिनकी मृत्युपर जो शोक-प्रस्ताव पास किया था, उसे भारद्वाजने बड़े ध्यानसे पढ़ा था। मार्च १९२५में (१७ सालकी आयुमें) भारद्वाजने प्रवेशिका (मेट्रिक) परीक्षा पास की। यद्यपि राष्ट्रीय स्कूलोंके फेरमें पड़कर कई विषयोंमें उनकी पढाई पिछड़ी हुई थी, मगर सवा सालकी कड़ी मेहनतसे उन्होंने काफी तैय्यारी कर ली थी, और सेकंड डिविजनमें पास हुए थे। असहयोगके ज़माने हीसे वह अखबारको नियमपूर्वक पढ़ा करते थे। 'सरस्वती', 'माधुरी' जैसी पत्रिकाओं और प्रेमचन्द्रकी कहानियोंको

पढ़नेसे उनमें साहित्यिक रुचि बढ़ी। जनार्दन झा 'द्विज' उनके सहपाठी थे, जो खुद भी साहित्यके रसिक थे।

कॉलेजमें—बनारस युनिवर्सिटीमें दाखिल हो वह इतिहास, अर्थशास्त्र और तर्क पढने लगे। तीनों ही मे उनकी बड़ी दिलचस्पी थी और अर्थशास्त्र पर तो बाहरी पुस्तके भी खूब पढ़ते थे। देवदत्त भारद्वाज उस समय लीडरके सब-एडीटर थे। उन्होने इस ओर रुचि दिलानेमें बड़ी मदद की थी। सौभाग्यसे उस समय भारद्वाजको डॉ० ज्ञानचन्द्र जैसा अध्यापक मिला था। आधुनिक राजनीतिक विचार-धाराके जाननेका शौक डॉ० ज्ञानचन्द्रके सत्संगसे भारद्वाजके दिलमें खूब बढा। स्वास्थ्य भी अच्छा था इसलिने वह खूब मेहनत कर सकते थे। वह एक घोर राष्ट्रीयता वादी युवक थे। १६२६ की कानपुर काग्रेसमें स्वयंसेवक बनकर गये। जब १६२६ में काग्रेसने कौंसिलके चुनावकी लड़ाई लड़ी, तो संपूर्णानन्दके चुनाव-क्षेत्रमें वह काम करनेके लिए गये थे। भारद्वाज पं० मोतीलालके जबर्दस्त समर्थक थे और मालवीयजीके उतने ही विरोधी। रूसी क्रान्तिका नाम भर ही सुना था। प्रिन्सिपल ध्रुवने यह कह कर उन्हे और उदासीन वना दिया कि रूसी क्रान्ति फ्रेंच-क्रान्ति जैसी महान् नहीं है। स्वतंत्रता, समानता और भातृभाव रोटी और भूमिसे कही महान् हैं।

बनारससे एफ्० ए० पास कर जुलाई १६२७मे भारद्वाज प्रयाग-विश्वविद्यालयमे दाख़िल हो गये। यहाँ भी अर्थशास्त्र और राजनीति उनके विषय थे। पहले वर्षमें तो वह स्वराजी देशभक्त रहे और उसी दृष्टिसे बहसमें भाग लेते थे। दूसरे वर्ष (१६२८)की पढ़ाईके आरम्भमें ही छात्रसंघकी मीटिंगमे एक तरुणको उन्होंने राष्ट्रसंघके खिलाफ़ बहुत सख्त व्याख्यान देते सुना। तरुणने कहा कि यह राष्ट्रोंका संघ नही, सरकारोंका संघ है। इसी वक्तृतासे भारद्वाजने पूरनचन्द्र जोशीसे परिचय प्राप्त किया। फिर दोनोंमे घनिष्ठता बढ़ने लगी और आगे चलकर भारद्वाज पी० सी० के दाहिने हाथ बने। मार्क्सकी 'कमूनिस्त-घोषणा',

लेनिन्‌की 'राज्य और क्रान्ति', 'साम्राज्यवाद' आदि पुस्तकें पढ़ने को मिलीं, जिससे भारद्वाजको एक नई दृष्टि मिली। प्रयाग तरुण-संघके अब वह सेक्रेटरी थे और पं० जवाहरलाल प्रेसीडेन्ट। भारद्वाजके गंभीर अध्ययनने जहाँ राजनीतिमे उन्हें कमूनिज्म पर पहुँचाया, वहाँ धर्म और ईश्वरके फन्देसे छुड़ाकर अनीश्वरवादी बना डाला। १६२६मे भारद्वाजने बी० ए० दूसरे डिवीजनमें पास किया। इसी साल मार्चमे जोशी मेरठ षड्यन्त्रमें गिरिफ़्तार कर लिए गये। भारद्वाजके ऊपर अकेला सारा बोझ आ पड़ा। उन्हे मार्क्सवादकी क्लास लेनेकेलिए प्रयागसे बाहर भी जाना पड़ता। अब वह एम्० ए०में राजनीति पढ़ रहे थे, साथही घर वालोंके जोर देनेसे कानून भी पढ़नेकेलिए मजबूर हुए। १६३० और ३१ का समय भारद्वाजकेलिए मार्क्सवादके जबर्दस्त अध्ययनका समय था। एम्० ए०मे उनका विषय भी रुचिके अनुकूल था। १६३१मे उन्होंने एम्० ए० पास किया और युनिवर्सिटीमे उनका नम्बर दूसरा था। एल्-एल्० बी०का पहला ही वर्ष पास करके छोड़ दिया। १६३१ में पिताकी मृत्यु हो गई, इसलिए कोई जोर देनेवाला भी नहीं रह गया।

कार्यक्षेत्रमें—भारद्वाज बीच-बीचमें मेरठके साथियोंसे मिल आया करते थे। उन्होंने बम्बई जाकर मजूरोंमें काम करनेकी सलाह दी थी। परीक्षा-फल प्रकाशित होनेके एक सप्ताह बाद ही भारद्वाज जुलाई (१६३१)में बम्बई चले गये। इस समय उनकी उम्र तेईस सालकी थी। बम्बईमें उन्होंने जगन्नाथ अधिकारी, रणदिवे, सरदेसाईके साथ काम करना शुरू किया। बी० बी० सी० आई० रेलवे, गिरनी-कामगार-यूनियन् और तरुण-कमकर-लीग उनके कार्यके क्षेत्र थे। मजूरोंमे व्याख्यान देते, मदनपुरा आदिके कमकरोंकेलिए क्लास लेते, रेलवे मजूरोंकेलिए सर-देसाईके साथ हिन्दी और अंग्रेज़ीमें दो पत्र निकालते। सबसे ज्यादा काम करना पड़ता बी० बी० सी० आई में। उसी साल गिरनी कामगारोंका जलूस निकल रहा था। नेता होनेके कारण भार-

द्वाजको गिरफ्तार करके तीन मासकी सजा दी गई। जमुनादास मेहता अपनी लीडरी खतरेमें देख कमूनिस्तोंको निकाल बाहर करना चाहते थे। लेकिन कमूनिस्त लीडरीके पीछे नहीं कामके पीछे पड़े थे। जमुनादास अपनी चालसे बाज नहीं आते थे। लोगोंने यूनियनकी बैठक बुलानेकेलिए कहा, तो मेहताने इन्कार कर दिया। इसपर बहुतसे हस्ताक्षरोंसे बैठक बुलाई गई। जमुनादास पर अविश्वासका प्रस्ताव पास हुआ और बी० बी० सी० आई० (बम्बईसे अजमेर तक) के मजूरोंकी यूनियनके भारद्वाज जेनरल-सेक्रेटरी चुने गये। १६३४में बम्बईमें अखिल भारतीय कपड़ा मिलमजूर कान्फ्रेंस हुई। मालिकोंके जुल्मसे तंग आकर यही आम-हड़तालका निश्चय करना पड़ा था। भारद्वाजको बम्बईमे भी काम करना पड़ता था और जनवरी-फरवरीमें ५-६ हफ्तेकेलिए उन्हे अहमदाबादके मजूरोंको भी तैय्यार करनेकेलिए जाना पड़ा। नई मशीनोंके लगानेसे मजूर निकाले जा रहे थे। दूसरी ओर मजूरियाँ कम की जा रही थी। इसे चुपचाप मजूर मान नहीं सकते थे। सभी जगह वह हड़ताल कर रहे थे। भारद्वाज इसी कामसे अजमेर गये। वहाँ रेलवे-वर्कशापमें हड़ताल हो गई। फिर क्या था, उन्हे गिरफ्तार करके ६ सप्ताहकी सजा दे अजमेर-जेलमे डाल दिया गया। इसी बीच अहमदाबादका भी वारंट आया और वहाँ उन्हें दो सालकी सजा हुई। योग्य न्यायाधीशने सी० क्लासका कैदी बनाकर अपनी नमक-हलालीका सबूत दिया। भारद्वाजको जेलका सारा समय साबरमती, हैदराबाद (सिंध)के जेलोंमे बिताना पड़ा।

१६३६ के अप्रैलमें वह जेलसे छूटे। यू० पी० पुलिसने हिरासतमें ले लिया और प्रयागमे ले जाकर छोड़ दिया। इससे पहलेही नागपुरमें पार्टीकी केन्द्रीय समितिकी बैठक हो चुकी थी, जिसमें भारद्वाजको भारतीय पार्टीकी केन्द्रीय-समिति और पोलिट्-ब्यूरोका सदस्य चुना गया था। जोशी मिले। अन्तर्धान पार्टीका हेडक्वार्टर उस समय लखनऊमें था। भारद्वाज वहाँ चले गये। उन्होंने पहले पार्टी-सम्बन्धी- तत्कालीन

साहित्यको पढ़ा, फिर पार्टीके निश्चयानुसार कानपुरके मजूरोंमें काम करनेके लिये वहाँ चले गये। इस समय उन्हें बहुत कुछ अन्तर्धानसा रहना पड़ता था। कांग्रेस-मिनिस्ट्रीके आने पर अन्तर्धानकी अवस्था हटी। मई १९३७ में अन्तर्धान-अवस्थामें ही वह पार्टीके कामसे लाहौर गये। लाजपतराय हालके कमीटी-रूममें साथियोंके साथ एक मीटिंग कर रहे थे। लेकिन थोड़ी ही देर बाद देखा, कि पुलिसने हालको घेर। लिया है। हाल ही नहीं आसपासके और भी घर पुलिसके घिरावेमें थे। भारद्वाज छड़ पकडकर एक खिड़कीसे दूसरे घरकी छतपर कूद पड़े और बाहर निकल गये। दूसरे दिन फिर मीटिंग की। फैजपुर कांग्रेसमें भी वह अन्तर्धानही अवस्थामें गये थे। इस समयसे बराबर भारतीय कांग्रेस कमीटीके अधिवेशनोंमें साथियोंके पथप्रदर्शनका काम भारद्वाजके ऊपर होता था। रामगढ़-कांग्रेस (मार्च १९४०) में भी भारद्वाज पहुँचे थे, यद्यपि भारतके कमूनिस्त नेताओंको जेलमें बन्द करनेकेलिए पुलिस बड़ी सावधान थी। विषय-निर्वाचिनीमें भारद्वाजने अपना संशोधन भेजा। दूसरे दिन वह पेश होने वाला था। भारद्वाज चद्दरसे सर ढाँके मीटिंगमें गये। सशोधन पेश किया और उस पर अच्छी तरह बोले। पुलिस चौकन्नी थी, लेकिन जलपानके समय भारद्वाज जो गायब हुए, तो पता नही लगा। अन्तर्धान-जीवनकी ऐसी कितनीही घटनाएं हैं।

भारद्वाज एक सुन्दर वक्ता हैं। १९३०में प्रयाग युनिवर्सिटीका गोखले-गोल्डमेडल उन्हेंही मिला था। वाद-विवादमें भी छात्र-जीवनमें उन्होंने बहुतसे इनाम लिये थे। लेकिन पार्टीके गैर-कानूनी जीवनमें व्याख्यान देना हो नहीं सकता था। भारद्वाजने अपनी शक्तिको मार्क्स-वादी तरुणोंकी शिक्षामें बड़ी सफलतापूर्वक इस्तेमाल किया। वह एक बड़ेही सुन्दर पार्टी-अध्यापक हैं, जिसका कि उपयोग देवलीके नजरबन्द साथियोंने खूब लिया। मेरठमें अपनी जन्मभूमिमें जानेका भारद्वाजको बहुत कम मौका मिला। छात्रावस्थाके बाद १९३६ में वह एक बार गये थे। उनके गाँव और आसपासके लोग भारद्वाजके कामको नहीं

देख पाये हैं, मगर नाम पहुँच गया है। वह जानते हैं कि हमारा रुद्रदत्त गरीबोंके लिये काम करता है। पुलिसके हाथसे अलोप हो जानेकी बहुत सी झूठी-सच्ची कथाये गाँवके लोगोंमें मशहूर हैं, जिन्हें वे फ़ुरसत के समय दोहराया करते हैं।

१९३१में पूनामें कोई सभा हो रही थी। भारद्वाज भी बोलना चाहते थे। सीने पर हँसुआ-हथौड़ा लगा देखकर सभापतिने बोलनेकी इजाजत नहीं दी। लोग तैयार थे। भारद्वाजने धुँवाधार व्याख्यान दिया। प्रेसीडेन्ट भाग गया। बम्बई, यू० पी० आदि कितनेही प्रान्तोंमें भारद्वाजके सिखलाए तरुण आज अपनी-अपनी जगहों पर कमकर जनताका नेतृत्व कर रहे हैं। दिनकर मेहता, रणछोर पटेल आदि उन्हीं तरुणोंमें हैं।

भारद्वाजमें सैद्धान्तिक विश्लेषणकी ही बुद्धि नही है, बल्कि वह व्यावहारिक विश्लेषणमें भी बहुत पटु हैं। कानपुरका मजदूर-संगठन जो इतना बलिष्ट है, उसमें यदि यूसुफकी कर्मठताका बहुत हाथ है, तो भारद्वाजकी व्यावहारिक बुद्धिका भी सबसे ज्यादा हिस्सा है। दूसरा कोई आदमी होता, तो बालकृष्ण शर्मा 'नवीन'से भड़क उठता, लेकिन भारद्वाजने जल्दीही परख लिया, कि 'नवीन' जनताका आदमी है, वह हमेशा जनतामें रहेगा, जनताका होकर रहेगा, इसीलिये उसके हजार खून माफ हैं। कानपुरके श्रम-जीवितयोंके संगठनमें तीसरा आदमी, जिसने सबसे ज्यादा काम किया है, वह हैं हिन्दीके कवि बालकृष्ण 'नवीन' जिनके सौहार्दको भारद्वाज सदा याद रखते हैं।

सवासाल अन्तर्धान रहनेके बाद जनवरी १९४१ में पुलिस कानपुरमें भारद्वाजको गिरफ़्तार करनेमें सफल हुई। कानपुर, आगराके जेलोंमें कुछ दिन रहनेके बाद भारद्वाज देवली-कैम्पमे भेज दिये गये। राजनीतिक कार्य करनेके परिश्रम और अन्तर्धान जीवनकी कठिनाइयोंसे भारद्वाजका स्वास्थ्य बहुत खराब हो चुका था। तब भी जेलमें पार्टी-

संगठन और पार्टी-क्लास लेना उनकी जिम्मेवारी थी। राजनीतिक बन्दियोंके कष्टोंको दूर करनेमें देवलीमें जो संघर्ष और भूख-हड़ताल करनी पड़ी थी, उसका नेतृत्व भारद्वाजके ऊपर था। पार्टीके ऊपरकी कानूनी रुकावट दूर कर देने पर जब बहुतसे कमूनिस्त छोड़ दिये गये, तब भी भारद्वाजको नहीं छोड़ा गया। वह कितने ही दिनों तक बरेली जेलमें रहे। डॉक्टरोंने घोषित कर दिया, कि उन पर तपेदिकका भीषण आक्रमण है। तब भी सुलतापुर जेलमें ले जाकर उन्हें बन्द रखा गया, और जब समझ लिया कि वह मृत्युके मुखमें हैं, तभी २४ जनवरी १९४३ को उन्हें जेलसे छोड़ा गया। कितने ही समय तक नीचे रहनेके बाद ६ मार्चको भवालीके सेनीटोरियममें उन्हें जाना पड़ा। अब स्वास्थ्य सुधरा जरूर है, लेकिन अभी भी वह खतरेसे बाहर नहीं हैं, और काफी समय तक उन्हें बहुत संयमके साथ रहना पड़ेगा।

४१

सुमित्रानंदन पंत

सुमित्रानन्दन पन्त हिन्दीके युग-प्रवर्तक कवि हैं। 'प्रसाद', 'निराला', 'पन्त' हिन्दीकी इन त्रिमूर्तियोंमेंसे हैं, जिनमेंसे हरएक अपना-अपना व्यक्तित्व रखता है। पन्तका व्यक्तित्व केवल कवितामें है। लेकिन इसका मतलब यह नहीं कि वह सिर्फ कविताके संसार हीमें सांस लेते हैं। आँख खोलते ही उन्होंने कौसानीमें जो हिमालयके अनुपम सौन्दर्यको देखा था, हो नहीं सकता था, कि उनका कवि-हृदय प्रकृतिकी मनोहर छटा को क्षणभरकेलिए भी भूल जाता। बहुत दिनों तक उन्होंने मानव-सन्तानोंका प्रकृतिकी औरस सन्तान होना अस्वीकार किया। मगर

१९०० मई २१ जन्म (ज्येष्ठ कृष्णाष्टमी १९५७ सवत), १९०४ शिक्षारंभ, १९०७ पहिली तुकबंदी, १९०९ अपर प्राइमरी पास, १९०९-११ घर पर पढाई, १९११-१८ हाईस्कूल (अलमोडा)में, १९१५ पहिली कवितायें, १९१६ साधु बननेकी धुन, "कागजका फूल", "तम्बाकूका धुआँ" कवितायें, "मर्यादा" आदिमें छपी कवितायें, १९१७ मिडिल पास, १९१८-१९ जयनारायण हाईस्कूल (बनारस)में, नई शैलीकी कवितायें; १९१९ मेट्रिक पास, १९१९-२१ म्युर सेंट्रल कालेज (प्रयाग)में, १९२१ कालेजसे असहयोग, "उच्छ्वास"; १९२३ "बादल", १९२३-२८ दर्शनमें गर्क, १९२६ मझले भाईकी मृत्यु, १९२७ पिताकी मृत्यु, १९२९ स्वास्थ्य चौपट, १९३० "मधुवन"की कहानियाँ, कालाकाँकरमें "गुंजन"; १९३०-३५ आध्यात्मिक रहस्यवादपर पूर्ण श्रद्धा, १९३५ नया जीवन, "युगान्त", १९३६-३७ "युगवाणी", १९३८-३९ मार्क्सवादी, "ग्राम्या"; १९४० लोक-सस्कृतिके विकासकी ओर ख्याल, १९४२-४३ "छाया", "परिणीता", "साधना", "स्रष्टा", "स्वप्न-भंग" आदि नाटक, १९४२ अल्मोडामें।

प्रकृतिके पुजारीको उसके अपने देवताने ही बतला दिया, कि वैसा समझना ग़लत है। प्रकृति चिरतरुणी, चिरविकासोन्मुखी है इसीलिए उसका कवि पंत भी सदा विकसित होता रहा। पंत बीसवीं सदीके महान् कवियोंमें हैं, इसमें सन्देह नहीं। लेकिन महान् कवि होनेके साथ-साथ हिन्दीकेलिए उनकी एक और भी बड़ी देन है, वह है हिन्दीकी काव्य-भाषाको कोमल और कांत बनाना। एक सच्चे पारखीकी तरह पंतने त्रिकालसे मौजूद शब्दोंको सेर-छटाँकमें नहीं रत्ती और परमाणुओंके भारमें तौलकर उनके मोलको बड़ी बारीकीसे आंका, और उसे किसी यूनानी प्रस्तरशिल्पीकी भाँति अपनी छेनी और हतौड़ेको बहुत कोमल और दृढ़ हाथोंसे काटा-छाँटा, उसे सुन्दर भावोंके प्रगट करनेका माध्यम बनाया। शब्दोंके सुन्दर निर्माण और विन्यासमें पंत अद्वितीय हैं।

जन्म—अल्मोड़ासे ३२ मील उत्तर, समुद्रतलसे साढ़ेसात हज़ार-फीट ऊपर उपस्थित कौसानी हिमालयकी अत्यंत सुंदर उपत्यका है। चीड़ और विशाल बाँज (Oak), देवदार और केलसे ढँके पर्वतगात्र प्राकृतिक सौंदर्यमें कौसानीको अनुपम बनाते हैं। पिछले महायुद्धसे पहले कौसानीमें किसी अंग्रेजका एक विशाल चायका बगीचा था। साहेबके मुनीम और लकड़ीके ठेकेदार थे पं० गंगादत्त पंत (मृत्यु १९२७) पं० गंगादत्त बीउनराकोटसे आकर यहीं—हच्छीनामें बस गये थे। २१ मई सन् १९०० (जेष्ठ कृष्ण ८, स० १९५७)में पं० गंगादत्त की पत्नी सरस्वती देवीको चौथा पुत्र पैदा हुआ। जिसके संसारमें आने के ६ घंटे बाद ही माँने शरीर छोड़ दिया। पिताने पुत्रका नाम सुमित्रानंदन पंत रखा। हरदत्त, रघुवरदत्त, देवदत्त जैसे नामोंके बाद पिताको अपने सबसे छोटे पुत्रका नाम इतना कवितामय रखनेका कारण क्या था?

बाल्य—सुमित्रानंदनको उनकी फूफीने पाला। वह अपने भाई के पास कौसानी (हच्छीना)में रहा करती थीं। फूफीका स्वभाव बहुत नम्र था। पंतकी सबसे पुरानी स्मृति २॥–३ सालकी है। बालक सुमित्रानंदन अपने भाईके हाथसे एक रस्सी खींच रहा था। भाईने हाथ

छोड़ दिया और सुमित्रानंदन एक जलती हुई अगीठीमें गिर गया, बुरी तरह झुलस गया। पाँच सालकी उम्रमें मदिरकी स्लेटी खपड़ैल गिरी जिससे पैरके अंगूठेमें चोट आयी। पंतको अपने बड़े भाई-की शादी भी याद है, जबकि वह नौकरकी पीठपर चढ़कर वहाँ गया था। माँके दूधकी जगह बालक सुमित्रानंदनको मिलिन्स फूड (डब्बेवाले दूध) पर पाला गया था। इब्बीनामें जिस जगह पं० गंगादत्तका घर था उसके आसपास दो-तीन मील तक कोई घर या टोला नहीं था। हाँ, साहेबका बगला एक मील दूरपर था, और बगीचेमें काम करनेवाले १॥-२ हजार कुली वहाँ पासमें रहा करते थे। यद्यपि सुमित्रानंदन को बदहज्मीकी शिकायत ११ साल तक रहती रही, मगर और तरहसे स्वास्थ्य अच्छा और शरीर गोल-मटोल था। चचेरे भाई भी कुछ थे मगर सुमित्रानदन सदा घरघुस्सा था। राक्षसोंकी कहानियाँ, भूतोंकी कहानियाँ तो बड़े शौकसे वह सुनता ही था, लेकिन उसकेलिए सबसे सुंदर कहानियाँ थी बर्फ़के परियों की। जब बर्फ गिर जाती है, तो देवदार और चीड़के सदा हरित पत्रोंपर सफेद गालेकी तरह छाकर धरती पर चारों ओर रुपहला फर्श बिछा देती है, उस समय परियाँ अपने घरोंसे निकलती हैं, फिर उनका नाच शुरू होता है। सुमित्रानदन को इन परियोंके देखनेका बड़ा शौक था, लेकिन कुछ-कुछ डरता भी था; क्योंकि बुआ और दादी ने कह रखा था कि परियाँ छोटे-छोटे बच्चोंको उठा ले जाती हैं। कौसानीमें लाल-सफेद रंगके सुन्दर गोल-मटोल पत्थरोकी कमी नही थी। सुमित्रानंदन ऐसे पत्थरों को जमाकर फूल-मिठाईसे खूब पूजता। घरकी स्त्रियोंमें गानेका शौक था। कभी बहनें गातीं, और कभी दादी देवकी बुढ़ापेके कंपित-स्वरमें गुनगुनाती —"माईके मदिरवामें दीपक बारो"; जिसे सुनकर सुमित्रानन्दन भी गुनगुनानेकी कोशिश करता। मकानके पास विशाल देवदारोंका उपवन-सा लगा था, उन्हें निहारना और उनसे गिरते पीले चूर्णको देखना सुमित्रानन्दनको बहुत पसन्द आता था। कौसानी (कत्यूर घाटी) और

हिमालयके बीचमें कोई व्यवधान नहीं है, और बालक सुमित्रानन्दन हिमालयके रौप्य-शिखरोंको प्रातः-सायं सुवर्णमय होते देख बहुत चकित होता था। कौसानीमें साधु अक्सर आया करते थे। पं० गंगादत्त पन्त साधुसेवी थे। एक बार पूछनेपर गंगादत्तजीने सुमित्रानन्दनके बारेमें बतलाया—"यह मेरा सबसे छोटा बेटा है।" साधुने कहा—"सबसे छोटा या सबसे बड़ा?" हाँ सुमित्रानंदनने पीछे अपनेको सबसे बड़ा बेटा साबित किया। सुमित्रानन्दनको न खेलनेका शौक था न कूदने का, न वह लड़ता झगड़ता था।

शिक्षा—चार-पाच सालका होनेपर पिताने लकड़ीकी तखतीपर मृत्तिका-चूर्ण डाल सुमित्रानन्दनको "श्रीगणेशायनमः" शुरू किया। हच्छीनामें एक छोटा-सा स्कूल था, जिसमें चालीस-पचास लड़के पढ़ा करते थे और अध्यापक थे फूफीके लड़के। सुमित्रानन्दन रोज़ स्कूलमें जाता। पढ़नेमें उसकी दिलचस्पी थी। बड़े भाई अपनी तरुणी पत्नीके मनोरंजनकेलिए मेघदूत (हिन्दी)को बड़े रागसे गाते थे। सुमित्रानन्दन उसे बड़े ध्यानसे सुनता था—छंदको, रागको, अर्थको, सुमित्रानन्दनको अभी इनके भेद नहीं मालूम थे। भाईके कमरेके बरामदे-में पन्तका डेस्क था। भाई और छुट्टियोंमें आये उनके दोस्त इश्किया गजल गाया करते थे। सुमित्रानंदनको गजलकी लय अच्छी मालूम हुई और उस सात सालकी उम्रमें उसने भी अपने पीले कागजकी कापी पर एक गजल लिख डाली। १९०९में सुमित्रानंदनने अपरप्राईमरी दर्जा ४ पास कर लिया था। अँग्रेजीके स्कूल दूर थे और नौ सालकी उम्रमें बाहर भेजना पिता पसंद न करते थे, इसलिये दो साल तक घर ही पर रहते सुमित्रानंदन पिता और भाईसे अँग्रेजी पढ़ता। बड़े भाई हरदत्तसे सुमित्रानदनका बहुत प्रेम था।

११ सालकी उम्रमें (१९११) सुमित्रानंदनको अल्मोड़ाके गवर्नमेंट हाईस्कूलके चौथे दर्जेमें दाखिल कर दिया गया। मझले भाई रघुबरदत्त उस समय वहीं नवें दर्जेमें पढ़ते थे, इसलिये दोनों साथ रहते थे।

बचपन हीसे सुमित्रानंदनको 'साधुओंके देखने-सुननेका बहुत मौका मिलता था। १९१५में स्वामी सत्यदेवका व्याख्यान सुना। उन्होंने वहाँ एक हिंदी पुस्तकालयकी स्थापना की, इससे सुमित्रानंदनमें हिंदी-प्रेम और देशभक्तिका जोश जगा। सुमित्रानंदन "सरस्वती" और मैथिली-शरणकी कविताओंको बड़े शौकसे पढ़ा करता। १५ सालकी उम्रमें अपने फुफेरे भाईको सुमित्रानंदनने रोला छंदमें एक पत्र भी लिखा। १९१६ में एक पंजाबी तरुण साधू अल्मोड़ामें आया। उसके सुन्दर गोरे शरीरपर रेशमी काषाय और भी सुन्दर मालूम होता था। उसके बाहरी वेष-भूषण को ही सुमित्रानंदनने ज्ञान-वैराग्यका बाह्य रूप समझा। सुमित्रानंदनको यह जीवन सुन्दर मालूम होने लगा। महाभारत, रामायण, वैराग्यशतक-को वह बड़े चावसे पढ़ने लगा। एक तरफ उसका ध्यान योग, वैराग्य की ओर खिंचा हुआ था और वह पढ़ाईके घंटोंके साधुके सत्संगमें बिताता था या धार्मिक पोथियोंमें डूबा रहता, दूसरी ओर साहित्यकी ओर उसकी स्वाभाविक रुचि अब जाग उठी थी। १९१६में ही "अल्मोड़ा-अखबार"में पंतकी पहली कविता छपी। इस समय भारत-भारतीका छन्द — हरिगीतिका — पंतको बहुत पसंद था। साहित्यिक गोविंदवल्लभ पंतके भतीजे शामाचरण पंत 'सुधाकर' (१९१६-१७) नामसे एक हस्त-लिखित पत्र निकालते थे। सुमित्रानंदन बराबर उसमें अपनी कवितायें देने लगा। उसके दिलमें आत्म-विश्वास बढ़ चला था। इसलिए अपनेको ज्यादा साधन-संपन्न बनानेकेलिए पंतने 'छंद-प्रभाकर', 'काव्य-प्रभाकर', आदिके साथ मध्यकालीन कवियोंकी कृतियोंको बड़े ध्यानसे पढ़ा। केशवदास उसे कभी पसंद नहीं आये। मतिराम और सेनापति पंतके अत्यंत प्रिय कवि थे। बिहारीकी ओर उसकी रुचि तब गई, जबकि उन्होंने पद्मसिंहकी भूमिकाको पढ़ा। १९१६ हीमें पंतने अपने 'तंबाकूका धुँआ'को 'अल्मोड़ा-अखबार'में छपवाया था, जिसकी दो पंक्तियाँ हैं—

"सप्रेम पान करके मानव तुझे हृदय में।
रखता जहाँ असे हैं भगवान विश्व-स्वामी॥"

धुँआ पतकेलिए स्वतन्त्रताका प्रेमी मालूम हुआ। 'सुधाकर' में पंत अपनी कविता देते थे। लेखों और कविताओं पर मित्र मण्डलीमें खण्डन-मण्डन भी होता रहता था। इलाचंद्र जोशी और श्यामाचरण-दत्त पंत कहा करते कि सुमित्रानंदन तो मैथिलीशरणका नक्कालची है। 'सुधाकर'में सुमित्रानंदन उनके आक्षेपोंका जवाब भी दे देते, लेकिन साथ ही वह अपने मनमें उनके आक्षेपको सत्य भी समझते थे, इसलिए उनकी प्रतिभा स्वच्छंद होनेकी फिक्रमें रहती थी। इसकेलिए वह अधिक से अधिक साहित्यको पढ़ते थे। स्कूलके निबंधोंमें तो इतने कठिन-कठिन शब्द इस्तेमाल करते थे कि अध्यापकको भी समझमें नहीं आते थे और वह कह दिया करते कि सुमित्रानंदन हिंदीमें जरूर फेल होगा।

१६१६में कविता लिखनेमें वह बहुत व्यस्त रहा करते और एक-एक दिनमें दो-दो कविताएँ लिख डालते थे। 'अलमोडा-अखबार' मे छपी उनकी कविता 'कागजके फूल' भी उनमेंसे एक है। भाईके यहाँ कागज़के फूल टँगे रहते थे, उसपर भौंरा भला क्यों आने लगा। इसीको लेकर पतने लिखा था—

'कागज कुसुम बता तू छविहीन क्यों बना है।
तू रूप-रगमें तो उपवन कुसुम सदृश है॥"

पतको व्रजभाषामें कविता करनेका शौक शुरू हीसे कभी नहीं हुआ। वह समझते थे कि यह वे-ऋतुका गाना होगा। १६१६-१७की जाडोंकी छुट्टियोंमे पंत कौसानी चले गये थे—ठडी जगहोंमें लम्बी छुट्टियाँ गर्मीकी जगह जाड़ेमे होती हैं। यहीं पंतने अरुण' और हिमाचल' आदि कविताएँ लिखी। इसी समय पंतने 'हार' नामसे एक उपन्यास लिखा, जो छपा नही। इसमे तरुण-तरुणीका प्रेम और तरुणका सन्यासी बन तिलकके कर्मयोगकी ओर जानेका चित्रण है—पत स्वय वैसा सन्यासी बननेकी फिक्रमें थे और स्कूलकी एक सालकी पढ़ाईको उसीकेलिए स्वाहा भी कर दिया।

१६१७में पंतने मिडिल पास किया। छुआछूतका ख्याल पंतको

बचपन ही से नहीं था। कौसानीका साहेब बहुत उदार विचारका था। बालक सुमित्रानंदनको वह खूब मानता था। जानेपर लाल मिश्री और मिठाइयाँ देता। उसके खानसामाके हाथसे खानेमें किसीने कोई एतराज नहीं किया। और छुटपन ही से अण्डा उसके खाद्यमें शामिल हो गया। बी० ए० करनेके बाद बड़े भाई पाँच साल तक घर ही पर रहे। उनके स्वतंत्र विचारोंका प्रभाव पड़ना ही था। इस तरह पुराने ढंगकी कट्टरपथितामे पड़ना पन्तकेलिये सम्भव नहीं था। लेकिन वैसे पन्तकी धर्मकी ओर रुचि, कुछ बौद्धिक ढंगकी इस समय ज्यादा थी। आर्य-समाजका उनके ऊपर कुछ असर हुआ था। मूर्तिपूजाकी जगह वह योगको ज्यादा अच्छा समझते थे और तिलकका गीतारहस्य उनकी बाइबल थी।

पहाड़से बाहर—१९१८में पन्तने नवा दर्जा पासकर लिया था। एक भाई भी बनारस (क्वीन्स कालेजिएट स्कूल)मे पढ़ रहे थे। जुलाई (१९१९)मे पन्त भी हिन्दूस्कूलमें भर्ती होनेकेलिये चले आये, मगर जगह नहीं मिली, इसलिये उन्होंने जयनारायण स्कूलमें नाम लिखा लिया। हिन्दूविश्वविद्यालयमें कविताकी प्रतियोगिता हुई। कागज पेन्सिल ले दो घण्टेमें कविता लिख देना था। पंत प्रतियोगितामें सफल रहे।

नवीन कविता—१९१८-१९का यह स्कूलका आखिरी साल है, जबकि अंधेरेमें हाथ-पैर मारती पंतकी कविता-सरस्वतीने एक नया रास्ता पाया। उन्होंने "काला बादल" आदिके रूपमे एक नई शैलीका आविष्कार किया।

"काला तो यह बादल है! कुमुदकला है जहाँ किलकती।
वह नभ जैसा निर्मल है मैं वैसी ही उज्वल हूँ माँ॥"

—*पल्लविनी ३७।*

इससे पहले पंतने कवि रवीन्द्रकी कविताओंको पढ़ा था। सरोजिनीकी कविताओंने भी उनपर असर किया था। उन्होंने छन्द और भाषाको

ज्यादा सजीव और सरस बनानेका प्रथम प्रयास किया। 'प्रिय-प्रवास'का स्टाइल उन्हें पसन्द था। और शब्दोंके चुनावमें भी दूसरोंकी अपेक्षा उसमें ज्यादा परिष्कृत रुचि दिखलाई गई थी। पंतको करुण-रस सबसे ज्यादा प्रिय है। 'प्रिय-प्रवास'के राधारुदनको पढ़ते हुए वे अपने आँसुओंको बहाया करते थे। लेकिन तब भी उस समय तक हिन्दी-काव्यमें जिस शैली और भाषाका प्रयोग होरहा था, वह बेरंग-रूपका चटियल मैदान-सा मालूम होता था। १६१६में पंतने मेट्रिक पास किया और दूसरे डिवीजनमें बहुत ज्यादा नम्बरोंसे। अँग्रेजी और अँग्रेजी कविता की ओर उनकी कोई विशेष रुचि नहीं थी। हाँ बंगला साहित्यकेलिये उन्होंने बनारसमें बंगला भाषा पढ़ी। इतिहासकी विशेष-विशेष घटनाओं को पद्यबद्ध करके रट लिये थे।

पंतने इस समय तक प्रसादजीके 'झरना'को पढ़ लिया था, लेकिन बनारसमें रहते भी, अभी प्रसादजीसे मिले नहीं थे। काशीकी पूजा-पाखंड पंतको पसंद न थी। भक्तोंके भगवान करीब-करीब लुप्त हो चुके थे। हाँ, बनारसके फूलोंके गजरे उन्हें जरूर प्रिय मालूम होते थे। राजनीतिमें कोई दिलचस्पी नहीं थी।

कॉलेज (प्रयागमें)—अब (२१ जुलाई १६२१)को पंत म्योर सेन्ट्रल कॉलेज (प्रयाग)में दाखिल होगये—अभी प्रयाग विश्वविद्यालय परीक्षक विद्यालयमात्र था। संस्कृत, इतिहास, और तर्कशास्त्र उन्होंने अपनेलिये विषय चुने थे। नवम्बरमें होस्टलमें कविसम्मेलन हुआ। पतने 'स्वप्न' कविता पढ़ी—

"बालकके कंपित अधरों पर,
किस अतीत स्मृतिका मृदुहास ?
जगकी इस अविरत निद्राका,
करता नित रह-रह उपहास ?
उस स्वप्नोंकी स्वर्णसरितका,
सजनि कहाँ शुचि जन्मस्थान ?

मुस्कानोंमें उछल-उछल मृदु,
बहती वह किस ओर अजान !"

—पल्लविनी ३७

विद्वानोंने तरुण कविके कवित्वकी दाद दी, श्रोताओंने बहुत पसद किया। अब पन्त नौसिखिये कवि नही एक लब्धप्रतिष्ठ कवि हो चुके थे। प्रोफेसर शिवाधार पाडे सबसे ज्यादा प्रभावित हुए। उन्होंने शेक्सपीयर ग्रन्थावली और लफकाडियो हर्नकी पुस्तके भेंट की। पन्तका अब बहुतसा समय साहित्य पढ़ने और कविता लिखनेमें जाता था। कीटस और शैलीकी कविताएं पन्त बहुत पसन्द करते थे।

असहयोग—१६२१ आया। पन्त एफ० ए०के आखिरी सालके विद्यार्थी थे। चारों ओर असहयोगकी धूम थी। इसी समय महात्माजी प्रयाग पहुँचे। देवदत्त पन्तने अपने छोटे भाईको इस तूफानी समयमें भी कविता और पुस्तकोमे डूबे देख एक दिन कहा—"क्या कर रहे हो ! महात्माजीका दर्शन भी नही करने जाओगे ?" पन्त महात्माजीका दर्शन करने आनन्दभवन गये। महात्माजीने छात्रोको सम्बोधित करके कहा कि मैं चाहता हूँ कि तुम लोग कॉलेज छोड दो। छोड़नेकेलिये स्वीकृति देते लोग हाथ उठाने लगे। पन्तने इसके बारेमें कुछ भी नही सोचा था। राजनीतिकी गन्ध भी उन्हे नहीं छू पाई थी। लेकिन आ फँसे थे। दुर्भाग्यसे महात्माजीके सामने पहली पाँतीमें बैठे हुए थे। लाज-शरमके मारे हाथ उठाना ही पड़ा। पन्तने कॉलेज छोड़ दिया। देवीदत्त अपने जहाँके तहाँ बने रहे। कहने पर उत्तर देते—"दोनों छोड देगे, तो घरवाले नाराज होंगे।" पन्त कविके रूपमें प्रयागमें प्रसिद्ध भी हो चुके थे, इसलिये वह हाथको उतने हलके दिलसे नही गिरा सकते थे।

असहयोग करके एकाध सप्ताह पन्त 'इन्डिपेन्डेन्ट'के साईक्लोस्टाईल पर छापनेकेलिये जाते रहे। इसके बाद उनकेलिये फिर राजनीति दूसरे लोककी चीज होगई। उनके असहयोगका असली मतलब हुआ, विश्व-विद्यालयकी पढ़ाईसे सन्यास ले कविता-सरस्वतीकी एकान्त आराधना।

कविका पहिला युग—१९२०में ही पन्तने होस्टलके एक कवि-सम्मेलनमें अपनी कविता 'छाया' पढ़ी थी। सभापति हरिऔधजीने खुश होकर माला उनके गलेमें डाल दी। असहयोगके बाद तीन-चार साल तक प्रो० शिवाधार पाडेके साथ पन्तका घनिष्ट सपर्क रहा। कालिदास आदि भारतीय कवियों और शेक्सपियर आदिके ग्रन्थोंके पढ़नेमें ही पाडेजीने सहायता नहींकी, बल्कि वह सदा प्रोत्साहन देते रहते थे। सितम्बर १९२२में पन्तने 'उच्छ्वास' लिखा। और अजमेरमें उसे छपाया। शिवाधार पाडेने इसे नया युग कहा, कितने ही और विद्वानोंने हिन्दीमें इसे एक नई चीज़ बतलाया। साहित्यसम्मेलन पत्रिकामें किसीने इसका मजाक उड़ाया। 'सरस्वती'-संपादक बख्शीजीने इसे पूरा शब्दाडम्बर कहा। उसकी कुछ पक्तियाँ थीं—

"—बालिका थी वह भी।
सरलपन ही था उसका मान,
निरालापन था आभूषन,
कान से मिले अजान नयन
सहज था सजा सजीला तन।
रंगीले गीले फूलों से,
अधखिले भावों से प्रमुदित,
बाल्य सरिता के कूलों से,
खेलती थी तरंग सी नित।"

—पल्लविनी (१७४)

दो साल और बीते। पन्त राजनीतिसे बिलकुल निर्लेप रहे। न राजनीतिकी पुस्तक पढते न व्याख्यान सुनते। उनका सारा समय साहित्यके लिये था। एप्रैल १९२२में कायस्थ पाठशालामें कविसम्मेलन था। पन्तने अपनी कविता 'बादल' सुनाई—

'सुरपति के हम हीहैं अनुचर,
जगत प्राण के भी सहचर,

मेघदूत की सजल कल्पना,
चातक के चिर जीवनधर;
× × ×
भूमि गर्भ में छिप विहंग-से,
फैला कोमल, रोमिल पंख,
हम असंख्य अस्फुट बीजों में,
सेते साँस, छुड़ा जड़ पंक;
विपुल कल्पना-से त्रिभुवन की,
विविध रूप धर, भर नभ अंक,
हम फिर क्रीड़ा कौतुक करते,
छा अनंत उर में निःशंक,
× × ×
उमड़-उमड़ हम लहराते हैं,
बरसा उपल, तिमिर, घनघोर;
× × ×
कभी हवा में महल बनाकर,
सेतु बाँध कर कभी अपार,
हम विलीन हो जाते सहसा,
विभव भूति ही से निःसार।
हम सागर के धवल हास हैं,
जल के धूम, गगन की धूल,
अनिल फेन, ऊषा के पल्लव,
वारि-वसन, वसुधा के मूल ॥"

—पल्लविनी—३५

'उच्छ्वास' पर विरुद्ध सम्मति देनेवाले बख्शीजी इसे सुनकर बहुत प्रसन्न हुए। आनन्दीप्रसाद श्रीवास्तवके साथ वह पन्तके पास गये।

बधाई दी। फिर कई कवितायें सुनीं। बख्शीजीने अब (१६२२) पन्तजी की कविताओंको आग्रहपूर्वक छापना शुरू किया। इस समय पन्तपर दुःखवाद और करुणाका जबरदस्त प्रभाव था। ठोस दुनिया उनकी आँखोंसे ओझल थी। सिर्फ मानस जगत् उनके सामने रहता था। घण्टों लेटे रहते। समझते यह पृथ्वी ठोस क्या है, यह तो हलके दबाव कोही बरदाश्त नहीं कर सकती।

"दुःख"-"दुःख"—दुःखके मारे पन्तका हृदय विदीर्ण होना चाहता था। धर्मकी भूलभूलैयोंसे वे गुजर चुके थे, इसलिये वह सात्वना नहीं दे सकता था। पन्त अब वेदान्तके चक्करमें आये। समझने लगे शायद यहाँ सात्वना मिले। उपनिषद, रामकृष्ण विवेकानन्द और रामतीर्थके ग्रन्थोंको बड़ी श्रद्धासे पढ़ने लगे। टाल्स्टायके 'मेरा धर्म' और उसके अनन्त पापके सिद्धान्तनेभी दिलको थोड़ी देर खींचा, लेकिन जहाँ वेदान्त सत्य शिवसुन्दरका ख्याल दिमागमें भरना चाहता था, वहाँ टालस्टाय सभी जगह पापही पाप दिखलाना चाहते थे। बुद्धि किसी निश्चयपर नहीं पहुँच रही थी। दिलमें एक तरहका तूफान आया हुआ था। बाबू भगवानदासके ग्रन्थोंसे कुछ मनोविज्ञानकी तरफ रुचि हुई। फिर पश्चिमी लेखकोंके ग्रंथ पढे। काण्ट बहुत पसन्द आया, उसने बुद्धीको कुछ कुण्ठित करनेमें काम दिया। हेगेल्भी रुचिकर मालूम हुआ, लेकिन दोनोंका द्वन्द जब सामने आया, तो दर्शनसे मन कुछ उदासीन होगया।

इसी समय (१६२४में) पूरनचन्द्र जोशीसे सम्बन्ध हुआ। वह एक दूसरी दृष्टिको सामने रखने लगा। लेकिन मनकी अशान्ति कम नहीं होती थी। उस समय पूरन बहुत समझा भी नहीं सकता था, क्योंकि वह अभी कट्टर गाँधीवादी थे! हाँ जब वह मार्क्सवादी होगये, तो उनकी बातें जरूर नयी मालूम होने लगीं। भौतिकवादपर बातें होतीं, लेकिन पन्त हमेशा परमार्थ मूल और परमार्थ सत्व्, सनातन रहस्य ढूँढ़नेकी कोशिश करते। वह हरेक बातको वैयक्तिक दृष्टिसे देखते।

१९२६में मझलेभाई मर गये। उन्होंने बहुत भारी कारबार शुरू किया था। कारबारकी देखभालमें उतना ख्याल नहीं था और ऊपरसे अंधाधुंध खर्च। ९२००० रुपयेका कर्ज छोड़कर मरे थे। पिताने जायदाद बेचकर कर्जको अदा किया, लेकिन अगले साल (१९२७में) वह भी चल बसे। परिवारका सारा आर्थिक ढाँचा टूटकर गिर पड़ा। पहले पन्तको पैसोंकी कभी कमी नही होती थी। अब एक ओर यह भीषण आर्थिक परिवर्तन और दूसरी तरफ़ दिमागी परेशानी। १९२९के आते-आते चिन्ताके बोझने पन्तके स्वास्थ्यको चौपट कर दिया। उस समय एक फारसीके विद्वान्की सहायतासे इण्डियन प्रेसकेलिये वह उमर खैय्याम की रुबाईयोंका अनुवाद कर रहे थे। दो बजे दिनकी गर्मीमें बाहर निकले। लू लग गई। १४-१५ दिन बहुत कष्टमें रहे।

उस समय दिल्लीवाले डॉ० जोशी भरतपुरमें रहते थे। वह सम्बन्धी भी लगते थे। पन्त उनके पास पहुँचे। डा० जोशीने परीक्षाकी और पूर्ण विश्राम करनेकी सलाह दी। डॉ० जोशीने यह भी कहा कि अगर आहार-विहारका ध्यान न रखोगे, तो तपेदिकको सरपर आया ही समझो। उन्होंने मास खानेकेलिये जोर दिया। पन्त १४ सालसे मास छोडे हुए थे। अब मास खाना शुरू किया और तीन मास तक डॉ० जोशी हीके पास रहे। और उनका वजन ९८ पौंडसे १३६ पौंड हो गया।

१९३०के शुरूमें पन्त बिजनौरमे चचेरी बहनके पास चले आये और अप्रैलतक वहीं रहे। यही उन्होने कुछ कहानियाँ लिखी जो 'मधुबन' के नामसे प्रकाशित हुई।

स्वास्थ्यके अच्छे होनेके साथ पतका दु:खवाद भी कम होने लगा और जल्दी ही वह पूर्ण आशावादी बन गये।

आशावाद – आशावादी पत अल्मोडामे थे जिस समय गाधीजी भी वहाँ आये। यही पंतकी राजा कालाकाकर और कुँवर सुरेशसिंहसे (१९३०मे भेंट हुई। राजासाहबके साथ पंत धारूपुर चले गये। यहाँ राजासाहबका एक पुराना महल था। राजासाहब उस समय स्वयं-

सेवकोंके संगठनमें लगे हुए थे। पंतका निराशावाद यद्यपि घट गया था, मगर अब भी उनकी दुनिया ठोस नहीं थी—कल्पना किसी चीजको ठोस नहीं रहने देती। वह हरेक चीजको विकृत करके दिखलाती थी और जागते भी स्वप्न देखने-सा मालूम होता था। स्वयं-सेवक उन्हें बिलकुल नंगे और गन्दे, कुरूपतम दिखलाई पड़ते। हरेक गति उनके अणु-अणुको हिला देती। उनके पैर उखड़ते-से मालूम होते थे, और वे खेमेंके बांसोंको पकड़कर खड़े हो जाते। उन्हें थूक और गन्दगी जहाँ-तहाँ पड़ी दिखलाई पड़ती, और वह उसे हटा देना चाहते। इतना जरूर वह समझने लगे थे, कि गन्दगियाँ हटाई जा सकती हैं। पूरनचन्द जोशीकी बातें अब उनके मनमें याद आने लगीं, और वे धीरे-धीरे कल्पना-जालसे मुक्त होनेकी कोशिश करने लगे। अब उन्होंने मार्क्सवादकी पुस्तकें पढ़नी शुरूकीं। शायद गांवोंमें न गये होते, तो यह पढ़नेकी रुचि न होती। इस समय उन्होंने जो कविताएँ लिखी थीं, उनमें 'गुंजन' एक है (फरवरी १९३२)

"वन-वन, उपवन—
छाया उन्मन-उन्मन गुंजन,
नव-वयके अलियोंका गुंजन!
रुपहले सुनहले आम्र बौर,
नीले, पीले औ' ताम्र भौंर,
रे गंध-अन्ध हो ठौर-ठौर
उड़ पांति-पातिमें चिर-उन्मन
करते मधुके वनमें गुंजन।
वनके विटपोंकी डाल-डाल
कोमल कलियोंसे लाल-लाल,
फैली नव-मधुकी रूप ज्वाल,
जल-जल प्राणोंके अलि उन्मन
करते स्पन्दन, करते गुंजन।

अब फैला फूलोंमें विकास,
मुकुलोंके उरमें मदिर-वास,
अस्थिर सौरभसे मलय-श्वास,
जीवन-मधु-संचयको उन्मन
करते प्राणोंके अलि गुंजन।"

—जोत्स्ना से—

पन्तने जीवनमें एक नई आशा और उमंग पाई। तीन-चार साल तक वह मार्क्सवाद और रूसी लेखकोंके ग्रन्थोंको पढ़ते रहे। रहस्यवाद ने पूरी तौरसे पिण्ड तो नहीं छोड़ा, लेकिन मार्क्सवादने अन्तस्थल तक अपना प्रभाव जरूर डाला। भौतिकवादको कोरा यांत्रिक जड़वाद समझकर जो उन्हें कुछ विरक्ति-सी आती थी, वह मार्क्सवादी भौतिकवादके "गुणात्मक-परिवर्तन"से जाती रही।

युगान्त—अब पन्तका जीवन एक नया जीवन था। कितने ही समय तक उन्होंने कलमपर अंकुश रखा। उनको डर था, कि कहीं पुरानी बातें उलटकर न आने लगें। १९३४-३५ में उन्होंने जो कविताएँ लिखी, वह 'युगान्त'के नामसे प्रकाशित हो चुकी हैं। फिर उनकी सरस्वती 'युगवाणी'के रूपमें फूट निकली। इस समयकी इसी नामकी कविता है—

"युगकी वाणी,
हे विश्वमूर्ति, कल्याणी!
रूप रूप बन जायँ भाव स्वर,
चित्र-गीत झंकार मनोहर,
रक्तमांस बन जायँ निखिल
भावना, कल्पना, रानी!
युगकी वाणी!
आत्माही बन जाय देह नव,
ज्ञान ज्योति ही विश्व-स्नेह नव,

हास, अश्रु, आशाऽकांक्षा
बन जायँ खाद्य, मधु, पानी !
युगकी वाणी !
स्वप्न वस्तु बन जाय सत्य नव,
स्वर्ग मानसी ही भौतिक भव,
अन्तर जगही वहिर्जगत
बन जावे, वीणापाणि, इ !
युगकी वाणी !
सर्व मुक्ति हो मुक्ति तत्त्व अब,
सामूहिकता ही निजत्व अब,
बने विश्व-जीवनकी स्वरलिपि
जन जन मर्म कहानी।
कविकी वाणी !

—युगवाणी १४

इस "युग"के आरम्भ हीमें पन्तने 'पुरान'को रास्ता खाली करनेके लिये कहा था—

"द्रुत झरो जगत्के जीर्ण पत्र !
हे स्रस्त ध्वस्त ! हे शुष्क जीर्ण !
हिमताप पीत, मधुवात भीत,
तुम वीतराग, जड़ पुराचीन !!
निष्प्राण विगत युग ! मृत विहंग !
× × ×
च्युत अस्त-व्यस्त पंखोंसे तुम
झर झर अनंतमें हो विलीन !"

—पल्लविनी २४१

पुरानके ध्वंससे नवीनके निर्माणका संदेश देते पंतकी "युगवाणी" कहती है—

"रिक्त हो रही आज डालियाँ,—डरो न किंचित्,
रक्तपूर्ण, मासल होंगी फिर, जीवन रंजित।
जन्मशील है मरण, अमर मर-मरकर जीवन,
झरता नित प्राचीन, पल्लवित होता नूतन।
पतझर यह, मानव जीवनमें आया पतझर,
आज युगोंके बाद हो रहा नया युगान्तर।
बीत गये बहु हिम, वर्षातप, विभव पराभव,
जग जीवनमें फिर वसंत आनेको अभिनव।"

—युगवाणी २४

अपनी "ग्राम्या" (१९३८-३९)में नये जीवन नये संसारका चित्रण करते कवि लिखता है।

"जाति वर्णकी, श्रेणि वर्गकी, तोड़ भित्तियाँ दुर्धर।
युग-युगके बंदीगृहसे मानवता निकली बाहर।"

—ग्राम्या १२

पन्तने निरालाके युगप्रवर्त्तक कविशिल्पकेलिए अपने उद्गार इस प्रकार प्रकट किये हैं—

"छंद बंध ध्रुव तोड़, फोड़कर पर्वत कारा
अचल रूढ़ियोंकी, कवि, तेरी कविता-धारा
मुक्त, अबाध, अमंद, रजत निर्झर-सी निःसृत,—
गलित, ललित आलोक-राशि, चिर अकलुष अविजित!
स्फटिक शिलाओंसे तूने वाणीका मदिर,
शिल्पि, बनाया,—ज्योति-कलश निज यशका धर चिर।"

—युगवाणी ६२

१९४०से पन्तने फिर हिमालयकी गोदका आश्रय लिया है, वह अल्मोड़ा रहते हैं। जन-नृत्य और जन-संगीतका चिरतरुण कलाकार उदयशंकर, लोक संस्कृति और "युगवाणी"के कलाकारको अपनी ओर खींचनेकी क्षमता रखता है। उदयशंकर और पन्त दोनोंने जनताकी

शक्तिको समझा है। लेकिन जिस वातावरणमें वह अबतक रहे हैं और अब भी हैं, उसमें वह शक्तिका उपयोगकर सकेंगे इसमें भारी सन्देह है। पन्तमें तो और भी सन्देह है, क्योंकि रहस्यवादका खोल तोड़कर अब भी वह अण्डेसे बाहर नहीं आये हैं, इसीलिए आत्मा और पुरानी दुनियाके सामने आते ही उनकी मानसिक विश्लेषण शक्ति जवाब दे देती है। पन्तकी कविताओंमें ऐसे अनेक उदाहरण पाये जाते हैं, जिनमें वह इन भूल-भूलैयोंमें पड़कर दिग्भ्रान्त हो जाते हैं। और उनकी बुद्धि अंधेरेमें हाथ-पैर मारती दीख पड़ती है। यह सब होते भी पन्त का विकास रुका नहीं है। मकड़ीके जालेकी तरह उनके मनने एक अवास्तविक किन्तु मोहक दुनिया पैदाकर दी है। हम बड़ी उत्सुकता-से प्रतीक्षा करेंगे कि कब इस दुनियासे उनका पिण्ड छूटता है। आजकल पन्त पाँच-छै नाटक लिख रहे हैं, जिनमें 'छाया' (पुरातन शव हमारे जीवनमें), 'परिणीता' (भारी परतंत्रता), 'साधना' (बाहर निकलनेकेलिए आधुनिक नारीका संघर्ष), 'स्रष्टा' (कलाकारके जीवन-का विद्रोह). और 'स्वप्न-भंग' (बुद्धिजीवीका जीवन) मुख्य हैं। पहाड़ी भाषा—जोकि उनकी मातृभाषा है—की ओर उनका ध्यान नहीं गया है। हाँ, पहाड़ी गीतकी स्वर-माधुरी और भाषाकी कोमलता उन्हें आकर्षित ज़रूर मालूम करती है। कत्यूरी राजाओंके युद्धगीत अब भी अल्मोड़ाके गाँवोंमें गाये जाते हैं, और वह भी उन्हें सरस लगते हैं। नाटक कलाके महत्त्वको भी अब वे विचारोंके प्रसारमें बहुत उपयोगी समझते हैं।

पन्तकी सबसे बड़ी देन हिन्दी-काव्य-साहित्यकेलिए है, सुन्दर शब्द-विन्यास और मुक्त शैली।

४२

महमूद

अवधके सूबेदारने स्वतन्त्र हो अपनी एक स्वतन्त्र रियासत कायम की, उसी तरह मुग़ल शासनके पतनके दिनोंमें नवाब नजीबुद्दौलाने सारे रुहेलखंडपर अपनी हुकूमत कायम की, और अपने नामसे नजीबाबादका शहर बसाया। नवाब भंभूखाँ इसी वंशके एक प्रतापी पुरुष थे। नवाब भम्भूखाँके पुत्र जनरल अजीमुद्दीन, हमीदुज्जफर, महमूदुज्ज़फरके वयस्क होने (१८५७)से पहले ही नजीबाबाद की

१९०८ दिसम्बर १४ जन्म (आगरामें), १९१३ शिक्षारंभ, १९१३-१९ अंग्रेज गर्वनेंसके हाथमें, १९१९-२० एंग्लो-इंडियन स्कूलमें, १९२०-३१ इँगलैंडमें शिक्षा; १९२०-२२ तैयार करनेवाले स्कूलमें, १९२२-२४ डलविच् कालेजमें, १९२४-२७ शेरबोर्न बोर्डिङ्ग स्कूल (डोल्शेट्)में; १९२६ जूनियर केम्ब्रिज पास, १९२७ भारतमें गाँधीवादी, १९२७ अक्तूबर आक्सफोर्डमें, १९२८ आक्सफोर्डमें प्रारम्भिक परीक्षा पास, १९२९-३० आक्सफोर्ड विश्वविद्यालय, १९२९ मार्क्सवादी, १९२८-१९२९ दो बार यूरोपकी सैर, १९३० जून बी० ए० (आक्सन), १९३० सितम्बर—१९३१ मार्च फ्रांस, फिलस्तीन, सिरिया, इराक, मिश्र, जर्मनीमें, १९३१ मार्च भारतमें करांची-कांग्रेसमें, १९३२ लखनऊके मजूरोंमें, १९३३-३६ अमृतसरके कालेजमें वाइस-प्रिंसपल, १९३४ अक्तूबर रशीदासे ब्याह, १९३६ पार्टी-मेम्बर, वाइस प्रिंसपलीसे इस्तीफा; १९३६ दिसम्बर—१९३७ अप्रेल जवाहरलालके प्राइवेट सेक्रेटरी, १९३७ अप्रेल-अक्तूबर रशीदाके साथ यूरुप, १९३७ अक्तूबर—१९३८ जनवरी जवाहरलालके साथ; १९३८ जनवरी-जूलाई बम्बईमें, १९४० अगस्त १५—१९४२ मार्च ९ जेलमें नजरबंद।

रियासत कम्पनीके हाथमें चली गई थी। सन् ५७में अपनी खोई रियासतको पानेकेलिए महमूदुज़्ज़फ़रने बगावतका झंडा उठाया, लेकिन खानदानके दूसरे लोग राजभक्त बने रहे। जनरल अज़ीमुद्दीन रामपूरके नवाबकी नाबालगीमें उनके रीजंट रहे। घरके बच्चों को शिक्षा दिलानेका उन्हें बहुत शौक था। हमीदुज़्ज़फ़रके पुत्र साहेब-ज़ादा सैयदुज़्ज़फ़र (आयु ७० साल) पढ़कर डॉक्टर हुए, और पीछे लखनऊके मेडिकल कॉलेजमें अध्यापक रहे। डॉ० सैय्यदुज़्ज़फ़रने अपने मामूकी पुत्री शौकतआरा बेगम (६२ साल)से व्याह किया, जिनकी दो सन्तानें पुत्र महमूद और पुत्री हमीदा हैं, और दोनों ही मार्क्सवादी। नवाब नजीबुद्दौला अपनी इन सन्तानों (हाजरा को भी शामिलकर लीजिए)के बारेमें क्या सोच रहे होंगे? वैसे डॉ० साहेब-जादा सैय्यदुज़्ज़फ़रने भी अपने महमूदकी शिक्षा-दीक्षाका जो इन्ति-जाम किया था, उसमें महमूदके आजके जीवनके गन्धकी भी गुन्जाइश नहीं थी, लेकिन, महमूदने दुनिया को देखा, भारतकी परतंत्रता को देखा, परतंत्र मनुष्यके अपमान को देखा, देशके गरीबों को देखा, अपने कलेजेमें धधकती प्रचण्ड आग को देखा; फिर वह भूल गये कि पिताने उन्हें किस जीवनकेलिए तैयार किया था।

महमूदका जन्म १४ दिसम्बर १९०८को आगरामें हुआ था। उस समय पिता वहींपर सरकारी डॉक्टर थे। पिताका स्वभाव बहुत नरम था। और बच्चेके साथका बर्ताव इतना अच्छा था, कि महमूदपर उन्होंने सदाकेलिए अपना प्रभाव छोड़ा। माँ महमूदपर अंकुश नहीं रख सकती थी, वह भी मीठे स्वभावकी थी।

बाल्य—महमूदकी चार सालकी उम्र (१९१२)में साहबजादा सय्यदुज़्ज़फ़र लखनऊ मेडिकल कॉलेजमें चले आये। लखनऊ आने की उस समयकी स्मृति साहेबजादा महमूदुज़्ज़फ़र खानकी सबसे पुरानी स्मृति है। बचपनमें महमूद बहुत कमज़ोर थे। कितनी ही कड़ी बीमा-रियों और पेचिशसे बहुत समय तक पीड़ित रहे, फिर शरीरपर मास

बढ़ा, मगर रगपट्ठे और पेशीकी शकलमे नही; इसलिए उस समय महमूद बहुत कमजोर था। पैदा होते ही पिताने योरोपियन नर्सको नियुक्तकर लिया। आखीरी नर्स महमूदके साथ आठसे ग्यारह सालकी उम्र (१६१६—१६) तक रही। वह एक अंग्रेज महिला थी। पिता चाहते थे कि जब अंग्रेजियतसे ही आज आदमी ऊपर उठ सकता है, तो शुरूसे ही बच्चेको उसके हाथमें क्यो न सौंप दिया जाय। महमूदको भारतीयता जवानीमे मुड़कर शुरूसे सीखनी पड़ी। उनका लालन-पालन बिलकुल योरोपियन ढगपर हुआ था। हॉ, बूढ़ी दादी कभी-कभी सोहराब और रूस्तमकी कहानियॉ सुनाती और कभी अपने रुहेलापुरखो, नजीबुद्दौला, भम्भूखॉ, अजीमुद्दीनखॉकी जीवन-घटनाऐं सुनाती। महमूदने हिन्दुस्तानी ग्रामीण कहानियोको अंग्रेजी अनुवादोंमे पढ़ा। वह आठ सालका था जब लखनऊ कांग्रेस हुई थी। डॉ० अन्सारी महमूदके घरपर ही ठहरे थे, लेकिन महमूदकी दुनियामे अभी कांग्रेसका कोई स्थान न हो पाया था। नर्स सिखलाती, अंग्रेज जो कुछकर रहे हैं, वह हिन्दुस्तानियोंके फायदेकेलिए ही। उसका सारा ध्यान था महमूदको अंग्रेज बनाना।

शिक्षा—पाच सालकी उम्र (१६१३)में महमूदका अक्षरारभ कराया गया। चचेरी बहनें उर्दू पढ़ती थीं। महमूद भी उनके साथ बैठ जाया करता था। सात साल तक महमूद घरही पर अपनी अंग्रेज या एंग्लो-इन्डियन गवर्नेससे पढा करता था। उसकी पढाईमे अंग्रेजी, गणित, इतिहासके साथ थोड़ी फ्रेंच और लातिन भी थी। पॉच सालकी उम्रमे पिताने जो कुछ पढ़ाया था, महमूद भूल गये और झूठ बोले, फिर थप्पड़ लगाई और कहा कि सदा सच बोलो। महमूदने पिताके सामने प्रतिज्ञा की और उन्हे अगले जीवनमे बहुत ही कम झूठ बोलने की जरूरत पड़ी। १६१८मे इन्फ्लुयेजाकी महामारीके कारण बराबर लाशोंपर लाशे निकलती रहती थीं। नौकर कहते, कि हमने नदीपर भूत देखे हैं। महमूदको भी थोड़ा बहुत डर हो जाता था। मगर वह बुद्धिसे उसे दूर करनेकी कोशिश करता।

गर्मियोंमें अक्सर परिवार लखनऊसे नैनीताल चला जाया करता था। ११ सालके हो जानेपर पिताने समझा, कि घरपर अकेले शिक्षा-दीक्षा पानेकी अपेक्षा बेहतर होगा कि लड़केको किसी युरोपियन स्कूलमें दाखिलकर दिया जाय। आखिर महमूदको इंग्लैंड जानेकेलिए अपने को तैयार भी तो करना था। एक सालकेलिए महमूद नैनीतालके पीटर्सफील्ड स्कूलमें दाखिलकर दिया गया। इस स्कूलमें ज्यादातर एंग्लोइंडियन लड़के रहते थे। लड़के अधिकतर उजड्ड, दुःसंस्कृत थे। वहाँ न ठीकसे पढ़ाईका इन्तिजाम था और न खाने ही का। अंग्रेज मुख्याध्यापिकामें प्रबन्ध करनेकी कोई योग्यता न थी। वह अपने हिन्दुस्तानी नौकरोंको कोड़ेसे मारा करती थी। महमूद उसके प्रति घृणा करने लगा। सभी लड़के डरते थे, मगर महमूद बिलकुल नहीं डरता था। स्कूलकी बात मालूम होनेपर पिताने महमूदको लख-नऊमें तालुकदारोंके कॉलविन स्कूलमें भरतीकर दिया। कॉलविन स्कूलके तीन महीनेके जीवनमें महमूदको अपनी उम्रके हिन्दुस्तानी लड़कोंके संपर्कमें आनेका पहले-पहल मौका मिला। लेकिन ये लड़के थे। राजकुमार और नवाबजादे थे, जिनका सिर धड़से बल्लियों ऊपर टंगा रहता, और जो यह जानते ही नहीं थे कि गंभीरता क्या है। पिताने कभी मजहबी तालीम देनेकी ओर ध्यान नहीं दिया। यहाँ मौलवीसाहब नमाज पढ़ानेकेलिए गले पड़ गये थे, तो भी महमूद उससे बचनेकी कोशिश ज़रूर किया करते थे।

पिताने लड़केको बारह वर्षका देख सोचा, समय आ गया है; कि नकली अंग्रेजी वातावरणमें पले लड़केको असली अंग्रेजी वाता-वरणमें पहुँचाया जाय।

इंग्लैंडमें—१८८०में पिता महमूदको लेकर इंग्लैंड गये और डलविच (लन्दन)के प्रेपरेटरी स्कूलमें दाखिलकर दिया। महमूद रहते थे एक परिवारमें। पिताके दोस्त डॉ० क्राइडेन मिलर महमूद के संरक्षक थे। पहले-पहल महमूदको थोड़ासा घर याद आया, मगर

पीछे इंग्लेंड उसे पसन्द आने लगा। दो साल तक प्रेपरेटरी स्कूलमें पढ़नेकेबाद महमूद डल्विच् कॉलेजमें चला गया। महमूदका साहित्य और ड्राइंग दोनोंमें बहुत रुचि थी। हिन्दुस्तान हीसे उसके दिलमें ख्याल था, कलाकार या इंजीनियर बननेका। जिस परिवारमें वह अब रह रहा था, वह इजीनीयरका परिवार था। महमूद भी छोटी-छोटी मशीनो की चीजे खेलके तौरपर बनाता। परिवार गरीब मध्यम वर्गका था। महायुद्धकेबाद जिन आर्थिक कठिनाइयोंसे इंग्लेंडका मध्यम वर्ग गुजर रहा था, उसका यह एक अच्छा उदाहरण था। महमूद अपना खर्चा चुकानेवाले मेहमानके तौरपर इस घरमें रहता था। परिवारको अपनी आमदनीसे खर्च चलाना मुश्किल था, जिससे पति-पत्नीकी चिन्ता बढ़ती, फिर स्वभाव चिड़चिड़ापन बनता, और रोज़ झगड़ा टंटा होने की नौबत आती। महमूदको यहीं पहले-पहल मालूम हुआ, कि गरीबी भी एक खास चीज़ है। परिवार बराबर खर्च कम करनेकी कोशिश करता था, रविवारको सिर्फ एक ही समय खाना खाया जाता। उसी परिवारमे एक जापानी बंकरका लड़का भी रहता था। उसके बर्तावका महमूदके ऊपर इतना बुरा प्रभाव पड़ा, कि उसे जापानियोसे घृणा हो गई। परिवार का एक लडका महमूदका घनिष्ठ दोस्त था। और यह उसके लिए बहुत सन्तोषकी चीज थी। महमूद देखता था, कि एक ओर ये निम्न मध्यम वर्गके लोग गरीबीकेमारे दूसरे गरीबोंसे कम चिन्तित और परेशान नहीं हैं, लेकिन साथ ही वह मजूरोंकेसामने अपनेको देवता समझते, राजवंशियों और लाटोंके सामने तो उनका बर्ताव और भी हास्यास्पद होता था, मानो सामन्त स्त्री-पुरुष उनकेलिए साक्षात् भगवान थे। मध्यम वर्गकी स्त्रियां ऊँचे तबकेमें घूमने और किसी तरह धनी बन जानेकी लालचमें सब कुछ करनेकेलिए तैयार थी।

पिताके दोस्त जनरल डिक्सन एक अंग्रेज मुसलमान थे। महमूद कभी-कभी उनके घरमें जाता। जनरल डिक्सन महमूदको इतने अकृत्रिम भावसे मिलते, कि वह उनके घरमें घरसा अनुभव करता।

अब (१९२४) महमूद सोलह सालका हो चुका था। डॉक्टर क्राइडेन मिलर, डल्विचकी पढाई को असन्तोषजनक समझते थे, इसलिए महमूद-को पश्चिमी इग्लैंडके डोल्शेर जिलेके शेरबोर्न बोर्डिंग स्कूलमे दाखिलकर दिया। यहाँका वायुमंडल महमूदको बहुत पसन्द आया। हेडमास्टरके घरमें महमूद भी रहता और उनका व्यवहार बड़ा ही मित्रतापूर्ण होता। डल्विच्मे कभी-कभी भारतीय विरोधी भाव भी लड़कोंमें देखा जाता था, रंगका ख्याल भी हो आता, मगर इस स्कूलमे वह बात बिलकुल नहीं थी। महमूदने यहाँ सहपाठियोंमें बहुतसे दोस्त बनाये। सबसे खास बात यह थी, कि इस स्कूलमें अध्यापकों और विद्यार्थियोंमें कोई अन्तर नहीं था।

महमूद अंग्रेजी साहित्य, फ्रेन्च, लातिन, गणित, इतिहास और चित्रकला का अध्ययन करते थे। दो साल बाद (१९२६में) उन्होंने वहीं-से जूनियर कैंब्रिज परीक्षा पास की—वहाँके जूनियर केंब्रिजका मान भारत-में होनेवाली परीक्षासे कुछ ऊँचा था।

महमूद चाहते थे, कि आक्सफोर्डकी छात्रवृत्ति प्राप्त करे। एक-साल और वहीं रहकर युरोपीय इतिहासका विशेष अध्ययन किया। स्कूलमें उदार दलवाले अध्यापक ज्यादा थे, जिसमें महमूदपर भी उदार-वादका प्रभाव पड़ा। भारतके साम्प्रदायिक झगड़ोंकी खबरें महमूद भी पढा करता था, और उसे साम्प्रदायिकतासे बड़ी चिढ़ हो गई। वह भारतके निरक्षरता और निर्धनताको हटानेका पक्षपाती था, लेकिन उसकेलिए उपाय उसे वही पसन्द आते थे, जिन्हें उदारदलवाले ठीक समझते। बोलशेविकोंको वह बहुत बुरा समझता था, शेरबोर्नके बुद्धि-जीवियोंकी भी यही धारणा थी।

१९२६में इग्लैंडके मजूरोंने आमहड़ताल कर दी। मजूर नेताओंने विश्वासघात किया, इसलिये थैलीशाह उसे असफल बनानेमें सफल हुये, मगर इग्लैंडके मजदूरोंने उन चन्द दिनोंमें अपनी शक्तिको दिखला दिया—सारे महल भूकम्पसे हिलते जैसे मालूम होते थे। महमूदके

सहपाठी हड़ताल-तोडकोंमें थे—मजूरोंने रेलों, बसों, तथा जिन दूसरे कामोंको छोड़ दिया था, उन्हें ये लोग चलानेकी कोशिश करते थे। महमूदकी सहानुभूति मजूरोंकी ओर थी। क्यों ? कह नही सकते ! शायद उनके स्कूलका वातावरण और शिक्षा उन्हें उदारदलीय नीतिके भीतर रखना चाहते थे, मगर उनकी स्वाभाविक बुद्धि वहाँ किसी चीज की कमी पा रही थी।

महमूद डल्विच्में कभी-कभी भारतीयोंका निम्नप्राणीके तौरपर देखा जाना को बुरा मानते थे। यद्यपि डॉ० मिलरका व्यवहार अच्छा होता था मगर उसमे हिन्दुस्तानियोंके प्रति कुछ सरक्षक और आभार-का ख्याल दिखाई पडता था। महमूद इसे पसन्द नहीं करता था। सारे उदारवादके रहते भी अग्रेज उदारोंमें वह साफ देखता था, कि अग्रेज जितना न्यायका ढिंढोरा पीटते हैं, उसमें व्यवहारका कही नाम नही है। वह अपने उदाहरणको रखकर दिखलाना चाहते कि भारत भी ऐसे उदारवादसे सुधर सकता है, लेकिन महमूदका मन कहता कि इससे कुछ होने-हवानेको नही है।

एक बार भारतमे—महमूद अब १६ सालके हो गये थे। विला-यत गये सात साल बीत चुके थे। अब उन्हे विश्वविद्यालयमे दाखिल होना था। पिताने लिखा कि आक्सफोर्ड जानेसे पहले घर देख-सुन जाओ। महमूद (१६२७मे) हिन्दुस्तान आये। बम्बईको अब उनकी बाल-ऑखोंने नहीं बल्कि तरुण-ऑखोंने देखा। उनके हृदयमें एक प्रकारकी भावुकता उछल आयी। इंग्लैंडके उदार वातावरणसे वह सीधे रुढि-पन्थी रामपुरमें पहुँचे। रामपुरका नवाब वश उनका सम्बन्धी होता था। लेकिन वहाँके वातावरणमें महमूदका दम-सा घुटता मालूम होता था। पुरानी दुनिया उन्हे अजीबसी मालूम होती थी। पिता उस समय देहरादूनमे घर बनवा रहे थे। महमूद माँसे मिले। अपने बाद पैदा हुई बहन (हमीदा)को देखा। माता-पिता सभी पुत्रको देखकर प्रसन्न हुए। महमूदने उनके प्रेमको अनुभव किया।

मनमें उथल-पुथल—महमूदने अपने छै मासको अधिकतर रामपुर, देहरादून और मसूरीमें बिताया। मसूरीमें बुद्धिजीवी मध्यम-वर्ग-परिवार ज्यादा मिले, उन्हें वहाँ सर महम्मद शफी और तैय्यबजीके परिवार नजदीकसे देखनेको मिले। ये सभी मध्यम-वर्गीय परिवार यूरोपके फैशनको अंधाधुन्ध नकलकरनेमें अपनेको धन्य-धन्य समझते थे। महमूद इंग्लैंडके मध्यम-वर्गीय जीवनमें डूबकर उसे भीतरसे देख चुके थे। वह कितना खोखला है, उन्हें यह अच्छी तरह मालूम था इसलिये उन्हें ये नक्कालची दयाके पात्र जान पड़ते थे। महमूदके दिलमें युरोपीय जीवनकेलिए कोई आकर्षण नहीं था, इस नकलको देखकर वह ऊबसे गये, उनका मन विद्रोह करने लगा। चारों तरफ़ सिर्फ दिखा-वट और झूठ ही झूठ दिखलाई पड़ा। इसी समय उनका परिचय रेहाना तैय्यबजीसे हुआ। रेहाना भी उस जीवनसे असन्तुष्ट थीं—शायद उन्होंने अपने वर्गकी सफल तरुणी बननेमें असफलता प्राप्त की थी। रेहानाके ऊपर सूफीवाद, रहस्यवाद, गाँधीवादका बहुत प्रभाव था; अथवा अपने भग्न मनोरथ दिलको चूर-चूर होनेसे बचानेके लिए उन्होंने इन वादोंकी शरण ली थी। रेहानाने अपना नुसखा महमूदके सामने भी पेश किया और दुनियाको माया बतलानेमें काफी सफल कोशिशकी। महमूदने रेहानाके कहनेपर गाँधीजीकी जीवनी पढ़ी, भगवद्गीताका अमृतपान किया। रेहानाने ब्रह्मचर्यपर कई लेक्चर दिये। इस मायामय दुनियामें महमूदको सभी सम्भव मालूम हुआ। महमूदका एक लड़कीसे कुछ प्रेम हो चला था, मगर वह उसे परमार्थ-प्रेम (इश्के हकीकी)का रूप देना चाहते थे। रेहानाने गाँधीवाद का इंजेक्शन इतना दे डाला था कि महमूद अपनेको एक दूसरा ही आदमी पाते थे।

फिर इंग्लैंडमें—अक्तूबर १९२७में महमूद अनासक्ति-योगमें पूरे रंगे इंग्लैंड पहुँचे। तो भी साम्राज्यवादी अकड़ और मिस मेयोके लेखोंके कारण हुई घृणाको महमूद रोक नहीं सकते थे। हाँ, विद्याका

मूल्य है, इसे वह स्वीकार करते थे, इसीलिए आक्सफोर्डमें रहकर अपनी पढ़ाईको खतम करना चाहते थे। अहिंसापर उनका पूरा विश्वास था और अध्यात्मवादपर भी। सिविल-सर्विसमें जानेकेलिए तैयार नहीं थे। और राजनीति भी उनकेलिए नीरस थी। हाँ, अध्यात्म विद्याके प्रचारकेलिए जीवन देना उन्हें अधिक पसन्द था।

१९२८में आक्सफोर्डकी आरम्भिक परीक्षाकेलिए महमूदने युरोपीय इतिहास लिया था। परीक्षा पासकर वह विश्वविद्यालयकी पढ़ाईमें लग गये। पाठ्य विषय थे, राजनीति, अर्थशास्त्र और दर्शन। रेहानाके इंजेक्शनका असर सालभरतक बना रहा। इस समय वह बहुत एकान्तप्रिय थे और हिन्दुस्तानी छात्रोंसे भी बहुत कम मिला जुला करते थे। कान्टका विज्ञानवाद बहुत पसन्द आया। लेकिन जब ह्यूमके सन्देहवादको पढ़ा, तो दिमाग किसी नतीजेपर पहुँचनेमें असमर्थ होने लगा, और सन्देहवादका झूला ही अच्छा मालूम हुआ। १९२९में महमूदने तीन मास बर्लिनमें रहकर आइन्स्टाईनकी एक शिष्यासे भी कुछ दर्शन पढ़ा था। रेहाना, कान्ट, ह्यूम् सबकी अजबसी खिचड़ी पक रही थी। इसी समय उनका परिचय सज्जाद जहीरसे हुआ। सज्जाद मजलिस (हिन्दुस्तानी छात्रोंकी सभा)में किसी बहसमें भाग ले रहे थे। महमूदको यह तरुण कुछ आकर्षक मालूम हुआ, खासकर उसके तर्कमें कुछ अनोखापन-सा दिखलाई पड़ा, जिसमें किसी तरहकी पॉलिस नही थी। महमूद कहाँ रेहानासे ब्रह्मचर्यका पाठ पढ़के गये थे और ज्ञान-ध्यान-अहिंसाके प्रति उनके दिलमें भारी भक्ति थी। और कहाँ सज्जादका वह बेतकल्लुफीसे शराबके प्यालोंको टुनटुनानेमे भी शामिल हो जाना, लड़कियोंसे मजाक भी करना। 'रेहाना' सारी ताकत लगाकर महमूदको तरुणोंकी इस चण्डाल-चौकड़ीसे भगानेकी कोशिश करती, मगर सज्जाद और उनके साथियोंमें भी आकर्षण था। महमूद मनसे या बेमनसे सज्जादके साथ चले जाते थे—सज्जाद जेठे भी थे, जब और लोग शराब पीते तो बेचारे महमूद रेहानाके नामपर लेमनकी बोतल खोलते।

नया जीवन नयो दृष्टि—इसी (१६२६) साल कांग्रेसका रास्ता और लक्ष्य, गाधी और नेहरूके तरीके की क्रान्तिपर बहस छिड़ी। यह बहस सवाल जवाबके तौरपर लेखबद्ध हुई, जो पीछे आक्सफोर्डसे छपनेवाले "भारत" में छाप भी दी गई। इस पत्र-व्यवहारने (Two sides of the prism) इङ्गलैण्डके भारतीय विद्यार्थियोंके ऊपर बहुत प्रभाव डाला। अब महमूदका नशा उतर रहा था। वह अपने पैरोंको कुछ ठोस जमीनपर पाने लगे। हेगेलको उन्होंने हेगेल्की दृष्टिसे पढ़ा। 'भौतिकवादका इतिहास', 'कम्यूनिज्मका क, ख' के पढ़नेसे बातें कुछ और साफ मालूम होने लगीं। अब वह 'मजलिस' में काम करने लगे, वहाँ बहसमे भाग लेते। लन्दनसे प्रगतिशील विचारवाले वक्ताओंको मजलिस्मे निमन्त्रित किया जाता, मेरठके बन्दियोंके मुकदमेंकेलिए चन्दा वसूल किया जाता, महमूद सबमे साथ थे। और वेलियोल कॉलेज तो सोशलिस्ट कॉलेज समझा जाता था। जहाँ तक भारतीय राजनीतिका संबंध था अब वह सज्जादसे पूर्णतया सहमत थे, लेकिन समाजवाद अभी पूरी तरह साफ़ नहीं हो सका था। अभी भी इङ्गलैण्ड की मजूर-पार्टी पर महमूदको आस्था थी। विश्वव्यापी मन्दीने जो वेकारी बढ़ाई थी, उसमें इग्लैंडके मजूरोंमें त्राहि-त्राहि मची हुई थी। १६२६के जाड़ोंमें हालत भयकर हो गई। आक्सफोर्डसे वेल्सके कोयला-मजूरोंको सहायता पहुँचानेकेलिए एक मिशन गया। महमूद भी उसमें शामिल थे। मिशन वेकारोंमे खाना और कम्बल बॉटता था। यहाँ उन्हें अग्रेज मजूरोंको बहुत नजदीकसे देखनेका मौका मिला। अभी उनमे कमुनिस्तों-का प्रभाव नहीं हो पाया था, मगर तब भी वे इस सारी सहायता पूँजी-पतियोंके सारे ढोंगको बहुत तिरस्कारकी दृष्टिसे देखते थे। पहले कारखानों और खानोंसे निकाल बाहरकर पथका भिखारी बना देना और फिर भीख बॉट दयालु बननेका ढोंग करना। महमूदने सोचा कि मजूर-आन्दोलनको एक स्वतंत्र-राजनीतिक आन्दोलन बनाना चाहिये, सुधारसे काम नहीं चलेगा। क्रान्ति ही एकमात्र औषधि है।

अगले साल महमूदने मार्क्सवादके अध्ययनमें और समय लगाया। सकलतवाला, रस्ट, क्लीमेंटदत्त, टॉमी विण्ट्रीघम आदि मार्क्सवादी वक्ताओं और विचारकों से महमूदको बहुत कुछ सीखनेका मौका मिला और वह मार्क्सवादकी क्लासोंमें भी शामिल होते थे। १९२९में दूसरी बार जब महमूद जर्मनी गये तो उसी समय उन्हें पता लगा कि भारतमें भी पार्टी कायम हो चुकी है। महमूदने युरोपके दूसरे देशोंको भी देखा, लेकिन कुछ दिक्कतोंके कारण इच्छा रहते भी रूस नहीं जा सके।

जून (१९३०)में महमूदने आक्सफोर्डके बी० ए० (आनर्स) को अच्छे नम्बरोंसे दूसरे दर्जेमें पास किया। यदि सारे दो साल राजनीतिक कामोंमें व्यस्त नहीं रहे होते, तो फर्स्ट क्लास हो जाते। आक्सफोर्डके एम० ए० और बी० ए० में अंतर सिर्फ १२ पौंड (प्रायः १५० रु०) का है।

भारतकी ओर—सितम्बरमें महमूद भारतकेलिए रवाना हुए। फ्रान्स होते बेरूत आये। पिता अपनी मोटरके साथ वहाँ पहुँचे हुए थे। फिर मोटर हीसे फिलस्तीन, सिरिया और इराककी सैर की। पिताको कुछ नही मालूम था कि किस तरह काहिरा हो या बगदाद, दमिश्क हो या बेरूत महमूद सभी जगह अपने जैसोंको ढूँढ रहे हैं। पिता अपने साथ अपनी भाजी जोहराको भी लाये थे और उनकी बडी इच्छा थी कि महमूद ज़ोहरासे शादी कर ले, महमूद का ध्यान इस ओर नही था। रेहानाने एक तरहका अनासक्तियोग पढ़ाया था और कमूनिज़्मने भी एक तरह का। दो महीनेकी यात्रामें महमूदने फ्रेंच साम्राज्यवाद और अरब-यहूदी समस्याको नज़दीकसे देखा। मिस्र पहुँचकर महमूद ज़ोहराको जर्मनी छोड़ने चले गये। ज़ोहरा जर्मनीमें नृत्यकला सीखने गई थी।

भारतमें—१९३१के मार्चमें महमूद बम्बईमें उतरे। उसी समय करॉचीमें काग्रेस हो रही थी। महमूद सीधे करांची गये। पिताके सामने जिस समय महमूदने कहा था कि मैं कमुनिस्त हूँ और राजनीतिक काम करना चाहता हूँ, तो वह घबरा गये थे। मगर महमूद तो अपने लिये रास्ता ठीक कर चुके थे। करॉंची काग्रेसमें उन्हें राष्ट्रीय आन्दोलनका

एक साकार रूप दिखलाई पड़ा। जिससे उनका उत्साह और बढ़ा। यहाँ वह जवाहरलाल नेहरू और दूसरे कांग्रेसी नेताओंसे मिले।

उन्हें मालूम हुआ, कि बुआकी लड़की हाजरा लखनऊमे है तो वह लखनऊ पहुँचे, फिर देहरादून। माँने अपने एकलौते लड़केको धोती और कुरतेमें देखा। उनके दिलको भारी धक्का लगा। नवाबोंके बच्चे और इस्लामके झंडा-बरदार भी इस तरह पागल हो जायेंगे, शौकतआरा बेगमको यह उम्मीद न थी। वह बहुत रोईं। महमूद बेकार बैठे थे। बैठे-बैठे आलोचना करते रहना उनका काम था। हाजरा महमूदकी बातोंको पहले मज़ाकमें उड़ा देना चाहतीं, मगर धीरे-धीरे वह समझने लगीं, कि महमूदकी बातोंमें बहुत गभीरता है, और उससे भी ज्यादा गभीर है वह दिल, जिससे ये बातें निकल रही हैं।

१६३२में महमूद कलकत्ता गये। हलीम और दूसरे साथियोंसे मिले। वह चाहते थे काम करना। परिवारसे मुक्त होनेकेलिए वह तैय्यार थे। लेकिन कलकत्ताके साथियोंने जो उत्तर दिया, उससे महमूद बहुत हताश हुए। सज्जाद जहीरसे मिले। रेहानाके भूतसे बचानेवाले सज्जादने फिर महमूदको उत्साहित किया। वह लखनऊमें चले आये और मजूरोंमें काम करने लगे। १६३३में वहाँ कमकर पार्टी बनाई।

महमूद और उनके साथियोंने देखा कि काममें रुपयेकी जरूरत होती है। मार्क्सवादी-पार्टीको अमीरोंकी थैलीसे तो आशा हो नहीं सकती, आखिर अपने ही ऊपर प्रहार करनेवाले हाथोंको थैली कैसे सहायता दे सकती है। महमूद अमृतसरके एम० ओ० कॉलेजमे वाइस्-प्रिन्सिपल बन गये। इस वक्त वह प्रगतिशील साहित्यका भी काम करते थे।

१६३४के अक्तूबरमें महमूद और डॉ० रशीदजहाँकी शादी हुई। रशीदा अपनी तेज-लेखनी और स्पष्टवादिताकेलिये उर्दू साहित्यमें काफी बदनाम हैं। महमूदको रशीदाका परिचय 'अंगारे' मे छपे लेखोंसे प्राप्त हुआ था। यह शादी भी वैसे होती, तो घर में जरूर खलबली मचती—कहाँ महमूद नवाब घरानेके खानदानी मुसलमान और कहाँ

रशीदा कश्मीरी पण्डितसे मुसलमान बने बापकी लड़की। मगर जब मा-बापने महमूदके बड़े 'पागलपन' को देख लिया था, तो यह तो मामूली बात थी।

१९३६में महमूद लखनऊ काग्रेसमें आये। उसी साल वह पार्टी के बाकायदा मेम्बर भी हो गये। अब उन्होने वाइस-प्रिन्सिपलीसे इस्तीफा दे दिया और दिसम्बर १९३६ में पं० जवाहरलालके सेक्रेटरी बन गये। पडितजीके साथ एसेम्बली निर्वाचनके दिनोंमें महमूद भी युक्त-प्रान्त, महाराष्ट्र, पजाब आदिमें घूमे, कही रेलसे गये, कही मोटरसे, और कहीं हवाई जहाजसे। फैजपुर काग्रेसमें भी वह पडितजीके साथ थे। इसी समय रशीदाका स्वास्थ्य बहुत खराब हो गया और उसे लेकर अप्रैलमें (१९३७) महमूद युरोपकेलिए रवाना हुए। आस्ट्रिया, स्विट्जरलैंड, इताली और इग्लैंडमें छै महीने बिताकर अक्तूबरमें भारत लौटे और फिर प० जवाहरलालके साथ जनवरी (१९३८) तक रहे। पार्टीने उन्हें बम्बई बुला लिया। बम्बईमें आठ महीना काम करनेके बाद वह बहुत बीमार पड़ गये। कितने ही दिनों देहरादून और कलकत्तामें दवा करानेके बाद उन्होंने देहरादूनमें पार्टीका काम शुरू किया। फैजपुर, हरीपुर, त्रिपुरीकी काग्रेसोंमे उन्होंने भाग लिया। कौमी सेवा-दलके प्रान्तीय बोर्डके वह मेम्बर रहे।

द्वितीय महायुद्ध शुरू हुआ। १९४०में पहुँचते-पहुँचते सरकारकी नजर महमूदपर भी पड़ा और १५ अगस्त १९४०को वह पकड़ लिये गये। देहरादून, फतेहगढ़ की जेलोमें रहते नवम्बरमें वह देवली पहुँचे। देवलीके जीवन, वहाके संघर्षमे उन्होंने भाग लिया, फिर बरेली जेल भेज दिये गये। जहाँसे ९ मार्च १९४२को वह छूटे।

इस सालके चार मासो तक महमूद युक्तप्रान्तीय पार्टीके सेक्रेटरी रहे और उनके समय पार्टीने बहुत तरक्की की। महमूद आजकल लखनऊ पार्टीके नेता हैं, और अपना सारा समय उसीके काममें खर्च करते हैं।
